司法鉴定统一管理体制改革与发展研究文集

司法部司法鉴定管理局　编

司法鉴定研究文集
第 9 辑

中国政法大学出版社

2016·北京

司法鉴定研究文集编委会

编辑说明

自 2005 年全国人大常委会《关于司法鉴定管理问题的决定》实施以来，我国司法鉴定管理制度改革在实践中不断创新，司法鉴定统一管理体制也已基本形成并不断进行创新管理。法学界、法律界和司法鉴定管理工作者以及广大司法鉴定人针对健全统一的司法鉴定管理体制不断进行探索，研究总结出具有借鉴、启发意义的新成果和新经验。司法鉴定管理体制作为司法制度的组成部分，它的改革与完善是建设公正、高效、权威的社会主义司法制度的重要保障，同时它在诉讼活动尤其是司法审判工作中的地位、作用也越来越重要。

为了使司法鉴定管理工作者和司法鉴定人及时了解司法鉴定管理体制改革发展的新探索和新经验，把握我国司法鉴定管理体制与国外有关司法鉴定发展的前沿性动态，使司法鉴定管理工作和鉴定活动符合全面推进依法治国基本方针的需要，我们组织编辑了《司法鉴定统一管理体制改革与发展研究文集》作为《司法鉴定研究文集》的第 9 辑正式出版。

《司法鉴定统一管理体制改革与发展研究文集》共分为四个部分：第一部分为司法鉴定管理，主要介绍司法鉴定管理在实践中的探索与新经验；第二部分为司法鉴定制度改革，主要介绍我国司法鉴定制度在改革与发展中的实践与探索；第三部分为证据制度，主要介绍关于司法鉴定意见的证据制度；第四部分为域外改革启示，主要介绍国外司法鉴定制度的基本情况和改革动向。

《司法鉴定统一管理体制改革与发展研究文集》主要供司法鉴定管理工

作者和司法鉴定人使用，本辑选编的起点与《司法鉴定研究文集》第 8 辑相衔接，其范围主要是选自 2014 年在我国期刊杂志和内部刊物上发表的论文、报告和研究成果。

　　《司法鉴定统一管理体制改革与发展研究文集》得到了司法部有关司局以及中央财经大学法学院的大力支持与协助，在此表示衷心感谢！本文集如有遗漏或不足之处，敬请批评指正。

司法部司法鉴定管理局
2015 年 10 月

目　　录

二、司法鉴定制度改革

三、证据制度

四、域外改革启示

【一、司法鉴定管理】

进一步改革完善司法鉴定管理
制度的基本思路[*]

霍宪丹^{**} 郭 华^{***}

党的十八大报告提出,"进一步深化司法体制改革,坚持和完善中国特色社会主义司法制度,确保审判机关、检察机关依法独立公正行使审判权、检察权"。党的十八届三中全会在《中共中央关于全面深化改革若干重大问题的决定》中进一步提出,"深化司法体制改革,加快建设公正高效权威的社会主义司法制度,维护人民权益","健全司法权力运行机制","完善人权的司法保障制度",这对司法鉴定工作提出了新任务、新要求。司法鉴定制度作为司法制度的重要组成部分,如何在深化司法体制改革中进一步健全完善统一权威的管理体制和运行机制,首先要明确司法鉴定管理制度在哪些环节上需要进一步深化改革,以及需要何种途径改革等问题。这不仅是推进司法鉴定管理制度改革需要关注的,也是提高司法鉴定规范化管理水平必须考虑的。本文对进一步改革完善司法鉴定管理制度面临的问题进行了探讨,以期寻求推进司法鉴定管理制度改革的理性路线,为加快建设公正高效权威的社会主义司法制度提供良好的制度保障。

一、继续推进司法鉴定管理制度改革的基本思路

我国司法鉴定制度改革历经了10年的实践,从"积极推进"到"稳妥发展"再到"深化完善",基本形成了司法鉴定统一管理体制,改革在制度的公正性上取得了显著进展,司法鉴定的可靠性、权威性得到提高。这充分说明中央确定的司法鉴定体制改革的目标和方向是正确的,也表明建立司法鉴定统一管理体制符合中国国情和现阶段诉讼需要,符合建设公正高效权威的社会主义司法制度的基本要求。当前

---

* 本文原载于《中国司法》2014 年第 1 期。

** 司法部司法鉴定管理局原局长。

*** 中央财经大学法学院教授,博士生导师。

在运行机制和管理方法上还需要进一步改革完善。

（一）进一步消除影响司法公正的机制因素

《全国人民代表大会常务委员会关于司法鉴定管理问题的决定》（以下简称《决定》）中关于"把司法鉴定管理纳入规范化、法治化轨道"的出发点是因为"司法鉴定管理方面存在突出问题，严重影响了司法鉴定科学性、客观性和准确性，并在一定程度上影响了司法公正。"[1] 鉴于司法鉴定管理制度改革确立了"审鉴分离"制度，在消除司法审判机关在鉴定管理上有可能影响公正司法弊端的同时，"侦鉴合一"却又演变成为在深化司法鉴定管理制度改革过程中需要进一步研究解决的问题。尽管"侦鉴合一"有助于侦查机关提高侦查效率，但从司法公正的基本要求来考虑，"侦鉴合一"本身存在一些结构性问题。从司法实践看，如果鉴定机构缺乏第三方法律地位，鉴定人则难以在制度上保证依法独立执业。如此一来，"在很多情况下侦查与鉴定成为一体，就无法避免事先把所希望的结论考虑在内的'权宜主义'鉴定的危险性。""先有嫌疑，为了证明这个嫌疑而进行鉴定，就有可能根据事情的方便修剪物证，使物证适宜于语言事先编制好了的故事。在这里，潜伏着削足适履的危险性。"[2] 各国的司法实践表明，只有鉴定机构和鉴定人真正成为独立于侦查权和诉讼职能之外的第三者，当事人才可能放弃对鉴定不公的怀疑抑或对官官相护的"偏执"印象，进而相信鉴定意见的科学性与客观性，进而提高司法审判的效率与权威，避免因一味追求侦查效率而造成起诉效率、审判效率低进而导致案件久鉴不决的局面。

现有的管理体制不仅没有消除在"侦鉴合一"体制下对鉴定机构和鉴定人中立性的影响，而且还增加了因"侦鉴合一"体制而产生的担心。[3] 鉴于2012年修改后的《刑事诉讼法》第50条已明确规定"不得强迫任何人证实自己有罪"，因此有的学者在深入考察国外英美法系和大陆法系国家和地区鉴定机构的设置及发展趋势、分析我国与这些国家和地区相关制度异同的基础上，认为提高侦查效率难以成为继续大力推进侦查机关鉴定机构建设发展的正当理由。[4] 对此，本文作者认为，从当前实际出发，可以从两个方面推进"侦鉴合一"向"侦鉴分离"的改革。

1. 侦查机关设置的鉴定机构应当保持相对的内在独立性。在现有制度框架下将行使鉴定职能的机构与行使侦查权的部门分离，在保证侦查机关设置的鉴定机构首

---

[1] 全国人大常委会法制工作委员会刑法室编著：《全国人民代表大会常务委员会关于司法鉴定管理问题的决定释义》，法律出版社2005年版，第57页。

[2] ［日］滨田寿美男：《自白的心理学》，片成男译，中国轻工业出版社2006年版，第158～159页。

[3] 郭华："我国司法鉴定制度改革的困境与出路"，载《政法论坛》2009年第6期。

[4] 陈永生："中国司法鉴定体制的进一步改革——以侦查机关鉴定机构的设置为中心"，载《清华法学》2009年第4期。

先为侦查工作服务的基础上，改变侦查技术与司法鉴定混同的状态，建立"侦鉴分离"机制，明确鉴定机构不再隶属于刑事技术侦查部门，不再参与现场勘验、检查等有关犯罪现场调查和收集证据材料的活动（这些活动才真正属于刑事技术侦查活动的范畴），而是作为提供鉴定意见的专门机构，保持相对独立性。

2. 按照"法律面前人人平等"的宪法原则以及鉴定意见作为证据应当保持客观公正、科学规范的基本要求，在侦查机关设置的鉴定机构应当尽快纳入审核登记的范围，切实体现"公"（职权鉴定机构）"民"（社会鉴定机构）标准一致以及同等待遇的要求。司法鉴定制度只有遵循司法活动客观规律和规范统一、权责统一、权力制约、公开公正、尊重程序等基本要求，才能顺应时代发展的需要。

（二）进一步健全完善统一管理的运行机制

在 2012 年全国人民代表大会期间，全国人大内司委曾表示，将督促有关部门认真贯彻落实决定的各项规定，不断研究解决实践中出现的问题，进一步完善司法鉴定制度。[5] 当前，针对实践中出现的突出问题，需要在以下几方面加大改革力度：

1. 在管理上进一步去地方化，推进司法鉴定统一管理的规范化、法治化、科学化步伐，真正使司法鉴定名册管理工作全部纳入国家层面。

2. 健全完善全国司法鉴定统一管理模式。对于诉讼需要并具备统一管理条件的鉴定事项均应尽快纳入司法鉴定统一管理的范围，形成全行业、全过程、动态化的统一管理模式，解决当前诉讼需要与管理混乱的矛盾，保证鉴定意见作为证据的统一规格，提高司法鉴定管理的规范化水平，以适应司法审判工作提出的新要求和人民群众日益增长的鉴定需要。

3. 在司法鉴定统一管理体制下，建立以司法鉴定管理部门与其他行业主管部门相配合的管理机制，合理配置司法鉴定管理权，解决管理上缺位、越位和错位的突出问题。一方面，加强对环境污染损害、会计司法、建设工程、知识产权、食品药品和医疗损害、涉案物品价格等鉴定事项的规范管理；另一方面，可以将职能交叉、重叠管理的事项，集中由司法鉴定主管部门统一管理，避免政出多门、多头管理，以降低行政成本，提高管理效能。

4. 着力推进司法鉴定行业能力水平建设，加强高资质高水平公共鉴定机构和国家证据科学技术重点实验室建设。实践证明，通过发挥国家级司法鉴定机构的引领作用、示范作用和权威作用，有效推动了司法鉴定行业的建设发展，提升了司法鉴定的社会公信力。在此基础上要大力推动高资质、高水平公共鉴定机构建设发展，充分发挥司法鉴定制度在促进司法公正、防止冤假错案中的积极作用。[6] 要以 2013 年 8 月最高人民法院、最高人民检察院、公安部、国家安全部、司法部共同发布

---

〔5〕 参见"代表建议制定司法鉴定管理法完善司法鉴定制度"，载《法制日报》2012 年 2 月 12 日。

〔6〕 周斌："十家国家级司法鉴定机构通过资质审核"，载《法制日报》2013 年 9 月 4 日。

《人体损伤程度鉴定标准》为契机，加大力度推进司法鉴定行业标准化建设。

二、进一步完善司法鉴定管理制度改革的基本思路

2012 年修改后的《刑事诉讼法》、《民事诉讼法》和新颁布的《精神卫生法》以及相关司法解释、规定的诸多条款内容与司法鉴定活动密切相关，也对司法鉴定制度改革提出了新要求。同时，如何推动实现国家治理体系和治理制度的现代化，建设法治中国、法治政府、法治社会以及加快建设公正高效权威的社会主义司法制度，也是进一步完善司法鉴定管理制度改革必须回应的问题。

（一）新形势下进一步完善司法鉴定管理制度改革面临的新问题、新要求

1. 法律修改完善对司法鉴定管理制度提出的新要求。2012 年修改后的《刑事诉讼法》、《民事诉讼法》和新颁布的《精神卫生法》以及相关解释、规定对鉴定方面的内容进行一系列的调整、完善和发展。由于《决定》作为司法鉴定制度改革的法律性文件以及有关司法鉴定配套管理的三部主要法规均是在此之前完成的，因此，在衔接、配套、协调问题上，对进一步完善司法鉴定管理制度提出了新要求：①鉴定人出庭作证对司法鉴定管理工作提出了新要求。一方面，要确保鉴定人履行依法出庭作证的义务；另一方面，要有效保障鉴定人的执业权利、执业条件。同时，还需要制约部分当事人滥用申请鉴定人出庭的权利，降低诉讼成本，减少鉴定资源浪费。②当事人对鉴定人选择权的法律规定，也给司法鉴定管理工作带来了新挑战。如何保障法律赋予当事人的鉴定权不被克减，如何为当事人提供优质高效的鉴定服务，以及为当事人便捷、有效地行使诉权提供制度保障和权利救济都是进一步深化司法鉴定管理制度改革需要解决的新问题。③专家辅助人制度的确立，不仅有助于法官在法庭质证中深入理解和正确判断鉴定意见，还应当满足程序正义的基本要求：让与诉讼结果有利害关系或者可能因该结果蒙受不利影响的人，都有机会参与到诉讼中，并提出自己的主张和证据以及反驳对方提出的主张和证据。但应当注意的是，这种制度可能会在一定程度上消解鉴定意见的证明效力，降低鉴定人的专业权威。而且，基于受鉴定人出庭的制度约束、法官对于专家辅助人出庭作证的态度、质证在解决专门问题上的局限性、诉讼的经济成本上导致出现新的不公平等因素影响，也将成为维护司法鉴定的科学性所面对的新问题。

2. 党的政策对司法鉴定统一管理制度提出新要求。党的十八届三中全会指出："优化司法职权配置，健全司法权力分工负责、相互配合、相互制约机制，加强和规范对司法活动的法律监督和社会监督。"同样需要通过深化司法鉴定管理制度改革为健全司法权力分工负责、相互配合、相互制约机制提供良好的制度保障，使司法权在诉讼过程中能够得以规范有效运行。同时，司法鉴定管理制度改革还需要在"完善人权的司法保障制度"的总体要求下维护当事人的鉴定权，避免鉴定人因滥用执业权利造成当事人或者相关人员合法权益受到损害：一方面，在进行 DNA 鉴定、精

神疾病司法鉴定等涉及人身的鉴定时，保障当事人的人身权利不受侵犯；另一方面，当司法鉴定人在诉讼活动中，其本人或者近亲属的人身安全面临危险时，人民法院、人民检察院、公安机关应当依法采取保护措施并且当保护措施不力时能够及时获得救济。当前反映突出的问题是鉴定人或者其近亲属在鉴定实施中、作证过程中和作证后的工作生活中受到非法侵害或无理干扰。

3. 进一步深化司法制度改革中遇到的新情况。恩格斯认为，司法分立原则"最透彻地反映了人类对自身的恐惧"，它既是司法规律的必然要求，也是对权力进行监督和制约的历史经验的总结。习近平总书记指出，"要努力让人民群众在每一个司法案件中都感受到公平正义，所有司法机关都要紧紧围绕这个目标来改进工作，重点解决影响司法公正和制约司法能力的深层次问题"。我国新一轮司法制度改革的重点之一是去行政化、地方化，因此，深化司法鉴定管理体制改革，应当以高度专业化、职业化、集约化建设促进司法公正，提高司法效率，维护司法权威。同时，还要进一步创新管理模式，加强与司法制度改革的协调配合，促进体系化建设，增强制度效应。

（二）主动应对司法鉴定管理制度改革面对的新问题、新要求

面对司法鉴定管理制度改革中出现的新问题、新要求，既不能等闲观望或封闭式推进，也不能罔顾现实的机遇或固守改革成果以致丧失深化改革的良机。对此，必须在司法制度改革过程中同步推进，才能确保取得成效。①转变建立在所有制基础上的传统管理模式，建立完善分工合理、权责统一、规范高效、科学合理的司法鉴定统一管理模式，将司法鉴定管理纳入推进国家治理体系和治理能力现代化目标中，不断增强建设中国特色司法鉴定制度的制度自信。[7] ②更加注重司法鉴定管理制度改革与调解制度、仲裁制度、公证制度、辩护制度的协调配套。还应当预见的是，随着《刑事诉讼法》、《民事诉讼法》以及《行政诉讼法》中关于当事人对鉴定人的选择、鉴定人的出庭以及专家辅助人出庭参加质证等规定的完善，诉讼机关一些内设管理机构也要重新审视和调整。③在完善《国家司法鉴定人和司法鉴定机构名册》管理制度的基础上，打破鉴定启动权垄断的局面，建立形成鉴定决定权与鉴定人选择权相互制约的关系。积极探索建立专家辅助人参与诉讼可能产生的风险控制机制。④注重国外司法鉴定管理成功经验在我国司法环境下的有机生长，实现国外经验的本土化与本土经验的制度化。

从根本上讲，"我国的司法体制改革，必须立足于我国仍处于并将长期处于社会主义初级阶段的基本国情，既认真研究和吸收借鉴人类法治文明的有益成果，又不照抄照搬外国的司法制度和司法体制；既与时俱进，又不超越现阶段实际提出过高

---

〔7〕 有关此问题，可参见霍宪丹、郭华："建设中国特色司法鉴定制度的理性思考"，载《中国司法鉴定》2011 年第 1 期。

要求。"〔8〕 对此,可以参考与借鉴大陆法系与英美法系国家的成功经验,进一步完善我国司法鉴定制度改革的基本思路,但不宜在改革中盲目移植或者照搬国外的相关制度与做法。

总之,进一步深化司法鉴定制度改革需要注重从完善人权的司法保障制度的视角出发,切实维护当事人鉴定权利,通过完善制度规定和正当程序规范,确保鉴定机构和鉴定人在诉讼中的第三方中立法律地位,健全完善质量评价机制和质量管理体系,确保鉴定意见既可信又可靠。

三、结语

深化改革与加快发展相互协调、相互促进,进一步深化司法鉴定管理制度改革需要在维护鉴定公正的基础上,努力通过司法鉴定行业的体系化、集约化、公共化建设,不断提升司法鉴定制度的整体性、系统性和协同性,充分发挥司法鉴定制度在预防和纠正冤假错案、维护社会公平正义中的功能作用,这既是进一步深化司法鉴定管理体制改革的目标,更是司法机关和人民群众对司法鉴定的新期盼、新要求。

---

〔8〕 孟建柱:"深化司法体制改革",载《人民日报》2013 年 11 月 25 日。

关于司法鉴定管理工作的实践和思考

——以开展专项活动为视角*

沙奇志**

为了进一步加强司法鉴定管理工作，从 2010 年开始，安徽省司法厅在实践中探索、在总结中完善，不断健全管理制度、丰富管理手段、完善管理举措，连续四年开展了系列专项主题实践活动，推动了全省司法鉴定工作健康稳定发展。本文以开展系列专项活动为视角，对司法鉴定管理工作的实践进行认真总结，对进一步规范司法鉴定管理提出思考和建议。

一、系列专项活动开展情况

（一）2010——服务提升年

2010 年是安徽省司法鉴定的服务提升年。该省以制度建设为抓手，切实加强执业监管，着力完善机构内部管理，积极营造良好执业环境，有力地推进了全省司法鉴定行业整体服务能力的提升。一是加强制度建设，不断规范司法鉴定管理。各司法鉴定机构根据《安徽省司法鉴定机构内部管理制度指南》的要求，进一步建立健全了司法鉴定机构内部管理制度。二是加强执业监管，切实提高司法鉴定质量。各市普遍从司法鉴定机构的资质、仪器设备、内部管理及业务能力、职业操守等多方面开展了司法鉴定机构、司法鉴定人的年度执业考核，不断增强司法鉴定人的大局意识、法律意识、程序意识，进一步规范了司法鉴定机构执业行为。三是加强舆论宣传，积极营造良好发展氛围。各市司法局充分利用当地广播、电视等媒体，通过访谈、专题节目等形式，开展丰富多彩的司法鉴定工作宣传活动，积极向社会公众宣传介绍司法鉴定制度，努力扩大司法鉴定的社会影响力。四是加强沟通协调，努力改善司法鉴定执业环境。各市司法局积极加强同有关部门的沟通协调工作，如不少市司法局与中级人民法院建立了定期联席会议制度，积极改善司法鉴定外部执业环境。

---

* 本文原载于《中国司法鉴定》2014 年第 3 期。

** 安徽省司法厅副厅长。

（二）2011——诚信建设年

2011 年是安徽省司法鉴定的诚信建设年。该省从规范执业入手，重点开展司法鉴定人执业纪律和职业道德教育，切实提高服务能力和水平，为提升司法鉴定质量奠定基础。全省 16 个市局先后组织各司法鉴定机构开展了诚信宣誓活动，全省 103 家鉴定机构 1421 名鉴定人员分别签订了"诚信承诺书"。各市局积极组织鉴定机构开展社会公益活动，为经济困难的群众提供司法鉴定援助。与此同时，各市司法局围绕活动主题，完善监管措施，加大督查力度，积极开展了规范执业质量检查、档案卷宗评查、鉴定质量回访、季度巡查监督等监管活动，确保活动不流于形式，不走过场。

（三）2012——质量建设年

2012 年是安徽省司法鉴定的质量建设年。该省以提升鉴定质量为中心，进一步巩固服务，提升年和诚信建设年的成果，着力健全质量的保障和监督体系，切实增强司法鉴定行业发展能力。一是强力推进综合管理系统运用。各市司法局把推进司法鉴定综合管理系统运用作为保障鉴定质量的重要举措，制定应用考核办法，实行月度考核，开展应用比武活动，多举措加大综合管理系统应用力度。二是全面开展案卷评查，对部分存在问题的机构采用谈话提醒方式进行约谈，督促其限期加以整改。三是不断加大教育培训力度。采取走出去、请进来的方式，积极组织司法鉴定人参加司法部司法鉴定管理局和司法部司法鉴定科学技术研究所举办的专题业务培训，邀请知名司法鉴定专家有针对性地对司法鉴定人开展专项业务辅导。特别值得说明的是，该省还专门举办了全省司法鉴定人法律知识考试，对增强司法鉴定人的法律意识和程序意识起到了极大的推动作用。四是督查到位，狠抓落实，确保质量。各市司法局围绕各阶段活动内容，不断加大督查力度，通过聘请行风监督员、明察暗访、专项督查及召开推进会等形式，扎实推进活动高质量开展。

（四）2013——档案达标升级活动年

2013 年是安徽省司法鉴定档案达标升级活动年。该省以健全完善档案为目标，进一步规范司法鉴定执业活动，推动司法鉴定工作长效机制建设。省司法厅会同省档案局联合下发《关于印发全省司法鉴定机构档案管理达标升级工作方案的通知》，对工作进行了周密部署，并会同省档案局分别在合肥等市分批召开了司法鉴定机构档案管理达标升级工作现场指导会，深入司法鉴定机构，对档案达标升级工作进行了实地检查和指导。活动中期，省司法厅与省档案局组成联合检查组，先后对全省各市档案达标升级工作进展情况进行了检查，对检查中发现的问题提出整改意见。根据档案达标升级工作方案要求，2013 年底力争全省司法鉴定机构有 50% 达到省三级综合档案管理标准，20% 达到省二级以上综合档案管理标准。经过近一年紧张有序的工作推进，各市验收合格鉴定机构数量超额完成年度目标任务。

二、系列专项活动主要成效

（一）进一步提高了司法鉴定管理水平

安徽省主题实践系列专项活动的成效主要表现在：一是提高了司法鉴定管理工作的针对性。每年一个专项活动，重点解决和破解一个方面的管理难题，促进了管理工作在针对性和实效性上逐步提高。二是增强了司法鉴定管理工作的能力。通过系列专项活动的开展，各管理部门完善了管理制度，健全了管理手段，丰富了管理经验，推动了管理工作规范化水平的提升。三是促进各市司法鉴定管理力量的加强。全省各市司法局的独立司法鉴定管理部门由系列专项活动开始时的2家增至现在的5家，还有一些市司法局配备了专职司法鉴定管理人员。四是推动了鉴定机构内部管理的完善。在系列专项活动中，鉴定机构作为活动主要承担者和参与者，在完成活动的目标任务中，积极建立健全内部管理制度，有针对性地改进管理方法和举措，促进了内部司法鉴定质量管理体系的逐步建立。

（二）进一步提升了司法鉴定机构发展能力

安徽省主题实践系列专项活动的开展，进一步提升了司法鉴定机构发展能力：一是机构的硬件设施有了较大改变。据不完全统计，全省鉴定机构的平均办公面积比活动开展前增加了100平方米以上，除极少数地处县域的鉴定所外，其他鉴定机构都新增了办公面积。在仪器设备方面，近几年，所均新增投入50万元以上，大部分所实现了仪器设备更新换代。二是机构的软件管理运用有了新的进展。自2011年9月起，全省司法鉴定机构全面推行司法鉴定综合管理系统，目前实现了全案录入目标；围绕综合管理系统的使用，司法鉴定机构在内部管理上进一步规范，管理的效率明显提高。三是能力验证水平有了较大的提高。从纵向比较看，伤残程度鉴定能力验证在2012和2013年通过率均比2011年提高了22个百分点，损伤程度鉴定能力验证通过率在2013年比2011年提高了27个百分点，法医病理死亡原因和死亡方式鉴定能力验证通过率在2012、2013年分别比2011年提高了24个百分点和7个百分点。

（三）进一步增强了司法鉴定人综合素质

系列专项活动使鉴定人业务能力水平得到提升，鉴定人职业道德建设得到加强。在努力提升鉴定人专业水平的同时，省司法厅坚持把鉴定人职业道德建设作为基础工程常抓不懈。2011年把专项活动的主题明确为诚信建设，着力夯实鉴定人职业道德建设的基础，其他专项活动中也把职业道德建设和严明执业纪律作为重要内容，不断促进鉴定人恪守职业道德的自觉性和主动性。鉴定人的行业归属感和职业荣誉感得到增强，司法鉴定行业的凝聚力和向心力进一步增强。

（四）进一步推进了司法鉴定工作健康发展

系列专项活动进一步推进了司法鉴定工作健康发展：一是机构数量稳步增长，机构数量由2010年的104家发展到2013年的120家，尤其是近两年，扩展和新增几家综合类司法鉴定中心，为下一步培育品牌机构奠定了基础。二是鉴定人队伍逐步扩大。鉴定人数量由 2010 年的 1493 人，发展到 2013 年的 1652 人，部分鉴定机构围绕专业化和职业化队伍建设目标，积极创造条件引入专职鉴定人，特别是司法鉴定人助理制度得到初步确立，司法鉴定事业发展后备人才队伍建设逐步走上正轨。三是司法鉴定检案量逐年递增。2010 年为 37 927 件，到 2013 年已超过 56 000 件。司法鉴定工作在维护群众合法权益、保障司法公正、促进社会和谐稳定中的职能作用愈加彰显，为服务诉讼活动作出了积极贡献。

（五）进一步树立了司法鉴定行业良好形象

系列专项活动进一步树立了司法鉴定行业良好形象。司法鉴定社会知晓面进一步扩大，公安、法院等委托单位认可度进一步增强，当事人满意率进一步提高。从司法部司鉴局近年的统计报表看，安徽省司法鉴定案件投诉率低于全国平均水平，从全省的案件投诉与案件总量的比例看，也基本呈逐年下降趋势。

三、经验与启示

（一）渐进设计，推动良性发展

单一的专项活动着重解决特定问题，但从整体推动工作的角度看，系列专项活动的设计应当具有内容上的逻辑递进关系。遵循司法鉴定工作的发展规律，针对实际存在的问题，由浅入深，由表及里，渐次推进。每年的专项活动内容既相对独立，又彼此相互联系，形成一个紧密相关的工作链条，推动司法鉴定管理工作良性发展。在内容设计环节，需要准确把握两个方面的因素，一是科学分析司法鉴定管理工作的实际情况，合理确定专项活动的主题，使活动更具针对性。二是准确界定专项活动的周期，使专项活动的开展与解决问题的实效更具合理性。周期过短，不利于问题的真正解决；周期太长，容易使工作陷入疲态。为此，该省设定一年为一个周期，次年的活动主题以上年活动为基础，逐步深入。比如，服务能力提升年侧重于打牢基础工作和完善基本制度，解决制度层面问题；诚信建设年侧重于增强职业道德和严明执业纪律，解决行业道德建设问题；质量建设年侧重于完善管理体系和规范鉴定程序，解决鉴定实务方面问题；档案达标升级活动侧重于规范鉴定活动和完善档案管理，解决长效机制问题。每年的专项活动从横向看，体现出针对性，即每年重点解决某一方面的存在的突出问题；从纵向看，反映出渐进性，始终以提高司法鉴定质量为主线，按照管理工作的重点和难度由浅入深循序渐进，从基础工作和基本制度入手，再以职业道德和执业纪律为保障，到完善管理体系和规范鉴定程序，进而规范整个鉴定活动并努力形成长效机制。

（二）整体联动，激活内生效应

整体联动包含两个方面的含义：一是单项活动与全年工作的整体联动；二是若干个专项活动与司法鉴定管理总体工作的整体联动。就单一专项活动而言，每一年的活动主题虽然侧重于某一方面，但通过专项活动的辐射作用，以点带面，推动了司法鉴定工作的整体发展。该省注重将活动内容与全年工作谋划紧密结合起来，每一次专项活动既是当年的工作重点，又将其作为整体工作的龙头，通过专项活动的核心作用，促进整体工作目标任务的实现。就若干专项活动的渐次开展而言，他们注重将活动开展与整体工作推进结合起来。上一年的专项活动着重解决某一类突出问题，在安排下一年度的专项活动时，既注意考虑上年度专项活动开展的成效与存在的不足，又结合司法鉴定工作发展实际，将其与本年度整体工作推进有机结合起来，努力做到相互促进、相互推动，以专项活动开展推动整体工作推进，以整体工作推进带动专项活动开展。

四年来的专项活动实践表明，影响整体联动效果的因素主要有两个方面：一是专项活动的设计与司法鉴定管理工作发展状况的外在关联度。专项活动不是面子工程，不能不顾实际。与此同时，专项活动是为整体工作服务的。"关联度"高，活动的针对性就强，解决实际问题的效果就明显。正因为如此，要使专项活动达成最大功效，要求活动的设计者必须具有把握工作大局和预测工作发展趋势的能力。二是若干专项活动之间的内在衔接度。连续开展的年度专项活动之间是否具有内在的联系，是否能够产生联动效应，也是决定专项活动整体成效的重要因素。从理论上说，年度专项活动可以是独立存在的，专门解决特定问题。但从司法鉴定工作发展的实践而言，目前司法鉴定管理的规范化程度还不高，诸多现实问题都需要解决，因此，他们在设计专项活动时具有全局观念和整体推进的意识，各专项活动的主题之间应当具备内在的联系，一步一个脚印，一步一个台阶，不断深入，不断提升。

（三）注重实效，提升发展能力

由于司法鉴定统一管理时间较短，无论是制度设计，还是队伍建设，无论是机构设置，还是鉴定质量，都与司法鉴定行业发展的实际需要、人民群众的心理期待存在着不小的差距。从制度层面看，2005 年全国人大常委会《关于司法鉴定管理问题的决定》过于笼统，对"三大类"机构管理缺乏可操作性。部颁规章过于原则，司法鉴定管理工作都靠省级司法行政机关自行探索，现有的管理制度的滞后性、零散性、非系统性等特点日益显现；从管理队伍现状来看，省厅及市局普遍存在着人手不够、力量薄弱、专业水平欠缺等问题；从管理模式来看，面上粗放式管理部署任务多，点上集约式解决实际问题少，管理手段传统单一；从机构设置来看，机构准入门槛过低，机构设置模式混乱已经成为制约鉴定工作健康发展的重大障碍；从鉴定质量来看，由准入门槛过低而导致的鉴定人素质参差不齐、年龄普遍老化、鉴定人队伍青黄不接等问题明显存在，许多鉴定机构在低水平的层次上运转，鉴定质量不高的现象常受社会诟病，重复鉴定现象几成常态。在此种困境下，如何有序推进司法鉴定管理工作，已成为各级司法行政机关必须认真思考并解决的问题。既作为一种工作载体，又作为一种工作方法的专项活动，在一定程度上改良了管理制度不完善、管理队伍不健全、管理模式不科学等产生的缺失和弊病。

四、有关专项活动的思考

安徽省司法厅四年来有针对性地开展多项主题实践活动，有步骤有重点地解决司法鉴定领域存在的实际问题，推动了司法鉴定工作稳步健康发展，这种新形势下加强司法鉴定管理工作的有效方法，引起了笔者的思考：

（一）总结经验　巩固成效

要总结经验，巩固成效。加强制度建设，应善于将专项活动中取得的成功经验通过制度方式固定下来，要在巩固活动成效上下功夫，进一步发挥专项活动的后续效应和宣贯效应。比如，2011年安徽省司法厅出台了《关于全省鉴定机构布局的指导意见》，按照总量控制有序发展、优化结构合理布局、整合资源做大做强、严格条件规范准入的原则，对全省司法鉴定机构发展布局提出了要求，就是在总结服务提升年专项活动的基础上做出的决策。结合诚信建设年活动的实际情况，省司法厅及时出台了《司法鉴定季度巡查和谈话提醒办法》等规范性文件。成熟的经验一旦固化，司法鉴定管理工作的规范性和推动力就会大大增强。

（二）回头看　补缺补差

做好"回头看"和补缺补差工作，是巩固成绩的有效举措。专项活动毕竟不是包治百病的良药，不可能毕其功于一役。每一项活动计划着重解决某一方面某一时期的特定问题，实践中不可避免会出现因方案设计不尽合理、工作推动不尽到位等情况而导致实际效果与主观愿望之间存在差距的现象。比如服务提升年活动虽然增强了鉴定人的大局意识、法律意识和程序意识，司法鉴定机构的执业行为也得到进一步规范，但部分鉴定机构规模较小、内部管理比较薄弱、仪器设备相对落后、鉴定质量监控不力等基础性问题仍然不同程度地存在，这就需要我们做好拾遗补缺工作，在后续工作中注意防范，以免工作虎头蛇尾。要根据司法鉴定行业的发展路径和发展规律认真研究专项活动的特点和作用，不断完善专项活动的内容设计、推进方式和验收总结，将其作为完善管理制度、丰富管理方法的重要举措，通过专项活动的开展切实增强管理工作的水平和能力。

完善司法鉴定业务管理工作的对策与建议[*]

邹明理[**]

司法鉴定管理是司法行政管理的重要组成部分，其与律师管理、公证管理具有同等地位。在依法治国方略落实过程中，司法鉴定的地位、任务更重，要求更高、更严。因此，司法鉴定管理工作必须与时俱进，履行法律赋予的管理使命。全国人大常委会《关于司法鉴定管理问题的决定》（以下简称《决定》）实施近十年来，司法鉴定管理工作的成绩是明显的、多方面的、获得公认的，但根据新法律、新形势、新任务的要求，有些管理工作尚须进一步完善和开拓新的领域，以便更好地为公正司法、社会安定和谐服务。本文仅就目前较为紧迫的司法鉴定若干业务的管理工作进行总结，提出一些管理原则和措施，供管理部门参考。

一、涉鉴投诉和鉴定纠纷的处理工作

（一）涉鉴投诉和鉴定纠纷事件的现状

1. 当前涉鉴投诉事件出现的基本情况。我国两类司法鉴定机构每年受理 300 余万个鉴定事项，其中社会鉴定机构和侦查机关鉴定机构各占一半，而涉鉴投诉事件的数量很难有一个较为准确的统计数据。但总的情况是，刑事鉴定投诉较少，民事与行政鉴定投诉相对较多；在地区和专业类别上大中城市、大中型鉴定机构出现的投诉高于区县和小型鉴定机构；法医和物证鉴定类明显多于其他专业类别。涉鉴投诉事件占鉴定事项总数的比例是一个不确定数。司法部司法鉴定管理局公布的 2013 年的涉鉴投诉是 1300 多件，这个数字可能是较为重大的鉴定纠纷。有的省、市个别专业的涉鉴投诉事件数达鉴定总数的 30% ~ 40%。据笔者对部分鉴定机构的调查和了解，各种投诉数占鉴定事项总数的 5‰ ~ 8‰。

2. 近年来涉鉴投诉事件出现的特点。从诉讼类别上看，民事鉴定的投诉占投诉总数 70% ~ 80%；在专业类别上，法医和物证鉴定（主要是文书鉴定）约占投诉的50%；被投诉主体主要是大、中型司法鉴定机构。

投诉的方式，以信函和上访（到鉴定机构当面质询）为主（约占 50%）；其他

---

* 本文原载《中国司法鉴定》2014 年第 6 期。

** 西南政法大学教授。

依次是网络披露和大众媒体曝光，到鉴定机构吵闹、殴打鉴定人、破坏鉴定机构财物，聚众到鉴定机构贴标语、喊口号、提抗议、静坐示威，向鉴定机构和鉴定人实施敲诈、以自杀或杀人相威胁。前四种为投诉的正常形式，后几种是由投诉演变成的鉴定纠纷。据不完全调查，约1%～2%的鉴定纠纷事件是有预谋、有组织、有指挥的。其比例虽小，但消极影响较大，应列为处理投诉事件的重中之重。

据部分鉴定机构和鉴定管理部门反映，涉鉴投诉事件逐年上升、诉求逐步提高、投诉形势日趋紧张，个别地区和部分鉴定机构还出现过不同地区、不同鉴定业务门类的当事人组织集体哄闹，甚至到鉴定人家中纠缠的情形，鉴定管理部门和鉴定主体承受着巨大压力。

（二）涉鉴投诉和鉴定纠纷事件增多的原因探析

1. 涉鉴投诉和鉴定纠纷事件产生的基本原因。笔者认为，这类事件增多的基本原因有六个方面：一是鉴定人的鉴定能力和鉴定机构的管理方式不能完全适应当前诉讼活动的需要。约有三分之一的投诉事件确实产生于鉴定书内容的局部缺陷，有少数确属鉴定意见存在这样或那样的差错（如偏离客观事实、表述片面、运用鉴定标准等级有误、鉴定依据不充分等）；有的是由于鉴定材料本身的缺陷，鉴定意见容易出现争议；有的是鉴定事项较为疑难很难获得一致认同的鉴定意见。二是鉴定材料未经法庭质证，其来源的合法性、真实性存在争议而当事人对鉴定意见不服引起投诉。三是一个鉴定事项经过多次鉴定，鉴定意见出现多种结果，各对一方有利，人民法院均未采信，导致久审难判，引起当事人投诉。四是鉴定意见确属客观真实，但与案件事实缺乏关联性而被法院采信，当事人对判决不满而举报鉴定人作假。五是鉴定意见无任何瑕疵，经过法庭质证被法院采信，作了损害当事人一方"核心利益"的判决，引起该当事人强烈不满而迁怒于鉴定人，由此而产生的鉴定纠纷占总数的一定比例。六是确属鉴定主体违背职业道德和执业纪律，故意作虚假鉴定而引起鉴定投诉的，可能只占投诉举报事件总数的千分之几或万分之几。

2. 涉鉴投诉和鉴定纠纷多出现在社会鉴定机构的原因。涉鉴投诉和鉴定纠纷事件多出现于社会司法鉴定机构，并不完全是这些机构主观能力不强或者管理不善所导致的，客观地分析，除具有部分主观因素之外，还有四方面的客观原因：一是涉鉴投诉事件多属于民事、行政鉴定，而社会鉴定机构又主要受理这两类鉴定委托；二是民事、行政诉讼中，鉴定意见多属关键证据，要影响判决或者改变以至推翻原判决，当事人一方要挽救不利结局，通过投诉鉴定意见入手是一条有效途径；三是相当一部分社会鉴定机构鉴定能力和条件较差，鉴定文书中的缺陷可能多一点，鉴定公信力较弱，投诉举报的成功率通常高一些；四是社会鉴定机构在鉴定领域或诉讼服务群体中处于相对弱势，当事人采取较为强硬的投诉手段，容易改变鉴定结果（迫使撤鉴）或获得预想的利益。

然而，将涉鉴投诉和鉴定纠纷事件数量逐渐上升一概认定为社会鉴定机构及其鉴定人和司法行政部门管理不善所造成的观点是片面的、错误的。从前述两个方面可以看出，涉鉴投诉和鉴定纠纷事件的产生与增多出于多方面的原因，有正常的、合理的诉求，也有非正常的、不合理的要求。各级政法部门和相关的法律、法学人士，对此应有全面、客观的分析。认为鉴定投诉和鉴定纠纷事件增多，主要是鉴定机构和鉴定人引起的，其中又主要是司法行政部门管理不善和鉴定人能力不强所造成的评价有失公允。我们应当认识到，涉鉴投诉是当事人的诉讼权利，是司法民主的体现，犹如审判的上诉权一样，不能将当事人履行这种权利的原因，一律视为是鉴定或审判一定有错。至于涉鉴投诉中出现某些乱象，既有立法、司法、执法缺陷的影响，也和鉴定管理与鉴定人能力和责任心不到位、当事人与社会不良因素影响等多种因素相关。

（三）涉鉴投诉和鉴定纠纷事件具有两面性

正因如此，需要有效控制不合理、非正当的投诉事件发生。

1. 应当支持正当、合理的投诉活动。涉鉴投诉是诉讼民主的体现，是鉴定外部监督的一项有效措施，这种投诉，对于促进鉴定人鉴定能力增长、增强工作责任心、提高鉴定质量、树立良好的职业道德，对加强鉴定机构监督管理、改善鉴定保障条件、提升鉴定意见的公信力等有着不可忽视的积极作用。没有投诉是不正常的，当然，投诉和纠纷事件过多，鉴定机构与鉴定人就需要认真反思。

2. 应当采取有效措施，尽量减少涉鉴投诉与纠纷的发生。正当有效投诉会给当事人和委托方造成损失。鉴定失误与鉴定意见缺陷，必然损害当事人的合法权益，增加诉讼成本，延误诉讼过程，影响鉴定主体的声誉和公信力。不正当投诉或鉴定纠纷，会干扰鉴定秩序，影响社会安定，有碍公正司法，同时也容易挫伤鉴定人积极性，他们有时会迫于社会舆论压力出具违心的鉴定意见。当前不确定性鉴定意见增多，不能说与鉴定人的自我保护心理状态无关。鉴定主体和鉴定管理部门应当高度重视并采取有效措施进行管控。

（四）发挥司法行政部门的主导作用处理涉鉴投诉和鉴定纠纷事件

1. 处理涉鉴投诉是鉴定管理工作的重要组成部分。对于任何形式的涉鉴投诉事件（含鉴定纠纷）的处理，司法鉴定管理部门都是责无旁贷的。《投诉举报处理办法》中规定，涉及鉴定技术性问题的投诉司法行政机关不予受理。这规定原则上是对的，但现在的投诉多数是由于鉴定技术性问题引起的，而且相当一部分鉴定纠纷都是以鉴定技术性问题为诉求对象，如果鉴定管理部门不管，鉴定机构就难以招架。鉴定纠纷中涉及技术性的是非问题可交鉴定协会解决，但对于鉴定纠纷的处理，司法行政管理部门责无旁贷。

2. 多方协同处理涉鉴投诉。涉鉴投诉和鉴定纠纷的发生、发展与多个部门、多个方面有关，处理这类事件必须以鉴定管理部门为主导，鉴定机构密切配合，鉴定委托方（主要是法院）、鉴定协会、律师事务所、诉讼当事人等参与配合，根据各自的权利与职责，共同商讨处理办法。实践证明，只有这些方面协同工作，才能将鉴定投诉中引起的纠纷处理妥当。仅靠作为当事人一方的鉴定机构单打独斗是无济于事的。

（五）处理涉鉴投诉和鉴定纠纷的一般原则和措施

1. 积极、热情原则。处理涉鉴投诉和鉴定纠纷应坚持热情、积极、温和、柔性原则。即鉴定管理部门牵头，各方配合，找准涉鉴投诉和鉴定纠纷产生的真实、关键原因；重视投诉举报，将对鉴定质疑和异议处理于酿成纠纷的萌芽状态；热情接待，态度理性，耐心劝导，不激化矛盾；实事求是，有错必纠，坚守科学与法律正义底线。

2. 有效措施。处理涉鉴投诉和鉴定纠纷的应急有效措施：一是鉴定机构和鉴定人要做好先期鉴定询问的答复和鉴定上访的接待工作；二是相关领导出面劝解，承担相应责任，平息情绪，缓和矛盾；三是对当事人出现的不文明、不礼貌行为应耐心劝解，不得"以牙还牙"、"以暴制暴"；四是对于坚持静候不走或反复登门吵闹的当事人，应及时报告所属的鉴定管理部门，由多方共同做工作，多层次化解矛盾；五是对于涉及鉴定材料来源、鉴定程序、当事人的诉讼权利、鉴定文书瑕疵、鉴定意见争议等多层面的鉴定投诉乃至鉴定纠纷，鉴定管理部门和鉴定机构应与相关各方进行沟通，共同做好劝导与善后处理工作；六是对于聚众哄闹、静坐等激烈的鉴定纠纷，应由鉴定管理部门和鉴定机构负责人出面进行劝说、调解；七是对于被网络和大众媒体曝光的鉴定纠纷行为，可由鉴定管理部门和鉴定委托方与媒体单位协商，在一定场合对鉴定纠纷的真实情况予以澄清，防止"新闻炒作"、问题发酵；八是鉴定行业组织为应对鉴定纠纷中的技术问题争议，组织同行鉴定专家进行评定和咨询，在分清是非和责任后，鉴定管理部门会同相关方协商处理。同时，相关部门要制定减少和预防可能引起鉴定投诉各个工作环节的保障措施。

二、控制鉴定受理范围

鉴定受理范围不当，是引起司法秩序混乱和社会不安定的一个因素。鉴定受理与鉴定投诉有一定的直接关系。在处理鉴定投诉和纠纷过程中，常见到因鉴定程序违法，不该受理的鉴定委托被违法违规受理，该受理的被拒之门外而产生的投诉举报事件，发生激烈的鉴定纠纷在总数中还占一定比例。依法依规受理鉴定委托，是减少和预防鉴定投诉和纠纷的第一道关口。因此，在这个问题上鉴定机构和鉴定管理部门应从以下五个关口或环节把控。

（一）以受理侦查、检察、审判机关委托为主

这是"三大"诉讼法、《决定》、《程序通则》和"两个管理办法"明确规定的方向，也是社会司法鉴定机构存在的前提和基本职责。有人说，社会司法鉴定机构"是为社会服务"、"为群众的需要服务"，这样说是于法有悖的。司法鉴定的主要方

向是为诉讼活动服务，为公正司法提供技术保障条件。

（二）受理行政执法和非诉鉴定委托为次

这类鉴定虽非司法鉴定，但有的与司法鉴定有一定联系（可能演变为司法鉴定），有的是行政执法所必需而又是侦查机关鉴定机构不可能解决的。不少执法和非诉鉴定，是处理行政执法争议和违纪违规行为的重要手段。有人认为，司法鉴定机构承担非司法鉴定任务与其性质和职责相违背，但只要将主要与次要服务方向分清，受理这类鉴定委托是不违背法律规定的。

（三）在法律规定的范围之内受理诉前鉴定委托

诉前鉴定是与司法鉴定有直接联系的，其多由诉讼当事人委托。这种鉴定，按相关法律法规规定，一般只限于两种情形的鉴定委托，鉴定机构才可以受理。一是刑事自述案件的当事人，在法院受理案件前，经人民法院建议或当事人自己决定，为获取涉诉专门性问题的科技证据材料，直接委托司法鉴定机构鉴定。二是民事、行政诉讼中，当事人自己掌握的涉诉专门性问题材料，不知可否作为诉讼证据，先委托司法鉴定机构进行"调查性"或"试探性"鉴定，为起诉作准备。这类鉴定的委托人，既有法人及其隶属组织，也有公民个人，鉴定意见容易引起异常后果。鉴定受理时，一定要严格审查、把关。最好只受理单位或律师事务所的委托。

（四）拒绝受理当事人委托的"诉外"、"诉后"鉴定

"诉外鉴定"是指涉诉专门性问题，受理案件的司法机关已按程序依法进行过鉴定，有时甚至鉴定意见被人民法院采信，而当事人对鉴定意见有质疑，或者因鉴定意见而对判决不服，私自委托鉴定机构鉴定。所谓"诉后鉴定"，是指涉案专门性问题经过多次鉴定，人民法院采纳其中的鉴定意见作了终审判决，甚至判决已经执行，当事人一方仍对判决不服，多处上访并委托鉴定机构鉴定。这两种违背诉讼程序和鉴定程序的鉴定委托，鉴定机构必须一律拒绝。如果违法受理，无论出具于委托人有利或不利的鉴定意见，都会引起严重的鉴定纠纷。有人认为，这是"为民申冤"，应当受理，但违背上诉、申诉程序受理鉴定，鉴定机构与鉴定人是要承担法律责任的。

（五）鉴定机构和鉴定管理部门对鉴定咨询要严格管控

当前鉴定咨询的组织形式有省级司法鉴定专家咨询委员会组织咨询、鉴定机构受理鉴定咨询、鉴定人个人接受鉴定咨询、非法定的鉴定咨询公司和个人私下咨询四种。前两个主体受理鉴定咨询均属合法行为；第三个主体虽不违法，但有较大的风险性，要把握咨询意见决不会挑起事端；第四个主体既不具备法定资格，也无鉴定咨询能力，常常扰乱鉴定秩序和诉讼程序，鉴定管理部门应调查、取缔，司法机关和律师不能轻信其"意见"。

三、司法鉴定人出庭作证能力的培养

（一）鉴定文书与鉴定人出庭

鉴定文书制作与鉴定人出庭作证是鉴定意见能否作为证据采信的两项关键工作。鉴定文书和鉴定人作证证言，都是鉴定意见类证据材料的组成部分：前者是以文字、图表、图谱等形式反映鉴定过程、方法、步骤、原理、标准、依据、鉴定结果的综合性证据材料；后者是鉴定人对诉讼各方就鉴定书中主要问题提出质疑所作出的解释与说明，两者互相印证、补充，构成一个鉴定意见证据材料整体。如果鉴定人对鉴定书制作符合要求，在法庭上对鉴定意见的质疑又解释得合法、合理，鉴定意见无疑会被采信；如果鉴定书制作在个别关键问题上出现瑕疵，鉴定人在法庭上解释得完美无缺，质证各方无异议，鉴定意见被采信的可能性极大；如果鉴定书虽无问题，但鉴定人在法庭上的证言与其鉴定书十分矛盾，鉴定意见被采信的可能性将受到很大影响；如果鉴定书的缺陷很多，鉴定人在法庭上对质证各方提出的问题均未作出合理的、令人信服的解释，该鉴定意见无疑会被否决。所以，鉴定人制作鉴定文书与法庭作证这两个能力是必须练好的基本功。

（二）新诉讼法对鉴定人出庭的新要求

鉴定管理部门和鉴定主体需要进一步认识鉴定人出庭作证的必要性和新诉讼法对其提出的新要求。新修订的诉讼法十分强调鉴定人出庭作证的必要性，但许多人对此认识并不全面、深刻。目前，尚需继续强调四点：第一，鉴定人出庭作证是证据审查制度的必需环节，是法庭审查鉴定意见类证据的必经程序；第二，鉴定意见类证据材料的特殊性，决定了鉴定人必须出庭作证；第三，鉴定人出庭作证是保障当事人质证权和庭审有效进行的重要方式；第四，鉴定人出庭作证可以直接发现自身鉴定工作中的不足，有利于提高鉴定能力。

诉讼法律在鉴定人出庭作证的作证方法与内容方面增加了许多新要求。主要有：鉴定人由程序性作证为主转变到程序与实体并重作证的新要求；法庭上由非专业人员向鉴定人提问为主，转变为"专家辅助人"向鉴定人提问为主——由外行向内行提问为主转变为内行向内行提问为主的新要求；各方"专家辅助人"要对鉴定意见和鉴定人的证言进行辩驳与评断——多方鉴定专家之间对鉴定意见与法庭证言进行审查的新要求。在新的司法环境下，不少鉴定人要由过去的"不敢"、"不愿"、"不会"出庭作证，达到"大胆"、"积极"、"熟练"地出庭作证的新要求。

（三）鉴定人出庭作证能力培养的思路

首先，要让鉴定人理解三大诉讼法关于鉴定人出庭作证的若干新规定并掌握其实施要求。其次，要培养鉴定人出庭作证的六个能力——出庭作证资料准备能力，包括熟悉案情与鉴定过程、预测法庭提问内容及拟定答问提纲、制作视频资料等；法庭上对质疑问题的解答与说明能力；法庭上与"专家辅助人"的交流与答辩能力；

法庭上对于解答疑难问题的应对能力；提供法庭证言掌握证据要求能力；制作法庭证言的书面意见能力。鉴定人具备了这几个能力，就能达到"敢出庭"、"愿出庭"、"会出庭"要求。

（四）鉴定人出庭作证能力培养的方式

司法鉴定管理部门和鉴定协会，组织专题培训为主，并作必要的模拟练习。全国许多省、市已进行过这种培训，但培训内容不够集中。鉴定机构或相关行业，针对本鉴定行业和专业特点，对所属鉴定人进行重点培养。如建设行业、质检行业、环保行业、财政行业等鉴定人，法庭作证涉及的专业问题十分特殊，作证能力需要针对专业特点培训。鉴定管理部门的岗前教育、转岗教育、定期轮训等，应增设鉴定人出庭作证能力培养重点课程。

四、"专家辅助人"的统一管理问题

"专家辅助人"需要纳入司法行政机关统一管理范围。立法上规定的"有专门知识的人"，我国司法实践中将其通称为"专家辅助人"。因为"有专门知识的人"包括"鉴定人"和"专家辅助人"两个不同主体，司法活动中容易混淆角色，而"专家辅助人"具有唯一性，同时，能更准确地反映其身份、地位与作用。并且，只有专家才有资格担任，其法庭质证意见不具有独立证据意义，仅供法庭参考。因此，这个命名获得普遍认同。

（一）鉴定管理部门要明确"专家辅助人"制度

我国诉讼法律确立"专家辅助人"制度有三方面意义："专家辅助人"制度是适应现代诉讼中控辩审三方收集、审查、运用科技证据的需要，是现代诉讼活动走向科学、文明、客观、公正的新举措；"专家辅助人"是其法庭质证审查科技证据"三性"要求不可或缺的专门力量，是对这类证据的法庭质证走向程序与实体并重的开端；推行"专家辅助人"制度有利于促进司法鉴定制度的进步和鉴定人业务素质的迅速提高。

（二）"专家辅助人"制度与司法鉴定制度的关系

从我国和外国司法鉴定制度发展史上考察，任何国家都是先有司法鉴定制度后有专家辅助人制度，后者是在司法鉴定制度发展到较为完备、成熟的基础上产生的。没有司法鉴定人，不可能有"专家辅助人"。"专家辅助人"多数是鉴定人中的资深专家，其是针对鉴定人而出现的，有人称其为鉴定人的"克星"。所以，普遍认为，"专家辅助人"从属于鉴定人序列，两者都是司法科技服务人员，而这一制度是鉴定制度的组成部分。

（三）我国对"专家辅助人"管理划归的争议

我国司法界和学术界，对"专家辅助人"实行统一管理没有争议，但划归谁管理有不同主张。有人认为，"专家辅助人"的工作起点与终点都在法院，应由省级以上人民法院发起成立"专家辅助人协会"实施监督管理职责，即实行由人民法院主导的行业管理。更有较多学者和鉴定管理部门坚持"专家辅助人"仍应由司法行政部门管理为宜。

从我国司法鉴定工作的发展历史和司法鉴定的管理现状考察，"专家辅助人"应当实行司法行政机关管理为主、人民法院管理为辅的两结合管理模式。其原因是：司法鉴定管理制度与"专家辅助人"管理制度同属司法行政管理制度，鉴定人与"专家辅助人"实质上是职责不同的同胞兄弟，两个集体属于同一被管对象，理应由同一主体实施管理；具备"专家辅助人"条件的多数是资深鉴定专家，少数是未纳入依法登记的其他特殊专业的专家（主要是"三类外"的部分专家），如果采用这种管理模式，则他们中多数人的资格无须重复审核登记，只经确认程序即可，因此可以节省人力、物力、财力；"三类外"鉴定业务的鉴定人，正在逐步纳入司法行政机关统一登记管理序列，其中取得鉴定人资格的资深专家，经过相关方确认，即可进入"专家辅助人"队伍；少数未进入三大类鉴定业务的特殊专家，如法庭审理需要，控辩一方或双方必须聘请其就鉴定意见协助法庭质证的，司法行政机关和人民法院可以共同进行临时审查，确认其资格；"专家辅助人"的活动更多是表现于法庭质证过程中，主要由法庭安排、指挥、监督，人民法院参加管理，有利于掌握专家情况、了解其特长和法庭质证能力、评断其法庭意见的可信度；如果采用人民法院单独管理模式，必有缺少外在监督之弊，而司法行政机关独家管理又不能完全满足法庭审理的需要。所以，人民法院管理为辅是合法合理的。

两结合管理模式的具体操作，是司法行政机关和人民法院共同审查"专家辅助人"资格、共同建立与使用"专家库"、共同在网上公布"专家辅助人"名册；"专家辅助人"队伍的日常管理工作以司法行政机关为主，重大管理事项由两家共同研究决定。

五、"计量认证"或"检测实验室认可"问题

（一）司法鉴定机构"认证"或"认可"只能限定在《决定》规定的范围内

《决定》第5条第3项明确规定："法人或者其他组织申请从事司法鉴定业务的，应当具备下列条件：……③有在业务范围内进行司法鉴定所必需的依法通过计量认证或者实验认可的检测实验室。……"即《决定》"认证"或"认可"的范围，仅限于对鉴定机构"计量仪器的认证"或者"检测实验室的认可"。只有部分鉴定机构才需要具备这一准入条件和经过必经的准入程序。无须使用"计量仪器"或"检测实验室"的鉴定机构被排除在外。有关部门和鉴定机构尚须深入认识立法规定部分鉴定机构的部分仪器设备和"检测实验室"须经"认证"或"认可"的原因。制定《决定》时规定针对鉴定机构的这一必备准入条件，笔者认为其主要出于四方面的考虑：计量仪器设备和检测实验室是部分鉴定机构进行鉴定活动必需的物质保障条件；

这些条件是确保司法鉴定活动与结果的科学性、客观性、准确性、规范性的基础；相关鉴定机构进行鉴定、检测，其相关仪器设备和实验场地经过"认证"或"认可"，其结果才能获得国内、国际的承认；这些条件是诉讼过程中，保障各方主体审查评断鉴定、检测意见所采用的原理、方法、标准的有效性、先进性的一个重要条件。

（二）正确认识"认证"、"认可"范围的鉴定机构安排在准入后进行的原因

《决定》第五条第三项规定关于部分鉴定机构的计量仪器设备和检测实验室的认证、认可，是鉴定机构申请准入必须接受审查的一个先决条件，不具备者不能准入。我国司法鉴定管理部门将这一前置条件后移，放在准入后补课的原因，是基于我国司法鉴定法治管理制度建立与发展状况考虑所采取的变通措施。我国司法鉴定制度历史悠久，新中国成立后已有的鉴定业务较全但属单一的鉴定体制，改革开放以后多类鉴定机构出现，但无统一管理体制、机制，鉴定机构的规范化建设与管理较落后。《决定》出台时，全国除个别鉴定机构具备《决定》第五条第三项规定的要求外，绝大多数申请准入的大中型机构都还达不到《决定》规定的要求。在这种历史条件下，如对申请者硬性实行先"认证"、"认可"而后准入，恐怕90%以上的都将被拒之门外。准入后，多数相关鉴定机构积极创造了满足"认证"、"认可"的条件，完成了后继补课环节。必须明确的是，已经准入的相关鉴定机构，必须参与这一补课和过关环节的活动，否则，即属不完全合格的鉴定机构，其资质评定和所出具的鉴定意见的证据效力都要受到较大影响。今后，相关鉴定机构申请准入，必须依法"认证"、"认可"后，才能审查其准入资格。

（三）"司法鉴定机构的认证、认可"命名的探讨

在不少政府文件、新闻报道和标语上经常称为"对司法鉴定机构的认证、认可"，这个提法是与立法规定不相符合的。原因有三：①"司法鉴定机构认证、认可"与部分司法鉴定机构"计量仪器设备认证和检测实验室认可"是两个不同的概念——整体与局部——的关系，局部不能代替整体；②司法鉴定机构是按《决定》规定的条件和程序，经法定管理部门依法审核登记，取得司法鉴定许可的法定鉴定机构，无须再经其他部门"认证"、"认可"；③如果国家认证、认可部门或省级质监部门，对法定司法鉴定机构进行再次"认证"、"认可"，无异于是否定《决定》的规定和司法行政机关的管理权限。但实际上，他们并未这样认为或这么做。

国家认可委、认监委是坚决按照《决定》执行规定的，其给业已"认证"、"认可"的司法鉴定机构颁发证件的名称是清楚、合法、准确的——"计量认证合格"、"检测实验室认可合格"等。在此问题上，司法鉴定管理部门和司法鉴定机构，一定不要自己否定自己，拒绝接受国家认证、认可部门的合法评价。

六、应减少以规范性文件代替鉴定标准

（一）司法鉴定业务均应有统一的鉴定技术标准

鉴定标准是法律对鉴定的统一技术要求，是体现鉴定对象（客体）特殊性的指标体系，是鉴定方法与操作的统一规范，是鉴定依据与鉴定意见的法定指标，是衡量与评定鉴定意见客观性、真实性的尺度，也是统一鉴定分歧和解决鉴定纠纷的客观依据。如果没有鉴定标准，任何鉴定事项难以有效进行，鉴定意见的客观真实性更无科学依据进行评断，因此难以采信。

（二）司法鉴定技术标准应当以国标和行标（部标）为主，有控制地制定部分地方标准

司法鉴定技术标准应以国标、行标（部标）为主，这是由审判活动的审级规定、鉴定委托与受理的无地区范围限定，以及鉴定意见适用范围的广泛性特点决定的。国标、行标是国内、国际通用的标准，境内、境外、国外涉诉专门性问题的鉴定意见，都可采用这两种通用标准。由于一个诉讼案件的审判层级，有的涉及不同级别、不同地区的法院管辖，甚至境外、国外司法机关受理，若司法鉴定采用地方标准，则鉴定意见在本地区外就会失去证据效力。所以，司法鉴定地方标准只适用于本地区，要根据地区情况和专业特点有控制地制定。从法治和科学发展视角展望，司法鉴定地方标准要逐步减少，最终淘汰。

（三）在国标委指导下司法部牵头成立司法鉴定标委会，负责研究和制定司法鉴定技术标准

制定司法鉴定技术标准是最复杂、艰巨的鉴定技术管理工作，但无论是研究制定国标或行标都应当以司法部为纽带，利用各方面的鉴定资源，合力攻关。没有政法五部门共同出面、参与和支持，制定任何鉴定标准都是不可行的。根据我国的法治环境、科技水平、鉴定与科研队伍的状况，可考虑在 3~5 年内制定法医和物证鉴定类各 2~4 项国标或部门联合标准（行标）；声像资料和电子数据证据鉴定类各制定 1 项国标或行标。其他类鉴定业务（"三类外"）可委托行业行政主管部门修订原有的鉴定标准或制定新标准。为实现这一目标，当前应动员各方面的鉴定力量，研究相关专业制定鉴定标准涉及的各方面的问题。司法部在年度科研规划中可拟出研究选题指南，供各方面研究。

（四）司法鉴定技术标准不同于司法鉴定技术规范性文件

从一般意义上讲，"规范"大于"标准"，"标准"是"规范"的一个方面。现实社会管理中，"规范"的内容具有不确定性，有时"规范"等于"标准"，有时"规范"小于"标准"。在司法鉴定领域所称的"技术规范"，通常是指未达到标准层次的技术工作指南。两者有多方的区别，如制定程序与颁布主体不同；事物性质不同——技术法律要求与技术操作指南；作用大小不同——具有强制作用和法律效

力与诉讼参考意义。当前在鉴定与审判实践中，由于鉴定标准与规范性文件区分不清楚，以"范"代"标"的情形较多，就鉴定意见的效力问题，法庭上多方各执一词，相互争吵不休，法庭也无可靠依据来依此裁决。

七、司法鉴定人能力培养的根本途径

（一）司法鉴定机构能力验证的必要性

司法鉴定机构能力验证是测试其鉴定人集体鉴定能力的一种方式。各级鉴定管理部门和相关专业鉴定机构要重视能力验证活动，要积极组织、指导、监督相关鉴定人参试，以推动其钻研鉴定业务。

（二）司法鉴定机构能力验证防止"以验代考"

鉴定管理部门、鉴定协会、鉴定机构及其鉴定人，以及与鉴定有关的组织和人员，既要看到鉴定机构能力验证的必要性和积极作用，又要分析这种检查方式的局限性和非唯一性。不少人认为，只要能力验证获得通过，就能证明鉴定机构该项鉴定业务的鉴定能力强、鉴定人具备鉴定能力资格，这种评估是不全面的。能力验证不是鉴定人专业能力的资格考核，其结果不具有证明鉴定人能力资格的作用。"验证"与专业考试有根本区别。这种集体作业的能力验证形式，所获结果的客观性、准确性较差。在信息技术高度发达的今天，如果将考题交给远距离鉴定机构的鉴定人进行集体作业，又无任何监督方式，鉴定人可以将试题（案例）发给本地、外地以至全国鉴定专家指导或代做，其结果的真实性，值得怀疑。如果要继续这种验证，建议实行有严密监督的临场考试。验证结果不能以"满意"或"不满意"作为评定标准，"满意"是评定人的主观感觉，"合格"或"不合格"才是标准的客观评定。

（三）鉴定人能力培养的途径

鉴定人能力培养的根本途径是要办好三个教育，坚持鉴定实践与科研相结合的要求。所谓"三个教育"，是指鉴定人专业教育、鉴定人职业教育与继续教育。司法鉴定专业教育，是培养鉴定后备力量的根本途径，其中以公安机关做得较好。司法行政部门虽有条件，但并未对司法鉴定专业教育加以重视，仅注意了法医学教育。鉴定人职业教育是当前培养新生力量的必需程序，一些鉴定机构新进不少非鉴定专业的大学毕业生，他们亟须进行一年以上的职业培训。继续教育作为常规的短期培训，当前的缺陷是培训内容多、专业内容少。

鉴定管理部门、鉴定协会、鉴定机构应当有的一个忧患意识是：司法鉴定队伍不成梯队、司法鉴定人断代、司法鉴定后继缺人的危险已开始显露。为应对这种危险，鉴定主管部门应将司法鉴定人的教育培养列入规划。

八、区分司法鉴定人的申请资格与准入资格

（一）鉴定人条件

准确理解《决定》第 4 条规定的司法鉴定人条件的意义。《决定》规定的司法鉴定人条件是申请准入条件，而非执业资格条件。《决定》第 4 条规定了可以申请登记从事司法鉴定业务的条件，即三种情形的学历条件、技术职称条件、鉴定工作经历条件和违法违规历史记录条件；《决定》第 6 条又规定，符合申请条件的人，还须经过省级人民政府的司法行政部门审核，符合条件的才予以登记。即是说，符合条件的申请人，还必须经过考核合格才能登记。申请条件与考核条件是两道不同门槛。但在司法鉴定人的登记管理过程中，只注重审查申请条件，而忽略了应有的执业资格审核条件。审核条件就应当是执业资格考试。

（二）鉴定人考试内容与方法的建议

司法鉴定人不是单纯的技术人员，必须具备与司法鉴定相关的法律基础知识和独立鉴定所需的专业基础理论和操作技能等综合素质。因此，资格考试的内容应是：司法鉴定法律基础知识、司法鉴定专业基础理论、司法鉴定专业技能。前一门是共同的，后两门有专业区别，都由司法部命题统考。考题难度应与律考相近。目前，有的省对新准入的鉴定人已开始了执业资格考试，取得了较好的效果。提高鉴定人的准入门槛，是保障鉴定质量的先决条件之一。若鉴定人业务素质起点太低，则会给开展鉴定和后期培养增加许多困难。

（三）鉴定人的选录条件

对于司法鉴定执业资格考试合格的鉴定申请人，由司法部颁发执业资格证书，供鉴定机构选择录用。对于已在司法鉴定机构工作但未取得司法鉴定人执业资格的人员，可根据其条件和专业能力，分别担任鉴定助理或鉴定实习员。

天津市司法鉴定现状与发展思路[*]

陈金明[**]

1998 年天津市司法鉴定行业划归司法行政部门管理，2000 年起履行审批职能。十几年来，特别是 2005 年全国人大常委会《关于司法鉴定管理问题的决定》颁布实施后，始终坚持依法规范、科学发展的工作指导思想。以适应经济社会发展和满足诉讼活动需要为目标，紧紧围绕中心、全力服务大局，不断强化行政监管和行业自律，司法鉴定行业经历了从无到有，从小到大，从散乱到规范的过程，并在此基础上提出了进一步发展的思路。

一、现状概述

截至 2014 年 6 月底，天津市共核准登记司法鉴定机构 42 家，司法鉴定人 622 名，司法鉴定业务量平均每年增长 10%，司法鉴定意见采信率高达 99.5%，有效投诉率现低至 0.1%，"一高一低"的发展态势位居全国前列，初步形成了"严格准入、规范管理、平稳有序、协调发展"的良好局面。

（一）强化管理，严格规范

2008 年，天津市司法局制定下发了《关于加强司法鉴定机构规范化建设的意见》，此后司法鉴定行业始终保持科学有序，健康发展的良好状态。从司法鉴定机构办公室、接待室、实验室、档案室以及各种仪器设备等硬件设施的配置，到各项程序、标准、制度、规范等软件机制的设计；从司法鉴定人资质、收费标准、鉴定流程、职业道德等内容的公示，到鉴定过程的监控、鉴定文书的格式、鉴定意见的复核、鉴定资料的存档等，都作出统一明确的规定。市司法局先后制定下发了《关于建立和完善司法鉴定工作机制的意见》、《关于司法鉴定人和司法鉴定机构执业考核办法》等 16 项制度性规定，基本做到了鉴定按程序、技术有标准、工作有规范、监管靠制度，确保了司法鉴定工作有条不紊地开展。

（二）注重质量，强化素质

多年来，天津市司法局视质量为司法鉴定的生命，司法鉴定行业始终围绕"提升

---

* 本文原载于《中国司法鉴定》2014 年第 5 期。

** 天津市司法局。

自身效能"做优做强。一是狠抓仪器设备配置达标工作。根据司法部《司法鉴定机构仪器设备配置标准》，从 2009 年开始，利用 3 年时间，狠抓了司法鉴定机构仪器设备配置达标工作，各司法鉴定机构先后淘汰过期老旧仪器设备 200 余台（套），购置新增先进仪器设备 300 余台（套），增扩建实验室 3000 余平方米，折合人民币 4000 余万元，基本达到了仪器设备配置标准，有的已处于国内领先、世界一流水平。二是强化认证认可工作。根据司法部、国家认监委《关于全面推进司法鉴定机构认证认可工作的通知》，司法局结合天津实际，与市质监局联合下发了《天津市司法鉴定机构认证认可工作实施方案》。从 2013 年启动，按照学习考察、动员部署、先行试点、中期推动、整体提高的步骤逐步展开。目前，已有 9 家司法鉴定机构通过了国家级认证认可，1 家司法鉴定机构通过了省（市）级认证认可，取得了天津市司法鉴定机构认证认可零的突破，下一步目标是 2015 年底全部通过省（市）级以上认证认可。三是着力提升司法鉴定人队伍的执业能力和技术等总体水平。积极组织司法鉴定人参加司法部司鉴所组织的能力验证活动，要求各司法鉴定机构应报尽报，做到全员参与，不留死角，能力验证的通过率保持在 70% 以上。同时，根据新修订的《刑事诉讼法》、《民事诉讼法》等有关司法鉴定的条款和司法部《人体损伤程度鉴定标准》等新标准、新规定的颁布实施，司法局每年都不定期举办不同类型和内容的培训班 2 至 3 期，及时明确制度规范，统一标准要求，规范执业行为，提升了司法鉴定人队伍的能力素质和职业道德水准，提高了司法鉴定质量和效益。

（三）围绕中心，服务社会

多年来，天津市司法鉴定工作始终立足经济社会改革发展稳定主动作为。司法鉴定行业紧紧围绕市委和市政府的中心工作，充分发挥专业技术和职能优势，服务于全市经济社会改革、发展、稳定的大局。一是贯彻落实市委、市政府民心工程项目，积极开展司法鉴定援助工作，主动上门为弱势群体和困难企事业单位提供专业技术帮助和无偿鉴定服务。据不完全统计，2000 年以来，全市各司法鉴定机构共办理司法鉴定援助案件 2000 多件，减免司法鉴定收费 100 多万元，取得了良好的社会效益。二是全力服务重大活动和重点工程建设，先后参与了国际达沃斯论坛、全运会等在津举办大型活动中的鉴定工作，以及滨海新区基础设施建设、地铁沿线房屋安全、滨海国际机场扩建等工程项目的鉴定任务，规避了各种风险隐患，为市委、市政府和各级领导科学决策提供了客观准确的鉴定意见。三是圆满完成上级交办的重大鉴定任务，先后承担了滨保高速公路重大交通事故、农作物污染、煤气爆炸等重大案件和突发性、群体性、敏感性事件的鉴定任务，及时提供了科学公正、客观准确的鉴定意见，为公安机关侦破重大案件赢得了先机，为司法机关正确判决提供了证据，维护了社会和谐稳定和公民、企事业单位的合法权益，树立了司法鉴定行业公平正义的良好社会形象。

二、分析差距

客观理性地分析天津市司法鉴定行业现状并肯定所取得的成绩，是为了进一步地坚持目前的发展思路。同时，看到存在的问题和分析薄弱环节则是为了完善体制，提升管理水平，推进事业发展。

（一）体制机制有待健全完善

一是缺乏层级管理。目前司法鉴定机构和司法鉴定人由市司法局统一审批，独家监管，缺乏分级负责、风险分担和比较、竞争机制。市局司法鉴定监管部门绝大部分时间忙于事务性工作和直面当事人的投诉查处，对全行业的宏观管理、长远规划的深入研究和指导力度明显不足；区县司法局在司法鉴定方面的审批、管理上无权、无责、更无利，难以激发积极性、令工作人员负有责任感。二是缺乏技术监管。目前天津市对司法鉴定机构和司法鉴定人主要是行政监管和行业自律，缺乏对业务技术的监督管理，监管的针对性、指导性、权威性难以到位。三是沟通协调机制需要进一步完善。特别是在与法院等鉴定使用部门常态化的沟通协调管道尚未梳理通畅，准入、监管方面存在着各自为政、相互脱节的现象，一定程度上制约了监管的整体效能。

（二）技术标准不够统一规范

根据《司法鉴定程序通则》的规定："接受重新鉴定委托的司法鉴定机构的资质条件，一般应高于原委托的司法鉴定机构。"天津市司法鉴定机构之间没有高低级别划分，重新鉴定的委托难以达到《通则》的要求；司法鉴定行业中，各类鉴定标准，特别是"三大类"外鉴定标准散见于各部委、各系统、各地方的相关文件中，导致监管主体不一致、鉴定标准不一致、诉讼适用不一致，给统一规范司法鉴定的监督管理带来一定难度。

（三）机构区域布局和专业设置不尽合理

天津市司法鉴定机构和司法鉴定人数量较少，在全国省市中排名倒数第四，且大多数是 2005 年全国人大常委会《关于司法鉴定管理问题的决定》（以下简称《决定》）实施前准入的，近 10 年准入司法鉴定机构 15 家，占机构总数的 36%。司法鉴定机构和司法鉴定人主要集中在市内 6 区，环城 4 区，远郊区县很少或没有司法鉴定机构，存在着边远基层法院和老百姓委托鉴定难的问题。随着经济社会的发展和科学技术的进步，许多前所未有的专业领域经常地、大量地进入诉讼活动和社会鉴定范围。《决定》颁布后，天津市已停止对"三大类"外的司法鉴定机构和司法鉴定人的审批，2012 年市司法鉴定工作委员会办公室《会议纪要》下发后，也只准入了 1 家"三大类"外的司法鉴定机构。目前，天津市具有法医类鉴定业务的司法鉴定机构数量为 18 家，占"三大类"内机构总数的 75%，具有物证类鉴定业务的司法鉴定机构 11 家，占"三大类"内机构总数的 45.8%，而电子数据、精神障碍、价格、文物、环保等"三大类"外司法鉴定机构尚为空白，存在着"三大类"内"僧多粥少争饭吃"，"三大类"外"有饭无人吃"的现象，诉讼活动中有关"三大类"外的鉴定业务只能委托不具有法律效力的社会其他鉴定机构的限制，为公正司法埋下了隐患。

（四）司法鉴定机构的能力水平参差不齐

天津市司法鉴定机构不仅数量较少，而且成分复杂，机构的性质、规模以及人才、技术实力差异较大。42 家司法鉴定机构中，小微企业、社团组织和其他社会组织性质的有 28 家，占机构总数的 66.7%；经费来源为自筹自支的有 33 家，占机构总数的 78.6%；业务范围在 4 项以上的有 11 家，占机构总数的 26.2%；20 人以下的机构有 32 家（其中 5 人以下的 5 家），占机构总数的 76.2%，未通过省市级以上认证认可的司法鉴定机构有 33 家，占机构总数的 78.6%。从以上数据分析看，人数少、规模小、资质低、经费保障不足、技术力量薄弱的司法鉴定机构占大多数，天津市总体发展水平不够平衡。

（五）司法鉴定人队伍知识、年龄结构亟待改善

从知识结构上看，天津市 622 名司法鉴定人中，本科以下学历的 565 人，占人员总数的 90.8%，副高职称以下的 466 人，占人员总数的 74.9%，硕士、博士和享受国务院特殊津贴的只有 79 人，占人员总数的 12.7%，可见高学历和高职称人才偏少，特别是领军式的专家短缺。从年龄结构上看，50 岁以上的 517 人（其中 70 岁以上的 34 人），占人员总数的 83.1%，30 岁以下只有 3 人，占人员总数的 0.5%，可见司法鉴定人队伍普遍老化，可持续发展的后劲不足。

三、发展思路

党的十八届三中全会作出了全面深化改革的决策，对司法行政的改革与发展提出新的更高的要求，司法鉴定事业面临着难得的发展机遇和严峻的挑战。想改变天津市司法鉴定行业底子薄基础弱的状态，更需要我们站在依法治国的全局高度和司法鉴定长远发展的角度，思考和把握司法鉴定工作，推动司法鉴定事业创新发展。

（一）牢牢抓住规范化建设一条主线

规范化的重要标志是标准化、制度化。司法鉴定是一项科学严谨、规范有序的系统工程，必须设计、优化整体架构，确保司法鉴定事业始终沿着规范有序的轨道科学发展。

1. 完善司法鉴定管理体制和工作机制。司法鉴定具有科技含量高、专业性强的特点，应在充分调研论证的基础上，筹建天津市司法鉴定技术研究所，隶属于市司法局直管，6～12 人事业编制，予以必要的经费保障，用于专家人才储备，赋予科学研究、技术指导、司法鉴定三项职能，承担重大疑难或久鉴不决的案子；研究制定行业规范、鉴定方法、技术标准，实施常态化的技术指导和业务培训，形成全市对

司法鉴定行业的行政、行业和技术"三结合"的管理模式，较好地解决在处理重复鉴定中机构间无隶属关系和级别划分问题，进一步优化内部管理机制；以市司法鉴定工作委员会为平台，以各成员单位相关负责人为主要成员，以市司法局为牵头单位，建立常态化的信息反馈和协调沟通机制，健全完善联席会议制度和交流互访机制，及时了解法院等使用单位对司法鉴定业务的需求，及时沟通司法鉴定意见的采信以及司法鉴定人出庭质证等情况，及时掌握司法鉴定机构的鉴定质量和服务态度；研究探讨有关收费方式、委托范围等共同关心的问题。有针对性地制定改进措施，形成对司法鉴定机构和司法鉴定人齐抓共管的格局。根据司法部司法鉴定机构和司法鉴定人登记管理办法，进一步简政放权，参照律师、公证等行业分级管理经验，下放部分审批管理权限和职能，实行市局与区（县）两级审批、管理体制，由区（县）司法局发展初审司法鉴定机构和司法鉴定人，报市局审批备案并负责日常管理。这样，既可以调动区（县）的工作积极性，又可以优化司法鉴定行业区域布局和资源配置。

2. 进一步优化司法鉴定专业结构。随着天津市经济社会发展和科学技术进步，司法鉴定项目和类别日益增多，司法鉴定行业"三大类"内外的划分作为一定历史阶段的产物，已不再适应时代发展需要。《决定》规定的法医、物证、声像资料"三大类"司法鉴定类别已不能满足诉讼活动和人们日益增长的司法鉴定服务需求，"三大类"外的司法鉴定类别如环境保护、电子数据、计算机、知识产权、建设工程、司法会计以及价格类、文物类、涉农类等已经常进入诉讼活动之中。要解决这一现象一方面，要求我们深入调查研究，积极建言献策，推动顶层设计和鉴定立法；另一方面，迫切需要我们依据宪法、法律和上级总的要求，借鉴国内外司法鉴定管理经验和做法，紧密结合天津具体实际，淡化或取消司法鉴定行业所谓"三大类"内外的界限，逐渐放开"三大类"外司法鉴定机构和司法鉴定人的审批。近年来，适应时代进步和诉讼活动需求，全国各省市"三大类"外司法鉴定机构和司法鉴定人如雨后春笋般不断涌现。仅以北京市为例，北京司法鉴定机构111家，司法鉴定人1740名，其中"三大类"外77家，占机构总数的69.4%，司法鉴定人1255名，占人员总数的72.1%。相比天津市司法鉴定机构42家，司法鉴定人622名，其中"三大类"外18家，占机构总数的42.9%，司法鉴定人307名，占人员总数的49.4%，天津市"三大类"外的司法鉴定机构和司法鉴定人数量偏少。当然，"三大类"外的司法鉴定机构和司法鉴定人的准入，将不可避免地带来前所未有的新问题，如投诉量上升，给行政监管带来一定的困难和风险等，但这些问题是前进中的问题，完全可以通过全面深化改革、提高准入门槛、严格行政监管和行业自律加以解决。

（二）紧紧围绕提升司法鉴定整体水平一个核心

司法鉴定是一个现代科技水平和现代管理水平要求很高的行业，具有很强的专业性、科学性、法律性和客观公正性。与司法鉴定行业的性质、特点相适应，必须着力提升司法鉴定机构和司法鉴定人的资质层级和能力水平。

1. 大力推进认证认可和资质认定工作。按照统筹规划、分类指导、不断完善、注重实效的原则，加强与质量技术监督部门的协调配合，在总结试点经验的基础上，全面推进司法鉴定行业的认证认可工作，引导司法鉴定机构根据自身条件和发展定位，把认证认可与核心鉴定能力建设、质量管理体系建设、规范化建设和资质评估工作结合起来，与司法鉴定机构和司法鉴定人的准入、退出、淘汰机制建设结合起来，并作为行业准入、延续登记、执业监管、质量评价、资质评估的重要依据和重要内容，以此为抓手，从管理和技术两个方面，建立并运行质量管理体系，对影响质量的要素实行有效控制，使鉴定活动有章可循，有据可依，确保司法鉴定"行为公正、程序规范、方法科学、数据准确、结论可靠"。通过全面推进认证认可工作，鼓励司法鉴定机构采取不同形式实现资源整合、机构重组、优势互补、升级换代，促使司法鉴定机构和司法鉴定人提高技术条件和技术能力，为推进法制化、规范化、科学化建设，持续提高司法鉴定的科学性、可靠性、权威性和公信力提供重要保障。

2. 进一步做大做强司法鉴定行业。一是注意在人才、技术、资金、仪器设备等实力雄厚的科研院所发展司法鉴定机构，从源头上优化司法鉴定行业结构设置与资源配置，实现司法鉴定资源的优化配置和可持续发展；二是助推现有司法鉴定机构与科技单位、研究机构、高等院校的长期协作关系，实现在人才、技术、实验室、仪器设备，以及实习、培训等方面的资源共享，做到强强联合、优势互补；三是积极鼓励和扶持一批鉴定质量高、技术力量强、内部管理规范的司法鉴定机构，加大人、财、物投入，增加鉴定类别，扩大机构规模，逐步做大做强、做专做优，促进仪器设备的更新换代和司法鉴定机构的转型升级，使之成为综合性、多功能、权威性的司法鉴定机构的领头羊，并以此为中心，整合资源，合理配置，建立若干分支机构，向市内外、国内外辐射，实现司法鉴定行业结构优化、布局合理的总目标；四是建立健全执业监督机制、质量评价机制和市场竞争机制，逐步对一些规模小、资质低、鉴定能力弱、技术设备落后、内部管理散乱的司法鉴定机构实行关停并转，做到"规范一批、做强一批、淘汰一批"，实现优胜劣汰，引领司法鉴定行业逐步走上规模型、综合性、集约化发展的新路。

（三）始终坚持服务社会一个大局

随着依法治国，建设社会主义法治国家理论与实践的不断深入，司法鉴定在支持改革、促进发展、维护稳定的大局中的地位作用日益彰显。司法鉴定行业必须要在大局指导下行动。

1. 坚定正确的政治方向。当前，司法活动日益专业化、综合化、复杂化，加之人民群众的公民意识、法律意识、维权意识不断增强，司法机关和当事人对司法公正的要求越来越高。司法鉴定作为案件审理和判决的重要证据来源，关系到公民的生命财产和社会公平正义，在案件事实认定、法律正确适用、群众权益保障、化解矛盾纠纷、维护社会和谐稳定、促进经济发展中，起着不可替代的作用，我们必须站在全局的高度，把科学求是、客观公正作为司法鉴定工作的根本价值取向，不为人情所扰、不为金钱所动、不为假象所惑，勇于担当社会责任，始终坚持宪法法律和人民群众的合法权益至上，不断提升司法鉴定质量和社会公信力，使每一份鉴定意见都经得起司法机关的检验、双方当事人的检验和历史的检验，让人民群众在每一起案件的司法鉴定中感受到公平正义。

2. 坚持围绕中心服务大局。当前和今后一个时期，天津市正处于经济社会的转型期、改革发展攻坚期和矛盾纠纷的凸显期，社会结构多元化、经济关系多样化、利益诉求复杂化，突发性、群体性、敏感性事故、案件和矛盾冲突易发、多发、频发。司法鉴定行业必须及时、客观、准确地做好每一起鉴定，为司法机关依法审判提供可靠、确凿的鉴定意见；紧紧围绕公众普遍关注的环境污染、征地拆迁、企业改制、劳资纠纷、房屋质量、非法集资等难点、热点、焦点问题，以科学、公正的鉴定意见澄清事实真相，化解矛盾纠纷，维护社会和谐稳定。

3. 切实加强队伍建设。以建设一支政治过硬、业务精湛、作风优良、社会责任感强的司法鉴定人队伍为目标，加大对司法鉴定人的核心价值观教育、职业道德教育、遵纪守法教育力度；进一步强化在职业务技能培训，广泛深入开展"岗位大练兵、科技大比武"活动，不断提升司法鉴定人的业务素质和专业技能，着力培养一批司法鉴定的领军人物，使他们在鉴定机构中发挥柱石作用；进一步完善司法鉴定人助理制度，吸引高校同类或相近专业的高学历毕业生或社会相关领域专家型科技人才充实司法鉴定队伍，不断优化司法鉴定队伍的知识结构和年龄结构，增强司法鉴定行业可持续发展的后劲；大力开展围绕中心、服务大局的宣传活动，大力弘扬客观公正、执业为民、忠于职守、勇于担当的司法鉴定人的新风正气；积极开展鉴定援助，在承担重大事故案件、重点建设项目、突发事件、敏感性问题等鉴定中化解矛盾纠纷、保障司法公正、维护社会稳定的司法鉴定机构；对执行《决定》、《通则》不严格，鉴定程序不规范，鉴定意见不客观，以及各种恶性竞争等行为，要严肃处理，并在全行业通报批评，甚至注销执业登记，起到警示教育作用，树立司法鉴定队伍依法公正廉明的良好社会形象。

双管齐下：从鉴定制度和诉讼程序
两个方面保障鉴定质量[*]

顾永忠[**]

诉讼活动是解决社会争议的最后一道程序，也是实现社会公平正义的最后一道屏障。而诉讼活动的首要任务是查明并认定案件事实，在此过程中，司法鉴定活动及由此产生的鉴定意见发挥着至关重要的影响。鉴定活动及鉴定意见一旦出现问题，重者导致冤错案件的发生，轻者也会损害诉讼程序的正当性和公信力。浙江某基层法院在 2011 年以来的两年半时间里，有 95 起案件的当事人对单方委托的法医学鉴定意见提出重新鉴定申请。经重新鉴定后被推翻的达 44 次，推翻率高达 46%。这些被推翻的鉴定出自四家鉴定机构，其中一家被推翻 26 次，占被推翻总数的 59%。此现象引起当地社会的广泛质疑，也引起司法界有关领导的关注。据了解，这种现象并非孤立存在，在人身伤害的伤情鉴定中具有相当的普遍性。据此，深入分析、研究如何提升和确保鉴定意见质量，应当是司法鉴定理论界和实务界当务之急。笔者拟从鉴定意见产生的主体、形成的过程及在诉讼活动中的运用三个方面探讨这一问题。

一、鉴定机构的设置、鉴定人的准入与鉴定质量

通过鉴定活动形成的鉴定证据不论将其称作什么，说到底是鉴定人智力活动的产物。也由此决定了，鉴定证据的质量如何，首先与鉴定的主体密切相关。难以想象组织混乱、水平低下的鉴定主体可以产生出高质量的鉴定证据。

鉴定的主体涉及鉴定机构的设置和鉴定人的资格两个方面，而对这两个方面的组织、管理，就形成了司法鉴定的组织制度，其实质是司法鉴定的体制问题。[1] 我国理论界一般认为大陆法系国家实行的是建立在鉴定权主义基础上的集中统一的司法鉴定体制，而英美法系国家实行的是建立在鉴定人主义基础上的分散、多元的司法鉴定体制。并且认为，两大法系国家之所以采取如此不同的司法鉴定体制，与其

---

　*　本文原载于《中国司法鉴定》2014 年第 4 期。

　**　中国政法大学诉讼法学研究院教授，博士生导师。

〔1〕　何家弘："我国司法鉴定制度改革的基本思路"，载《人民检察》2007 年第 5 期。

司法理念、法律传统、诉讼模式密切相关。事实也表明，该两种司法鉴定体制在两大法系国家各自的诉讼活动中都发挥着重要的、积极的服务和保障作用。

我国司法鉴定体制以 2005 年 2 月全国人大常委会《关于司法鉴定管理问题的决定》（以下简称《决定》）为界，发生了并且至今仍然发生着重大的变化：其一，公、检、法及国安四机关原来各自拥有的鉴定机构只保留了公、检、国安三机关为侦查提供服务的鉴定机构（不得面向社会从事鉴定业务）。与此相适应的是，司法鉴定机构的大门向社会打开，民间资本进入司法鉴定领域，从而社会或民间鉴定机构大量出现。不仅如此，高等院校及科研机构也纷纷重整原有鉴定机构或建立新的鉴定机构，一方面为本单位教学科研服务，另一方面为社会提供司法鉴定服务。其二，在鉴定机构的框架下管理鉴定人，也就是将鉴定人纳入鉴定机构中，不允许在鉴定机构以外存在鉴定人。其三，由司法部主管全国鉴定人和鉴定机构的登记管理工作，由省级司法行政机关具体负责对鉴定人、鉴定机构的登记、名册编制和公告，从而形成了统一的司法鉴定管理体制。截至 2012 年底，全国在册司法鉴定人达到 54 220 名，全国登记在册的司法鉴定机构达到 4833 家（不包括公、检、国安三机关内设的鉴定机构）。[2]

显然，《决定》施行以来，以往司法鉴定各自为政，机构的设立和鉴定人的资格没有统一标准，公安司法机关既是办案机关又设鉴定机构，以致自侦自鉴、自诉自鉴、自判自鉴，有损司法中立性和公信力等问题大为改变。但是，旧的问题还没有彻底解决，新的问题又不断出现，并且集中表现在鉴定证据的质量问题上。在司法实践中，人情鉴定、金钱鉴定导致的虚假鉴定、错误鉴定时有发生，对司法鉴定的投诉率不断上升，违法违纪也大有人在。同时，由于司法鉴定的特殊性，有的鉴定证据虽不能确认是虚假、错误鉴定，但鉴定过程的随意性，鉴定依据的不充分、不科学性，初始鉴定被重新鉴定的高推翻率，都严重损害了司法鉴定的质量和声誉。

造成以上问题的原因是多方面的，其中部分问题的产生与鉴定体制改革中存在的不足不无关系。最突出的是，在放开民间资本设立司法鉴定机构禁锢的同时，几乎关闭了国有资本进入司法鉴定领域的大门。按照《决定》的规定，只有公、检、国安三机关可以根据侦查需要保留鉴定机构，并且不能面向社会提供鉴定服务，此外，法院以及司法行政机关都不得设立鉴定机构。在此格局下，国有资本进入司法鉴定领域的大门就变得很窄，只剩下国有科研院所及大学等事业单位可以申请设立司法鉴定机构。正因为如此，目前我国登记设立的鉴定机构中，由国有事业单位设立的鉴定机构所占比例较低，绝大多数都是民间资本设立的所谓社会鉴定机构。

大批民间资本设立司法鉴定机构出现看似是一件好事，但对司法鉴定的质量而

---

〔2〕 李禹、党凌云："2012 年度全国司法鉴定情况统计分析"，载《中国司法鉴定》2013 年第 4 期。

言，却存在着隐忧。其一，这些机构大部分都是新机构，人员年轻，缺乏经历和经验；其二，由于这些机构源于民间资本，经费有限，难以购置专业设备或进行技术、设备更新；其三，这些机构都属自收自支，在市场经济的大潮中，其进行鉴定活动的直接动因首先是为了生存，为了经济利益；其四，我国正处在历史上前所未有的社会大转型中，诚信缺失已成为非常突出的社会问题，人情至上、关系至上已成为非常严重的不良社会风气，这些对外部约束力并不强的民间资本设立的鉴定机构将形成巨大的侵蚀。以上种种隐忧势必反映到司法鉴定活动的过程及结果上，直接影响鉴定证据的质量。

针对上述问题，有效的对策之一应当是建立三位一体的司法鉴定体制。所谓"三位一体"是指我国统一管理的司法鉴定机构应当由三个子系统组成，并且各自的鉴定领域及所承担的社会功能有所不同。第一个子系统是公安、检察、国安等机关根据侦查需要设立的鉴定机构，主要承担刑事侦查活动中的鉴定任务，为侦查活动提供及时、准确、高效的鉴定服务，而不向社会提供鉴定服务。这也是《决定》保留侦查机关原有鉴定机构的初衷所在。第二个子系统是近年发展较快的由民间资本设立的社会鉴定机构，这些都是在《决定》颁行以后建立起来的，数量多、分布广。同时，存在的有待解决的问题也相对较多。此类鉴定机构主要为社会提供初始鉴定服务。第三个子系统则是目前相当薄弱、今后应当重点发展的由国家出资设立的公立性的鉴定机构，其中应包括公立高等院校、科研院所设立的鉴定机构和应有国家出资专门设立的类似于司法部司法鉴定科学技术研究所那样的公立鉴定机构。这类鉴定机构的数量不必太多，但分布应当合理，地市一级的行政区域一般应有此类鉴定机构，而且业务门类应当比较齐全。这类机构主要承担各类诉讼中的重大、疑难、复杂的鉴定业务和不服其他鉴定机构初始鉴定而依法启动的重新鉴定业务。[3]

对于笔者主张的今后应当重点发展的第三类司法鉴定机构，有人可能会提出质疑：岂不是回到司法鉴定体制的老路而破坏司法鉴定机构的中立性？笔者完全认同司法鉴定机构应当保持中立的属性，但何谓司法鉴定机构的中立性是值得研究的。过去我们对司法鉴定机构的中立性理解得比较肤浅，似乎鉴定机构的设置脱离公权力和国有资本就是中立了。为此在《决定》出台之前曾有动议把公安、检察、法院、国安等机关内设的鉴定机构全部取消，一律由社会鉴定机构取而代之，当时这种意见几乎占了主导地位。最后只是考虑到刑事侦查的特殊性才允许侦查机关保留了内设鉴定机构，并且只能为侦查活动进行鉴定，不能为社会提供鉴定服务。至于法院和司法行政机关都不允许保留或设立鉴定机构。现在看来对这种司法鉴定机构中立性的认识需要反思了。

---

[3] 顾永忠："论司法鉴定体制建立的依据及进一步改革的重点"，载《中国司法鉴定》2011年第1期。

其实，不论从理论上讲还是从实践上看，对司法鉴定机构中立性的上述认识都是有问题的。笔者认为中立性实质上是指司法鉴定机构及鉴定人在进行司法鉴定活动及出具鉴定文书时应当保持的一种立场和态度。也就是鉴定活动虽然源于委托人包括诉讼当事人或办案机关的委托，并且鉴定结果势必会对诉讼当事人的利益造成或利或害的影响，也可能与办案机关及办案人员的办案思路和办案主张相左，但无论进行鉴定活动本身还是出具鉴定文书，都不应受他们的影响或干扰，而应当坚守法定程序，坚持科学态度，坚信客观规律，坚定科学认识。换言之，鉴定的中立性应当主要来源于鉴定人内心的信念而不是外部的某种人为措施。试想：如果认为过去那种自侦自鉴、自诉自鉴、自判自鉴会导致司法鉴定不中立的话，那么，现在那些处于市场经济大潮中，依赖诉讼当事人或办案机关的委托才能维持生存和发展的社会鉴定机构就能"洁身自好"保持中立吗？同理，如果过去公、检、法等机关的鉴定机构因为其源于国有资源的保障而不能保持中立的话，那么，世界各国，包括我国都使用了大量国有资源保障法院的运行，又何以能使法院在司法活动中保持中立？

当然，必要的人为隔离措施也是需要的，尤其是当下处在特殊时期的我国。因此，笔者主张今后我国重点发展的公立或国立性鉴定机构应当独立于公安司法机关。这不仅更有助于保证这类司法鉴定机构的中立性，而且会有助于从整体上提升司法鉴定的质量。首先，这类司法鉴定机构的建立和存在，将弥补目前侦查机关内设鉴定机构和社会鉴定机构的不足。前者主要是隶属于侦查机关，不可避免地会受到侦查任务和压力的影响，至少因其不具有独立性而使社会对其中立性产生怀疑，进而质疑鉴定的质量。后者虽然身份独立却外部生存压力大，内部有效管理弱，物质条件差，鉴定质量势必难以保障。其次，这类鉴定机构的定位不是为了一般的初级鉴定，而主要从事重大、复杂、疑难鉴定业务和不服其他两类机构的初始鉴定而启动的重新鉴定。其存在本身及所开展的业务活动，不仅可以解决其他两类机构不能或不便解决的鉴定业务，而且通过对其他两类机构的初始鉴定进行重新鉴定，势必会对其他两类鉴定机构形成压力，构成制约和监督，从而推动鉴定质量的整体提升。

当然，要实现上述构想，不仅要发展由国家出资的公立性并且独立的鉴定机构，而且还要在这类机构鉴定人员的配置上不同于前两类特别是社会鉴定机构。其要在准入条件上明显高于其他两类鉴定机构，形成真正意义上的"专家证人"。此外，还要在经费投入、设备购置、技术更新上给予保障。

总之，笔者认为，在理想的三位一体的司法鉴定体制中，侦查机关内设的鉴定机构及鉴定人员，应当少而精，属于"快速反应部队"，解决刑事侦查中的急、难鉴定事项；社会鉴定机构及鉴定人员应当多而广，属于"地方队"，主要承担民事、行政诉讼中的一般鉴定业务；国家出资的公立性的鉴定机构及鉴定人员，应当专而深，属于"国家队"，主要解决前两类鉴定机构不能解决的问题或对前两类机构初始鉴定提出异议的问题。由此形成的司法鉴定体制，不仅优化了资源配置，使各类鉴定机构及其鉴定人员各司其职、各尽其才，而且相互影响、相互促进，有利于从整体上提升和保障我国司法鉴定的质量。

二、鉴定的启动、鉴定人的选任与鉴定质量

在诉讼活动中，鉴定如何启动以及鉴定人如何选任看似是一个程序问题，但其本身就与程序正义密切相关，它将会影响诉讼当事人及社会对鉴定结果的接受程度，同时还将直接影响鉴定的质量。因此，在研究如何提高鉴定质量的问题时，不能不涉及鉴定的启动和鉴定人的选任问题。

一般认为，与其诉讼理念和诉讼模式相适应，两大法系国家在鉴定启动及鉴定人的选任模式上采用了不同的做法。英美法系国家采取当事人启动模式，即在诉讼活动中是否需要启动鉴定、何时启动鉴定以及由谁进行鉴定，主要由当事人自主决定。例如加拿大《证据法》第7条规定："在任何刑事的和民事的审判或其他程序中，若原告、被告或其他当事人依法或根据惯例意欲让专业人员或其他专家提供意见证据，无须法庭法官或程序主持人准许，各方最多可邀请五位这样的证人参加。"[4] 而英美法系国家的诉讼当事人不仅指参与诉讼的公民、经济组织，还包括检察机关。如此看来，这个过程本身就体现了程序公正，因为双方都有鉴定启动权，都可以选任自己认为合格、称职的鉴定人，从而打破了如果由一方掌控鉴定启动权而形成的垄断局面，体现了机会均等和权利平等的司法精神。与此同时，由于诉讼双方都可以自主启动鉴定并选任鉴定人，相互之间就形成了"科学竞争"，从而将促使鉴定过程更加科学，鉴定结果更能被法官或陪审团认同接受，由此自然会促进鉴定质量的提高。

大陆法系国家则采行司法官启动模式，即在诉讼活动中，由司法官根据诉讼的具体情况和实际需要，决定是否启动鉴定活动，并且由谁进行鉴定，一般也是由司法官从业已登记在册的鉴定机构及鉴定人当中具体指定。当然，司法官在启动鉴定活动时并非完全无视当事人的意愿，也会考虑当事人的申请，听取当事人的意见。例如，《法国刑事诉讼法典》第156条规定："任何预审法庭或审判法庭，在案件遇有技术问题的情况下，或者应检察院的要求，或者依职权，或者应当事人的请求，得命令进行鉴定。检察院或者请求进行鉴定的当事人，可以在其提出的请求中具体说明其希望向鉴定人提出的问题。预审法官认为不应同意有关进行鉴定的请求时，最迟应在收到鉴定请求起一个月期限内，作出说明理由的裁定。"[5] 法国之所以如此规定，是由其奉行职权主义的诉讼模式和追求事实真相的诉讼目的所决定的。为

---

〔4〕 何家弘、张卫平主编：《外国证据法选译》（下卷），人民法院出版社2000年版。
〔5〕《法国刑事诉讼法典》，罗结珍译，中国法制出版社2006年版。

此，其鉴定机构及鉴定人不仅要进行登记管理，而且不同审级的法院具有不同的鉴定人名册。根据《法国刑事诉讼法典》第157条的规定，法官指定鉴定人时要根据法院的不同审级，从"应当从列入最高司法法院制定的全国性名册的自然人或法人中挑选鉴定人，或者从列入上诉法院按照1971年6月29日有关司法鉴定人的第71~498号法律规定之条件制定的名册上的自然人或法人中挑选鉴定人"。不仅如此，必要时"作为例外，法院亦得以说明理由之裁定，挑选并未在任何名册上载明的鉴定人"。[6]

大陆法系的做法，看似剥夺了检察机关和当事人自主启动鉴定及选任鉴定人的权利，但其并不是完全不考虑他们的意愿，相反，法官是在检察官或当事人的请求下才考虑是否启动鉴定活动的。即使不同意启动鉴定，法官也要说明理由并赋予请求方一定的救济权利。不仅如此，确有必要时，哪怕检察官或当事人没有提出请求，法官也可依职权决定启动鉴定。这种启动模式不是简单地基于保障诉讼双方的诉讼权利或平衡双方的对立关系，而是基于启动鉴定是否确有实际需要，并且一旦启动则由法官确定鉴定机构及鉴定人，使鉴定机构及鉴定人在鉴定中保持中立，不直接受诉讼双方的影响，以保证鉴定活动及其结果的科学性和可靠性。可见，此种方式有助于避免由诉讼各方自己委托鉴定人可能产生的偏向性鉴定，同样有利于鉴定质量的提高。

换言之，无论英美法系"对立的鉴定制度"还是大陆法系"中立的鉴定制度"[7]，尽管产生机理和表现形式有所不同，但都有利于提升和保障鉴定的质量。并且由于双方鉴定启动模式存在着共同的价值追求，也不排斥吸收、借鉴他方好的做法以弥补自身之不足。例如，美国《联邦证据规则》第706条（a）规定："法院可以指定经各方当事人同意的任何专家证人，也可以指定自行选择的专家证人。"之所以如此，"往往出于五个考虑：首先，当事人可能因为财力等原因无法获得专家的帮助；其次，当事人自行提供的专家证人，可能是最好的证人，但是不是最好的专家；第三，在两个相互矛盾的解释同时出现的情况下，陪审团可能无法决定何者为正确；第四，使用中立的专家有利于解决纠纷；第五，对当事人雇佣的专家不信任。第五点可能是支持法院指定专家证人最为关键的因素。"当然，在实践中，法官行使指定专家证人的情形很少。[8]

综上所述，虽然英美法系国家与大陆法系国家在鉴定启动模式包括选任鉴定人上有所不同，但应该说异曲同工，目的都是为了保证鉴定的质量。英美法系国家通

---

〔6〕《法国刑事诉讼法典》，罗结珍译，中国法制出版社2006年版。

〔7〕 何家弘："我国司法鉴定制度改革的基本思路"，载《人民检察》2007年第5期。

〔8〕 王进喜：《美国〈联邦证据规则〉（2011重塑版）条解》，中国法制出版社2012年版，第233~234页。

过赋予诉讼双方（包括刑事诉讼中的检控方）平等的鉴定启动权包括选任鉴定人的权利，使各方都能获得所谓的"科学证据"，实现"平等武装"，然后再通过交叉询问展开"平等竞技"，从而使中立的法官或陪审团对案件中所涉及的专业技术问题搞清楚，最后对事实问题作出正确的裁判。大陆法系国家则只是赋予诉讼双方平等的鉴定申请权，至于是否正式启动包括选任鉴定人则取决于司法官。由此形成的鉴定结果旨在直接帮助司法官弄清并查明案件中的专业技术问题，以此作为最后对案件事实作出裁判的参考，而不是为了提供并帮助诉讼双方当事人。

从表现形式上看，我国目前鉴定制度的启动模式（包括鉴定人选任方式）类似于大陆法系国家，但在实质上又有明显不同，主要是：①在民事诉讼中，我国对当事人的鉴定启动权制约不足。实践中当事人实际上享有鉴定的启动权，特别是在审判前程序中，并且多数为单方委托的鉴定。由于是单方鉴定，一旦进入审判程序后便产生比较突出的多头鉴定、重复鉴定问题。②在刑事诉讼中，我国对当事人的鉴定申请权保障不够。从法律上讲，当事人在刑事诉讼中虽然没有鉴定的启动权，却享有鉴定的申请权，但从实践中来看，当事人的鉴定申请权很难获得批准。由此造成的后果是，由于在程序上当事人的鉴定申请权实际上被剥夺了，当事人有"充分的理由"质疑办案机关委托鉴定的正确性或者在不同意鉴定情形下作出的实体裁判，并且这种情况往往能够获得社会的同情、理解甚至支持。2006 年陕西发生的邱兴华故意杀人案就属此种情形。虽然当时司法机关决定不对邱兴华进行精神病鉴定是于法有据的，但由此引起的社会质疑声却影响甚广。对此，有学者认为是"合法却不合理"[9]。

基于此，我国应当在鉴定启动模式上包括鉴定人的选任上进行反思，并系统总结实践中的问题，有针对性地改革完善。鉴于诉讼性质不同，鉴定启动模式也应有所不同，以下笔者提出自己的初步方案。

在民事诉讼中[10]，诉讼双方处于平等的民事主体地位，均按照"谁主张、谁举证"的原则承担举证责任。同时，双方也都有权向对方的证据进行质证。这种举证责任与质证权利的统一，集中到鉴定的启动及鉴定人的选任上，具体表现为以下几种情形：

1. 在原告起诉和被告应诉答辩过程中，原告由于提起诉讼而承担相应的举证责任，当需要对案中有关专业技术问题进行鉴定时，当然既有责任又有权利单方委托鉴定。同样，当原告起诉被法院受理、通知被告应诉后，被告在法定答辩期内如果认为有必要，有权针对原告委托并形成的鉴定证据也委托有关鉴定机构及鉴定人进

---

〔9〕 何家弘："我国司法鉴定制度改革的基本思路"，载《人民检察》2007 年第 5 期。

〔10〕 鉴于行政诉讼与民事诉讼有诸多共性，本文不专就行政诉讼中的鉴定启动问题专门论述，行政诉讼中的鉴定启动问题可以参考以下关于民事诉讼鉴定启动问题的论述。

行鉴定。可见，在法院开庭审理案件之前，至少从法律和理论上讲，原、被告双方均可以单方委托鉴定，并不需要取得对方的同意，也不需要获得法院的许可。但是在实践中，由于原告方准备起诉并不受时间约束，而被告应诉答辩只有15天的时间，通常没有足够的时间委托鉴定。因此，法院第一次开庭前的鉴定证据往往是原告单方委托并形成的。

从目前的司法实践看，法院开庭审理前的鉴定证据不仅主要是原告单方委托形成的，而且如同本文开头所言，这种鉴定证据在案件进入审理阶段后，被后续的重新鉴定推翻的比例比较高，由此使人们对单方委托的初始鉴定的质量产生更多的质疑和不信任。如何解决这一问题？笔者认为，主要应当从诉讼程序外当事人与鉴定机构形成的委托关系上考虑，且该问题难以在诉讼程序内解决。因为此时还未进入法院审理阶段，甚至法院还没有受理案件，法院无法、也不应该提前干预。相反，法院应当把工作重点放在严格规范当事人与鉴定机构的委托关系上，确保这种委托关系没有受到人情、权力、金钱等不正当因素的影响。同时，对于这种单方委托的初始鉴定证据，应当在法院审理阶段充分开展法庭调查特别是有针对性的质证，必要时启动重新鉴定。从整体上讲，如果一个地方或者一个鉴定机构在一段时间内，出具的初始鉴定在进入审理阶段后被推翻的比例较高，那么，行业内外就会对出具初始鉴定证据的鉴定机构及鉴定人形成压力，甚至使其声誉扫地，由此反过来促使他们采取积极措施提高鉴定质量。

2. 根据民诉法的有关规定并视案件具体情况，在法院审理阶段，对于鉴定的启动应当区别以下不同情况：

首先，开庭前原告已单方委托并提交鉴定证据的，开庭后被告有根据质疑鉴定程序或者有理由反驳鉴定结果并申请重新鉴定的，人民法院应当准许。在此情况下，法院应当尽力协调原、被告双方协商确定鉴定机构及拟委托的鉴定人，这将有利于双方接受重新鉴定的结果。但是，如果原告不同意重新鉴定，仍应当同意被告人提出的鉴定申请，委托有关鉴定机构重新鉴定。这样做一方面有利于保障被告的质证权，另一方面可以有效制约原告单方委托的初始鉴定可能存在的不正当问题。

其次，开庭前案内没有鉴定证据，开庭审理后一方当事人就案件事实中的专门性问题提出鉴定申请，法院认为确有鉴定必要的，应当尽力协调另一方当事人由双方共同协商确定拟委托的鉴定机构及鉴定人。另一方不同意鉴定或者对鉴定机构及鉴定人协商不成的，由法院指定鉴定机构及鉴定人。同时还应告知不同意鉴定一方的当事人，其后原则上不再启动鉴定。总之，在案内没有鉴定证据的情形下，如果确有鉴定必要，由当事人双方共同协商确定鉴定机构及鉴定人，有利于双方接受其后的鉴定结果，防止重复鉴定和多头鉴定。

再次，开庭前案内没有鉴定证据，开庭后当事人没有提出鉴定申请，但法院认为需要对案内专门性的问题进行鉴定时，法院应当向当事人说明情况并征求当事人的意见，共同协商确定拟委托的鉴定机构及鉴定人。从法律上讲，法院虽然依职权可以委托鉴定，但是，在委托鉴定之前充分听取双方当事人的意见并与他们共同协商确定鉴定机构及鉴定人，有助于他们接受其后形成的鉴定结果，同样可以减少重复鉴定和多头鉴定。

最后，对于按以上三种情形进行的初始鉴定，当事人提出重新鉴定申请的，应当严格控制。对于一方不同意进行初始鉴定，尔后却对初始鉴定提出异议并申请重新鉴定的，或者对于双方同意并协商确定初始鉴定机构和鉴定人尔后一方对鉴定结果提出异议并申请重新鉴定的，一般不予同意。只有在确有根据认为鉴定机构及鉴定人对鉴定事项不具备鉴定资格、鉴定程序严重违法、形成鉴定意见的依据明显不足等情形下，才可以启动重新鉴定。

对民事诉讼中的鉴定启动问题，笔者提出的上述方案，体现了以下原则或精神：其一，除了在庭审前不得已的情形下产生的单方委托鉴定，应当尽可能避免单方委托鉴定。因为单方委托的鉴定，最容易受到另一方的质疑并被申请重新鉴定，埋下重复鉴定或多头鉴定的客观基础。其二，在案件进入法庭审理阶段后，初始鉴定的启动大门可以相对放宽一些，尽量满足当事人的初始申请，但应当尽可能协调当事人双方共同协商确定鉴定机构及鉴定人。在此基础上形成的鉴定结果更容易为双方所接受，有利于减少、避免重复鉴定或多头鉴定。其三，对于初始鉴定之后重新鉴定的启动大门应当尽可能关小一些，一方面有助于促使双方当事人在启动初始鉴定时能够协商达成一致；另一方面可以有效防止重复鉴定或多头鉴定。

在刑事诉讼中[11]，基于刑事诉讼的特殊性质及控方承担的证明被告人有罪的举证责任和辩方依法享有的质证权利，对于鉴定的启动包括鉴定人的选任，笔者提出以下解决方案：

首先，在侦查阶段，通常情况下应当由侦查机关根据侦查的需要启动鉴定程序。但是，鉴定意见形成后，根据《刑事诉讼法》第146条的规定，侦查机关应当"将用作证据的鉴定意见告知犯罪嫌疑人、被害人"。如果犯罪嫌疑人、被害人对鉴定意见有异议，有权提出申请，要求补充鉴定或者重新鉴定。对于犯罪嫌疑人、被害人的申请，确有依据或理由的，侦查机关应当同意补充鉴定或者重新鉴定。在准备进行重新鉴定的情形下，应当听取申请人对于拟委托的鉴定机构及鉴定人的意见，只要理由正当，应当尽可能予以采纳。但是在司法实践中，这一规定贯彻得不好，侦查机关往往只告诉嫌疑人鉴定意见，而不告诉鉴定的过程及得出鉴定意见的依据。

当事人除了针对侦查机关用作证据的鉴定意见申请补充鉴定或重新鉴定外，还在确有必要时可以向侦查机关提出初始鉴定的申请。譬如，犯罪嫌疑人可以提出间

---

〔11〕 鉴于刑事自诉案件的数量非常有限，本文仅就刑事公诉案件中的鉴定启动问题加以论述。

歇性精神病鉴定的申请、涉案毒品含量的鉴定申请等，被害人可以提出身体伤情鉴定、受害经济损失的鉴定等。对于当事人的申请，侦查机关应当重视。特别是对于其中涉及定罪量刑的重大事项、不及时鉴定将来就可能无法鉴定或造成无法挽回后果的鉴定事项，应当同意申请指派或聘请有专门知识的人进行鉴定。在案情允许的情况下，还应当听取当事人对确定鉴定机构及鉴定人员的意见，并尽可能满足要求。

其次，在审查起诉阶段，由于辩护律师依法可以查阅案卷材料，能够全面了解案件事实，并可以依法通过会见与犯罪嫌疑人进行沟通交流。如果对案内已有鉴定意见有异议需要重新鉴定，或者案内尚无鉴定意见，但确有必要对案件中有关专门问题进行鉴定时，可以向检察机关提出申请。对此检察机关应当予以重视，特别是对于其中确有根据涉及无罪或依法不负刑事责任的鉴定事项，检察机关应当同意申请，并且可以听取申请人对确定鉴定机构及鉴定人的意见，在条件允许的情况下应当满足其请求。审查起诉阶段是从侦查到审判的过渡阶段，具有过滤、把关功能。对于确实可能涉及无罪或不应负刑事责任的事由，通过鉴定加以确认或排除，既有利于保障人权，维护当事人的合法权益，也有利于防止审判阶段案情发生重大变化，使公诉陷于被动甚至无效。

最后，进入审判阶段后，如果此前在侦查和审查起诉阶段鉴定问题解决得好，案件到了审判阶段再启动鉴定的需求就会大大减少。但是在司法实践中，由于审前程序这个问题没有解决好，到了审判阶段仍有被告人、被害人及辩护人、诉讼代理人向法院提出初始鉴定或重新鉴定的申请。这也是法律赋予当事人及有关诉讼参与人的权利。根据《刑事诉讼法》第192条的规定，在法庭审理过程中，当事人和辩护人、诉讼代理人有权申请重新鉴定。但是，在司法实践中，审判阶段法院同意当事人及辩护人、诉讼代理人申请进行初始鉴定或重新鉴定的情况比较少。应该说，这对于依法保障他们的诉讼权利，防止冤错案件发生、增强当事人及社会对裁判的可接受性都是不利的。同时对于体现审判机关的中立地位，树立人民法院的公正形象也不利。

三、鉴定意见的证据地位及对其审查、质证与鉴定质量

通过鉴定形成的证据，即使在英美法系被称为"科学证据"（Scientific Evidence）也不具有当然的证据效力。根据美国《联邦证据规则》（2011年重塑版）第706条的规定，即使是由法庭根据当事人的动议或者自行决定指定的专家证人，法庭都可以传唤或者应当事人的要求出庭作证，并且在此过程中接受当事人任何一方的交叉询问。[12] 至于当事人各方自行委托形成的专家意见证据，专家证人更要出庭作证，

---

〔12〕 王进喜：《美国〈联邦证据规则〉（2011年重塑版）条解》，中国法制出版社2012年版。

接受对方的交叉询问。美国对待鉴定证据的态度可以说是"宽进严出",即启动鉴定容易,诉讼双方都有启动权,但对鉴定证据则严格要求,专家证人须出庭作证,接受对方的交叉询问。如此才能听出高低,看出优劣,最后由法官或陪审团居中裁断采信哪方专家证言。

大陆法系国家也是如此,鉴定证据并无天然的证据效力。例如在法国,根据《法国刑事诉讼法典》的规定,"鉴定结束时,鉴定人即起草一份报告。该报告应包括对鉴定活动的介绍以及鉴定意见"。此后"经预审法官批准,鉴定人可以通过各种途径直接向负责执行查案委托的司法警察警官报告其鉴定报告的结论"(第166条)。与此同时,预审法官还应"将鉴定人所做的结论告知各当事人及他们的律师","应各当事人的律师的要求,得向他们提供鉴定报告的全文副本";不仅如此,在"所有场合,预审法官均向当事人规定一个提出意见或请求的期限,特别是为进行补充鉴定或反鉴定提出意见或请求","如预审法官拒绝当事人的请求,应在收到请求后一个月期限内作出说明理由之裁定"(第167条)。在法庭审理中,"如有必要,鉴定人在法庭上先进行宣誓,本着自己的良心与名誉为司法提供协助之后,介绍其进行的技术性鉴定活动的结果",其后"审判长得依职权,或者应检察院、当事人或其辩护人的请求,向鉴定人提出属于交付给他的任务范围之内的问题"(第168条)。[13] 可见,从某种意义上讲,法国对于鉴定证据的态度更加慎重,首先在庭前就告知当事人及其辩护人,充分听取其意见或要求,必要时进行补充鉴定或重新鉴定;其次在庭审中仍然予以重视,必要时要求鉴定人出庭介绍自己的鉴定并回答各方提出的问题;最终由法官就是否采信鉴定证据作出决定。

我国对于鉴定证据的态度应该说经历了一个变化过程。虽然在刑事诉讼法、民事诉讼法、行政诉讼法上都只是将鉴定证据列为证据的一种,但在名称上都显示出鉴定证据的优越地位,被称为"鉴定结论"。[14] 不仅如此,由于"鉴定结论"本身的专业技术性特点,又被戴上"科学证据"的桂冠,法官、检察官、警察、律师及普通当事人通常对其并不精通,以致在司法实践中成为不容置疑的"证据之王",往往成为办案机关定案的依据。但是,随着正确诉讼理念的普及,特别是程序正义理念的逐渐形成和科学认识的不断提高,人们对"鉴定结论"的表述开始反思,开始在理论上和司法解释中将其称谓改变为"鉴定意见"。[15] 其后在正式立法上,例如2012年刑诉法修改时就用"鉴定意见"取代了"鉴定结论",其他诉讼法律的修改

---

〔13〕 《法国刑事诉讼词典》,罗结珍译,中国法制出版社2006年版。

〔14〕 1991年的《民事诉讼法》及之前的《民事诉讼法(试行)》、1989年《行政诉讼法》以及1979年和1996年的《刑事诉讼法》上都表述为"鉴定结论"。

〔15〕 如2010年5月两院三部联合发布的《关于办理死刑案件审查判断证据若干问题的规定》中就使用了"鉴定意见"的表述。

也是如此。与上述变化相适应的是，实践中和司法解释上还针对"鉴定结论"的特殊性建立了专家辅助质证制度。例如最高人民法院于 2002 年 6 月发布的《关于行政诉讼证据若干问题的规定》中就规定，"对被诉具体行政行为涉及的专门性问题，当事人可以向法庭申请由专业人员出庭进行说明，法庭也可以通知专业人员出庭说明"，"专业人员可以对鉴定人进行询问"。这项制度经过总结完善目前已被近年修改的几部重要诉讼法律吸收确立。

虽然鉴定证据在立法上已经从过去神秘的天然优势地位"回归自然"，但因其自身的特殊性仍然在实践中扮演着其他证据所不具有的天然优越性。基于此，我们应当继续破除鉴定证据的天然光环，并严格按照有关法律的规定在诉讼活动中，特别是在法庭审理中，加强对鉴定意见的审查和质证，以确保每一个案中鉴定意见的质量不出问题，有效地防止冤错案件。

首先，要从认识上切实打破鉴定意见是"科学证据"的神秘光环，恢复其作为"专家意见"的证据地位，使之与证人证言、犯罪嫌疑人、被告人的供述与辩解等证据一样，需要依法经过充分审查、质证，查证属实才能作为定案的根据。

如前所述，在英美法系国家，鉴定证据被称为"科学证据"（Scientific Evidence）和"专家意见"（Expert Opinion）。但是"科学证据"这一表述被引入我国证据法学界以来要比"专家意见"的使用广泛得多。笔者认为，"科学"或"科学的"一词在英语里的涵义相对比较单纯，根据《牛津高级英汉双解词典》其英文释义是"Knowledge about the structure and behaviour of the natural and physical world, based on facts that you can prove, for example by experiments"，其是指基于能够证明譬如通过实验手段证明的事实而形成的关于自然和物质世界的知识体系。将其运用到证据法上，所谓科学证据（Scientific Evidence）实际上是指运用科学知识形成的证据。但是，"科学"一词在汉语里的涵义远比英语丰富得多，除了具有与英语同样的涵义外，还被广泛运用于人文、社会科学领域，并且往往被视为正确的、真理的同义词。譬如人们经常讲的"科学决策"、"科学方法"、"科学认识"等，几乎都是从这个意义上使用的。这样定位鉴定证据，称其为"科学证据"，加上由于其本身的专业技术性，一般人并不熟悉、精通，势必给人以正确的、不容置疑的强烈意味。其实，无论从哪个方面讲，都并非如此，充其量是一种"专家意见"。正因为如此，笔者认为，在中国语境下不宜将鉴定证据称为"科学证据"，顶多称其为"科技证据"，表明其是通过科技手段形成的证据足矣。其实，这种观点从有的学者的著述中也可以看到。例如在研究鉴定证据方面见长的陈学权博士已出版多本专著，其中一本为《科技证据论》，而没有使用"科学证据论"。其实，使用英美国家的"专家意见"来表述鉴定证据最能揭示该种证据的特有属性和证据地位，其与我国的"鉴定意见"表述最为接近，我们应当提倡。

其次，要充分认识鉴定证据同样也有发生错误的情况，而且与其他证据相比，它更可能导致冤错案件。

根据美国洗冤工程（Innocence Project）最新的统计数据，在现已利用 DNA 技术发现的 300 例刑事冤案中，涉及错误或者不可靠科学证据的比例高达 51%。另据美国除罪释放登记机构（The National Registry of Exonerations）2014 年发布的最新报告，在 1281 例登记的刑事冤案中，涉及错误或者不可靠科学证据的比例为 22%。[16] 前者比例之所以高于后者，是因为前者本身就是针对以往的科学证据运用 DNA 技术发现的冤案，后者则是各种原因造成的冤案。

在中国虽然没有专门的统计资料，但不少冤案的发生也与错误的鉴定密切相关。例如在云南杜培武冤案中，侦查机关针对案情进行了多项鉴定，并把这些鉴定结果作为指控杜培武杀人的关键证据提交法庭。而也正是这些所谓的"科学证据"使法官确信杜培武实施了杀人罪行，最终判处他们死刑并立即执行。上诉后二审法院也只是改判为死刑缓期执行。[17] 笔者作为辩护人于 2002 年曾在郑州市中级人民法院为一起故意杀人案的黄姓被告人进行辩护。控方指控黄某杀害了女朋友，最重要的证据是由郑州市公安机关、河南省与郑州市两级公、检、法机关的法医、公安部物证技术鉴定所、最高检察院刑事科学技术鉴定中心先后四次鉴定并出具的几乎完全一致的关于被害人死亡时间的鉴定意见——被害人死于 1998 年 10 月 24 日的凌晨 1 时或 2 时许。而被告人自己承认、其他证据也证明在所谓被害人死亡的那天夜里从零时起到早晨 9 时许，被告人与女朋友同居一室，并没有其他任何人进入，其本人也不承认杀害其女朋友的指控事实。针对关于被害人死亡时间的这四次鉴定意见，辩护人根据案件的有关事实和情节，从多方面提出质疑，明确提出"证据严重不足，应当疑罪从无"的辩护意见。所幸郑州市中级人民法院采信辩护意见，根据疑罪从无原则判决被告人无罪。其后，在 2008 年，真凶被意外发现，经司法机关审理并报经最高人民法院核准，于 2011 年底被执行死刑。这些血淋淋的事实告诉我们：对鉴定证据同样要高度警惕，不可轻信！

再次，要依法充分保障当事人及其委托的律师申请鉴定人出庭作证和接受质证的权利。

鉴定人出庭作证并接受质证，不仅是当事人及其律师依法行使质证权的要求，也是审查鉴定意见、确保鉴定质量、防止冤错案件的重要保障。正因为如此，从立法上看，无论民事诉讼法、行政诉讼法还是刑事诉讼法上都有关于鉴定人出庭作证的相关规定。新《刑事诉讼法》第 187 条第 3 款规定："公诉人、当事人或者辩护人、诉讼代理人对鉴定意见有异议，人民法院认为鉴定人有必要出庭的，鉴定人应

---

〔16〕 The National Registry of Exonerations.

〔17〕 王达人、曾粤兴：《正义的诉求——美国辛普森案与中国杜培武案的比较（修订版）》，北京大学出版社 2012 年版。

当出庭。"不仅如此，对于应当出庭而不出庭的情形，该款还规定"经人民法院通知，鉴定人拒不出庭作证的，鉴定意见不得作为定案的根据。"将这一规定与同法关于证人出庭作证的相关规定比较，对鉴定人出庭作证的要求明显比对普通证人出庭作证的要求高。对此，笔者非常赞同。为什么应该如此？笔者曾撰文指出，首先是因为鉴定人不是偶然的普通证人，而是以鉴定为业的职业化、常态化的特殊证人，当然应当要求高。其次因为鉴定意见是解决案件中用常规认识手段不能解决的专门问题，专业性、技术性很强，从而对定案的影响也比较大，较之证人更需要出庭作证。[18]

　　但是，在司法实践中，法律的上述规定贯彻执行得很不到位，在庭审活动中鉴定人出庭作证的情形非常有限。造成这种情况的原因，除了鉴定机构及鉴定人方面不愿出庭外，主要是法院及法官的原因。笔者在为一起刑事案件出庭辩护前曾书面申请控方委托的两名鉴定人出庭作证。但法官的回复是，根据《刑事诉讼法》第187条第3款的规定，鉴定人出庭的条件是，不仅有公诉人、当事人及辩护人、诉讼代理人对鉴定意见提出异议，而且还须法院认为鉴定人有必要出庭。在他看来鉴定人没有出庭必要，因此没有通知鉴定人出庭。笔者认为，虽然法律有这样的规定，但法院一般不应以此为由不同意鉴定人出庭作证。因为鉴定人应当出庭首先是为了保障控辩双方特别是被告人及其辩护人的质证权。只要他们对鉴定意见持有异议，要求鉴定人出庭，法院一般应当安排鉴定人出庭。这样做，就个案而言，保障了诉讼各方的质证权，同时有助于发现错误鉴定，防止冤错案件。不仅如此，鉴定人出庭作证的意义还在于在诉讼活动及鉴定行业形成一种鉴定人出庭作证应当是原则、常态的氛围和机制，从而给鉴定人在作鉴定及出具鉴定意见时形成一种约束和压力，使他们以高度负责、科学严肃的态度对待鉴定工作，从整体上有利于鉴定质量的提高。反之，如果鉴定人出庭作证不是原则和常态，会使鉴定人对鉴定工作的压力变小，容易出具不负责任的鉴定意见，甚至还有人滥用权利，徇私舞弊，出具错误、虚假的鉴定。其实鉴定人出庭作证应当是原则、常态的精神在《决定》第十一条已体现出来："在诉讼中，当事人对鉴定意见有异议的，经人民法院依法通知，鉴定人应当出庭作证"。在这一规定中并没有"法院认为鉴定人有必要出庭"的要求。笔者认为，实践中应当按照《决定》的规定掌握执行。

　　最后，要正确理解并保障诉讼各方申请"有专门知识的人"出庭协助申请人"对鉴定意见提出意见"的权利。

　　鉴于鉴定意见的专业技术性很强，涉及的案件事实一般又很重要，而诉讼各方无论是民事、行政诉讼中的当事人及代理人，还是刑事诉讼中的控辩双方，通常都

---

[18] 顾永忠："抓住机遇　迎接挑战　谋求发展——《刑诉法修正案（草案）》关于鉴定结论等问题的新变化"，载《中国司法鉴定》2012年第1期。

缺乏专业知识和能力，难以对鉴定意见进行有效的质证。近年来我国民事诉讼法、刑事诉讼法都规定当事人及控辩双方可以申请人民法院通知有专门知识的人出庭，对鉴定人作出的鉴定意见或专业问题提出意见。这实质上是建立了一种专家辅助质证制度，以弥补诉讼各方对鉴定意见质证能力不足的缺陷，保证鉴定的质量。

但是，上述规定在实践中有的地方"走了样"，有的地方未能严格贯彻执行。"走了样"的具体表现是，有的地方允许、安排提供鉴定意见的一方聘请"有专门知识的人"出庭协助鉴定人出庭作证，甚至用"有专门知识的人"取代鉴定人出庭。如此理解并执行这一规定显然是走了样。既然鉴定意见是鉴定人出具的，那么，他们应该是相关领域的专家，应该有责任、也有能力回答对其出具的鉴定意见提出的问题或意见，而不应当再为鉴定人配备一个专家协助回答问题或说明鉴定意见。首先，鉴定意见并不是由配备的专家出具的，他们没有资格也没有责任回答针对鉴定意见提出的问题和意见。其次，如果出具鉴定意见的鉴定人不能回答他人针对鉴定意见提出的问题和意见，而需法庭为他配备专家协助甚至代替他回答问题、说明情况，那么，鉴定人就没有资格充当鉴定人并出具鉴定意见。因此，应当坚持由鉴定人出庭接受质证而不应安排其他专家予以协助或取代鉴定人。

另一方面，应当充分保障另一方针对鉴定意见申请通知有专门知识的人出庭，就鉴定意见提出意见的权利。在这方面法律并没有设置严格的硬性条件，在实践中法院一般应当同意申请，允许"有专门知识的人出庭，就鉴定人作出的鉴定意见提出意见"，除非所申请的人明显不具有专门知识，缺乏相应的资格或能力。这样做对鉴定人是一种有效的制约和监督，对于防止鉴定人随意出具鉴定意见，甚至徇私舞弊出具虚假鉴定意见，提高鉴定质量有着重要的意义。

论我国司法鉴定管理权部门间配置新模式[*]

王瑞恒^{**}

一、问题的提出

司法鉴定管理体制改革是司法体制改革的重要组成部分。在司法鉴定管理体制改革中，关键是确定管理部门以谁为主，司法鉴定管理权的设置解决的是"管理主体"、回答"谁有权进行管理"的基本问题，是司法鉴定改革所面临的核心问题。

司法鉴定管理权是规范、保障鉴定活动顺利进行的一切权力，主要包括鉴定机构审批权、鉴定人资格授予权、鉴定机构与鉴定人的执业活动监督管理权。[1] 笔者认为，司法鉴定管理权作为司法行政管理权的一部分，应当是由国家有关部门，基于法律的授权，通过具体的部门规章及规则，依法对司法鉴定人和鉴定机构实施执业许可、管理和监督的权力。其主要体现在对鉴定机构和鉴定人的"资质"审核授予权以及对其职业活动的监督管理权，具体可以用"实质"管理权和"形式"管理权进行界分："实质"管理权主要体现为对司法鉴定人和鉴定机构执业前的资质审核、准入审验、执业许可、技术考核等基本管理权力。同时，也体现为对执业活动中因违反执业纪律、执业规则而行使的监督处罚乃至取消执业资格的一种行政处罚权。也就是对于执业的鉴定人和鉴定机构的"许可权"、"拒绝权"和"处罚权"。"形式"管理权主要体现为对鉴定机构和鉴定人名册的编撰、更新和公告，即把通过实质审查并获得授权执业的鉴定机构和鉴定人的信息汇编成册，通过网络或纸质的出版物进行公告和公示，同时包括对给予处罚和奖励的鉴定人和鉴定机构的信息公告等。

在我国，传统的司法鉴定管理权主要由公、检、法、司部门共同行使，"多部门配置、多头管理"是我国传统的司法鉴定管理权的主要特点。[2] 在公安机关、检察

---

 * 本文原载《中国司法鉴定》2014 年第 3 期。

 ** 辽宁师范大学法学院副教授。

〔1〕 王小华："试论我国司法鉴定立法"，载《现代法学》1993 年第 1 期。

〔2〕 2005 年 2 月 28 日，被视为司法鉴定"宪法"的《决定》出台，对司法鉴定管理权进行了重新划分。以此作为分界点，在此之前被称为"传统"的司法鉴定管理权，其后的被称为"现今"的司法鉴定管理权。

院、法院各自都有内设的鉴定机构，而司法行政部门作为行业主管，又管着众多面向社会的鉴定机构，由此形成的"自侦自鉴"、"自诉自鉴"、"自审自鉴"、"自管自鉴"[3] 局面长期颇受非议。

2005 年 2 月 28 日，十届全国人大常委会第十四次会议通过了《关于司法鉴定管理问题的决定》（以下简称《决定》），并于同年 10 月 1 日起施行。这是目前我国司法鉴定领域最高层次的、唯一的专门法律性文件。《决定》的实施取消了法院和司法部门下设的鉴定机构，在一定程度上消除了传统的司法鉴定管理权配置的弊端，但依然举步维艰。《决定》实施以来，相关部门发布了司法鉴定部门规章 20 多部，其中不乏交叉重叠和矛盾冲突，司法鉴定管理权在更大范围内引起"多极"争夺，公、检、法、国家安全部门均依据《决定》行使司法鉴定管理权，出现了公安部、最高检、国家安全局、司法部管理的四套鉴定机构和鉴定人。司法鉴定的"多头管理"不仅如故，反而更甚，司法鉴定管理权呈现了"多极"对峙的"割据"状态。这种局面形成了部门间巨大的冲突和紧张关系，"多头管理"的陈病痼疾似被《决定》合法化，《决定》也似有将司法鉴定存在的弊端合法化之嫌，甚至被冠以"恶法"之名。[4]

面对这种困局，2008 年 1 月 17 日中央政法委颁发《关于进一步完善司法鉴定管理体制遴选国家级司法鉴定机构的意见》（政法［2008］2 号）。其中规定："检察、公安和国家安全机关所属鉴定机构和鉴定人实行所属部门直接管理体制和司法行政部门备案登记相结合的管理模式。"这种模式特点是由侦查机关行使"实质"管理权，由司法行政机关通过"备案登记"行使"形式"管理权。这种配置模式形成目前由司法行政部门行使"形式"管理权与其他相关部门行使"实质"管理权的"两层皮"的状态。

制定《决定》的主要目的在于消除我国司法鉴定领域长期以来存在的"多头管理"的混乱与无序状态，力图建立起统一、规范的司法鉴定管理体制。但事到如今，《决定》在司法鉴定管理权上却形成合法化的"两层皮"状态。这种状态是部门间权力暂时的妥协，本文意欲在梳理司法鉴定管理权在部门间配置的基础上，提出我国司法鉴定管理权的重构模式，以期最终实现司法鉴定管理权由"分权"到"集权"，消弭部门间的权力冲突，建立科学的司法鉴定管理体制，实现司法鉴定统一管理之目标。

----

〔3〕 "自侦自鉴"、"自诉自鉴"和"自审自鉴"是指在传统的司法实践中，公检法部门作为我国的司法机关，承担着案件的侦查、起诉和审判的职能，在行使其职能的过程中，如果需要进行司法鉴定，均由公检法部门设立的鉴定机构进行，习惯上还被比喻为"既当运动员，又当裁判员"的现象。

〔4〕 郭华："司法场域的鉴定管理权争夺与厮杀——以人大常委会《关于司法鉴定管理问题的决定》为中心"，载《华东政法学院学报》2005 年第 5 期。

政法五部门发布的司法鉴定相关规章和规范性文件示意表

阶 段	发布机关	发布日期	法规名称及文号
《决定》颁布前	公安部	1980－05－07	《公安部刑事技术鉴定规则》
		1992－04－04	《道路交通事故受伤人员伤残程度评定》（GA 35－1992，2002 年 12 月 1 日修订）
		1996－07－25	《人体轻微伤的鉴定标准》（GA/T 146－1996）
		2004－11－19	《人身损害受伤人员误工损失日评定准则》（GA/T 521－2004）
	最高检 最高法 公安部 卫生部	1989－07－11	《精神疾病司法鉴定暂行规定》〔卫医字（89）第 17 号〕
	最高法 最高检 公安部 司法部	1990－03－29	《人体重伤鉴定标准》（司发〔1990〕070 号）
		1990－04－02	《人体轻伤鉴定标准（试行）》〔法（司）发〔1990〕6 号〕
	司法部	2000－08－14	《司法鉴定人管理办法》（司法部令第 62 号）
		2000－08－14	《司法鉴定机构登记管理办法》（司法部令第 63 号）
		2000－11－29	《司法鉴定执业分类规定（试行）》（司发通〔2000〕159 号）
		2001－02－20	《司法鉴定许可证管理规定》（司发通〔2001〕019 号）
		2001－08－31	《司法鉴定程序通则（试行）》（司发通〔2001〕092 号）
		2004－04－14	《人体损伤程度鉴定标准》
	最高人民法院	2001－11－16	《人民法院司法鉴定工作暂行规定》（法发〔2001〕23 号）
		2002－03－27	《人民法院对外委托司法鉴定管理规定》（法释〔2002〕8 号）
		2005－01－01	《人体损伤残疾程度鉴定标准（试行）》

阶 段	发布机关	发布日期	法规名称及文号
界 点	全国人大常委会	2005 - 02 - 28	关于司法鉴定管理问题的决定
《决定》颁布后	司法部	2005 - 04 - 28	《关于学习贯彻〈决定〉的通知》(司发通[2005] 30 号)
		2005 - 07 - 18	《关于司法行政部门所属司法鉴定机构管理体制调整的意见》(司发通[2005] 58 号)
		2005 - 09 - 22	《关于撤销"司法部司法鉴定中心"的批复》(司复[2005] 7 号)
		2005 - 09 - 29	《司法鉴定机构登记管理办法》(司法部令第 95 号)
		2005 - 09 - 29	《司法鉴定人管理办法》(司法部令第 96 号)
		2007 - 08 - 07	《司法鉴定程序通则》(司法部令第 107 号)
	公安部	2005 - 04 - 20	《关于贯彻落实〈决定〉进一步加强公安机关刑事科学技术工作的通知》(公通字[2005] 19 号)
		2005 - 12 - 29	《公安机关鉴定机构登记管理办法》(公安部令第 83 号)
		2005 - 12 - 29	《公安机关鉴定人登记管理办法》(公安部令第 84 号)
		2008 - 05 - 06	《公安机关鉴定规则》(公安部令[2008]第 86 号)
	最高人民检察院	2005 - 09 - 21	《关于贯彻〈决定〉有关工作的通知》(高检发办字[2005] 11 号)
		2006 - 11 - 30	《人民检察院鉴定机构登记管理办法》(高检发办字[2006] 33 号)
		2006 - 11 - 30	《人民检察院鉴定人登记管理办法》(高检发办字[2006] 33 号)
		2006 - 11 - 30	《人民检察院鉴定规则（试行）》(高检发办字[2006] 33 号)

阶　段	发布机关	发布日期	法规名称及文号
《决定》颁布后	国家安全部司法部	2005 - 11 - 10	《贯彻落实〈决定〉，进一步加强国家安全机关司法鉴定工作的通知》
	国家安全部	2007 - 04 - 24	《国家安全机关司法鉴定机构管理办法（试行)》
		2007 - 04 - 24	《国家安全机关司法鉴定人管理办法（试行)》
	最高人民法院	2005 - 07 - 14	《关于贯彻落实〈决定〉做好过渡期相关工作的通知》（法发［2005］12 号）
		2006 - 09 - 25	《关于地方各级人民法院设立司法技术辅助工作机构的通知》（法发［2006］182 号）
		2007 - 08 - 23	《技术咨询、技术审核工作管理规定》（法办发［2007］5 号）
		2007 - 08 - 23	《对外委托鉴定、评估、拍卖等工作管理规定法》（办发［2007］5 号）
	政法五部门*	2005 - 07 - 27	《关于做好《决定》施行前有关工作的通知》（司发通［2005］62 号）
		2008 - 11 - 20	《关于做好司法鉴定机构和司法鉴定人备案登记工作的通知》（司发通［2008］165 号）
		2013 - 08 - 30	《人体损伤程度鉴定标准》
	中央政法委	2008 - 01 - 17	《关于进一步完善司法鉴定管理体制遴选国家级司法鉴定机构的意见》（政法［2008］2 号）

* 资料系作者自行整理。最高人民法院、最高人民检察院、公安部、司法部、国家安全部简称"政法五部门"。

二、司法鉴定管理权的部门间配置现状

（一）《决定》出台前的状态

《决定》是我国司法鉴定体制改革的一道分水岭，[5]"多头管理、多部门配置"是传统司法鉴定管理权的主要特点。各部门"各自为政"，再加上司法鉴定的立法相

---

〔5〕 盛学友："司法鉴定之惑"，载《法律与生活》2008 年第 22 期。

对滞后，诉讼中又长期实行超职权主义的诉讼模式，职权机关在诉讼制度安排上缺少必要的合理分工和权力制约，由此引发的"重复鉴定、多头鉴定"比比皆是。同时，由于公、检、法有鉴定启动权，又各自设有鉴定机构，实行"自侦自鉴"、"自诉自鉴"、"自审自鉴"，使得当事人先入为主地认为某一鉴定机构出具的鉴定意见有失公平，就会找更高一级的鉴定机构。控辩双方如此往复，从市级到省级再到国家级，最终演变为"打官司变成了打鉴定"。[6]

在传统的司法鉴定管理权主体中，以公、检、法为主，司法部并非"主角"，但随着司法机关体制和诉讼模式的改革，格局也在悄然发生变化。1998年国务院办公厅《关于印发〈司法部职能配置内设机构和人员编制规定〉的通知》中，赋予司法部"指导面向社会服务的司法鉴定工作"的管理职能。司法部成为继公、检、法之后行使司法鉴定管理权的又一"主角"。司法鉴定管理权的冲突由此展开并一直持续，出台部门规章和规范性文件是争夺司法鉴定管理权的主要手段。如表1[7]所示，司法部为了行使司法鉴定管理权，在4年内出台5个部门规章和1个规范性文件：2000年8月14日发布《司法鉴定机构管理办法》和《司法鉴定人管理办法》；2000年11月29日发布了《司法鉴定执业分类规定（试行）》；2001年2月20日发布《司法鉴定许可证管理规定》；2001年8月31日发布了《司法鉴定程序通则（试行）》；2004年4月14日发布《人体损伤程度鉴定标准》[8]。以上6个法律文件内容涵盖了鉴定人和鉴定机构资质管理、准入管理、执业许可管理、鉴定程序设置、鉴定标准编制等各个方面。

最高人民法院于2001年11月16日发布了《人民法院司法鉴定工作暂行规定》，2002年2月22日发布了《人民法院对外委托司法鉴定管理规定》。其中不乏自行"设权"的规定：首先，中级以上法院都得自行设立独立的鉴定机构。其次，法院审理的案件需要司法鉴定的，都应当由人民法院的司法鉴定机构自行鉴定，如有必要才由法院鉴定机构统一对外委托，似乎是"肥水不流外人田"部门利益保护之典型。再次，法院有权从事司法鉴定管理工作，对鉴定机构实行"名册"管理，经法院"核准"后列入法院"名册"的鉴定机构和鉴定人，还要接受法院的"年检"等监督管理，对未入其"名册"的鉴定机构的鉴定意见不予采信。最后，接受委托后，法院的司法鉴定机构可自行鉴定，也可以组织、联合其他人员进行鉴定。2005年1

---

〔6〕 许竟："一案引出两个鉴定结果？打官司成了'打鉴定'"，载《人民日报》2005年3月16日。

〔7〕 为了便于对比和参照，作者对最高人民法院、最高人民检察院、公安部、司法部、国家安全部有关司法鉴定的规章和规范性文件进行整理，形成"政法五部门发布的司法鉴定相关规章和规范性文件示意表"。

〔8〕 该标准放弃了由公检法司联合发布"鉴定标准"的模式，同时在伤残等级的划分上也不同于传统的"十级"即10个等级的划分法，修改为8个等级，似有"另立炉灶"之意。

月 1 日，发布了《人体损伤残疾程度鉴定标准（试行）》，其中规定除法律规定工伤与职业病和道路交通事故所致残疾程度适用专门的标准以外，法院审理的刑事、民事和行政诉讼中涉及人体损伤的鉴定均得适用该标准。但由于《决定》取消了法院的司法鉴定权，目前在鉴定机构中极少适用。

法院的以上规定其"名册"准入条件是什么？"审核准入权"从何而来？通过年检实行的"监督管理权"从何而来？如此规定，"自审自鉴"的弊端何以规避？这些规定都是由法院自行授权，是法院自设司法鉴定管理权对鉴定人和鉴定机构自行实施管理之举。2004 年 6 月 29 日，依照《行政许可法》和行政审批制度改革的有关规定，国务院第 412 号令公布了《国务院对确需保留的行政审批项目设定行政许可的决定》，赋予司法部面向社会服务的司法鉴定人执业核准和设立面向社会服务的司法鉴定机构审批两项行政许可权。再次，强化了司法部的司法鉴定管理权。

（二）《决定》出台时的争夺

随着司法部在司法鉴定管理权上的"扩张"，传统的司法鉴定管理权配置平衡似乎发生倾斜，各部门相继出台部门规章。鉴定管理"政出多门"、各不相让，通过出台层次更高的法律予以规制成为必然选择。

2002 年 12 月举行的九届全国人大常委会第 31 次会议开始审议内务司法委员会起草的《关于司法鉴定管理问题的决定（草案）》，这种以权力再分配为内容的司法鉴定体制改革在利益上触动了相关部门敏感的神经，有关部门对司法鉴定的管理体制、管理内容等问题意见分歧较大。由于司法鉴定能够给予设立鉴定机构的部门带来丰厚的利益，在立法过程中，公检法司部门不断在司法鉴定领域争当"主角"，致使鉴定体制的改革困难重重，步履维艰，甚至一度存在搁浅的危险。[9] 基于法院中立的诉讼地位和司法行政部门的管理地位，《决定（草案）》明确规定了法院和司法行政部门不得设立鉴定机构。这种改革消除了"自审自鉴"、"自管自鉴"积弊，使司法鉴定体制改革迈出了可喜的一步。

《决定（草案）》同时规定："侦查机关所属的鉴定机构对外承担司法鉴定业务的，在本系统省级以上主管机关批准后，经过登记，编入司法鉴定机构名册并公告。"这种规定直接授予了侦查机关对外承担司法鉴定职能，"自侦自鉴"不仅没有得到限制，反而得到了"法律"的确认，与司法体制改革的方向显然相悖。侦查机关应否保留鉴定机构是《决定》出台时争执的首要"制高点"。2004 年 12 月中共中央转发了《〈中央司法体制改革领导小组关于司法体制和工作机制改革的初步意见〉的通知》（中发 [2004] 21 号）。根据其精神，侦查机关保留鉴定机构，目的是为侦查犯罪提供技术支持，其工作性质被定为侦查工作的组成部分。侦查机关设立的鉴定

---

[9] 郭华："司法场域的鉴定管理权争夺与厮杀——以人大常委会《关于司法鉴定管理问题的决定》为中心"，载《华东政法学院学报》2005 年第 5 期。

机构对外承担司法鉴定是导致饱受争议的"自侦自鉴"的根本原因，侦查机关虽然保留鉴定机构，但应否面向社会从事司法鉴定业务就成为下一个焦点。最终，立法机关在质疑声中将《决定（草案）》的二次审议稿中相关内容修改为："侦查机关根据侦查工作的需要设立的鉴定机构，除办理自行侦查的案件时进行鉴定以外，不得面向社会接受委托从事司法鉴定业务"〔10〕。这种修改使得《决定》顺利高票通过表决。〔11〕

（三）后《决定》时期的配置

《决定》作为迄今为止唯一的一部规范司法鉴定的法律性文件，尽管只有短短的18个条文，但对于司法体制改革、消除司法鉴定陈年积弊，加强对鉴定机构和鉴定人员的管理，维护司法鉴定的独立性，保障司法审判的公正性，具有非常重要的意义。《决定》的出台被誉为是规范司法鉴定工作的治本之举。〔12〕《决定》对司法鉴定领域的权力系谱作出了前所未有的重大调整，其主体因权力的减损动用已有的解释资源，通过对《决定》的模糊条款举行选择性的解释，对司法鉴定管理权进行争夺，以此来扩张自己的权力领地，司法领域出现了司法鉴定管理权力的一场"厮杀"。〔13〕《决定》涉及的问题众多，本文就司法鉴定管理权问题进行探讨。

权力部门化，部门利益化，利益法规化常用于概括部门间的权力博弈和利益之争。〔14〕动用各自的立法权和解释资源，出台部门规章，做出设权性规定是保障部门利益最大化的有效手段。在司法鉴定管理权的争夺中，相关部门亦沿用此法，相继发布部门规章和规范性文件（见表1）。后《决定》时期，各部门经过数轮争夺，最终形成"多极"对峙的"割据"态势。

1. 第一极——"积极"的司法部。《决定》颁布后不久，司法部下发了《关于学习贯彻〈决定〉的通知》和《关于司法行政部门所属司法鉴定机构管理体制调整的意见》，重申了《决定》明确规定建立"统一"的司法鉴定管理体制，对于建立符合中国国情、适应诉讼活动需求的司法鉴定管理体制的重要意义；要求司法部和省级司法行政主管部门负责统一做好对现有的司法鉴定机构和司法鉴定人进行重新

〔10〕 郭华："司法场域的鉴定管理权争夺与厮杀——以人大常委会《关于司法鉴定管理问题的决定》为中心"，载《华东政法学院学报》2005年第5期。

〔11〕 九届全国人大内务司法委员会起草《决定（草案）》并提请九届全国人大常委会第31次会议审议的两年后，全国人大法律委员会对原草案进行了逐条审议并提出修改意见，形成新的草案修改稿，经十届全国人大常委会第13次会议审议，最终在2005年2月28日第14次会议审议后最终获得通过。

〔12〕 "规范司法鉴定工作的治本之举"，2005年3月1日，载 http://www.legaldaily.com.cn/zt/2005-03101/content_191006.htm.

〔13〕 郭华："司法场域的鉴定管理权争夺与厮杀——以人大常委会《关于司法鉴定管理问题的决定》为中心"，载《华东政法学院学报》2005年第5期。

〔14〕 "规范司法鉴定工作的治本之举"，2005年3月1日，载 http://www.legaldaily.com.cn/zt/2005-03101/content_191006.htm.

审核、统一登记、名册编制和公告工作；要求在《决定》生效前，完成对各级司法行政部门设立的司法鉴定机构管理体制的调整任务，具体可以采用撤销、合并或独立为事业法人的方式；《决定》生效后，不再受理与司法行政部门在人、财、物方面有直接、间接隶属关系的司法鉴定机构的设立申请。2005 年 9 月 28 日，国务院正式批准司法部报批的《司法鉴定机构管理办法》和《司法鉴定人管理办法》，这是对 2000 年发布的两个"办法"的修订。2005 年 9 月 30 日在《法制日报》全文刊登发布上述"两个办法"，同时公告《国家司法鉴定人和司法鉴定机构名册》第一批名单。这两个《办法》是司法部依据《决定》第 3 条和第 16 条的规定，对司法鉴定机构和鉴定人实施统一管理的重要规章。2007 年 8 月 7 日司法部发布了《司法鉴定程序通则》，明确规定了进行司法鉴定活动时应当遵循的方式、方法、步骤及处分权限；明确规定了该通则的适用范围是从事各类司法鉴定的司法鉴定机构和司法鉴定人。这是司法部为规范司法鉴定的实施程序，保障司法鉴定的质量，针对与《决定》不适应的部分和鉴定实践中存在的突出问题，对 2001 年《司法鉴定程序通则（试行）》许多内容作了调整和补充后出台的规章。

由此可见，司法部的态度是积极的。采用部门规章，对司法鉴定主体的准入、登记、公告、管理和处罚，对司法鉴定的范围、程序、鉴定人出庭、回避等行使了全方位的管理权，取消了本系统附设的司法鉴定机构。《决定》规定："国务院司法行政部门主管全国鉴定人和鉴定机构的登记管理工作。省级人民政府司法行政部门依照本决定的规定，负责对鉴定人和鉴定机构的登记、名册编制和公告。"对于这种授权，按照通常理解，这种授权就应当是全面的，由司法部统一行使司法鉴定管理权似乎已经不应再成为讨论的问题，但事实并非如此。

2. 第二极——"强硬"的公安部。2005 年 4 月 20 日，公安部发出的《关于贯彻落实〈决定〉进一步加强公安机关刑事科学技术工作的通知》，虽然肯定了《决定》的重要意义，但在司法鉴定管理权的问题上却有截然不同的解释：第一，公安机关的鉴定机构及鉴定人不在《决定》规制的范畴。该文件明确指出公安机关所属的鉴定机构和鉴定人不在司法行政机关登记之列。第二，对公安机关的鉴定机构和鉴定人，公安部将出台管理办法，实行统一的鉴定机构和鉴定人名册制度，准予登记的鉴定机构和鉴定人将统一编入公安机关鉴定机构和鉴定人名册，并抄送审判机关和检察机关。第三，公安机关的鉴定机构和鉴定人一律不准到司法行政机关登记注册。自 2005 年 10 月 1 日起，已在司法行政机关进行的登记注册将自动失效。2005 年 12 月 29 日，公安部发布了《公安机关鉴定机构登记管理办法》和《公安机关鉴定人登记管理办法》，建立了公安机关鉴定机构和鉴定人登记管理制度，对公安机关的鉴定机构和鉴定人实行"自登自管"。公安部的"两个办法"设置了公安部和省级公安机关两级登记管理部门，规定登记管理部门的主要职责任务是：负责鉴定机构和鉴定人资格的审核登记、颁发证书、年度审验；负责资格的变更、延续、注销；

负责编制、公告鉴定机构和鉴定人名册，监督检查鉴定工作等。公安部登记管理部门编制《公安机关鉴定人名册》和《公安机关鉴定机构名册》并及时公告。2008 年 5 月 6 日，公安部发布了《公安机关鉴定规则》，规定了公安机关鉴定机构的鉴定程序、范围、规则和依据。

由此可见，公安部自行建立了登记制度和名册制度，自行进行管理和公告，绝对不允许公安机关的鉴定机构和鉴定人到司法行政机关进行登记，已经登记的自行失效，这完全是"势不两立"的架势。公安机关无论从鉴定机构和鉴定人的数量还是承担的鉴定业务量，均可谓"行业龙头"，"自登自管，自管自鉴"的模式，通过对《决定》的模糊条款进行选择性的解释，似乎被合法化。至此，公安部通过"一个通知，两个办法和一个规则"，建立了公安机关登记管理制度，行使相应的鉴定管理权，形成独立运行的第二元登记管理体系。

3. 第三极——"温和"的最高人民检察院。2005 年 9 月 21 日，最高检发布《关于贯彻〈决定〉有关工作的通知》，指出：《决定》生效之日起，各级检察机关的鉴定机构不得面向社会接受委托从事鉴定业务；检察机关的鉴定机构和鉴定人员不得在司法行政机关登记注册从事面向社会的鉴定业务。最高人民检察院将制定相应的"办法"和"规则"，进一步加强和规范人民检察院的鉴定工作。该《通知》预示着检察院的鉴定机构和鉴定人亦将实行"自登自管，自成体系"。2006 年 11 月 30 日，最高检以相同的文号发布了《人民检察院鉴定机构登记管理办法》、《人民检察院鉴定人登记管理办法》和《人民检察院鉴定规则（试行）》(高检发办字〔2006〕33 号）。"办法"规定：最高人民检察院检察技术部门和各省级检察院检察技术部门是检察院鉴定机构、鉴定人的登记管理部门，具体负责鉴定机构、鉴定人的登记、审核、延续、变更、注销、复议、名册编制与公告、监督及处罚等。最高人民检察院统一编制《人民检察院鉴定机构名册》和《人民检察院鉴定人名册》并及时公告；检察机关的鉴定机构和鉴定人不得到司法行政部门登记注册；对已在司法行政部门登记注册的鉴定机构必须作注销登记和公告后，才可申请登记。

相对于公安部的"强硬"，最高检似乎略显"温和"，但它与司法行政部门的登记、管理可谓泾渭分明。这意味着人民检察院的鉴定机构、鉴定人登记管理将实行系统内统一管理制度。由此，最高检亦通过"一个通知，两个办法和一个规则"，建立了检察机关登记管理制度，形成独立运行的第三元登记管理体系，行使司法鉴定管理权。

4. 第四极——"神秘"的国家安全部。国家安全部门具有侦查职能，在《决定》颁布以前，国家安全部门的司法鉴定管理权问题极少被关注，"自侦自鉴"主要是针对公安机关而言的。《决定》的实施引起公、检、法、司部门对司法鉴定管理权的"争夺"，国家安全部门又属于"侦查机关"，因此，它在司法鉴定管理权的配置中又不得不成为其中重要的一极，其依据就是对《决定》第 7 条的理解和解释。

2005 年 3 月 17 日，国家安全部与司法部就司法鉴定改革工作进行沟通，对司法鉴定体制改革及国家安全机关鉴定机构、鉴定人员调整问题交换了意见。2005 年 9 月 28 日，双方就有关问题共同致函中央政法委、全国人大法工委。2005 年 10 月 21 日，全国人大法工委复函国家安全部、司法部，提出修改意见。2005 年 10 月 24 日，中央政法委办公室复函司法部，赞成部门间通过协商，制定出贯彻落实中央指示和有关法律的具体规定。2005 年 11 月 14 日国家安全部、司法部联合发出《贯彻落实〈决定〉，进一步加强国家安全机关司法鉴定工作的通知》，这是双方就司法鉴定管理工作进行沟通，共同报请全国人大法工委和中央政法委后形成的意见。其中规定：第一，国家安全部对各省级国家安全机关司法鉴定人和司法鉴定机构负有业务领导、监督和管理职责。第二，司法部对经国家安全部依据《决定》和有关准入条件审查合格的司法鉴定人、司法鉴定机构进行核准登记，国家安全机关司法鉴定人和司鉴定机构实行单独的名册管理制度，在审判机关备案。第三，国家安全部将尽快制定国家安全机关司法鉴定人和司法鉴定机构的登记管理办法，同时尽快制定既符合国家司法鉴定工作的总体要求，又具有国家安全工作特色的司法鉴定技术标准和司法鉴定工作规则。2007 年国家安全部发布了《国家安全机关司法鉴定机构管理办法（试行）》和《国家安全机关司法鉴定人管理办法（试行）》，从规章的角度进一步确立和强化了"双重管理"制度。所谓的"双重管理"就是国家安全机关设立司法鉴定机构和核准司法鉴定人均由其自己负责，在其核准后向司法行政管理部门登记。同时，在管理形式方面表现为"不完全公开制"，即国家安全机关的鉴定机构和鉴定人单独编撰成册但不完全公开，不向社会公告，犯罪嫌疑人及其律师、被告人及其辩护人可以向国家安全机关和审判机关提出申请，查阅名册中有关内容。由此可见，国家安全部门行使"实质"司法鉴定管理权，司法行政部门行使"形式"管理权，这种模式形成了我国的第四元登记管理体系。

5. 第五极——"欲休还语"的最高人民法院。长期以来，法院设立司法鉴定机构，从事司法鉴定工作颇受争议，"自审自鉴"一直被抨击为有违司法鉴定中立的原则。《决定》也明确要求"法院不得设立鉴定机构"，撤并法院的司法鉴定机构，取消司法鉴定管理权似乎是应然之举。

2005 年 7 月 14 日，最高人民法院发布《关于贯彻落实〈决定〉做好过渡期相关工作的通知》，要求：坚决贯彻执行《决定》第 7 条法院禁设鉴定机构的规定，积极稳妥地完成人民法院撤销司法鉴定职能；稳步、有序地做好司法鉴定人员的职能调整；法院对外委托鉴定工作时要委托省级人民政府司法行政部门登记和公告的鉴定人和鉴定机构；《决定》生效之日起，各级人民法院一律不得受理各种类型的鉴定业务；各级法院如有事业单位性质的鉴定机构继续从事司法鉴定工作的，应当同人民法院脱钩。2006 年 9 月 25 日，发布了《关于地方各级人民法院设立司法技术辅助工作机构的通知》，要求各中级以上人民法院应根据实际工作需要，设立独立建制的司法技术辅助工作机构。其主要职责是：为审判工作提供技术咨询、审核服务；负责办理法院对外鉴定、评估、审计、拍卖等的委托工作；负责监督执行死刑中的技术工作等。成立司法技术辅助工作机构，一方面是法院司法实践中在某些方面审判和执行人员确需专业技术支持，比如死刑执行过程中如果没有法医的技术支持是不能完成的；另一方面也为法院合理、有序分流安置司法鉴定人建立了一条途径。

2007 年 8 月 23 日，最高人民法院下发了《技术咨询、技术审核工作管理规定》。对司法技术辅助人员进行技术咨询、技术审核的涵义、作用、方式、效力等进行了规范。法院技术辅助人员针对专门问题具有建议权：对于"当事人提出重新鉴定申请"的情况，有是否有必要再次启动鉴定程序及启动何种程序的建议权；多个鉴定意见不同或有矛盾，又如何从科学角度取舍或采信鉴定意见的建议权；对鉴定中存在疑问，提出在质证中应当重点解决的问题，有进行补充鉴定的建议权；对鉴定中存在严重差错，鉴定意见不能成立，有进行重新鉴定的建议权。同一天，发布了《对外委托鉴定、评估、拍卖等工作管理规定》，明确规定法院实行鉴定机构"名册"制度。对经法院审核筛选出相应的鉴定机构，组合编撰为法院的鉴定机构"名册"，法院对外委托鉴定时只能委托该名册中的鉴定机构；同一委托事项有多家相同鉴定机构时，如果当事人不能协商确定鉴定机构，由司法技术辅助部门抽签确定鉴定机构：这就是法院的"册内册"制度。此制度已经推开，比如，山东省高院 2007 年 12 月 10 日下发的 [2007] 47 号文件指出："法医、物证、声像资料三类鉴定的专业名册，由各中级人民法院从司法行政管理部门的名册中选录向省高级人民法院推荐，经省高级人民法院审查后编制名册供全省法院使用"；"编制名册的法院每年要对名册中的司法鉴定专业机构、专业人员进行资质、资格、上年度受理委托工作等情况做年审，对年审不合格的，要从名册中除名"。[15]

综上所述，最高法执行《决定》的态度很明确，它取消了系统内设的司法鉴定机构，分流了司法鉴定人员。但法院在其内部实行了对外委托的鉴定机构"名册"制度，也就是"册内册"制度。人民法院在指定鉴定机构时，只能指定人民法院"名册"下的鉴定机构和鉴定人。这就使未进入法院"名册"的其他鉴定机构和鉴定人在鉴定领域中失去了平等竞争的机会。这种"名册"制度使得即使是合法登记注册的司法鉴定机构，如果未进入法院名册，则法院也不会委托或者指定其进行鉴定，甚至也不认可当事人自行委托其进行鉴定所得出的鉴定意见。法院的名册管理制度的本质是在司法行政机关进行登记注册后的二次筛选，有对司法鉴定机构行使"二次管理权"之嫌。这种制度按照法院的标准从有资质的鉴定机构中进行筛选后编制成册，但法院筛选的条件和鉴定机构获得鉴定资质的条件是否有差别呢？如果没有差

---

〔15〕 盛学友："司法鉴定之惑"，载《法律与生活》2008 年第 22 期。

别就没有必要"筛选"了，直接"拿来"汇编即可，或者说"册内册"根本就没有必要了。应当说是有差别的，既然有差别，那么这种差别又是什么呢？这种"册内册"的制度，使法院不仅在编册中行使了一定的管理权、审查权，而且对入册的鉴定机构还要进行"年检"，体现了一种监督权。因此，在司法鉴定管理权方面，法院还"留一手"，通过建立"册内册"的方式行使"二次管理权"，法院对已经获得鉴定资质的鉴定机构再次进行筛选、监督和管理，行使一定的管理权。

6. 第 N 极——"观望"中的其他侦查机关。司法鉴定实行统一管理是《决定》确立的基本原则。[16] 司法鉴定体制的改革，应当在统一司法鉴定管理体制下，以统一行使司法鉴定管理权、统一鉴定名册、统一鉴定实施规范、统一鉴定技术标准为最终目标。但事实并非如此，后《决定》时期是公安机关、检察院、国家安全机关依据《决定》第 7 条的模糊规定和解释，对自身的鉴定机构和鉴定人各自统一管理，司法行政部门对社会鉴定机构的统一管理，人民法院通过"册内册"制度，行使"二次管理权"。这种多极"对峙"的局面比传统的司法鉴定管理权设置更趋复杂，但不同的是或者能在《决定》中找到依据，或者能进行"解释"。如果依这种逻辑发展，司法鉴定管理中是否会出现第六极、第七极，乃至第 N 极呢？已有学者担忧监狱作为承担部分侦查职能的机关，也许会成为下一极。[17] 海关呢？军队保卫部门呢？是否凡是具有侦查权的机关就有必要建立一套司法鉴定管理体系？其必要性、可行性和现实意义又如何考量呢？对于鉴定机构的设置，似乎有"有权者必设、不设者无权"之虞，司法鉴定管理权似乎变成一种部门权力争夺的象征和符号。后《决定》时期的司法鉴定管理权的"争夺"，形成"多极"对峙的"分权"局面。未来能否出现更多的力量还需继续观望，相比传统的司法鉴定管理权归属，局面可能显得更加复杂和混乱。

后《决定》时期的司法鉴定管理权配置局面，具有以下危害：第一，难以实现统一立法。不同管理部门均为"有权部门"，但又基于各自的权力和利益博弈在所难免，使得统一司法鉴定立法举步维艰，难以实现统一行使司法鉴定管理权之目标。第二，未能消除"多头管理、各自为政"的弊端。由于"每一极"均是"依法"行使相应的管理权，而这种管理权都是由各自的规章予以"设权"，而各自的设权内容又不尽相同，因此，一方面产生了更多的管理部门，形成"多头管理"或"多极对峙"，另一方面管理的内容和形式不相同，又形成"各自为政"的态势。第三，难以抑制鉴定投诉，降低鉴定权威。由于"多头管理"的存在，更易导致相同案件有不同鉴定结果，致使当事人对鉴定结果产生疑虑，进而导致鉴定投诉，降低司法鉴定

---

〔16〕 纪念："重塑司法鉴定公信力的重要举措"，载《中国司法鉴定》2005 年第 4 期。

〔17〕 郭华："再论我国司法场域的鉴定管理权问题——全国人大常委会《关于司法鉴定管理问题的决定》实施后的展开"，载《中国司法》2006 年第 11 期。

权威性，甚至会导致审判机关无所适从。第四，"多头管理"的模式不易对鉴定人及鉴定机构实施有效管理。由于鉴定人和鉴定机构的"实质"管理权隶属于不同部门，管理程序、管理制度、奖惩标准各不相同，无法对鉴定人和鉴定机构实施有效统一管理。

三、司法鉴定管理权部门间的调和与妥协

在司法鉴定管理权的配置上，"多极对峙"局面导致的冲突是客观存在的，妥协也就成为必然的选择。

（一）五部门的"言"与"行"

2005 年 7 月 27 日，五部门下发《关于做好〈决定〉有关工作的通知》，肯定了《决定》是推动司法鉴定体制改革，规范和加强司法鉴定管理工作的重要法律依据。具体要求：各部门要统一部署、协调行动、顾全大局、密切协作；司法部关于鉴定机构和鉴定人的登记管理办法是鉴定机构和鉴定人"准入"的依据，司法部是司法鉴定机构和鉴定人的登记主体，由其负责名册的编制和公告。但各部门却并未言出必行，没有以司法行政部门作为登记管理部门，而是各自根据对《决定》的规定和解释，出台部门规章和规范性文件，各自行使司法鉴定管理权，一段时间内形成"在各自的系统内独立运行"、"分别统一管理"等"多极"对峙的"割据"状态。即侦查机关对自己内设鉴定机构和鉴定人实行统一管理，司法行政部门对社会鉴定机构和鉴定人的实行统一管理，人民法院对鉴定机构和鉴定人实行"二次管理"。这种"割据"的局面，相比较传统的司法鉴定管理而言，不但现在行使管理权主体更多，将来也有可能越来越多，而且是"合法"的多头管理，因为每一"极"管理者都是依据《决定》的模糊规定，通过相应的部门规章而为的。对此，亦有学者表现出担忧：司法鉴定管理权的争夺有可能使司法鉴定管理体制改革陷入"进一步，退两步"的尴尬境地。[18] 之所以出现这种"多极"对峙的局面，究其原因，存在着立法模糊不明确、条文内部冲突的现象，比如《决定》第 3、7 条的规定，但背后深层次的原因则是部门利益的冲突。[19] 部门利益冲突是利益化的权力在不同相关部门之间配置时的冲突和牵制。其实质是职权部门利益化，即以狭隘部门团体利益为导向来巩固与争取有利于自己的职责。[20] 各部门权力扩张的过程中发生部门间的职权冲突，而各个部门都打着"依法办事"的幌子，去争夺本部门的利益，由于职能部门的所依照的"法律法规"本身就是冲突或模糊的，所以各个部门进行公共管理活动

---

〔18〕 郭华："司法场域的鉴定管理权争夺与厮杀——以人大常委会《关于司法鉴定管理问题的决定》为中心"，载《华东政法大学学报》2005 年第 5 期。

〔19〕 祁建建："完善统一司法鉴定管理体制的两个维度"，载《中国司法鉴定》2009 年第 4 期。

〔20〕 金正帅："遏制部门利益膨胀以加快向公共行政转型"，载《现代农业科技》2007 年第 24 期。

的时候必然造成部门利益的白热化冲突。[21]

(二) 中央政法委的"调和"

调和是解决利益冲突的最佳途径，妥协是利益冲突的再次平衡，积极的妥协能以最小的代价获得高效率的平衡。面对司法鉴定管理的"多极"管理局面，2008 年 1 月 17 日中央政法委颁发《关于进一步完善司法鉴定管理体制遴选国家级司法鉴定机构的意见》（政法〔2008〕2 号）。其中规定，检察、公安和国家安全机关所属鉴定机构和鉴定人实行所属部门直接管理体制和司法行政部门备案登记相结合的管理模式：检察、公安、国家安全机关管理本系统所属鉴定机构和鉴定人；对经审查合格的鉴定机构和鉴定人，由最高人民检察院、公安部、国家安全部和省级检察、公安、国家安全机关分别向同级司法行政部门免费备案登记；检察、公安、国家安全机关内设鉴定机构经司法行政部门备案登记并公告后，依法接受司法机关委托开展非营业性的司法鉴定服务。这种调和是侦查机关在不放弃"实质"管理权的基础上，对"形式"管理权做出一定的让步，形成一种外观形式统一的管理状态。尽管现今侦查机关的鉴定机构和鉴定人需要向司法行政部门进行"备案登记"，但这种登记显然和社会鉴定机构和鉴定人的登记管理具有本质的区别，甚至可以说是相去甚远，是权宜之计，是暂时的妥协，因为这种"备案登记"只能是无条件的"登记权"，司法行政部门不具有"拒绝权"。中央政法委的调和终非长久之计，实现真正的司法鉴定统一管理的任务依然任重而道远。

(三) 五部门的"妥协"

2008 年 11 月 20 日，五部门联合发布《关于做好司法鉴定机构和司法鉴定人备案登记工作的通知》。司法鉴定管理权设置模式沿用政法〔2008〕2 号《意见》的指示，采用"双重管理"的模式。即侦查机关所属鉴定机构和鉴定人实行所属部门直接管理和司法行政机关"备案登记"相结合的管理模式。具体来说，由侦查机关行使"实质"管理权，对本系统所属鉴定机构和鉴定人的资格审查、年度审验、资格延续与变更注销、颁发鉴定资格证书、系统内部名册编制、技术考核和监督检查等职责；司法行政机关行使"形式"管理权，对经侦查机关审查合格的所属鉴定机构和鉴定人免费进行备案登记，编制和更新国家鉴定机构、鉴定人的名册并公告。

---

[21] 2006 年，文化部与国家版权局掀起了一场利益博弈。2006 年 7 月 18 日，文化部以"防止不健康歌曲进入 KTV"为由，宣布建设"全国卡拉 OK 内容管理服务系统"，并交由自己下属的事业单位"文化市场发展中心"负责。但是，就在同年 7 月 20 日，"中国音像集体管理协会"、"中国音乐著作权协会"将 KTV 经营者使用音乐电视作品收取使用费的收费标准草案，呈报自己的上司——国家版权局。7 月 27 日，国家版权局宣布："今后，卡拉 OK 收费将由'中国音像集体管理协会'收取，协会归国家版权局监管。"又于 8 月 21 日公布《卡拉 OK 经营行业版权使用标准》，将部门利益法规化。一场关于卡拉 OK 的版权收费之争就此在部门间展开。转引自吴玉岭："部门利益之争为何频频发生"，载《决策》2006 年第 10 期。

有学者对这种"备案登记"制的正当性和合法性提出质疑，认为"备案登记"是一种特殊的"变体"，其特殊性超越了法律的规定形式，可能会对统一司法鉴定管理体制带来的负面影响。[22] 笔者认为，侦查机关行使"实质"管理权，对于司法鉴定机构和鉴定人而言最重要的执业资格审查管理权依然属于侦查机关。但在外观形式上终于也采取了向司法行政部门备案登记的管理制度。这意味着司法行政部门仅就"形式"管理权而言，成为唯一的管理主体。虽然这种管理权无法对侦查机关的鉴定机构和鉴定人实施"审查"和"核准"的行政许可权，也不能对侦查机关审查合格的鉴定机构和鉴定人说"不"，不具有"拒绝权"，更不能对其行使"监督管理权"和"处罚权"，这在事实上形成了"实质"管理权和"形式"管理权的"两层皮"的格局。这是在《司法鉴定法》未出台时，在各个职能部门均不放弃司法鉴定管理权且缺乏更高层次的法律规范制约的条件下，是对部门权力冲突进行调和后，部门间的权力妥协的结果。部分的妥协也未尝不是局部的进步，但要彻底的理顺关系，还只能期待更完整的立法规定，尤其是《司法鉴定法》的出台与规制。在该法未出台的情况下，由"政法五部门"联合出台相关的法规也是必要的选择，比如：2013 年 8 月 30 日五部门联合发布《人体损伤程度鉴定标准》(2014 年 1 月 1 日生效)，废止了《人体重伤鉴定标准》(司发〔1990〕070 号)、《人体轻伤鉴定标准（试行）》〔法（司）发〔1990〕6 号〕和《人体轻微伤的鉴定》(GA/T146 - 1996)。其目的在于加强人身损伤程度鉴定标准化、规范化工作。

四、司法鉴定管理权的重构模式选择

(一) 司法鉴定管理权的授权

目前对司法鉴定管理权的竞争依然是激烈的，《决定》对此显得无能为力，因为各部门都是依据《决定》而为的，多极"割据"的"两层皮"局面在现有的法律框架内是难以解决的。法律是制衡利益冲突和权力制衡的最佳手段，早在 1993 年，就有学者提出进行单独的司法鉴定立法。[23] 2000 年，九届全国人大三次会议就有 160 多位全国人大代表签名要求制定司法鉴定法。2001 年，在九届全国人大四次会议代表议案中，关于制定"证据法"和"司法鉴定法"的议案分别占全国人大法律委员会和全国人大内务司法委员会负责处理的议案之首。2002 年，九届全国人大五次会

---

〔22〕 郭华："侦查机关所属鉴定机构和鉴定人备案登记问题的探讨"，载《中国司法鉴定》2009 年第 1 期。

〔23〕 王小华："试论我国司法鉴定立法"，载《现代法学》1993 年第 1 期。

议上又有 7 个代表团的 234 名代表提出了该议案。[24][25] 2007 年，司法部司法鉴定管理局将制定《司法鉴定法》的提案向国务院法制办提交，并已经被列入全国人大立法的 5 年规划。[26]

经十多年的理论研究，尽快出台《司法鉴定法》已经成为众多法学专家理论研究的共识。郭华教授对《司法鉴定法》的体系结果和框架安排进行了详细的论述，对立法实践极具参考价值。[27] 徐静村教授提出"司法鉴定立法模式的选择应从分散走向统一，制定一部同时可以适用于三大诉讼的统一的司法鉴定法；立法的基本理念从'权力鉴定'到'权利鉴定'"。[28] 这种立法理念契合了何家弘教授的观点："从权力本位的司法鉴定观转向权利本位的司法鉴定观；从政府包办的司法鉴定观转向社会自治的司法鉴定观；从行政管理的司法鉴定观转向诉讼规范的司法鉴定观；从法人本位的司法鉴定观转向自然人本位的司法鉴定观；从崇尚权威的司法鉴定观转向尊重科学的司法鉴定观。"[29] 杜志淳教授在其专著中对司法鉴定法与诉讼法之关系、司法鉴定统一管理法治化问题、司法鉴定人的诉讼地位及其管理问题等专题都进行了深入研究，并提出保障鉴定资源的合理配置、鉴定质量和公信力的提高以及促进司法鉴定活动的法制化、规范化、科学化的具体法律制度。[30] "从根本上讲，受我国司法鉴定领域落后的立法局面与现实立法需求之间的矛盾以及对司法鉴定所存在的诸多现实问题的破解的需求，司法鉴定统一立法已成为大势所趋。"[31] 因此，尽快出台《司法鉴定法》对司法鉴定管理权进行依法授权是唯一的选择。因为《司法鉴定法》的位阶在部门规章之上，依此授权才能对部门间的权力冲突予以合理、合法的规制。

（二）司法鉴定管理权重构模式选择

通过《司法鉴定法》的设权，成立全国人大常委会直属、层级位于相关管理部门之上的"司法鉴定委员会"，统一行使司法鉴定管理权。这种设置不仅能制衡部门间的冲突，而且有利于在《司法鉴定法》出台过程中减少部门间的牵制，协调部门

---

〔24〕 尚晓宇："诉讼证据和司法鉴定亟须立法规范——二百余名代表提出制定《证据法》和《司法鉴定法》议案"，载《检察日报》2001 年 3 月 10 日。

〔25〕 刘兴元、顾宸宇："司法鉴定不能让当事人感到困惑——肖建章委员建议尽快出台司法鉴定的立法"，载《人民政协报》2004 年 3 月 4 日。

〔26〕 戴颖敏："司法鉴定法有望 5 年内出台"（2007 - 12 - 07），载 http：//news. sina. com. cn/c/2007 - 12 - 07/1523142472317. shtml.

〔27〕 郭华："论司法鉴定法的体系结构与框架安排"，载《法学》2009 年第 8 期。

〔28〕 徐静村、颜飞："司法鉴定统一立法要论"，载《中国司法鉴定》2009 年第 6 期。

〔29〕 何家弘："'司法鉴定法'之立法思考司法鉴定立法需要观念的转变"，载《法学》2009 年第 8 期。

〔30〕 杜志淳等：《司法鉴定法立法研究》，法律出版社 2011 年版，第 109 页。

〔31〕 邱丙辉等："我国司法鉴定立法现状与展望"，载《中国司法鉴定》2011 年第 6 期。

间的关系，以求尽快出台这部在司法实践中至关重要的法律，并配套相关的法律制度，以科学规制快速发展的司法鉴定实务。

司法鉴定委员会的行权方式有两种，其一是协调制下的"分权"模式。也就是维持现有的司法鉴定管理权格局不变，仍然由司法行政部门行使统一的"形式"管理权，侦查部门行使"实质"的管理权，而司法鉴定管理委员会的性质属于"议事机构"，是非权力中心，仅仅是一个强有力的调停者，主要是为消除各相关部门的冲突，起到一个协调和制衡的作用。试想一下，如果没有前文所述的中央政法委的调和，司法鉴定管理权目前依然是"各不相让"的、激烈的"割据"状态，不可能实现目前统一管理的局面，即使侦查机关的"备案登记"形成只属于"形式"上登记管理。

司法鉴定管理委员会虽然并非权力中心，但其依然有非常重要的意义。在实践中，由于相关部门的层级是不存在上下级关系的，各部门发生分歧时往往是"各行其是，互不相让"，最后只能使问题久拖不决。比如，在是否实行除《决定》规定的"法医类、物证类、声像资料类"三大类鉴定事项的登记管理的问题上，各部门就出现了不同的意见，致使该问题至今"悬而未决"。根据《决定》规定：对于"三大类"以外的其他鉴定事项、鉴定人和鉴定机构根据诉讼需要实行登记管理的，由国务院司法行政部门协商最高人民法院、最高人民检察院确定。对此在实践中各部门的步调并不能协调一致：一方面，公安机关根据自己的需要在其登记管理办法中增加了"三大类"以外的鉴定登记事项，如警犬识别、心理测试、司法会计、电子证据等鉴定事项。另一方面，最高人民法院、最高人民检察院对司法部商请确定其他鉴定事项时却持保留态度：司法部商最高人民法院和最高人民检察院《关于商请确定司法鉴定登记管理事项的函》(司发函〔2005〕254号)，提出扩大《决定》鉴定登记管理事项；最高人民法院《关于确定司法鉴定登记管理事项问题的函》(法函〔2005〕87号)"建议暂缓扩大司法鉴定登记管理的范围"；最高人民检察院《关于对〈司法部关于确定司法鉴定登记管理事项的函〉的复函》(高检法办字〔2005〕18号)认为："司法鉴定登记管理的范围不宜随意扩大。"该问题至今悬而未决。如果有"司法鉴定委员会"这样的议事机构存在，各相关部门可以在议事机构组织下成立一个"圆桌会议"，并在这个平台上充分进行"事前"沟通，最终必然能达成一种妥协，因为"司法鉴定委员会"的层级在各部门之上，不仅能起到沟通协调作用，而且能起到"以权力制约权力"从而尽快促成妥协的作用。

这种协调制下的"分权"模式在我国是有先例可循的，在《反垄断法》的出台过程中，反垄断权的角逐是由国家经贸委与国家工商总局之间的"两虎相争"逐渐演变为商务部、工商总局和发改委三部门的"三龙抢珠"。竞争的根本目的是为了获取反垄断执行权，因为反垄断权涉及庞大的市场权力与利益，不仅能约束国内大型企业集团以及跨国公司的垄断行为，而且对政府滥用行政权力限制竞争的行为也有权进行管制，因此谁掌控了反垄断权，谁就有可能把部门利益法规化、最大化。发布部门法律文件是权力博弈的最直接、最有效、最经济的手段。2004年3月，商务部率先完成了《反垄断法（送审稿）》的起草工作，并提交国务院法制办公室，草案中将反垄断的执行权划归自身所有。同年9月商务部成立"反垄断调查办公室"，直接将职能定义为"承担有关反垄断的国际交流、反垄断立法及调查等相关工作"。国家工商总局早已在公平贸易局下设"反垄断处"，并多有执法活动。2004年5月，国家工商总局也迅速出台《在华跨国公司限制竞争行为表现及对策》，以宣示其对跨国企业在中国出现垄断行为的管理权。而国家发改委也依据自订的《制止价格垄断行为暂行规定》明确赋予自己对价格垄断行为的认定、处罚、解释等权力，在2004年底发布的权威报告《当前经济形势及2005年的政策取向》中，也呼吁全国人大"尽快制定和出台《反垄断法》"。[32]

三部门的权力冲突是明显的，但最终结果并非"你死我活"，通过调和达成新的妥协也是一种理性选择。最终结果是设立了直属国务院的由国务院副总理牵头的"反垄断委员会"，层级位于三部门之上，虽然"反垄断委员会"不拥有反垄断权的"实权"，并非权力中心，但层级在相关部门之上，起到协调和制衡的作用；同时将三部门定义为"反垄断执法机构"，各自成立相应的机构：国家工商总局设立反垄断与不正当竞争执法局、商务部设立反垄断局和市场秩序司、发改委设立价格监督检查司。由反垄断执法机构各自行使反垄断相关的部分权力：商务部负责监管企业并购行为，国家工商总局负责监管市场垄断行为，国家发改委负责物价和滥用支配地位方面的执法。

有了"反垄断委员会"这个议事机构，作为调和者，能够在听取各方利益诉求的基础上进行充分的协调和沟通，利益冲突的各方能充分表达各自的主张，各方利益主体能在议事机构这个平台上进行充分的沟通，加之这个机构的直接负责人又是国务院副总理，主要成员又是各部门的主要负责人，经过几轮意见交换就可能达成妥协。事实证明，这种将冲突"前置"寻求妥协的方式，也有利于法律的顺利实施，使得酝酿20年的《反垄断法》得以顺利通过并实施。反垄断权的这种设置模式，无疑是一种部门利益冲突的平衡机制，是在部门权力争夺白热化的条件下体现出的一种制衡的智慧，是各部门达成的一种权力妥协。可以预言，如果不能很好地解决司法鉴定管理权这个基本的问题、不能有效地制衡各个部门的权力冲突的话，《司法鉴定法》的出台会遥遥无期，如今，距学者首次提出司法鉴定立法已有20年，首次有人大代表提出立法至今也有13年，而首次提出构想到《司法鉴定法》最终出台经历的时间可能会远远超过20年。

---

〔32〕 孙熹："行政性垄断的法定意义及构成——《反垄断法》立法思考"，载《法制与社会》2007年第4期。

其二是统一制下的"集权"模式。也就是整合相关部门的司法鉴定管理职能和职权，成立只属于全国人大常委会的司法鉴定委员会，其层级位于各管理部门之上，并将其设为司法鉴定管理的最高权力中心而并非议事机构，由其统一行使司法鉴定管理权，行使立法主导权，制定相应的鉴定规则、鉴定标准、鉴定程序等法规，实现司法鉴定管理权的"集权"。这种模式有利于弥补"反垄断委员会"设置的不足："反垄断委员会"只是个"组织、协调、指导"的议事协调机构，负责协调不同部门间的反垄断合作，并非"反垄断"的权力中心，而真正的权力则是集中在所谓的"反垄断执法机构"。后者的职权包括：对垄断行为的认定权、申报管理权、调查权、处罚权等。这样的实权为国家工商总局、商务部、发改委三部门共享，具体而言，形成了国务院直属"反垄断委员会"协调下的国家工商总局的反垄断与不正当竞争执法局、商务部的反垄断局和市场秩序司以及国家发改委的价格监督检查司"三驾马车、四匹马"的格局。[33] 最关键的、攸关反垄断成效的执法权可以说是被肢解了，执法权的分解，就很容易出现重复执法或执法空白的问题，甚至引发新一轮的部门利益冲突。如果将反垄断比作"车"，执法机构比作"马"，实际上就是"多驾马车"，那么承担协调作用的反垄断委员会就是"驭手"，只有技艺高超、握"鞭"在手的"驭手"才能协调好所有"马匹"的方向和节奏，而这里的"鞭"就是反垄断立法主导权。因此，缺乏实质权力的反垄断委员会就像无"鞭"在手的"驭手"，虽在名义上具有较高的层级地位，但实则"威慑"有限。因此，只有赋予"反垄断委员会"统一的反垄断权才能使其更好地发挥作用，这也是关于反垄断权设置不足方面的重要启示。

司法鉴定管理权的这种模式的优点在于：第一，有利于《司法鉴定法》的出台。由司法鉴定委员会行使立法主导权，制定法律草案，有利于为《司法鉴定法》的尽快出台创造条件。第二，有利于消除"多极对峙"，抑制部门间的权力冲突，统一行使司法鉴定管理权。司法鉴定管理之所以出现剧烈的冲突和艰难的妥协，以至于至今仍然是"两层皮"的状态，很大的一个原因就是各部门的层级是平级的，无法实现统一管理。本属于其他部门的鉴定人和鉴定机构却要向司法行政部门进行登记，由于没有行政权力的制约，即使登记也无法行使"完全"的司法鉴定管理权，因为司法行政部门无法对其他部门的鉴定人和鉴定机构行使"监督权"和"处分权"。相反，如果将司法鉴定管理权归属于"司法鉴定委员会"，由于其层级在各管理部门之上，对相关各部门司法鉴定实施统一的管理则成为应有之义。第三，有利于消除司法鉴定相关部门规章间的冲突和间隙，构建科学合理的司法鉴定制度。我国现有的司法鉴定制度中，有很多是由各部门以部门规章或部门规范性文件形式设立的，在

---

〔33〕 王信贤："谁统治？论中国的政策制定过程：以《反垄断法》为例"，载杨光斌、寇健文主编：《中国政治变革中的观念和利益》，中国人民大学出版社 2012 年版，第 188、194 页。

许多方面有重叠、冲突或间隙，比如鉴定程序、鉴定人和鉴定机构的管理、鉴定标准、鉴定范围，等等。统一行使司法鉴定管理权后，与之相关的所有规范性文件都可以由司法鉴定委员会统一发布，可以有效地防止多部门出台相应的规定形成的冲突和不协调，更有利于构建统一、科学的司法鉴定制度。第四，有利于"事前"充分沟通。司法鉴定委员会整合相关部门的司法鉴定管理职能和职权，吸收相关部门的代表，在制定各种规则的时候可以进行充分的交流，但最终由司法鉴定管理委员会在综合各家意见的基础上，统一行使司法鉴定管理权，发布相应的"规则"，由此形成的"规则"就有充分的理由相信能得到彻底的贯彻和执行，不会出现"各执一词，各自为政"的局面。第五，有利于形成最终意见，及时解决相关问题。如果经过各部门的意见交换和协商，仍然未能达成妥协，就需要一个更有力的"定夺"者。比如，对上文提到的"司法部商最高人民法院和最高人民检察院关于商请确定司法鉴定登记管理事项"一事，如果有司法鉴定委员会这个实权机构存在的话，即使三部门意见不一致，这时由于司法鉴定委员会是权力机构，完全可以依行政权进行"拍板"定夺形成最终意见并公布实施。

论我国的司法鉴定制度及其完善

陈保祥[*]

一、我国的司法鉴定制度现状

（一）目前我国司法鉴定的法律法规体系

在 2005 年 2 月 28 日第十届全国人民代表大会常务委员会第十四次会议通过了《全国人民代表大会常务委员会关于司法鉴定管理问题的决定》（以下简称《决定》），其中第 1 条明确规定："司法鉴定是指在诉讼活动中鉴定人运用科学技术或者专门知识对诉讼涉及的专门性问题进行鉴别和判断并提供鉴定意见的活动。"这里所指的诉讼活动，范围较广。既包括刑事诉讼中的侦查、起诉、审判、执行等活动，也包括民事诉讼和行政诉讼活动中的审判、执行等相关活动。但是，随着社会的进步和发展，司法鉴定的含义逐步扩大，所适用的范围可能会更加广泛，采用广义的界定可能会更为符合国家和社会对司法鉴定的需求，也更符合未来司法鉴定行业发展的实际情况。[1]

在 2005 年《决定》出台之前，我国的司法鉴定法律法规体系较为混乱，各职能部门均颁布自己的司法鉴定相关规范，缺乏统一的管理机制，造成自管自鉴，自审自鉴，自侦自鉴的不良局面。在《决定》之后，我国的司法鉴定的管理机制实现了从"多头"到"集中"、从"分散"到"统一"的过程。《决定》第 7 条规定："人民法院和司法行政部门不得设立鉴定机构"。实现了从自审自鉴和自管自鉴到审判与鉴定的分离，管理与鉴定的分离，为实现司法鉴定的中立与公正奠定了法律基础。《决定》第 3 条规定："国务院司法行政部门主管全国鉴定人和鉴定机构的登记管理工作，省级人民政府司法行政部门依照本决定的规定，负责对鉴定人和鉴定机构的登记、名册编制和公告"。司法鉴定实现了由原来的各职能部门分别管理体制逐渐发展为由国务院司法行政部门的统一管理体制。国务院司法行政部门主管全国鉴定人和鉴定机构的登记管理工作。省级人民政府司法行政部门依照《决定》的规定，负责对鉴定人和鉴定机构的登记、名册编制和公告。人民法院和司法行政部门不再设

---

* 中央财经大学法学院硕士研究生。

〔1〕 参见霍宪丹主编：《司法鉴定学》，北京大学出版社 2014 年版，第 48～55 页。

立鉴定机构，侦查机关根据侦查工作的需要设立的鉴定机构，但是不得面向社会接受委托，从事鉴定业务。

在《决定》出台后，司法鉴定所涉及的各职能部门纷纷根据《决定》的规定，制定了相应的实施办法。在 2005 年 9 月 30 日司法部发布了《司法鉴定人登记管理办法》和《司法鉴定机构登记管理办法》（司法部［2005］95 号令）以及在 2007 年 8 月 7 日重新颁布了《司法鉴定程序通则》；在 2005 年 12 月 29 日公安部发布了《公安机关鉴定人登记管理办法》和《公安机关鉴定机构登记管理办法》；在 2006 年 11 月 30 日最高人民检察院发布了《人民检察院鉴定人登记管理办法》《人民检察院鉴定机构登记管理办法》和《人民检察院鉴定规则（试行）》；在 2007 年 1 月 1 日国家安全部发布了《国家安全机关鉴定机构管理办法》和《国家安全机关鉴定人管理办法》；在 2007 年 8 月 23 日最高人民法院颁布了《最高人民法院技术咨询、技术审核工作管理规定》和《最高人民法院对外委托、评估、拍卖等工作管理规定》；在 2012 年公安部发布了《公安机关办理刑事案件程序规定》（公安部令第 127 号）、最高人民检察院发布了《人民检察院刑事诉讼规则（试行）》（高检发释字［2012］2 号）、最高人民法院发布了《最高人民法院关于适用〈中华人民共和国刑事诉讼法〉的解释》（法释［2012］21 号）以及在 2013 年 6 月 8 日最高人民法院和最高人民检察院联合发布了《最高人民法院、最高人民检察院关于办理环境污染刑事案件适用法律若干问题的解释》等。这些规定、解释对于各职能部门开展司法鉴定工作提供了法律依据，为司法鉴定制度的发展与完善提供了基础。但是各侦查部门均制定有自己的鉴定机构登记管理办法和鉴定人登记管理办法，对鉴定机构和鉴定人的登记标准各不相同，不利于司法行政部门对鉴定机构和鉴定人的统一管理。

（二）目前我国法律法规主要规定了"三大类"鉴定业务的管理制度，对"三大类"外的鉴定业务的规定较少

在 2005 年全国人大常委出台的《决定》第 2 条规定："国家对从事下列司法鉴定业务的鉴定人和鉴定机构实行登记管理制度：①法医类鉴定；②物证类鉴定；③声像资料类鉴定；④根据诉讼需要由国务院司法行政部门商最高人民法院、最高人民检察院确定的其他应当对鉴定人和鉴定机构实行登记管理的鉴定事项"。可知其主要规定了"三大类"的鉴定机构和鉴定人的登记管理制度，"三大类"主要包括法医类鉴定，物证类鉴定和声像资料类鉴定，而对于"三大类"外的鉴定业务的登记管理，需要由国务院司法行政管理部门商最高人民法院和最高人民检察院共同确定。但是随着社会的不断发展，法治建设步伐的加快，公民法律意识的不断提高，对"三大类"外的鉴定项目的需求也在日益增多，比如建设工程，知识产权，司法会计，电子数据，计算机，环境保护等逐渐进入到了我们的诉讼活动中。这些"三大类"外的鉴定业务目前仍然处在探索发展阶段，在业务操作中存在诸多问题，相关的法律规范也并不完善。

（三）我国司法鉴定的启动制度

司法鉴定的启动是司法鉴定实施制度的组成部分，它包括司法鉴定的申请、决定和委托三个环节。其一，司法鉴定的申请，是指民事、行政案件的诉讼当事人，刑事案件的犯罪嫌疑人或者被告人、被害人、原告以及其他诉讼参与人，为了维护自身的合法权益向侦查机关、检察机关、审判机关提出对案件中涉及的某些专门性问题进行司法鉴定的口头或书面的请求。但是，我国现有的法律法规中还没有关于司法鉴定申请权救济的明确规定，因此诉讼当事人的司法鉴定申请权的实现还没有相应法律的保障。随着司法改革的不断深入，诉讼程序正义的理念逐步确立，当事人的鉴定申请权应该得到相应的法律保障，需要在相关的法律规范中规定当事人申请司法鉴定权的救济制度。其二，司法鉴定的决定，我国诉讼法对其进行了明确的规定。《刑事诉讼法》第 144 条规定："为了查明案情，需要解决案件中某些专门性问题的时候，应当指派、聘请有专门知识的人进行鉴定。"《民事诉讼法》第 76 条规定："当事人可以就查明事实的专门性问题向人民法院申请鉴定。当事人申请鉴定的，由双方当事人协商确定具备资格的鉴定人；协商不成的，由人民法院指定。当事人未申请鉴定，人民法院对专门性问题认为需要鉴定的，应该委托具备资格的鉴定人进行鉴定。"可知在民事诉讼中，对于具体鉴定人的选择，是由当事人协商确定或者由人民法院指定的。但是《决定》第 9 条规定："鉴定人从事司法鉴定业务，由所在的鉴定机构统一接受委托"。在诉讼实践中不论是由双方当事人共同选择鉴定人还是由人民法院指定鉴定人鉴定几乎都是不可能的，法律虽然规定当事人选择鉴定人或者人民法院指定鉴定人鉴定，但是实际上只能是由其选择或者指定鉴定机构而已。其三，司法鉴定的委托，是指司法鉴定的委托主体向司法鉴定的受理主体提出进行某项司法鉴定活动的要求。

二、改革与完善我国的司法鉴定管理体制

（一）应当尽快完善对"三大类"外鉴定业务的登记监督管理机制

"三大类"外的鉴定业务逐年增多，但是其登记程序较为繁琐，监督管理机制尚不完善，所潜伏的问题也在逐渐暴露，影响着我国公民对"三大类"外鉴定结果的信任程度，间接影响着我国司法鉴定的公平与公正，与"三大类"鉴定业务相比，其投诉率也较高，无形中也增加了司法鉴定监督管理部门工作的负担。

2015 年上半年司法部司法鉴定管理局处理投诉的鉴定事项情况[2]

鉴定事项	投诉数量	占　比
笔迹鉴定	6	20.0%
损伤程度鉴定	6	20.0%
医疗损害鉴定	5	16.7%
伤残等级鉴定	4	13.3%
交通事故车辆鉴定	3	10.0%
法医精神病鉴定	2	6.7%
法医物证鉴定	1	3.3%
痕迹鉴定	1	3.3%
建设工程鉴定	1	3.3%
其　他	1	3.3%
合　计	30	100%

由上表的统计数据也可以看出，公民对"三大类"外的鉴定业务的投诉率较高，由于"三大类"外鉴定业务的技术规范，管理机制较为欠缺，同时伴随着"三大类"外鉴定事项的业务量的逐年增多，可能会造成公民对其鉴定结果逐步丧失信心的严重后果，我国应当尽快加强对"三大类"外鉴定业务的鉴定标准、技术规范适用，鉴定费用收取和鉴定材料的审查、使用等方面的规范，并且完善相关制度规定。

（二）完善司法鉴定人的执业制度

古人孟子曾提出"徒法不足以自行"，王安石在此基础上提出"制而用之存乎法，推而行之存乎人"的主张，可见，从古至今，在法律制度的执行中，人们始终是最关键的一个环节。在我国的司法鉴定中，司法鉴定人的业务水平、法律知识素养以及执业道德水准对于司法鉴定活动能否依法、科学、公正地实施起着关键的作用。

在大陆法系国家，学者们认为鉴定人是"帮助法院进行认识的人"，是"法官的科学辅助人"。法国学者认为，司法鉴定人是根据法官的指令对需要运用专业技术知

---

[2]　数据来源于司法部司法鉴定管理局官方网站。

识并通过复杂的调查才能查证的事实提出意见的专业技术人员。[3] 在法国，司法鉴定人被视为是法院的组成人员，要按照法官的指令将鉴定结论作为发现事实的一种方式，专家在对待证事实涉及专门性技术领域的调查和了解，实质上是代替法官所从事的职务性活动，其作出的鉴定结论对法官就案件事实认定具有重大的影响力。在意大利，鉴定人被视为法院的辅助人员，其职能行为可用来协助法官收集证据并对有关证据进行评估。鉴定人是在法院的指导下开展工作的，受法院的指派出庭参加庭审活动；根据法院的指令与承办法官一同或单独对案件事实开展调查活动，因而他们被视为法官的助手，并非证人。德国学者则认为，司法鉴定人是指根据法官在诉讼上的委托，就某一专门问题提出带有经验性的报告，或者对法院提供的事实资料以及在法院委托下调查的事实资料，运用其专门知识与法律推论相结合的方法，来帮助法院认识活动的人。日本学者认为，司法鉴定人是接受法院或法官的指令，依靠专门知识和经验法则，对具体事实进行判断和报告的第三人。

我国司法部颁布的《司法鉴定人登记管理办法》第 3 条对司法鉴定人做了明确的定义，司法鉴定人是指运用科学技术或者专门知识对诉讼涉及的专门性问题进行鉴别和判断并提出鉴定意见的人员。全国人大常委会颁布的《决定》第 4 条，规定了我国的司法鉴定人从事司法鉴定业务的准入条件。这些准入条件主要包括：具有与所申请从事的司法鉴定业务相关的高级专业技术职称；具有与所申请从事的司法鉴定业务相关的专业执业资格或者高等院校相关专业本科以上学历，从事相关工作 5 年以上；具有与所申请从事的司法鉴定业务相关工作 10 年以上经历，具有较强的专业技能。可见，对鉴定人的各项准入要求中，均有"相关的"一词，规定较为弹性，为主管部门行使自由裁量权留下了很大的空间。法律授权如此，各主管部门据此制定严格的鉴定人准入要求，弥补了法律制度的空白。但是，各个主管部门由于自身的情况和对鉴定业务的了解不同，可能会制定出完全不同的鉴定人准入标准，使得对鉴定人的统一登记与管理工作造成阻碍。并且由于各准入标准的不同，可能会导致一些有能力通过的人没有通过，而一些能力欠缺的人却通过了鉴定人的准入要求，或者一些人在某些地方申请没有通过，而去其他地方申请却通过了等情况。为保障司法鉴定的公平与正义，应当尽快加强对司法鉴定人的准入，考核，培训以及监督的相关管理规范。为此，笔者提出以下几点建议：

1. 建议司法部、最高人民检察院、公安部、国安部等相关部门尽快制定统一鉴定人准入条件。不同的鉴定类别存在较大的差异，相应的准入条件也有一定的区别，各部门应当在充分调查研究的基础上，综合考虑地方差异、实践需要、布局调控、专业特点等多方面因素进行有效的科学规划。建议实行分类指导，既要有基础性的执业

---

〔3〕 参见徐景和编著：《司法鉴定制度改革探索》，中国检察出版社 2006 年版，第 18～19 页。

准入门槛，比如专业水平、职业道德等基本必备条件，也要注意区分不同鉴定类别的特殊要求，不能苛求整齐划一。针对不同的鉴定执业类别，应尽可能地细化各种"相关"的具体内容、把握标准，努力从制度上减少人为操作的随意性，尽可能地堵塞制度的漏洞，避免凭个人理解和喜好来行事，杜绝滥竽充数、蒙混过关。实现靠制度办事，靠制度管人。

2. 设立严格的鉴定人实习期。根据司法部颁发的《司法鉴定人登记管理办法》第21、22条可知，参加司法鉴定岗前培训和继续教育既是每个司法鉴定人所享有的权利，也是每个司法鉴定人所应当履行的义务。岗前培训和继续教育对于提高鉴定人的专业知识，提高鉴定人的职业道德水准起着积极的促进作用。但是就一名刚入行的新人而言，仅有短暂的岗前培训，对于司法鉴定这门技术含量较高的行业来说还是远远不够的。因此，笔者建议，在现有的司法鉴定人准入的体制下，我们可以仿照律师行业的做法，设立一定的实习期。根据司法鉴定类别的不同，这些准备入行司法鉴定的人员应当在相应的司法鉴定机构实习。实习期满后，结合其在实习期间所表现的实践能力和职业道德水准的高低，综合考虑这些司法鉴定实习生是否具体作为司法鉴定人的条件，符合条件者，可以从事司法鉴定行业。这对于提高司法鉴定人的整体素质，改善目前司法鉴定人良莠不齐的状况起着积极的作用。

（三）完善我国的司法鉴定启动制度

1. 建立和完善公民的司法鉴定申请权制度及申请被驳回的救济途径。我国《民事诉讼法》第76条规定："当事人可以就查明事实的专门性问题向人民法院申请鉴定。当时人申请鉴定的，由双方当事人协商确定具备资格的鉴定人；协商不成的，由人民法院指定。当时人未申请鉴定的，人民法院对专门性问题认为需要鉴定的，应当委托具备资格的鉴定人进行鉴定"。可知，在民事诉讼中，当事人有启动鉴定程序的申请权。我国《刑事诉讼法》第144条规定："为了查明案情，需要解决案件中某些专门性问题的时候，应当指派、聘请有专门知识的人进行鉴定"。我国《刑事诉讼法》第146条规定："侦查机关应当将用作证据的鉴定意见告知犯罪嫌疑人、被害人。如果犯罪嫌疑人、被害人提出申请，可以补充鉴定或者重新鉴定。"可知，在刑事诉讼中，并没有规定犯罪嫌疑人，被害人或其法定代理人、近亲属、诉讼代理人对初次鉴定的申请权，只规定了犯罪嫌疑人、被害人可以提出补充鉴定或者重新鉴定的权利。刑事诉讼中犯罪嫌疑人、被告人以及被害人的司法鉴定申请权的丧失可能会影响其对司法鉴定结果的不信任，而司法鉴定结果在据以判决的整个证据体系中起着关键性的作用，从而可能会引起其对我国法院审判结果的不服，造成不良影响。同时，我国也并没有相关的司法鉴定申请被驳回后的救济途径。笔者建议，为保障公民司法鉴定申请权的有效实施，应尽快建立司法鉴定申请被驳回后的复议制度，同时建立和完善我国刑事诉讼中的公民司法鉴定申请权制度。

2. 建立和完善司法鉴定法律援助制度。司法鉴定法律援助，是指在诉讼活动中，对于因为经济困难或者其他原因导致不能通过正常意义的司法鉴定手段来保障自身权利的弱势群体，予以免收或减收司法鉴定费用的保障制度。在赋予当事人鉴定申请权的基础上，应尽量照顾经济困难的弱势群体，保障其鉴定申请权得以有效实施。

在我国，有些地方已经制定了相应的司法鉴定法律援助制度。比如云南省在2011年11月颁布的《云南省司法鉴定法律援助工作实施办法（试行）》，其第2条规定："本法所称司法鉴定法律援助，是指司法鉴定机构和司法鉴定人，对符合法律援助条件的当事人，提供免费司法鉴定服务的活动"。浙江省在2014年7月颁布了《浙江省司法鉴定法律援助工作规定》，其第2条规定："本法所称司法鉴定法律援助，是指司法鉴定机构和司法鉴定人，对符合法律援助条件的当事人，先行提供司法鉴定的法律服务活动"。山东省在2014年11月颁布了《山东省司法鉴定法律援助暂行办法》，其第2条规定："司法鉴定法律援助，是指司法鉴定机构为法律援助案件中无力支付司法鉴定费用的受援人提供免费鉴定服务的法律保障制度。"等等。各地方的司法鉴定法律援助制度因地方差异而各不相同，我国尚无统一的关于司法鉴定法律援助的管理体制。

在2015年6月中共中央办公厅、国务院办公厅印发了《关于完善法律援助制度的意见》，其中第13条意见中提到："完善公证处，司法鉴定机构依法减免相关费用制度，并加强工作衔接。"笔者建议，应尽快制定和完善我国的司法鉴定法律援助规范，切实保障我国的司法鉴定申请人可以有效地行使申请权，为司法鉴定申请人扫清阻碍其行使鉴定申请的障碍，使得司法鉴定活动可以顺利开展，进而提高诉讼效率，保障司法公正。

三、结语

在2005年全国人大常委出台《决定》后，我国的司法鉴定管理体制呈现出由"分散"到"统一"，由"多头"到"集中"的良好局面，但是仅仅靠一部《决定》对于解决我国的司法鉴定管理的诸多问题是远远不够的。我国的司法鉴定法律法规体系仍不健全，所潜伏的问题仍不能得到彻底地解决。司法鉴定的建设与发展，改革与完善的道路仍然很漫长，我们应当积极稳妥，循序渐进的不断进行制度设计与创新，努力建设更加完善的司法鉴定制度，进而为我国的司法公正提供坚实的基础。

我国司法鉴定的法治化研究[*]

潘　溪[**]

我国的司法鉴定制度处于一个变革的时期，这种变革会带来现实中这样或者那样的问题。解决司法鉴定制度这些问题的关键，在于如何建立一个新的司法鉴定秩序。司法鉴定改革为司法鉴定新秩序的确立提供了良好的机遇，但是司法鉴定新秩序的建立也面临着价值和制度层面的挑战。司法制度建设确立的法治理想目标，可以作为考察司法鉴定制度发展方向的路径参考。作为司法制度重要组成部分的司法鉴定制度，应当以立法为路径，在尊重原有法治传统基础上，将法治作为改革的基本目标。

一、传承与变革：我国司法鉴定的法治历史和现状

（一）司法鉴定的法治历史

中国传统文化的重要特征体现在身份等级关系上，这是法律权利义务关系的基础。法律思想中包含着浓厚的神权主义，与之相对应的我国古代鉴定制度，必然带有典型的"神明裁判"特征，归根到底是一种服务于政治主体的刑事工具和手段。早期的狱讼专家们断断续续开展了关于"相验技术"运用于裁判的尝试，并由此形成了一批早于西方的法医和鉴定著述，如宋慈的《洗冤集录》、郑克的《折狱龟鉴》等。这说明，在我国古代法律体系的夹缝中萌生出了最早的鉴定检验技术和运用规范。

我国近代的司法鉴定制度，作为诉讼制度和司法制度的附庸，缺乏独立的司法价值，受到传统人证思想的影响，同时古代"重刑"的法律思想和刑讯逼供观念，也使得较早应用于司法的物证和法医科学不受重视。司法鉴定制度的发展历程是作为以刑事证明制度为主要内容的刑罚体系的附庸推进的，这种情况一直延续到近代物证技术的应用时期，此时包括笔迹鉴定在内的科学实证活动在近代中国的早期实践中得到体现。[1]

---

[*] 本文原载《中国司法》2014 年第 1 期。

[**] 南京师范大学讲师。

[1] 沈臻懿："笔迹鉴定在近代中国的早期实践"，载《山西师大学报（社会科学版）》2010 年第 6 期。

我国司法鉴定的技术与科学传统在早期的法医实践中也得到了体现，而这些技术方法在受到神权和封建等级制度的司法观念统治下，没有得到充分的重视和尊重，但是在实践中得以保留和传承。我国近代司法鉴定的体制受到内忧外患的国情影响，不仅没有随着法制现代化的进程得以发展，反而湮没在纷繁的制度变革中，停滞不前。

（二）我国司法鉴定的法治现状

1979 年《刑事诉讼法》颁布以来，我国司法鉴定研究也经历了创立、发展和走向成熟的阶段变化。有学者将近三十年的司法鉴定研究进行了梳理后认为，1979～1996 年是司法鉴定研究的创立时期，研究重点集中在司法鉴定技术的应用，1997～2005 年诉讼法律制度的修改与完善、"面向社会服务的司法鉴定机构"的出现和司法部一系列关于司法鉴定的部门规章的颁布促进和形成了司法鉴定体制研究的发展阶段，[2] 而 2005 年以来司法鉴定的研究取得了较快发展，产生了针对鉴定制度的多种理论研究成果。

纵观我国司法鉴定制度的发展历程，不难发现现有的鉴定制度正经历着质的转变，随着这种变革，新鉴定制度的优越性逐步体现，这恰恰是司法鉴定新秩序赖以生存的土壤。旧的鉴定体系和制度已经被打破，原有的公检法机关鉴定部门在鉴定问题上各自为政，既做运动员、又做裁判员的"自鉴自审"的时代已经过去。社会上，鉴定机构不断发展壮大，这带来了前所未有的社会资源、高校和科研机构的投入，以及司法原有的鉴定资源的整合。目前改革的举措已经初见成效，新的鉴定理念逐渐深入人心。统计表明鉴定意见在诉讼和仲裁中的使用率和采信率逐年上升，这些都为新的鉴定秩序建立和完善提供了机遇。

二、公正与效率：我国司法鉴定法治路径的价值目标

（一）促进公正是司法鉴定立法的最终目的

司法鉴定活动根本目的是为诉讼服务，为正确的裁量和解决纠纷提供科学依据。司法鉴定首先要追求公正。司法鉴定的公正是司法鉴定活动的内在要求，这不仅体现在司法鉴定活动追求客观的公平正义和程序的公正价值上，还体现在司法鉴定的科学正义要求中。鉴定公平要求鉴定活动中不同的主体分别享有对应的平等权利，鉴定的公平和正义共同组成司法鉴定活动的首要价值即鉴定公正。

司法鉴定活动是兼具科学性和法律性的行为，其追求的公平正义理念也分别对应着科学层面和法律层面，所以鉴定正义应当包含科学正义、程序正义和实体正义

---

[2] 郭华："司法鉴定研究三十年检视与评价"，载杜志淳主编：《司法鉴定论丛》（第 1 卷），北京大学出版社 2009 年版，第 161～169 页。

三个层面。[3] 三者对应的事实分别是科学事实、法律事实和客观事实，从而在维持科学正义和程序正义价值的同时促使鉴定意见指向谋求事实真相和公正裁判的方向。

两大法系关于鉴定人员的资格制度、鉴定活动的启动方式、鉴定意见的庭审质证等程序规定都存在着较大的差异，但这并不妨碍鉴定活动作为司法和诉讼的一部分存在着内在的程序要求。和诉讼规程一样，司法鉴定活动的程序法定性是本质属性，同时也是其区别于其他科学实验、测量鉴定的根本依据。司法鉴定中程序正义的核心是服务裁判的公正，也就是有利于裁判的公正性，这实际上就是服务于实体正义。在这一个目标的指引下，我们对于司法鉴定的改革方向和具体立法制度的实施，都应当明确以司法公正为方向。所以说，司法鉴定以客观公正作为标准，以有利于正确合理裁判作为目的，其必然追求实体正义。而追求实体正义的前提是有完善的、符合司法公正要求的程序规定，是以程序正义为法定条件的。但是，在规范司法鉴定的过程中，做到上述两点还不足以达到司法公正的目的，司法鉴定的正义，客观上对鉴定的科学性提出了要求，科学正义也是鉴定公正的必要因素。

（二）效率是司法鉴定公正价值的必要补充

诉讼活动本身包含着效率价值的追求，所以司法鉴定活动也需要追求鉴定效率，效率是司法鉴定价值的必要的内容。但是如何处理司法鉴定的效率价值与公正价值之间的关系，有时是司法鉴定活动面临的重要问题。通过考察两大法系国家关于司法鉴定制度的特点，可以得出两种不同价值的冲突已经带来现实问题的分析。只有承认司法鉴定效率价值的存在，找到鉴定效率价值和公正价值的平衡点，才能处理好重复鉴定、多头鉴定带来的诉讼时间迟延等鉴定效率问题。

追求司法鉴定的公正和效率，使得司法鉴定活动获得有效率的公正，是鉴定活动的目标，也是鉴定制度改革的方向。从对两大法系鉴定制度的考察也看出鉴定活动的效率和公正存在一定范围内的冲突，所以鉴定活动既要服务于正确裁判，也要服务于有效的及时裁判，对正确处理鉴定效率和鉴定公正的关系提出了要求。

首先，鉴定效率是鉴定价值包含的必然要素，包含独立的法律价值。公正作为鉴定活动的目标，不管是科学层面的技术标准，还是程序正义或实体正义，都是鉴定活动最终要求的体现。但是，在追求公正的过程中，不能一味地追求所谓的客观真实而忽视现实中司法资源的浪费，而陷入无休止的、不计代价的科学争辩的泥潭，这样不仅不利于有效解决纠纷，也不符合司法鉴定法律和诉讼性质的要求。

其次，鉴定效率有助于鉴定公正价值的实现。司法鉴定的效率价值"不仅对鉴定公正和结果公正的实现具有一定的保障作用，而且有利于国家司法资源的节约"。[4] 只有在一定时间内的及时的有效的鉴定活动，才能够保障当事人的合法权

---

〔3〕 潘溪："略论司法鉴定的正义价值"，载《辽宁公安司法管理干部学院学报》2008 年第 3 期。

〔4〕 蒋丽华：《刑事鉴定质量控制法律制度研究》，中国检察出版社 2007 年版，第 47 页。

益，一个公正的鉴定意见形成所耗费的社会资源越少，越有助于该鉴定活动应用于实际问题的解决，这也是越来越多的科技手段运用于司法鉴定工作，来解决越来越多的诉讼问题的原因之一。

最后，要在制度中确立二者的平衡，即在公正优先的前提下应当兼顾效率价值。使鉴定活动在公正性的基础上，更加符合效率原则的要求，是鉴定活动科学、合理发展的方向。尽管公正与效率可能在具体的案件中出现矛盾和冲突，但是并不表示二者不可兼容，鉴定的效率价值本身是对公正价值的重要补充。在追求公正的前提下，尽量节省诉讼和鉴定资源，就要求在制度设计的过程中能够考虑设置鉴定行为的时效、尽量避免重复鉴定以及合理监管鉴定收费等现实问题。

三、完备与科学：我国司法鉴定法治的立法目标

（一）建立完备的司法鉴定制度

司法鉴定的法治化进程中，法制的完善是具有决定意义的环节。考察当代主要国家司法鉴定立法历程，都经历从无到有，从不成文到成文，从个别法条到单独立法的过程。司法鉴定立法的目标是完备与科学，其中完备的含义应该包含以下标准：

首先，具备可操作的司法鉴定法规。立法是法治进程的重要体现，有法可依是司法鉴定制度法治化的基础。全国人大常委会《关于司法鉴定管理问题的决定》（以下简称《决定》）颁布以来我国的司法鉴定制度从无序的多头管理状态逐步走向了统一管理，但是，司法鉴定的立法仍然存在一些盲区。

其次，涉及司法的法规和鉴定的规章制度应该是多层次的。司法鉴定立法应该形成有机体系，包含层次一般有法律、地方法规、部门规章和司法解释以及相关规定等，广义的鉴定立法还包含行业规范和技术标准。

最后，司法鉴定立法应该使司法鉴定活动的各方面有法可依。立法内容应当广泛地涉及鉴定的准入、鉴定的管理、鉴定的法律责任、鉴定的流程、鉴定的法律地位、鉴定的时限等多种因素。

（二）建立科学的司法鉴定制度

司法鉴定立法科学的含义应该基于司法鉴定法规而高于司法鉴定立法完备本身：

首先，基于司法鉴定活动具有科学性，立法活动应该遵循鉴定活动的科学规律。司法鉴定的科学性质要求司法鉴定的立法活动应当从鉴定意见的科学性出发。"鉴定活动是科学求证的认识活动，不存在绝对真理，其主体应该平等，不能用行政等级来人为地划分鉴定结论。"[5] 不能用行政管理的方法代替司法鉴定的科学管理和技术管理，而应该在尊重司法鉴定活动中鉴定人、鉴定方法、鉴定的仪器设备等科学

---

〔5〕 朱淳良、李禹："司法鉴定立法研讨会综述"，载《中国司法鉴定》2001 年第 3 期。

技术含量的基础上，制定相适应的政策法规，保障和促进司法鉴定活动的科学性。

其次，鉴定立法应当有助于司法鉴定活动的科学发展和新科技手段、技术成果的引入。科技的不断进步和转化是促进司法鉴定技术水平发展和提高的间接动力，但是对于新技术在司法鉴定领域的应用，各国法律均采用较为谨慎的态度。在美国，关于专家证言可采性的文章众说纷纭，许多案例和文章都是围绕确定科学证据可采性的标准这一问题展开讨论。[6] 例如"多伯特法案"中的科学证据采信标准为"根据规定，提出的证据作为法庭科学证据的前提是该科学存在可检验的评判标准和已测定的错误率，且必须被学界普遍接受[7]"科学技术的不断进步必然促进司法鉴定技术的不断完善和应用，通过何种途径应用新技术就成了司法鉴定立法的特有课题。一方面，积极应用新技术能够提供司法技术准入的途径，促进司法鉴定技术的科学发展；另一方面要加强对新技术的使用审核，谨慎使用与评价，保持司法的严谨。这两方面都是鉴定立法的重要课题。

最后，鉴定立法应当有助于鉴定活动的科学管理。做到"行业的归行业"、"政府的归政府"、"地方的归地方"，不同地区资源发展不平衡，立法活动也不应当"一刀切"。为了做到国家立法和地方立法各司其职，地方立法应侧重于司法鉴定的管理，即管理鉴定人、鉴定机构等方面的管理。地方立法与全国性的立法可以交织进行，这样做有利于推动司法鉴定的国家立法。

四、理想与现实：我国司法鉴定的法治路径

（一）最终建立和运行统一司法鉴定法律体系

司法鉴定的中国立法形式一直是学者们探究的对象，主要的讨论集中在是否需要统一的专门立法方面。目前较多的学者认为通过法律的流程，形成并颁布实施一部《中华人民共和国司法鉴定法》并以此作为规范司法鉴定各方面活动的专门法是最终和最恰当的选择。如西北政法大学的程军伟教授认为在《决定》的基础上起草并制定《中华人民共和国司法鉴定法》，"符合当前社会需求和立法现实"[8]，西南政法大学的徐静村教授认为，统一的司法鉴定立法有着相当的紧迫性，尽快制定《司法鉴定法》，从而建立起一整套科学合理的司法鉴定制度，"是当前我国诉讼制度乃至司法制度法治化进程中一项亟待完成的任务"[9]。他认为司法鉴定的立法工作最终

---

〔6〕 Edward J. Imwinkelried："The Lessons to be Learned from the Last Three Decades of American Legal Experience with Expert Testimony"，载《证据科学》2007 年第 1 期。

〔7〕 Bette Hilemen，"Daubert Rules Challenge Courts"，*Chemical and Engineering News*，2003，81（27），pp. 14 - 46.

〔8〕 程军伟："司法鉴定的立法思考"，载《中国司法鉴定》2010 年第 4 期。

〔9〕 徐静村、颜飞："司法鉴定统一立法要论"，载《中国司法鉴定》2009 年第 6 期。

趋势是形成统一的司法鉴定专门法规，这已经成为司法鉴定学者的共识。

同时也有学者就此提出了担忧，他们认为从司法鉴定服务不同类型诉讼的特点出发，司法鉴定的立法应该遵从分散立法的道路，延续当前在诉讼法律的规定，并加以统一化和精细化。如有学者认为司法鉴定统一立法是一个法规系统，而不仅仅是一部统一的《司法鉴定法》，同时一部单一的《司法鉴定法》也不可能涵盖所有的司法鉴定规范，因此在制定完善统一的《司法鉴定法》的同时，还应该完善相应的一些配套规范、行业规章和技术标准，并且各地也可以根据实际情况在不违反统一立法的原则下，制定一些地方性的变通规定或特别规定。[10] 这一观点与统一的司法鉴定立法的观点并不冲突，而是对统一司法鉴定立法的认可和补充，有积极的现实意义和可操作性。

笔者认为，司法鉴定的立法终极趋势是统一的专门立法。首先，服务裁判是司法鉴定的基本特征。不管是在三大诉讼的流程中还是在仲裁甚至司法替代性解决方案（ADR）中，每一个诉讼种类中的司法鉴定活动不会有任何本质的不同。因而不必要也不应该在每一套程序法中都分别规定司法鉴定的流程，也更不应当在不同的流程中人为地制造司法鉴定的差异。其次，统一的司法鉴定立法并不妨碍鉴定活动的多元化发展。和其他任何一部专门法律一样，司法鉴定法本身不能只依靠一部成文法解决所有问题，鉴定活动的技术标准、行业规范、部门监管、法律责任可能或者必然需要其他的法律、法规、部门规章甚至行业规定来综合调整，这并不妨碍司法鉴定法本身的独立性和完整性。最后，司法鉴定法应该调整的规范是司法鉴定活动中基本的和共性的内容，这是其他法律不能解决的，也是能够决定和促进司法鉴定发展，符合司法鉴定客观规律的。

（二）近期应统一与完善司法鉴定的法律条款

正如前文所述，现有的诉讼制度中存在的不同特点和司法鉴定服务诉讼的目的决定了司法鉴定在不同的诉讼法律中的规定存在差异。而这一差异的解决不能等待或依赖最终的司法鉴定立法来完成，所以统一当前关于司法鉴定的法律法规是现阶段司法鉴定法治的重要工作。

新《刑事诉讼法》对司法鉴定制度做出了多方面的修改，但是，对于争议最大的鉴定启动权配置、强制鉴定等问题并没有涉及。其修改在制度改革上也存在创建性不突出，前瞻性不明显的问题。对此，有学者持谨慎乐观的观点，认为这种修改对于深化司法鉴定体制改革和今后的鉴定立法并无多大助益，甚至在不远的将来还可能与新出台的司法鉴定相关法律法规发生冲突。[11]

在谈到对《民事诉讼法修正案（草案）》的评析与建议时，有学者认为就现有的

---

[10] 邱丙辉等："我国司法鉴定立法现状及展望"，载《中国司法鉴定》2011年第6期。
[11] 郭华："《刑事诉讼法》有关鉴定问题的修改与评价"，载《中国司法鉴定》2012年第2期。

民事鉴定制度而言，虽然不再规定鉴定意见采信有了直接的关联，主要的问题已经解决了一半，"但并不意味着余下的问题会因为前两者问题的解决而解决"。[12] 建立且建成统一的司法鉴定制度体系，是当下促进我国司法鉴定法治进程的必由之路。

有学者在分析《决定》出台的背景时认为："学术界对司法鉴定问题的分歧与争论，特别是地方性法规、部门规章与法律之间或者本身之间存在一些冲突，导致了司法鉴定法律法规体系内部出现一些紧张的关系，促使了规范鉴定的统一立法尽快出台。"[13] 目前来看，这些冲突在一定程度上得到了缓解和替代，但是诸如三大类以外的鉴定项目问题、鉴定人出庭难问题、重复鉴定问题等实践中存在的现实问题仍需要司法鉴定制度的进一步规范和完善。

鉴定制度的完善是鉴定法治化的前提和基础，只有建立了完备和科学的司法鉴定法律体系，才能够使得鉴定体制得以良好运行，并最终促进司法鉴定秩序和价值的实现，最终实现司法鉴定活动在科学和公正的法律制度规范下运行，统一的司法鉴定法律得到良好遵循和保障这一法治状态。

---

[12] 赵杰："有待于完善的改革——对《民事诉讼法修正案（草案）》的评析与建议"，载《中国司法鉴定》2012 年第 4 期。

[13] 郭华："司法鉴定研究三十年检视与评价"，载杜志淳主编：《司法鉴定论丛》（第 1 卷），北京大学出版社 2009 年版，第 161～169 页。

司法鉴定价值最大化：规范、平衡与系统[*]

程军伟[**] 袁佳琪

司法鉴定中出现的问题历来是司法界的焦点话题。从 2003 年湖南湘潭市雨湖区临丰小学女教师黄静死亡案开始，到 2005 年全国人大常委会《关于司法鉴定管理问题的决定》（以下简称《决定》）的颁布、2007 年《司法鉴定程序通则》的出台、2010 年司法鉴定若干技术规范的制定，以及 2013 年新《刑事诉讼法》和《民事诉讼法》的实施，十年间司法界无不体现着对司法鉴定的关注度。"问题"实则为"矛盾"，"矛盾"时时刻刻都存在，"问题"也是如此。司法鉴定问题作为问题的一种，其广泛的关注度凸显了其研究的必要性。众所周知，司法鉴定质量直接影响着诉讼质量。若将司法鉴定意见视为一种产品，产品的优劣，不仅关乎诉讼的公正，更关系着诉讼的效率。因此，司法鉴定价值的最大化自然成为保证诉讼公正与效率的必然。本文试图从司法鉴定的规范化、平衡化和系统化三个方面，就司法鉴定价值的最大化予以探讨，以期起到抛砖引玉之功效。

一、司法鉴定价值最大化：规范

要保证司法鉴定价值的最大化，规范司法鉴定活动及行为应是前提，即"规范化"应居首位。在制度方面，就我国当前司法鉴定现状而言，具有"规范"性质的法律、规章制度按照其位阶的不同包括三类。第一类，即全国人大颁布的《刑事诉讼法》、《民事诉讼法》、《行政诉讼法》、《仲裁法》和《行政处罚法》、《决定》等。《决定》明确规定了司法鉴定的概念、种类、鉴定人和鉴定机构的资格及准入条件、管理制度以及法律责任等。司法鉴定的其他规定则零散分布于三大诉讼法和其他法律之中。第二类，即部门规章。如司法部颁布的《司法鉴定程序通则》、《司法鉴定人登记管理办法》、《司法鉴定机构登记管理办法》和《司法鉴定收费管理办法》等，公安部和最高人民检察院颁布的《公安机关鉴定规则》、《人民检察院鉴定规则（试行）》等。这些部门规章的出台颁布，使《决定》之内容更具有可操作性，对规范管理侦查机关鉴定机构亦具有一定的指导价值。第三类，即关于司法鉴定的若干

---

[*] 本文原载于《中国司法鉴定》2014 年第 2 期。

[**] 西北政法大学侦查学院院长、教授，司法鉴定中心主任。

地方规章。如《陕西省司法鉴定管理条例》、《重庆市司法鉴定条例》、《浙江省司法鉴定管理条例》等。这些地方规章在《决定》及相关立法的基础上细化了司法鉴定若干规定，进一步规范了司法鉴定管理，解决了司法鉴定面临的部分困惑。

综观上述，具有"规范"性质的司法鉴定法律、法规及部门规章，如果剖析其全部，自然会得出我国司法鉴定规范化的具体内容，即司法鉴定主体的规范化、程序的规范化和标准的规范化。

（一）司法鉴定主体的规范化[1]

依据《决定》规定，司法鉴定主体无论是司法鉴定人还是司法鉴定机构，其承担司法鉴定任务的前提是：符合相关法律法规规定的准入条件，通过了司法行政管理部门的审核并取得了司法鉴定执业资格，不存在资格暂停或暂停执业的处罚，并接受主管机关的监督管理。

（二）司法鉴定程序的规范化

《司法鉴定程序通则》指出，"司法鉴定程序是司法鉴定机构和司法鉴定人进行司法鉴定活动应当遵循的方式、方法、步骤以及相关的规则和标准的总称。"在司法鉴定的启动、实施、终结三环节中，启动环节争议最多，程序最为复杂，由于尚不能确定司法鉴定是否得以进行，故该环节中各活动多受三大诉讼法的制约。而在进入鉴定实施、终结环节以后，该通则已有较为完善的规定，故而已经形成了初步规范化的状态。因此，司法鉴定程序规范化目前的短板在于启动程序，必须加强司法鉴定启动程序方面的立法，继续推进司法鉴定程序的规范化。[2]

（三）司法鉴定标准的规范化

依据《司法鉴定程序通则》第22条之规定："司法鉴定人进行鉴定，应当依下列顺序遵守和采用该专业领域的技术标准和技术规范：①国家标准和技术规范；②司法鉴定主管部门、司法鉴定行业组织或者相关行业主管部门制定的行业标准和技术规范；③该专业领域多数专家认可的技术标准和技术规范。不具备前款规定的技术标准和技术规范的，可以采用所属司法鉴定机构自行制定的有关技术规范。"任何类型的司法鉴定均需要依照科学标准进行，司法鉴定采用的科学手段、技术方法也需要依照各学科标准来执行，司法鉴定意见的质证、认证也均需要明确的标准来影响法官的内心确信。尽管覆盖全部鉴定类型且统一的全国标准并未被实质建立起来，但现存的《关于办理死刑案件审查判断证据若干问题的规定》、《医疗事故处理条例》、《人体损伤程度鉴定标准》、《工伤致残程度鉴定标准》等规范均是司法鉴定标准规范化的重要组成部分。

---

〔1〕 理论界对于司法鉴定主体究竟是鉴定人还是鉴定机构的问题尚存在争议，本文此处为顺利探讨管理问题的需要，将二者暂且统称为鉴定主体。

〔2〕 程军伟："司法鉴定的立法思考"，载《中国司法鉴定》2010年第4期。

由此可见，我国司法鉴定各类制度呈"块"状分布，缺乏"条"形联系，完全统一的司法鉴定制度并未真正形成，由此给司法鉴定规范化管理带来了巨大困难。仅就"司法鉴定主体的规范化"而言，目前关于此部分的研究，尚停留在较低层面，大致包括：整合鉴定人员、机构信息，不断强化资格审查，建立各种形式的司法鉴定档案等方式方法。即使解决了这些问题，也只是从形式上建立了完整的档案体系，并不能实现司法鉴定的规范化管理。原因在于，目前我国既没有科学的监督机制约束司法鉴定活动，机械式管理的进步也不能增进司法鉴定为诉讼服务的基本功能。因此，要真正实现司法鉴定的规范化管理，应选择能兼顾程序正义并有充足力量推动监督活动进行，且对各种类型的司法鉴定机构及鉴定人具有普适性的途径，从司法鉴定的特性出发，建立与司法鉴定活动本身高度契合的制度。司法鉴定作为诉讼活动的重要环节，成为一种独立的证据获取方式。正是因为其重要性和独立性，司法鉴定的规范化管理也变得十分复杂。司法鉴定活动既要遵守诉讼法律、遵循科学标准，也要符合行业规范的要求；司法鉴定管理既要依靠行业自律，又要受到国家公权力的严格控制。

二、司法鉴定价值最大化：平衡

在不同领域，"平衡"有不同的涵义。一般而言，平衡是指矛盾双方在力量上相抵而保持一种相对静止的状态。矛盾双方的力量此消彼长，绝对静止的状态不可能存在，也就是说，世界上没有绝对平衡的事物，平衡总是相对的。但是，不存在绝对平衡并不等于人们追求平衡并努力保持平衡是错误的。在一定意义上讲，平衡和平等、和谐、统一相一致，而后者正是人类追求的一般价值目标。

司法鉴定作为诉讼活动的重要环节，为使其价值最大化，在确保其规范的同时，还应注意其中之平衡。任何法学理论问题的研究都不能求助于神圣假设条件来实现其正当性，司法鉴定问题作为法律问题亦是如此，并不是设立完美的程序制度，就能静待一个不存在任何人为干扰的案件出现，以顺利证明该程序的正义。

《决定》以仅保留侦查机关鉴定机构的方式，实现了杜绝"自审自鉴、自诉自鉴"问题，保证了司法鉴定的中立性；以确认鉴定机构之间无隶属关系、委托不受地域限制的方法，彰显了司法鉴定活动的科学性。初步实现了司法鉴定在诉讼活动中的目的价值，但这种方式并不能实现制度的工具价值——它仍然无法保证鉴定实质中立性，甚至由于鉴定市场化的弊端而损害鉴定意见的公正效果；也无法从本质上解决重复鉴定、多头鉴定问题。[3] 由于在全国范围内尚未构建完善统一的鉴定标准，司法鉴定仅有关于自身方法手段的科学，而无法外化，也就无法顺利完成鉴定

---

[3] 就近几年司法鉴定现状来看，重复鉴定、多头鉴定是当前诉讼领域亟待解决之问题，当前诉讼实践中解决此问题的方式简单粗暴，无法或很难保证当事人之权利及利益。

意见在诉讼活动中的科学评判。错误鉴定意见（违反科学或偏离事实的鉴定意见）仍大量存在，不能被及时纠正甚至得不到纠正等等，这些都是不能实现制度工具价值的具体表现。要实现制度的工具价值，其实质就是保障在诉讼中使用正确的鉴定意见。解决此问题的方式是分析影响司法鉴定科学性、中立性的因素，设置科学程序规避或纠正错误意见，使之平衡，并经过司法鉴定制度中的筛选流程，使正确意见流向诉讼活动的下一环节。

（一）司法鉴定科学性的分析

鉴定意见科学性受到质疑，通常有两种表现：一是不能作为证据使用；二是鉴定意见出现争议。

1. 鉴定意见不能作为证据使用。这种情形往往都是出现明显错误的鉴定意见，如鉴定主体无鉴定资格、鉴定材料达不到科学标准、鉴定程序方法违反规则、鉴定意见与其他无争议证据之间出现矛盾等。随着司法改革成果的普及，诉讼对抗性日趋增强，参与诉讼的各方已经不再盲目迷信鉴定意见。因此，鉴定意见通常经过多道诉讼程序，特别是质证环节和多主体、多角度审查后，被发现错误的几率大大提高。这类错误鉴定意见往往会通过重新鉴定、复核鉴定等活动被新的意见所代替。但值得注意的是，在针对同一问题的两份甚至多份鉴定意见的审查判断中，仍旧需要以科学标准审查鉴定意见，不能用新鉴定意见简单覆盖旧意见，也不能在得到新意见之后不经审查便采用。新的鉴定意见获得后，应重新开始审查程序，案件中针对新意见的质证环节仍不可缺少。

2. 鉴定意见出现争议情形。由于鉴定标准不统一或科学技术发展不到位的限制，很难确定鉴定意见是否正确或哪份更正确，因而无法通过第一层次被排除。这种案件的屡次出现使得诉讼各方为追求确定的结果不断寻求更准确的鉴定意见，也就是所谓的重复鉴定、多头鉴定。为追求程序正义，我们可以认为，司法鉴定仅限于诉讼活动中依据鉴定程序，由合法主体针对诉讼涉及的专门性问题进行的鉴别和判断并出具鉴定意见的活动；而未经过诉讼活动就启动的，确又出于举证需要的统称鉴定咨询，分诉前、诉外和鉴定实体咨询三种情形。[4] 鉴定咨询由于没有程序上的合法性，故不应该被诉讼活动采用，不能作为定案依据使用，只有鉴定意见具有证据资格。但是，在追求鉴定意见的科学性上，鉴定咨询中出具的鉴定意见未尝不能作为一种线索，这些诉讼外围存在的线索可以用来论证说明该专门性问题的科学性。

解决有争议意见的办法有以下几种·首先，制定规范，关切理论界呼吁，解决眼前问题。比如，建立科学、统一的鉴定标准，指导并规范鉴定活动；建立健全专家证人制度，通过加强对鉴定意见的审查讨论，提高鉴定意见的科学性；选择国家

---

〔4〕 邹明理："深化司法鉴定'三化'管理措施研究"，载《中国司法》2012 年第 4 期。

级机构鉴定，组织专家共同鉴定等。[5] 其次，通过建立鉴定意见信息数据库的形式，实现疑难案件入库，通过不间断的科学研究，发现解决问题的办法，解决司法鉴定技术的发展问题。

（二）司法鉴定中立性的分析

丧失司法鉴定中立性的情形也分两种，第一种是由于鉴定人并未依法回避、接受人情请托、追求市场化利益等情形而导致的。这种案件负面影响严重却又无法杜绝，我们把这种情形称为丧失廉洁性的鉴定意见。第二种是由于丧失客观性而导致的。廉洁性是客观性的充分非必要条件，鉴定失去廉洁性往往会导致鉴定丧失客观性，但客观性瑕疵的诱因还可能包括鉴定人先入为主的思维定式、人为无法避免的感情色彩等。

不公正的鉴定意见都是不科学的，科学应该是唯一、排他的，其偏离了科学路径得出的结论一定是偏颇的。对于丧失中立性的鉴定意见，不仅鉴定人要对其失误或违反技术标准的过错承担责任，司法部门更需要提高对鉴定人品行的警惕，并对违反诚实守信、真实履行义务的鉴定人进行处罚。

但是上述假设无法付诸实践，原因在于：第一，这类鉴定意见具有隐蔽性，它们具有合格鉴定意见的外观。但在诉讼中，偏离公正性的稍许倾斜，都可能对某一方当事人、参与人带来较大损失。第二，实践中存在以科学争议掩盖鉴定意见偏颇的实质的可能。实践中无法及时排除、甚至最终不能排除的非公正鉴定意见，往往有着科学争议的外观，也就成了影响科学性中的"科学上有争议的意见"。如果司法机关能够发现值得争议的焦点，并决定启动重新鉴定，有可能实现诉讼实质正义。但是，这种鉴定意见披上了"争议案件"的外衣，鉴定人往往很容易逃避责任。当然，由于各界对杜绝重复鉴定的呼吁和限制鉴定次数的理论的深入人心，非客观的鉴定意见被审判人员盲目信任，质证并不能影响他们先入为主的内心确信，此类鉴定意见甚至可以不经过争议，直接作为定案依据使用，最终法庭不仅没有发现违法违规鉴定行为之所在，连当事人诉讼利益都无法保证。

《司法鉴定程序通则》并未将丧失公正性作为可以申请重新鉴定的条件，重要原因在于：一方面，鉴定人接受请托的行为十分隐蔽，很难举证；另一方面，外观表现为具有争议的鉴定意见，往往由于案件当时的科技水平很难决断。对于这类"疑难"鉴定意见的排除，我们是否可以套用我国针对审判人员徇私舞弊的相关规定呢？我国司法解释中规定，能够证明审判人员徇私舞弊、枉法裁判以启动再审程序的条件是，该审判人员的行为已被相关法律文书或者纪律处分所确认。显然，这种规定不适合司法鉴定，原因有三：第一，违背司法活动宗旨。司法鉴定存在于诉讼中，

---

[5] 邹明理："新《民事诉讼法》司法鉴定立法的进步与不足——对新民诉法涉及修改鉴定规定的几点认识"，载《中国司法鉴定》2012年第6期。

有时效要求，而违规鉴定人获得纪律处分的程序相对漫长，这违背司法鉴定服务于司法活动的宗旨。第二，违背认识规律。鉴定意见被质证、被合理怀疑其科学性以后，管理才会上升到鉴定人行为层面，这两者之间存在认识上的先后关系。尽管这种认识是可逆的，但由于上文已述请托行为的隐蔽性，如果先发现鉴定人与案件有利害关系，法庭可以通过回避制度来解决，就避免了丧失中立性的鉴定意见的出具。只有鉴定结束后发现的请托情形，才是研究的重点，而这种情形如果套用诉讼法的相关规定，无疑又陷入了违背诉讼时效性的漩涡。第三，管理未到位。鉴定人行为管理仅靠行政管理和行业自律，无法确保投诉举报均得到有效处理。另加之，我国并没有形成追究鉴定主体责任的完整模式，更没有有效打击执业不规范行为的渠道，监督动力不足，缺乏监督执行力。

我们不妨运用逆向思维，从行为的结果角度出发，将司法鉴定规范化管理的着眼点落在对鉴定意见的监督上。当司法鉴定意见对法庭还原案件真实情况没有正向价值，导致诉讼双方利益失衡，该鉴定意见将被质疑，随之根据当事人的意愿出现在监督平台，接受权威专家和系统内所有鉴定人的审阅；当诉讼利益与案件事实之间达到某种平衡状态，没有诉讼参与人申请主管部门和行业、社会的监督时，可以认为，该司法鉴定意见在自然科学和法庭科学的双重标准下，基本达到了为诉讼服务的要求。

建立监督机制的首要任务是建立司法鉴定意见信息档案。传统司法鉴定档案管理已取得丰硕成果，司法鉴定信息化近年来也飞速发展，为建立司法鉴定行业信息档案提供了可能性。目前司法鉴定信息化建设存在的问题是：①应用信息系统繁多，低水平重复建设不仅浪费资源，也无法实现信息的互通；②各司法鉴定机构使用不同的信息系统来实现内部信息管理，这样的信息系统普及是鉴定机构内部管理范畴的信息化，并不是服务于诉讼程序的信息化；③缺乏信息技术和法制技术综合性人才，技术完备的信息系统与法治要求脱节，致力于鉴定科学管理的系统又显得信息技术水平低且运用范围小；④地区发展不平衡，不符合全国鉴定委托跨地域性的要求。解决这些问题的关键在于建立全国性的档案管理系统。这个系统中，既要包括现有系统中的信息发布、行政管理等模块，又要增加诉讼参与人的投诉渠道。这个渠道设立的目的是，在司法日益公开的今天，越来越多的全国性系统具有检索裁判文书、公开监督司法活动的功能，这既能约束司法活动参与者的行为，又能起到监督和数据分析功能。司法鉴定活动是诉讼的重要环节，但是由于司法鉴定涉及诸多与人身相关的隐私问题，不可能将鉴定意见完全公开。对于那些怀疑司法鉴定意见，认为诉讼利益由此被损害，并且不掌握鉴定违规线索的当事人，他们可以自愿公开鉴定意见，利用信息网络的便利性、该系统的专业技术人员密集性的优势，获得该鉴定意见的疑点，以此为线索展开对存疑鉴定意见的核查。另外，对于确实存疑的鉴定机构、鉴定人可以设置特殊标志，存疑程度越高，该标志的颜色越深，当一个鉴定机构或鉴定人所出具的鉴定意见存疑数量、程度超标时，在司法鉴定机构的选择上，则会引起足够的警惕。

三、司法鉴定价值最大化: 系统

"系统"一词的出现，可追溯到汉代班固的《东都赋》中的"系唐统，接汉绪"。系也，凡系之属皆从系，自上连属于下谓为系，县者，系也，引申为总持之称。《系辞》中，"本谓文王周公之辞，系于卦爻之下者。"中的"系"就是古代关于系统一词的通意，即连属。而科学的系统概念，则源于近代科学的发展。钱学森先生认为，极其复杂的研究对象就是系统，是由相互作用并相互依赖的要素构成的功能整体，这也是本文所研究的系统。司法鉴定工作是服务于诉讼的特殊证明活动，实现其价值最大化既要考虑司法鉴定本身的特性，更要兼顾我国复杂的司法大环境。关于司法鉴定管理系统的建设，《以科学发展观为指导推动司法鉴定管理系统工程的基本制度建设》[6] 中有经典论述（见图1）。

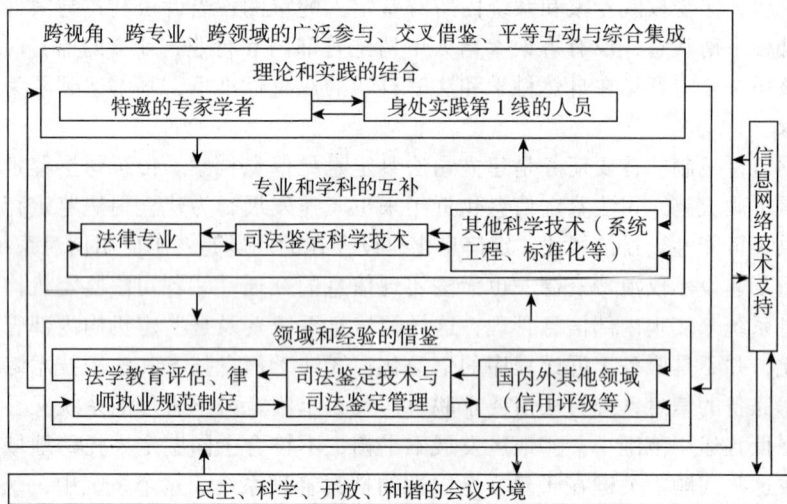

图 1　司法鉴定管理系统工程宏观建设框架

该系统着眼于司法鉴定管理系统工程的宏观建设，本文所建构的司法鉴定价值最大化核心系统于上图系统环境中运行，借鉴其他学科领域的规范、评级经验，利用信息网络技术，本着追求司法鉴定价值最大化的目标，着重研究对司法鉴定的规

---

〔6〕　霍宪丹："以科学发展观为指导　推动司法鉴定管理系统工程的基本制度建设"，载《中国司法》2006 年第 8 期。

范化管理，实质是试图在实践运用的设计上，丰富该综合集成研讨的内容。

司法鉴定因为其特殊性以及尊重当事人隐私的要求，相较于其他诉讼活动，其开放度应当保持较低水平。但是，任何活动仅靠内部监督，是不能起到真正防腐作用的，司法鉴定也一样。所以，对司法鉴定活动的监督应当有个"出口"，经过监督的结果或意见，也应该影响到鉴定活动本身。我们借用"系统工程办案法"来说明这个问题（见图2）。[7]

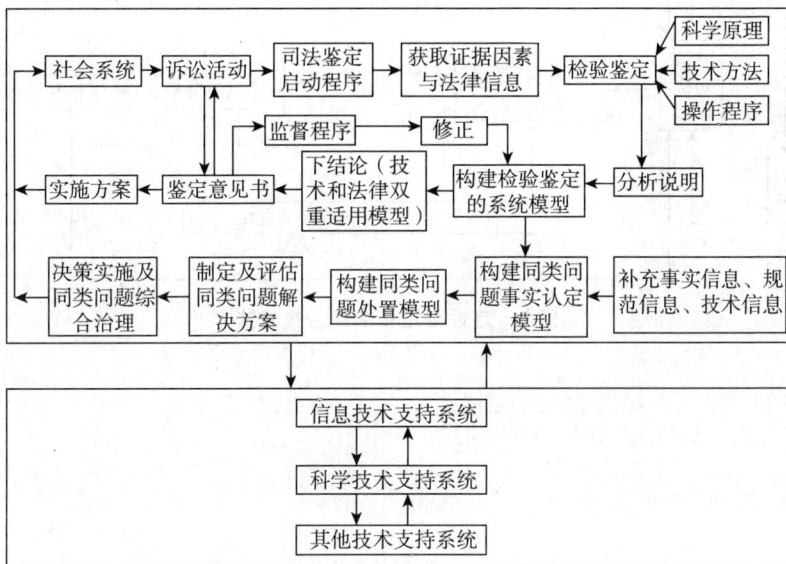

图2　司法鉴定价值最大化核心系统

图2所示了司法鉴定价值最大化的核心系统，社会系统出现的纠纷进入到诉讼活动中，当诉讼活动中需要鉴定人运用科学技术或者专门知识对诉讼涉及的专门性问题进行鉴别和判断并提供鉴定意见时，启动司法鉴定程序，鉴定人获取鉴定材料与案件信息，运用科学原理和适当的技术方法，遵守法定程序进行检验鉴定、分析说明、下结论并制作鉴定意见书。在上述传统鉴定流程基础上，我们试图抽象出普适性的鉴定系统模型，对鉴定意见这一流程"产品"重点监督，将成果回馈到系统模型中用于修正该模型，同时产出解决同类问题的初步模式。可见，鉴定意见书就是这个司法鉴定阳光化的"出口"。

司法鉴定的个案监督，最终更要落实到程序的完善、司法鉴定规范化的发展上

---

〔7〕　常远、杨民著："律师与'系统工程办案法'"，载《中国法律报》1994年5月3日。

来，通过个案的监督、反馈情况，构建统一的鉴定标准、科学的鉴定程序，方为应有之义。笔者综上论述，结合"从定性到定量的综合集成法（见图3）"[8][9]，形成关于该问题的雏形，希望能起到抛砖引玉之效。

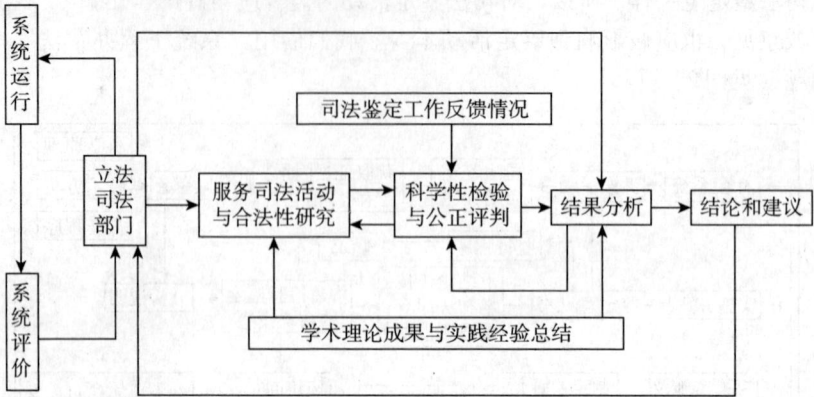

图3　定性到定量的综合集成法

---

〔8〕　钱学森、于景元、戴汝为："一个科学新领域——开放的复杂巨系统及其方法论"，载《自然杂志》1990年第1期。

〔9〕　上海交通大学：《智慧的钥匙——钱学森论系统科学》，上海交通大学出版社2005年版，第146～160页。

完善我国司法鉴定人职业资格制度的思考*

易　旻**　白宗政　张　琳

在司法鉴定行业中，任何鉴定人都必须且只能在一个鉴定机构执业。司法鉴定是一个专业门类广、类型丰富的领域，具有技术复杂、对鉴定人的个人能力要求高、鉴定意见的作用具有关键性等特点。全国人大常委会《关于司法鉴定管理问题的决定》（以下简称《决定》）对鉴定人申请从事司法鉴定活动已有原则规定。然而，《决定》实施近十年来，对鉴定人执业资质的取得，各地司法行政主管部门仍然没有统一的做法，也没有统一的标准和政策规定，因人而异、因感情而随意的做法成为普遍现象，其结果既损害了管理部门的权威性和公信力，也对司法鉴定行业的发展带来了潜在的、长期的隐患。

尽管鉴定人必须归属于某一鉴定机构方可开展鉴定活动，但在具体的鉴定实施活动中，鉴定人依法具有独立性，为鉴定实施的主体。在决定司法鉴定行业发展水平的诸多要素中，鉴定人能力高低是关键要素，也理应成为我们所关注的重点。不管什么行业，从业人员的能力都是通过教育、培训、评价、监督及持续培训等方式得以建立、保持和提高。对于职业化程度较高的行业，其劳动人员能力的建立与评价已形成较为完善的体系，如律师、建筑设计与监理、医师、教师等。与这些行业相比，司法鉴定行业发展相对滞后的一个显性表征正是资格制度的缺失。

一、我国现行司法鉴定人管理制度简析

《决定》第2、4条规定了自然人申请从事司法鉴定活动的路径与条件，即法医类、物证类、声像资料类（以下简称"三大类"）适用登记制，"三大类"之外的，除最高人民法院、最高人民检察院与司法行政部门共同商定纳入登记、进行管理的外，不适用登记制。

申请从事司法鉴定的自然人，仅需具备所列举三项条件之一，即可申请从事司法鉴定业务。从这三项条件中，我们可以梳理出这么几个关键词：职称、专业、资格、学历、经历，而所有这些关键词都为"相关"一词所限定。职称、资格、学历

* 本文原载于《中国司法鉴定》2014年第5期。
** 西南政法大学侦查学院副院长。

都有成熟的、易于评价的办法，如职称证、学历学位证及原执业证明等。

对个人的专业评价，似乎从来不是个问题，无论是专科、本科还是研究生，国家都有相对应的专业目录，个人求学也必然与该专业目录相对应，并在完成学业后获得相应的证书。但司法鉴定"三大类"下所列举的专业，在教育部颁布的专业目录中鲜有直接对应的。因此，两者以相关性进行对接就成为必然，也成为很难具有统一认识和规制的一环，真所谓此"专业"并非彼"专业"。

在经历方面，本科以上学历者，从事相关工作与第 4 条第 3 项所规定的"具有与所申请从事的司法鉴定业务相关工作 10 年以上经历"尽管有联系，但两者的要求明显是不同的。

我国所实施的鉴定机构与鉴定人登记管理分为审核登记与备案登记两种类型。前者由省级司法行政管理部门进行审核并履行登记、公告的职责；后者虽也由省级司法行政管理部门进行公告，但审核权在各自有权管理部门，如检察院、公安部、国安部等。可以想象，在审核登记过程中，因缺乏统一的衡量办法与标准，拟进入执业的申请人就会出现两种极端情况：有能力的不得通过、通过的能力不足；或者此地不能通过，而彼地却能很顺利地获得职业资格。形成这一现象的原因很简单，因为目前的登记制度，本质上是一种形式审查而并非能力评价，两者兼顾尚缺最为关键的一环，即鉴定人职业资格制度。

二、司法鉴定行业实施职业资格制度的必要性

国际上，学历证书和国家职业资格证书是劳动者求职从业的主要证明材料，称为双证。职业资格证书与学历文凭证书不同，其作用是从业者具有从事某一职业所必备的学识和技能的证明，反映特定职业的实际工作标准和规范，以及从业者从事这种职业所达到的实际能力水平。实行就业准入的职业领域，职业资格证书的有无是申请人能否取得职业资格的前提条件。如申请从事执业律师的申请人，其前提就是必须通过司法考试并取得法律职业资格证。与此相对应，一旦取得法律职业资格证，其在相应范围内可以任意选择执业单位或机构进行报考或申请，拟接收单位或机构通常不再对其能力进行独立的、更进一步的考核或审查。

由此，我们可以看到一条非常清晰的脉络：职业资格制度是在职业准入环境中，对拟从事某一职业的自然人所进行的，该职业所必备的学识、技术和能力的基本要求的确认制度，反映的是拟从业人员是否具备适应该职业需要运用的特定的知识、技术的能力。同时，也是职业资格制度的基础和制约：没有职业资格证，不能进入；但拥有职业资格证，用人单位没有合法或能够合理解释的理由也不得拒绝接收。学历文凭则不同，其反映的是拟从业人员学习的经历，是文化理论知识水平的证明。所以，职业资格与职业劳动的具体要求结合更加密切，对特定职业的实际工作标准和操作规范，以及从业人员从事该职业所达到的实际工作能力水平的评价更为直接、

有效，在一定程度上避免了高分低能对行业发展的影响，也对学历相对较低，但通过自身努力而取得较强能力者提供了更多的机会。

我国"双证书"制度始于中共中央《关于建立社会主义市场经济体制若干问题的决定》："要制订各种职业的资格标准和录用标准，实行学历文凭和职业资格证书制度。"国务院《关于〈中国教育改革和发展纲要〉的实施意见》进一步明确："大力开发各种形式的职业培训。认真实行先培训后就业，先培训后上岗的制度；使城乡新增劳动力上岗前都能受到必需的职业训练，在全社会实行学历文凭和职业资格证书并重的制度。"今天，施行双证并重的行业数不胜数，一些发展较为完善的行业，如医生、建筑、律师等，早已为社会所普遍认知并遵行之，但司法鉴定并不位列这些行业之中。

是否施行职业资格制度，应从有无必要、是否必需这一层面进行分析。

首先，从立法角度，司法鉴定是否属于或适用于职业资格制度的行业？职业资格，在社会实际运行中分为从业资格和执业资格两类。《劳动法》和《职业教育法》规定，对"从事技术复杂、通用性广、涉及国家财产、人民生命安全和消费者利益的职业（工种）的劳动者，必须经过培训，并取得职业资格证书后，方可就业上岗"。"实行就业准入的职业范围由劳动和社会保障部确定并向社会发布。"按照《中华人民共和国职业分类大典》，目前适用先资格后上岗的职业有八十余个。此类岗位中，虽然有诸如鉴定估价师、贵金属首饰、钻石、宝玉石检验员等职业，但显然与司法鉴定的责任、能力要求及专业技术水平等要件相差较远。

依据《职业资格证书制度暂行办法》："执业资格是政府对某些责任较大，社会通用性强，关系公共利益的专业技术工作实行的准入控制，是专业技术人员依法独立开业或独立从事某种专业技术工作学识、技术和能力的必备标准。"很明显，虽然同为职业资格的一种形式，执业资格更侧重于个人能力和独立性，是能够被承认具有对某些文件签字的权力的，当然同时也要承担相对应的法律责任。通常情况下，这样的行业必须通过国家定期举行的考试的方式取得资质。司法鉴定的总体品性符合"执业资格"这一职业资格的界定标准，实际上，目前社会鉴定机构司法鉴定从业人员所取得的也正是《司法鉴定人执业证》（尽管此"执业资格"的内涵与外延与该处讨论的执业资格并不一致，其异同在后面讨论）。据此，我们可以作如下理解：司法鉴定应当属于实行准入控制的专业技术工作范畴；司法鉴定登记管理方式符合职业资格制度管理模式的基本要求。换言之，对照《职业资格证书制度暂行办法》，在司法鉴定领域建立完善的职业资格制度是必然的趋势和方向。

其次，自《决定》实施近十年来的司法鉴定的发展变化以及总结出的经验教训，都证明了建立渐进完善的司法鉴定人职业资格制度已成为现实而迫切的需要。

职业资格制度是行业职业化的一种表征，谈及司法鉴定制度职业资格制度，就必须直面司法鉴定人职业化这一命题。笔者认为，同十多年前讨论法官职业化一样，今天所谈及的司法鉴定人职业化也应当是及时且具有社会意义的命题，是司法改革进展到一定历史时期应当思考、研究并付诸行动的对象。

职业化是社会发展到一定程度的产物，是社会劳动分工的结果。在社会角度，职业化的含义与社会的复杂性、利益的多元化以及社会关系调整中的专业化程度密切相关。其中，决定某一行业是否具备职业化产生条件的重要因素，是专业化程度的高低。以司法鉴定管理制度改革为标志的司法鉴定制度改革，其实际的社会意义在于我们已经意识到司法鉴定是构成社会分工的一部分，与其相关的知识体系也越趋分化，这种专业的分工也为社会所公认并被寄予巨大的期待，这种期待不仅仅停留于诉讼活动层面，而且已延伸到社会生活中与"最终裁定"具有同等价值的其他方面。也就是说，司法鉴定是已被承认具有重要地位和作用的专业化职业类别。

但是，行业职业化评价除专业化外，还有其他的一些要素，如职业准入标准、职业化的管理、职业化的行为模式以及职业化的运行机制等。这些要素，客观上讲，目前多因体制与利益的权衡与冲突，"只闻楼梯响，不见人下来"，整个行业摇摆于行政化与职业化之间，从执业形态到地域业态个个不同，一些背离司法鉴定应有的严谨、客观、科学等属性的现象屡有发生，行业的发展已经受到了或多或少的影响。本文所讨论的鉴定人职业资格制度正是关键因素之一。

现行司法鉴定管理制度下，鉴定人必须且只能在一个机构执业。而机构本身，按通常分类方式，分为社会鉴定机构和部门鉴定机构两大类。社会鉴定机构鉴定人以"司法鉴定人执业证"为其执业依据，其内载明执业机构名称及执业类别等登记内容。而部门鉴定机构主要为侦查机关内设技术部门，核发的是"鉴定人资格证书"。虽然部门鉴定机构和社会鉴定机构在诸多方面确实存在不同，但多表现在机构层面，作为鉴定人，其从事司法鉴定活动的要求并无本质差异。而仅从颁发证件的称谓这一环中，就可以感觉到司法鉴定尚不足以称之为成熟的、职业化的行业，至少，在鉴定人这一最为关键的环节上，还没有形成统一的准入标准以及执业规范。

最后，在管理层面，是否核准申请人为鉴定人，也是按照社会鉴定机构和部门鉴定机构的划分而异。就登记而言，社会鉴定机构属司法行政部门实施审核登记，部门鉴定机构实行的是备案登记制。相应地，审核登记制的社会鉴定机构，其鉴定人同样由司法行政部门进行审核、批准，部门鉴定机构则由其主管部门承担对所属鉴定人的核准与管理。微观管理方面，社会鉴定机构及鉴定人与司法行政部门没有人、财、物的隶属关系，也不具备组织与业务方面的包容性或支持性。但部门鉴定机构则不同，不但机构本身为其母体组织的所属部门，而且机构所开展的活动均与母体组织业务工作具有极为紧密的相关性。

我国法律对鉴定人的规定，目前主要集中在诉讼法、《决定》以及与证据相关的司法解释之中，所有这些规定均未详细到对鉴定人核准的具体要求层面，也没有区别不同执业业态的鉴定人是否应当采取不同的评价标准。由此，各有权管理部门，即部门鉴定机构的主管部门、省级司法行政管理部门只能根据自身对法律的解读和理解进行相应的制度设计，从而导致虽有宏观层面一致性，但具体操作层面离散甚至矛盾的鉴定人核准方式，加深了社会对鉴定行业的不良预期。

诚然，无论是社会鉴定机构还是部门鉴定机构，因体制不同而导致的管理上的差异是客观存在的事实，这些差异的存在也并非全表现为负面效应，但鉴定人准入标准的不确定，却是多数所确信的弊大于利之属。在统一的鉴定管理体制尚未建立之前，逐步建立并实施鉴定人职业资格制度，渐次解决涉及鉴定人的准入、交流、考核、提高的制度性问题，应为消除不当差异、促进行业规范发展的合理思路。

三、司法鉴定人职业资格制度建设存在障碍

可以说，目前的鉴定人核准制度事实上是以学历文凭为基础的审核制度，只有在职业资格证制度引入后方能形成"双证并重"的格局。作为一个重要的支点，鉴定人职业资格证制度的建立可以"明示"从事司法鉴定行业的一般要求和准入标准，吸引优秀人才进入行业以提升行业队伍水准；规范管理部门对鉴定人的审核行为，减少人为因素的影响；建立业内人才交流的基准制度，只有以鉴定资格证为基础，才有人才合理流动的基础，也才能通过人才流动形成一定程度的竞争机制；规范管理，减少区域性、业态性差异，引导行政管理与业务技术管理的两结合模式向更为合理的方向发展等等。如此多可见的优势，鉴定人职业资格制度却迟迟未见推进的原因恐怕数不胜数。如果排除利益纷争，紧贴实际进行分析，主要的困难和障碍还是屈指可数的：

（一）技术层面

技术层面的制约体现在两个方面：一是司法鉴定行业性质所决定的科学技术复合性和多样性；二是因该复合性和多样性而导致鉴定人考试制度或职业资格鉴定制度在实施技术层面的复杂性。

仅以《决定》所指称"三大类"为例（因学界对司法鉴定领域的分类不统一，难以客观评价，现以国家认可委颁布的《司法鉴定/法庭科学认可领域分类》为准），法医类下辖6个二级项目：法医病理、法医人类学、法医临床、法医精神病、法医物证、法医毒物，共44小项；物证类含文书物证、痕迹物证、微量物证、道路交通事故物证4项，共52小项；声像资料（现扩展有电子数据）计8项二级项目，共36小项。

首先，这些不同类别分类的项目中，在科学技术角度有相对较为独立、自成体系的类别，也有基本技术方法和手段近似或高度相关的类别。总体规律呈现类别越高，其同级别类别相互间关联度越低，其下辖项目之间关联度则可能相对较高，但无论如何，仅这"三大类"所涵盖的学科专业及行业要求，都确然不是单一的考试或职业鉴定就可以兼顾的。

其次，所谓关联度较高的项目，通常是因为其基本技术方法和手段（包括技术方法的组合）相同或相近，因检验对象（集合）不同而具类型化。如果以这种类型化的检验对象为考查对象，则被考查人可能会陷入沉重的考试或技能鉴定负累；而以技术方法或手段作为考查对象，又可能会因类型化的特殊性得不到充分反映，失去对考查对象专门能力的判断价值；在考试或鉴定范围方面，定高项目类型级别，难以兼容关联度较差的低项目级别，而定得太低，又无法兼顾关联度高的类型化项目，被考查人的负累也会加重。

最后，职业资格的考核，通常采取两种方式，一是统一考试，二是职业鉴定，这都需要相应的教育、教学体系以及考核体系的支撑。目前，除少部分高校、科研院所承担了部分鉴定人的培训任务外，整体上的体系建设尚为空白，完善之路还很漫长。

（二）体制与管理层面

实现司法鉴定人职业资格制度，必须依赖于统一的人事政策设计。鉴定人必须且只能在一个机构执业的政策要求，决定了鉴定机构在鉴定人考查、录用及管理过程中的重要地位和作用。

《决定》实施十年以来，我国司法鉴定机构已经初步形成布局较为合理、数量能够满足社会需求的格局。这些机构按所有制分类，主要为两类，一是部门鉴定机构以及科研院所等事业单位所设立的社会鉴定机构，属于体制内鉴定机构；二是由社会投资并实施管理的社会鉴定机构，为体制外鉴定机构。这几类鉴定机构各有其特点，侦查机关设立的鉴定机构以及专门设立的物证技术类研究所，其鉴定人均为专职（个别机构存在外聘现象，但多为辅助岗位的非鉴定人）；其他科研机构及高校等事业单位所设立的社会鉴定机构，其鉴定人基本为兼职（即或有部分可视为专职的，也多为本单位退休人员）；其他社会鉴定机构，专职鉴定人与兼职鉴定人并存，呈多样化结构，其比例与鉴定机构本身的发展状况关系密切。

在管理层面上，部门鉴定机构及专门设立的物证技术类研究所是纳入国家人事管理编制的机构，其经费投入、业务管理、人员管理等均有保障，所开展的工作，包括鉴定在内，均为其职责和任务的组成部分，既在其位也谋其政，名正言顺。高校等事业单位所设立的社会鉴定机构通常因其母体组织工作需求相关而设立，由相关人员构成其鉴定人队伍，但鉴定活动鲜有被纳入其工作考核内容的，"其位不明，其政也难谋"是这类机构所普遍存在的常态。其他社会鉴定机构不管其规模大小，事实上就是一种企业性质的经济组织，其管理与运行形态不需赘言。

体制的多样性决定了管理的复杂性，也同样体现在鉴定人队伍建设方面的多元化。不以鉴定人职业资格制度为准入条件，这种多元化得不到合理规制，就会以其鉴定能力的参差不齐为主要表现方式。实施鉴定人职业资格制度，就会将这种多元化导入人才竞争的良性轨道，整体提升行业队伍水准。但如果没有统一的、犹如法律职业一样的制度设计，这种多元化也会成为推行鉴定人职业资格制度的一大障碍。

四、鉴定人职业资格制度建设的思考

建立鉴定人职业资格制度，自有其不同层次的价值追求，目前而言，首先应当考虑几个方面：①鉴定人准入应有独特的标准。鉴定人的准入，最重要的是视其专业水平是否符合鉴定职业的要求，是否具有必要的职业训练，当然，职业道德也是需要考查的重要因素。②鉴定人、鉴定机构行政管理与行业管理的规范化。虽然目前全国各省市司法鉴定协会初步得以建立，但行政管理与行业管理职责不清、制度不全、执行不力的现象比较突出，鉴定人职业资格建设的推进是实现真正的两结合管理模式的基础。③鉴定机构内部管理的职业化。由于鉴定机构的性质不同，鉴定机构内部管理差异颇大，如部门鉴定机构，多数还存在行政化色彩浓郁的特点，领导与鉴定人之间并非单纯的技术交互关系，行政指示影响鉴定意见的可能性仍然存在。而在社会鉴定机构，投资与管理脱节、利益追求决定技术走向的现象屡有发生，以职业化的方式来推进经济收益是根本解决之道。美国杰出的法律经济学家波斯纳认为，对经济利益的追求，未必只会导致利欲熏心，其也可能使得一个职业追求良好的行为和"产品"。通过职业化，向社会论证其职业是独特的，有利于加大没有进入这个职业的人对本职业的依赖。而专业化有助于提高服务质量，比如医生、律师就需要执照，就是质量的保证。

（一）一体化的行业管理体制是实现鉴定人职业资格制度的前提和基础

职业资格是执业的前提，鉴定人职业资格制度的核心在于建立关于鉴定人准入的制度体系，并因此而实现相应的其他价值。在去除所有制和行业类别因素的环境中，仅对技术能力、职业水平等因素进行考查，更多的考查要素落入以行业管理为主体的技术环节，也因此需要一个公平、平等、统一的行业管理体制的支持。

笔者之所以将视线首先放在了行业管理层面，是由司法鉴定行业技术层面的多样性所决定的。同法律职业不同的是，司法鉴定领域考核很难如法律职业考试一般，一考以衡之，且既公平透明又合理高效。司法鉴证人的考核强调职业基础，如司法鉴定基本原理、制度、法律法规、道德纪律、程序规定等一般要求外，鉴定人作为自然人由技术能力、疑难复杂问题的驾驭能力、合作交流能力等组成的综合能力的考查同样重要且必不可少。综上，后者因其具有行业特色的普适性毫无疑问可通过统一的考试方式进行，而前者则更多的需要采取岗位培训、职业技能鉴定以及学历职称等综合方式实现。

但即或是普适性的基础科目，也会因业态不同导致行政与行业不分的各种规定而无法形成统一有效的考核内容和评价标准，更可能因各种理由（诸如所谓保密、公众和国家利益等）而拒绝、抵制考评。在岗式的职业培训、作为国家职业培训考核组成部分的司法鉴定职业技术鉴定等环节，更面临业态分歧所带来的更多困惑。

培训内容、培训目标、培训机构、培训方式、培训结果的评价需要可评价的统一标准和方法，职业技术鉴定也需要针对司法鉴定实际进行体系设置，同样涉及鉴定机构的选择与建立、鉴定活动的规范化和标准化、鉴定结果的适用性规定等制度建设。所有这些，都需要忽视业态、侧重于行业发展技术层面找到一个共同认可的平衡点，建立一个能够共同遵守（必要时通过法律法规予以强制性规定）的规则体系。而这一目标，只可能在国家领导下的统一的行业管理体制下实现。

（二）基础科目统一考试先行先试

现行制度下，对申请从事鉴定人的审核，实质上处于无标准状态，起码是缺乏统一尺度而各行其是。审核结果也不尽相同，有直接为"执业"资格的、有"职业"资格的。很难想象对"专业"相关性和"经历"相关性的理解和解释各异的审核机制，能够产生出具有职业化标准的行业环境。尤其对自然人而言，无论其在自然专业技术领域造诣多高，当其缺乏足够的法律素养、缺乏证据、证明的深刻理解时，从事司法鉴定活动很难相信其能够具有足够明确的方向性，极端情况下，甚至可能因其纯技术思维将证明活动引入歧途。

因此，司法鉴定理论基础、职责与任务、法律性要求、证据与证明、程序与规定、职业纪律、类型化的思维模式等普适性、基础性内容共同构成司法鉴定基础科目，并具备构成司法鉴定人必须掌握、遵循的基础理论体系和实施统一考试的条件。由此设计考核，先行先试，可破僵局。

（三）确立培训机制，统一司法鉴定人能力培养途径

《决定》对新申请鉴定人给出了足够的培训空间，即五年或十年的"相关工作"经历。对于何谓"相关"，至今仍有不同的理解和解释，为避免随意性，对其有规范的必要。一般情况下，从事物证技术的教学、科研和物证技术类实验室非管理岗位的技术工作人员，其相关性是可以确认的。除此之外，经过十年的发展，不以鉴定工作为目标而从事相关工作的已极为罕见，这就为统一的培训机制的建立创造了条件，即相关经历的获得可以在鉴定机构从事技术活动的经历为评价标准。

已有诸多学者及业内人士著文呼吁，对因年限不够而不能申请鉴定人执业资格，但工作岗位在鉴定机构且从事鉴定辅助工作的人员予以明确的称谓。这样的声音是合理的，而最佳的途径是将其与侧重于新进人员能力培养为目标的培训机制相结合，并以统一的体系和技术能力鉴定予以保障。

如此，培训机构能力的评价、培训机构资质的取得、培训机构的管理和监督便相应成为职业化路径中的组成部分。

（四）建立并渐次推进统一的司法鉴定职业技能鉴定体系

作为鉴定人，其能力构成是多方面的，不可能、也没有必要对每一个鉴定人全部能力进行评价，但作为职业准入门槛，基本的能力是必须得到确认的。除基础科目可统一考试外，与鉴定项目相关的能力及从业基本能力（如出庭质证能力、语言

表达能力、综合控制能力等），既可采取单科考试方式，也可采取职业技能鉴定方式，或兼而有之来进行。为此，同样涉及体系的建立问题，并与培训机制有着较为紧密的关联。此问题影响复杂，并在一定程度上关碍利益格局，非本文讨论重点，不作详述。

（五）注重结果运用

诚如前述，鉴定人职业资格制度的建立有其预期的目标和价值，每一步进展，都可能涉及整个行业的变化。而这一过程中，必然或多或少有着保守力量的阻碍和反对声音的干扰。这种局面，对没有现代意义的鉴定人职业的国家而言，甚至可能出现在根本性的必要环节中。要推行法治的社会，都难以摆脱传统的影响。而我国几千年来非法治的传统导致民众的观念在许多方面与现代司法距离很大，鉴定人职业化也可能与民众想象或希望的并不一致，也就可能会造成民众的疏离甚至抵制。同样，司法鉴定的职业化，一定程度上意味着鉴定人的精英化，这也可能造成新老鉴定人、不同业态不同机构鉴定人之间的紧张关系，甚至可能造成部门间的冲突和阻碍。

因此，除国家层面、不同行政管理层面、行业管理层面的协调沟通外，结果运用就显得尤为重要。通过上述虽不完善但具可行性的路径，逐步建立可资运作的职业资格制度，让不同视角的受众能够体会到公平公正、有序实用，促进发展和行业进步效果明显，则社会必然会形成共识，真正建立职业资格和执业资格并重，具有职业化特征的司法鉴定行业。

论司法鉴定 "市场化" 的负面效应及治理对策*

贾治辉**

　　面向社会服务的司法鉴定机构的属性之一是 "中介性"，而其有别于其他具有中介属性的社会组织的显著特征是服务领域及其要求的特殊性，即服务的对象是诉讼的证据调查活动。司法鉴定机构作为社会中介机构必然具有市场的属性，而其特殊的服务领域及其要求又决定了其必须按公正、客观、诚信、守法的要求提供服务。[1]我国设立面向社会服务的司法鉴定机构的目的是为了实现司法鉴定意见的公正和客观，而要实现这一目的，必须要求司法鉴定人做到诚信、守法。正是基于司法鉴定机构服务领域及其要求的特殊性，国家对从事面向社会服务的司法鉴定机构实行行政许可，严格控制准入条件并实行相应的行政监管。然而，市场与司法鉴定服务的领域及其要求之间必然存在积极的作用与消极的影响，而对市场消极因素的影响必须通过立法、司法和行政的手段予以消除，从而保障司法公正的实现。

一、面向社会服务的司法鉴定机构的市场化特征

（一）服务范围的法定性

　　司法鉴定机构的服务范围是由司法行政机关依法许可，按照鉴定对象的类型及条件确定，如法医类、文书类、痕迹类、微量物证类等。这种按鉴定类型所确定的许可范围就是鉴定机构的服务范围。然而，按照鉴定类型许可司法鉴定机构的服务范围与服务的对象范围并没有明确的界定。或者说，司法鉴定机构的技术服务项目与需要这种技术服务的行业、组织和个人并没有法定的界限。就司法鉴定机构获得的技术服务项目本身而言，其社会需要的服务范围很广泛，不仅可以为诉讼调查证据服务，而且可以为仲裁机构和公证机构的证据调查、行政机关的行政执法、企事业单位的管理活动，以及公民之间协商处理纠纷和化解矛盾等提供服务。这表明司法鉴定机构必须依法为司法活动和国家的社会管理活动提供服务，不得以司法鉴定的名义进行商业化运营，也不得接受公民个人委托开展鉴定服务。同时，司法鉴定

---

　　* 本文原载于《中国司法鉴定》2014 年第 4 期。

　　** 西南政法大学司法鉴定中心。

〔1〕 沙奇志："司法鉴定机构的性质、功能与设置模式探索"，载《中国司法鉴定》2012 年第 3 期。

机构在为司法活动和国家的社会管理活动提供服务时也应进行区分，对司法鉴定与其他鉴定应出具不同的鉴定意见书。这是因为司法鉴定与司法的权威、公平和正义是密切相连的，具有超越社会一般管理活动的公信力，当然这也就成为某些人用于商业炒作的基础。

（二）服务人员的特定性

我国司法鉴定的服务人员包括司法鉴定人、司法鉴定辅助人员、司法鉴定助理。司法鉴定人员必须具有专门知识，而且必须经省级以上司法行政机关审查核准，确认鉴定资格并颁发执业资格证书。我国对司法鉴定人资格制度的规定，正是基于司法的权威、公正和公信力的考量。因此，无论是司法鉴定人还是司法鉴定辅助人、司法鉴定助理，都必须严格按照司法鉴定质量管理的要求确定其资格。虽然国家目前还没有建立司法鉴定辅助人、司法鉴定助理的相关资格确认制度，但是从司法鉴定服务于诉讼要求，以及司法鉴定人队伍建设来看，该制度具有确立的必要性。

司法鉴定人除应具备与其所执业的司法鉴定项目相关的专业知识以外，还应有严格的职业道德和执业纪律要求。如果司法鉴定人违反了这些规定，司法行政机关和司法鉴定机构将视其情节轻重予以惩戒，直至取消其执业资格。司法鉴定人必须诚信鉴定，必须在尊重科学技术和所发现的客观事实、客观依据的基础上实事求是地出具鉴定意见。

（三）服务过程的程序性

司法鉴定机构和司法鉴定人必须遵守司法鉴定的程序，确保鉴定活动的公正与效益的实现。我国的司法鉴定程序包括了诉讼法的一般规定和行政法规、地方性规章的具体规定。司法鉴定机构在接受鉴定委托、收取鉴定费用、实施鉴定质量的监督控制时必须遵守程序规定，司法鉴定人在实施鉴定、制作司法鉴定文书、出庭质证等方面也必须遵守程序。其程序是国家立法机关、司法鉴定行政管理部门依据证据调查的需要和要求制定的，具有显著的司法特征。而就司法鉴定权力的性质来说，是国家司法机关、行政执法机关以及其他法定组织将国家的授权有限地转托法定的司法鉴定机构和司法鉴定人并完成相关的服务。司法鉴定依据程序的授权行为是通过司法鉴定委托书来具体实现的，没有委托，司法鉴定机构和司法鉴定人仅有资格而不能实施鉴定，因此受托人只能按委托事项实施鉴定并形成鉴定意见。从鉴定程序的意义上说，其必须受制于法定委托，这就决定了司法鉴定服务行为及服务功能是特定的。或者说，在鉴定程序限制下的市场与社会经济、服务的市场有显著的不同，不能把司法鉴定机构和司法鉴定人等同于一般的市场主体。服务于证据调查等的司法鉴定机构和司法鉴定人只能在其自身行业市场范围内，依据程序以自身的技术能力、鉴定质量、鉴定诚信等来赢得委托，争取鉴定的优势地位，而不得以不正当的方式，甚至一些腐败行为而取得鉴定市场的优势地位。

（四）服务收益的公益性和规范性

司法鉴定机构和司法鉴定人所提供的鉴定意见对证明案件事实有重要的价值，但这种价值主要体现在维护司法公正和社会正义方面。因此，其服务本身和鉴定意见首先具有实现司法公正和效率的公益性价值，其次才具有反映鉴定机构管理和鉴定人劳动的价值。这决定了司法鉴定服务的经济价值必须在保障司法公正和效率的基础上，由国家管理部门制定司法鉴定的收费办法进行收费，而不得按市场规则收费，也不得由司法鉴定机构和鉴定人自行定价收费。司法鉴定意见在一定程度上与他人的自由、经济利益有直接的关系，因而不可避免地会成为某些利害关系人交易的"商品"。然而，无论是司法鉴定机构和司法鉴定人，还是与鉴定有关的利害关系人，一旦把司法鉴定服务作为市场商品来交易、把司法鉴定机构按一般的商品市场规则来运作，就已经背离了司法鉴定应用的含义，鉴定的客观公正性也就荡然无存，这必然对司法公正以及社会正义产生严重的危害。所以，司法鉴定机构和司法鉴定人不得违规收费，也不得把司法鉴定商业化，更不得唯利是图而枉法鉴定。

（五）服务竞争的正当性

司法鉴定机构是特殊的市场主体，但市场仅限于行业内部。在司法鉴定的行业内部，国家鼓励司法鉴定机构之间依法开展正当竞争，通过创新鉴定技术、提高司法鉴定的质量、规范实施鉴定来赢得委托人的信任，获得优势的服务地位，从而获得正当合法的经济收益。在市场经济条件下，少数市场经济主体希望把司法鉴定市场化，以市场方式来运作司法鉴定；少数司法鉴定机构的负责人和司法鉴定人也为了谋求经济利益而把司法鉴定向商业化方向发展，尤其是利用市场潜规则为自己谋取私利。所以，司法鉴定必须以正当的竞争来实现自身的发展，而不正当的竞争必然使司法鉴定滋生腐败，与司法鉴定应有的属性背道而驰。

二、司法鉴定市场化的负面效应主要表现及成因

（一）违规获取鉴定收益

在市场观念和机制的影响下，部分司法鉴定机构和司法鉴定人把谋利作为司法鉴定的核心目标。这种不正常的现象虽然是少数，但严重威胁了司法鉴定行业的健康发展。在司法鉴定实践中，有的采取协商收费，有的以有利原则增加收费，更有甚者以鉴定意见所带来的利益分成取利，还有的以收集材料、聘请顾问、专家讨论等收取各种名目的费用，且收费多少自定。究其原因，主要是司法鉴定机构管理者的司法正义和鉴定诚信观念淡漠，缺乏应有的执业责任意识。同时，一方面司法鉴定行政管理部门缺乏必要的监督制约机制，而另一方面对一些正常收费项目也缺乏可执行的依据，如收取材料的相关费用、专家咨询费、讨论费、出庭费等。当然，从客观上来看，一些基层的司法鉴定机构鉴定业务量少、收入低，因而有多收鉴定费倾向；有的司法鉴定人为兼职，鉴定收入与其他业务收入相比较低，且付出与责

任较大，因而也有多收鉴定费的倾向。

（二）用不正当竞争手段争取案源

在市场经济活动中，市场主体追求利益最大化是正当的价值取向。在市场竞争中，市场主体总是希望通过获得优势的竞争地位来赢得更多交易机会，进而实现利益最大化。在司法鉴定中，少数司法鉴定机构和司法鉴定人把一些潜规则引入司法鉴定市场竞争，通过给"回扣"、夸大技术能力、送礼、安排旅游等方式争取获得案源的机会；有的甚至给当事人虚假的承诺来争取案源。市场经济中不良因素反映在司法鉴定市场是必然的，尤其是一部分司法鉴定机构的投资人或实际控制人本身就是市场经济的主体，因而他们介入司法鉴定市场的目的就是盈利，就是要追求利益回报。在这种情况下，市场经济中的不正当的竞争手段也就必然被引入到司法鉴定活动中来，导致司法鉴定活动"乱象丛生"。[2]

（三）把司法鉴定拓展到"商业鉴定"

司法鉴定与商业鉴定虽然在证据运用上没有明显的区别，但是在目的上存在显著的不同，而且司法鉴定意见不具有交易性及交易价值，而商业鉴定具有潜在的交易性和交易价值。[3] 司法鉴定是为诉讼服务的，直接的目的是提供科学证据，而间接的目的是为了实现司法公正和方便国家对社会的治理。商业鉴定的目的就是为商业交易的"标的物"或"服务"提供科学依据。商业鉴定是市场经济活动中的正常需要，对维护正常的市场经济秩序有积极的意义。商业鉴定是国家为了维护市场经济而建立的质量和服务的鉴定体系，涉及市场经济活动的生产、流通、消费各个环节。从广义上说，产品质量的检验、检测、产品认证、认可都具有商业鉴定的性质。而从狭义来看，商业鉴定是为了某些特定商品提供真伪、质量状况、估价、来源等鉴定。国际上从事商业鉴定的机构是中立的，依靠技术、质量和诚信服务于市场经济活动。而当下我国一些司法鉴定机构所从事的商业鉴定是在利益驱动下来实施的，是借司法鉴定所具有的"客观公正"与"司法公正"的价值来谋求商业交易的成功率与经济利益。司法鉴定为商业活动服务时，司法鉴定机构和司法鉴定人不可避免地受委托人经济利益驱动的影响。少数司法鉴定机构的负责人和鉴定人为了谋取经济利益甚至参与鉴定以后物品交易的利益分成，接受商业贿赂，其出具的司法鉴定意见也就成为被鉴定物交易的附属品，以及开展商业交易活动宣传和提升价值的筹码。这种情况下，司法鉴定人也就成了"鉴定商人"，为了谋利的"虚假鉴定"也就成为必然。司法鉴定机构和司法鉴定人参与商业鉴定带来的危害是十分严重的，因为在司法鉴定与商业鉴定并存的鉴定机构中，商业鉴定的盈利明显高于司法鉴定，从事商业鉴定的鉴定人收益也显著高于从事司法鉴定的鉴定人。在这种状况下，从事

〔2〕 朱晋峰、沈敏："司法鉴定机构等级管理基本问题论纲"，载《中国司法鉴定》2013 年第 6 期。
〔3〕 贾治辉："论司法鉴定机构的鉴定范围管理"，载《中国司法鉴定》2013 年第 4 期。

司法鉴定的人难以独善其身，司法鉴定机构难以严守鉴定的客观公正。司法鉴定机构和司法鉴定人为市场经济服务是正常的，而问题的本质是在于要严格区分司法鉴定与商业鉴定，不得以司法鉴定的名称、文书形式以及加盖司法鉴定专用章的形式为商业活动提供鉴定。事实上，许多商业鉴定委托者都要求以司法鉴定的名称、文书形式、加盖司法鉴定专用章的形式出具报告，而拒绝以非司法鉴定名称等出具的报告，这明显表明了"司法鉴定"的商业价值。如果把司法鉴定与商业鉴定混为一谈，则司法鉴定意见也就变成可以交易和买卖的商品，其结果必然导致司法鉴定的属性和自身价值岌岌可危。

（四）用不正当的手段影响鉴定公正

司法鉴定意见是重要的诉讼证据，尤其是文书的真伪鉴定、产品质量鉴定、事故原因鉴定、伤残等级鉴定、医疗过错鉴定等对案件的事实认定有重要的价值。由于司法鉴定意见的价值，一些有利害关系的当事人会通过各种关系说情、请客送礼甚至向司法鉴定人行贿，目的在于获得对自己有利的鉴定意见，还有的当事人采用威胁、恐吓、缠闹等方式影响司法鉴定机构和司法鉴定人作出鉴定意见。前者可能导致一些鉴定人出具虚假或部分虚假的鉴定意见，或者借助鉴定技术自身的有限性出具不应该出具的不确定鉴定意见或不能鉴定的鉴定意见；而后者的影响可能导致鉴定机构和鉴定人不受理鉴定、做出有利于闹事者一方的鉴定意见、退案等。这些现象都是市场经济社会不良现象在司法鉴定中的反映，虽然其有深刻的文化背景，但是部分司法鉴定机构和司法鉴定人法律意识和责任意识淡漠也是重要原因。

三、对司法鉴定市场化负面效应的治理对策

（一）司法鉴定机构和司法鉴定人必须严守"中立与公正"

在司法鉴定活动中，司法鉴定机构和司法鉴定人必须保持中立，因为保持立场中立不仅是实现司法鉴定公正的基本保障，而且是预防市场经济不良因素影响的措施。如果司法鉴定机构和司法鉴定人做到中立，则市场经济的潜规则难以侵蚀司法鉴定活动，使得司法鉴定公正的实现有了基础。

1. 完善司法鉴定机构许可与退出制度。司法鉴定机构只有具备了生存发展的物质基础和市场基础才具备实现中立的客观条件。对此，应该严格控制司法鉴定机构的数量和质量。司法行政机关许可申请人设立司法鉴定机构应充分考虑司法鉴定业务的需要，避免重复审批导致僧多粥少而使鉴定机构出现生存困难，过多的司法鉴定机构必然出现不正当竞争。在许可合伙设立的司法鉴定机构时应严格审查鉴定人的情况，严格控制兼职鉴定人的数量，对一个鉴定项目没有专职鉴定人或者专职鉴定人数量达不到 3 人的，不得许可；同时应对合伙人是否有违法犯罪记录以及诚信状况进行审查，凡不符合许可条件的不得许可。现在有一些司法鉴定机构从事鉴定的司法鉴定人数量不足，存在经个人鉴定或者私下组织其他机构鉴定人鉴定后，由

挂名鉴定人出具鉴定报告的情况，这严重降低了司法鉴定的质量。司法鉴定机构的设施设备、鉴定人、质量管理状况、鉴定的投诉、鉴定人的诚信等是不断变化的，如果司法鉴定机构的设施设备、人员、质量管理状况等已经不符合司法鉴定的条件或要求，则司法鉴定行政许可机关应该撤销许可。同样，如果鉴定的有效投诉多、鉴定人的诚信严重下降，也应责令该司法鉴定机构退出。

2. 严格监督司法鉴定人正当行使司法鉴定权。对司法鉴定权的监督应包括委托人的监督、司法鉴定行政管理部门的监督、司法鉴定机构的监督。

司法鉴定人依法享有独立鉴定并表达其鉴定意见的权利，但是司法鉴定人享有的鉴定权是委托人授权而获得的，因此应受法定委托要求的制约，否则委托人有权撤销鉴定委托及授权。司法鉴定委托本身具有法定性，而且委托鉴定的目的是借助司法鉴定人的专门知识、信用进行科学证据调查，获得可靠的司法鉴定意见。因此司法鉴定服务是按委托人要求而完成的服务，由此委托人对司法鉴定活动的监督应属必然。委托人对司法鉴定的监督仅限于法定的要求范围，即保证司法鉴定意见证据具有证据能力，而不得干涉司法鉴定人的检验和判断活动。法定的司法鉴定委托主体享有对鉴定材料保全的义务，为了履行该义务其有权要求在其监督下由鉴定人进行取样和现场监督检验。我国委托人没有建立鉴定材料保全与现场监督检验制度，把作为证据材料的鉴定材料通过邮寄、随身携带送达等方式在委托人与鉴定机构之间流转，不可避免地出现材料遗失、当事人对委托的鉴定材料存疑等情况发生，损害了司法的严肃性和权威性。对此，司法鉴定委托人应该建立司法鉴定的现场取样和现场监督检验制度，这不仅有利于委托人严格履行证据保全的义务，而且有利于对司法鉴定进行监督。

我国的法院、检察院和公安机关作为对外委托司法鉴定的主体，对司法鉴定委托监督并没有行使相应的权利和义务。在公安机关、检察机关的职权鉴定过程中，鉴定活动是现场检验，并且受到直接的监督，因而它对保障司法鉴定意见的科学可靠发挥了积极作用。但是，法院、检察院和公安机关在对外进行司法鉴定时，这种监督存在明显的缺位现象，因而后者对司法鉴定中出现的一些不正常现象也有不可推卸的责任。

司法鉴定行政管理部门和司法鉴定机构的监督主要包括两个方面：一方面是对鉴定质量的监督，另一方面是对司法鉴定人职业道德和执业纪律的监督。司法鉴定行政管理部门的监督是有限的，主要通过对司法鉴定投诉、举报的情况进行调查处理，通过处理违法违纪行为实现监督。司法鉴定行政管理部门应加大对司法鉴定人违反职业道德和执业纪律案件的查处力度，通过严肃处理来清除行业中的害群之马，维护司法鉴定行业的公信力。案件当事人利用人情、各种关系、请客送礼等来影响司法鉴定人做出有利于自己的鉴定意见是经常发生的事情，而且实施这种影响的手段一般都比较隐秘，这给司法鉴定机构的监督带来了困难。然而，司法鉴定机构对此是能够控制的，其控制的根本方法是严格执行鉴定质量监督，通过鉴定人回避、统一受理和随机分配案件、不同鉴定人独立鉴定、技术审核等对鉴定意见的质量进行监督，从而让司法鉴定人的鉴定活动处于阳光之下，使得司法鉴定的"乱象"失去土壤。

（二）建立司法鉴定人"不诚信行为"调查处理制度

诚信之于社会存在于文化和生活方式之中，而其之于个人则存在于道德和习惯之中。无论是社会诚信还是个人诚信都需要在实践活动中进行实证的评价，才能确认其存在及价值。诚信是基于科学技术与司法实践结合的司法鉴定的灵魂，是司法鉴定人必须坚守的职业道德底线。司法鉴定人依法享有独立实施鉴定并出具鉴定意见的权利，但是保障权利不被滥用的核心是诚信。因为司法鉴定人完成每一个鉴定项目都是一次探索和发现事实的过程，虽然鉴定人掌握完成项目的科学原理和技术，也有必须遵守或者参照适用的鉴定标准，但是针对具体鉴定材料的条件、不同的制约因素以及鉴定的要求不能机械地做出鉴定意见。从司法鉴定意见的结论性表述来看，客观上存在多种选择，如"是"、"不是"、"是的可能性大"、"不是的可能性大"、"不能做出判断等结论形式"，而正确的或者最佳的选择只有一种，但是司法鉴定人是否做正确的或最佳的选择，不仅有赖于自己的技术实践和所确定的依据，而且有赖于司法鉴定人的诚信。尤其是司法鉴定活动是一种技术实践活动，司法鉴定人的主观活动对鉴定意见的作出有重要影响，而诚信是最大限度排除不良主观因素影响的基础。在司法鉴定实践中，司法鉴定人诚信的丧失总是在社会不良因素影响下出现的，人情、各种关系、经济利益诱惑成为影响诚信最主要的因素，也是导致司法鉴定乱象的主要原因。因此，司法鉴定人坚守诚信需要抵制外来因素的干扰，同时也需要进行预防干扰的制度建设和监督。

司法鉴定人的鉴定诚信不仅具有鉴定的程序价值，而且具有证据价值。诚信鉴定是司法鉴定人获得鉴定委托授权的要件之一，如果司法鉴定人有不诚信的鉴定记录或实施有违背诚信鉴定的行为，则其不具备获得司法鉴定委托授权的资格，即使获得授权后也将被取消。从鉴定人回避的情形来看，司法鉴定人的不诚信行为已经导致了公正鉴定的基础的丧失，因而属于回避的理由之一。在司法鉴定实践中，案件当事人要求司法鉴定人回避，否定鉴定意见的证据能力、举报、控告司法鉴定人的主要依据是认为鉴定人中有不诚信的记录或有影响诚信鉴定的不良行为。

司法鉴定人的不诚信鉴定行为是滋生司法鉴定腐败和导致司法鉴定乱象的温床，因此诚信鉴定是司法鉴定行业发展的核心要素，需要构建相关的制度来消除司法鉴定人不诚信行为引发的司法鉴定乱象。对司法鉴定人可能出现的不诚信鉴定行为及其制裁已经在司法鉴定人的职业道德和执业纪律中有明确的规定，但是由于缺乏必要的监管措施使得不诚信行为时有发生，对司法鉴定行业的公信力和司法公正造成不良的影响，所以强化监管措施已经成为当务之急。

（三）明确司法鉴定的受案范围，禁止借"权力寻租"牟利

司法鉴定机构和司法鉴定人首要的鉴定任务是为诉讼的科学证据调查提供服务，同时也为仲裁、行政执法、律师进行证据调查等提供服务。司法鉴定机构接受鉴定委托必须有法定的依据，并且针对不同的委托主体应该有区别地出具司法鉴定意见书或鉴定意见书。对于具有商业性质的鉴定，司法鉴定机构可以出具检测报告或咨询报告，但不得以司法鉴定的文书形式出具相关报告，也不得加盖司法鉴定专用章。这种要求一方面有利于维护司法鉴定的权威和公信力，另一方面避免商业化的市场不良因素对司法鉴定活动产生影响。在司法鉴定实践中，有的司法鉴定机构和司法鉴定人本着追求经济利益的目的，以诉前证据调查和服务社会为借口搞商业性质的鉴定，这种行为应加以禁止。

在司法鉴定行业的发展过程中，少数司法鉴定机构和司法鉴定人与市场经济中的一些主体围绕司法鉴定的公信力开展权力寻租，把司法鉴定意见作为某些商品交易的筹码，从中谋求经济利益；有的借为一方提供有利的司法鉴定意见来谋求不正当的经济利益，这些行为导致司法鉴定出现乱象，我们应该完善相关的管理制度并进行有效的管理，否则将危害司法鉴定行业的健康发展，给司法公正造成负面影响。

司法鉴定管理中一个亟需重视的问题

——司法鉴定纠纷处理与防治对策*

邹明理**

司法鉴定管理是司法行政管理的一个组成部分，是公共法律服务管理体系的一项重要内容。当前，在司法鉴定领域，当事人因对涉诉鉴定事项的鉴定材料、鉴定程序、鉴定依据与标准、鉴定意见等问题发生质疑，引起鉴定投诉、举报的事件日益增多。由于种种原因，有的投诉举报方式极为激烈，与鉴定机构、鉴定人以至鉴定管理部门发生争执，甚至酿成对抗性的矛盾纠纷，成为破坏社会安定和谐的一个局部因素。这种纠纷虽不如"医闹"严重，但值得相关方面高度重视，以防事态蔓延、扩大。研究和制定处理鉴定纠纷的有效对策，对于保障公正司法、增强司法鉴定公信力、维护社会和谐安定，有着积极的现实作用。

一、司法鉴定纠纷与鉴定异议、鉴定分歧的区别

在司法鉴定实践方面，对于鉴定过程和结果，常会出现三种不同的负面看法或意见，分清其中的不同性质，是处理好鉴定纠纷的前提条件。

一是鉴定异议。多数鉴定事项，当事人、辩护人、诉讼代理人、鉴定委托方都可能对鉴定程序或鉴定实体提出异议。所谓鉴定异议，是指上述各方对涉诉专门性问题的鉴定过程或结果提出质疑或不同意见，要求鉴定人给以说明。这种"异议"，多数反映方式平和，一般不会发展成为鉴定纠纷。

二是鉴定分歧。是指不同鉴定机构及其鉴定人之间，对同一鉴定事项的同一个鉴定要求，经过鉴定所出具的不同鉴定意见。这种分歧仅出现于鉴定主体之间（含鉴定人与鉴定机构，下同），分歧的范围也局限于鉴定结果，争议的性质也是技术方面的不同认识产生碰撞，多数情况下不会发展为鉴定主体与当事人之间的言语冲突或行为纠纷。解决"鉴定分歧"的方式，一般不需要鉴定主体之间、鉴定主体与鉴定委托方之间，或鉴定主体与当事人之间，或者鉴定主体与鉴定管理部门之间插手，

---

　*　本文原载于《中国司法》2014 年第 6 期。

　**　西南政法大学司法鉴定中心。

而是司法机关按鉴定程序进行重新鉴定。但有时候，鉴定意见分歧对于己不利一方当事人，可能找相对方鉴定主体进行"说理"或"报复"，所以，要警惕鉴定分歧可能对鉴定主体的另一方引起的"消极反应"。

三是鉴定纠纷。多半是当事人或鉴定委托方（指诉前鉴定或非诉鉴定委托方）与鉴定主体之间因对鉴定意见的激烈争执而发生的矛盾冲突行为。鉴定纠纷爆发的主因，常是鉴定意见可能直接关系到诉讼的成败，或者鉴定意见已经给诉讼当事人一方造成了"不利后果"。鉴定纠纷争执的焦点，主要表现在鉴定实体方面的关键性技术问题上。因为有些技术问题的是非判断较为困难，争论的余地较大，不如鉴定程序问题的是非界限明确。鉴定纠纷的诉求主体，主要是当事人或非司法鉴定的委托人，且均为自然人；被诉主体通常是鉴定人和鉴定机构，有时也会牵涉到鉴定管理部门。笔者曾见到一案的鉴定纠纷，鉴定人、鉴定机构、省级鉴定管理部门、人民法院、当事人的律师五个主体均成被告。可以看出，鉴定纠纷，是当前鉴定管理领域出现率较高、冲突程度较激烈、处理难度较大的一个棘手问题。

二、当前"鉴定纠纷"的表现形式及所产生的消极影响

我国当前出现鉴定纠纷占鉴定事项总数的比例不高，就总体而言，仅占千分之几或百分之几，但在不同诉讼类别和鉴定专业中发生鉴定纠纷的差别较大。刑事鉴定中发生鉴定纠纷的比例较少，行政诉讼鉴定中出现的鉴定纠纷极少，民事鉴定中发生的鉴定纠纷比例较高。从鉴定业务类别上看，人身伤害鉴定、医疗事故鉴定、精神疾病鉴定、伤残等级评定、文书鉴定、道路交通事故鉴定、保险理赔鉴定、产品质量鉴定等涉及当事人切身利益的鉴定事项出现鉴定纠纷的比例较高。从鉴定性质上分析，司法鉴定中的纠纷比例低于非司法鉴定；非司法鉴定中的诉前鉴定、诉外鉴定纠纷比例高于其他非诉鉴定。从鉴定委托主体分析，当事人委托的鉴定比例高于司法机关委托的鉴定。以上各种鉴定引发鉴定纠纷的表现形式主要有以下几种：

1. 举报投诉。鉴定纠纷的举报投诉与鉴定质疑（异议）有较大区别。多为言辞激烈、火药味浓、要求苛刻、投诉面广（从地方到中央各部门）、出现频率高（连续多次）、时间延续几个月以至几年；受理主体除纪检监察、鉴定管理、司法机关外，常有人大、政协等。举报投诉方式除电话、电子邮件、信函外，常辅之以连续登门上访。

2. 网络披露或大众媒体曝光。当事人一方对鉴定意见强烈不满的，以网上点名的为多。也有通过登报或私人"新闻"发布会，以巧妙方式透露对鉴定的质疑。这种非官方媒体形式，片面性、迷惑性较大。司法机关、鉴定管理部门也难以及时澄清视听。

3. 到鉴定机构或找鉴定人当面质询、吵闹。这是最常见的鉴定纠纷表现形式，几乎每一件纠纷都会出现多次，但侦查机关鉴定机构因其威严性而常能避免。有的

是连续几天甚至几个月静候不走，不断纠缠。有的在鉴定受理前或受理后，尚未实施鉴定前，当事人一方就以这种形式给鉴定主体施"下马威"。

4. 聚众抗议。有的鉴定事项涉及的标的较大、关系到当事人的"核心利益"，但鉴定结果又于己不利，或者当事人在诉讼中受的委屈或冤屈较深而迁怒于鉴定，或者因鉴定意见确有不公表现，遂组织亲友或雇用不知情者，结队到鉴定机构门前或其所属上级党政部门提抗议、喊口号、贴标语、开声讨会等，要求领导出面答复其过分要求。这种激烈形式虽比较稀有，但影响恶劣。笔者每年都曾目睹几次。

5. 殴打鉴定人、损坏鉴定机构财物。有的当事人，因觉鉴定意见于己不利，法院判决可能导致的损失重大，或者判决已经造成了自己的"损失"，或者多地投诉、上访未能满足自己的"要求"，愤怒之下，竟到鉴定机构抓人、打人，辱骂相关人员，撕烂其衣服，强占其办公室，损毁办公用具，有的还砸烂、取走鉴定机构吊牌。

6. 向鉴定主体实施讹诈。有的当事人自认为"闹事获胜理由充分"，或者法院采纳鉴定意见对其诉求作了不利判决，自觉"冤屈"而又无可奈何的情况下，要挟鉴定机构赔偿其高额损失，不满足十万、百万诉求就长期静坐，并将遗嘱血书、到中央各部委申冤的诉状展示于众。

7. 以自杀或杀人相威胁。有的当事人，由于其对处理鉴定纠纷的诉求过高，不可能得到满足，或者双方的激烈矛盾未得到缓解，提出以自杀相威胁或者声言以杀鉴定人相威逼，极个别者，作出跳楼、吃毒药的恐吓姿态。这是一种最值得重视的冲突行为。尽管这些威胁多属虚张声势，可一旦实施，损失和影响是难以挽回的。这种形式在我国个别地区并非没有先例。

司法鉴定纠纷虽属诉讼纠纷中一个局部表现，但其消极影响是不能小视的。首先，它影响诉讼活动的顺利开展。因为在不少案件中，鉴定是一个重要环节，这个环节发生纠纷，其他环节就可能被停滞。在刑事诉讼中它会影响侦查、起诉、审判的有序推进；在民事与行政诉讼中它会造成取证、开庭、判决的中断。其次，它会增加当事人的经济负担、精神负担。一旦出现鉴定纠纷，当事人双方都会为自己的利益奔走，消耗钱财不说，还可能酿成激烈的矛盾冲突。第三，鉴定机构和鉴定人要遭受多种损害，甚至会增多鉴定的失真。鉴定主体遭到鉴定纠纷的冲击，不仅人力、物力、财力受到损失，名誉地位也会受到不客观评价。有的鉴定主体为了自保平安、减少风险，不顾鉴定标准，多出具不确定性鉴定意见；对于疑难、复杂的鉴定，鉴定人不敢说真话，不同意见不敢写入鉴定书，鉴定人负责制度形同虚设。第四，司法鉴定纠纷常常牵动党政、人大、政协、纪检监察、司法、鉴定管理等多个方面，有的甚至闹得"四邻"不安，不同程度地影响群众的工作、生产、生活秩序，是导致影响社会安定和谐的一个因素。

三、司法鉴定纠纷应急处理对策

（一）处理鉴定纠纷需要五个方面协同配合

鉴定纠纷的发生，涉及多方面的原因。处理鉴定纠纷不仅是鉴定主体与当事人双方的事，需要鉴定主体、鉴定管理部门、鉴定行业组织、鉴定委托方（主要是人民法院）、当事人的律师五个方面从不同角度做好当事人的工作，切不可推卸责任，甚至助长吵闹、火上浇油。其中，鉴定机构与鉴定人是处理鉴定纠纷的主要责任主体，应从始至终做好各方面的工作。鉴定管理部门是处理鉴定纠纷的组织主体，要从鉴定行政管理角度做好调查、劝导、调解、辨明纠纷是非的工作。鉴定协会应从行业管理角度，从执业道德、纪律、技术标准与规范方面进行调查、评估，为劝导与处理提供依据。鉴定委托方要站在中立立场说明鉴定的是非、说明鉴定意见采信与否的依据及鉴定方的责任所在。辩护律师应从法律与科学角度向当事人进行说明、劝解。实践证明，律师的协调往往效果较好。

（二）处理鉴定纠纷应掌握的一般原则

鉴定纠纷产生的原因是多方面的，既有鉴定主体技术过错或工作瑕疵方面的原因，又有当事人双方或一方对鉴定活动的支持配合或对鉴定过程及结果理解认识方面的原因，也有鉴定委托方（主要是人民法院）对鉴定结果解释方法方面的原因，有时还有社会其他因素的掺和导致矛盾激化的原因。鉴定主体和鉴定管理部门要根据每一鉴定事项引发纠纷的具体原因，采取相应的处理方法。但总体上要把握一些共同性原则。

1. 三方配合，积极主动，找准出现纠纷的原因。鉴定管理部门和鉴定主体以及人民法院要全面认识鉴定纠纷产生的真实原因，积极主动做好鉴定纠纷处理工作。前已论及，鉴定纠纷的引起，主要与鉴定主体、诉讼当事人、鉴定委托方有关。当事人一方提出纠纷诉求，都是有一定主、客观原因的。当事人引起的鉴定纠纷，理由虽不完全正确，但总有一些合理性。三方面要协商，找准引起纠纷的主因与次因，分工负责解决。当前，对鉴定纠纷的认识有三种不正确的态度。一是认为鉴定纠纷都是鉴定机构及其鉴定人造成的，他们认为，如果鉴定无错，何来纠纷？有的甚至武断认为都是社会鉴定机构的过错。因此，一旦出现纠纷，都指责鉴定机构和司法行政机关。二是认为鉴定纠纷与自己无关，都是当事人无理或其他方面的工作不当造成，这样认为的工作人员不主动查找自己的责任，消极对待鉴定纠纷。三是认为鉴定纠纷自己无力处理，"解铃只有系铃人"，只有鉴定机构才能说清楚，当事人向其提起诉求，就直接推给鉴定机构。这三种片面认识如不加纠正，鉴定纠纷只会扩大、增多，而且难以处理。当事人对鉴定不满，有多种原因，不加分析地指责鉴定主体"过错"或当事人"无理"都是片面的。要三方面共同寻找原因，查清对鉴定质疑的症结所在，才能有效平息鉴定纠纷，互相指责、推诿是于事无补的。

2. 重视投诉举报，将鉴定质疑和异议处理于可能酿成鉴定纠纷的萌芽状态。投诉和举报（含上访）是鉴定纠纷出现的前兆，不少纠纷就是因前期工作不及时，由"小事"酿成"大事"。

3. 热情接待，态度理性，耐心劝解，不激化矛盾。有的鉴定纠纷仅凭信函答复或电话解释是难以解决的，当事人常采用"上门说理"方式解决。表现形式是情绪激烈，态度生硬，要求很高。鉴定主体一方切不可据理对抗，只能耐心对话。不少激烈矛盾冲突，都是由于接待工作不理性造成的。

4. 实事求是，有错必纠，坚守科学正义与法律正义底线。当事人提出的鉴定质疑和诉求常常是多方面的，鉴定主体可以作出说明或解释。如其中确有技术性错误或鉴定文书规范性方面的错误，应当作出纠错或补正的承诺；如属法律程序方面的缺陷或错误，可指出解决遗留问题的途径，或者将处理遗留问题的建议转告鉴定委托方（主要是人民法院）。但另一方面，必须坚守科学和法律正义底线。如鉴定的法律程序和其他法律规定没有错误，鉴定科学原理、技术方法、技术标准、鉴定依据、鉴定意见确实没有差错的，应当依法、依理细心解释。不能为了缓和矛盾，无根据地采取"承认鉴定有错"、"应当撤销鉴定书"等"缓兵之计"。无原则的退步，反会深化矛盾，给各相关方处理鉴定纠纷的后续工作造成被动。

（三）处理鉴定纠纷的应急措施

1. 鉴定机构和鉴定人要及时做好先期的鉴定询问答复或鉴定上访的接谈工作。当事人一方或双方对鉴定有意见，如是信函咨询或投诉，鉴定主体要及时、热情、诚恳地给以口头或书面答复。答复要实事求是，以理服人，语气要婉转、平和，不能带情绪性或刺激性，以免引起对方误解或不满。如是上门投诉，要热情接待，虚心听取当事人的陈述，耐心解释其所持疑点；如鉴定确有差错，应当面道歉，承诺将按司法鉴定程序规则纠正。此时，千万不能将鉴定质疑上升为鉴定纠纷，或将鉴定纠纷激烈化、扩大化。

2. 相关领导出面进行劝解，承担相应责任，平息情绪，缓和矛盾。如当事人情绪激烈，接待人员或鉴定人再三交谈、劝说无效，室主任或机构负责人要出面做工作，不使矛盾激化。坚持多对话，不对抗。

3. 对于当事人中出现的不文明、不礼貌言行，应耐心劝解，不得"以牙还牙"、"以暴制暴"。有的当事人，在接谈过程中出现骂人、撕扯、砸办公用具等行为，要说理、制止，采取劝解的方法，缓和其情绪。

4. 对于坚持不走或者反复登门吵闹的当事人，要及时报告所属的鉴定管理部门，由多方面共同做工作，多层次化解矛盾。

5. 对于涉及鉴定材料来源、鉴定程序、当事人诉讼权利、鉴定文书瑕疵、鉴定意见争议等多层面的鉴定纠纷，鉴定机构应与委托方（主要是人民法院）、当事人的律师、鉴定管理部门几方沟通，共同做好化解矛盾的工作；若当事人诉求的问题确属事实，应共同商讨补救解决的办法。许多事实证明，有的鉴定纠纷，虽然当事人要求很苛刻，态度很强硬、无理，但其律师或办案的人民法院出面劝解效果较好。所以，遇到较复杂的鉴定纠纷，鉴定机构事先与上述三方通告情况是有好处的。

6. 对于聚众抗议、哄闹、静坐等激烈、复杂的鉴定纠纷应由鉴定机构、鉴定管理部门负责人出面做劝说、解释工作，与纠纷行为领头人协商，先解散队伍、停止哄闹，后商谈解决鉴定纠纷的办法。解决此类鉴定纠纷，应坚持采用"宜散不宜聚"、"宜分不宜合"、"宜冷不宜热"的步骤。如无打、砸、抢行为出现，决不能报请保安、110 介入，以防激化矛盾。

7. 对于网络和大众媒体曝光的鉴定纠纷行为，可由鉴定管理部门和委托方与媒体单位协商，在一定场合，对鉴定纠纷的真实情况予以澄清，防止"新闻炒作"使问题发酵。

8. 鉴定行业组织应对鉴定纠纷的诉求原因进行深入调查，如主要属于技术争议纠纷，可组织同行鉴定专家进行评定，在分清是非和责任后，鉴定主管部门会同各方进行调解。

9. 鉴定管理部门和鉴定机构要分别制定鉴定纠纷的应急处理预案。鉴定机构犹如医疗机构，其职业本身带有一定的风险性，出现纠纷难以避免。在我国目前，"鉴闹"虽不如"医闹"严重，但要防微杜渐。鉴定纠纷的应急处理预案和机制，包括一般鉴定纠纷和重大鉴定纠纷的处理原则、主体、步骤、方法、协调配合、紧急措施、处理结果及其评估等。特别是，鉴定机构、鉴定管理部门、鉴定协会要根据全国、本地区和不同鉴定专业出现鉴定纠纷的特点，共同研制一般鉴定纠纷和重大鉴定纠纷处理机制的实施预案。"预则立，不预则废"。处理鉴定纠纷是一项长期的鉴定管理工作，必须有长期打算。

四、减少司法鉴定纠纷的保障措施思考

鉴定纠纷产生的原因是多方面的，鉴定纠纷是难免的，但是也是可以减少和防治的。减少鉴定纠纷也是一项系统工程，需要从各个方面、各个环节上采取预防措施，但最有效、最主动的是从鉴定委托、鉴定受理、鉴定实施、鉴定管理四个方面入手。

（一）司法机关委托鉴定要严格遵守法律程序

鉴定材料要遵守合法性、真实性原则；要满足鉴定技术标准要求，要经过法庭质证，要由当事人双方签字确认；鉴定要求须征得双方同意；鉴定过程中要保障当事人应有的知情权。司法机关主要是人民法院要明确告知当事人如果不提供真实、客观、符合技术要求的鉴定材料，将可能承担的法律责任与义务风险。

（二）鉴定机构受理鉴定要严把"五关"

1. 司法鉴定要按法定的范围受理。司法鉴定是指对于诉讼涉及的专门性问题，

司法机关（公安、国安、检察、法院）按诉讼法律规定的鉴定程序，委托法定鉴定机构和鉴定人进行的鉴定。有些鉴定纠纷，就是未按法律规定乱受理鉴定引起的。当前，许多当事人、律师以至鉴定机构并不完全了解这一点，将什么鉴定都视为司法鉴定。"有请必鉴"倾向严重，由此引起的纠纷也较多。

2. 诉前鉴定的受理要严格控制。按法律规定，诉前鉴定受理只限于两种情形：尚未立案的刑事自诉案件；人民法院尚未受理的民事、行政案件。当事人及其代理人、当事人的近亲属为解决举证中涉及专门性问题的证据材料，可以委托鉴定机构进行鉴定。目前诉前鉴定受理控制不严，受理范围远远超出这两种情形，这是引起鉴定纠纷的常见原因。

3. 非诉鉴定一定要按法律规定受理。非诉鉴定，是指委托方不以起诉为目的，为解决某些纠纷或争议，对其涉及的专门性问题，按行政法规或部门规章规定进行的行政执法鉴定或党纪政纪查处鉴定。但常有个人委托的鉴定。鉴定实践中，非诉鉴定受理控制不严，是导致鉴定纠纷的重要原因。

4. 要严格禁止受理"诉外鉴定"。诉外鉴定是指司法机关对诉讼案件中涉及的专门性问题，已按法定程序进行了司法鉴定，当事人一方对鉴定意见不服，私自委托鉴定机构再鉴定。这种非法定委托，鉴定机构在打算受理时一定要审查清楚，否则，即构成违法受理。这是鉴定纠纷产生的重要原因。同时，诉后鉴定也是不能受理的。所谓诉后鉴定，是指案件已由人民法院作出判决甚至是终审判决，当事人一方不服，不按上诉或申诉程序规定，私自委托鉴定机构鉴定。此种违法受理鉴定，必然引起鉴定纠纷，鉴定机构应承担主要责任。

5. 鉴定咨询的性质要与司法鉴定、诉前鉴定、非诉鉴定严格区别。前者是对鉴定意见进行询问、审查、征求意见的非鉴定活动，咨询意见仅供参考，不具有证据效力；后者是按法律法规进行的鉴定活动，鉴定意见具有为起诉提供证据材料和为行政执法提供证据的作用。目前，因鉴定咨询意见引起鉴定纠纷的不是个别现象。鉴定机构和鉴定人出具咨询意见，一定要明确性质并注明其适用范围——"本咨询不属司法鉴定、诉前鉴定、非诉鉴定，咨询意见不具备证据材料效力"。司法鉴定要"为社会安定化解矛盾"，一定要在法律规定的范围内进行。

（三）鉴定实施要做好四个环节的工作

1. 鉴定参与人要搭配合理。一个鉴定事项，应指定或选择三名以上鉴定人实施鉴定，且专业特长、业务能力、鉴定经验要取长补短，优化组合，人员不能出现畸形结构。有的鉴定机构将两个新手划入一个"作业组"，而被摇号选中，造成多次鉴定差错。

2. 严格按鉴定工作流程实施鉴定。每人应先分别鉴定，写出鉴定步骤、方法、依据、意见初稿，然后共同讨论、研究。鉴定活动是科学实证活动，每个人都要亲自观察、比较、实验、分析论证，"一人为主、其他人同意"的操作方式是绝对禁止的，这是鉴定出错的常见原因。

3. 严格实行鉴定内部复核、讨论程序，如果出现不同意见，坚持反复鉴定、研究。认识科技问题不怕有分歧、争议，就怕不坚持原则、出现一边倒倾向。通过对鉴定分歧或争议的实验与研究，使鉴定意见更加客观真实，使主观与客观更加接近。对于有争议的鉴定事项，应组织本机构内同专业专家进行研究讨论，在鉴定技术标准的基础上，获得一致意见；若存在各有依据的不同意见，按鉴定人负责制规定处理。

4. 认真制作鉴定文书。鉴定书是鉴定规范、鉴定水平、鉴定质量的集中体现，是鉴定的整体包装。鉴定书的格式、内容、文字表述、图像图表制作都要符合规范，尤其是鉴定步骤、方法、原理、依据、标准要按科技与法律要求阐述清楚。现在许多鉴定书没有阐明鉴定方法、原理、依据、标准，关键内容只有几十个字，与发电报相似，外行看不懂，内行看不明，也是引起鉴定纠纷的重要原因之一。

只要上述鉴定实体方面符合科学与法律要求，鉴定意见的客观真实性方面就无懈可击，即使出现鉴定纠纷，鉴定人和鉴定机构也较主动，有足够底气向当事人解释、说明。一份错误百出的鉴定书，要用千言万语去平息当事人的怨气是困难的。

（四）鉴定管理部门要加强监管，切实提高鉴定主体的鉴定能力和管理水平

1. 要重视鉴定人的专业培训，切实提高鉴定人的鉴定能力。鉴定人的思想、法律、鉴定专业素质高低，是决定鉴定质量高低的基础。减少鉴定纠纷，首先要从鉴定人抓起。目前，各类鉴定人三个素质不高是一个不争的事实。现有的基础培训勉强可以，但专业培训太弱。许多鉴定人虽具备资格，但不能独立从事鉴定活动。鉴定人准入时未经专业考试，而能力验证属"集体作业"，根本不能检验鉴定人的个人能力。因此，鉴定人的专业培训和考试应当被给予重视。对现有鉴定人的三个素质和独立鉴定能力应进行审查考核，确实合格的才有权出具鉴定意见书，不合格或独立鉴定能力较弱的，一律进行专业培训三个月至半年。新进入鉴定队伍的，应按专业要求进行考试。专业水平不达标的，要停止登记。这项工作，部、省两级管理部门要共同抓好。

2. 鉴定管理部门要加强对鉴定机构的业务指导。要督促鉴定机构抓好鉴定操作规程、鉴定技术标准、鉴定文书规范、鉴定人出庭作证、鉴定投诉举报等各项工作的管理、指导，每项鉴定都应严格进行质量检查评估。省级监管部门应配备鉴定督导专家，将鉴定缺陷或失误压缩到最低限度，从监管渠道堵塞鉴定纠纷的产生。

3. 要严格控制社会上助长鉴定纠纷滋生的消极因素。目前鉴定纠纷的发生除与当事人、鉴定主体、鉴定委托方、鉴定管理部门有关外，社会上消极因素的指引也不可忽视。有的非法"鉴定咨询公司"或"游走鉴定人"，专门给当事人出歪点子，无依据地出具鉴定咨询意见，有意或无意地忽悠当事人，客观上制造鉴定纠纷。鉴定管理部门要随时注意调查、掌控这种消极因素。对于非法执业和从中捣乱者要依

法处理。凡属与诉讼有关的鉴定咨询，一定要纳入依法管理范围。有的大城市有非法的"鉴定咨询公司"，专门设计、指导"鉴闹"，鉴定管理部门应对其进行调查、取缔。

4. 省级鉴定管理部门和鉴定协会，要设立评估、处理鉴定纠纷的专门机构和鉴定专家咨询小组。鉴定纠纷处理需要各方面配合、支持，但鉴定纠纷的原因、性质、责任认定，主要是涉及鉴定技术方面的深层次问题，需要该专业的鉴定专家共同解决，光靠劝解是不行的，一定要有中立的权威专家机构进行评断，并向当事人说明。如当事人仍不服，可建议人民法院启动重新鉴定。科学问题应有科学的解决方式，光靠双方斗嘴劲、扯横筋，是不合法、不文明的处理纠纷的行为。

论诚信建设与司法鉴定保障机制*

潘　溪**

　　诚信即指诚实信用，就是在人与人的交往中必须遵循互不欺骗、互相信守承诺、诚实可靠的行为规范。[1] 由于违背诚实信用的行为进入司法程序往往形成虚假证据、虚假陈述和虚假诉讼，司法程序越来越依赖于科学技术手段的甄别和鉴定，司法鉴定在诚信建设中起着不可替代的作用。

一、涉及诚信问题的司法鉴定

（一）虚假证据

　　诉讼离不开证据，若作为民事诉讼骨架的民事诉讼证据规则、民事诉讼证据立法不体现又不坚守民事诚信原则，那么，民事诉讼活动将无所依附。[2] 所以证据的真实性是公正司法的基础，而在证据提供中的不诚信行为必然成为客观认定事实和公正审判的绊脚石，因此虚假证据的大量存在成了司法不能不面对的现实问题。

　　从虚假证据的形成方式来看，虚假证据存在伪造证据和变造证据两种类型。以司法实践表现而言，书证和证人证言的伪证较多，影响比较大。[3] 由此，涉及该类型的司法鉴定需求也应运而生，比如对于伪造文书鉴定的任务就是利用科学的方式对案件中可疑文书的特征进行识别，作出是否伪造、用何种方法伪造的判断，并在特定条件下认定伪造者。[4] 变造证据一般是指对原有部分真实的证据进行改造或者篡改，从而改变证据客观性和证明作用的一类虚假证据，在实践中该类证据同样较为依赖司法鉴定来加以甄别。同样，在微量物证鉴定、声像资料鉴定、电子数据鉴定、车辆鉴定、司法会计鉴定等多种鉴定项目中均不同程度地涉及证据材料的伪造、篡改等不诚信行为的鉴定。

---

　　* 本文原载于《中国司法鉴定》2014 年第 3 期。

　　** 南京师范大学讲师。

〔1〕　张中秋等："诚信与法的一般理论初探"，载《江苏警官学院学报》2003 年第 3 期。

〔2〕　杜承秀："对诚信原则作为民事证据法基本原则的思考"，载《广西社会科学》2010 年第 8 期。

〔3〕　马景顺："民事诉讼中的伪证研究"，载《河北法学》2006 年第 7 期。

〔4〕　孙言文主编：《物证技术学》，中国人民大学出版社 2000 年版，第 193～195 页。

（二）虚假陈述

在司法实践中，当事人的诚信缺失很大程度上体现在提供虚假陈述方面，也就是谎言。与虚假证据所不同的是，虚假陈述不是以证人证言等证据形式呈现的当事人口头或者书面的对案件事实的描述。虽然该类言辞不一定为审判者所采信，但是基于特殊目的作出的违背诚信的陈述会影响司法判决的公正性。当事人故意隐瞒部分事实而获利的，就是违反程序原则的表现之一，一旦被查实，应当承担由此产生的消极后果。同样的情形出现在"禁止反言"的行为中，当事人对本方的陈述不能随意推翻或者进行重大改变，否则，也是违反了诚实善良的原则要求，同样应当承担相应后果。[5] 识别虚假陈述通常通过与其他证据相印证，与他人或本人前后陈述相印证等方式进行，但是也可以通过司法心理测试[6]的方式进行。其最早应用于刑事案件，检测的实质是嫌疑人有无与案件相关的犯罪心理痕迹，如果有，那就是涉案人，如果没有，就是无辜者。近年来，在越来越多的债务纠纷和侵权行为等民事案件中，心理测试司法鉴定的方法也得到广泛的应用。

在实践中还存在一类与虚假陈述相关的鉴定类型，即当事人在涉案过程中为了逃避法律责任提出自身存在精神疾病，可以通过司法精神疾病检验的方法进行鉴定。精神疾病司法鉴定的主要任务是对涉及法律问题又患有或被怀疑患有精神疾病的当事人进行精神疾病司法鉴定，为司法部门和法庭提供专家证词和审理案件的医学依据，解决涉案人是否具备刑事责任能力和民事责任能力的技术认定和法律评价问题。

（三）恶意诉讼

失信行为向司法领域的蔓延是社会诚信状况恶化程度的直接表现。社会诚信的下降和虚假诉讼的大量产生是当前民事诉讼中不可忽视的现象。虚假诉讼者所能获得的非法利益或达到的非法目的较之法律风险与代价严重失衡是虚假诉讼和虚假证据横行的原因之一。鉴于虚假诉讼的隐蔽性和法律规制的缺失，对于这类特殊不诚信行为的矫治需要依靠法官能动司法，用智慧和技巧构筑起抵御诉讼欺诈的司法防线，捍卫社会诚信的底线。在案件进入法院时，从立案开始就要严格材料审查之外，警示当事人不诚信诉讼的情形及不利后果，要求当事人签订诚信诉讼承诺书。

如果案件涉及专门问题需要委托司法鉴定的，在案件审理、执行阶段，对疑似

---

〔5〕 刘小牛、储育明："诚信原则的价值与意义：从实体法到程序法"，载《安徽大学学报（哲学社会科学版）》2011年第2期。

〔6〕 司法心理测试，俗称测谎，其测试仪器通常称为"测谎仪"，准确的汉译是多道生理心理描记器或多道心理生物记录仪。早期这项技术的科学称谓，应是犯罪心理测试技术，它检测的实质是嫌疑人有无与案件相关的犯罪心理痕迹，如果有，那就是涉案人，如果没有就是无辜者。测谎仪测试作为人员筛选，调查和审讯的科学工具，已经在几乎所有的政府执法，安全和情报机构以及军队中得到了广泛的使用。

虚假诉讼的案件，法官要主动干预调查，必要时不经当事人申请可依职权委托司法鉴定，在法律限度内充分利用各种诉讼手段、司法策略和裁判技巧，有效甄别、防范、制裁虚假诉讼行为，揭开虚假诉讼的面纱。[7] 就虚假诉讼和恶意诉讼案件而言，行为人只需要很少的代价就可以伪造能带来巨大利益的证据，比如经济合同、借据、遗嘱等，而这类证据材料通过司法鉴定得以甄别恶意诉讼的可能性是存在的。

二、司法鉴定对诚信的促进作用

（一）科学与可靠

司法鉴定是科学认识的重要方法和手段，其实施过程往往就是一个科学认知的过程，同时司法鉴定的科学性是司法鉴定可靠性的基础，通过专业的、统一的科技人员、设备和方法进行识别和评断是形成可靠的、经得起检验的司法鉴定意见的保障。

在探讨诚信问题的过程中，我们不得不注意并非由主观原因造成的证据瑕疵，比如，由于司法鉴定材料的问题导致的鉴定意见与客观事实不一致。法官对鉴定意见的采信是一个内心确信的过程，在主观诚信的框架内，"确信"的结果是错误，这是从结果的角度作出的描述。从原因的角度看，"确信"前应加上"错误的"定语，正是这样的确信造成了心手不一的后果。确信之所以错误，乃是对对象认识不足的必然结果，因此，基于错误的主观诚信也是一个认识论问题。[8] 也就是说，行为人主观存在过错才构成诉讼中的不诚信行为。

在通过科学技术手段进行鉴别和证伪的过程中，一方面，要综合考量司法鉴定方法的科学性和准确性；另一方面，也要考察科学手段在具体案件中是否适用的问题，以提高司法鉴定的可靠性和解决纠纷、维护诚信的能力。比如，在司法心理测试的相关报道中，就存在由于当事人对某个事实问题记忆模糊、存在干扰因素，最终认定当事人说谎并形成错案的情形。这一情况的出现，恰恰并非由于当事人的主观不诚信，而是由于技术手段选择的不恰当导致的。

（二）揭示与惩罚

司法鉴定对不诚信行为的揭示和证伪是通过否定评价的方式促进社会诚信实现的重要体现。鉴定意见通常而言是明确的，对于案件中具体的专门问题往往是支持一方的供述而否定另一方，所以不管是认定同一，还是否定的科学意见均可能形成对一方不诚信的行为或说法的否定，甚至直接表明其不诚信行为的伪造方法和认定行为人。司法鉴定进而在对涉及鉴定的不诚信行为的责任人形成否定性的评价的同时提供追究其法律责任的依据。

---

〔7〕 许建兵、薛忠勋："司法参与社会诚信建设的三重维度"，载《中国审判》2011 年第 8 期。
〔8〕 徐国栋："罗马法中主观诚信的产生、扩张及意义"，载《现代法学》2012 年第 3 期。

司法鉴定活动当事人在诉讼中违反诚实信用原则，唯利是图，为追求额外的诉讼效益而提供虚假证据或伪造证据，一些当事人为逃避法律义务，挖空心思制造假象，编造事实，企图逃避法律的责任。[9] 对于不诚信行为的法律后果，实体法上的效果主要体现在有过错的当事人应承担损害赔偿责任；诉讼法的效果包括诉讼行为被认定无效或对申请予以驳回。另外，有过错的当事人还可能面临诉讼费用的负担和诉讼处罚的制裁等。[10] 现有刑事法律中存在关于"证伪罪"、"伪造国家机关公文、证件、印章罪"、"妨害司法罪"等相关罪名，对于不构成犯罪的提供虚假证据、虚假陈述和恶意诉讼行为仍然需要承担对应的民事和行政责任。保证社会诚信体制灵活运转的社会诚信机制建设，主要是指对违反诚信道德行为的惩罚措施和对遵守诚信道德行为的适当奖励措施。[11] 从这个角度而言，司法鉴定对于证据法上的诚信要求"加强对作假证的证人的处罚和证人保护"具有积极意义。[12]

（三）威慑与保障

虽然法律有其强制力的威慑，但大多数社会成员守法却并非因为法律的强制力，而是受积淀在其心中的道德感或道德习惯的驱使。[13] 司法鉴定对虚假证据、恶意诉讼和虚假陈述均存在不同程度的震慑作用，体现在以下三个方面：首先，鉴定意见本身对虚假证据的揭示导致证据的伪造或者变造主体具备受到法律制裁的可能性。其次，鉴定意见的科学客观性会导致同类型案件存在预知的被揭露和证伪的结果，从而避免同类型的案件再度发生，存在可预期的法律后果。再次，司法鉴定本身的专业性、权威性和科学性的不断发展和进步也逐渐威慑和打击原先无法证伪的造假行为，维护社会的诚信和公正。

三、司法鉴定对诚信建设的保障机制

（一）鉴定公示与意见开示

鉴定意见作为对涉案专门问题的科学性判断，对涉及的鉴定材料和材料提供者应当具备评价功能，这一评价功能的实现，不仅是通过审判者对鉴定意见的采信，还包含了其他涉案人甚至公众对鉴定所涉事实的评判来完成。因此，鉴定意见有必要在一定时间和一定范围内公开，在服务审判的同时提供道德评价的机会，也给公众对不诚信行为进行否定性评价的机会。鉴定意见的公示和开示不仅有利于提高鉴定意见的可靠性和透明度，也有利于谴责提供虚假证据或供述的不诚信行为，制约

---

[9] 马景顺："民事诉讼中的伪证研究"，载《河北法学》2006年第7期。

[10] 熊跃敏、吴泽勇："民事诉讼中的诚信原则探究"，载《河北法学》2002年第4期。

[11] 夏学銮："诚信社会如何建设"，载《人民论坛》2012年第5期。

[12] 白晓东："论证据法上的诚信"，载《中南大学学报（社会科学版）》2005年第4期。

[13] 张中秋等："诚信与法的一般理论初探"，载《江苏警官学院学报》2003年第3期。

同类型鉴定案件中不诚信行为的发生。

一定程度而言，在庭审中搞"证据突袭"也是基于获得不公正诉讼立意的举证心理的不诚信行为。一些当事人借助司法程序上的空档，在法官、对方当事人及律师毫无准备的情况下提出令人始料不及的证据，发起突然袭击，使得对方当事人不能有效质证。即使是虚假的证据，对方当事人在此种被动情况下亦无从揭露，这对当事人充分行使辩论权造成障碍。[14] 域外法律中存在基于避免证据突袭而对关于司法鉴定的开示程序进行规定的立法。[15]

（二）规范诉前鉴定

行为人通过诉前鉴定的方式委托鉴定，如果侥幸获得其需求的鉴定意见，则可能进入诉讼程序形成恶意诉讼。即使未通过鉴定，行为人一般情况下也不会为此付出代价或者遭受惩罚。如果不加规制，诉前鉴定在某种程度上可能成了虚假证据的探路石和恶意诉讼的温床。比如，诉前鉴定可能会导致鉴定材料的更改或毁损。诉前鉴定既能给当事人诉讼提供科技手段，也能造成其利用科技伪造证据或破坏检材，使对方当事人无法进行诉讼中的鉴定。由于进行诉前鉴定，委托人知道鉴定意见会对自己不利从而采取各种措施对鉴定材料进行变更或销毁，当进入诉讼后对方提出鉴定时，就会出现没有鉴定材料或无法进行鉴定。[16] 由于技术原因导致的鉴定材料无法进行二次鉴定的情况也普遍存在于法医类、微量物证类、文书鉴定类等有着时效性和需要进行破坏性的鉴定项目中。

与诉讼中发现虚假证据的法律责任不同的是，在诉前鉴定中对当事人制作和提供虚假证据缺乏监管和追责。另一方面，当事人通过诉前鉴定认定鉴定意见对自己不利的情况下毁损证据也是诉前鉴定可能面临的现状，人们对此却无能为力。如果不加以规制，诉前鉴定将成为一把双刃剑，一方面有助于替代性纠纷解决的方式实施，另一方面却成为虚假诉讼和失信行为的帮手。

（三）维护鉴定活动的诚信

民事诉讼中的真实义务不仅仅适用于当事人，而且适用于证人、鉴定人、翻译

---

[14] 杜承秀："对诚信原则作为民事证据法基本原则的思考"，载《广西社会科学》2010年第8期。

[15] 例如《德国刑事诉讼法》第147条规定："辩护人有权查阅移送法院的，或者在提起公诉情况中应当移送法院的案卷，有权查看官方保管的证据。在程序的任何一个阶段，都不允许拒绝辩护人查阅对被告人的询问笔录，查阅准许他在场的法院调查活动笔录，查阅鉴定人的鉴定。"英国新《民事诉讼规则》第221条及有关诉讼指引规定："案情声明、修正的案情声明、提供进一步信息的回复书、鉴定结论、当事人反对法院查询账户的通知书、证人证言等，需经事实声明确认；如申请人希望依赖申请通知书中提出的事项作为证据，申请通知书亦须经事实声明确认。""所谓事实声明（Statements of Truth），是指由提出文书的当事人（或诉讼辅佐人）或提供证人证言的陈述人所作陈述，并相信文书中陈述的事实皆为真实。"

[16] 贾治辉、唐佳、陈如超："我国诉前鉴定中的问题与对策"，载《中国司法鉴定》2008年第4期。

人和其他诉讼参与人。但证人、鉴定人和翻译人的真实义务与当事人有所不同。许多国家对于证人、鉴定人和翻译人违背真实义务的规定了包括罚款、承担诉讼费用以及侵权损害赔偿在内的各种责任形式。[17] 有学者认为，在证据排除规则中，明文规定当事人不诚信提供的证据、证人在法庭上违反诚信原则所作的陈述、鉴定部门和鉴定人违背诚信原则所作的鉴定意见、勘验人出具的有悖诚信原则的勘验结论等均应排除在认定案件事实的依据之外。[18] 律师、公证、司法鉴定等法律服务，肩负着维护社会稳定，促进社会公平正义，促进经济发展，保障和改善民生等重要作用。其诚信作用的发挥对社会的诚信有重要引导作用。[19] 提高司法鉴定对社会诚信建设保障作用的重要因素是提高诉前鉴定的可靠性和公信力。要避免鉴定机构和鉴定人因为鉴定利益的原因做出违背科学和事实的鉴定意见，应该采用司法、行政和行业自治的手段相结合。通过行业自律的方式建立鉴定人的诚信管理机制，能在一定程度上约束鉴定人的"人情鉴定"、"拜金鉴定"，比如南京市司法鉴定协会专门为每一个鉴定人建立了诚信档案，并与鉴定人的资格审查挂钩，督促鉴定人以科学严谨的工作作风服务于纠纷解决。

司法鉴定活动主体对鉴定中发现的虚假证据不存在监管义务，也没有公开和公示的法律的主体资格。目前无法通过赋予司法鉴定机构监管责任的方法解决此问题，但是对现实中新出现的造假手段可以建立报备制度，要求鉴定机构在诉前鉴定过程中发现的虚假证据和可能毁损证据的鉴定报司法行政机关备案，必要时由司法行政机关提请法院进行证据保全，并追求当事人的相关责任。

（四）科学手段的更新和方法规制

建立和完善新技术运用于司法鉴定的规范机制，可促进实践中对失信行为的鉴定水平提高。应明确规定推定和司法认知等证明手段的运用规则，明确规定法官的程序释明权，确定新的证据的范围是，最终可以获得的证据或者不采用该证据将导致严重的道德危险的证据，明确排除人证作为新的证据使用。科技的不断进步和转化是促进司法鉴定技术水平发展和提高的间接动力，但是对于新技术在司法鉴定领域的应用，各国法律均采用较为谨慎的态度。"多伯特规则"中的科学证据采信标准为"根据规定，提出的证据作为法庭科学证据的前提是该科学存在可检验的评判标准和已测定的错误率，且必须被学界普遍接受"。[20] 科学技术的不断进步必然促进司法鉴定技术的不断完善和应用，通过何种途径应用新技术就成了司法鉴定立法的

〔17〕 王杏飞："论民事证据法上的诚信原则"，载《唐都学刊》2005 年第 6 期。

〔18〕 杜承秀："对诚信原则作为民事证据法基本原则的思考"，载《广西社会科学》2010 年第 8 期。

〔19〕 杨远志："法律服务行业诚信建设的几点思考"，载《商业文化（下半月）》2011 年第 5 期。

〔20〕 Bette Hilemen, "Daubert Rules Challenge Courts", *Chemical and Engineering News*, 2003, 81 (27), pp. 14 – 46.

特有课题。一方面，如何应用新技术以提供司法技术准入的途径，促进司法鉴定技术的科学发展，另一方面，如何加强对新技术的审核使用，谨慎使用与评价，保持司法的严谨，这两方面都是鉴定立法的重要课题。

科学权威的证明方式是社会多元化纠纷解决机制的三大核心要素之一。[21] 通过司法鉴定解决社会纠纷，促进社会诚信建设，客观上也对鉴定科学的不断发展提出需求。只有建立科学和完备的司法鉴定制度，使得司法鉴定能够甄别更多的失信行为，才能够对社会诚信提供支持和保障。

---

[21] 霍宪丹主编：《司法鉴定通论》，法律出版社 2009 年版，第 27 页。

溯源性

——司法鉴定质量管理的核心*

姚　利** 李　刚

司法鉴定质量问题常常备受质疑。除业外人士对这个专业工作的不了解，沟通不足导致误会外，鉴定质量也确实存在一定的问题，有些问题还相当严重，在司法实践中造成了较为严重的后果。这个问题已经引起了有关部门和业内人士的高度重视，对鉴定质量的提高采取了多种有效措施。

司法鉴定的质量问题并不单纯是一个鉴定意见的准确性问题。鉴定意见的准确性仅仅是问题的结果之一，或者是鉴定质量的一个重要反映。司法鉴定质量的提高，更重要的是在于鉴定过程的质量控制。

司法鉴定是指在诉讼活动中鉴定人运用科学技术或者专门知识对诉讼涉及的专门性问题进行鉴别和判断并提供鉴定意见的活动。因此，司法鉴定质量问题也就是鉴定人、鉴定过程所采用的科学技术或者专门知识、鉴别和判断这三个方面的问题。如果在司法鉴定活动中牢牢把握住这三个方面的问题，牢牢控制住这三个方面的质量，也就是把握和控制了司法鉴定的质量。

那么，如何控制这三个方面的质量呢？对鉴定人来说，如何表明其有相应的鉴定水平？对鉴定所采用的"科学技术或者专门知识"来说，鉴定所采取的这些技术或知识是哪里来的？为何要采用？是否可靠？对"鉴别和判断"来说，鉴定人为何作出这样的判断？依据在哪里？这些问题的核心，就是一个溯源性的问题。也就是说，鉴定人的资质、司法鉴定所采用的"科学技术或者专门知识"、司法鉴定"鉴别和判断"的方法，这些是从哪里来的、其来源是否可靠，这是我们必须考察的问题。

一、司法鉴定质量管理的制度溯源性

司法鉴定质量管理的核心在于司法鉴定人和司法鉴定方法。司法鉴定质量管理的溯源性，首先就在于鉴定人和鉴定方法的溯源性。

　＊　本文原载于《中国司法鉴定》2014 年第 2 期。
＊＊　西南政法大学刑事侦查学院。

（一）鉴定人的溯源性

司法鉴定人是指"由司法机关或者仲裁机构聘请，按一定的程序对案件中的某些专门性问题，运用专门知识或者技能进行勘验、分析、鉴别，从而对专门问题做出结论性判断的人"。鉴定人是实施司法鉴定的主体，是司法鉴定过程的主观基础，也是司法鉴定质量问题的核心之一。可以说，只要抓住了鉴定人这个司法鉴定的核心问题，牢牢把握司法鉴定人的资质和水平，司法鉴定的质量问题就难以形成真正的问题。

鉴定人的溯源性就是鉴定人资质的溯源性。按照全国人大常委会《关于司法鉴定管理问题的决定》第四条规定，具备以下条件之一的人员可以申请登记从事司法鉴定业务：①具有与所申请从事的司法鉴定业务相关的高级专业技术职称；②具有与所申请从事的司法鉴定业务相关的专业执业资格或者高等院校相关专业本科以上学历，从事相关工作5年以上；③具有与所申请从事的司法鉴定业务相关工作10年以上经历，具有较强的专业技能。具备以上三个条件之一的，即在知识层面上具备司法鉴定人的资质，司法鉴定管理部门可以授予其司法鉴定人资质。诉讼活动的参与各方，只要通过鉴定人具有司法鉴定管理部门认定的司法鉴定人资质证，即可认定某个司法鉴定在鉴定人这个环节上没有"质量"问题。

需要说明的是，鉴定人的资质是要分领域的，称为"执业类型"，鉴定人的资质只能在授予他的资质领域内才是有效的，也就是具有"鉴定权"；如果超出其资质领域，则是无效的，也就是不具备相应的"鉴定权"。

中国合格评定国家认可委员会将司法鉴定实验室领域分为法医、物证、声像资料、电子证据等四类。其中，在物证实验室领域包括了司法鉴定传统意义上的文书鉴定、痕迹鉴定和微量物证鉴定。司法鉴定人的资质必须要声明是属于哪个司法鉴定领域或类型。同时，一个司法鉴定人可以同时具备几个领域或鉴定类型的资质，但是同样需要相应的司法鉴定管理部门的认定或授权。另一方面，如果一个鉴定人没有相应资质证书，或其具备资质超出资质证书声明的鉴定领域或类型，即可质疑"鉴定人"存在知识层面的"质量"问题，也就是鉴定人资质不具备溯源性。

（二）鉴定方法的溯源性

鉴定方法就是实施一个具体的委托项目开展鉴定所采取的方法。司法鉴定人进行鉴定，应当依下列顺序遵守和采用该专业领域的技术标准和技术规范：①国家标准和技术规范；②司法鉴定主管部门、司法鉴定行业组织或者相关行业主管部门制定的行业标准和技术规范；③该专业领域多数专家认可的技术标准和技术规范。不具备上述技术标准和技术规范的，司法鉴定机构可以自行制定有关技术鉴定规范。

鉴定人实施一个鉴定项目，必须是在一个或几个有关的技术标准或技术规范规定的程序、方法、指标的范围内进行检验、论证和出具鉴定意见，不得随意超越或改变这些技术标准或规范。

按照《中华人民共和国标准化法》的有关规定，我国境内的标准分为国家标准、行业标准、地方标准、企业标准。根据司法鉴定的实践和特点，司法鉴定所采取的标准只能是国家标准或者行业标准。司法鉴定不可能采取地方标准，目前没有相关的司法鉴定方法的地方标准，今后也不太可能出台司法鉴定的地方标准。

司法鉴定所使用的设备，有部分设备制造已经制定了有关行业标准，制造企业应当遵循这些标准。有些设备在制造上可能使用的是企业标准，但是这些设备不是司法鉴定本身，并且这些设备在使用时涉及的检验鉴定方法必须符合有关鉴定技术标准。

现在有的司法鉴定机构为某些鉴定项目制定了作业指导书，这是约束鉴定行为的一种规范性文件，是对鉴定程序、方法、论证及鉴定意见的形成等环节进行细节性的质量控制文件。其实就一个鉴定项目而言，如果已经具有标准文件，可以不必再制定作业指导书。有的鉴定机构出于种种考虑，在标准文件的基础上再行制定作业指导书，这也并无不可，但是它不是必须的要求。

因此，需要说明的是，这些作业指导书包含了两种情况：一种是作业指导书所采取的程序、方法、论证及鉴定意见的形成均已经有了相关标准，作业指导书仅仅是将这些标准的应用方法进行细节性的规范和约束。另一种情况是作业指导书的内容本身没有相关技术标准，鉴定机构通过作业指导书本身来对有关的程序、方法、论证及鉴定意见的形成等进行细节性控制，其采用的鉴定方法是"该专业领域多数专家认可的技术标准和技术规范"或司法鉴定机构自行制定的有关技术鉴定规范。

对第一种情况的作业指导书，只要司法鉴定机构审查后认定其符合有关技术标准，即可在该司法鉴定机构内部发布施行。第二种情况的作业指导书实际上属于司法鉴定机构可以自行制定有关技术鉴定规范的范畴。对这种情况的作业指导书需要进行严格的专家论证及实验室间比对验证，首先成为该领域专家认可的"技术标准和技术规范"，再成为"该专业领域多数专家认可的技术标准和技术规范"。如果这些"司法鉴定机构可以自行制定有关技术鉴定规范"没有经过严格的论证，显然这些技术标准或技术规范并不具备严格意义上的溯源性。

二、司法鉴定质量管理的过程溯源性

司法鉴定的过程，是司法鉴定质量形成客观因素的累积过程，是司法鉴定质量的客观核心基础，鉴定机构必须控制好这个累积过程。如果控制好司法鉴定过程的每一步、每一环节和可能影响司法鉴定质量的每一个客观因素，就能有效控制司法鉴定质量。这个控制，就是司法鉴定质量管理的过程溯源性。

（一）检材和样本的溯源性

在司法鉴定中，检材通常是指委托方送交的用以鉴定的物体，或者某些物体形成的印迹，如手印、文字等。样本则通常是指用于与检材作比较的物体，包括某些物体形成的印迹。

检材由委托方提供。鉴定机构在接受这些检材时必须作详细、全面的记录，并由委托方声明或保证这些检材的真实性和合法性。用于检验的样本如果是由委托方提供，则委托方同样要声明或保证这些样本来源的真实性和合法性。

样本也可以由鉴定机构根据鉴定要求制作或使用鉴定机构的标准样品。但是鉴定机构制作的样本或使用的标准样品应该符合完成该鉴定要求所采取的鉴定方法的规定，使用标准样品应该详细记录该样品的来源并确认这些样品是有效的。

（二）检验设备和材料的溯源性

鉴定实施过程中所使用的设备应该能够保证鉴定的实施。如果这些设备"对检测、校准和抽样结果的准确性或有效性有显著影响的"，鉴定机构需要保证这些设备是正常有效的。特别是如果这些设备或鉴定过程中使用的某些设备是属于度量、测量某些数据量值，并且这些数据量值又是用于论证鉴定结果或者这些数据量值本身就是检验鉴定结果的，那么这些设备必须通过合法计量检测机构进行计量检测校准，以确认这些设备的度量、测量偏差，并且在使用这些数据量值时必须考虑这些偏差的影响。

（三）鉴定实施过程的溯源性

检验鉴定的实施过程，除了实施鉴定所采用的设备之外，还包括了鉴定的流程和鉴定的环境。鉴定机构必须保证所实施鉴定的流程和鉴定的环境是符合所采用鉴定标准、技术规范所要求的。按照《检测和校准实验室能力认可准则》规定："相关的规范、方法和程序有要求，或对结果的质量有影响时，实验室应监测、控制和记录环境条件。对诸如生物消毒、灰尘、电磁干扰、辐射、湿度、供电、温度、声级和振级等应予重视，使其适应于相关的技术活动。当环境条件危及到检测和/或校准的结果时，应停止检测和校准。"

对一个检材进行多个项目检验，或者一个检验项目需要采用多种方法检验鉴定的时候，要特别注意检材在各个实验室之间的流转过程应该有完整的流转记录。

三、司法鉴定文书表达的溯源性

司法鉴定文书是司法鉴定结果的表达载体，是反映整个鉴定项目的"鉴别和判断"。司法鉴定文书不但主要表达了检验鉴定意见，并且要全面、简要、客观、真实地反映出鉴定的过程、依据、论证和检验鉴定意见。

这些内容主要有：①检材和样本的来源。例如，案（事）件的基本情况；检材和样本的类型；检材和样本的获取情况。②检验鉴定要求。即委托鉴定机构解决什么样的问题。③检验鉴定的地点。即鉴定机构实施这项检验鉴定委托的地点，并且这个地点必须符合检验鉴定所采用的方法规定的要求。对这个符合要求的情况鉴定机构应该有符合性的证明记录。如果有必要，可以在鉴定文书中声明。④检验鉴定的开始和结束时间。需要说明的是，检验鉴定的开始时间是实施这项检验鉴定委托的开始时间，而不是接受这个检验鉴定委托的时间。⑤检验鉴定所采用的标准方法或技术规范。在鉴定文书中需要声明采用的这些标准方法或技术规范的全称及唯一性编号或标识。⑥检验情况及论证。这个检验鉴定委托的检验过程情况、特征观察、数据量值的测定、分析方法的依据，以及这些标准方法、技术规范的细节或条款。⑦检验鉴定意见。鉴定文书的结尾是检验鉴定意见，也是实施这项检验鉴定委托的结果。检验鉴定意见的表达不但要符合委托方的要求，并且要符合所采用的标准方法、技术规范的规定，不得超越界限表达检验鉴定意见。如果有必要，鉴定机构可以与委托方共同评估检验鉴定目的，共同确定检验鉴定要求，或者向委托方解释这些检验鉴定意见符合委托要求的情况。⑧鉴定人的姓名和资质。

从鉴定机构的角度来看，从上述几个方面通常就可以把握司法鉴定的质量，做出符合委托方要求，也符合司法机关采信要求的司法鉴定。委托方及其他诉讼参与人也可以从这几个方面了解及把握某个司法鉴定机构或某个司法鉴定委托的质量。

司法鉴定的质量提高不仅仅是一两个鉴定环节质量的提高，只有全面、系统的质量管理方法才能达到目标。不同的检验鉴定项目所采取的方法不同，对具体实施的过程也有不同的要求，司法鉴定质量管理和控制需要根据不同检验鉴定项目逐一控制把握，严格遵循鉴定标准及技术规范。但是，无论是涉及司法鉴定过程的哪一方面，都要牢牢把握住溯源性这个切入点和根本要求，即司法鉴定实施主体的因素及客观因素都要能够具备溯源性，特别是鉴定人、鉴定标准和技术规范，其溯源性是司法鉴定质量管理的核心。

管理评审与持续改进[*]

方建新[**] 沈 敏 王彦斌 陈 霞 白庆华
史格非 贾汝静 鹿 阳 唐丹舟

一、持续改进是一个组织管理体系运行的重要观察指标

具有自我完善、持续改进和不断提高的运行机制，以适应内、外部环境的变化，实现新的发展目标，对于任何一个组织实体而言都是一个很实际的期盼和需求，日常工作改进的主动性、系统性、计划性和持续性同样也是审核、判断一个组织实体管理运行体系运行是否有效和具有活力的重要观察指标。

司法鉴定机构建立质量管理体系所依据的认可准则都将持续改进作为主要条款内容加以要求，如 CNAS – CL01《校准和检测实验室能力认可准则》中的 4. 10 条款、CNAS – CI01《检查机构能力认可准则》中的 8. 5. 3 条款，以及 CNAS – CL08《司法鉴定/法庭科学机构能力认可准则》中的 4. 10 条款。建立质量管理体系的目标之一就是在机构内部能形成一套全面、系统并具有制度保障的工作改进运行机制，以达到持续改进工作和提升发展目标的目的。持续改进在司法鉴定机构运行中的重要性主要体现在以下几个方面：①发展中的前进动力；②凝聚员工合力的措施；③客户、行业管理方和当事人信赖的基础。由此可见，持续改进是司法鉴定机构生存、发展、壮大的基石和动力。

二、鉴定机构改进机制的启动途径

鉴定机构改进机制的启动途径一般包括：投诉、外部信息反馈、人员监督、内部检查、质控结果分析、外部评审、内部审核和管理评审。改进启动到实现的过程一般都包含了信息观察和收集、原因分析、趋势判断、措施确定和执行、效果验证等阶段步骤。由此可见，改进的来源离不开有效的日常管理工作，改进的实现离不开良好的质量管理体系运行状态。

根据对各改进启动途径的作用分析，可将其分为三个层次：

---

* 本文原载于《中国司法鉴定》2014 年第 1 期。

** 司法部司法鉴定科学技术研究所。

投诉、外部信息反馈、人员监督、内部检查、质控结果分析等为第一层次。主要是通过对质量管理体系运行过程进行实时监视，以此寻求改进的机会，每个观察点就如同城市监视网络（CCTV）中的格线发挥着日常监控的作用，各自运行具有相应的独立性。

内部审核和外部评审处于较高的第二层次，主要是通过对既往的质量管理体系运行过程的符合性进行核查，包括对第一层次工作的符合性、有效性进行核查，以此寻求改进的机会。

管理评审则是处在最高的第三层次。管理评审是采取会议的形式并由机构最高管理者主持，管理评审的目的是通过输入、评价、输出等过程以持续保持质量管理体系的适宜性、充分性和有效性。从层次分级方面看，管理评审在改进启动途径中是处于俯视审核的地位，包含了对其以下两个层次的改进工作的符合性和有效性的评价。

就质量管理体系对整体持续改进工作的控制而言，管理评审又体现出导航引领和引擎推动的作用。根据 CNAS - CI01《检查机构能力认可准则》（8.5.3 条款）有关管理评审的条款要求，管理评审的输出措施和决定必须包括：①管理体系有效性及其过程有效性的改进；②检查机构满足本准则相关的改进。同样，根据 CNAS - CL01《校准和检测实验室能力认可准则》和 CNAS - CL08《司法鉴定/法庭科学机构能力认可准则》中的 4.15.1 条款要求，管理评审的输入评价和输出应有包括"发展目标"、"质量方针"、"质量目标"等在内的改进内容。在管理评审实施中，对鉴定机构的资源现状、组织结构、管理和运行方式等的适宜性、充分性和有效性，以及在行业中所处的技术水平的评价等都是重要的输入评价内容。在此评价基础上形成的目标、决定、建议、设想等输出内容，将是鉴定机构下阶段（年度）努力和工作的方向，从宏观上而言，这些管理评审形成的输出内容也是鉴定机构整体改进的要求或方向。

三、发挥管理评审在鉴定机构持续改进工作中的作用

充分发挥管理评审在鉴定机构持续改进工作中的重要作用，应注意以下方面：

（一）体现最高管理者的领导作用

对上阶段（年度）管理评审所确定的整体改进输出要求的实现情况进行评价，是管理评审活动中的一项重要内容。此项评审活动实施的有效性直接与最高管理者（层）对鉴定机构管理和发展的关注程度，以及对其运行情况的掌握程度相关联。不可否认的是，管理评审也是从一个侧面对鉴定机构最高管理者（层）的工作态度、能力水平和勤勉程度的一次综合考核，也是对质量管理体系所倡导的"领导带头、全员参与"的理念和宗旨践行情况的一次有效的检验。

（二）发挥部门负责人的执行作用

管理评审策划和准备中的重要环节就是输入，它是由部门负责人对本部门的职责履行、目标实现、内部管理、改进措施、部门间工作衔接等情况进行输入汇报，它是形成管理评审输出决定的评价基础。其输入内容的全面性、充分性、真实性，以及对存在问题或潜在因素分析的到位程度是决定评审成败的关键，这也是对部门负责人执行能力和工作表现的一次全面性考核。如果部门负责人在日常工作中不投入、不尽责、不思考、不改进，输入内容缺乏翔实事例（数据）和分析内容作为支撑，而仅凭文字功夫上的讲究，是不可能达到管理评审输入的要求的，由于缺乏真实性的基础，必然会影响评价实施、输出形成的效果。另外，管理评审的输出决定中有关部门的具体改进要求，往往也能体现出该部门在实际工作种的状况和水准，以及在机构总体发展目标实现过程中的贡献程度，如对于工作不力的部门，对其改进的要求往往体现的是"补课"的内容，而对于工作先进的部门，"精益求精"却是其工作改进和提高的主旋律。

（三）重视管理评审输出决定的实现情况

要发挥管理评审活动的改进效果，首先应体现在能形成切实符合鉴定机构实际需求和发展要求的改进决定，应与鉴定机构下阶段（下年度）的发展目标、工作要求相结合，避免装饰性的或纸上谈兵型的改进措施。其次是在于鉴定机构管理者对执行过程的控制，任何目标无论其难易程度，其实现的过程必然会包含分析、策划、执行、验证、审核等步骤。对改进措施执行过程的控制时应注意以下几点：①计划性。具体执行前应事先确定责任部门/人员、进程安排和资源需求等事项，它是后续工作能有序开展的基础。②监控性。机构管理者或组织部门应在合理的阶段期限内，定期对各阶段改进工作的进展情况进行检查和考核，防止阶段性工作出现"脱班"或"脱轨"情况的发生。同时，对于阶段性工作结果不符合期望要求的，在分析原因的基础上进行目标修正或执行整改措施。③验证性。应注重改进执行结果有效性的验证，鉴定机构管理者应通过内审、日常监督和信息反馈等形式，对改进措施的实际效果进行分析、验证和评判，防止"仅做动作，不求效果"的现象发生。④总结性。在管理评审活动中，鉴定机构最高管理者、组织和执行部门应对上年度管理评审输出决定的执行、完成和效果进行全面评价，总结经验和寻找出相关改进点以达到螺旋形提升的目的。

完善我国医疗损害鉴定制度的思考[*]

崔 妍[**]

一、我国医疗鉴定制度现状

鉴于医疗专业具有高度专业性、技术复杂性、临床经验性的特征，法官在审理医疗纠纷案件过程中，往往并不具备对医学专业问题进行判断的能力，难以评价诊疗行为是否符合诊疗常规、诊疗过程是否有过错、用药是否准确、患者发生的损害后果与诊疗行为之间是否具有因果关系。因此，医疗鉴定意见书几乎是确定医方是否存在过错、与损害结果是否具有因果关系的唯一证据，在医疗纠纷案件定性和裁判中具有十分重要的地位，在证明力方面也具有其他证据方式所不能替代的地位和作用。

《中华人民共和国侵权责任法》（以下简称《侵权责任法》）施行之前，我国的医疗鉴定以两种形式存在：一种是依据《医疗事故处理条例》（以下简称《条例》）由地方各级医学会鉴定专家组进行的医疗事故技术鉴定；另一种是依据《民法通则》由司法鉴定机构进行的医疗过错司法鉴定，这就是医疗鉴定的"二元化"现象。《侵权责任法》将"医疗事故"与"非医疗事故的一般损害行为"统一为"医疗损害行为"，并明确该法实施前发生的医疗损害纠纷按当时的法律法规处理，实施后发生的医疗损害纠纷适用《侵权责任法》及相关规定处理，但其并未对医疗鉴定作出具体的细则规定。为了妥善处理医疗纠纷案件，上海市高院制定了《上海法院关于委托医疗损害司法鉴定若干问题的暂行规定》（以下简称《暂行规定》）供上海各级法院在国家出台医疗损害鉴定的明确规定前应用于审判实务。

医疗损害鉴定，即由受委托的鉴定机构对医务人员的诊疗行为有无过错、诊疗行为的医疗损害后果及诊疗行为与医疗损害后果之间的因果关系、诊疗过错行为在医疗损害后果中的原因力大小等进行鉴定，损害后果依据伤残等级标准确定。《暂行规定》规定，法院审理医疗纠纷民事案件中，当事人申请医疗损害鉴定的，双方当事人可以协商一致，选择共同委托区县医学会进行鉴定；若协商不成，则由法院依

---

[*] 本文原载于《中国司法鉴定》2014 年第 5 期。
[**] 上海市浦东新区人民法院。

职权委托医学会组织专家进行鉴定。医学会认为无法鉴定的，法院可依据《人民法院对外委托司法鉴定管理规定》另行委托具有资质的司法鉴定机构组织鉴定。

上海各区、县医学会受理医疗事故技术鉴定流程如图1所示。

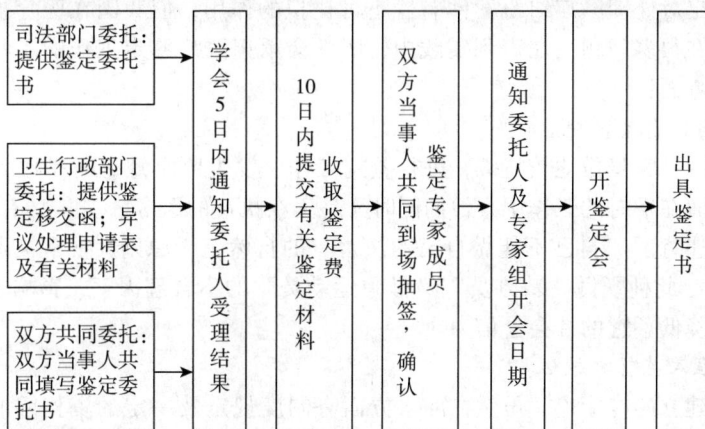

图1　医学会受理医疗事故技术鉴定流程图

上海市、区县级医学会受理医疗损害鉴定流程如图2所示。

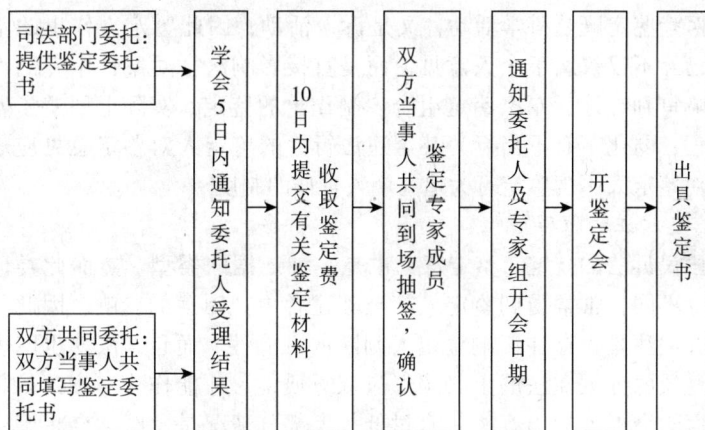

图2　医学会受理医疗损害鉴定流程图

通过以上两张图表的对比可以看出医疗事故技术鉴定和医疗损害鉴定的流程基本相同，唯一的区别在于接受委托时，医疗事故技术鉴定较之医疗损害鉴定不再接受卫生行政部门委托对医疗纠纷进行鉴定。而笔者通过走访各级医学会的工作人员得到的回复也是医疗损害鉴定的程序基本参照医疗事故技术鉴定处理。

二、医学会承担医疗鉴定工作面临的问题

医疗鉴定对处理医疗纠纷案件有着不可比拟的作用,但我国在医疗损害鉴定制度方面还存在很多问题。在审判实践中,医学会承担医疗鉴定工作的不足主要体现在以下几个方面:

(一) 自医自鉴之尴尬

医学会的专家身份比较特殊,进行鉴定工作、发表鉴定意见时是医疗损害纠纷的鉴定人,而在平时的工作中,他们同时又是正在执业的医务人员,具有双重身份,其鉴定行为违背了"自己不能做自己的法官"的自然正义原则,常常被形象地称为"同行鉴定"。此种既做"裁判员"又做"运动员"的不合理因素,影响了鉴定意见的客观性,降低了它的社会公信力。

(二) 准入监督之缺位

医学会建立的专家库,虽然在准入方面有制度规定及一定的资格限制,实质上是一种内部登记制度,更侧重于医学会内部的管理。公众无从了解进入专家库的专家的专业能力、从医经历和以往的鉴定经验,这种登记制度不利于外界对医疗鉴定活动的监督,也降低了医疗事故鉴定的社会公信力。

(三) 鉴定责任之弱化

涉诉的医疗鉴定既是科学活动,又是诉讼活动,因此鉴定人作出的鉴定意见意义重大,其已经不仅仅属于个人意见,而是直接影响法官对案件中专门性问题的判断,从而影响审判结果。专家鉴定组合议制作出的鉴定,实际上回避了鉴定人员个人的法律责任,弱化了有不当行为甚至违法行为的鉴定人对鉴定意见应承担的个人责任,缺乏对鉴定人不当鉴定行为追究个人责任的制度。

(四) 出庭作证之障碍

根据我国民诉法的规定,鉴定意见也是一种证据的类型。然而此类证据与一般的书证、物证不同,常常受到鉴定人甚至陈述者主观因素的影响,因此更需要审查其客观性,并关注是否存在影响鉴定人判断的可能性。而且,法律也明确规定了所有具有定案性质的证据在法庭上必须经过双方质证,才能作为定案的依据。但在司法实践中,医学会专家的出庭率一直过低,大部分情况是,医学会将鉴定意见寄送法院,由法官当庭宣读鉴定意见并由双方当事人提出质证意见,以此方式对鉴定意见进行审查。[1]

---

〔1〕 姚澜:"关于树立司法鉴定结论公信力的法律探讨",载《长白学刊》2003 年第 6 期。

（五）意见形式之瑕疵

任何证据，均需要经法院运用证据规则进行审查后才能作为认定案件事实的依据，只有证据符合真实性、合法性、关联性等要求，才会被采信。医疗鉴定书作为证据的一种，存在以下形式瑕疵：第一，没有鉴定人的签名盖章，只加盖医学会医疗鉴定专用章，在形式上弱化了鉴定人的个人义务和责任。[2] 当事人、卫生行政或司法部门无法因此向鉴定人追究错误鉴定的责任。第二，鉴定人鉴定资格说明的缺失。医疗鉴定必须是达到法定条件的专业人士才能够胜任，是一项专业性很强的活动，如果没有说明鉴定人的鉴定资格和资历，当事人无法有效地对鉴定人提出回避申请，也不利于法官对鉴定人的资格进行审查。第三，鉴定的依据未予写明。如果不在鉴定书中说明鉴定过程中所采用的科学技术手段、测试的原始数据、鉴定意见所形成的依据等，那么很难让双方当事人信服其作出的鉴定意见。第四，不同的意见未予记录。这不利于法院或当事人发现鉴定意见的错误，也不利于实现当事人追究鉴定人错鉴的责任。

三、完善我国医疗鉴定制度之思考

为了建立适合我国国情的医疗损害鉴定制度，使立法、行政、司法机关客观、公正地处理医疗纠纷，笔者建议通过以下三个层面完善我国医疗鉴定制度。

（一）国家立法层面

1. 构建统一的医疗损害鉴定体系。医疗纠纷鉴定的"二元化"并非社会发展的自然规律，而是法律法规对医疗纠纷进行人为划分的畸形产物。要改变"二元化"医疗鉴定的混乱状态，就需要改革医疗鉴定体制，建立"一元化"的医疗损害鉴定制度，以法律的形式对医疗损害鉴定主体予以明确，确保鉴定机构的中立性和独立性。建议有关立法部门及时清理《医疗事故处理条例》与《侵权责任法》相矛盾的法律条文，详细规定医疗损害鉴定的主体，建立统一的医疗鉴定体制。

医疗纠纷案件的特殊性在于由专业性良莠不齐的司法鉴定机构来鉴定医疗机构的诊疗行为是"外行鉴定内行"的行为。《暂行规定》虽然为法院委托医学会进行医疗鉴定提供法律依据，但在立法层面上效力过低。医学会作为医疗鉴定的主体具备相当大的可行性和优势，但其运行体制仍然需要改进。首先，明确医学会是中立的和独立的，它脱离了卫生行政部门的管理，接受司法行政部门的检查，其鉴定资质也由司法鉴定管理部门授予。[3] 其次，在医学会的专家库中吸收临床医学专家和法医学鉴定专家、法学专家共同参加，以确保鉴定过程中的中立性与公正性。法院审

---

〔2〕 李国坚、谢青松："医疗鉴定制度改革探索"，载《军医进修学院学报》2007年第6期。

〔3〕 张靖、张琛华、陈歆娜："《侵权责任法》对我国医疗损害鉴定制度改革带来的挑战与机遇"，载《卫生软科学》2012年第4期。

理医疗纠纷案件的核心是诊疗行为与损害后果之间的因果关系，而医学会的专家如果没有任何法律知识，要求他们认定法律事实、法律关系和法律责任无异于要求法官评价医疗行为，其结论必然是很难使患者和法官信服的。[4] 因此，吸收法学专家参与鉴定，对医务人员的过失与患者的损害结果之间的因果关系把握得更加确切，以弥补医学专家往往未接受过系统的法律知识培训的不足。这样，由医学会与司法鉴定行政管理部门共同参与的"一元化"医疗鉴定制度能够解决医疗鉴定中的科学性和中立性问题，同时也避免了大量多头鉴定、重复鉴定的现象。

2. 完善专家辅助人制度。医疗纠纷案件中，患方在法庭上面对的是具有绝对专业优势的医疗机构和鉴定人。患方在举证质证阶段可能无法识别对己方有利的证据，也无法对可以左右案件定性的关键性医学专业问题提出有效的质询和有力的质疑，更无法对有利于医方的瑕疵证据提出否定意见；在法庭辩论阶段，对事实、证据和关键意见无法提出切中要害的反驳也就等于被剥夺了话语权和胜诉权。

对于医学会出具的医疗鉴定意见，法官基本上没有能力对其进行质疑，只能按照结论作出判决。然而，医学作为一门科学，对没有经过充分论证的问题，不同的专家学者从不同的角度完全可能提出不同甚至相反的看法，出具不同甚至相反的鉴定意见。因此，对于具有高技术含量案件，不仅法官需要专家辅助人以帮助其作出公正公平的审判，当事人尤其是受到侵害的弱势当事人，更需要专家辅助人来改变这种不平衡现象，最大限度地维护其合法权益。

然而，目前我国关于专家辅助人制度只有原则性的一条规定，缺乏可操作性。司法实践中，法官无从对当事人聘请的专家辅助人的资质进行审核，专家辅助人发表的意见往往偏向于聘请自己的一方当事人，其在诉讼中的地位既不属于证人也不属于鉴定人，其发表的意见则既不能作为证据种类之一的鉴定意见，也不属于中立的证人证言，无法归入其他证据种类中。而且该专家辅助人为一方当事人聘请，却又不是该方当事人的诉讼代理人，其意见也不能代表当事人的意见。总之，专家辅助人法律性质的模糊导致其对案件的审理无法施加实质性的影响，其意见只能影响法官对于案件事实的看法，而不能作为证人证言写入判决书中，更加不足以作为定案的依据，在审判实践中无法对法官和当事人具有实质帮助。笔者认为，应完善和细化专家辅助人制度。

（二）行政管理层面

1. 统一鉴定主体的资质。对于专业性很强的医疗纠纷鉴定，对鉴定人员的资质进行认证考核是非常必要的。要对鉴定主体资质进行规范，就要建立全国统一的医疗鉴定人执业资格考试制度，对通过考核的人员核发鉴定从业人员证书，纳入鉴定

---

〔4〕 王阳："论医疗事故技术鉴定的制度缺陷及其完善措施——从张家福案引发的思考"，兰州大学2009年硕士学位论文。

人员名册，并定期举行执业培训和考核，考核的内容不仅仅是专业知识，还有法律基本知识，这一做法既能加强专家的鉴定业务水平，也能让专家从医务人员的角色中自觉换位思考，明确鉴定的工作性质和背负的责任。日常管理中对获得医疗鉴定执业资格证书的医疗鉴定人进行资格准入机关（医学会）和登记管理机关（司法行政部门）双重管理，由两个机关对医疗鉴定专家进行分工监管，功能整合、衔接有序，实现了技术规范、法律规范的协调一致。[5] 除了执业资格准入制度之外，为了保持医疗鉴定队伍的高素质，还应建立晋级制度和定期培训制度，每年进行业务水平和服务质量的年检考核，对鉴定人员当年鉴定的次数、结论被推翻的比例等数据作出统计，对错鉴比例较高、弄虚作假、徇私舞弊人员处以不予核准鉴定执业资格等处罚，情节严重的可以吊销其执业资格。对于鉴定水平高、鉴定态度认真的专家予以奖励，并与晋升职称挂钩。建立定期医学知识和法律知识培训制度，以此建立对医疗鉴定人的评价机制及知识更新机制，提升医疗鉴定人的积极性和创造性，使得医疗鉴定人自身的职业发展与其鉴定人身份结合起来，更加适应医疗科学飞速发展的要求。

2. 完善鉴定合议制度并落实鉴定责任。鉴于医疗鉴定的重要性和专业性，由集体鉴定更为恰当。因为医疗鉴定不仅仅需要理论上的知识，也是经验的累积。囿于个人经验的限制，个人负责的鉴定容易导致错误的结论或认识。从某种程度上说，医疗鉴定的集体鉴定制度是一种集大成的鉴定制度，其有利于克服经验限制的影响，有其制度优越性的一面。法院处理的医疗纠纷案件往往都是比较复杂的案件，每个案例也具有其特殊性，鉴定合议制有利于发挥集体的力量来查清事实，检验观点的准确性，避免个别鉴定人员的判断失误，同时，鉴定意见也应写明对结论持有的不同意见。患者的病情无法重现，鉴定专家只能通过病史和检查报告单作出鉴定，而这些资料并不能完全反映出当时的病情，因此鉴定不只是一项客观科学的活动，其中还包含鉴定人员的主观因素。在鉴定意见中，应强调鉴定意见的法定形式要求，即"鉴定人员及鉴定机构签名盖章"，强化鉴定人员对鉴定意见所应负的个人责任的担当。

（三）司法实践层面

1. 完善鉴定人出庭作证制度。我国民诉法及相关规定对证据的出示及采信都有明确的规定，证据不经双方当事人质证不能作为认定事实的依据。但在实践中，医疗鉴定的专家很少参加庭审质证的环节，往往是由医学会将医疗损害鉴定意见书送达法院。究其原因，主要有鉴定人员自身出庭作证意愿不强、鉴定人员因出庭作证会遭受经济损失、鉴定人员担心出庭作证后遭到打击报复等三个原因。笔者认为，

---

〔5〕 杨莉："医疗事故鉴定制度研究"，中国政法大学 2006 年硕士学位论文。

针对上述原因，可分别从三个方面来完善鉴定人出庭作证制度：①明确鉴定人出庭作证的法定情形；②为鉴定人出庭作证提供物质保障；③建立鉴定人的保护制度。

2. 统一法律适用。《侵权责任法》实施后，根据新法优于旧法的原则，法院审理医疗损害赔偿纠纷不再适用《条例》，而直接适用《侵权责任法》的相关规定，但《侵权责任法》对实施鉴定的机构没有作出明确的规定，因此医学会在继续行使医疗损害鉴定职能时缺乏立法上的保障。2010 年 6 月 28 日卫生部发布《关于做好〈侵权责任法〉贯彻实施工作的通知》规定："各级医学会要继续依法履行医疗事故技术鉴定等法定鉴定职责，对于司法机关或医患双方共同委托的医疗损害责任技术鉴定，医学会应当受理，并可参照《医疗事故技术鉴定暂行办法》等有关规定，依法组织鉴定。"司法审判实践中，上海市高院也规定医疗损害纠纷案件应由医学会进行鉴定，但是卫生部与上海市高院的规范性文件既不是法律，也并非司法解释，并没有法律依据授权，故存在效力不足的问题。

四、结语

医学会作为非营利的机构承担医疗鉴定工作是具备合理性和可操作性的。建议制定《侵权责任法》实施细则时对于医疗损害鉴定专门设立一个章节，明确医疗损害鉴定的主体为医学会，为医疗损害鉴定提供立法依据，解决现有的医疗损害鉴定"二元化"鉴定模式的弊端。在医学会独立承担医疗鉴定工作的前提下，赋予专家辅助人独立的诉讼地位，使当事人可以向法院申请自己信任的专家辅助人出庭作证，体现民事法律关系中的当事人自治精神。专家辅助人可以回答法官的疑问，弥补法官对医疗鉴定意见这一专业性强的科学证据审查的不足，更重要的是可以与医学会的医疗鉴定人员进行辩论和质证，更好地审查鉴定意见的科学性、公正性，弥补当事人对鉴定意见专业术语无力质证的缺陷，防止暗箱操作的可能性。可见，专家辅助人制度不仅仅能够弥补现有的医疗鉴定制度的缺陷，更为重要的是有利于我国庭审方式从职权主义模式向当事人主义模式的转换。

医疗损害鉴定一元化实证研究[*]

肖柳珍^{**}

一、引言

医疗损害鉴定制度的不完善是《侵权责任法》实施后面临的重要问题。[1] 部分地方司法机关根据最高人民法院2010年6月30日发布的《关于适用〈中华人民共和国侵权责任法〉若干问题的通知》[2]，制定了一些地方性的指导意见。[3] 这些地方性的指导意见，在很大程度上反映了我国医疗损害鉴定制度的现状。江苏省高级人民法院采取的医学会优先模式，北京市高级人民法院与最高人民法院的司法解释基本一致，采取的是司法鉴定相对优先的政策。这两种鉴定模式具有一定的代表性。[4] 为了从实证角度研究医疗损害鉴定制度，并以构建一元化医疗损害鉴定制度为研究目标，笔者结合2013年新修订的《民事诉讼法》中的相关规定，针对法院系统设计了相应的调查问卷。为了确保调查问卷样本的代表性，笔者以广州市为中心，选择了粤北、东、西及珠江三角洲（广州以南）法院系统作为调研对象。此次调研一共

---

*　本文原载于《现代法学》2014年第4期。

**　南方医科大学人文与管理学院。

[1]　杨立新："《侵权责任法》改革医疗损害责任制度的成功与不足"，载《中国人民大学学报》2010年第4期。

[2]　《通知》第3条规定，人民法院适用《侵权责任法》审理民事纠纷案件，根据当事人的申请或者依职权决定进行医疗损害鉴定的，按照《全国人民代表大会常务委员会关于司法鉴定管理问题的决定》、《人民法院对外委托司法鉴定管理规定》及国家有关部门的规定组织鉴定。

[3]　例如：2010年7月9日江苏省高级人民法院《关于做好〈中华人民共和国侵权责任法〉实施后医疗损害鉴定工作的通知》以及2010年10月11日江苏省高级人民法院、江苏省卫生厅发布的《关于医疗损害鉴定工作的若干意见（试行）》；北京市高级人民法院《关于审理医疗损害赔偿纠纷案件若干问题的指导意见》（2010年京高法发［2010］第400号）；浙江省高级人民法院民一庭颁布并于2010年7月1日施行的《关于审理医疗纠纷案件若干问题的意见（试行）》；上海市高级人民法院颁布并于2011年1月1日起施行的《上海法院关于委托医疗损害司法鉴定若干问题的暂行规定》（沪高法［2010］363号）；广东省高级人民法院2011年11月17日下发的《广东省高级人民法院关于人民法院委托医疗损害鉴定若干问题的意见（试行）》的通知（粤高发［2011］56号）。

[4]　肖柳珍："医疗损害鉴定研究：江苏模式与北京模式比较——基于《侵权责任法》的视角分析"，载《证据科学》2011年第3期。

选取广东省内8个地区及1个特区的各级人民法院民庭的法官作为调研对象，分别是韶关、清远、河源、惠州、肇庆、茂名、江门、中山、深圳，收回问卷192份，剔除无效问卷21份，有效问卷171份，有效问卷回收率为89.06%。[5] 为了保证调研的顺利进行，该调查问卷以广东省高级人民法院明传的形式予以下发，得到了比较全面的数据予以分析。

二、医疗损害鉴定问卷调查结果

（一）法官审理医疗损害案件的基本情况

此次调研中，67.25%（115/171）的法官亲自审理过医疗损害案件，但91.23%（156/171）的法官没有医学知识背景（参见图1）。100%的法官对医疗损害案件的审理依赖医疗损害鉴定意见，高度依赖的比率为71.93%（123/171），中度依赖的比率为28.07%（48/171）（参见图2）。

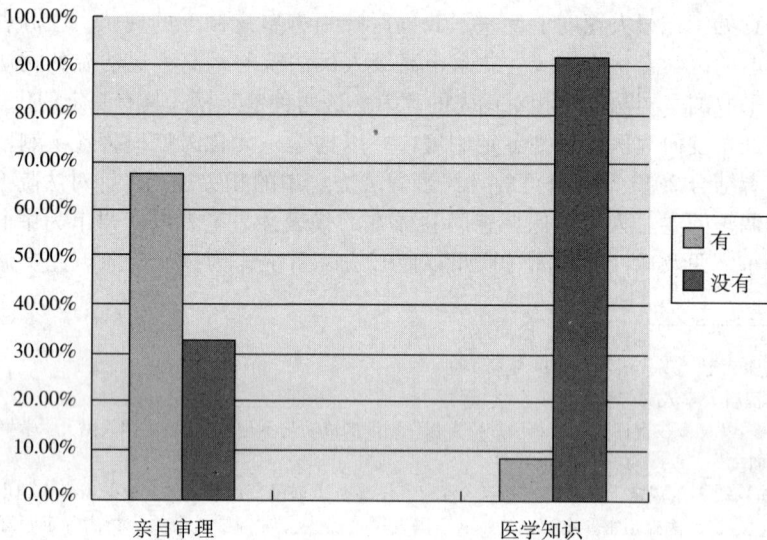

图1　法官亲自审理和专业背景统计数据

---

〔5〕　广州地区的调研在广州市中级人民法院的大力支持下已于2012年完成。相关内容参见肖柳珍等：“医疗损害鉴定的实证研究”，载《医学与法学》2012年第4期。

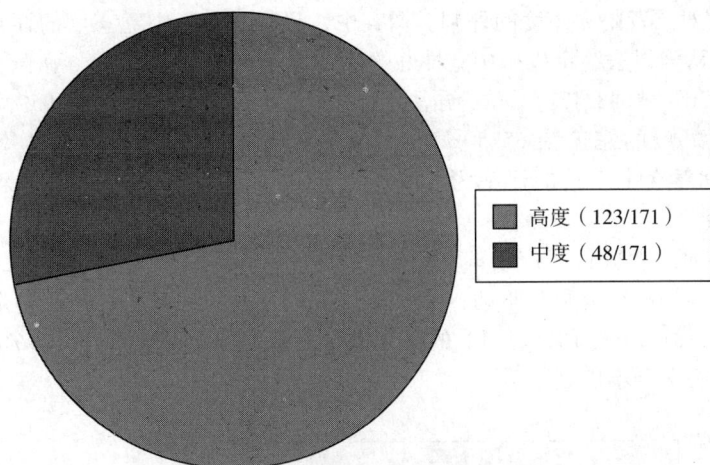

图2　法官对医疗损害鉴定意见的依赖程度

（二）法官对医学会鉴定与司法鉴定机构鉴定的基本评判

1. 法官对二者专业水平的评判。针对医学会鉴定，61.99%（106/171）的法官认为医学会的专业水平好，35.67%（61/171）的法官认为医学会的专业水平一般，0.58%（1/171）的法官认为医学会的专业水平差。针对司法鉴定，只有32.16%（55/171）的法官认为司法鉴定的机构专业水平好，而认为司法鉴定机构专业水平一般的比率为52.63%（90/171），认为司法鉴定机构差的比率为14.04%（24/171）。另有1%~2%的法官认为无法判断（参见图3）。

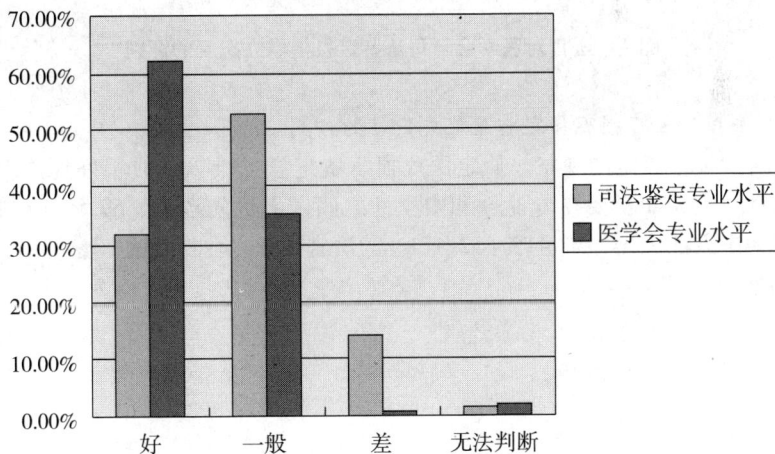

图3　法官对医学会与司法鉴定机构专业水平的评价

2. 法官对二者中立态度的评判。调查中，法官对二者中立态度的评判，总体水平都不高。认为司法鉴定机构中立性好的比率为45.03% (77/171)，医学会中立性好的比率为28.07% (48/171)，认为司法鉴定中立态度一般的比率为47.95% (82/171)，医学会中立一般的态度为65.50% (112/171)，司法鉴定中立差的比率为4.09% (7/171)，医学会中立差的比率为5.85% (10/171)，无法判断的比率为1%～3% (参见图4)。

3. 法官对二者进行医疗损害鉴定最大的担忧。73.10% (125/171) 的法官担心司法鉴定机构易被经济利益驱动；42.69% (73/171) 的法官担心司法鉴定机构专业知识不充分。81.29% (139/171) 的法官担心医学会的行业保护；35.09% (60/171) 的法官担心医学会不出庭。

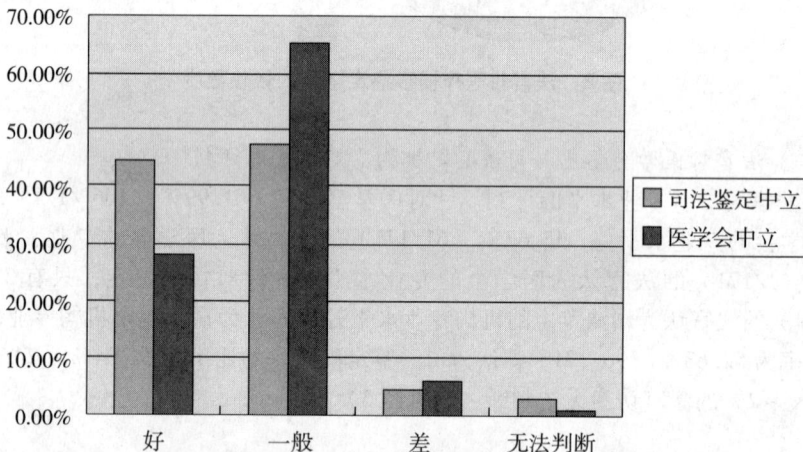

图4　法官对医学会与司法鉴定机构中立态度的评判

（三）法官对医疗损害鉴定意见优先价值的评判

鉴于医疗损害鉴定的现状，假定医疗损害鉴定意见难以同时很好地体现其专业性和中立性[6]，如果要在专业性和中立性之间做出优先选择，69.59% (119/171) 的法官认为中立性优先，30.41% (52/171) 的法官认为专业性优先 (参见图5)。

---

[6] 本文的专业性是指鉴定人员基于医学专业知识和经验对医疗损害案件进行分析的能力与基础；中立性是指鉴定人在分析医疗损害案件过程中，所保持的一种中立的态度。

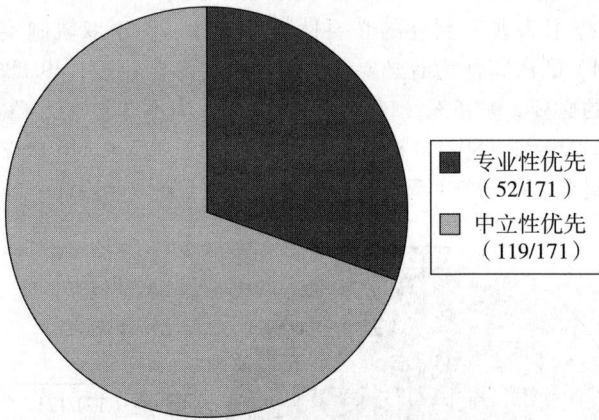

图 5　法官对专业性和中立性的价值优先评判

（四）法官对医疗损害鉴定机构的选择倾向

根据 2013 年 1 月 1 日生效的《民事诉讼法》第 76 条规定，当事人对鉴定机构的选择协商不成时，由人民法院决定。此次调查显示，50.29%（86/171）的法官会优先选择医学会进行鉴定，47.37%（81/171）的法官会优先选择司法鉴定机构进行鉴定，2.34%（4/171）的法官无法判断（参见图 6）。

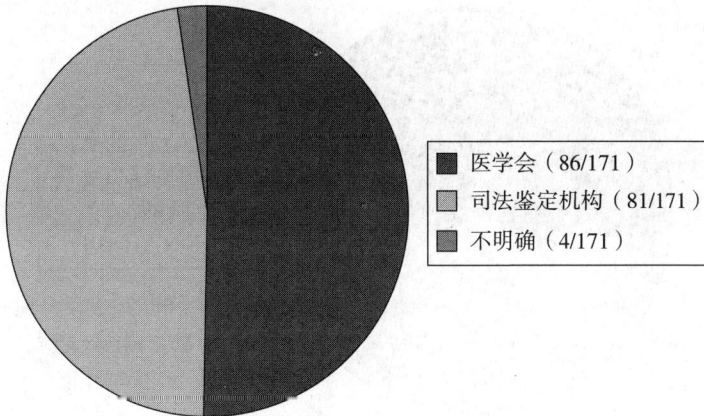

图 6　法官对医学会与司法鉴定机构的选择倾向

（五）法官对构建一元化医疗损害鉴定制度的意见

1. 一元化医疗损害鉴定制度的必要性与可能性。鉴于双轨制鉴定制度的影响，70.76%（121/171）的法官认为有必要统一医疗损害鉴定制度，19.88%（34/171）的法官认为无统一的必要，9.36%（16/171）的法官认为不知道有无必要统一（参见图7）。然而，只有52.05%（89/171）的法官认为能够统一起来，16.96%（29/171）的法官认为不能统一起来，30.99%（53/171）的法官认为不知道能否统一（参见图8）。

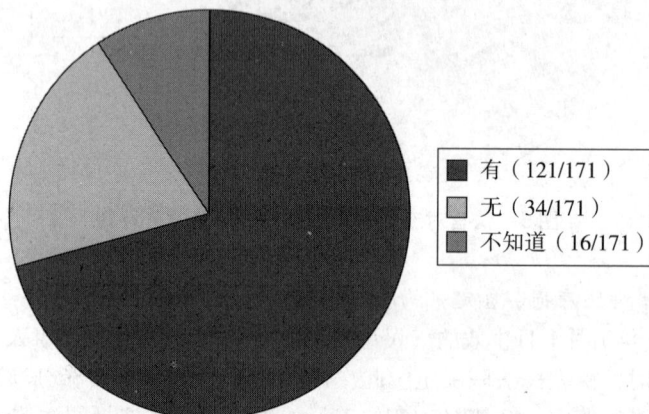

有（121/171）
无（34/171）
不知道（16/171）

图7　法官对是否有必要统一医疗损害鉴定的意见

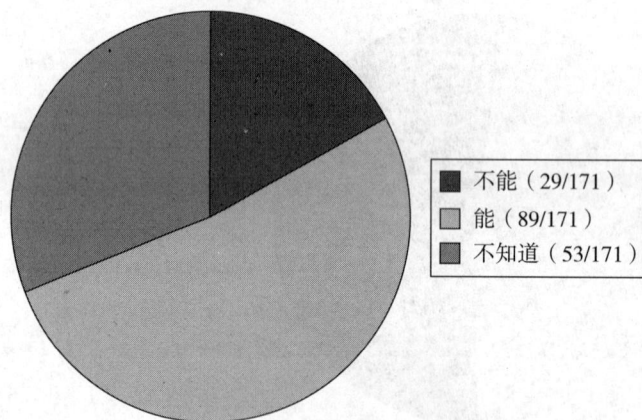

不能（29/171）
能（89/171）
不知道（53/171）

图8　法官对能否统一医疗损害鉴定制度的看法

2. 构建一元化医疗损害鉴定制度的最佳路径。鉴于医学会及司法鉴定机构在医疗损害鉴定方面的现状，53.22%（91/171）的法官赞成重新整合相关资源，建立唯一合法的医疗损害鉴定机构，29.24%（50/171）的法官赞成改造医学会现有的鉴定制度，使之成为唯一合法的鉴定机构，15.79%（27/171）的法官赞成改造司法鉴定机构现有的鉴定制度，使之成为唯一合法的鉴定机构，还有1.75%（3/171）的法官持其他意见（参见图9）。

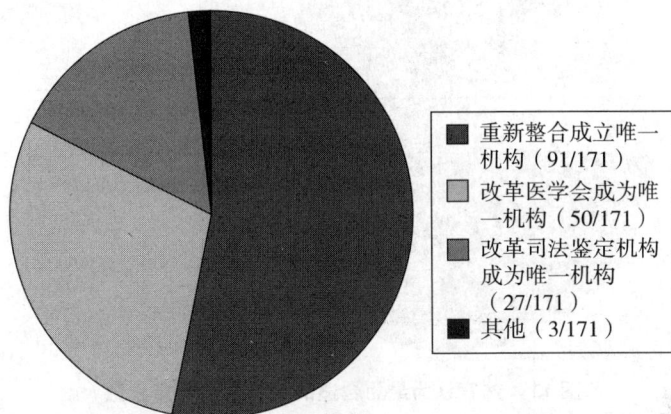

图9　法官认为统一医疗损害鉴定制度的最佳路径

（六）医疗损害鉴定的次数限制

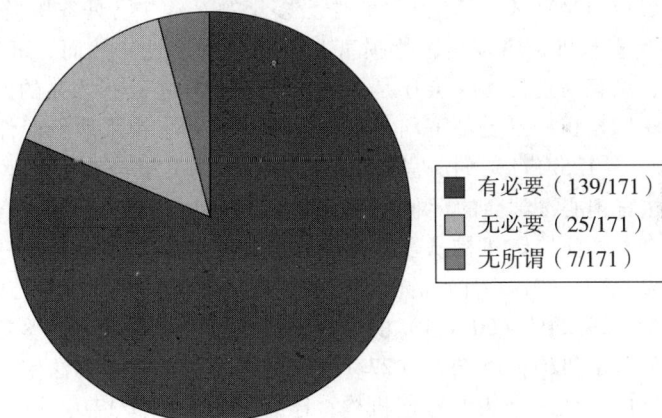

图10　法官对限制医疗损害鉴定次数的看法

鉴于医疗损害鉴定的特点，81.29%（139/171）的法官认为有必要对医疗损害鉴定的次数进行明确限制，14.62%（25/171）的法官认为没有必要，4.09%（7/171）的法官无所谓（参见图10）。在鉴定次数上，74.27%（127/171）的法官认为2次最为合适，17.54%（30/171）的法官认为 3 次最为合适，8.19%（14/171）的法官持其他意见，有部分法官注明为 1 次（参见图 11）。

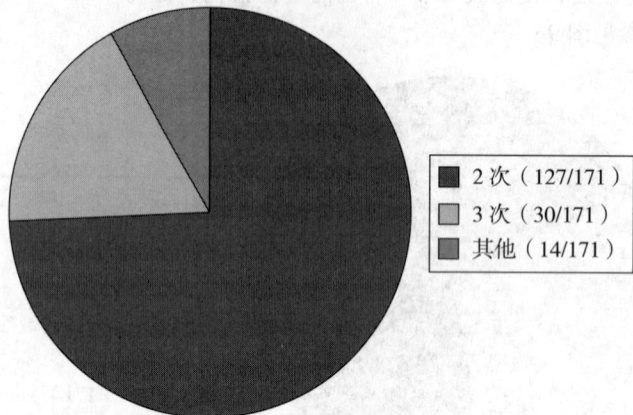

图例：
- 2 次（127/171）
- 3 次（30/171）
- 其他（14/171）

图 11　法官认为最为合适的医疗损害鉴定次数

三、医疗损害鉴定调研结果之分析

（一）医学会与司法鉴定机构没有优位性，重新整合资源是优先选择

双轨制的鉴定由来已久。理论上，医学会多年的筹备，已具备相当的制度基础，加上其雄厚的专业基础，应该是医疗损害鉴定制度的首选。然而，事实并非如此。此次调查显示，法官对选择医学会还是司法鉴定的偏好并没有明显的区别。这可能与法官担心司法鉴定机构易受经济利益驱动及医学会专家易采取行业保护等因素密切相关。73.10%（125/171）的法官担心司法鉴定机构易被经济利益驱动。81.29%（139/171）的法官担心医学会的行业保护。事实上，这也是客观存在的问题。[7]

鉴于医学会与司法鉴定机构从事医疗损害鉴定都有其不足，在统一医疗损害鉴定的路径上，53.22%（91/171）的法官赞成重新整合相关资源，建立唯一合法的医疗损害鉴定机构；29.24%（50/171）的法官赞成改革医学会现有的鉴定制度，使之成为唯一合法的鉴定机构；15.79%（27/171）的法官赞成改革司法鉴定机构现有的鉴定制度，使之成为唯一合法的鉴定机构；还有 1.75%（3/171）的法官持其他意见。相比较而言，重新整合相关资源的比率明显高于其他制度建议的百分比，具有优先选择性。

然而，重新整合资源建立唯一合法的医疗损害鉴定机构也并非易事。从制度经

---

〔7〕 杨荣强等：“医疗事故技术鉴定中存在的问题及探讨”，载《中国卫生资源》2010 年第 1 期。

济学的角度看，制度变迁多是建立在某一旧有的制度基础之上，而旧的制度所规定的社会运行范式在于制度变迁的方向与成效又多是"锁定"作用，即新制度经济学强调的制度变迁的"路径依赖性"（path dependence）。一旦制度变迁走上了某一条基本路径，它的既定方向就会在以后的发展中得到"自我强化"，而难以甚至根本无法扭转。[8] 这其中内含了两层基本要义：在设计和选择制度变迁的路径时，一方面须考虑原有的制度基础及其对社会发展在方向上的规定性作用，另一方面须预期路径选择之于未来的制度改革和社会发展的约束性作用。换言之，一种制度的变迁既依赖于已有的制度基础，又将成为可预期的制度变迁的路径依赖。忽略了这一前提，就可能导致制度变迁缺乏社会认同。即便在开始阶段得到社会公众的舆论支持，但在运行中仍然难以规避一种尴尬境地：既伤害了公众在旧制度中的既得利益，又无法实现新的持续且足够的利益满足。[9]

（二）统一医疗损害鉴定的关键是鉴定标准的一元化

在构建一元化医疗损害鉴定制度的关键问题上，鉴定标准的一元化是法官首先关注的重要问题。目前，无论是司法鉴定机构还是医学会都没有统一的医疗损害鉴定标准。各个鉴定人根据自己的经验、知识结构及对案件的认识程度，在自己能获取或已经获取的资料中去寻找相关的鉴定依据。司法鉴定机构的鉴定人往往由于自己缺乏非常专业的医学知识，在鉴定过程中还会明确清晰地表明所引用的文献出处，以增强鉴定结论的专业性。而医学会在鉴定过程中，可能凭借他们自己的专业优势，常常忽略鉴定的具体依据，更多的是从临床专业经验的角度来进行鉴定，既不说明鉴定所依据的诊疗规范，也不说明鉴定所参考的文献资料。因此鉴定标准严重缺乏一致性。医学会在鉴定过程中，大多根据《医疗事故处理条例》来进行鉴定。实务中，医学会通常会尽可能使用一些中性或含义不确定的词来规避医疗机构理应承担的法律责任。曾有医学会用"医方没有同患方进行实质性的沟通"来回避医方没有及时履行法定告知义务这一违法情形，鉴定程序也非常紊乱。无论是医学会组织的医疗损害鉴定，还是司法鉴定机构组织的医疗损害鉴定，都是根据自己的行业规范在从事医疗损害鉴定工作。他们可以根据行业规定，决定受理还是不受理医疗损害鉴定案件。曾有某大学司法鉴定中心对一最为常见的产科胎儿重度窒息导致死亡的赔偿案件鉴定予以拒绝。当事人的代理律师据理力争之后，才争取到了另一家国家级司法鉴定中心进行鉴定。医学会可以根据《医疗事故鉴定暂行办法》的规定，决定对医疗损害案件中止鉴定。在准入门槛方面，针对医疗损害的特殊性，更是没有

---

[8] ［德］柯武刚、史漫飞：《制度经济学——社会秩序与公共政策》，韩朝华译，商务印书馆2003年版，第373页。

[9] 张创新、赵蕾："行政问责的制度理性——一种基于制度变迁的成本效应分析"，载《社会科学研究》2006年第3期。

特别的规定。司法鉴定机构只要具备了从事司法鉴定的基本条件，它们就有可能从事医疗损害鉴定。只要是医学会专家库的专家，就可能参加医疗损害鉴定。

（三）在专业性与中立性排序中，法官优先考虑中立性

假定在医疗损害鉴定意见难以同时很好地体现其专业性和中立性时，如果要法官在医疗损害鉴定意见的专业性和中立性之间做出优先选择，69.59%（119/171）的法官认为中立性优先，30.41%（52/171）的法官认为专业性优先，医疗损害鉴定意见的中立性比专业性更易受到法官的关注。这与一般的认识，即医疗损害鉴定的专业性应当优先的结论截然不同。之所以出现这种结果，可能与法官在定分止争中的作用及司法鉴定的制度价值有关。司法鉴定制度的价值包括两个方面。其一就是工具性价值——实现实体正义。在这个过程中，司法鉴定实际上为法官们准确认定案件事实提供了一种技术支撑，其运作结果便是将案件事实真相相对完整而明确地呈现在诉讼参与者及社会大众面前。以此为基础，法官根据法律的规定作出的判决往往就是公正的，诉讼参与者和社会大众也会认为法官实现了社会公正，裁判的权威性因为具备了公正的要素而得到支持和加强。这种实体上的公正，是司法鉴定在运作过程中所内含的一种价值追求，无论承认与否，司法鉴定一旦启动，其对这种实体公正的倾向性选择即不可避免。[10] 要实现这种工具性价值，鉴定意见的中立性不可或缺。试设想，基于偏袒或私情而做的鉴定意见会是一个公正的鉴定意见吗？这样的鉴定意见能实现社会公正吗？很显然是不可能的。

当然，强调医疗损害鉴定意见的中立性优先，并不是否认医疗损害鉴定意见专业的重要性。之所以需要医疗损害鉴定，是鉴于法官在该类案件的审理过程中，遇到了一些专门性的医学问题，需要借助鉴定人这方面的专业知识对这些专门性医学问题予以识别和解答，并以此作为裁判的依据之一。鉴定意见就其本质而言，有如下三个方面的蕴意：①鉴定意见属于认识性判断，这种判断与专门知识有关；②鉴定意见作为一种判断是鉴定人专门知识的应用能力的体现；③鉴定意见属于鉴定人个人的判断性意见。[11] 不具备相关医学专业知识的人去从事医疗损害鉴定，很显然违背了司法鉴定的本质与初衷。

然而，令人担忧的是，此次调研表明，无论是医学会出具的鉴定意见，还是司法鉴定机构出具的鉴定意见，法官都认为它们在中立性方面都存在明显不足。认为司法鉴定机构中立性好的比率为45.03%（77/171），医学会中立性好的比率为28.07%（48/171）。这些数据说明，当前医学会或司法鉴定机构组织的医疗损害鉴定，离我们预期的中立目标还存在相当的距离，这就需要从制度设计上高度重视该

---

〔10〕 张创新、赵蕾：“行政问责的制度理性———一种基于制度变迁的成本效应分析”，载《社会科学研究》2006年第3期。

〔11〕 郭华：“司法鉴定制度改革的基本思路”，载《法学研究》2011年第1期。

问题。

四、制度建言并结语

医疗损害鉴定制度的改革与完善是一项系统工程。目前的改革与完善，既涉及立法层面与司法层面，也涉及理论层面与实务层面。本论文在调研的基础上，在确定鉴定意见中立性优先并确保其专业性的指导思想下，针对一元化医疗损害鉴定制度的构建提出一些对策建议，旨在从制度设计上提高医疗损害鉴定意见的公正与科学，并有促进医疗损害鉴定秩序的正常运行，具体建言如下：

（一）重新整合相关资源

原则是允许医学会与司法鉴定机构都参与到医疗损害鉴定中来，由国家设立或授权某一机构进行统一管理。

1. 程序的整合。程序的整合包括以下几个方面：①委托和受理方式的统一。对拒绝鉴定的情形要严格控制与掌握。②听证程序的统一。无论是医学会还是司法鉴定机构组织医疗损害鉴定，都必须组织听证会，让医患双方有一个口头陈述和辩论的机会，有利于鉴定人对案件的真实了解。单凭病历记载及其他文字材料，有时并不能客观真实地反映医疗过程。③统一的鉴定文书表述方式。在前面确定标准的基础上，规范鉴定文书的表述方式。建议采取法院裁判文书的表述方式。鉴定人员必须把自己内心据以鉴定的事实依据和法律依据公布出来，这样既有利于对鉴定人员的监督，也有利于法官及当事人对鉴定结论的解读与接受。④统一的救济程序。申请重新鉴定的条件与次数。虽然《民事诉讼法》与《民诉意见》对申请重新鉴定的条件都有明确的规定，但是，针对医疗损害案件的特殊性，有必要对一些具体情形予以明确。基于医疗的专业性与特殊性，两次鉴定意见存在一定的分歧是很正常的事情，但鉴定结论关系到医患双方各自的利益，因此如何权衡鉴定结论的不一致性是必须要重点解决的事项。关于重新鉴定的次数，立法上应予以明确限定。此次调研在一定程度上也支持这一规定。一旦限定鉴定次数，医患双方在各自选择的权限范围内，会理性地思考每次选择机会的有利因素与不利因素，有利于对重复鉴定与多头鉴定的遏制。至于重新鉴定的地点与系统，大可不必严格限制，可先给当事人协商自治的权利，如果双方当事人达不成一致意见，可由法官在规定的权限内指定鉴定机构。

2. 资源的整合。相关主管部门应逐步建立统一的鉴定专家库。无论是医学会还是司法鉴定机构，如果要聘请医学专家协助或进行鉴定，必须在统一的专家库里面进行随机选取。这一制度的建立，可能存在许多困难。单凭某一个部门的力量可能很难完成。但是，如果这一问题没有得到很好的解决，很难真正实现鉴定体制的统一。因为医疗损害的鉴定，在很大程度上是对临床医学专业问题进行分析。如果不赋予司法鉴定机构这样的权力，将很可能前功尽弃。也有建议借鉴国外的做法，即由法院内部设定鉴定专家库，遇到具体案件，法官自己从鉴定专家库中抽取名单，让专家进行评判与鉴定。[12]

3. 人员的整合。建议采取准入门槛的一元化，即国家立法部门或其他主管部门，必须制定从事医疗损害鉴定工作的基本条件，包括鉴定机构的专业资质、鉴定人员的专业资质。鉴定机构的专业资质，可以设立医疗损害鉴定特别许可制度，即从事医疗损害鉴定事务的鉴定机构，必须取得某一特定主管部门的特别许可或者具备了一定的医疗技术资质才能从事医疗损害鉴定业务。所谓特别许可，是指司法鉴定机构在取得一般司法鉴定从业许可后，还要向相应的主管部门申请医疗损害鉴定的特别许可，才能从事医疗损害鉴定业务。不能像目前这样，只要具备了普通的司法鉴定资质，就可以进行医疗损害鉴定。所谓具备一定的医疗技术资源，是指该鉴定机构依托于某一较高层次[13]的医学院校，其背后具有丰富的医疗技术资源，具备在较短时间内组织一定规模的、高水平的医疗案例分析能力，能对医疗案件进行临床综合分析。对这类鉴定机构，其前提也是必须具备司法鉴定资质，但是，它可以不经过相应主管部门的特别许可，即可开展医疗纠纷司法鉴定业务。[14] 医学会从事医疗损害鉴定，也应经过一定的形式批准，使其获得医疗损害鉴定的主体资格。关于鉴定人员的专业资质，必须具有临床医学本科专业知识，才能从事医疗损害鉴定工作。

之所以强调医疗损害鉴定工作的准入门槛的一元化并提高它的准入门槛，主要是考虑医疗损害鉴定专业性非常强，要想提高或保证医疗损害鉴定意见的可信性，这是首要的前提。我国司法鉴定制度改革对鉴定人实行了登记管理制度。司法鉴定人准入和管理制度不仅应当保障具有专门知识的人能够获得鉴定的资格，还应当有能力将不具有专家水平和能力的人排除在外，确保鉴定人作为专家的"名至实归"。然而，我国现行司法鉴定制度的这种选优功能并不突出，鉴定人的资质并未得到有效控制。[15]《决定》规定的鉴定人准入门槛不高，尤其是"相关专业"开放性条款的存在，导致了实践中鉴定人的"非专家化"。[16] 这种现象非常不利于医疗损害鉴定意见的专业性。

---

〔12〕 孟晶秋、姚峥嵘："对我国医疗损害鉴定制度的思考"，载《中国医院管理》2012 年第 4 期。

〔13〕 较高层次是指医学本科院校。

〔14〕 肖柳珍、王慧君："医疗损害司法鉴定特别许可制度的探讨"，载《中国司法鉴定》2011 年第 3 期。

〔15〕 胡琰峰、冯卓群："医疗侵权中的因果关系——英美侵权行为法视角下的分析"，载《郑州航空工业管理学院学报（社会科学版）》2005 年第 2 期。

〔16〕《决定》第 4 条规定："具备下列条件之一的人员，可以申请登记从事司法鉴定业务：①具有与所申请从事的司法鉴定业务相关的高级专业技术职称；②具有与所申请从事的司法鉴定业务相关的专业执业资格或者高等院校相关专业本科以上学历，从事相关工作 5 年以上；③具有与所申请从事的司法鉴定业务相关工作 10 年以上经历，具有较强的专业技能。"这些"相关专业"在实践中出现医生与法医不分，甚至兽医与法医混同等现象。

（二）鉴定标准的一元化

医疗损害鉴定标准的一元化，是指针对医疗损害鉴定的内容，一般包括医疗行为是否有过错、医疗行为与医疗损害结果之间是否具有因果关系以及医疗行为的损伤参与度这三个内容，都必须有统一的标准。制定好这些标准，无论谁来承担医疗损害鉴定工作，都是基于相同的准则而做的判断。鉴定中的中立性、科学性及专业性问题都会随着标准的制定而得到解决。目前鉴定标准的紊乱是导致两种鉴定体系所做鉴定结论存在冲突、医患双方趋利选择以及社会对鉴定结论存在质疑的重要原因。

1. 医疗过错判断的标准。目前《侵权责任法》的规定主要有两个层面的含义，一个是《侵权责任法》第58条规定中隐含的违反法律、行政法规、规章以及其他有关诊疗规范的规定，另一个是《侵权责任法》第57条规定的医务人员在诊疗活动中未尽到与当时的医疗水平相应的诊疗义务。国家的法律、行政法规及规章中有明确规定的针对医疗过错的判断不存在问题。问题在于依据有关诊疗规范及当时的医疗水平来判断医疗过错时存在相当的不确定性。一方面，许多诊疗常规是医务人员诊疗过程中经常使用的指南，没有上升到诊疗规范的水平，且不是必须执行的标准，如何判断目前尚无明确的规定；另一方面，当时医疗水平的判断需要结合哪些因素，立法层面也没有明确。因此，这是目前必须解决的问题。同时，医疗过失的严重程度（重大过失、一般过失、轻微过失）的认定标准也要明确规定。

2. 医疗行为与医疗损害结果之间因果关系的标准。基于鉴定的实质是对医疗损害案件的专业问题予以专业分析，因此，在鉴定过程中，是采用直接因果关系还是采取民事诉讼证明的高度盖然性（相当因果关系）作为因果关系的标准，值得论证与研究。从鉴定的角度看，本文主张在鉴定过程中尽可能采取直接因果关系，这样才体现医疗损害鉴定的专业性和科学性。相当因果关系是法官在案件审理过程中采用的标准，二者不能混为一谈。

3. 损伤参与度及具体过失类型与损伤参与度关联性的标准。这两个标准也非常重要。因为医疗损害不同于一般的人身损害。一个医疗损害结果的出现，往往是多种因素综合作用的结果。医疗过错常常只是其中的一个因素。因此必须界定医疗过错的损伤参与度以及医疗过失与损伤参与度的关联性，才能体现医疗损害鉴定的特殊性，也才能公平、公正地鉴定医疗损害案件。

诚然，以上这些标准的制定，不可能一蹴而就，需要进行严格的论证甚至大规模的调研，才有可能做出一个比较切实可行的鉴定标准。但无论怎样，这应该是医疗损害鉴定制度改革的方向，偏离了它，改革可能会走更多的弯路，付出更多的代价。

试论司法鉴定人签名备案制度的构建[*]

赵剑海^{**}

鉴定意见是司法鉴定人依据科学技术或者专门知识对案件中的专门性问题所作出的分析、鉴别和判断。作为法定的证据形式之一，司法鉴定意见有着鲜明的主体属性。从理论上讲，一份鉴定意见只有出自鉴定人本人之手，表达的是鉴定人本人真实的意思，才能作为合法有效的证据使用。如新《刑事诉讼法》明确规定："鉴定人进行鉴定后，应当写出鉴定意见，并且签名。"立法上之所以要求鉴定人在自己制作的鉴定文书上签名，是表示该鉴定活动和文书是鉴定人直接参与、亲自制作、亲自审查的，是客观真实的。[1] 但是在司法鉴定实践中，由于法律法规相关规定的不一致，鉴定意见书落款五花八门，既有签名的，也有盖章的，还有签名加盖章的，并且都能为自己找到相应的法律依据。签名和盖章的法律效力是否相同，鉴定文书到底是该签名还是该盖章，如何从制度上确保鉴定人亲笔签名以保证司法鉴定文书的严肃性、科学性，都很有必要进行专门探讨。

一、签名和盖章的功能与法律效力比较

（一）签名和盖章的功能

签名一般是指在书面材料上自己写自己的名字。特定的法律主体在文件、文书等书面材料上签名至少有三方面的含义：一是表明文件的来源，即来源于签名者；二是表明签名者确认文件的内容；三是表明签名者对文件内容的正确性与完整性负责。盖章是指在文件、纸张及书画作品等事物上加盖印章，以示确证或检验、批准等。因为印章上的印文是其所有者的姓名或名称，并且是依所有者的意思而刻制在印章上；印章上的印文与盖章后留在纸张等载体上的印文具有同一性，并且印章作为固体物，其印文不易改变；印章通常在其所有者控制之下，并依所有者的意思而被使用。因而在功能上，盖章基本等同于印章名义人的签名。

---

 * 本文原载于《中国司法鉴定》2014 年第 2 期。

 ** 山东省威海市司法局。

〔1〕 邹明理："新《刑事诉讼法》有关鉴定规定几个重点问题的理解"，载《中国司法鉴定》2012 年第 4
  期。

（二）签名和盖章的法律效力比较

从功能来看，似乎签名和盖章具有相同的作用，相当多的法律法规也都将签名和盖章并列，规定相关法律文书可以"签名或盖章"。但是仔细分析，两者的法律效力是不同的。现代科学表明，一个人的书写习惯的形成是人体的中枢神经系统在书写活动中建立书写"自动化"的条件反射体系，进而形成书写动力定型的结果。如同没有两个人的指纹完全相同一样，每个人的笔迹也不会相同。因此，不同人的笔迹都可以通过检验进行鉴别。与签名相比，印章具有名义所有者与控制者极易分离的缺点。所有者既可以自己刻制印章，也可以委托他人为自己刻制印章，也可能被他人假冒刻制印章；所有者既可以自己盖章，也可以委托他人盖章；盖章既可能是所有者自己的意思表示，也可能印章是被他人盗取冒用。签名则与之不同，签名与签名行为人之间的联系既有社会学上的依据也有生物学上的依据，因而签名与签名行为人之间联系的确定性要远远高于印章与其所有者之间联系的确定性。所以，印章的证明力在事实上低于签名的证明力。[2]

二、鉴定文书签名环节存在的问题与建议

（一）法律法规关于鉴定意见书签名盖章问题的规定相互冲突

关于鉴定意见书应当由鉴定人签名还是盖章，从现有法律法规规定看是不一致的。全国人大常委会《关于司法鉴定管理问题的决定》第 10 条规定："鉴定人……对鉴定意见负责并在鉴定书上签名或者盖章。"新《刑事诉讼法》第 145 条第 1 款规定："鉴定人进行鉴定后，应当写出鉴定意见，并且签名。"新《民事诉讼法》第 77 条第 2 款规定："鉴定人应当提出书面鉴定意见，在鉴定书上签名或者盖章。"《司法鉴定程序通则》第 35 条规定："司法鉴定文书应当由司法鉴定人签名或者盖章。"一些地方性规章规定也不尽相同。如《山东省司法鉴定条例》规定司法鉴定文书"由承办的司法鉴定人签名并加盖司法鉴定专用章。"《重庆市司法鉴定条例》规定"鉴定人应在鉴定文书上签名……""有下列情形之一的，鉴定文书无效：……⑥鉴定人未签名……"《河北省司法鉴定管理条例》规定"鉴定文书应由鉴定人签名并加盖司法鉴定专用印章。"还有个别地方性法规自身前后规定相冲突，如某省《司法鉴定管理条例》前面规定："司法鉴定事项完成后，司法鉴定人应当在司法鉴定文书上写明鉴定意见，并签名或者盖章……"后面又规定"有下列情形之一的，鉴定及鉴定文书无效：……司法鉴定人未签名或者未加盖司法鉴定专用章的。"法律法规关于鉴定文书签名的冲突，导致鉴定管理部门、使用部门、鉴定人等各方无所适从，也给了个别鉴定机构和不法人员可乘之机。

---

〔2〕 陈甦："印章的法律意义"，载《人民法院报》2002 年 8 月 23 日。

(二) 允许盖章使鉴定文书易于造假

个别鉴定机构利用鉴定意见书可以盖章之便,统一保管并随意私自加盖鉴定人印章出具鉴定文书,甚至有个别鉴定机构私刻鉴定人印章,炮制虚假鉴定意见书。

【案例1】《兰州晨报》报道:2007年1月,因劳动争议纠纷,兰州市民邵某某的妻子陈某某将她原来所在的单位告上法庭。在庭审过程中,被告出具了一份由陈某某、邵某某亲笔书写的"申请",以此证明陈某某已到单位请假,并申请不拿工资,由自己缴纳养老金的事实。而陈某某根本未曾书写过此"申请",她认为,被告出具的申请书系伪造,请求法院对"申请"的真伪进行鉴定。夫妻二人缴纳了2000元的委托鉴定费后,兰州市某区人民法院委托甘肃某司法医学鉴定所,对被告提供的申请书是否为陈、邵二人所写进行司法鉴定。该司法医学鉴定所于2007年6月12日作出鉴定书,认为"申请"上落款处的"陈某某"、"邵某某"的签名确系本人书写。据此,法院根据当事双方出示的证据及鉴定结果,驳回了原告陈某某的诉讼请求。为求真相,邵某某费尽周折找到了司法鉴定书上的两位鉴定人蓝某和贾某某,从两位鉴定人处邵某得到了一个让他震惊的答复,那份让他妻子败诉的司法鉴定根本就不是两人所作,而且该司法医学鉴定所出具这样的司法鉴定书不仅仅是这一份。2007年7月29日,由于该司法医学鉴定所出具的不真实司法鉴定书而受害的陈某某向省司法厅投诉了此事。省司法鉴定工作管理委员会接到投诉后,对此案进行调查核实:某司法医学鉴定所自2007年5月起,冒用该所具备从事文书笔迹鉴定资格的蓝某某、贾某某名义,私自刻制二人的印章,连续多次炮制虚假鉴定书,其中包括保险合同诉讼中的保单签名、欠条及劳动争议诉讼中当事人署名字据等7份涉及笔迹鉴定的司法鉴定意见,后该司法医学鉴定所被吊销司法鉴定执业许可证。

【案例2】华声在线报道:2006年11月,郑某某向河南省某县法院提起诉讼,称同县包工头孙某某于2002年从他处所借的10万元人民币一直不还,担保人赵某也不履行担保义务。孙某某和赵某则辩称签字确实为他们所写,但其实是郑把纸张叠好,预留签字的地方,在两人留下姓名和号码后,郑加写了字据内容。2007年5月16日,河南省某司法鉴定中心出具了一份司法鉴定,认为借据内容的字迹为郑某某书写;借据和担保书"先有纸张折痕线,后有书写字迹";借据和担保书皆为先书写签名,后书写其他字迹。这份鉴定书让郑某某输掉了一审和二审,还被孙赵二人以诈骗为由,告到某县公安局,要求即刻拿他归案。郑某某坚信自己是清白的,从此不断上访。后经多方调查,该鉴定中心承认涉案司法鉴定书是由该单位"冯某某人为、私自使用他人之名出具的鉴定书",在鉴定书上被签章的三名鉴定人也分别手书一纸证明,称对该鉴定"一概不知"。

类似上述私刻、私盖鉴定人印章出具鉴定文书的案例有很多,暴露出来的可能只是冰山一角，蒙混过关的恐怕更多。可见允许盖章使鉴定文书造假极易得逞，这类现象不得不引起管理部门的高度重视。

（三）建议明确规定鉴定文书应当签名并建立签名备案制度

司法鉴定文书作为证据的载体，必须确保其真实性、严肃性。鉴于私章具有致命的弱点，并且实践证明极易发生问题，因此建议在制订或修改有关法律法规时明确规定司法鉴定文书一律由司法鉴定人签名，并加盖司法鉴定机构司法鉴定专用章，不得以盖章代替签名。然而，明确规定了鉴定文书必须由司法鉴定人签名并非就万事大吉了。实践中我们发现还存在代替或冒充司法鉴定人签名出具鉴定文书的问题。归纳起来，主要有三种情况：第一，参与鉴定的两名鉴定人中一人系挂名，根本未参与鉴定或未全程参与，另一鉴定人代其签名。第二，临时代替签名，比如参与鉴定的某一鉴定人出差在外地，无法及时签名，其他人代其签名。第三，被签名的鉴定人根本不知情，他人冒充其名义出具司法鉴定意见书。不管出于什么原因，只要查实鉴定意见书不是鉴定人本人签字的，该鉴定意见书就应该是无效的，是不应被采信的。这一现象的存在是对司法鉴定社会公信力的严重损害，必须采取切实措施加以解决。而通过建立一定的制度对签名进行监管并向社会公开公示，把一切置于阳光之下，是加强社会监督防止暗箱操作的不二法门。因此笔者深感建立司法鉴定人签名备案制度是十分必要的。

三、构建司法鉴定人签名备案制度的意义

构建司法鉴定人签名备案制度是规范司法鉴定执业行为、加强司法鉴定质量管理的有力措施，对于加强鉴定行业规范化管理，提高鉴定文书质量和司法鉴定社会公信力，维护当事人的合法权益，都具有积极的意义。

（一）有利于加强对司法鉴定行业的规范化管理

实施司法鉴定人签名备案制度，一方面便于当事人和相关人员进行初步的笔迹比对，有效阻止个别人员诚信缺失、行为失范的现象，另一方面便于司法行政机关对司法鉴定人是否按照规定程序进行鉴定和出具鉴定意见进行监督，有利于发现问题，查找责任，及时处理，使不具备司法鉴定人资格的人员不敢轻易冒充鉴定人名义出具司法鉴定意见书，从而有效杜绝虚假鉴定或代替其出具鉴定意见的现象，促进司法鉴定程序和行业秩序进一步规范。

（二）有利于提高司法鉴定质量

司法鉴定人亲自鉴定并出具鉴定意见，而非假手他人是司法鉴定质量的基本保证，也是司法鉴定程序的基本要求。司法鉴定人签名备案制度的建立与实施，一定程度上能够确保鉴定活动和鉴定文书由司法鉴定人直接参与、亲自审查、亲手制作，增强司法鉴定机构和司法鉴定人守法执业、诚信执业的意识，增强其法律责任感，变被动管理为自我约束、自我管理，由他律变为自律，进一步落实司法鉴定人对鉴定

意见负责的规定，对于提高司法鉴定质量无疑具有积极的作用。

（三）有利于提高司法鉴定行业的社会公信力

司法鉴定人签名备案制度的核心是将司法鉴定人的签名样式进行收集汇总并统一向社会公开，以加强社会监督。当前，司法公开已经成为理论界、实务界和全社会的共识，成为不可逆转的潮流。证据公开是司法公开的必然要求。司法鉴定的最终目的是为诉讼活动提供证据，司法鉴定意见作为证据之一与其他证据一样要通过公示公开接受当事人质证和法官认证。[3] 作为诉讼活动的一个有机组成部分，司法鉴定活动同步公开，是司法公开的必然要求，是鉴定行业健康发展的必然选择，签名备案制度作为鉴定公开的具体措施之一，必将极大地强化全社会对司法鉴定工作的社会监督，进而促进全行业健康发展。

（四）有利于维护当事人的合法权益

当代社会已经进入了一个民主、文明的现代法治社会，当事人在参与司法活动过程中享有广泛的知情权、监督权。作为证据制度的一个有机组成部分，司法鉴定扮演着为诉讼提供"科学证据"的重要角色，鉴定结果对诉讼结果有着举足轻重的作用，在这一重要环节，当事人同样有权知道是谁为自己做的鉴定，是谁出具的鉴定意见，自己是否获得了合法、客观、公正鉴定，即享有知情权与监督权。虽然法律为当事人提供了申请鉴定人出庭作证等制度设计，从根本上能够保障当事人实现自己的知情权与监督权，但是司法鉴定人签名备案制度的建立为之提供了一个更加便捷和有效的途径，这也是司法保障人权和司法为民、执业为民的具体体现，是对当事人合法权益的更加积极的保护与尊重。

四、关于建立司法鉴定人签名备案制度的构想

（一）司法鉴定人签名备案制度的含义

司法鉴定人签名备案制度是指经司法行政机关注册登记并公告的司法鉴定人将本人亲笔签名留存于司法行政机关并通过一定形式予以公开公示的制度。

（二）签名备案的相关要求

实行签名备案的人员范围一般为申请从事司法鉴定业务，经省级人民政府司法行政部门审核符合条件，取得《司法鉴定人执业证》，被予以登记、编入鉴定人名册并公告的鉴定人，将侦查机关所属司法鉴定机构纳入备案管理范围的省市，亦应同时将侦查机关所属司法鉴定机构的司法鉴定人一并纳入签名备案人员范围。履行备案职责的机关主要是该鉴定人所属鉴定机构的主管司法行政机关。鉴定人的签名样式根据各自的签名习惯可以为一个，也可以为多个，但一般不宜超过三个。司法鉴

---

〔3〕 蒋奎："司法鉴定应当走向公开"，载《中国司法鉴定》2007 年第 2 期。

定人应承诺亲自进行鉴定并签字，不得授权他人代为鉴定、代替签字。司法鉴定机构应确保由承办鉴定案件的鉴定人亲自进行鉴定并签字，严禁他人冒充、代替进行鉴定或签字。主管机关应加强与有关部门等的联系，及时受理投诉与举报，如果发现司法鉴定文书上的签名与备案签名不符，应及时查处。

（三）签名备案业务操作流程

首先，鉴定机构组织本机构司法鉴定人在司法鉴定人签名备案表格上亲笔签名，并经鉴定机构和机构负责人确认后，缴存于主管司法行政机关备案。主管机关也可以根据实际情况，进行司法鉴定人签名现场采集，确保备案信息准确无误。对新申请执业的相关人员，可在行政许可的流程中增加申请人信息现场采集环节，在采集相关信息时一并采集其亲笔签名。其次，主管机关将本行政区域内的全体鉴定人签名样式采集后，整理造册、同时通过扫描或拍摄等方式保存为电子数据，并分别存档，其中电子数据签名档案同时报省级司法行政机关备案。签名样式一旦备案，一般不允许变更。如遇特殊情况需要变更的，由本人向主管司法行政部门提出申请，重新申报新的备案签名。对于注销或吊销司法鉴定人执业证的人员，其备案签名应另册封存，同时在原来公开范围内将不再担任鉴定人的情况进行相应公告。备案签名信息应实行面向社会公开原则。实践中可以先在各省级行政区域内通过官方网站进行公开，条件成熟的时候，建立全国性的司法鉴定人签名备案制度，最终实现电子数据签名档案经省级司法行政机关上报至国务院司法行政部门并在官方网站上予以公开。

（四）司法鉴定人签名备案制度的法律效果

鉴定人签名进行备案并公开，其实质意义在于便于委托人、当事人或鉴定利害关系人进行查阅和初步比对，加强社会监督，对意图行不法之事的鉴定机构和人员产生一种威慑作用，杜绝他人代为鉴定或冒充鉴定人出具司法鉴定文书的现象，从而提高鉴定质量，其积极效果是不言自明的。当然，将全部司法鉴定人的签名进行备案并公开，允许公众自由查阅比对，短时间内可能会对个别已经生效的依据虚假鉴定文书作出的判决产生冲击，有人担心会产生连锁反应，引爆"定时炸弹"，而不敢一步到位完全公开。但是，一方面从公平正义的要求出发，从整个鉴定行业的长远发展来看，通过签名备案制度的建立和实施，揭露出部分鉴定机构中存在的假冒签名、虚假鉴定的问题，使之不再继续被掩盖下去，是管理机关的法定的不可缺少的职责，是维护公平正义的必然要求。另一方面也应看到，绝大多数的鉴定机构和鉴定人还是守法执业的，存在问题的毕竟只是极少数鉴定机构出具的极少数鉴定文书，对这些极少数的问题进行揭露和处理不会影响大局，反而会彰显行政管理部门对整个鉴定行业进行规范化管理的决心与信心。

（五）对相关法律法规进行修改的建议

司法鉴定签名备案制度的建立和实施需要相关法律法规的支持。为此，笔者提出以下建议：

1. 修改《司法鉴定程序通则》。明确规定司法鉴定文书由司法鉴定人签名，鉴定人未签名的，司法鉴定文书无效。司法部此前下发的《司法鉴定程序通则（征求意见稿）》第36条规定：司法鉴定文书应当由司法鉴定人签名并盖章。鉴定文书是否有必要"签名并盖章"，需要进一步探讨，但是要求签名必不可少是可取的，希望这一点在最终定稿时能够加以保留。

2. 修订有关部门现行法律中规定不一致的条文。或从司法解释层面上给予明确和完善，也可以采用《刑事诉讼法》的表述方式：鉴定人进行鉴定后，应当写出鉴定意见，并且签名。通过对相关条款进行修订或限制性司法解释等形式，使两大诉讼法对鉴定文书签名问题明确而统一。

3. 将司法鉴定人签名备案制度以法律的形式固定。首先，以规范性文件的形式在地市及部分省级行政区域内进行试点，积极探索具体实施办法，积累相关经验；其次，在条件成熟的时候，通过修改《司法鉴定程序通则》明确建立国家司法鉴定人签名备案制度，并在将来出台《司法鉴定法》时加以明确规定。

五、结语

鉴定意见作为法定证据种类的一种，其真实性与可靠性必须加以保证。司法鉴定人签名备案制度作为确保鉴定意见真实可靠的一项重要的管理制度和手段，应尽快加以确立并运用，这对于司法鉴定行业的规范化管理、提高司法鉴定行业的社会公信力以及维护相关当事人的合法权益都具有至关重要的意义。

关于"司法鉴定"及"司法鉴定文书"的
适当翻译形式讨论[*]

左勇志^{**}　闫　续　鲁巧稚　刘亚坤

在我国，司法鉴定意见素有"证据之王"的美称，在一些案件中，司法鉴定的结论往往成为法院判案的重要依据。近年来，随着司法鉴定行业的迅猛发展，尤其是中外工程司法鉴定活动的日益频繁，相关专业语汇的英译研究逐渐进入人们视线。对于"司法鉴定"、"司法鉴定文书"等词，存在着学者及业界人士从不同角度给出的 多种多样的英译形式，至今在业界还未达成统一。为使我国司法鉴定行业在自我发展的同时更好地实现与国际接轨，本文就"司法鉴定"、"司法鉴定文书"两词，站在不同语言、不同文化、不同法律体制的角度进行抛砖引玉的研究，探讨其既能与我国鉴定行业发展相适应，又能与鉴定行业国际惯例相融合的翻译形式。

一、"司法"英译分析

（一）词意角度

"司法"一词的直译对应于英文中的"judicial"与"forensic"。此二词中文的译义虽然十分相近，但在其用法上仍存在着显著性差异。"judicial"在 Oxford Advanced Learners Dictionary（8th ed.）（以下简称为"OALD"）中的解释为："connected with a court, a judge or legal judgement"，即"法庭的；法官的；法律审判上的。"而"forensic"在 OALD 中亦存在两种释义，其一为："connected with the scientific tests used by the police when trying to solve a crime"，直译为"警方侦查时进行的科学测试"；另一种为："connected with or used in court"，即"法庭的；适用于法庭的"，虽此处释义与 judicial 皆有"法庭的"之意，但依据其范例："a forensic psychiatrist（法医精神病学家）"来推断，明显偏重于科学领域。因司法鉴定主要集中在传统的法医类鉴定上，所以"forensic"在狭义范围内主要用于医学类测试，即代表与法医学科相关的事物，例如：the forensic laboratory（法医实验室）、forensic science（法医科学）、fo-

---

＊　本文原载于《中国司法鉴定》2014 年第 2 期。

＊＊　北京市建筑工程研究院有限责任公司。

rensic entomology（法医昆虫学）、American Board of Forensic Toxicology（美国法医毒理学委员会）。

在英语中，"Forensic Engineering"正是与工程司法鉴定相对应的词条，其在维基百科网（WIKIPEDIA）中的定义为："the investigation of materials, products, structures or components that fail or do not operate or function as intended, causing personal injury or damage to property"，即对于由于失效或不能正常工作而引起人员伤亡或财产损失的材料、产品、结构及零件的调查，即为工程司法鉴定。综上所述，"judicial"与"forensic"此两词在词意层面上存在着本质上的不同："judicial"侧重于司法程序，而"forensic"侧重于科学分析。

（二）法律角度

我国作为大陆法系国家，在《刑事诉讼法》第42条、《民事诉讼法》第63条、《行政诉讼法》第31条中，均将鉴定意见（结论）作为证据的一类，单独列出。《中国大百科全书·法学卷》对鉴定相关事项作出的释义为："在诉讼中运用专门知识或技能，对某些专门性问题进行检验、分析后所作出的科学判断，称为鉴定。进行这种鉴定活动的人，称为鉴定人。鉴定人对案件中需要解决的专门性问题进行鉴定后作出的结论，称为鉴定结论。"在我国诉讼实践中，实际上当事人双方都有权向法院提出自己的鉴定结论，但只有得到法院的认可才能成为法定的鉴定结论。[1]

英美等主要英语国家采用普通法系，而普通法系国家将鉴定人归为证人的一种。

以美国法律为例，2012年的《美国联邦证据规则》（Federal Rules of Evidence 2012）第702条（Rule 702 Testimony by Expert Witnesses）定义"因其知识、技术、经验、训练或教育而具有专家资格的证人（A witness who is qualified as an expert by knowledge, skill, experience, training, or education may testify in the form of an opinion or otherwise if…）"为专家证人，即我国法律制度下的鉴定人。因此，在美国证据规则中，鉴定人实质上是证人的一种，即具有专家身份的证人。

英国的证据法亦明确了证人包括陈述案件事实的当事人以及提供专业意见的专家证人（Expert Witnesses）。[1] 鉴定人与专家证人相对应，鉴定人所提出的鉴定结论则与专家证人的证言（Testimony by Expert Witnesses）相对应，归为证人证言的一种，并未在证据类型中单独划归一类。[2]

（三）结论

正因鉴定制度在两大法律体系中的法律差异，所以英美两国在使用"司法鉴定"词意时，多用侧重科学分析的"forensic"表示"司法"，而不用"judicial"，以强调此证言为专家证人证言，属于经过科学分析的证言，与一般感觉证人证言性质的不

---

〔1〕张卫平主编：《外国民事证据制度研究》，清华大学出版社2003年版，第23～24、242页。
〔2〕洪浩主编：《证据法学》，北京大学出版社2005年版，第125～126页。

同。而在我国，已有相关法律将鉴定意见明确归为证据中的一类，并将提交鉴定相关事项作为法律程序中的一环，因此，笔者认为可将"司法鉴定"中的"司法"译为"judicial"，以强调其具有法律性以及鉴定意见的法定性，而非一般意义上的科学鉴定。

二、"鉴定"英译分析

在 CNKI 中国知网中，利用翻译助手，对"司法鉴定"、"鉴定"两词进行翻译，可对"鉴定"一词得到"appraisal"、"authentication"、"certification"、"characterization"、"expertise"、"identification"主要六种翻译形式，并皆被广泛用于对"鉴定"的翻译，但含义及用法各有不同，通过词意分析其字面意义已很难显示其应用特点。

（一）词意比较

"appraisal"的指向性很明确，当其用于鉴定领域时，专指对于各类财产的评估，例如对于收入、房产、艺术品价值的鉴定，皆可用 appraisal 表示。

对于"authentication"的动词形式"authenticate"，OALD 解释为："to prove that something is genuine, real or true"，即判断事物的真假，"authentication"在作为"鉴定"时，也正如此意，主要侧重于真伪性鉴定，其涉及鉴定领域繁多，但都为真伪性鉴定。例如：鉴别画作的真伪，鉴别录音是否被剪辑过等。

"identification"作为"鉴定"使用时，强调"识别"之意，主要指通过指纹、DNA、骨骼、字迹等现场遗留痕迹或证物识别相关人或相关物，例如：通过指纹或 DNA 识别被害者身份、通过子弹找到作案枪械等。

"certification"与"forensic"组合出现时，多表示为司法类证书，只有极少情况下含有证明、鉴定之意。可见，将鉴定译为"certification"并不可取，恐产生歧义。

在 OALD 中，定义"characterization"的本意为"the way in which somebody/something is described or defined"，即描述之意，鉴定为其引申意。因此，当"characterization"用作"鉴定"之时，通常带有提取特征的含义，尤指利用生化或电子信息技术，分析证物的化学元素、电子信号等，例如：分析血渍血型，证实数码产品中存储内数据的真实性。

"expertise"在 OALD 中的解释为："expert knowledge or skill in a particular subject, activity or job"，意为特定领域、活动、工作中的专家意见或技能，与"鉴定"之意相去甚远，在实际使用时，也皆表示为专家经验之意，而非鉴定。概因现行的刑事诉讼法、民事诉讼法及行政诉讼法英文版中，将"鉴定结论"译作"expert conclusions"（直译为专家结论），以及"expert witness"对应于我国法律体系中的鉴定人，可能使人们产生误解，认为"expert"有鉴定之意，产生误用。

除了 CNKI 中提供的上述六种翻译形式外，英文文献中，还大量存在"inspection"这一习惯用法，在我国普遍被译为"检测，检验"，在 OALD 中的解释为：

"①an official visit to a school, factory, etc. in order to check that rules are being obeyed and that standards are acceptable; ②the act of looking closely at something/somebody, especially to check that everything is as it should be". 第一种解释强调检查法规、标准是否被执行,是否合格;第二种则强调仔细检查,是否存在异常。此两种释义与建筑工程质量鉴定实质意义非常接近。"inspection" 作为 "鉴定" 使用时,主要用于对于建筑工程的鉴定,其次用于事故现场勘查、电脑搜查、机械事故分析等方面,皆有通过检测、排查而寻找问题的含义。

(二)结论

对于 "鉴定" 一词,存在着多种多样的翻译形式,在使用时没有绝对的对错之分,只有适用性的差异。在翻译时,不仅需通过词典查询字面意义,更需结合英语国家生活使用习惯及词语使用范围进行恰当翻译。

三、"司法鉴定文书" 英译分析

(一)我国法律中的司法鉴定文书

根据我国司法部 2007 年 1 月 1 日发布的《司法鉴定文书规范》(以下简称《鉴定文书规范》)第 3 条,司法鉴定文书分为司法鉴定意见书和司法鉴定检验两类。

其中,司法鉴定意见书是司法鉴定机构和司法鉴定人对委托人提供的鉴定材料进行检验、鉴别后出具的记录司法鉴定人专业判断意见的文书;司法鉴定检验报告书是司法鉴定机构和司法鉴定人对委托人提供的鉴定材料进行检验后出具的客观反映司法鉴定人的检验过程和检验结果的文书。

由此可见,司法鉴定意见书与司法鉴定检验报告书之间的显著差异在于,前者需要鉴定人提出专业判断意见,带有一定的主观性,后者呈现的则是客观的检验结果。

(二)英语国家法律中的司法鉴定文书

而在英美等英语国家,对于司法鉴定文书并没有明确分类,对于其名称也没有统一的规定,只是在法律条文中遣用不同词语作为指代。例如,美国司法委员会颁布的 Federal Rules of Civil Procedure 中 Rule 26 (2)(B) Witnesses Who Must Provide a Written Report 中的 written report;美国新南威尔士州最高法院颁布的 Expert Witness Code of Conduct 中的 expert reports;加拿大司法部颁布的 Code of Conduct For Expert Witnesses 中提到的 expert's report 等,不一而足。

因此,相应地,这些英语国家对于鉴定文书的名称正式写法并不统一,存在着多种形式,但普遍使用 "report" 一词。譬如 Report for Something(关于某事项的报告)、Something Test Report(某事项检验报告)、Expert Witness Report:Something(专家证人报告:某事项)、Expert Report of Someone(某人撰写的专家报告)、Report of Someone on Something(某人撰写的关于某事项的报告)等。

（三）结论

对于"司法鉴定意见书"、"司法鉴定检验报告书"这一系列司法用语，英文中并没有恰当对应的词语形式。因此，本文建议结合鉴定文书规范、我国司法体系、中文和英文的语言习惯，对于上述词语进行如下英译："司法鉴定意见书"宜译作"judicial expert report"，可简写作"expert report"，以强调专家所写报告，含有个人意见之意；"司法鉴定检验报告书"宜译作"judicial test report"，可简写作"test report"，以强调检验之意；两者统称"司法鉴定文书"宜译作"judicial report of expert conclusion"，可简写作"report of expert conclusion"，与刑事诉讼法、民事诉讼法及行政诉讼法中鉴定意见的英译对应。

四、结语

语言因其自有的灵活性与多样性，随着使用对象与使用场合的不同，所表达的含义也是因地制宜。而这些微妙的词意差异是任何一本权威的词典或字典都无法涵盖的。尤其对于跨文化的专业名词，在翻译时，不能仅作字面翻译，应从其本意出发，追根溯源考虑历史文化等因素的影响，进行适当创用。

本文从词意及法律体系比较两方面出发，比较了 forensic 与 judicial 两词对于"司法"一词翻译的异同，提出了使用建议；对于"鉴定"一词的常用翻译形式，比较了译词的使用差异，提出了各个译词的侧重性及适用范围；对于"司法鉴定意见书"，则结合相关国内外法律，提出了满足中英文双语习惯的建议翻译形式。望对专业名词"司法鉴定"及"司法鉴定意见书"的翻译起到借鉴作用。

重庆高校司法鉴定机构管理模式调研报告[*]

周修友[**]

一、基本情况

（一）重庆市司法鉴定工作的基本情况

2013 年，重庆市共登记司法鉴定机构 310 家，其中"三大类"59 家、"三大类"外 251 家；共登记司法鉴定人 2702 名，其中"三大类"857 人、"三大类"外 1845 人。司法鉴定业务涉及法医、物证、声像资料、司法会计、建筑工程、知识产权、产品质量、价格评估、交通事故、计算机、环境损害评估、林业、电力等 30 多个行业，覆盖了社会管理的主要领域；共办理司法鉴定业务 33 527 件，其中，公、检、法委托占 49%、法律服务机构委托占 10%。司法鉴定在保障诉讼的同时，也为仲裁、人民调解、行政执法、保险理赔等提供了重要的技术支持。据了解，全市 60% 以上的劳动纠纷调解、50% 以上的道路交通事故处理和医疗纠纷调解都使用了司法鉴定意见，为化解矛盾、维护稳定作出了积极贡献。与此同时，司法鉴定服务经济社会发展、促进科技进步的功能也得以彰显，32 家机构通过国家或省级资质认定，加强了重点实验室建设。司法鉴定标准研制工作连续三年申报数、立项数位居全国前列，去年完成了 3 项司法部课题。八益交通事故司法鉴定中心在国际交通医学大会上获得最佳论文奖。司法部郝赤勇副部长对重庆主动适应社会需求，不断完善司法鉴定公共服务体系给予了充分肯定。

（二）重庆市高校的基本情况

1. 重庆高校的简要情况。改革开放以来，特别是重庆升格为直辖市以后，重庆高等教育得到了长足发展，学校数量增长较快，从 1997 年的 22 所增加到 2013 年的 70 所，其中，普通高校 63 所、在渝军校 3 所、成人高校 4 所。2013 年，全市高校普通本科在校生 42.01 万人、毕业生 8.25 万人；高等职业教育在校生 23.93 万人、毕业生 6.62 万人。全市高校共有一级学科博士点 67 个、一级学科硕士点 142 个。国家级重点一级学科 3 个、重点二级学科 21 个、重点培育学科 8 个，"十二五"市级重

---

* 本文原载于《中国司法鉴定》2014 年第 5 期。

** 重庆市司法局。

点学科 180 个。

2. 重庆市高校司法鉴定机构的基本情况。目前，全市有西南政法大学司法鉴定中心（以下简称"西政鉴定中心"）、法医验伤所、重庆邮电大学司法鉴定中心（以下简称"重邮鉴定中心"）、西南大学司法鉴定所（以下简称"西南大学鉴定所"）、重庆大学建设工程质量检测中心（以下简称"重大检测中心"）、重庆市溯源司法鉴定所（以下简称"溯源鉴定所"）、后勤工程技术司法鉴定中心（以下简称"后工鉴定中心"）、第三军医大学营养与食品安全研究中心（以下简称"三医大食品研究中心"）等 8 家高校鉴定机构。它们分属于西南政法大学、重庆医科大学、重庆邮电大学、西南大学、重庆大学、重庆警察学院、中国人民解放军后勤工程学院和第三军医大学等 8 所高校。其中，西政鉴定中心在 2010 年被评为全国十家国家级机构，现有 88 名鉴定人，是重庆市最大的鉴定机构；重大检测中心是省级的鉴定机构。执业类别涵盖"三大类"和"其他类"，包括法医病理、法医临床、法医物证、法医毒物、文书鉴定、痕迹鉴定（含陶瓷器）、微量物证、声像资料、司法会计、知识产权、计算机、动植物基因、通信、种养殖、农业生物技术、生态环境、建设工程质量、石油化工产品、流体机械设备和食品安全等司法鉴定（见表1）。

表1　重庆市高校司法鉴定机构一览表

司法鉴定机构名称	所属院校	审批时间		鉴定人数	执业范围	资质情况
		司法部	重庆市司法局			
西政鉴定中心	西南政法大学	1985		88	三大类鉴定及会计知识产权鉴定	国家级
西南大学鉴定所	西南大学		2002	23	农业生物技术生态环境鉴定	
重大检测中心	重庆大学		1998	17	建设工程质量鉴定	省级
法医验伤所	重庆医科大学		2000	36	法医类鉴定	
重邮鉴定中心	重庆邮电大学		2004	25	计算机、动植物声像、知识产权鉴定	
三医大食品研究中心	第三军医大学		2011	13	营养食品卫生鉴定	
后工鉴定中心	解放军后勤工程学院		2003	26	建设工程质量鉴定	
溯源鉴定所	重庆市警察职业学院		2008	6	法医、文书计算机鉴定	

二、重庆市高校司法鉴定工作管理情况

（一）高校司法鉴定机构的业务工作

2013年，全市高校鉴定机构数占全市总数的2.5%，鉴定人占全市鉴定人总数的8%，共办理鉴定业务7000多件，占检案总数的20%以上。其中，市外50%以上的案子都是高校司法鉴定机构完成的，如西政鉴定中心80%的业务、法医验伤所60%以上的业务都来自全国各地，为帮助各省市政法部门解决复杂疑难问题作出了积极的贡献。全市鉴定机构与高校鉴定机构对比（见表2）。

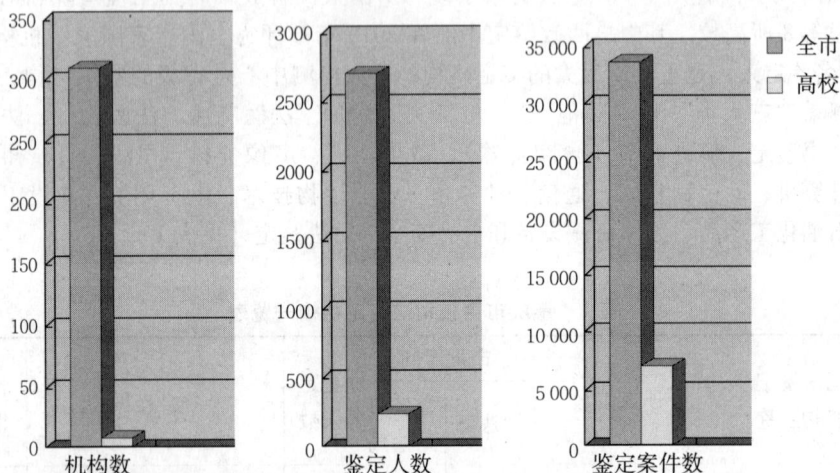

高校鉴定机构数与全市机构总数之比（8∶310≈2.5%）
高校鉴定机构人数与全市鉴定人总数之比（233∶2702≈8%）
高校鉴定机构检案数与全市案件总数之比（7000∶33 527≈20.87%）

表2　全市鉴定机构与高校鉴定机构对比

（二）高校司法鉴定机构的人才队伍建设

为了保证教学、科研、鉴定任务的顺利完成，在各高校及相关院系的支持下，全市高校鉴定机构非常重视队伍建设，在积极选调专业带头人、业务骨干充实鉴定人队伍的同时，根据学校及相关院系的总体规划，结合实际有计划地引进人才，并对在职人员加强培养，形成了一支学缘结构、年龄结构、职称结构均衡发展的鉴定人队伍。各高校鉴定机构普遍组建了由技术负责人、质量负责人及各专业实验室主任和特聘专家组成的司法鉴定技术委员会，完善了本机构的技术管理层。据不完全统计，在全市高校鉴定机构的232名鉴定人中，有高级职称176人，享受国务院特殊

津贴 25 人。

（三）高校司法鉴定机构的硬件建设

目前，各高校鉴定机构配置的主要仪器设备普遍处于国际先进水平，是国内司法鉴定机构可选条件下的首选设备，在考虑技术研发需求的基础上，一些设备还适度超前配置。例如，西政鉴定中心的仪器设备价值 3000 多万元，办公场地达到 7000 多平方米；法医验伤所办公场地 1100 多平方米，设施设备 90 多台套，价值近 1000 万元；后工鉴定中心拥有 2 亿元投资建设的多个全国超前的专业实验室。另据了解，高校的 74 个市级重点实验室、20 个市级工程研究中心，以及 23 个教育部重点实验室、11 个教育部工程研究中心，高校鉴定机构都可以共享使用。

（四）高校司法鉴定机构的鉴定能力建设

重庆市高校经过多年的艰苦奋斗，不仅学科建设取得长足发展，而且司法鉴定能力也迅速提高，行业内享有较高的声誉。西南政法大学是我国最早建设的政法院校，其侦查学专业是我国最早的侦查学本科专业，"侦查学专业人才培养模式创新实验区"是首批国家级人才培养模式实验区，"证据技术实验教学中心"为国家级实验教学示范中心，西政鉴定中心被评为首批国家级鉴定机构，也是中西部地区唯一的国家级鉴定机构；重庆医科大学是国内较早开设法医专业课程的高校，也是全国法医临床鉴定人转岗培训基地，较早的法医学硕士、博士学位授权点；法医验伤所经常承办中央领导和中央政法系统领导交办的司法鉴定案件；重庆邮电大学参与制定了第三代移动通信标准和我国工业自动化领域第一个拥有自主知识产权的 EPA 国际标准，被誉为"中国数字通信发源地"，重邮鉴定中心是西南地区有名的电子证据保全单位，检察系统、法院系统经常在这里观摩培训；西南大学鉴定所承担了司法部"农业生态环境污染和破坏司法鉴定技术规范"研制工作，重大检测中心参与司法部建筑工程司法鉴定教材编写工作，后工鉴定中心是军队系统唯一的建设工程司法鉴定单位。

总体而言，重庆市高校司法鉴定机构发展态势良好：一是机构数较多，有 8 家；二是执业范围广，达到 20 多个门类；三是机构影响较大，如西政鉴定中心是首批国家级鉴定机构。近年来，重庆参与了司法部 8 项司法鉴定技术规范研制工作，其中有 7 项都是高校鉴定机构完成的。

三、重庆高校司法鉴定工作存在的问题

（一）理念因素

首先，司法鉴定工作不是高校的主流业务。现在高校不缺经费，不需要靠司法鉴定的收益填补教育经费，故司法鉴定不可能成为高校的主流事业。其次，司法鉴定是一个高风险的职业，由于一些群众对司法鉴定工作的期望值过高，司法鉴定机构和鉴定人承担了自己不应承担的接待、处理群众信访投诉的繁重任务。如作为国

家级司法鉴定机构的西政鉴定中心，重大疑难案件达20%，案件呈现出技术难度大、当事人难缠、社会关注度高的"三难特色"，长期上诉信访人员多，无理缠闹现象占比相当高，还时有专业"鉴闹"情况。作为法人代表的学校领导，不愿为此牵扯而花费精力，故多数对司法鉴定积极性不高。加上司法鉴定的环节多、程序复杂，司法鉴定质量要求又高，而一些当事人又极其不理解。因此，高校司法鉴定人热情不高，影响了鉴定机构的发展壮大，司法鉴定信访投诉问题常常引起一些作为机构法人代表的高校领导的尴尬，这是他们对鉴定机构不够重视，支持力度不够的深层次理念的原因。

（二）管理机制

高校司法鉴定机构不具备独立法人资格，表现最突出的问题是无财权、人权，没有相对独立的运行机制。机构法人或负责人要么由学校领导兼任、要么由学校任命，学校没有赋予鉴定机构人事聘用权。司法鉴定人也一般是由有教学任务的老师兼职，缺乏行政管理人员、实验人员。由于没有人事权，也很难聘到紧缺人才，学校也不会为鉴定机构聘人，因为要占事业编制。这样的管理模式下，司法鉴定机构运行起来很艰难，同时因收入低、风险高，其他兄弟院系老师缺乏积极性，工作上根本协调不动。

（三）评价体系

虽然高校应当承担起教学、科研、文化传承、社会服务四大职能，也有产学研的优势，但由于各有各的评价体系，要结合起来非常困难。同时，也很少有高校领导把司法鉴定工作当成是高校为社会直接服务、深度服务的工作来看待，没有建立起高校司法鉴定工作评价体系，职称评审通常只考核教师发表论文和专著的数量、等级，基本上不把高校老师的检案与课时、科研一样纳入工作量考核。

（四）收入分配

大多数鉴定机构的工作人员都是兼职教师，只有重庆大学、解放军后勤工程学院等少数高校司法鉴定机构才有两三个行政人员，学校不给鉴定机构设置独立账户，收入分配比例一般只有20%，多的也只有40%左右，很大程度上伤害了高校鉴定人的积极性。比如，一个电子证据业务只收费2000元，按学校30%的分配比例，每个鉴定人只有600元的收入，要从海量数据中查找一个信息，鉴定工作量很大，还要写鉴定报告，作出鉴定意见，更要承担社会风险，基本上没有一个教授愿意做。溯源司法鉴定所鉴定人全是重庆警察学院的老师，公务员兼职不得兼薪，所以他们很少开展业务。

四、创建高资质高水平公共鉴定机构的思考

（一）正确定位

科研院校的鉴定机构有人才、有设备、有资源，已逐渐成为司法鉴定工作的主

力军。高校的司法鉴定应该创建成高资质、高水平、公益性的公共鉴定机构。所谓高资质，主要是对机构而论的。高校鉴定机构要成为国家级或省级评定的资质，在验证等方面都应有细化、量化的达标要求。所谓高水平，主要是对鉴定人而言的，对其学历、技术职称都要有合理的配置。高校司法鉴定机构应是高校服务社会的一个窗口，坚持公益性，不应以盈利为目的。关于"公共性"问题应当怎样定位？有人担心，有了公共鉴定机构后，还要不要社会鉴定机构？在全面深化改革的今天，国家会不会对司法鉴定工作大包大揽？

教育部要求要将校属公司推向市场，沿海高校已经开始行动了。这样一来，最直接的影响是高校司法鉴定机构的名称要改，不能冠以学校名称，同时设备的产权可能也要变。这种脱钩，将会减弱高校司法鉴定机构的产学研优势。这里关键的是要改变高校司法鉴定公益、公共的性质。笔者认为，鉴定机构不应走中介机构市场经济的路，尤其是高校鉴定机构应以科学、独立、公正的司法鉴定成果，保障诉讼活动的顺利进行。建立"公共鉴定机构"，配套政策要同时跟上，国家应保证一定的经费。

（二）顶层设计

1. 立法层面。为了真正形成完全统一的司法鉴定管理体制，司法鉴定工作应当从国家法律制度的层面，进行司法鉴定立法的顶层设计，探索建立由国家出资的公立性鉴定机构，形成公立性鉴定机构、侦查机关所属鉴定机构、社会鉴定机构三足鼎立格局，推动公共法律服务体系建设。

虽然司法鉴定制度是中国特色社会主义司法制度的重要组成部分，但由于我国司法鉴定各类制度呈"块"状分布，缺乏"条"形联系，没有真正形成完全统一的司法鉴定管理体制，所以，司法鉴定工作必须要从司法鉴定主体、司法鉴定程序、司法鉴定标准等方面，从国家法律制度的高度进行顶层设计。

设计司法鉴定程序，不仅要考虑司法鉴定涉及的《刑事诉讼法》、《民事诉讼法》、《行政诉讼法》、《仲裁法》、《行政处罚法》和全国人大常委会《关于司法鉴定管理问题的决定》等法律，也要考虑司法部颁布的《司法鉴定程序通则》、《司法鉴定机构登记管理办法》、《司法鉴定人登记管理办法》和《司法鉴定投诉处理办法》，公安部和最高人民检察院颁布的《公安机关鉴定规则》、《人民检察院鉴定规则（试行)》等部门规章，还要考虑若干地方规章。

设计司法鉴定主体，不仅要考虑到鉴定机构单位所牵涉业务的面广泛，如仅在重庆就涉及了三十多个行业和领域，而且要考虑到使用司法鉴定意见的单位的宽广度，诸如公检法等司法机关，各行政执法机关、仲裁、人民调解、保险理赔，甚至劳动纠纷调解、道路交通事故和医疗纠纷处理等有关维护社会稳定工作的方方面面。

设计司法鉴定标准，既要考虑国家标准和技术规范，也要考虑司法鉴定行政主管部门、司法鉴定行业组织或者相关行业主管部门制定的行业标准和技术规范，还要考虑地方标准和技术规范，甚至鉴定机构自制的技术规范。要在现存的《关于办理死刑案件审查判断证据若干问题的决定》、《医疗事故处理条例》、《人体损伤程度鉴定标准》、《工伤致残程度鉴定标准》等重要的司法鉴定规范的基础上，推动建立覆盖全部鉴定类型且统一的全国标准体系。

2. 实践层面。由于公立性鉴定机构是国家主导的维护社会公平正义的司法鉴定机构，应当出台专门的《公立性司法鉴定机构管理办法》，从总体上明确公立性鉴定机构的性质、地位、资金来源、管理模式、激励机制、管理要求等问题，尤其是要明确政府如何投资问题，用规范性文件解决好公立性鉴定机构与社会鉴定机构在业务分流、鉴定人利益保障等方面可能出现的冲突问题。

例如，为了打造西部地区或长江上游"区域性司法鉴定中心"，重庆市司法鉴定管理部门正在继续深化市和区县司法局"两级管理"、司法行政和行业协会"两结合管理"、司法行政机关与其他行业主管部门"双重管理"、分类管理机制建设。如，在分类管理机制方面，正在探索建立社会鉴定机构管理模式、公立性鉴定机构管理模式、侦查机关所属鉴定机构管理模式等。

高校是国家财政拨款单位，理应承担司法鉴定社会公共事务责任，所以，重庆市司法鉴定主管部门正从加强分类管理入手，重点探索高校司法鉴定机构管理模式，进而推动公立性鉴定机构建设。

（三）重点突破

从分类管理角度来看，构想高校司法鉴定机构管理模式，还必须要理顺高校和鉴定机构的关系，与高校共同协作，创设一种切实可行的管理模式。

当前，由于司法行政机关只负责监督管理高校鉴定机构的"司法鉴定行为"，而教育部门则直接管理着鉴定机构的人事、财务、设施设备保障和重要事权。所以，在加强高校司法鉴定机构管理过程中，建议在司法行政部门设立专门的处室，建立司法行政机关与教育行政部门双重管理机制，联合发文，从制度层面上解决一些具体问题，如正确认识开展司法鉴定工作是高校加强教学、科研、文化传承、社会服务四大职能的重要体现；改革高校司法鉴定机构的管理机制、运行机制等；把司法鉴定工作纳入办学水平评估内容，完善职称评价体系、收入分配制度等，把鉴定与课时、科研一样纳入工作量考核，适当调剂名额照顾从事司法鉴定工作优秀老师的职称评定问题；协调解决好教师作为司法鉴定人的鉴定时间、出庭作证时间与上课时间冲突等问题。建立司法行政机关与教育部门双重管理机制，重点是要解决好教育行政部门管什么、司法行政机关管什么的问题。

（四）分步实施

创建"公立性鉴定机构"任务十分繁重。根据司法部《关于加强公共法律服务体系建设的通知》要求，我们认为建设高资质高水平公共鉴定机构，应当采取"统一规划、分步实施、重点突破"的办法：第一步，加快高校司法鉴定机构体制改革，逐步理顺高校司法鉴定机构与高校的关系；第二步，建议实行司法鉴定机构双轨制，既有公益性的公共鉴定机构，也有民办社会鉴定机构，并妥善处理好二者的关系；第三步，推动公益性公共鉴定机构与民办社会鉴定机构的逐步融合，设立国家事业单位型的独立的、公共的司法鉴定机构，最终建立健全司法鉴定公共服务体系。

建设工程司法鉴定程序规范解读与行业展望[*]

周子义^{**}　周柯生

近年来，随着社会经济的高速发展，建设工程纠纷导致诉讼的案件和非诉讼案件日益增多。建设工程司法鉴定业务迅猛发展，但鉴定技术标准越来越不能满足发展需求。司法部发布的《司法鉴定程序通则》(司法部令第 107 号)，是司法鉴定机构和司法鉴定人进行司法鉴定活动应当遵守和采用的一般程序规则。根据建设工程专业领域的特点和鉴定事项对其程序的特殊要求，尽快编制一部建设工程司法鉴定的程序标准，已是诉讼案件审理和纠纷解决的迫切需要。它对依法保护建设工程领域各方当事人的合法权益，维护建设市场正常秩序，促进建设和房地产业健康发展，维护社会公平正义，必将产生重要而深的影响。

2014 年 3 月 17 日，司法部办公厅以司办通〔2014〕15 号文批准发布施行行业标准《建设工程司法鉴定程序规范（SF/Z JD0500001－2014）》(以下简称《规范》)，为使相关人员正确理解和适用《规范》，本文对建设工程司法鉴定中疑难问题和行业展望进行阐述。

一、建设工程司法鉴定理论

(一) 诉前鉴定和非诉鉴定

目前对司法鉴定的解释理论上有狭义和广义二种：狭义的司法鉴定，指经司法机关（在我国包括审判机关、公安机关、检察机关）委托或者同意，由鉴定机构对侦查、诉讼活动中涉及的特定事项进行鉴定并出具鉴定意见的专业活动。非司法机关因核实、审理案件需要而作出的任何鉴定，都不是司法鉴定。广义的司法鉴定，指司法机关或者当事人（仲裁机构、政府部门、社会组织、公民等）的委托，鉴定机构通过技术手段或者专门知识为其提供相关鉴定意见的专业活动。从司法鉴定本质上看，其具有法律服务性质，是一项司法辅助性活动，不仅为司法机关侦查审理案件服务，而且也为仲裁、公证、行政执法和民事活动中认定证据服务，这些非诉讼活动又称之为准司法活动。在非诉讼活动中遇有专门性问题时，也需要委托具有

---

　*　本文原载于《中国司法鉴定》2014 年第 6 期。

　**　浙江省衢州康平建筑工程司法鉴定事务所。

专门知识与技能的人对有关问题作出鉴别和判断，并以此作为处理问题的依据。

诉前鉴定是指案件未进入诉讼程序前（司法机关尚未受理、立案）由诉讼原告或被告一方直接委托鉴定机构进行的鉴定，又称其为当事人举证鉴定。《最高人民法院关于民事诉讼证据的若干规定》第72条规定：诉讼一方当事人提出的证据，诉讼的另一方当事人认可或者提出的相反证据不足以反驳的，人民法院可以确认其证明力。这也从另一角度说明诉前鉴定具有限制证明力。诉前鉴定有一定的必要性和合理性。有些案件，没有诉前鉴定提供证据，就不可能提起诉讼，或者给原告方举证造成困难。只有借助诉前鉴定意见，人民法院才可能受理。许多民事纠纷原告方掌握或收集了一些准备作为证据的材料，为明确其真实性或证明力，需通过初步鉴定，以确定可否作为证据。从这个意义上讲，诉前鉴定也是诉讼当事人举证的组成部分。

非诉鉴定，是指在仲裁、公证、行政执法和民事活动中，需要就科技、专门性问题作出鉴别和判断，委托法定鉴定机构、鉴定人进行鉴定并出具鉴定意见的活动。按我国现行法规的规定，这种非诉鉴定的委托，司法鉴定机构是可以受理的，司法鉴定的技术要求和管理规定也适用于非诉鉴定，其也应按照正确的方法和法定的程序进行。

随着和谐社会的构建，各级政府和社会各界越来越重视把各类重大政治、经济和社会问题纳入到法治的轨道来解决。社会矛盾中的各种法律问题、法律关系不仅数量剧增，而且所涉及内容日益专业化、复杂化和综合化。司法鉴定意见作为司法证明的一种科学证据，因其自身的性质、特点和社会公信力，通过对社会纠纷和矛盾中的专门性问题进行鉴别、审查和判断，能在化解社会矛盾中发挥技术保障和技术服务的积极作用。

《规范》对司法鉴定采用了广义的解释和定义。其第1.3条规定：司法鉴定机构受理的诉前鉴定和非诉鉴定可参照《规范》执行。

（二）鉴定人的释明

《规范》中第4.2.1.4、8.2.6、8.2.8、8.2.9、9.1等条涉及的是鉴定人的释明。

由于民事诉讼中当事人对主张事实负有举证责任，但当事人、当事人的代理人甚至法官往往并不具备相关科学技术知识背景，因此，在诉讼活动中需委托鉴定人运用科学技术或者专门知识对诉讼涉及的专门性问题进行鉴别和判断并提供鉴定意见。司法鉴定人作为协助法官查明案件事实的辅助人，在鉴定过程中对案件的事实的发现，应向庭审法官说明和向申请鉴定的当事人释明。司法鉴定人的释明包括审查受理鉴定阶段的释明，出具鉴定意见时的披露，鉴定文书送达后的释明。

1. 审查委托受理鉴定阶段的释明。审查委托受理鉴定阶段的释明指对其委托鉴定事项的解释和对进行鉴定风险的释明。

（1）对委托鉴定事项的释明。在诉讼实践中，经常出现诉争事实本可以通过鉴定查明，但由于申请鉴定当事人并不具备相关科学技术知识的背景，提出的委托鉴定事项并不利于事实的查明或者难以鉴定时，如果按照委托要求进行鉴定，可能难以解决诉讼审理的纠纷。

因此司法鉴定人在受理鉴定委托时，对案件争议的事实初步了解后，向法官说明，申请鉴定当事人如变更其鉴定事项有助于查明事实真相，解决案件的争点，对于维护当事人的合法权益有重要作用，也为诉讼顺利进行有很好的帮助。

（2）对鉴定风险的释明。司法鉴定是一项专业性和技术性很强的工作，必须遵循依法、独立、客观、公正的原则进行，应向申请鉴定当事人释明司法鉴定存在风险：鉴定意见不能保证达到申请鉴定当事人所期待的愿望，也可能存在对申请鉴定当事人不利及不能够解决诉讼或解决纠纷中所有难题的情况；鉴定资料应当提供原件，或经核对无误的复印件，鉴定资料的真实性和可靠性失真时，鉴定意见可能错误；鉴定意见只能作为证据使用，应经质证才能采信等。

2. 出具鉴定意见时的披露。

（1）鉴定人在鉴定的过程中，需要对受鉴项目进行检测和鉴定。检测和鉴定过程中，可能会有当事人未意识到的对案件争议解决起重要作用的事实的发现，也可能会有涉及受鉴项目结构安全或工程造价结算方面的发现。司法鉴定人员可向委托人进行披露。一方面，在法官和当事人不具备相关科学技术背景的情况下，鉴定人对超越委托鉴定事项的披露，有助于案件的公平审理和诉愿的达成；另一方面，鉴定人对涉及结构安全、主要使用功能或造价结算方面的披露，有助于受鉴项目的安全和正常使用。

（2）为维护鉴定意见文书的权威性，这些披露不应以鉴定意见的形式出现，可以在检测、鉴定过程、分析说明、附注部分予以披露。

3. 鉴定意见书送达后的释明。鉴定意见书送达后的释明，鉴定人可以用书面方式或出庭方式实现。鉴定文书送达后的释明，还包括鉴定意见使用时需注意的问题。

（三）建设工程司法鉴定的回避制度

回避制度是我国司法鉴定制度中一项基本制度。鉴定人的回避，既是司法鉴定人的义务，又是诉讼当事人及其法定代理人的权利。这一制度在我国的法律、司法鉴定法规和部门规章中均有明确规定。

《规范》结合建设工程的特点，规定了司法鉴定人应回避的几种情形（建设工程中，担任过受鉴项目咨询、论证、勘察、设计、监理、施工、检测任务）。

现实生活中，人际关系十分复杂。是否具备回避的条件，回避对象最为清楚。为了规范回避制度，应建立鉴定机构和鉴定人回避声明制度，即回避对象在履行职务前，应事先声明自己无法律所规定的应回避的情形，同时将此项声明制作成书面声明由鉴定机构盖章，司法鉴定文书应就此专列一章，或在司法鉴定文书封二中载明。

回避声明书的内容应和以下的内容相近：①本鉴定机构及鉴定人对受鉴项目所

涉及的各方当事人、代理人、利益相关人不存在任何现时或预期利益（除本案的鉴定工作酬金外）；②本鉴定机构及鉴定人与受鉴项目当事人、代理人、利益相关人没有发生过任何利益往来；③本鉴定机构及鉴定人对受鉴项目不拥有现存或预期的利益；④本鉴定机构及鉴定人对受鉴项目涉及的各方没有任何偏见；⑤本鉴定机构及鉴定人不存在现行法律规定所要求的回避情形。

根据建设工程司法鉴定公正鉴定的原则，司法鉴定过程要坚持公开。当事人有申请鉴定人回避的权利，鉴定机构应有告知的义务。因此规定鉴定机构应在受理鉴定委托后 5 日内，向当事人送达《司法鉴定组成人员通知书》。

二、建设工程司法鉴定实务

（一）建设工程质量的鉴定意见

对建设工程质量进行司法鉴定，不应做出合格或不合格的鉴定意见，而应做出工程质量是否符合施工图设计文件、相关标准、技术文件的鉴定意见。现行法规规定：建设单位、勘察单位、设计单位、施工单位、工程监理单位依法对建设工程质量负责，都是建设工程质量主体。建设工程质量合格与否的结论，只能由建设单位组织建设工程各质量责任主体，通过规定的程序进行竣工验收后才能得出。而对建设工程质量进行司法鉴定，主要是通过鉴定人的专业知识和技术经验，采用必要的检测和验算手段，根据工程标准规范，对建设工程质量进行鉴定。根据委托的鉴定要求，有时仅对某分部分项工程质量进行鉴定。因此，对建设工程质量进行鉴定，不应做出合格或不合格的鉴定意见：①鉴定机构和鉴定人独立地进行鉴定，不符合工程质量竣工验收规定的主体和规定的程序要求；②一旦对已投入使用的工程作出不合格的鉴定意见，将在法律和规章上引起混乱，影响正常的工作生产、生活秩序。因此，鉴定机构和鉴定人对建设工程质量进行鉴定，应做出工程质量是否符合施工图设计文件、相关标准、技术文件的鉴定意见。

特别须指出的是，由于建设工程质量本身的特点，对建设工程施工质量进行的事后检测和鉴定，做出的鉴定意见，不能免除建设单位、勘察单位、设计单位、监理单位、施工单位各自应依法承担的质量责任和义务。

（二）农村自建住宅的质量鉴定

在各类工程质量鉴定实践中，农村或城镇中自建住宅的质量纠纷占相当的比重。《关于加强村镇建设工程质量安全管理的若干意见》（建质〔2004〕216 号）规定：对于建制镇、集镇规划区内的所有公共建筑工程、居民自建两层（不含两层）以上以及其它建设工程投资额在 30 万元以上或者建筑面积在 300 平方米以上的所有村镇建设工程、村庄建设规划范围内的学校、幼儿园、卫生院等公共建筑（以下称限额以上工程），应严格按照国家有关法律、法规和工程建设强制性标准实施监督管理。

上述建设工程均应按《规范》执行。对于村庄建设规划范围内的农民自建两层（含两层）以下住宅的建设活动，县级建设行政主管部门的管理以为农民提供技术服务和指导作为主要工作方式。

随着社会经济的快速发展，在农村建制镇、集镇规划区外的村庄的建设也蓬勃发展，公共建筑的建设规模不断增长，农村或城镇居民的住宅也大都在二层以上。为了保障房屋建筑结构安全，保护人民群众生命财产安全，无论是否在建制镇、集镇规划区内的村镇建设工程，还是农村或城镇居民二层以上住宅的鉴定，均应按《规范》和现行相关标准执行。

（三）建设工程造价鉴定的依约原则和取舍原则

《规范》第7.1.1条强制性条文规定：建设工程造价鉴定除应遵循依法、独立、客观、公正鉴定原则，还应遵循从约原则和取舍原则。

1. 建设工程造价鉴定的依约原则。受建设工程合同法律关系的约束，工程造价纠纷首先是一个合同问题。一个具体建设工程项目约定的合同造价，是当事人经过深思熟虑、利害权衡、谈判竞价等博弈方式所达成的特定的工程价格，而不是某一工程合同的市场平均价格或公允价格。这是经济学理论的基本观点，也是在市场经济制度下维护公平正义与效率所应遵循的司法原则。

在建设工程合同造价诉讼案件中，有些当事人在工程合同或者在施工签证中作出特别的约定，有些约定是明显高于或低于定额计价标准或市场价格的。根据《合同法》的自愿和诚实信用原则，只要发包人和承包人的约定不违反法规的强制性规定，不管发包人和承包人签订的合同或具体条款是否合理，鉴定人均无权自行选择鉴定依据或否定发包人和承包人之间有效的合同或补充协议的约定内容。这就是工程造价鉴定中必须遵循的从约原则。

2. 建设工程造价鉴定的取舍原则。在鉴定过程中由于合同双方当事人提供的证据有二种以上的不同标准，或者因案情的复杂性和特殊性，或者需要质证方可判定，或者现有证据相互矛盾难以作出确定判断，致使工程造价鉴定难以得出确定性的鉴定意见时，鉴定人应结合案情按不同的证据标准，根据各自证据成立与否出具不同的鉴定意见，供人民法院合议庭根据开庭情况和评议对其进行取舍。

如果工程造价鉴定人根据自己的意愿，径自认定一种证据材料，甚至认定合同无效，然后据此作出鉴定意见，这实质上是代行了审判权。比如有的合同对价款结算让利作了明显过高的约定，能否按约计算，其决定权应由司法机关裁判，鉴定人对鉴定资料的真实性和有效性无认定权，鉴定资料的真实性和有效性只能由审判人员认定。鉴定人应提供是否按约定计价的两个鉴定意见供司法机关判定。这就是工程造价鉴定必须遵循的取舍原则。

（四）鉴定资料的质证

质证作为审查判断证据的重要方法之一，是民事诉讼中一个十分重要的环节，它是指当事人各方采用询问、辨认、质疑、辩驳等核实方式对一方提出的证据进行质辨的过程。质证的目的是就证据的可采性和证明力对法官的心证产生影响，使法院正确认定证据的效力。新《民事诉讼法》第67条规定："人民法院对有关单位和个人提出的证明文书，应当辨别真伪，审查确定其效力。"第68条规定："证据应当在法庭上出示，并由当事人互相质证。"未经庭审质证的证据，不能作为定案的证据。因此，由人民法院委托的工程造价鉴定，鉴定资料的真实性和有效性应由人民法院进行质证认定。《规范》列为强制性条文。

（五）发包人原因导致的合同终止相关费用鉴定

因发包人违约导致合同终止的，鉴定人需确定发包人应向承包人支付的下列费用：①合同解除日以前承包人所完成的永久工程的价款；②承包人为受鉴项目施工订购并已付款的材料、工程设备和其他物品的金额，发包人付款后，该材料、工程设备和其他物品归发包人所有；③承包人为完成受鉴项目所发生的，而发包人未支付的费用；④承包人撤离施工场地以及遣散承包人人员的费用；⑤承包人进场施工机械的停滞费用；⑥承包人为完成受鉴项目所建造的临时设施的摊销费用；⑦受鉴项目未施工部分承包人的可得利益；⑧由于解除合同应赔偿的承包人的损失；⑨按合同约定在合同解除日前应支付给承包人的其他费用。

（六）建设工程实际竣工日期的确认

对建设工程实际竣工日期的确认，如果是经发包人和承包人签字确认竣工日期的，应以发包人和承包人确认的日期为竣工日期。当发包人和承包人对实际竣工日期有争议时，应根据不同情况进行处理：

1. 受鉴项目经竣工验收合格的，以竣工验收合格之日为竣工日期，而不是以承包人提交竣工验收报告之日为竣工日期，这是指一般正常情况，不包括发包人拖延的情形。如果受鉴项目经验收为不合格的，发包人有权要求承包人在合理期限内无偿修理或者返工、改建。所谓"合理期限"，是指根据工程质量不符合约定的具体情形，以及根据国家相关规定确定的工期和相关合同文件约定的内容，承包人进行无偿修理或者返工、改建所需要的时间。承包人对受鉴项目进行修复后，经再次验收合格之日为工程竣工日期。对质量不合格的受鉴项目进行修理或者返工、改建，势必会占用一定的时间，这样可能会导致不能按照合同约定的竣工日期交付工程，而逾期交付的原因是由于承包人的工程质量不合格而进行修复占用了时间，承包人应当承担违约责任。

2. 承包人已经提交了申请竣工验收的报告，而发包人迟迟不予验收的，以承包人提交验收报告之日为竣工日期，而不是以后来验收合格之日为竣工日期。

3. 在受鉴项目未经竣工验收的情况下，发包人擅自使用的，以受鉴项目转移占有日为竣工日期。在实践中，经常出现发包人出于自己需要，为提前获得投资效益，没有经过验收就急于使用已经竣工的工程。发包人实际接收后，意味着承包人已完成其合同义务，从而开始享有请求支付工程价款的权利，同时也意味着，工程的一切意外风险由发包人承担。

（七）建设工程司法鉴定文书的表现形式

司法鉴定意见是鉴定类证据的书面表现形式。鉴定意见的表现形式很多，按其对鉴定结果的确定程度及其证明意义，有确定性意见与推断性意见两类：

1. 确定性意见就是对被鉴定事项作出断然性结论。其中包括对被鉴定事项的"肯定"或"否定"、"是"或"不是"、"有"或"没有""等级与能力确定"等结论。由于确定性意见是明确回答鉴定要求的意见，诉讼主体（含司法机关、诉讼双方当事人）较容易接受，评断其客观性与关联性难度相对较小，证明作用也相对较大。因此，鉴定人总是力图作出确定性意见，委托人也总是希望鉴定人出具这种意见。但是在有些案件中确实很难实现这一目的。因为不论哪一个鉴定门类，出具这类意见都有严格的鉴定条件和具体的鉴定标准。鉴定条件较差或鉴定标准不够的难以作出确定性意见。

2. 推断性鉴定意见是对被鉴定事项作出不确定的分析意见。如"可能是"或"可能不是"，"可能有"或"可能没有"，"可能相同"或"可能不同"等。鉴定人出具推断性鉴定意见的基本条件是：被鉴定事项条件差但有具备一定的鉴定条件，或者被鉴定的事项本身技术难度大，经过鉴定难以形成确定性意见。从科学认识方法和证据要求角度来讲，鉴定人出具推断性意见是正常的，合理的。

（八）司法鉴定人对鉴定事项不能作出法律结论

所谓作出法律结论，是指鉴定人超越职权范围，对被鉴定的事项作出法律认定结论，即鉴定意见对案件定性或确定鉴定事项当事人的法律责任。《规范》之所以如此规定，是因为对案件事实的判断和适用法律是司法机关的审判权。鉴定意见中如果含有鉴定人的法律结论，就容易引发偏见，妨碍公正地认定事实，就侵犯了司法机关的审判权。《规范》将其相关内容列为强制性条文。

（九）鉴定人出庭

1. 鉴定人经人民法院依法通知，应当出庭作证，对鉴定事项有关的问题进行解答。本条为强制性条文，也是鉴定人的释明。由于司法鉴定工作解决的是案件中的专门性问题，鉴定意见是法定证据之一。因此，为了保证鉴定意见的科学性、确定鉴定意见的证明力，就应接受法庭的质证。

2. 出庭作证是鉴定人的重要义务之一。鉴定人出庭举证、质证，在法庭上以科学的态度阐明该项鉴定意见的可靠性和证据意义，并回答有关人员提出的疑问，对于支持诉讼，对于维护当事人的合法权利，对于法庭依法判决，对于宣传科学技术证据的效力都具有重要的意义。

3. 鉴定人因法定事由不能出庭作证的，经人民法院同意后可以书面或其他形式作证。随着科学技术的进步，其他形式的出庭作证陆续出现，如视频作证等，经人民法院同意后可以采用。

4. 新的民事诉讼法规定：当事人对鉴定意见有异议或者人民法院认为鉴定人有必要出庭的，鉴定人应当出庭作证。经人民法院通知，鉴定人拒不出庭作证的，鉴定意见不得作为认定事实的根据；支付了鉴定费用的当事人可以要求返还鉴定费用。

5. 鉴定人其证言内容处于中立立场。鉴定人出庭作证不仅是履行法定义务，也是行使诉讼权利的表现。

6. 鉴定人出庭作证的条件是，凡是担任本案专门性问题鉴定工作的鉴定人和复核人除依法回避的以外，接到人民法院的出庭通知以后，都应按时出庭作证，除非存在正当的理由并且经过人民法院的批准，否则鉴定人不能免除出庭义务。对于违反这一义务的鉴定人，法律规定了相关的处罚措施。

7. 诉前鉴定和非诉鉴定，委托人需要司法鉴定人解释和回答疑问的，鉴定人也应该进行释疑。

三、建设工程司法鉴定行业的展望

（一）全面准确理解《决定》，加强其他类别鉴定管理

全国人大常委会《关于司法鉴定管理问题的决定》（以下简称《决定》）规定对从事"三大类"和其他类别司法鉴定业务的鉴定机构和鉴定人，由司法行政主管部门实行统一的登记和管理，这是《决定》赋予司法行政部门的法定职责。

目前由于法院系统对《决定》中关于其他类别鉴定事项认识和理解存在不一致的地方，影响了司法鉴定制度改革的进程，尤其是统一司法鉴定管理体制的形成。以致一些地方法院坚持认为，"三大类"外的司法鉴定机构和鉴定人应由法院系统来管理，影响了《决定》立法目的实现，影响了司法公正。一些社会高度关注、人民群众反映强烈、司法审判急需的有关"三大类"外的鉴定事项特别如建设工程、司法会计、计算机技术、知识产权、产品质量、机动车辆、海洋事务、文物等司法鉴定至今尚未纳入统一管理的范围是一大遗憾。

新实施的《刑事诉讼法》、《民事诉讼法》对鉴定有了新的要求。新民诉法第76条第1款和第2款明确规定，无论当事人申请的鉴定还是人民法院决定的鉴定，都应当委托"具备资格的鉴定人"进行鉴定。所谓"具备资格的鉴定人"，是指按照《决定》规定的司法鉴定人的条件和登记程序，经省级司法行政机关审核登记或备案登记，取得司法鉴定人资格的人。不具备法定资格的人进行的鉴定属于非法鉴定，其出具的鉴定意见不具备证据效力。这一规定是建立统一的司法鉴定体制，促进我国司法鉴定机构和司法鉴定人的登记管理全面走向法治化轨道的有力措施。

（二）鉴定资质与设计资质的关系

《建设工程勘察设计管理条例》（2000 年 9 月 20 日　国务院令第 293 号）对从事建设工程设计活动的单位，实行资质管理制度，对从事建设工程设计活动的专业技

术人员，实行执业资格注册管理制度。因鉴定机构没有设计资质，按规定不能出具设计图纸。而司法部在核准登记鉴定人资格时，是二次准入制度，从事建设工程质量鉴定的鉴定人一般都具有设计注册执业资格。在鉴定实践中，除施工阶段的加固修复设计原设计单位有义务承担外，有民用建筑，也有工业建筑、灾损工程的修复设计，设计单位一般均不愿承担设计任务。

但司法鉴定是为诉讼服务的，要解决诉讼中涉及的专业技术问题，因此，《规范》在《征求意见稿》作了如下表述："经各方当事人协商，委托人委托的具有相应资质的司法鉴定人可针对既有建设工程的质量问题提出加固修复方案。所提的加固修复方案深度和范围应能满足确定加固修复造价的要求。""经各方当事人协商，委托人委托的具有相应资质的司法鉴定人可对灾损建设工程提出加固修复方案。所提的加固修复方案深度和范围应能满足确定加固修复造价的要求。"

但这样的规定是存在法律问题的：一是即使经各方当事人协商同意，委托人也不能委托没有设计资质的鉴定机构出具加固修复设计；二是法院审理结案后，鉴定机构出具的加固修复设计，还是不能作为加固修复施工的依据，而委托有资质的设计单位出具的加固修复设计确定的加固修复造价，有可能高于或低于鉴定机构出具的加固修复方案确定的加固修复造价。因为，这二条涉及国家管理体制的问题，《规范》还是不作有关规定，待时机成熟再行规定。因此，《规范（报批稿）》中删除了这二条。

（三）关于鉴定机构的双重管理问题

所谓"双重管理"是指由司法行政部门所属的司法鉴定机构业务主管机关和建设工程行政部门对司法鉴定实施共同监管、双重负责的管理模式。司法行政部门对司法鉴定机构、司法鉴定人的管理，主要包括三个方面的内容：即鉴定机构及其人员的准入制度；从事司法鉴定活动的指导与监督制度；通过制定统一的规范，建立有序的鉴定工作秩序。鉴定机构业务主管部门负有对鉴定机构除人、财、物外的直接管理和行业资质确定及业务工作的指导等职责。以司法行政管理为主导，业务主管部门协调配合、密切合作、共同监管，这样能够避免司法行政部门面对庞大的鉴定系统而出现管而不及、管而不能的情况。通过共同协调管理，保证司法行政部门和业务主管部门及时了解掌握司法鉴定机构及司法鉴定人在业内的执业情况以及从事司法鉴定活动的情况，发现鉴定工作中存在的问题并及时纠正，实现有序有效的监管。

2013 年度全国司法鉴定情况统计分析[*]

李　禹[**]　党凌云

2013 年，按照司法部党组的统一部署，全国司法行政机关认真学习贯彻党的十八大和十八届三中全会精神，贯彻落实中央政法工作会议和全国司法厅（局）长会议精神，认真落实杭州会议的各项工作部署，积极推进了司法鉴定体制机制改革。根据各省级司法行政机关上报的统计数据，对 2013 年度全国司法鉴定情况进行综合分析。

一、司法鉴定机构情况

表 1　全国司法鉴定机构区域分布表

地　区	省（区、市）	数　量
华　北	北京　天津　河北　山西　内蒙古	598
东　北	辽宁　吉林　黑龙江	712
华　东	上海　江苏　浙江　安徽　福建　江西　山东	969
华　中	河南　湖北　湖南	1089
华　南	广东　广西　海南	289
西　南	重庆　四川　贵州　云南　西藏	807
西　北	陕西　甘肃　青海　宁夏　新疆	412
2013 年全国 31 个省（市、区）省均鉴定机构 157 家		

截至 2013 年底，全国经省级司法行政机关审核登记的司法鉴定机构共 4 876 家，比上年增长 0.89%。从事法医类、物证类、声像资料类、计算机鉴定、电子数据鉴定、精神障碍医学鉴定的机构共 2420 家（其中包括既有三大类又有其他类的综合机

---

　*　本文原载于《中国司法鉴定》2014 年第 4 期。

　**　司法部司法鉴定管理局。

构 313 家）；从事知识产权、司法会计、建设工程、产品质量、价格类、涉农类等其他类鉴定的机构 2456 家。

2013 年司法鉴定机构数量整体平稳，略有增长，全部为三大类机构，共 43 家。在机构增加的 21 个省份中，增长比例较高的海南 10%、上海 9.8%、新疆 9.4%、青海 9.1%。鉴定机构数量没有变化的省份为福建、西藏、宁夏；机构数量减少的省份大多机构数量基数较大，如河北、江西、山东、河南、湖北、贵州，其中河南省鉴定机构较 2012 年减少 8.9%，湖北 4.7%，贵州 3.9%，山东 3.9%。全国司法鉴定机构区域分布（见表 1）。

（一）机构数量

河南 462 家位居全国第一。300～350 家的为湖北、重庆；200～299 家的为湖南、黑龙江、辽宁、河北、江西、山东、四川、广东、云南；100～199 家的为吉林、山西、江苏、上海、安徽、北京、陕西；50～99 家的为甘肃、福建、新疆、宁夏、贵州、广西、内蒙古、浙江；50 家以下的为天津、青海、海南、西藏，其中西藏为 10 家（见图 1）。

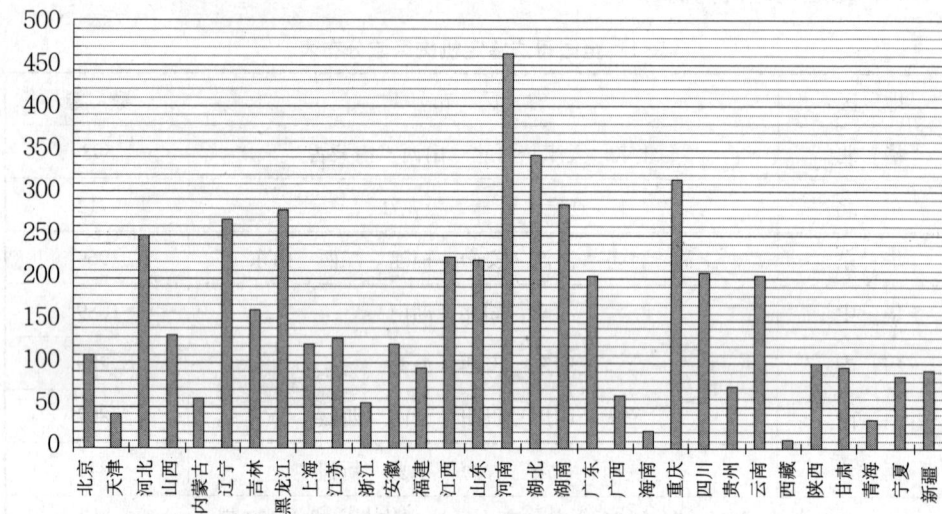

图 1 2013 年司法鉴定机构数量图

（二）依托设立的主体

依托卫生部门设立的 1613 家，教育部门 160 家，科研部门 153 家，企业 2087 家，社会团体 187 家，其他组织 676 家，分别占机构总数的 33.1%、3.3%、3.1%、42.8%、3.8%、13.9%。依托卫生、教育、科研部门设立的鉴定机构占总数的 39.5%。依托企业设立的主要是司法会计、建设工程类鉴定机构等。

（三）业务范围

从事法医临床鉴定的司法鉴定机构最多，有 2951 家，其他依次为司法会计鉴定、法医毒物鉴定、法医精神病鉴定、建设工程鉴定、价格类鉴定、法医病理鉴定、微量物证鉴定、法医物证鉴定、痕迹鉴定、文书鉴定、产品质量鉴定、涉农类鉴定、声像资料类鉴定、精神障碍医学鉴定和知识产权鉴定、电子数据鉴定、计算机司法鉴定。其中从事法医类、物证类、声像资料类、计算机鉴定、电子数据鉴定、精神障碍医学鉴定的机构占总数的 49.6%（见图 2）。

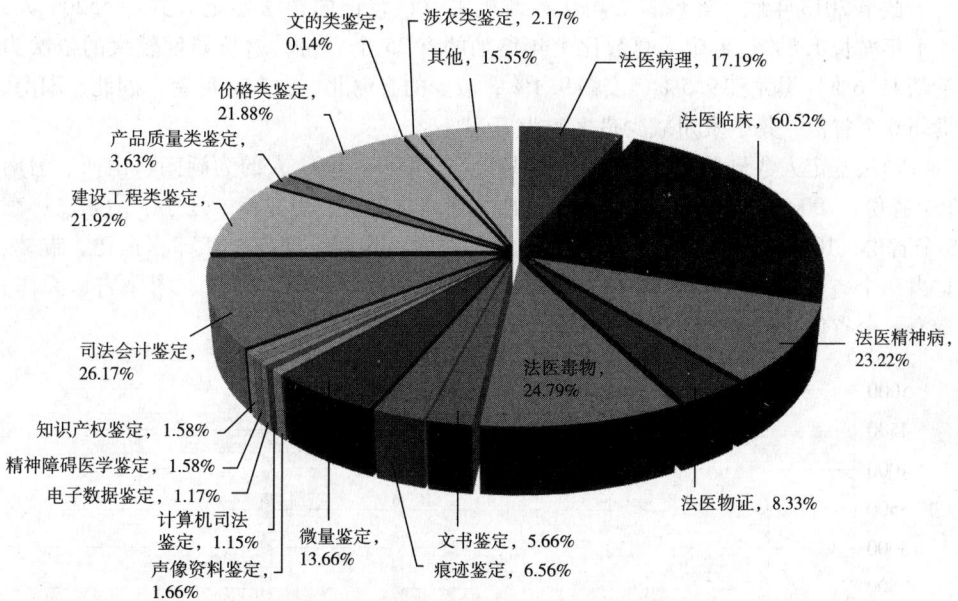

图 2　2013 年全国司法鉴定机构业务范围分类图

（四）机构执业鉴定事项

司法鉴定机构有 5 项及以上鉴定事项的 380 家，4 项的 211 家，3 项的 454 家，2 项的 973 家，1 项的 2858 家，分别占机构总数的 7.8%、4.3%、9.3%、20%、58.6%。50.9% 的三大类鉴定机构的执业鉴定事项在 2 项以上；68% 的其他类鉴定机构执业鉴定事项在 2 项以下。5 项以上鉴定事项的机构所占比例比上年提高 0.49 个百分点。

（五）机构执业司法鉴定人数量

机构执业司法鉴定人 20 人以上的 579 家，11~19 人的 1022 家，6~10 人的 1900 家，5 人以下的 1375 家，分别占机构总数的 11.9%、20.9%、39%、28.2%；没有 5 人以下机构的仍然为河北、山西 2 省；西藏没有 20 人以上的机构。

（六）经费来源

国家全额拨款的机构277家，差额拨款的机构453家，自筹自支的机构4146家，分别占全国总数的5.5%、9.3%、85.2%，自筹自支机构所占比例继续增大，比上年增长近2个百分点。自筹自支机构占当地机构总数50%以上的有30个省份，机构全部为自筹自支的有河北、云南、四川3个省份。

二、司法鉴定人情况

截至2013年底，经各省级司法行政机关审核登记的司法鉴定人共计55206人，比上年增长1.8%。鉴定人总数比上年增加的有25个省份，增长幅度较大的依次为新疆15.6%、黑龙江9.5%、安徽9.4%；减少的有河北、山东、河南、湖北、湖南、贵州6个省份，其中贵州减少最多，为10.1%。

司法鉴定人数量最多的是四川省4445人。3000～3999人的为湖南、山西、河南3个省份；2000～2999人的为云南、江西、河北、重庆、黑龙江、辽宁、山东、广东8个省份；1000～1999的人为湖北、上海、安徽、陕西、湖南、江苏、福建、吉林、甘肃9个省份；500～999人的为贵州、广西、宁夏、新疆、浙江、内蒙古、天津、青海8个省份；海南295人，西藏86人（见图3和表2）。

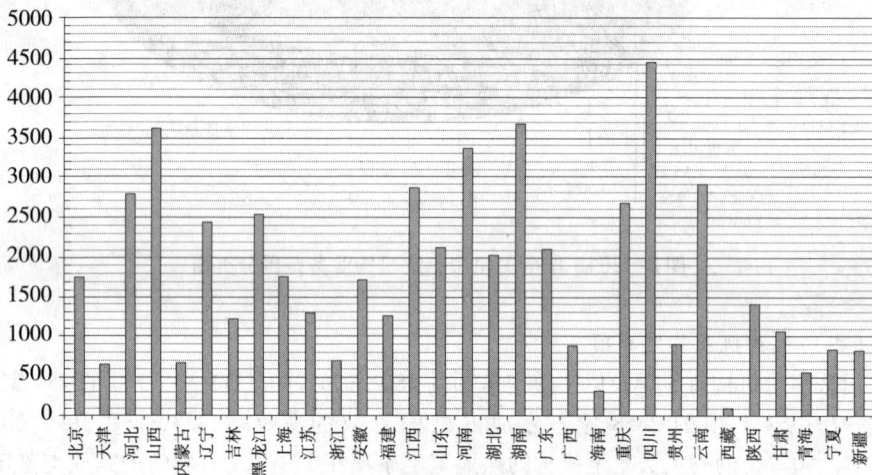

图3　2013年司法鉴定人数量图

表2　全国司法鉴定人区域分布表

地　区	省（区、市）	数　量
华　北	北京　天津　河北　山西　内蒙古	17 980
东　北	辽宁　吉林　黑龙江	8 331
华　东	上海　江苏　浙江　安徽　福建　江西　山东	14 661
华　中	河南　湖北　湖南	4 378
华　南	广东　广西　海南	3 539
西　南	重庆　四川　贵州　云南　西藏	4 114
西　北	陕西　甘肃　青海　宁夏　新疆	2 203
2013 年全国 31 个省（市、区）省均鉴定人 1780 人		

（一）年龄结构

全国司法鉴定人中 30 岁以下的 3213 人，31~50 岁的 34 449 人，51~60 岁的 12 636 人，61~70 岁的 3947 人，71 岁以上的 961 人，分别占全国司法鉴定人总数的 5.8%、62.4%、22.9%、7.2%、1.7%。其中 60 岁以下的占 91.1%。除 31~50 岁的比上年减少了 8.5% 外，其他年龄段均有小幅上涨，30 岁以下的所占比例比上年提高 0.8 个百分点。

（二）学历和职称

全国司法鉴定人中博士 1776 人，硕士 5294 人，本科 35146 人，大学专科 11 646 人，中专以下 1344 人，分别占总人数的 3.2%、9.6%、63.7%、21.1%、2.4%。具有博士、硕士、本科学历的鉴定人数量均比上年增长，专科以下则比上年减少。执业司法鉴定人中具有正高职称的 11 562 人，副高职称的 16 530 人，中级职称的 22 426人，初级职称的 2066 人，分别占总人数的 20.9%、29.9%、40.6%、3.7%。其中具有高级职称的比例继续提高，超过了总人数的 50%。总体来看，司法鉴定队伍学历和职称水平进一步提升。

三、司法鉴定业务情况

2013 年，经各省级司法行政机关审核登记的司法鉴定机构和司法鉴定人完成各类司法鉴定业务共计 1 675 423 件，比上年增长 11.3%。其中鉴定业务量增幅最大的为青海 54.2%，其次是北京 32.6%，黑龙江 32%。增长 11% 以上的有 16 个省份，只有辽宁省减少 3.1%。

据不完全统计，涉及刑事诉讼和民事诉讼的检案分别为 225 562 件和 816 175 件。司法鉴定人出庭数 16 351 人（次）。其中甘肃出庭人（次）最多，为 2697 人（次）。1000 人（次）以上的为四川 1993 人（次）、上海 1883 人（次）、湖南 1103 人（次）。

司法鉴定法律援助鉴定数量为 31 580 件，比上年增长 7.9%，占业务总量的 1.9%。其中数量最多的河南为 10 597 件，其次是云南 3334 件，陕西 2437 件，四川 2243 件，其他超过 1000 件的有湖南、山东、江苏、湖北 4 个省份。

司法鉴定机构所均检案数量为 343.6 件，司法鉴定人均检案数量为 30.3 件，分别比上年增长 10.3% 和 9%，保持稳步增长势头。但是，鉴定机构、鉴定人与检案业务量不平衡的现象仍然突出。如平均每个法医临床机构完成 326.9 件，平均每个法医临床司法鉴定人完成 49.9 件。而平均每个司法会计鉴定机构完成 14.1 件，每个司法会计鉴定人完成 2.4 件。

（一）按鉴定事项分类

法医临床鉴定 961 989 件，法医毒物鉴定 176 984 件，法医物证鉴定 113 185 件，痕迹鉴定 57 526 件，法医精神病鉴定 51 777 件，法医病理鉴定 47 933 件，文书鉴定 45 672 件，建设工程类鉴定 26 472 件，司法会计鉴定 17 955 件，价格类鉴定 16 333 件，微量鉴定 6307 件，涉农类鉴定 3520 件，知识产权鉴定 3232 件，产品质量鉴定 2757 件，声像资料类鉴定 1348 件，计算机鉴定 940 件，电子数据鉴定 570 件，精神障碍医学鉴定 8 件，另有其他鉴定 140 915 件。

其中，知识产权鉴定增幅是上年的 4.3 倍，法医物证鉴定增长 52.7%，计算机司法鉴定增长 45.1%；产品质量类鉴定比上年减少 57.8%。

（二）按照委托主体分类

公检法部门委托 1 003 708 件，律师事务所委托 141 911 件，企事业单位委托 74 374 件，个人委托 407 176 件，其他主体委托 50 127 件，分别占当年鉴定业务总数的 59.9%、8.4%、4.4%、24.3%、3.0%。[3] 与上年相比，公检法部门、律师事务所、其他主体委托所占比例略有下降，个人委托和企事业委托所占比例略有增高。

（三）按照各地完成检案数量分类

检案量超过 10 万件的省份首次突破 3 个，分别是福建 109 987 件、湖南 109 239 件、四川 107 379 件；检案量在 9 万~10 万件的为江苏、山东、湖北、广东 4 个省份；8 万~8.9 万件的为浙江、江西、云南 3 个省份；7 万~7.9 万件的为上海、辽宁 2 个省份；6 万~6.9 万件的为河北、河南 2 个省份；5 万~5.9 万件的为安徽 1 个省份；4 万~4.9 万件的为北京、天津、新疆 3 个省份；3 万~3.9 万件的为广西、重庆、黑龙江、贵州、陕西 5 个省份；2 万~2.9 万件的为山西 1 个省份；1 万~1.9 万

---

〔3〕 由于江苏省统计时，将已委托但未完成的检案算入，数据不精确，致此项数据和与总数存在 1873 件的误差。

件的为吉林、内蒙古、甘肃 3 个省份；4000～7000 件的为宁夏、海南、青海 3 个省份；西藏 456 件（见图 4 和表 3）。

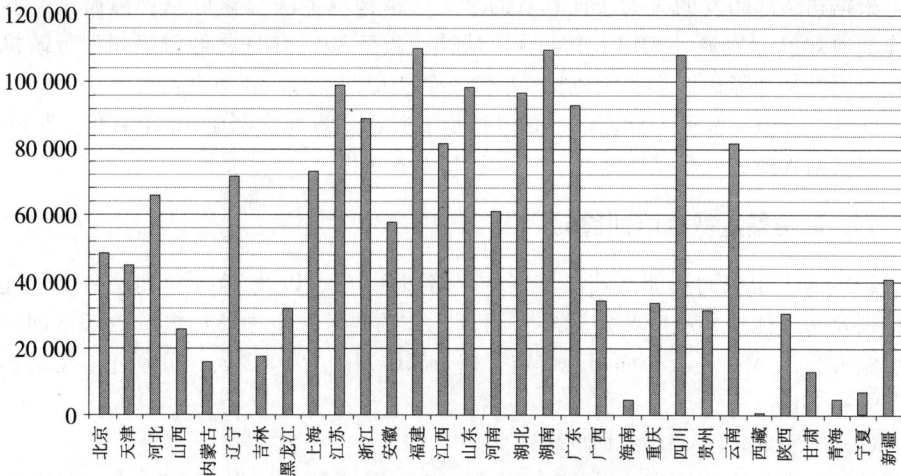

图 4　2013 年司法鉴定检案数量图

司法鉴定机构所均检案量最多的仍然是浙江省，为 1670 件/家（该省鉴定机构全部为法医、物证、声像资料类），并且比上年增长 20%，福建 1170 件/家，天津 1064 件/家，所均检案量不足 100 件的为西藏。人均检案量最多的是浙江 130 件/人，福建 87 件/人，江苏 76 件/人，天津 71 件/人。人均检案量不到 10 件的仍是青海、宁夏、山西、西藏 4 个省份。

表 3　全国司法鉴定检案量区域情况表

地　区	省（区、市）	数　量
华　北	北京　天津　河北　山西　内蒙古	200 158
东　北	辽宁　吉林　黑龙江	120 547
华　东	上海　江苏　浙江　安徽　福建　江西　山东	607 878
华　中	河南　湖北　湖南	266 312
华　南	广东　广西　海南	131 254
西　南	重庆　四川　贵州　云南　西藏	254 110
西　北	陕西　甘肃　青海　宁夏　新疆	95 164
2013 年全国 31 个省（市、区）省均鉴定业务量 54 046 件		

四、精神障碍医学鉴定有关情况

根据司法部印发的《关于认真贯彻落实〈精神卫生法〉做好精神障碍医学鉴定工作的通知》（司发通〔2013〕104号）精神，截至2013年底，经省级司法行政机关审核登记的精神障碍医学鉴定机构77家，鉴定人371人，分布在河北、黑龙江、上海、江苏、安徽、江西、湖南、广西、海南、甘肃、青海、新疆12个省份。2013全年共完成精神障碍医学鉴定8件，广西和湖南各4件。

五、司法鉴定教育培训情况

2013年，根据司法部《司法鉴定教育培训规定》，以及2013年司法鉴定管理干部培训及《人体损伤程度鉴定标准》培训工作的要求，全国参加继续教育培训的司法鉴定人为37 469人，参加司法鉴定管理干部培训的为1002人，分别比上年增长了37.5%和1.8%。

（一）司法鉴定人教育培训情况

参加培训的司法鉴定人为37 469人。其中继续教育培训32 504人，转岗培训2335人，初任培训2630人。继续教育培训所占比例最高，为总数的86.7%。参加法医类、物证类、声像资料类培训的25 884人，参加其他类培训的11 585人，分别占69.1%和30.9%。

在初任司法鉴定培训的2630人中，培训人数最多的山东463人，其次是黑龙江282人，广东267人。天津、河北、山西、内蒙古、吉林、浙江、安徽、江西、河南、重庆、贵州、西藏、新疆13个省份未开展初任培训。

（二）司法鉴定管理干部教育培训情况

参加培训的管理干部为1002人，其中参加部级培训的73人，参加省级培训的929人。各省开展的培训中，培训管理干部最多的是江西124人。天津、河北、上海、河南、湖南、海南、贵州、西藏、宁夏9个省份未开展省级管理干部培训。

六、司法鉴定监督管理情况

2013年，各省级司法行政机关接到对司法鉴定机构和司法鉴定人投诉举报共计1436件，比上年增加1.8%。其中投诉司法鉴定机构的1227件，投诉司法鉴定人的499件，共涉及司法鉴定机构602家，司法鉴定人552人。对司法鉴定机构的投诉，符合受理条件的874件，占投诉量的71.2%，对司法鉴定人的投诉，符合受理条件的362件，占投诉量的72.5%。北京、天津、山西、辽宁、黑龙江、福建、河南、广东、海南、四川、云南、甘肃、青海、宁夏、新疆15个省份投诉有所降低，降幅最大的是新疆36.4%，广东36.2%，宁夏33.3%。从整体上看，投诉举报量占全年业务总量的0.08%，继续保持下降趋势。

（一）司法鉴定机构的投诉处理情况

投诉司法鉴定机构的 1227 件，比上年减少 1.6%。其中不予受理的占 28.8%，查证不实或无法查实的占 59%。经过调查给予相应处理的 150 件，比上年减少 23.1%。行政处罚 32 件（警告并责令改正 24 件，暂停执业 8 件），行政处理 102 件，行业处分 16 件，分别占投诉鉴定机构数的 21.3%、68%、10.7%。山西、云南、陕西没有有效投诉。

（二）司法鉴定人的投诉处理情况

投诉司法鉴定人的 499 件，比上年增长 15.2%。其中不予受理的 27.5%，查证不实或无法查实的 62.1%。经过调查给予相应处理的 52 件，包括行政处罚 14 件（警告并责令改正 6 件，暂停执业 6 件，撤销登记 2 件），行政处理 35 件，行业处分 3 件，分别占投诉鉴定人数的 26.9%、67.3%、5.8%。

2014年度全国司法鉴定情况统计分析

党凌云*　郑振玉　宋丽娟

2014年，司法鉴定体制机制改革稳步推进，司法鉴定工作健康有序发展。根据各省级司法行政机关上报的统计数据，现就2014年度全国司法鉴定情况综合分析如下：

一、司法鉴定机构情况

（一）机构数量

截至2014年底，全国经省级司法行政机关审核登记的司法鉴定机构共4902家，比去年增长26家。从事法医、物证、声像资料类和精神障碍医学鉴定的机构为2473家（其中包括既有三大类又有其他类的综合机构332家），占总数的50.4%，其中新审核登记机构数为87家，注销机构数为25家，比去年增加53家，增长率为2.2%；仅从事知识产权、司法会计、建设工程、产品质量、价格类、涉农类等其他类鉴定的机构为2429家，其中新审核登记机构数为84家，注销机构数为90家，比去年减少27家，减少率为1.1%。全国司法鉴定机构区域分布见表1。

表1　全国司法鉴定机构区域分布表

地　区	省（区、市）	数　量
华　北	北京　天津　河北　山西　内蒙古	600
东　北	辽宁　吉林　黑龙江	655
华　东	上海　江苏　浙江　安徽　福建　江西　山东	974
华　中	河南　湖北　湖南	1088
华　南	广东　广西　海南	309
西　南	重庆　四川　贵州　云南　西藏	838

---

*　司法部司法鉴定管理局管理处主任科员。

地　区	省（区、市）	数　量
西　北	陕西　甘肃　青海　宁夏　新疆	438
省均鉴定机构数		158

（二）依托设立的主体

依托卫生部门设立的有 1606 家，教育部门 153 家，科研部门 155 家，企业 2052 家，社会团体 181 家，其他组织 787 家。依托企业设立的主要是司法会计、建设工程类鉴定机构等。数据显示，依托教育、科研部门成立的鉴定机构所占比重仍然较小，两项合计仅有 6.28%。如图 1。

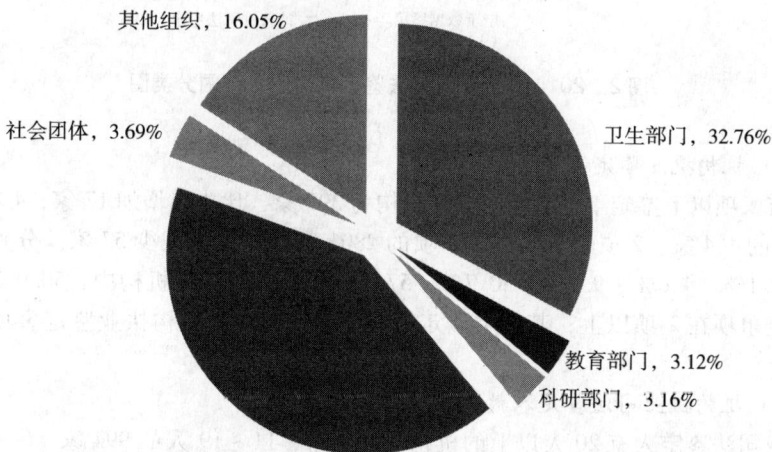

图 1　按设立依托主体类型划分鉴定机构

（三）业务范围

从事法医临床鉴定的司法鉴定机构最多，有 1951 家，其他依次为从事司法会计鉴定的 1233 家，建设工程类鉴定 1047 家，价格类鉴定 930 家，法医病理鉴定 783 家，其他类 706 家，法医毒物鉴定 406 家，法医物证鉴定 325 家，法医精神病鉴定 312 家，痕迹鉴定 272 家，文书鉴定 245 家，产品质量鉴定 236 家，知识产权鉴定 136 家，微量鉴定 131 家，计算机司法鉴定 96 家，涉农类鉴定 94 家，声像资料鉴定 93 家，环境损害鉴定 89 家，精神障碍医学鉴定 87 家，电子数据鉴定 55 家，文物类鉴定 11 家。

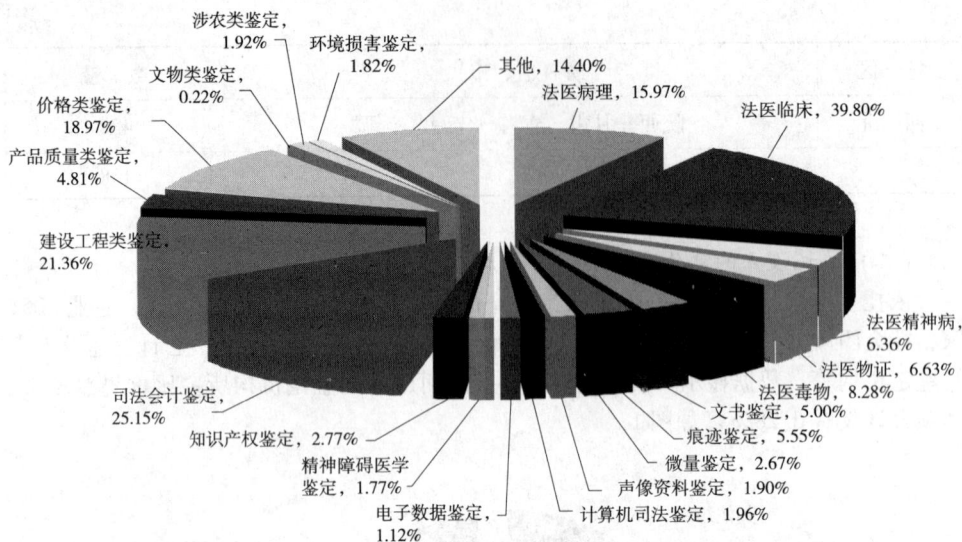

图2　2014年度全国司法鉴定机构业务范围分类图

（四）机构执业鉴定事项

拥有5项以上鉴定事项的司法鉴定机构为397家，比去年增加17家；4项的232家；3项的464家；2项的1019家；1项的2801家，比去年减少57家。分别占机构总数的8.1%、4.6%、9.5%、20.7%、57.1%。三大类鉴定机构中，50.9%的机构执业鉴定事项在2项以上；其他类鉴定机构中，68.0%的机构执业鉴定事项在2项以下。

（五）机构执业司法鉴定人数量

执业司法鉴定人有20人以上的机构为581家，11～19人的994家，6～10人的1915家，5人以下的1412家，分别占机构总数的11.8%、20.3%、39.1%、28.8%。

二、司法鉴定人情况

截至2014年底，经各省级司法行政机关审核登记的司法鉴定人共计55290人，比上年增长1.5%。

（一）年龄结构

全国司法鉴定人中30岁以下的3085人，31～50岁的34 250人，51～60岁的12 800人，61～70岁的4270人，71岁以上的885人。其中60岁以下的占90.7%。

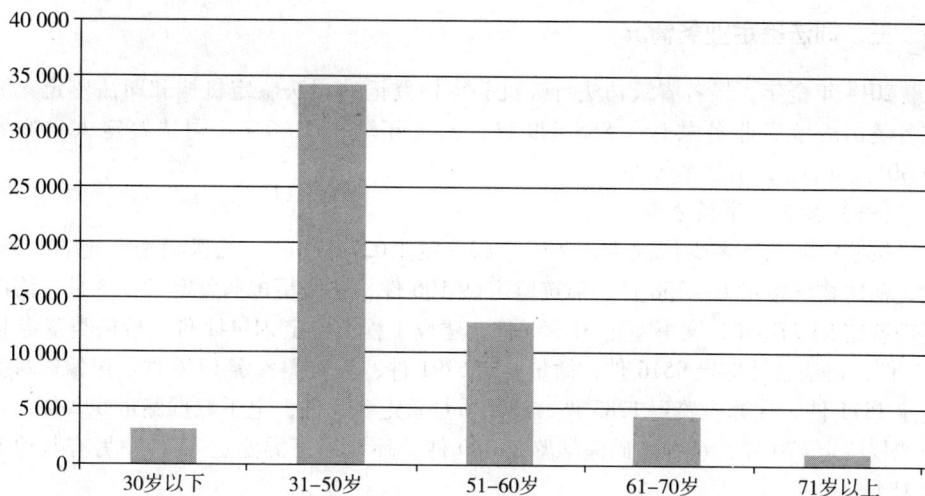

图3　2014 年度司法鉴定人年龄分布图

（二）学历和职称

全国司法鉴定人中博士 1924 人，硕士 5428 人，本科 34 927 人，大学专科及以下 13 011 人。拥有本科及以上学历鉴定人占鉴定人总数的 76.5%（见图 4）。具有正高职称的 11 023 人，副高职称的 15 196 人，中级职称的 21 006 人，初级职称的 2259 人，分别占总人数的 19.9%、27.5%、38.0%、4.1%。其中具有高级职称的占总人数的 47.4%。

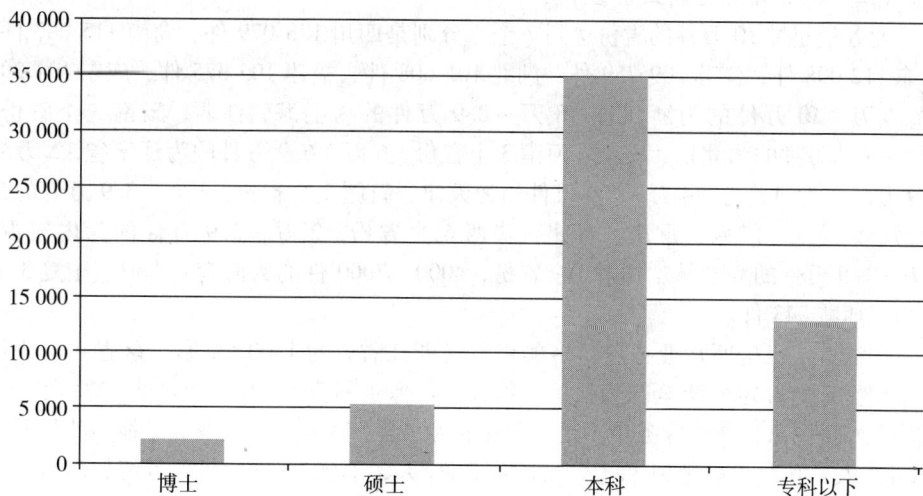

图4　2014 年度司法鉴定人学历分布图

三、司法鉴定业务情况

2014 年全年，经各省级司法行政机关审核登记的司法鉴定机构和司法鉴定人完成各类司法鉴定业务共计 1 855 429 件，比上年增长 10.7%。司法鉴定人出庭数 16 301 人（次），出庭率极低。

（一）按鉴定事项分类

按鉴定业务量多少依次为，法医临床鉴定 1 027 411 件，法医毒物鉴定 209 367 件，法医物证鉴定 164 158 件，痕迹鉴定 69 106 件，法医精神病鉴定 57 513 件，法医病理鉴定 53 212 件，文书鉴定 31 953 件，建设工程类鉴定 21 441 件，价格类鉴定 12 817 件，司法会计鉴定 9516 件，微量鉴定 6791 件，涉农类鉴定 1976 件，声像资料类鉴定 1811 件，计算机鉴定 1283 件，产品质量鉴定 835 件，电子数据鉴定 682 件，知识产权鉴定 470 件，精神障碍医学鉴定 380 件，环境损害类鉴定 33 件，另有其他鉴定 184 631 件。

其中知识产权鉴定比上年减少 85.5%，产品质量类鉴定比上年减少 70%，司法会计鉴定比上年减少 47%。

（二）按照委托主体分类

公检法部门委托 1 117 266 件，律师事务所委托 150 242 件，企事业单位委托 92 933 件，个人委托 448 914 件，其他主体委托 47 946 件，分别占业务总数的 60.2%、8.0%、5.0%、24.2%、2.6%，公检法部门委托依然为主体，并比上年增加 0.3 个百分点。

（三）按照各地完成业务量分类

业务量超过 10 万件的省份达到 7 个，分别是四川 128 079 件、湖南 115 287 件、山东 112 008 件、江苏 109 759 件、湖北 105 608 件、福建 105 375 件、广东 104 208 件。9 万~10 万件的为浙江省，8 万~8.9 万件的为上海、江西、云南 3 个省份，7 万~7.9 万件的为北京、安徽、河南 3 个省份，6 万~6.9 万件的为辽宁省，5 万~5.9 万件的为河北省，4 万~4.9 万件的为天津、新疆 2 个省份，3 万~3.9 万件的为山西、黑龙江、广西、重庆、贵州、陕西 6 个省份，2 万~2.9 万件的为内蒙古，1 万~1.9 万件的为吉林、甘肃 2 个省份，4000~7000 件的为海南、青海、宁夏 3 个省份，西藏 543 件。

司法鉴定机构所均业务量最多的仍然是浙江省，为 1800 件/家（该省在司法行政部门登记的鉴定机构全部为法医、物证、声像资料类），其次为福建 1121 件/家，天津 1062 件/家，所均业务量不足 100 件的为宁夏、西藏。人均业务量最多的是浙江 132 件/人，其次为福建 81 件/人，江苏 72 件/人，不到 10 件的仍是青海、山西、宁夏、西藏 4 个省份。

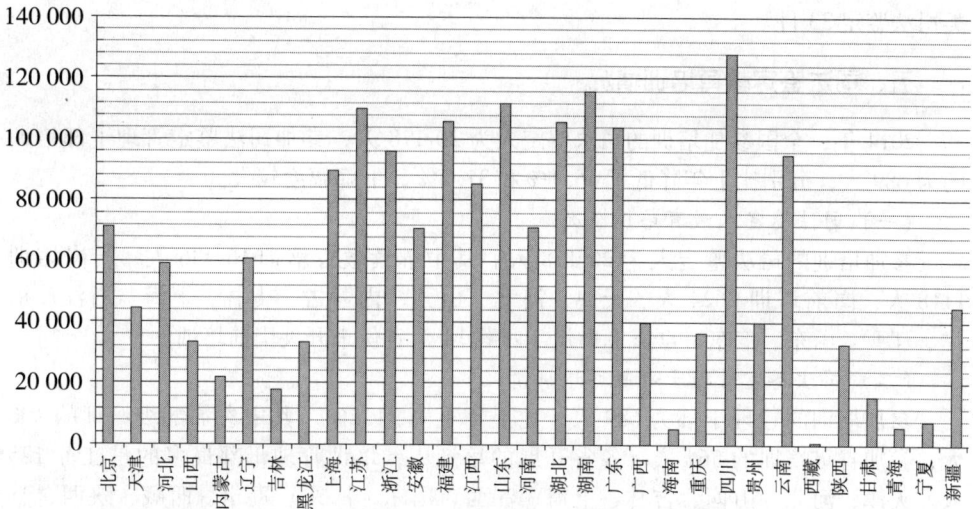

图5　2014 年全国各地司法鉴定业务数量图

表2　全国司法鉴定业务量区域情况表

地　区	省（区、市）	数　量
华　北	北京　天津　河北　山西　内蒙古	230 227
东　北	辽宁　吉林　黑龙江	112 159
华　东	上海　江苏　浙江　安徽　福建　江西　山东	667 349
华　中	河南　湖北　湖南	296 018
华　南	广东　广西　海南	149 291
西　南	重庆　四川　贵州　云南　西藏	293 123
西　北	陕西　甘肃　青海　宁夏　新疆	107 262
2014 年全国 31 个省（市、区）省均鉴定业务量 5983 件		

四、环境损害类司法鉴定情况

今年将环境损害类鉴定列为一项执业类别对相关情况进行了统计。截至 2014 年底，全国经司法行政机关审核登记的从事环境损害类司法鉴定的司法鉴定机构共有 89 家，分布在 15 个省（区、市），四川省数量最多，有 35 家。全年共完成环境损害类司法鉴定 33 件。

五、司法鉴定教育培训情况

2014 年，全国参加培训的司法鉴定人为 20 178 人，参加司法鉴定管理干部培训的为 689 人，分别比上年降低了 46.1% 和 31.2%，下降幅度较大。

（一）司法鉴定人教育培训情况

参加培训的司法鉴定人为 20 178 人。其中继续教育培训 16 436 人，转岗培训 1118 人，岗前培训 2624 人。天津、河北、山西、内蒙古、吉林、上海、浙江、福建、江西、山东、广东、重庆、贵州、西藏 14 个省份未开展岗前培训。

（二）司法鉴定管理干部教育培训情况

参加培训的管理干部为 689 人，比上年下降 31.2%。其中参加部级培训的 100 人，参加省级培训的 564 人。各省开展的培训中，培训管理干部最多的是江苏 125 人。天津、河北、山西、吉林、上海、江西、山东、广东、贵州、西藏、陕西、甘肃、宁夏、新疆 14 个省份未开展省级管理干部培训。

六、司法鉴定监督管理情况

2014 年，各省级司法行政机关接到对司法鉴定机构和司法鉴定人投诉举报共计 1619 件，比上年增加 12.7%。其中投诉司法鉴定机构的 1402 件，投诉司法鉴定人的 647 件，共涉及司法鉴定机构 756 家，司法鉴定人 545 人。从整体上看，投诉举报量占全年业务总量的 0.087%，比上年增长近 0.01 个百分点。

（一）司法鉴定机构的投诉处理情况

投诉司法鉴定机构的 1402 件，比上年增长 14.3%。其中不予受理的 453 件，占 32.3%；查证不实或无法查实的 797 件，占 56.8%。经过调查给予相应处理的 158 件，比上年增长 5.3%，包括行政处罚 67 件（警告并责令改正 56 件，暂停执业 11 件），行政处理 80 件，行业处分 11 件。陕西省没有有效投诉。

（二）司法鉴定人的投诉处理情况

投诉司法鉴定人的 647 件，比上年增长 29.6%。其中不予受理的 184 件，占 28.6%；查证不实或无法查实的 380 件，占 58.7%。经过调查给予相应处理的 78 件，比上年增长 50%，包括行政处罚 35 件（警告并责令改正 28 件，暂停执业 6 件，撤销登记 1 件），行政处理 42 件，行业处分 1 件。

以上数据显示，在经过调查给予处理的投诉中，给予行业处分的比例极低，分别只占 6.9% 和 1.3%，这表明在投诉处理工作中，行业协会的作用仍有很大的发挥余地。

七、数据分析

总体上，全国经省级司法行政机关审核登记并管理的司法鉴定机构和司法鉴定人数量比上年有小幅增长，规模保持稳定，而全年完成鉴定业务量保持 10% 以上的年增长率。这充分表明近年来各地贯彻落实司法部关于严把司法鉴定机构和人员准入关的要求，在规范管理和转型升级上加大力度取得了良好效果。同时，数据也反映出一些具体的问题。

（一）地区分布仍然失衡

和去年相比，各地区鉴定机构数量所占比重保持稳定，司法鉴定机构在全国的布局分布依然失衡。司法鉴定机构主要集中在中、东部等经济发达地区。西北五省的鉴定机构占全国总数的比例虽然比上年增长了 0.5 个百分点，但也只有 8.9%，并且机构数均低于全国省均数量，有些省份的偏远地区甚至没有一家司法鉴定机构。

（二）司法鉴定机构结构依然失衡

依托教育、科研部门成立的鉴定机构所占比重仍然较小，两项合计仅有 6.28%；57.1% 的机构执业鉴定事项为 1 项；全国仅有 11.8% 的机构达到 20 人以上执业鉴定人的规模，而 5 人以下的小型机构则占近 30%。结构失衡导致鉴定机构"小、散、乱"，技术能力低下，又缺乏投入和发展潜力，影响鉴定行业的整体水平，加大管理难度。

（三）司法鉴定投诉率较低并保持稳定

2014 年全国各省级司法行政机关接到对司法鉴定机构和司法鉴定人投诉举报共计 1619 件，占全国鉴定业务总量的 0.087%，不到万分之一，投诉率较低，并且连年保持在这个水平。其中，30% 多为无效投诉。而在有效投诉中，查证属实的不到30%。尽管如此，各地普遍反映投诉工作压力较大。一方面，由于当事人为了取得有利的诉讼结果往往寄希望于获得有利于己的鉴定意见，当诉讼结果对己不利或者有不利倾向时，当事人易把鉴定意见作为"突破口"来寻求救济。此外，由鉴定人出庭作证来解决鉴定意见争议这种做法，目前法院运用仍然较少，导致一部分诉讼中的矛盾被转移到司法鉴定上，从而引发了对司法鉴定机构和司法鉴定人的投诉。另一方面，司法鉴定行业一定程度上存在无序竞争的情况，个别鉴定机构执业行为不规范，违法违规执业时有发生，部分鉴定机构诚信缺失，使鉴定意见在程序上甚至质量上不过关，从而引发投诉。

宋慈卒年小考[*]

茆　巍^{**}

　　宋慈，他所生活时代的一位理学家，今天我们所公认的最早的法医学家。其具体的生活经历，《宋史》中并无记载，但是翻阅今人对其的考证和叙述，对其卒年提法很是不同。那么宋慈究竟卒于何年？本文拟作一初步的小考。

一、最早的淳祐六年（1246 年）说

　　淳祐六年（1246 年）说直接见于刘克庄的《宋经略墓志铭》，此为宋慈所作墓志铭。清人陆心源《宋史翼》中《宋慈传》也持此说，但后者已注明《刘后村大全集·宋公墓志》，故对本文进一步考证并无意义。据《宋经略墓志铭》云：“以淳祐六年三月七日终于州治，年六十四，秩止朝议大夫。”此说明显与史实不符，也为今人所不采，原因是其与《洗冤集录·序》不符，《洗冤集录》的序是宋慈本人所作，其中有“淳祐丁未嘉平节前十日，朝散大夫、新除直秘阁、湖南提刑充大使行府参议官宋慈惠父序。”[1]而淳祐丁未是淳祐七年（1247 年），与墓志铭直接产生冲突。而且后人已指出，原载尚有其他有误之处，如“公讳普”，这是将名弄错了。因为只有“慈”才能与开始的“宋公惠父”吻合，[2]方符合古人名与字取同义之意。朱家源对此分析指出，之所以出现这种谬误，推断是因为“福建是两宋时期印刷业中心之一，‘建本’数量居雕版印刷业的首位，行销海外。当时的建本都是‘坊刻’，书肆之间竞争很烈，刻书快，错误多，这也是建本的特点。《后村集》当然也是如此”[3]。这个分析是完全成立的。并且朱家源进一步通过考证指出，原文《宋经略墓志铭》中的“宋普”之经历只可能是“宋慈”而不可能是他人。但是有无另一种反向的可能，即不是墓志铭错而是原序翻刻中有误，结合其他宋慈行状，此时宋慈

---

　　* 本文原载于《中国司法鉴定》2014 年第 4 期。

　　** 华东政法大学。

〔1〕 刘克庄：“宋经略墓志铭”，载《后村先生大全集》卷一五九，四部丛刊集部影印本，8b、4b、9a、
　　　8a－b。

〔2〕 杨一凡主编：《历代珍稀司法文献》（第九、十册），社会科学文献出版社 2012 年版。

〔3〕 朱家源：“《永乐大典》有关宋慈的记载”，载《社会科学战线》1980 年第 4 期。

尚在世，因此只能是《后村先生大全集》错，而且以刘与宋之关系，只能如朱家源推断是印刷错误。

二、后人提出的其他几种卒年说

朱家源在推断六年说基础上，提出了宝祐六年（1258 年）说，直接将时间后推十二年，但未指出理由，并说尚待考证。我估计他是在原有版本印刷之误上将淳祐与宝祐有一字之差而相连推断起来了。

诸葛计则提出淳祐十一年（1251 年）说〔4〕，不过他在提出此说之时也只是表示怀疑，并言理由另俟文，但笔者始终未找到其另著的相关文字。不过有趣的是，诸葛计淳祐十一年说为维基百科所认同，不知两者有何渊源，但维基百科提出了详细理由。〔5〕维基百科在否定六年说及下文淳祐六年（1246 年）说基础上，如此论证。

明代嘉靖三十二年（1553 年），《建阳县志》卷七《坟墓》项的"朝请大夫宋公墓"：在洛田里，地名昌茂。公讳慈，字惠父，仕宋，累官至朝请大夫，直焕章阁、致仕，淳祐十二年（1252 年）卒，葬于此，御出神道门。

又嘉靖二十年（1541 年），《建宁府志》卷二十《丘墓》宋慈墓：淳祐十二年敕葬乐田里之昌茂，特赠朝议大夫、直焕章阁，御出神道门以旌。

而《宋经略墓志铭》中又说：明年七月十五日，葬于崇乐里（当即乐田里）之张墓窠。

是当卒于淳祐十一年（1251 年），御赐敕葬于淳祐十二年（1252 年）。

这几个依据仍不能不让人有疑问，因为宋慈在《宋史》中并无立传，而既然刘克庄记载有误，为何这些记载可以相信，且《建阳县志》与《建宁府志》也不统一，一说淳祐十二年卒，一说淳祐十二年敕葬，而该推断明显是采后者而不采前者，确切依据在哪？对此并无进一步解说。

在上述两说之外，贾静涛等提出的则是淳祐九年（1249 年）说〔6〕，新中国成立后为宋慈所立墓碑上记载的也是 1186～1249 年。这些说法虽占主流，百度百科也采纳此说，但在提出时未有依据附出，让人不能不生疑。并且贾静涛等虽考证翔实，但其书也不一定完全正确，如贾指出清代《律例馆校正洗冤录》成于康熙三十三年（1694 年），但这实应为乾隆七年（1742 年）。那么宋慈卒年究竟当依何说？

三、宋慈卒年定论

宋慈的卒年当与其生平密切相联系，既然一致认同刘克庄为其所作墓志铭中所

〔4〕 诸葛计："宋慈及其《洗冤集录》"，载《历史研究》1979 年第 4 期。

〔5〕 参见维基百科：http://zh.wikipedia.org/wiki/%E5%AE%8B%E6%85%88.

〔6〕 贾静涛：《中国古代法医学史》，群众出版社 1984 年版，第 65 页。

载其行状，则其最后终于广州应无疑义。其文说："拔直焕章阁、知广州、广东经略安抚，持大体，宽小文，威爱相济，开阃属两。忽感末疾，犹自力视事。学宫释菜，宾佐请委官摄献，毅然前往。由此委顿，以淳祐六年三月七日终于州治。"[7] 这应在广州相关的职官史料寻找，远比其原籍资料可靠，何况依刘克庄语，卒年与归葬并非同一年，而当时的通讯条件又极为有限。

具体到广东，如果能考察出其任职时间与后任接任时间就可明确卒年。在吴延燮《两宋经抚年表》一书中，淳祐九年（1249年）"广南东路"条下写的是：[8]

宋慈福建志：慈字惠父，建阳人，除广东提刑、直焕章阁，帅广东，致仕，卒。

陈垲传：知广州，权兵部尚书，又知婺州，迁户部尚书，暂兼吏、尚，知谭州，召赴阙。

广南东路与今日广东省大致吻合（雷州、海南皆属广南西路），吴延燮此书作于民国，在今天治宋史中具有较高的可信度，但其也没有详列依据所在，所引《福建志》也让人生疑，因为其又与《建阳县志》、《建宁府志》不符，为何依据省志而不依县志、府志？但是，今日持淳祐九年（1249年）说并能有限地提出依据者又大抵依吴延燮之书，如廖育群9]等。

关键问题是吴说是否可靠？在反复的资料搜寻之中，笔者有幸见到暨南大学卢萍的博士论文《宋代广州知州群体研究》，其在征引吴说时又提出了自己的相关依据，在进一步核对原始文献后，笔者认可吴说。下面笔者依其所提出之线索，并结合自己对原始资料之征寻，一一述及：[10]

首先，宋慈于淳祐九年（1249年）任职广东帅司是可信的。南宋末名臣李曾伯曾起为广西经略安抚使，知静江府。张鸣凤《桂胜》曰："覃怀李曾伯长孺，以淳祐己酉来牧是邦。"[11] 淳祐己酉即为九年，静江则是桂林古称，广南西路治所所在。同年，李曾伯作有《辞免知静江府兼广西经略奏》[12]一文，内称"三月十九日三省同奉圣旨，李某依旧焕章阁学士知静江府广西经略安抚使，宋慈除直焕章阁，知广州主管广东经略安抚使公事"。可见宋慈也正是在这一年与其一同被任命的。宋代地方是路、州、县三级。州之上为路，路一级由转运司、提刑司、提举常平司、经略安抚司四个部门构成。转运司又称"漕司"，长官为转运使，掌管漕运，把各地交纳

---

[7] 刘克庄："宋经略墓志铭"，载《后村先生大全集》卷一五九，四部丛刊集部影印本，8b、4b、9a、8a－b。

[8] 吴延燮：《北宋经抚年表·南宋经抚年表》，中华书局1984年版，第581页。

[9] 廖育群："宋慈与中国古代司法检验体系评说"，载《自然科学史研究》1995年第4期。

[10] 卢萍："宋代广州知州群体研究"，暨南大学2010年博士学位论文。

[11] 张鸣凤：《桂胜》卷一，中国国家图书馆图藏明万历十八年刻本；张静："南宋词人李曾伯年谱"，载《长沙理工大学学报（社会科学版）》2009年第3期。

[12] 李曾伯："辞免知静江府兼广西经略奏，可斋杂稿"，载《宋集珍本丛刊》第16卷，17a－b。

的赋税送至中央；提举常平司又称"仓司"，以提举某路常平公事为其长官，掌管常平仓；提刑司又称"宪司"，长官为提点刑狱使，掌管一路的司法讼狱。以上三司统称为监司。经略安抚司又称"帅司"，长官为经略安抚使，掌管一路的军事，常以本路所在的知州、知府充任。由此可见，宋慈这一年被任命的是广南东路的帅司，兼知广州府。

而同时代出生广州的官员李昂英对任职广东的官员情况当相当熟悉，其《文溪集》即有和宋慈的答和诗一首，《和广帅宋自牧劝驾韵》："天将造榜放秋晴，南国新逢运会亨。障碍洞开来试者，计偕稳送上华京。主人况是梅花宋，寓客渐非日色程。面见河南已分晓，伫聆魁捷响仙城。"[13] 这里的自牧是宋慈的号。当然他的文集中还有和其他官员的唱和，甚至有为某些卒于广东任上官员的墓志铭。而关于宋慈的后任情况，他曾作《苦秋暑引》一诗："商金久得柄，老火未退舍。甑中着寰宇，赫酷甚于夏。池汤颇殃鱼，田龟应害稼。桃笙亦浆汗，水国无凉树。扇挥腕欲脱，忍渴畏杯斝。树间寂秋声，矩令何时下。四序本循环，寒暑相代谢。炎炎推不去，谁与诘造化。人思濯清泠，风露原一借。再拜祈蓐收，西陆早命驾。"并为之序云："己酉岁，广漕邱迪嘉摄帅，苟虐流毒，朝廷剡赵仓汝暨兼摄帅、漕，其人刌忍不授印，故作是诗。"[14] 可见，同一年里邱迪嘉就摄帅司一职了。这只能推测是年宋慈即确实卒于任上。但通过该诗之序也可看出，邱迪嘉暂摄帅司之位后，当地政声不佳，很快又被赵汝暨兼摄，而赵原为仓司，现在是仓司、漕司、帅司三位合一。其中，政治斗争内幕无法细究，但吴延燮所说宋慈当年即卒是无疑的。

至于吴延燮《两宋经抚年表》中提到的陈垲，则至少没有接任宋慈作帅司一职，其于广东具体任职情况，因于本文考证并不相关，故略去不论。

但是需要进一步指出的是，刘克庄的宋慈墓志铭关于其死亡月日也可能不确，因为其称："开阃属两。忽感末疾，犹自力视事。学宫释菜……以淳祐六年（应为九年）三月七日终于州治。"在清刊本关于开阃属两后有一月字[15]，意思为任职有两月，而学宫释菜，意即官学举行相关祭孔拜师礼。但无论如何，其三月十九日三省才同奉圣旨，也即正式委任下达，三月七日死亡，殊属不合。其卒去日期至少应在五月后才为合理，但更进一步的准确日期，则有待对史料的进一步发掘了。

---

〔13〕 李昂英："文溪集"，载《四库全书本》（第15卷），4a－b。

〔14〕 李昂英："文溪集"，载《四库全书本》（第15卷），4a－b。

〔15〕 曾枣庄、刘琳主编：《全宋文》（第331册），上海辞书出版社、安徽教育出版社2006年版，第411页。

林几教授与他的《实验法医学》

——缅怀中国现代法医学奠基人林几教授[*]

黄瑞亭[**]

《实验法医学》是林几自步入法医生涯就开始收集资料、构思内容、不断写作并于1951年完成但没有出版的遗作。笔者1991年在写《林几传》时一直在寻找其下落。现在知道，这部遗作的手稿几经周折，终于出现在拍卖行的公开拍卖会上，由北京华夏藏珍国际拍卖有限公司拍卖。《实验法医学》倾注了林几毕生心血，奠定了现代法医学理。笔者根据多年收集、研究作如下介绍，以此缅怀中国现代法医学奠基人——林几。

一、《实验法医学》的资料收集

（一）古代法医学与现代法医学资料的对比

1924年，林几在《司法改良与法医学之关系》[1]中说："我国古代对于人命案件，由仵作本着《洗冤录》的经验，对被害者进行检验。"1934年，在《法医学史略》[2]中指出："中国名法医药诸学，自古已昌，书曰'惟刑之恤'，诗曰'在泮献囚'"。但林几说，近代对法医学缺乏精研而终落于人后。因此，古代资料正确的要继承，不科学的要纠正，要用实验的眼光和方法，丰富和发展现代法医学，以解决法律问题。林几曾做过大量实验来证明古代检验方法的可行性，也用实验来纠正古代资料错误，如对"银钗验毒"在司法公报上提出批评，对"颅内泥沙为溺死"在中华医学杂志上提出批评。[3]

---

[*] 本文原载于《中国司法鉴定》2014年第4期。

[**] 福建省高级人民法院。

[1] 林几："司法改良与法医学之关系"，载《北京晨报》（六周年增刊）1924年第6期。

[2] 林几："法医学史略"，载《北平医刊》1936年第8期。

[3] 林几："已腐溺尸溺死液痕迹证出新法"，载《中华医学杂志》1936年第4期。

（二）当时检验水平与实际检验需要的对比[4]

当时的检验水平如何呢？林几认为，当时检验仍然沿用古代的旧法检验，虽然北平、上海等地医学院校参与检验，但为数很少，且大量检验仍在尸表看验水平。林几举例说，古代溺尸看尸表腹胀，而现代要对溺死液进行检查、腐败病理检查、显微镜下观察和溺死液分析等。因此，当时检验水平与实际法院判案需要相去甚远，必须发展现代法医学。

（三）国外引进法医学与我国实际情况对比

20世纪20～30年代，我国法医学还很落后，林几提出引进法医学要从我国实际情况出发进行研究。以中毒为例，林几对我国毒物类型、种类、原因及其研究价值作过深入探索。林几指出："盖吾华犹居农业社会，工业未兴，平民对毒物常识素缺，购毒不变。惟农用肥料，多掺信石、红矾、鸡冠石用以杀蝗，故民间便于取用，且其致死量甚小，色味又微，便于置毒，遂多用以谋杀。阿片、安眠药、盐卤、氨水、铝粉、石炭酸、强酸多用于自杀。而汞蓝、氰酸、铜绿、钡盐、乌头、钩吻及河豚、毒蕈、蛇毒等则多属误用，间有自杀者。"这是林几对我国法医中毒学的研究思路。

（四）国外法医学资料与我国法医资料对比[5]

1946年，林几在《二十年来法医学之进步》一文中比较国外猝死病因统计后指出："欧美学者统计内因猝毙死约占死亡率百分之二至三。""法国马鲁伯里、德国海利许普记和阿伯罗的统计未详其全国人口百分率。日本小南氏调查，每年东京剖验猝毙尸四五十例，常有内因猝毙五六例。"林几分析奥地利学者威伯尔统计，认为我国的内因猝毙明显有自己的特点，必须进行针对性、实验性法医学研究。

（五）法庭需要与法医学实际工作需要对比

林几反复强调要根据实际情况进行尸体检验和实验。在《二十年来法医学之进步》一文中，林几指出："兹提近数年来经验：得悉凡正型缢死者，两下颚骨隅下内方或外侧及颞骨乳突下后侧无可显出绳索紫压皮肉，出血沾附骨上可见点线状棕红色之骨荫。勒死者，第二、三或四头椎后突每有横行之骨荫或骨损，故可为腐尸缢、勒之鉴别。著者经检一案，以尖刀刺入人头，同时用沸水冲入刺口，随切随冲，平切下颈。其两端创面皮肉组织均呈半熟状态，色白，皮肉略卷。内层组织发红，充血。所溢血液，被沸水冲洗稀释后淡薄宛如茶色。咋见难辨为生前刺切创。惟检头椎椎骨间切痕，可见骨上伤荫，足资为证。"林几的观点是，要依据我国实际，不能

---

〔4〕 黄瑞亭：《法医青天——林几法医生涯录》，世界图书出版公司北京公司1995年版，第18～22页；黄瑞亭主编：《中国近现代法医学发展史》，福建教育出版社1997年版，第40～66页；林几："骨质血荫之价值及紫外线下之观察"，载《中华医学杂志》1934年第5期。

〔5〕 林几："二十年来法医学之进步"，载《证据科学》2012年第4期。

盲目照搬国外，要结合实验发展中国法医学。

二、《实验法医学》的内容构思

（一）改良法医的思想

为什么要改良法医？当时的背景是清末尝试将医学检验用于司法判案，刑部曾在各省审判厅成立检验讲习所，对仵作进行"新法检验"培训；民国的刑事审判方式改革，要求法医鉴定证据在案件公开审理的过程中当庭质证，但因当时法医匮乏而无力完成这一任务；再者，外国在中国的领事裁判权还存在，以致在上海、厦门、武汉、宁波等地的会审公堂或会审公廨由外国人主宰裁判。因外国在中国享有领事裁判权的不平等条约，并不承认仵作检验。林几以极大爱国热情在《北京晨报》发表《司法改良与法医学之关系》一文，要求改良法医，发展中国现代法医学，呼吁把法医学作为法律医学、证据科学加以研究和发展。林几指出："栽培法医专家刻不容缓。迟一天，司法基础就迟一天巩固，对收回领事裁判权就晚一天去外国人的口实。"纵观林几法医生涯，我们看到，林几选择法医学作为职业，其爱国之心始终不变，这是他的精神动力。

（二）法医教育的思想[6]

林几出生在书香门第，父亲林志钧与沈钧儒同为癸卯科举人，辛亥革命前留学日本学法律，回国后任北洋政府司法部长和朝阳大学（中国政法大学前身）校务长、北京大学教授等职，新中国成立后为国务院参事室司长参事。林几胞弟林庚为北京大学中文系主任。林几于1918年曾到日本学法律，因参加爱国游行被迫回国，之后考入北京医学专门学校（北京大学医学院前身），1924年由校方派往德国专攻法医学，获博士学位。回国后在北平医学院创办法医学教室。由此看出，林几家世以大学教育为主，尤以北京大学和中国政法大学为其家族的教育生涯所在校所。这可以解释为什么林几一生都在从事法医学教育工作，无论在何时都不忘培养法医人才。

（三）法医研究的范围[7]

林几将法医研究的范围概括为："法医学研究及实用之范围包罗至广，为国家应用医学之一，凡立法、司法、行政三个方面无不有需于法医。故社会医学、社会病理学、保险医学、灾害医学、裁判医学、裁判化学及精神病裁判学均在内。目前所应用的刑事、民事案件之鉴定，实际上乃法医学应用之较狭之范围。"由此可知，林几把为刑事、民事裁判服务的法医学应用叫狭义法医学，而把为社会服务、为人民

〔6〕 林几："拟议创立中央大学医学院法医学科教室意见书"，载《中华医学杂志》1928年第6期；黄瑞亭："《拟议创立中央大学医学院法医学科教室意见书》与林几教授的法医学教育思想——纪念林几教授诞辰100周年"，载《法医学杂志》1998年第1期。
〔7〕 林几："二十年来法医学之进步"，载《证据科学》2012年第4期。

造福的所有法医学应用称之为广义的法医学，即现在的司法鉴定。

（四）法医地位和定义

民国时期，法院法官保障由中央统筹。林几提出"法医应与法官同享待遇"，也应由中央管理。这种思路主要在于去地方化和去行政化，应该保证法医的独立、中立，避免鉴定受干扰。林几认为："法医学即以医学及自然科学为基础而鉴定且研究法律上问题者也。法律乃立国之本，法医学则为法律信实之保障。"林几的观点是：法医学不只是尸体解剖判定病因、死因的技能，而是服务法院裁判的科学，这是法医应有的定位。所以，林几对法医学下定义：法医学乃国家应用之科学。

（五）法医研究方法

法医研究方法集中在案件处理上。我们从林几创设法医学研究所规模就可以了解到他对法医实验的重视。当时法医研究所内设三科，配备了解剖、病理组织学检验、毒物分析、摄影室、第一二人证诊查室、心神鉴定收容室、眼耳鼻科暗检处、动物饲养室、实验室；建造了当时国内鲜有的尸体冷藏柜；并且已能自己制造人和动物的鉴别血清、亲子鉴定血清，开展生化、定性定量分析和细菌培养；当时平均每月收检普通案一百四十五起。林几法医学研究观点就是把每个案件都当作科学实验去完成。一个成功的法医，一是按程序或规程完成鉴定，日积月累，受到认可；二是在前者基础上，用"心"去做科学实验，总结经验，为后人铺路。林几就是后者，他是一个伟大的法医学家。

（六）法医学术观点[8]

林几的学术观点简单地说就是实验的观点，从猝死发生时间、中毒统计、死因统计等研究得到印证。

1. 关于我国猝死病因统计学研究。林几说："据著者二十一年八月至二十六年七月在平沪两地检见之内因猝毙之实例。第一，心脏血管疾病：①心冠状动脉硬变2例，②心瓣膜病兼梅毒1例，③脂肪心2例，④梅毒性主动脉淀粉样硬变1例，⑤脑出血21例。第二，呼吸器病：①异物堵塞1例，②声带痉挛2例，③声门水肿1例，④急性肺出血1例，⑤肺炎3例（醉中误咽2例）。第三，脑病：①梅毒性脑病1例，②癫痫3例，③脑肿瘤出血1例，④梅毒性脑膜炎1例。第四，消化器病：①肠嵌顿1例，②肠穿孔3例，③肝硬肿破裂2例，④脾肿破裂，⑤肝脾破裂1例。第五，泌尿生殖器病：①尿毒症1例，②妊娠胎盘异常致子宫破裂1例。第六，急性传染病：①伤寒1例，②霍乱1例。第七，中酒者（作者注：酒精中毒）：①慢性酒精中毒血管硬化脑出血7例，②急性酒精中毒脑出血3例，③醉中误咽窒息2例，④心脏卒中1例，⑤合并心脏死1例，⑥酒醉冻死2例。第八，精神虚脱4例。第九，淋巴胸腺

---

〔8〕 林几："二十年来法医学之进步"，载《证据科学》2012年第4期。

体质3例。第十，内脏毛细血管出血2例。第十一，热射病2例。第十二，疲乏虚脱死（作者注：过劳死）2例。第十三，心脏畸形2例。"这是我国20世纪30年代一份非常有价值的法医学猝死死因统计学资料，对当时猝死病因、病种研究，乃至法医病理学发展水平研究，都是有重要的参考意义。

2. 关于猝死诱因、季节、时间等研究。林几对我国猝死死因提出独到的见解，指出："内因猝毙之发生与个人体质、年龄、性别或病变脏器性质及外力诱因并部位有关系。""多系劳动界或老人，夙有血行系统异常及肝肾机能病变，过度劳心，生活困难，营养不足，体力羸弱者，好酒者，或患梅毒性疾病及精神障碍者，神经质者，卒中质者，或淋巴胸腺体质者，并患重病或失血过多，体未复原者，均易陷于内因猝毙。而五六十岁以上老人及幼弱者，与经期妊产期妇女，亦易发作。"对于我国猝死发生的季节和时间，林几有过专门研究。他指出："暮夜，中宵，当七至九月间，最常发生。"这也是林几自己作大量猝死案例检验得出的结论，具有十分重要的法医学研究价值。

3. 关于我国非正常死亡死因研究。林几十分重视对本国非正常死亡的研究和数据分析。他指出："吾华法医检验变死之死因，据14年来统计：中毒约占27%、外伤46.5%、窒息死22.5%、夙有疾病内因猝毙死者3%、其他不明原因者1%。"这又是一份有价值的我国非正常死亡死因研究的法医学统计数据。

4. 关于我国中毒统计学及原因研究。林几十分重视本国法医中毒统计学及其原因研究，认为这是法医中毒检验必备知识，反映当时毒物类型、种类，也是法医学研究水平的体现。林几认为："中毒案件中，以砷中毒为常见，约占中毒案件3/5。鸦片次之，约占1/5。安眠药、酚类、金属类毒、乌头钩吻巴豆类植物毒，约占1/5。"

5. 法医学历史观。林几介绍春秋战国时就出现法医学萌芽到宋慈《洗冤集录》[9]出现前后繁荣发展，而宋以后沿用《洗冤集录》创新较少而发展较慢，再到20世纪40年代中期民国虽然法律规定由医师进行尸体剖验，但大部分地方无法实施。林几研究法医学史，是用事实来定义法医学，用科学实验来研究法医学，既肯定在古代当时条件下法医学发展，也批评不接受科学带来的落后现状。[10] 只有正确了解、评价历史，才能科学规划、发展当下，这是一种值得提倡的法医学历史观。

6. 鉴定运行机制。这里主要指法医学鉴定权的运行机制。林几主张，既然法律赋予法医鉴定权，那么鉴定就得按司法本性进行公开。林几在司法行政部法医研究所任所长期间，就在《法医月刊·鉴定实例专号》上公开《法医案例100例》；在北

---

〔9〕 黄瑞亭、陈新山主编：《洗冤集录今释》，军事医学科学出版社2008年版，第45～46页；黄瑞亭、陈新山主编：《话说大宋提刑官》，军事医学科学出版社2011年版，第73～75页。

〔10〕 黄瑞亭主编：《中国近现代法医学发展史》，福建教育出版社1997年版，第40～66页。

平医学院法医学教室任主任期间，在《北平医刊》上又公开《法医案例 50 例》，林几将自己的产品——鉴定书放在杂志上登出，交给全社会评价，接受监督。这种法医鉴定公开并接受社会监督的运行机制，是避免法医冤假错案的有效方法。

7. 法医布局建议。[11] 林几一生都在规划法医学发展，体现在他早期就规划"建立全国 6 个法医教室"的设想。林几说："在全国适宜地点，分建 6 个法医学教室（上海、北平、汉口、广州、重庆、奉天），以便培养法医人才并检验邻省法医事件。"林几这一规划在当时没有实现，但他在 1930 年创办北平大学医学院法医学教室，1932 年任司法行政部法医研究所第一任所长期间，成功培养了一批法医人才，并把学生分配至全国各地法院和医学院工作，特别在北平、上海、广州法医学发展十分活跃。林几本人又在抗战期间在重庆创立中央大学医学院法医科，又成功地培养了三期法医专修科。林几把中国法医学发展视为己任，重视法医学教育，体现了一个教育家的远大目光。

8. 法医遴选机制。司法行政部法医研究所原是以"法医检验所"的建制设立的，主要解决江浙两省法医案件。林几接手后，改为"法医研究所"，其最关键的思路是要培养法医人才，建立全国法医遴选机制。法医研究所全国招收本科医学生和专科生分别培养法医师和检验员，由司法行政部发给法医师资格证书。这种从医师中遴选、培训，并由国家考试、认证的遴选机制，仍然是今日值得借鉴的做法。

9. 法医评价标准。林几对法医学发展和检验水平是有其标准的。从林几在《中华医学杂志》上发表"最近法医学界鉴定法之进步"（1926 年）、在《法医月刊》上发表"司法行政部法医研究所成立一周年工作报告"（1934 年）、在《中华医学杂志》上发表《二十年来法医学之进步》（1946 年）的文章中，我们可以看到，他是以鉴定能力和实验水平作为评价标准的。这在林几 1936 年《法医学史略》中也讲得很清楚："欧洲以维也纳法医学研究所最为有名，德国次之，以柏林人学法医研究所设备较良，法国则以巴黎里昂之设备最优。日本以大阪帝国大学医学部法医教室最为充实，东京都次之。英国以伦敦警厅最为有名。"

三、《实验法医学》的主要特点

（一）以法医实际需要编排内容

从遗稿目录来看，本书内容包括《实验法医学》的概论、医师与医业、司法应用之法医学、创伤与法检、死因死象及检骨、窒息、中毒死伤、心神鉴定、伪匿病伤之鉴定、猥亵行为及性能检查、妊娠与堕胎行为及杀婴行为与亲权鉴定、个人异同鉴定、斑痕检查、医术过误问题等共十五章。本书编排成为后世我国法医学书籍

---

[11] 林几："拟议创立中央大学医学院法医学科教室意见书"，载《中华医学杂志》1928 年第 6 期。

蓝本，如陈康颐的《法医学》教材、郭景元的《实用法医学》等。

（二）以实验的观点对待法医学的理论与实践

窒息应分为内窒息和外窒息，不能只讲机械性窒息。在林几看来，案例是实验的过程，是创造理论和检验理论的过程，也是促进发展的过程。为什么林几没有使用机械性窒息一词，而用"外力窒息"一词？因为在他看来，窒息可以分为外力窒息、中毒窒息、电窒息、病理窒息、缺氧窒息、新生儿窒息。所以，"外力"是窒息手段，"外力"中的"缢、绞、扼、溺"是窒息方式，属鉴定材料范畴。林几认为，外力窒息是法医必须掌握的基本工作，但我国法医实践中还有国外没有、本国特有的检验内容，谓之"外力窒息鉴定新材料"，即现在法医学上的非典型机械性窒息，包括隔勒、口鼻贴纸、榻死、遊湖非刑、醍醐非刑、活埋、土布袋非刑等。

（三）以实验的视角对待前人和现存法医成果

林几在法医研究所时检验一个案子[12]，死者叫许宝聚，死亡已5年，死者家属反复告状。受法院委托，开棺检验许宝聚尸体。开棺见尸体只剩一骸白骨。经检查头骨有骨折。为排除是否挖尸时被土工碰伤致骨折，林几将颅骨骨折处放在紫外线下观察，发现有土棕色荧光。然后，用力锤击骨折裂部上方，使骨裂部分延长，继续观察。结果在紫外线下原来骨折处出现土棕色荧光，而人工延长部分骨折处见白色荧光。因此，林几下结论："许宝聚的头部生前受暴力打击。"由于林几的科学鉴定结论，使累讼五年的案件很快得到解决。林几在《二十年来法医学之进步》一文中说："损伤检验当尸腐烂，尸表极难检出。惟伤及骨，检骨损伤，方能辨明。近十年来吾人利用紫外线之映射，得于枯骨上检见其生前皮肉钜伤，皮下溢血，沾附骨上之伤荫，且于生前骨伤可见骨荫，而死后伤则无伤荫。"

（四）以实验的态度纠正古代法医学检验错误

古人对要证明生前入水只要见到颅内有泥沙即可。[13]但林几认为，这是不够的，要全面实验才能作出结论。有一个案件[14]，是林几在法医研究所时检查的一具从水塘捞起的男尸。尸体检查未发现暴力致死的损伤，但发现死者体内有大量乙醇。尸体解剖，取未全腐的边缘肺组织制作较厚切片，染色，显微镜下观察，发现有泥沙。手指甲缝内也有少量泥沙。然后将尸体上的泥沙与池塘中的泥沙作对照，并结合案情调查，结论定为"生前落水溺死"。经证实，系醉汉跌落池塘溺死。

（五）以实验的技术规范研究新出现检验内容

为提高毒品检验水平，林几根据吸毒者具有成瘾性的特点提出验瘾的检验方法。

---

〔12〕 黄瑞亭：《法医青天——林几法医生涯录》，世界图书出版公司北京公司1995年版，第18～22页。

〔13〕 黄瑞亭、陈新山主编：《洗冤集录今释》，军事医学科学出版社2008年版，第45～46页；黄瑞亭、陈新山主编：《话说大宋提刑官》，军事医学科学出版社2011年版，第73～75页。

〔14〕 林几："司法改良与法医学之关系"，载《北京晨报》（六周年增刊）1924年第6期。

林几教授在《二十年来法医学之进步》一文中这样说："只凭验尿而不验瘾，殊多流弊，未足凭断。据个人二十余年经验，至少须禁闭三五日，断绝烟酒，照常工作，以验瘾。同时，累集被验人五日间各次排尿，以送检。综其结果，可分：①有瘾有毒者；②无瘾无毒者；③无瘾有毒者——是或因偶尔有吸烟吸毒未成瘾，或已先戒除而体内蓄毒偶尔排出，或因医用麻醉品恰存体内排出所致，故宜予数次复验；④有瘾无毒者——是或因有意伪证，竟以他人之尿供验，或因新吸生瘾，而体内蓄毒既少，已全排尽，或当日未排出，或因体力衰弱，易招疲劳，疑似毒瘾，亦严复侦查。"林几有关毒品、毒瘾的检验方法，今天看来仍有研究价值并可资借鉴。

（六）以实际检验的照片和实物作为本书配图

林几说："兹提近数年来经验：得悉凡正型缢死者，两下颚骨隅下内方或外侧及颞骨乳突下后侧无可显出绳索紫压皮肉，出血沾附骨上可见点线状棕红色之骨荫。勒死者，第二、三或四头椎后突每有横行之骨荫或骨损，故可为腐尸缢、勒之鉴别。著者经检一案，以尖刀刺入人头，同时用沸水冲入刺口，随切随冲，平切下颈。其两端创面皮肉组织均呈半熟状态，色白，皮肉略卷。内层组织发红，充血。所溢血液，被沸水冲洗稀释后淡薄宛如茶色。咋见难辨为生前刺切创。惟检头椎椎骨间切痕，可见骨上伤荫，足资为证。"林几在所有鉴定和所有实验文章中必配图说明，这是他的习惯。

四、小结

（一）关于林几思想

林几的思想集中体现在他将法医学定位为实验性的科学和他的教育、学术思想、法医科学史观及职业品德、创业精神。林几将毕生献给法医学事业，毕生进行科学实验，是我国当之无愧的现代法医学奠基人。[15]

（二）关于遗作书名

林几手稿原名《简明法医学》，后改为《实验法医学》。为什么改作《实验法医学》呢？这是有原因的。据笔者研究，林几的"实验法医学"观点很早就已形成。我们可以看看林几最早有关"实验法医学"的文章。据王世几收集到并送给作者的材料看，《医事月刊》1923年第1期和1924年第9期上就发现有林几《人力车夫心脏及脉搏之变态》和《新颖之血族鉴定方法》的文章，前者是病理实验室检验，后者是血清学实验室检验。而林几这段时间还在北平医学院读书和留校任病理助教期间。1926年林几在《中华医学杂志》上发表《最近法医学界鉴定法之进步》，1927年在《东方杂志》上发表《亲生子之鉴定》，在《法律评论》上发表《谁残留的精

---

〔15〕 黄瑞亭："中国现代法医学奠基人法医学家教育家林几"，载《福建史志》1995年第6期；黄瑞亭："百年之功——纪念林几教授诞辰110周年"，载《中国法医学杂志》2007年第2期。

痕之鉴定》、《检查精痕之简便方法》，及在《中华医学杂志》上发表《确定诉讼法对血球凝集现象之运用及实例》，主要是血清学实验、亲子鉴定和精斑检验方法等。这段时间林几在德国留学。1928 年林几在《中华医学杂志》上发表《拟议创立中央大学医学院法医学科教室意见书》，正式提出法医学教育思想和实验法医学观点，1929 年在《卫生公报》上发表《吗啡及阿片中毒实验》文章。这期间林几刚回国，之后就创办北平医学院法医学教室。由此，林几在接触法医学、留德专攻法医学和从事法医学工作时都把科学实验作为法医学研究的重点。

另外，在 1934 年，林几在《法医月刊》第 4、5、6、7 期发表法医学科学实验文章，就取名"实验法医学"[16]。同时，在《法医月刊》发表《法医学四种小实验》、《氰化钾中毒实验之说明》、《检验烟犯意见》、《骨质血荫之价值及紫外光下之现象》；在《中华医学杂志》发表《父权鉴定诉讼法血球凝集现象之运用及实例》、《吗啡与鸦片实验》、《已腐溺尸溺死液痕迹之检出新法》；在《北平医刊》发表《检验洗冤录银钗验毒方法不切实用意见书》、《墓土验毒与墓土含毒之比较实验》、《驻平英使馆委托检验英女温纳被人暗杀案之物证检验》、《枪弹射创口与子弹炸伤之实验》。林几还将上述文章整理后在《实验卫生杂志》连载，取名也还是"实验法医学"。林几在 20 世纪 20 年代、30 年代、40 年代曾先后出版或刊印《法医学讲义》、《法医学总论各论》作为北平医学院、法医研究所、中央大学医学院教学使用，还出版《法官用法医学》、《医师用法医学》、《简明法医学》、《犯罪心理学》、《法医学》（林百渊著）、《法医学讲义》等，且根据林几多年积累案例和实验，以及纠正古代错误和验证检验，不断补充完善，取名"实验法医学"十分贴切。

（三）关于遗作拍卖

这次拍卖林几《实验法医学》是以"名人墨迹精粹珍存专场"进行拍卖的，但据作者研究，书的内容的确是林几的珍贵遗作，但部分字迹不是林几本人的真迹。可能是当年中央大学医学院法医科秘书吴幼霖女士、褚权材先生根据林几手稿誊写而成。从收集林几真迹或学者介绍[17]看，林几多用毛笔字书写。

（四）关于遗作下落

我们先看一张收条："兹收到《实验法医学》（林几教授遗著），原稿四百九十五页（图三百余幅）。十二月八日。林几教授《实验法医学》遗作，送来一袋、图片及手绘图三百余幅。第五军医大学，一九五二年三月一日。"从收条来看，当时还在第五军医大学出版社。后来如何处置，因年代久远，不得而知。但现在由拍卖行拍卖，说明有人长期保管并送拍卖行。

---

〔16〕 林几："实验法医学"，载《法医月刊》1934 年第 2 期。
〔17〕 郑钟璇："林几教授和他的《洗冤录驳议》"，载《法医学杂志》1991 年第 4 期。

（五）关于林几遗愿

1951 年林几不幸病逝，未能参加全国法医学教材编审及全国高师班学员的亲自培养，而林几正在撰写的《实验法医学》也未能出版。相信，林几的遗愿应该是《实验法医学》能够出版面世，这也是法医学界的期望。

【二、司法鉴定制度改革】

关于进一步健全完善司法鉴定制度的思考 *

霍宪丹**

一、党的十八大和十八届三中全会对司法鉴定工作提出新的更高要求

党的十八大提出全面推进依法治国方略，实现国家各项工作的法治化的新任务，这就从总体上要求各行各业都要纳入法治的发展轨道，要求各级领导要善于运用法治思维和法治方法治国理政。这也意味着各种各样的问题最后表现为法律问题，各种各样的关系最后体现为法律关系，而解决法律问题、调整法律关系和解决纠纷争议最终要依靠法治方法和法律手段。党的十八届三中全会通过的《中共中央关于全面深化改革若干重大问题的决定》提出了推进国家治理体系和治理能力现代化；提出了深化司法体制改革，加快建设公正高效权威的社会主义司法制度，维护人民权益，让人民群众在每一个司法案件中都感受到公平正义；提出了完善人权的司法保障制度（鉴定权是一项基本的诉讼权利，而诉讼权是我国宪法保障的公民基本权利）；提出了创新社会治理体制；2014 年 1 月召开的中央政法工作会议提出了"完善统一、权威的司法鉴定体制"。这对司法鉴定工作提出了新的更高要求，也标志着司法鉴定体制改革和司法鉴定事业的发展将进入一个新的历史发展时期。为了实现国家和社会的卓越治理，必须进一步加强司法鉴定体系化建设，持续提高司法鉴定制度整体性、系统性和协同性；必须坚持以科学发展观为指导，深化改革发展，推进规范化、法制化、科学化建设，最终建立起有中国特色的公正权威、规范有序、优质高效、监管有力的司法鉴定统一管理体制；必须主动适应建设平安中国、法治中国、和谐中国的需要，逐步拓展司法鉴定的业务范围和服务领域，不断增强制度效应，为促进公正司法、维护公民合法权益和社会公平正义提供可靠保障和优质服务。

针对当前司法鉴定工作存在的统一性、整体性与多头管理体制之间的矛盾；客观中立性与有的鉴定职能的从属性、依附性之间的矛盾；高度专业化、职业化要求

　＊　本文原载于《中国司法鉴定》2014 年第 1 期。
　＊＊　司法部司法鉴定管理局原局长。

与鉴定人员缺乏统一的职业准入标准之间的矛盾；在市场经济条件下，追求质量效率、发挥市场机制在优化配置社会资源的调节作用与"小而全"、"大而全"、低水平重复建设各搞一套自成体系之间的矛盾，我们必须进一步健全完善司法鉴定制度。

二、司法鉴定是公正司法的制度保障

证据是实现司法公正的基石。司法鉴定制度是国家法定的司法证明制度。司法鉴定意见作为我国司法证明活动中的科学证据，因其自身的本质特点和基本属性，在证明案件事实中具有特殊功能，在证据体系中具有核心地位，往往在准确认定案件事实中发挥关键作用。司法鉴定管理制度对司法鉴定的科学性、可靠性和社会公信力有着重大影响，健全完善司法鉴定制度的目的、价值在于促进司法公正，提高司法效率，维护司法权威。这既是由我国的司法体制、诉讼制度、审判方式和证据规则的改革完善所决定的，也是与我国社会所处时代的科学技术发展水平相适应的。因此，司法鉴定制度的改革发展是一项长期的工作，既需要诉讼制度、证据制度和行政管理制度相协调、相适配，更需要立法、司法和其他相关部门在坚持法制统一原则和改革目标要求方面的共同努力和相互支持。

三、进一步健全司法鉴定行政部门与行业协会相结合的管理机制

由于司法鉴定活动涉及行业领域多，具有法律性与科学性、可靠性与可信性、程序性与实体性相统一等突出特点，仅依靠司法行政机关的行政管理是不够的，还需要发挥行业协会自律管理的作用。如当法院在面对不同的鉴定机构就同一鉴定项目作出了不同鉴定意见而产生困惑时，可以委托行业协会组织同行专家提出评价意见，以协助法官在审查判断本案证据的基础上，决定最终采信何种鉴定意见。

在司法鉴定的行业管理中，发挥专业委员会（专家委员会）的作用全关重要。如在司法鉴定人职业资格考试与考核、司法鉴定人执业证书颁发等方面，需要其从行业角度进行把关；在司法鉴定机构设备检测、资质审查方面，离不开他们的参与；当不同鉴定机构对同一鉴定项目作出不同鉴定意见，法院结合案中其他证据也难以对其进行审查判断时，可借助专业（专家）委员会进行评断；专业（专家）委员会可以组织起草各专业领域的具体鉴定标准、鉴定程序；处理鉴定人违规违纪行为，有时需要由专业（专家）委员会对鉴定人是否属于故意或过失进行审查。

司法鉴定行业协会的主要职责包括：①开展行业自律管理、行业规范和行业监督；协助司法行政机关监督管理；维护司法鉴定人和司法鉴定机构的合法权益；规定行业要求、行业规则，对司法鉴定机构和司法鉴定人的职业道德和执业纪律进行监督检查以及奖惩；参与制定司法鉴定操作规程、技术规范和鉴定标准、司法鉴定机构资质评估标准以及司法鉴定质量、诚信考核办法；组织会员开展学术交流、理论研讨、疑难典型案例分析等活动；组织会员进行继续教育与培训，沟通业务信息

等等。通过司法鉴定行业协会的工作，实现司法鉴定人的自我教育、自我约束和自我管理，可以大大减轻国家司法行政部门的工作负担，同时也可减轻法院的工作负担。[1] ②建立和完善司法鉴定行业规则。③协助建立司法鉴定行业统一的技术标准体系。

四、进一步建立完善司法鉴定管理与使用相衔接的运行机制

建立完善司法鉴定管理与使用相衔接的运行机制，及时有效地为司法审判提供可靠保障和优质服务。针对当前司法鉴定的管理与司法鉴定的使用之间缺乏制度联系的状况，司法行政机关和司法机关应当尽快建立起司法鉴定管理工作与司法审判工作相适应、相配合、相协调的制度衔接：①定期协商机制。双方就司法鉴定管理和使用中存在的一系列重大的、普遍的问题，及时进行协商，共同研究解决的办法。②信息反馈制度，把管理和使用中的问题及时反馈回来。司法行政机关作为司法鉴定管理部门，只能在事后的投诉举报中了解情况，而对于鉴定机构及鉴定人在司法审判活动中的具体表现，并不如使用者那么清楚、那么及时，因此建立定期信息反馈机制非常必要。③共同制定司法鉴定人出庭作证办法。按照修改后的刑诉法和民诉法规定，鉴定人必须出庭作证，如何保障鉴定人的执业权利、执业条件和人身安全迫在眉睫。④共同规范司法鉴定名册的使用管理办法，切实解决"册中册"、"册外册"等突出问题。

在司法实践中，司法鉴定实施的程序主要有：法官直接指定鉴定人或者根据当事人协商一致共同确定的鉴定人，法官经审查同意委托该鉴定人进行鉴定；书面委托通知鉴定人；代为收取鉴定费；鉴定人查阅有关资料进行鉴定；法官对鉴定过程实施监督；出具鉴定意见。可见，对于人民法院而言，其在司法鉴定过程中的工作主要有：①选任司法鉴定机构或独立司法鉴定人。②移交司法鉴定材料。对于所有移交司法鉴定机构或者司法鉴定人进行鉴定的鉴定材料，必须审查鉴定材料的真实性、关联性和合法性。当事人不得私自向司法鉴定机构或者司法鉴定人转交鉴定材料。否则，该材料不得作为鉴定依据。③法庭和法官对鉴定人出庭作证活动的监督。④加强司法鉴定委托的管理。

五、进一步完善司法鉴定人管理制度

司法鉴定人是实施鉴定的主体，是运用专门知识和技术方法解决诉讼活动中专门性问题的自然人。司法鉴定人不同于专家辅助人和技术顾问。司法鉴定人具有科技工作者与法律工作者的双重属性，应当具备以下条件：①具备相应的专业知识，

---

〔1〕 参见《中华人民共和国司法鉴定法专家论证稿》课题组：《中华人民共和国司法鉴定法——立法建议稿及论证》。

这是司法鉴定人必备的首要条件。②具备独立解决本学科专业范围内有关专门问题的能力，这是司法鉴定人开展鉴定活动的基础。③掌握必需的法律知识，鉴定活动属于诉讼活动的范畴，与法律密切相连，司法鉴定人也是诉讼参与人，需要出庭作证以说明鉴定的科学根据、技术方法和出具鉴定意见的依据等，同时，还要接受法庭询问和对方质证。④具备专业技术职称，鉴于司法鉴定活动也是一项科技实证活动，司法鉴定人是以专业技术人员身份参与诉讼的，因此，具备相应的专业技术职称或工作阅历，才能与其任务、地位、水平和身份相称（从社会发展的趋势看鉴定主体正在从以机构为主改变为机构和鉴定人并列，今后将逐步向自然人为主过渡）。⑤司法鉴定人必须具备良好的法律职业伦理和实事求是的科学精神，这是保证鉴定结论客观公正的前提。[2] 此外，在部分主观因素较多的鉴定中（如法医精神疾病司法鉴定），丰富的社会阅历和执业经验必不可少，因此还应当具备相当年限的阅历和工作经验。

长期以来我国对鉴定人员缺乏统一的职业准入标准和从业条件的限定，缺乏必要执业考核办法，今后应当借鉴大陆法系国家的做法，打破部门分割、地区分割，建立起与司法体制改革相适应的统一规范和司法鉴定人职业资格制度，持续提高司法鉴定人职业化和专业化水平：一是建立起统一的司法鉴定人职业资格考试与资格认定相结合的司法鉴定人职业资格制度；二是组织统一的司法鉴定人上岗、转岗前的专项培训制度；三是建立统一的司法鉴定人执业管理制度；四是资质考评监督制度；五是统一的终身化的继续教育制度；六是统一的执业检查和注册制度。

六、进一步完善司法鉴定执业责任制度

在改善执业环境、维护鉴定秩序、提供执业保障的同时，还要进一步健全完善执业责任制度。全国人大常委会《关于司法鉴定管理问题的决定》（以下简称《决定》）规定了行政责任与刑事责任两种法律责任。司法鉴定的执业责任可分为违反内部管理的责任、违反实施程序的责任、违反职业道德、执业纪律和行业规范的责任、违反行政管理规范的责任和违反法律规范的责任。法律责任指行政责任、民事责任和刑事责任，需要强调的是，《决定》没有规定民事责任。实际上，在诉讼活动中，鉴定机构和鉴定人接受委托后提供司法鉴定服务，由委托人给付报酬，二者之间已经形成相应的民事权利和义务关系。如果司法鉴定人因违规违纪执业或者因过失给委托人造成损失，也要承担相应的民事责任。至于承担损害赔偿责任的方式及内容，笔者同意以下主张："由司法鉴定机构统一接受委托，与委托人签订书面委托合同，因此，发生损害赔偿时，由司法鉴定人所在的司法鉴定机构首先承担赔偿责任。司

---

〔2〕 邹明理主编：《我国现行司法鉴定制度研究》，法律出版社2001年版。

法鉴定机构赔偿后，可以向有故意或者重大过失行为的司法鉴定人追偿。鉴于司法鉴定工作存在较大的职业风险，因此，在承担责任方面，宜采取比较严格的过错责任制度。"[3]

七、进一步建立完善司法鉴定意见评价机制和鉴定争议解决机制

在实践中，由于主客观等因素的差异而造成鉴定争议，即"鉴定意见打架"。为了有效解决鉴定争议，必须尽快建立科学合理的评价机制：①自身评价。包括鉴定机构和鉴定人评价、行业协会的评价和司法鉴定管理部门的评价。②同行专家评价。③第三方评价。如认证认可、能力验证。④诉讼对方的评价。即通过法庭质询，以证据对抗和竞争的形式进行检验和评价。⑤法庭评价。主要是法官在质证基础上，独立审查判断和内心确认后的评价与选择。上述几方面评价共同构成一体化的评价机制。

为有效发挥司法鉴定制度的功能作用，还需要搭建三个平台：①司法鉴定行业改革发展指导平台，即司法鉴定工作专家咨询委员会。委员会主要由法律界、科技界和鉴定行业等各界相关专家组成，主要任务是对涉及司法鉴定改革发展的重大问题、重大制度、重要政策提出意见和建议，其功能定位是成为管理决策和行业发展的外脑。②司法鉴定技术支撑平台，即司法鉴定技术标准专业委员会，主要由各行业权威专家组成，运用先进成熟的科技成果和技术方法，根据司法审判的需要，制定各类司法鉴定的技术标准，加强标准化建设，为公正司法提供科学可靠的技术支撑。③司法鉴定理论与实务研究平台，即证据科学与司法鉴定研究学会，主要由司法鉴定技术专家、诉讼法学、司法制度、证据法学专家组成。通过交流、探讨，为推动司法鉴定行业健康顺利发展提供法律支持，实现司法鉴定活动的法律程序和技术规范的有机结合。

八、推动司法鉴定行业实现可持续发展

（一）以科学发展观为指导，走出两个认识误区

当前在发展理念上要走出两个认识误区：①重职权鉴定机构轻社会鉴定机构。那种认为职权鉴定机构出具的鉴定意见具有天然的正当性和正确性，而社会鉴定机构出具的鉴定意见难与其相比的认识是完全不符合事实的。如果仅就法医、物证而言，新中国成立后很长一段时期，职权鉴定机构经过国家大量投入，前者的确占有较多资源。但是，如果把眼光投向国家和社会拥有的科技资源，就不难发现，从总体上和长远来看，经过60多年建设，在实力、水平、条件和发展后劲等方面二者已

---

[3] 参见《中华人民共和国司法鉴定法专家论证稿》课题组：《中华人民共和国司法鉴定法———立法建议稿及论证》。

经有了差异。事实上,《决定》实施后的这些年,随着大批依托高等院校、科研机构、质检机构、医疗机构等优质科技资源建立的社会鉴定机构不仅大批进入传统的法医、物证领域,而且在新兴的鉴定领域,更是占据主体地位。应该说,二者都是我国司法鉴定的重要组成部分,具有平等的诉讼地位,都有共同的追求,都是为了同一个目标,只是在诉讼中的分工和作用不同,既相互补充、相互促进,又相互竞争、相互制衡。②重刑事案件轻民事案件。当前人们的目光大多都在关注刑事鉴定管理体制改革的问题,而往往忽略了民事诉讼中的司法鉴定更多关系到公民合法权益的保护。按照法律和政策规定,侦查机关并没有参与解决民事案件的法定职能。从近几年发生的群体性事件看,有些地方侦查机关参与这类案件的效果也并不好,不仅得不到当事人认可,而且影响到群众对侦查机关乃至政府公信力的看法。

(二)推动司法鉴定行业的科学发展

司法鉴定实现科学发展的基本要求:①从外部看,司法鉴定必须主动适应我国经济社会发展和建设法治中国、平安中国、和谐中国对民主法治建设提出的新任务、新要求。从内部看,司法鉴定制度必须与司法制度、诉讼制度、审判方式的改革和发展相适应、相协调,并为诉讼活动的顺利进行特别是为审判活动提供可靠的技术保障和优质的专业化服务。②司法鉴定制度功能作用的前提取决于鉴定质量。因此,必须坚持以质量管理为核心,以资质管理为基础,全面推进认证认可和能力验证,建立完善并有效运行的质量控制体系。

(三)推动"三大类"和"其他类"的协调发展

"三大类"和"其他类"的协调发展和规范管理,是不断满足诉讼活动尤其是审判活动的迫切需要。依据《决定》的立法目的和宗旨,这个问题的关键并不在于该不该管,而是该由谁来管和如何管。2008年全国人大常委会法工委的批复已经作出明确的法律解释,即根据《决定》规定,省级人民法院没有编制鉴定名册的职责,应当由省级司法行政机关统一编制鉴定名册,管理司法鉴定工作。

(四)推动职权鉴定机构与社会鉴定机构协调发展

司法鉴定制度是司法制度的重要组成部分,在刑事诉讼中,侦诉关系、诉审关系、控辩关系三者应当相互协调。司法鉴定不仅要保证侦查、起诉工作的正常进行,保证诉讼活动的顺利开展,保证诉讼职权机关依法正确履行侦查、起诉和审判职能,正确行使公权力,而且也要保障犯罪嫌疑人、被告人以及被害人的诉讼权利,共同促进司法公正、维护公平正义。基于此,实现职权鉴定机构与社会鉴定机构的总体平衡和协调发展是必然要求。

应当说,不论职权鉴定机构还是社会鉴定机构都属于《决定》调整的范围,都是为了保证司法机关依法履行审判职能,保障当事人的诉讼权利,促进并实现鉴定公正,维护司法公正和社会公平正义等目的设立。二者在诉讼中同样发挥着司法证明的功能作用,只是服务面向和分工不同。

（五）推动司法鉴定机构转型升级

从国际上看，司法鉴定机构的发展趋势主要体现为六个方面：一是定位公共化，既要保证公权力运行，又要保障公民的诉讼权利，提供公共产品，具有社会公共属性和公益性质，应当由公共财政保障；二是地位中立化，即在诉讼中具有独立于诉讼机关的中立第三方证明机构；三是高度专业化，即不断适应高度的专业化分工与更加广泛的社会协作相统一的社会发展规律；四是技术高新化，即在综合集成的基础上，技术方法、技术装备持续创新，甚至会引起司法证明手段、证据制度的革命性变化；五是规模集约化，即讲究规模效益，发挥高度专业化、职业化的优势；六是运营公司化，即采用公司治理结构，讲究投入产出，打破"铁饭碗"。

（六）充分发挥好司法鉴定制度的功能作用

当前，司法鉴定工作要认真贯彻中央政法工作会议和全国司法厅（局）长会议精神，按照杭州会议的工作部署，主动适应司法机关和人民群众日益增长的新需要、新要求。要保障鉴定质量，大力推进公共服务体系建设，进一步健全完善统一管理体制，加强监督管理，规范执业行为，提高能力水平，充分发挥司法鉴定制度的重要作用：①司法鉴定工作要主动适应司法机关和人民群众日益增长的鉴定需求。随着经济社会的发展、民主法制的建设和司法制度的逐步完备，人们的法律意识进一步提高，司法鉴定的社会需求日益增加，做好司法鉴定工作是司法行政的重要职责。从近几年发展规律看，随着工业化、城市化发展和专业化分工，社会发展指数高和第三产业发育快的城市，不仅法治化程度高，而且对其他类鉴定的需求的范围和数量也越大越宽。应当指出的是：如果说三大类鉴定主要应用于刑事诉讼，那么其他类鉴定则主要适用于民事诉讼，鉴于人民法院每年审结的案件中，民事案件占了85％以上，其他类鉴定主要是与人民法院定分止争、维护公民合法权益和化解矛盾纠纷、维护社会稳定有关的现状，必须加强与有关部门协调，尽快将审判急需而又具备管理条件的司法会计、知识产权、建设工程、环境污染损害、价格、食品、药品、产品质量、道路交通事故等鉴定事项纳入统一管理范畴，不断提高规范管理水平，充分发挥其功能作用。②紧紧围绕建设平安中国、法治中国、和谐中国的目标，大力推进司法鉴定公共服务体系建设。当前，一是要继续坚持"统筹规划、合理布局、总量控制，有序发展"的原则。二是要充分发挥国家级司法鉴定机构的示范带头作用。遴选国家级司法鉴定机构在一定程度上还只是个试验，仍需不断总结经验，不断改进完善。目前遴选出的10家国家级司法鉴定机构必须承担起与其相符的国字号品牌的保持和维护的历史责任，推进国家级司法鉴定机构之间的合作交流、资源信息共享，避免再走行政色彩浓厚的老路子。国家级司法鉴定机构不应当仅仅是一个窗口、一个标杆，而应当在承担重大、疑难案件的鉴定任务的同时，充分发挥司法鉴定行业发展的引领作用。三是鼓励支持各地依托国家、社会的优质资源，走"鉴、学、研"一体化的内涵式发展道路。队伍素质决定事业发展，尤其是司法鉴定这类专业性非常强的行业。由于高校集中了众多高素质人才和高端仪器设备，具有教学、科研及办理实际案件相结合的特点，两者相辅相成，使高校不仅具有开展司法鉴定工作的先天优势，而且开展司法鉴定工作，使高校的教学、科研工作通过研究疑难复杂案件，既能及时了解科技发展和社会需求之所在，反过来又有力促进教学、科研工作。可以说，高校司法鉴定机构的这个特点发挥好了，会远远大于司法鉴定本身的意义。③要建立完善司法鉴定行业退出、淘汰制度，调整优化布局结构。一方面，随着司法活动日益专业化复杂化和科学技术日新月异的发展，新的鉴定需求和技术方法不断应运而生；另一方面，有的鉴定机构的鉴定能力和技术水平不能适应司法证明的新要求，有的鉴定机构因长期检案量不足，也缺乏创新发展的动力。对此，必须综合运用法律手段、行政手段和技术手段（如采取严格准入条件和完善专家评估程序，严格仪器设备配置标准，建立关键设备强制认证制度，统一规范执业资质条件、调整优化布局结构、建立检案质量评查和执业活动年度检查制度、依托第三方开展认证认可和司法鉴定行业协会组织同行评价等不同方式），形成优胜劣汰的竞争机制，逐步实现腾笼换鸟、创新发展的目标。

公正司法鉴定中政府的社会保障责任[*]

王平荣^{**}　卜泳生

一、社会公正性的保障是现代社会的必然要求

（一）现代社会以和谐为目标

围绕"和谐文明"，着眼于和谐，一心为和谐，全力促和谐，通过法律调整利益关系，以构建和谐社会为目标是现代社会发展到特定阶段的重要特征性内容。而"以构建和谐社会为目标，唱响和谐司法主旋律"，则是我国当前和今后很长一段时间内被突出的司法主题和社会主线。现代社会的发展始终是以建设和谐为目标的。

和谐社会把人的自由而全面发展作为目标，和谐本身体现于、实现在每个人的和谐发展之中。社会公正是和谐社会的本质和基石，它意味着权利的平等、分配的合理、机会的均等和司法公正。社会公正具体体现在两个基本层面上：一是观念层面上公正的价值取向，二是现实层面上公正的制度安排。[1]中国及世界的发展历史表明，任何时期若不给社会弱势者以社会保障，最终社会弱势者也不会让社会得以安宁。和谐应成为社会建设的首要目标之一。

（二）现代社会以公正为前提

现代社会，城乡居民的社会保障水平要求是差距越来越小，这对我国原有社会保障制度中城乡居民保障的巨大反差提出了社会公正性的现实要求。公正性的社会保障包括方方面面，其中司法公正性的社会保障和司法鉴定公正性的社会保障理应在列，而这些十分重要的社会保障内容甚至会被制度设计者有意或无意地"遗忘"。没有公正保障的社会是很可怕的。

公正性是人们对制度的价值追求，是建立和完善社会保障体系的道德向度。公正的社会保障体系在构建和谐社会中的作用是基础性的，它具有工具和手段的意义。但是，"现行的社会保障体系还有其自身缺陷"，还不能充分满足社会和谐发展的需

＊　本文原载于《中国司法鉴定》2014 年第 1 期。

＊＊　河海大学商学院。

〔1〕　赫晓萍："浅析城乡统筹社会保障的社会公正性"，载《东方企业文化》2012 年第 6 期。

求，需要不断完善。[2] 当前，加快建立公正的社会保障体系是贯彻落实科学发展观，构建社会主义和谐社会的迫切要求，也是对党的执政能力的重要考验。从道德向度到工具理性，由现实局限到实践导向，党和政府正为公正的社会保障体系谋局布篇，倾力打造，并推出一系列的具体政策。我们知道，制度公正是社会发展的重要内容，是评价社会发展水平的标志，社会保障理应体现公正，促进公正，实现公正。任何一项制度设计，都不约而同地将公正作为优先原则，而制度的评价首先是道德的评价，无论是道德评价还是法律评价都不可忽视公正性这一前提。

（三）现代社会以保障为特色

对社会保障公正性的诉求在中国具有深远的历史文化渊源，同时这一诉求又是理性的、正当的。社会保障具有分配属性，其社会属性从属于基本经济制度，是社会经济关系在分配领域的体现。法律规定表明，无论是生存还是发展，既然有平等权利，就必须有平等待遇。

社会保障权是人的基本权利，社会成员依法享有社会保障权具有普世价值。人权保障在社会保障实践中的表现，就是由国家和社会向其成员提供物质和服务等方面的保障。社会保障是人的生存和发展的基础性保障，是人的生存权和发展权的基本要求，是人成其为人，作为人，作为有尊严的人的基本要求。以人为本是社会保障基本架构、制度安排和工作落实的出发点，而制度公正是人本理念最基本的体现和保障。公正保障物质文化需求就是保障和谐。

社会保障体系的构建要体现前瞻性、开放性和公正性，要在建立长效机制上下功夫，解决制度本身的可操作性和可持续性，体现科学公正客观合理的理念。这就要求保障政策的改革要有充分的可行性论证，要有广泛的群众基础，要建立各类群体的利益表达和协商机制，确保制度的公正与可行。要更多地体现"权利公平、机会公平、规则公平、分配公平"。

转型期中的社会保障既有结构性的冲突又有体制性的摩擦。建立健全公正的社会保障体系，促进社会和谐发展既是理论问题，又是实践问题，更是对党的执政能力的考验。没有公正的社会保障体系的完善就没有社会和谐发展。公正的社会保障体系必须具备可实现性才是现实的，必须不断满足社会发展的需求，要充分考虑到社会保障工作面临的新形势、新任务、新挑战、新要求。现代社会是以保障为特色，而社会公正性的保障则是现代社会的重要特色。

---

〔2〕 刘晓丰、杨成湘："和谐社会的重要基础——构建公正的社会保障体系的理论与实践"，载《重庆社会科学》2006 年第 6 期。

二、公正司法鉴定是司法公正的重要组成部分

（一）司法鉴定是司法的重要组成部分

司法鉴定是实现司法公正的重要环节。[3] 司法鉴定体制若存在问题就会妨碍司法公正。司法鉴定是司法工作的重要组成部分，它有时甚至是部分案件中司法的核心内容与关键环节。司法鉴定工作作为保障司法公正的重要环节，在建设法治国家、法治社会、法治城市中扮演着重要角色，发挥着特殊的作用。关键是要充分认识司法鉴定在实现司法公正的重要作用。要建立健全符合科学发展观、体现司法鉴定自身发展的管理体制和管理制度，充分发挥司法鉴定的作用，及时稳妥处理社会矛盾纠纷，全面积极地维护社会稳定，维护人民群众合法权益，促进司法公正和公平正义，为经济社会发展创造良好的法律环境和社会环境。

（二）公正司法鉴定或能影响司法公正

全国人大常委会《关于司法鉴定管理问题的决定》（以下简称《决定》）实施已经八年，这不仅意味着司法机关特别是人民法院的鉴定机构的"沉没"，而且意味着司法行政管理机关鉴定机构的"冷落"，既不会有"自审自鉴"，也不会有"自管自鉴"；这还意味着，侦查机关的鉴定机构不得从事有偿鉴定活动；重新鉴定、补充鉴定的鉴定人必须事先列入鉴定人名册内；有多人签名的同一份鉴定书将视为意见一致。但是，出于对法治精神的尊重，以及对社会公平与正义原则的不懈追求，在避免重复鉴定、多头鉴定、久鉴不决等方面的成效到底如何，理应进行必要的总结，最终是否实现了预期或预料的"管办分离"的最佳效果[4]，是否真正地既有利于降低诉讼成本，又有利于节约司法资源，还有利于维护司法公正的目标，仍然是值得全面考核和深入进行"立法"绩效评估的，包括面向社会服务的这些司法鉴定机构自身是否有充分而公正的保障也值得一并探讨。

对司法鉴定"举足轻重"的认同，一是能够还原事实真相，二是体现鉴定管理法制化，三是实现鉴定意见国际认可。在全球化、网络化、信息化层面上，公正评价的范围更加广泛。

伴随《决定》及其出台相关规定的历史价值主要是，有了统一、独立的司法鉴定法规，实现了鉴定机构设立、鉴定人准入条件、鉴定技术标准、鉴定程序规则、鉴定文书格式的"五统一"和鉴定人法律责任的"一明确"，它使鉴定法规更加具有可操作性。令人遗憾的是，终局鉴定在平等而自由的论争中，在没有属地限制、没有层级之分的鉴定领地里，成本极其高昂，多次鉴定、重新鉴定的趋势仍然无法遏

---

〔3〕 毛立新："司法公正与司法鉴定"，载《山东社会科学》2006 年第 10 期。

〔4〕 纪念："浅析《全国人大常委会关于司法鉴定管理问题的决定》的立法缺憾"，载《中国司法鉴定》2006 年第 2 期。

制。鉴定次数得不到限制，而限定鉴定次数就可能限制权利。在黑白分明的区域之外，灰色地带难能可贵，"终局鉴定仍是一句空话"[5]。

（三）司法鉴定法将是评判鉴定的依据

"社会鉴定"一词在本文中可理解成为面向社会服务的鉴定和面向社会服务的鉴定机构。在社会鉴定的设计思维中，鉴定人应由社会"养活"，如果不能被社会养活，那么政府应当提供最低"生活"保障。鉴定职业的市场化风险，随着市场的成熟程度而波动起伏。在完整承担社会鉴定责任、履行公正鉴定义务之前，这些鉴定机构必须确保自身的平安生存与可持续发展。在利益再分配的社会里，鉴定人一旦成为弱势群体的分子，政府的后续保障则责无旁贷。唯此，才是负责任的服务型政府，也才是负责任的有保障的社会。而在当前中国，"司法鉴定法"[6]的立法设想，是比较符合法治思维和法治方式的需要的，特别是要加强包括涉及"医疗证据保全"[7]等在内的相关法律规定制定，尽管立法时机还未必成熟。

司法鉴定既不是包办鉴定，也不是放任鉴定。司法鉴定需要独立鉴定，但是，独立鉴定不等于孤立鉴定，更不是自由鉴定或自治鉴定、自管鉴定。司法鉴定要保持中立和公正。

三、"社会鉴定"的公正性政府确有司法保障责任

（一）大力加强法治政府的建设

法治的目的，是增加公众的安全感，让他们对未来有更稳定的预期。[8] 管用而有效的法律，既不是铭刻在大理石上，也不是铭刻在铜表上，而是铭刻在公民的内心里。[9] 我们既要让法治成为一种全民的信仰，还要营造法律至上的法治环境。党的十八大报告明确提出到2020年法治政府基本建成。"执法者必须忠诚于法律"，营造法律全上的环境，依法行政是核心。只有坚持严格执法、公正司法，从实体、程序和时效上，在每一个具体的案件中，让人民感受到公平正义，才能开创依法治国的新局面。因此，从执法到司法，公安司法机关不能不慎用手中的权力。而没有政府的法治化，就不可能有社会的法治化。我们一定要"坚持依法治国、依法执政、

[5] 刘春凌："论司法鉴定管理体制的完善"，载《中国司法鉴定》2010年第6期。

[6] 袁翔珠、宋志国："论司法鉴定体制的改革与完善"，载《社科与经济信息》2001年第9期。

[7] 车玉涵："试论我国医疗纠纷证据保全若干问题和司法鉴定体制的完善"，载《法制与社会》2013年第1期。

[8] 人民日报评论部："在每个案件中体现公平正义——开创依法治国新局面之二"，载《人民日报》2013年02月28日。

[9] 人民日报评论部："让法治成为一种全民信仰——开创依法治国新局面之三"，载《人民日报》2013年03月01日。

依法行政共同推进，坚持法治国家、法治政府、法治社会一体建设"[10]。

在操作层面上，政府的保障司法公正的责任，简单地说，就是应当为司法活动提供支持，不应当干涉司法活动。如果司法没有公正，那么司法就没有生命力。实现司法公正，除司法人员的高素质和司法制度的完善外，还离不开政府的支持与保障。政府责任直接关涉到司法体制。司法公正政府责任的内容包括政府积极履行宪法法律赋予的职责，以及政府严格在法定职权内行事，不越权干涉司法活动两个方面。当前政府维护司法公正责任的缺失，在作为责任方面主要是对司法活动的支持不够，以及对当事人及其他诉讼参与人的支持不够，而在不作为责任方面主要是对于人事任免的非法干涉，以及对于司法活动的非法干涉。我国政府维护司法公正的责任担当除了制度建设、理念更新和责任追究外，主要还是依法维护司法机关独立行使审判权力和检察权力。政府要为司法活动的有序运行提供充分的经费保障，并且在法律援助、国家赔偿和证人补偿等政府责任方面要有所作为。而在司法与行政相对独立的语境下，政府对"两院"（法院、检察院）的重要人事任免不应当有发言权，更不应当在地方保护方面给司法人员施加任何影响。

（二）强化政府的社会保障责任

促进社会公正是政府的基本职能，保障起点的平等和创造机会的平等，使每个公民在平等的规则下都享有平等的权利和机遇，提高公民的社会待遇。而实现最广泛的公正则是政府的责任。社会再分配是实现社会公平的重要环节，社会保障是实现社会再分配的重要手段，即"劫富济贫"模式。我们不仅要大力加强法治政府建设，而且要强化政府的社会保障责任。

政府，有广义与狭义两种解释。广义的政府，包括立法机关、司法机关、行政机关和军事机关；狭义的政府仅指国家权力机关的执行机关即国家行政机关。本文所指的政府主要是前者。从广义角度说，政府有维护司法公正的社会义务，其责任形态主要有作为与不作为两种，责任的核心就是处理好行政权与司法权，以及与诉讼权利等之间的关系。从狭义角度说，政府的司法公正保障责任具体表现为加大政府经费支持、健全相关法律制度、依法维护司法机关独立行使权力、完善责任追究机制等。我国各级政府都应当依法维护司法机关权力的独立行使，不得干涉司法机关内部的人事任免等行政事务以及具体的司法办案活动。有人建议，建立由国家权力机关介入追究行政机关责任的制度，"当司法机关认为行政机关干预了其职权的正常行使或者没有为其职权行使提供应有的支持时，可以向权力机关提出，提请追究行政机关的责任，督促其依法履行职责"，并建议取消司法机关内部的行政级别

---

[10] 人民日报评论部："营造法律至上的法治环境——开创依法治国新局面之一"，载《人民日报》2013年2月28日。

制度。[11]

在宏观层面的具体操作中，推进社会主义和谐社会建设的核心是必须合理调节收入分配。这是因为，法治是构成社会主义和谐社会的重要基础，和谐社会的营建离不开公平正义。而实现司法公正是构建社会主义和谐社会的必经途径。和谐社会归根到底是人与人之间的和谐，而人与人之间的和谐在很大程度上取决于心理和谐。政府有必要加强对社会心理的调研。

（三）"社会鉴定"的公正性的保障

政府责任的本质，从某种角度来说，就是社会管理者责任，当前就我国而言，特别强调社会管理创新。公正的艺术最终还在于平衡。除实质正义和程序正义外，还要兼顾社会心理和群众满意及百姓认可。任何方案都应当以不得刺激当事人或激发新的讼争动荡为宜。

司法鉴定工作有序状态，一靠立法规范，二靠监管措施。重点是要针对"鉴定机构社会化，鉴定人员专家化，鉴定程序法律化"相关问题的及时解决。在鉴定体系中，要以独立、科学、规范、统一、公正、高效为目标。过去认为，似乎只要法院不进行鉴定就是独立鉴定，其实质只是独立于审判的社会鉴定。当时设计的逻辑是，将鉴定的科学性寄托在鉴定次数上，若仍有质疑就重新鉴定，社会鉴定次数越多越科学。加强鉴定人员资格认定和鉴定程序的规范，鉴定机构有统一协调机制，有统一管理部门。似乎规范鉴定程序和鉴定标准，鉴定的公正性、严肃性和高效性就有保证；统一标准认定鉴定人资格和鉴定机构资质，鉴定结果就不会再有差错；取消了鉴定机构的上下等级，鉴定权威便自然而然地在鉴定市场中建立起来。主流观点还认为，鉴定的科学性与鉴定机构来自法院或来自社会是有一定关联的，甚至认为来自社会的就是科学的。在当时的改革过程中，值得庆幸的是，对"自审自鉴"的否定并没有同时把对"自审自判、自审自执、自审自监"的质疑"一起拉下水"，也没有对"当地鉴定机构鉴定当地的案件"产生过大怀疑。显然，法院工作就是社会工作，但是法院鉴定就是不可以，在某些人看来，法院鉴定就等于搞"副业"，就等于不顾"中心工作"。[12]

（四）"社会鉴定"公正的政府责任

我国《宪法》明确"国家尊重和保障人权"。2011年7月1日起施行的《中华人民共和国社会保险法》明确"为了规范社会保险关系，维护公民参加社会保险和享受社会保险待遇的合法权益，使公民共享发展成果，促进社会和谐稳定，根据宪法，制定本法"；同时还规定"县级以上人民政府将社会保险事业纳入国民经济和社会发展规划。国家多渠道筹集社会保险资金。县级以上人民政府对社会保险事业给

〔11〕 朱立恒："司法公正的政府责任"，载《政治与法律》2009年第5期。

〔12〕 许江涛："论司法鉴定体制的完善"，载《前沿》2002年第12期。

予必要的经费支持。国家通过税收优惠政策支持社会保险事业"，"国家设立全国社会保障基金，由中央财政预算拨款以及国务院批准的其他方式筹集的资金构成，用于社会保障支出的补充、调剂。全国社会保障基金由全国社会保障基金管理运营机构负责管理运营，在保证安全的前提下实现保值增值。全国社会保障基金应当定期向社会公布收支、管理和投资运营的情况。国务院财政部门、社会保险行政部门、审计机关对全国社会保障基金的收支、管理和投资运营情况实施监督"。如前所述，政府的社会责任不只是物质上帮助的保障支持，还应当在社会和谐、社会稳定方面履行法定义务。

在社会生存中，我们不能要求每个公民都成为各方面的鉴定专家。法律规定"国家建立基本养老保险、基本医疗保险、工伤保险、失业保险、生育保险等社会保险制度，保障公民在年老、疾病、工伤、失业、生育等情况下依法从国家和社会获得物质帮助的权利"，还要求"社会保险制度坚持广覆盖、保基本、多层次、可持续的方针，社会保险水平应当与经济社会发展水平相适应"，"国有企业、事业单位职工参加基本养老保险前，视同缴费年限期间应当缴纳的基本养老保险费由政府承担。基本养老保险基金出现支付不足时，政府给予补贴。"此外，笔者认为政府应当充分认识到自身的社会保障责任，特别是包括社会鉴定在内的公正性保障的政府责任。政府的意义，除了发挥市场的作用外，就是要提供社会保障。

从现实看，压力下生存的本能性臣服，自然造就等级思想和集权机制。社会财富正因这种高度专制而出现分配不公，又因分配不公造成社会分化及政府（官员）利益凌驾于社会利益之上形成既得利益集团的悲剧性可能。医患关系上，当前我国医疗体制改革进入"深水区"，医护人员替"体制"受过的情形绝非长久之计。审判实践中，目前司法基本假设是，被诉对象都是精神状态正常者，大都省略鉴定的确认过程，除非有足够怀疑理由或否定的证据。而这些假设是缺乏公正性保障的。再如，心智非常者难免被不同对待，心智正常者特定情形中也有被异常对待的危险。而当前的社会鉴定机构还不可能公开号称在鉴定过程中就没有自身利益的合并存在。社会鉴定机构既是公正鉴定的主体，又是需要公正保障的社会生存主体。

四、政府对"社会鉴定"公正保障责任的操作

（一）保障援助基金的设立

近年来，有人提出"构建司法鉴定收费减免制度的设想"[13]，通过司法鉴定收费减免制度的实施保障经济困难者合法权益，维护社会稳定，促进司法公正，这无疑有正向意义。但是，从可持续的角度来看，我们还需要某种更具操作化的路径，

---

[13] 施晓玲、惠新岳、李红梅："构建司法鉴定收费减免制度的设想"，载《中国司法鉴定》2010 年第 6 期。

例如，可以通过政府设立或投入某一保障援助基金的办法，切实让政府对"社会鉴定"公正保障责任得到落实。从长远看，免费的或低费用的社会鉴定可以应付一时，但难以应付长久。在倡导法治方式和法治思维的背景下，整个社会不应当寄希望于靠免费的或低费用的社会鉴定来支撑鉴定公正性。

（二）资金投入与运作模式

社会鉴定面向社会受市场制约，但它离不开政府规制以保障其鉴定意见的社会认同，以及对司法公信力提升的真正价值与现实意义。我们坚持走中国特色社会主义道路的运作模式就是要实行市场与政府"两手抓"，而不是在市场经济环境下搞"两手换"。应通过有限的资金投入和充足人力资源保障，形成"政府主导、社会参与"这一可行的长久运作模式。

以涉鉴信访为例，针对社会鉴定机构的鉴定问题信访投诉渠道应予以建立并明确公布。[14] 在这方面，政府的信访疏导与保障义务以及信访制度建设完善的责任不容推辞。这种公正性保障机制是一种事后保障机制，必然需要一定的人力和财力投入。目前情况下，我国社会鉴定机构设纪检监察部门的可能性不大，可由有关领导针对鉴定服务态度问题给予沟通，就鉴定标准问题进行细化解释。毕竟，鉴定意见是否被采纳始终是审判部门的职责范围。而社会鉴定机构不受理具体案件的鉴定委托，以及涉及社会鉴定的鉴定时限超标、鉴定费用收取超标、出庭作证费用收取超标等的投诉，司法行政管理部门有必要加以监督引导和严格管理。当然，政府还应加强对社会鉴定公正性的事前保障和事中保障的投入。例如，建立贫困人群鉴定费用援助保障计划的财政预算，制定社会鉴定机构社会援助支持计划纲要，等等。

（三）绩效评估及社会反馈

广义的政府在公正司法鉴定中的社会保障责任包括保障鉴定人出庭质证制度的构建[15]；保障司法鉴定的独立性和程序性[16]；保障刑事鉴定意见质证制度的落实[17]；保障司法鉴定启动程序中的人权[18]；等等。目前有明确法律条文可参照的是，1996 年修订的《刑事诉讼法》第 120 条规定"对人身伤害的医学鉴定有争议需要重新鉴定或对精神病的医学鉴定，由省级人民政府指定的医院进行"，而问题是，

---

〔14〕 包建明："司法鉴定机构信访投诉实务探究"，载《中国司法鉴定》2010 年第 3 期。

〔15〕 潘星容："保障鉴定人出庭质证制度的构建"，载《中国司法鉴定》2009 年第 4 期。

〔16〕 袁军、尹君、庄宇莉："保障司法鉴定的独立性"，载《中国司法鉴定》2010 年第 4 期；朱晋峰："刑事鉴定意见证据能力的程序性保障"，载《上海政法学院学报（法治论丛）》2013 年第 2 期。

〔17〕 何军兵："论刑事鉴定意见质证保障制度之完善——以辩护为视角"，载《中国司法鉴定》2011 年第 6 期；朱晋峰："刑事鉴定意见证据能力的程序保障探析"，载《江西警察学院学报》2013 年第 1 期。

〔18〕 杨芳亮："论我国司法鉴定启动程序中的人权保障"，载《山西省政法管理干部学院学报》2011 年第 1 期。

是否包括有争议的法医学鉴定重新鉴定的争端解决。无论是从该规定的立法背景和本意来看，还是从条款规定的字面，条款的前提分析、规定的鉴定机构来看，似乎指向的都是法医学鉴定而不是医学鉴定，医院是法医学重新鉴定的主体。甚至被认为"医学鉴定"就是法医学鉴定。于是乎，全国各省市"一夜间"成立了几百家由省级人民政府指定的医院组建的法医学鉴定机构。

随着 2005 年 10 月《决定》的实施，全国上下各级人民法院的若干法医专业技术人员中止了原有的专业职业，有的改行，有的仍然从事更加广泛的鉴定委托管理"抽签"轮派工作。多年实践表明，医院的法医学鉴定或重新鉴定并非如理想的那样令人满意，针对这些鉴定或重新鉴定的争议依然如故，甚至还有很多的专业不对口的埋怨与"弄巧成拙"的争议。有人呼吁，重新修订刑诉法时"有必要对该项条款进行修正，应当让法医鉴定的重新鉴定权回归到专业法医鉴定机构中来"；"法医的鉴定权、重新鉴定权、最终鉴定权应当回归法医，只有这样才能充分发挥法医学这门医学分科学的最大效能"，而医院医生仍应当从事本职工作，不应当学非所用，浪费国家人力物力。[19]

司法鉴定资源不能浪费，司法鉴定环境不容破坏，司法鉴定管理的要素匹配必须讲究科学性、专业性、实效性和公正性，我们应当依法加强并定期进行包括司法鉴定管理问题的决定出台后执行的实际社会效果和相关立法后社会管理创新的效能等在内的绩效评估，最终要确保社会鉴定的科学性和公信力的提升确有政府长期一贯的主导性支持和保障性支撑。[20] 因此，如果说鉴定是社会化的市场行为，那么保障社会鉴定的公正性则理所应当是政府的责任。政府与市场分别是社会和谐的两只手。鉴定公正的稳定性预期需要政府来保障。政府的社会保障有必要在社会洞察、社会沟通、社会识别、社会控制等方面有所作为。

---

〔19〕 张勇："对'人身伤害的医学鉴定有争议需要重新鉴定由省人民政府指定医院进行'的思考"，载《中外健康文摘》2010 年第 19 期。

〔20〕 王瑞恒、任媛媛："论提高司法鉴定公信力"，载《中国司法鉴定》2012 年第 4 期；金阳、吴佳兴、肖思需："加强专家队伍培训　不断提升鉴定公信力"，载《黑龙江医学》2012 年第 10 期；甘盛宁："提升鉴定结论公信力之我见"，载《中国检察官》2010 年第 23 期；张文生："应重建医疗事故鉴定的公信力"，载《中国司法》2012 年第 4 期。

论司法鉴定制度创新的三个维度[*]

徐明江[**]　杨德齐

党的十八大及十八届三中全会明确指出要进一步深化司法体制改革。司法鉴定制度是司法体制的重要组成部分，司法鉴定的制度创新是我国司法体制改革的必然要求，也是我国司法鉴定改革与发展的时代呼唤。司法鉴定制度改革的内在动力，在于社会日益增长的司法鉴定需求与司法鉴定供给能力不足的矛盾。主要表现为：司法鉴定统一管理的客观需要与"多头管理"现状的矛盾、科学技术统一性与司法鉴定标准不统一的矛盾、程序正义的社会呼唤与程序规范不完善的矛盾、司法鉴定申请权与司法鉴定决定权及司法效率的矛盾、司法鉴定"意见化"与司法鉴定意见质证"形式化"的矛盾等。产生这些矛盾的根本原因是我国司法鉴定制度上的不完善。本文从法律制度、管理制度、保障制度三个维度来阐述我国司法鉴定制度改革与创新的基本路径。

一、法律制度创新——司法鉴定改革与发展的顶层设计

当今的中国改革已从"摸着石头过河"转变为更加强调"顶层设计"。中国司法鉴定改革与发展的"顶层设计"就是司法鉴定法律制度的创新。司法鉴定法律制度应当包括司法鉴定的基本法律即司法鉴定法、程序性规范和技术规范与标准三个方面。[1]

（一）加速司法鉴定基本立法

司法鉴定基本法律是司法鉴定制度的核心。2005 年颁布实施的全国人大常委会《关于司法鉴定管理问题的决定》（以下简称《决定》）是我国第一部关于司法鉴定管理的"基本法"，但其内容已跟不上司法鉴定实践的需要，效力上也因最高人民检察院、最高人民法院、公安部等的不同解读而受到了很大的削弱，以致"国家统一的

　＊　本文原载于《中国司法鉴定》2014 年第 1 期。

　＊＊　北京市司法局副局长。

〔1〕　杜志淳等：《司法鉴定法立法研究》，法律出版社 2011 年版，第 77～81 页。

司法鉴定管理体制尚未完全形成"〔2〕。因此我国的司法鉴定基本法律目前几乎处于缺位状态。为了对《决定》进行及时"接力"，实现依法治"鉴"，必须尽快制定内容及效力完整的《司法鉴定法》，并对相关制度进行创新：

1. 要对三大诉讼法中司法鉴定的相关内容进行统一规定。目前三大诉讼法中分别规定了司法鉴定的相关内容，既有重复规定也有不一致的地方。例如新刑诉法、民诉法已经顺应《决定》的统一规定，将"鉴定结论"改成了"鉴定意见"，而行政诉讼法当中仍为"鉴定结论"。《司法鉴定法》统一立法既能避免立法重复，减少立法资源浪费，又能实现立法的一致性，而且修订起来更为便捷。因此，制定司法鉴定基本法律也是司法鉴定立法技术的需要。

2. 要对所有司法鉴定机构和鉴定类别实现统一管理。由司法行政部门对司法鉴定实行统一登记审核、统一名册、统一鉴定程序、统一鉴定标准、统一监管规范等。消除司法鉴定"三类内"（即法医类、物证类、声像资料类）与"三类外"的区别，改变公、检、法、司等多部门多头管理的局面。

3. 构建完整的内容体系。至少应包括：总则、司法鉴定人、司法鉴定机构、司法鉴定程序（含启动、实施、运用三个环节）、行政和行业监督管理、法律责任等。

（二）完善司法鉴定程序规范

"鉴定意见的生成不同于其他证据，它是程序的产物，而非案件事实发生时产生的结果"〔3〕因此，程序规范是司法鉴定法律制度的重要组成部分，也是实体正义的根本保证，应当以行政法规的形式出现，以保证其效力等级，其任务是对司法鉴定基本法律的程序规定予以具体化。司法鉴定程序法规的创新主要有以下几个方面：

1. 司法鉴定的"启动程序"。赋予当事人以司法鉴定申请权和对司法机关不同意鉴定时的复议权；规定必须鉴定和必须重新鉴定的具体情形，防止"需鉴定而不鉴定"或"不需鉴定而鉴定"的状况，对司法机关的鉴定决定权进行必要的约束；选择司法鉴定机构和司法鉴定人时应根据其不同资质、不同类别进行"区别摇号"，且不同的资质级别对应不同的收费标准，同时在程序上保证当事人的知情权、参与权和选择权；严格司法机关对司法鉴定材料的审查义务和委托流程，规定相应的法律责任，具体落实《司法鉴定程序通则》中关于"委托人对鉴定材料的真实性和合法性负责"等规定。

2. 司法鉴定的"实施程序"。一是将"司法鉴定人负责制"的责任起点提前到司法鉴定受理之时。由司法鉴定人对是否属于鉴定范围、鉴定材料是否真实、合法、充分、完整、鉴定协议的内容是否完整和准确、委托事项是否清晰等进行判断；二

---

〔2〕 参见中央政法委〔2008〕2号文件：《关于进一步完善司法鉴定管理体制遴选国家级司法鉴定机构的意见》。

〔3〕 郭华："司法鉴定制度改革的基本思路"，载《法学研究》2011年第1期。

是规定当事人及其代理人的回避申请权。[4] 同时规定司法鉴定机构负责人或法定代表人的回避情形，并将司法鉴定机构整体回避作为这种情形的法律后果；三是建立"鉴定中止"制度。包括适用的具体情形、审核、告知程序等，山东、贵州等省的司法鉴定条例中关于"鉴定中止"的探索有一定参考价值；四是将司法鉴定文书的复核制度具体化、流程化、责任化。

3. 司法鉴定的"运用程序"。应统一规定司法机关对司法鉴定意见的审查义务以及审查的具体内容；应统一规定司法鉴定意见的采信规则，将司法鉴定意见"不能作为定案依据"的情形具体化；具体规定司法鉴定意见法庭质证的内容（如司法鉴定人的资质、程序、适用技术规范、鉴定材料等）和方式，同时明确规定当事人可以聘请专家辅助人协助质证，以此引导当事人充分利用法庭质证来维护自己的合法权益，促进我国"审问式"诉讼模式对英美法系"对抗式"诉讼模式合理因素的吸收利用。

（三）健全司法鉴定技术标准和技术规范

2009 年司法部与国家标准化委员会等 24 个部委联合发出《关于印发〈全国服务业标准发展规划〉的通知》，下达了研制 81 项司法鉴定国家标准的任务。2011 年前后司法部出台了 33 项司法鉴定技术规范，2013 年最高人民法院、最高人民检察院、公安部、国家安全部、司法部联合发布了《人体损伤程度鉴定标准》，但都仅仅涉及"三类内"司法鉴定。我国应当在国家标准化委员会下设立独立的"全国司法鉴定技术标准化委员会"来替代目前的"全国刑事技术标准化委员会"，加大相关国家标准的制定力度、加快研究进度，以满足三大诉讼对各司法鉴定类别技术标准的需要。司法鉴定技术标准应以部门规章的形式颁布，以确保其效力。在国家标准尚未出台的情形下，应尽快成立全国性的司法鉴定行业协会，由行业协会组织各专业委员会制定全国适用的行业标准，对司法部尚未制定的技术规范和技术标准进行补全，改变因司法鉴定技术标准不一致而导致的"一案多鉴、结论各异"局面。

二、管理制度改革——司法鉴定改革与发展的当务之急

（一）全面实行司法鉴定分级行政管理制度

1. 实现分级管理全覆盖。《司法鉴定机构登记管理办法》等规定了"省级司法行政机关可以委托下一级司法行政机关协助办理"有关司法鉴定行政管理工作。2013 年司法部《关于进一步加强司法鉴定投诉处理工作的意见》进一步明确了司法鉴定投诉分级管理的精神。截至 2011 年 8 月，全国已经有吉林、黑龙江等 25 个省

---

[4] 《司法鉴定程序通则》只规定了司法鉴定委托人和鉴定人申请回避的权利，忽视了当事人的这项权利。

（市）司法厅（局）在 237 个地（市）级司法局设立了司法鉴定管理机构，[5] 从而形成了司法鉴定多级行政管理的体制。但北京、上海、天津、海南等省（市）至今仍未实现分级管理。因此，应当尽快在全国统一实行司法鉴定分级行政管理制度。

2. 实现职权法定。目前，分级管理的职责分工方式有两种：一是将省级行政管理职责全盘下放，比较典型的是安徽省[6]；二是将省级职责有选择性地部分下放，比较典型的是福建省和吉林省[7]。第一种方式容易造成各地市管理标准不一的分散管理局面，同时容易将目前省级司法行政管理机关的管理矛盾转嫁到地（市）；第二种方式遵循了"省级宏观管理、地（市）具体管理"的设计，有利于充分发挥分级管理优势，同时防范重点管理环节的"把关"风险。笔者认为，应该对司法鉴定行政分级管理职权、责任等进行法定化，在全国范围内统一实施"有选择地下放职权"的分级管理模式，统一将资质核准、名册管理、职称评定等重要职能保留在省级司法行政机关，将投诉处理、日常监督管理、培训考核等职能授予地（市）级司法行政机关，这有利于发挥地（市）的管理资源优势，形成省地两级管理合力。

3. 确保运行科学。目前全国已经实现分级管理的省份，一般都未采取明确、法定的行政委托或行政授权形式实现两级权力衔接，从而在法律责任主体上出现模糊和混乱。由于行政委托系以委托方名义为行政行为且由委托方承担责任，笔者认为应统一选择行政授权的形式，实现权责统一、科学运行。

（二）切实完善行政和行业的"两结合"管理制度

1. 健全行业协会。应尽快建立全国性司法鉴定行业协会，健全省（市）级、地（市）级及区（县）级司法鉴定行业协会，实行规范化管理。规范司法鉴定行业协会章程，明确行业协会的组织架构和运行机制。除会员大会、理事会、监事会、专业委员会之外，还应设置会员、财务、培训、法律事务、执业纪律及投诉处理部等组织机构。同时，应根据组织机构的设置配齐日常管理人员，实现专岗专职。此外，需进一步建立、健全司法鉴定行业协会内部管理制度，加大对行业协会的监督审计力度。

2. 完善"两结合"管理模式。目前行政管理人员兼任行业协会的领导职务的现象比较普遍。[8] 协会的秘书长基本上是由省级司法行政机关司法鉴定管理处的处长

---

[5] 司法部司法鉴定管理局编：《中国特色司法鉴定制度的实践与探索》，法律出版社 2012 年版，第 236～239、251～253 页。

[6] 参见《安徽省司法厅关于委托各市司法局协助办理司法鉴定管理有关事项的通知》（皖司通〔2006〕53）。

[7] 参见《福建省司法厅关于委托设区市司法局协助办理司法鉴定管理有关工作的通知》；《吉林省司法厅关于委托州、县（市）司法局协助办理本行政区域内司法鉴定登记管理工作的意见（试行）》。

[8] 李廷鹤："对司法鉴定'两结合'管理模式的几点思考"，载《中国司法鉴定》2008 年第 S2 期。

来兼任。[9] 这种现象容易造成角色错位,降低管理效能,导致协会要么成为附属机构,要么变成"二政府"。[10] 应当坚持"行政进行法律性管理、协会进行科技性管理"的基本分工原则,明确划分行政管理和行业管理的职责,做到脱钩不脱离、结合不混合、补位不缺位。具体的结合点包括:宣传、培训、服务、信息资源、党建工作等,甚至还可以将年度考核与行业协会会费标准相结合。归根结底,司法鉴定行政和行业协会"两结合"管理是法律手段、行政手段和技术手段相结合的管理方式。[11]

(三)建立司法鉴定多部门联合管理制度

司法鉴定的"启动"和"运用"阶段涉及法院、公安、检察等部门,"实施"阶段涉及司法鉴定的收费主管部门以及相关的行业主管部门,例如法医类司法鉴定牵涉到卫生行政管理部门、知识产权司法鉴定牵涉到国家知识产权管理部门等。因此,在以司法行政依法统一管理的前提下,司法鉴定行政管理机关应树立联合管理的理念,在司法鉴定的日常管理中积极、主动地与相关部门沟通协商,采取定期会商、联合发文、联合办案、联合通报、信息共享等方式,形成多部门"联合管理"的"1 + ×"管理模式。

(四)健全司法鉴定人资质及其动态管理制度

在司法鉴定人的准入环节,应当增加法律法规知识、专业知识和司法鉴定能力考查,并将之作为资质许可的重要条件;在监管环节,应统一实施"司法鉴定人年度考核制度",规范考核的内容(包括检案数量、出庭、采信、投诉、继续教育等情况),对司法鉴定人获得资质许可后的执业行为进行监督和定期考核,将年度考核结果与司法鉴定人的资质延续、职称评定等挂钩,对于连续两次年度考核不合格的司法鉴定人应予以注销登记,以实现对司法鉴定人资质的动态管理。在此基础上,对司法鉴定人的信息进行全国联网管理,制定统一的司法鉴定职业资格考试标准,实现"职业资格"与"执业许可"双证并行:《职业资格证》全国通用,《执业许可证》在执业所在地申请。废除司法鉴定人跨省执业时的重新考核制度,鼓励司法鉴定人适度流动执业。

(五)完善司法鉴定机构资质审批及动态管理制度

1. 细化司法鉴定机构资质审批条件。首先,需要对司法鉴定执业类别的具体鉴定项目进行细化,司法鉴定机构资质审批时应当在执业证上的"执业类别"后而用括号标注具体鉴定项目,使其执业范围更加准确;其次,由于同一鉴定类别中的不同鉴定项目可能需要不同标准的仪器设备(例如笔迹鉴定、印章印文鉴定可能需要

---

[9] 胡锡庆、朱淳良:"论司法鉴定'两结合'管理模式的精髓",载《中国司法鉴定》2010 年第 5 期。
[10] 杜志淳等:《司法鉴定法立法研究》,法律出版社 2011 年版,第 19、77 ~ 81、259 页。
[11] 霍宪丹、郭华:《中国司法鉴定制度改革与发展范式研究》,法律出版社 2011 年版,第 271 ~ 274 页。

100 倍以上的体视显微镜，而朱墨时序鉴定则必须具备 200 倍以上的体视显微镜），应当根据具体鉴定项目将《司法鉴定机构仪器配置标准》进一步细化，以保证司法鉴定项目审批时的准确性；最后，应当将实验室认证认可作为相关司法鉴定机构资质审批的必要条件（我国的现状是先审批再限期认证认可）。

2. 厘清司法鉴定机构的法律性质。目前我国把社会司法鉴定机构称为"独立法人"，而把高校、科研机构、医院、行业主管部门设立的司法鉴定机构称为"非独立法人"。一方面，在法理上所有的法人都应当是独立的，不存在"非独立法人"；另一方面，目前被称作"独立法人"的社会司法鉴定机构也不是真正的"法人"：因未经工商登记，不是企业法人；未经民政登记，不属于社团法人；不由国家财政拨款建立，也不是事业单位或机关法人。由此导致我国司法鉴定机构的法律性质不明，法律责任不清。应当通过司法鉴定基本法律明确规定司法鉴定机构的法律性质为"法人或者其他组织"，以明确法律责任的承担主体和承担方式。

3. 制定全国司法鉴定机构发展规划，实现"合理布局、优化结构"。除了对司法鉴定机构的数量、执业类别、区域分布等进行统筹规划之外，应统一规定"公立"和"私立（民营）"司法鉴定机构的比例，建立以"公立为主导、私立（民营）为补充"的合理布局，减少"私立（民营）"主体的"营利性"并因此对司法鉴定公正性的影响。截止到 2012 年，全国经司法行政机关审核登记的司法鉴定机构共 4833 家，其中挂靠卫生、高校、科研等事业单位的"公立"鉴定机构 1899 家，仅占全国鉴定机构总数的 39.3%。[12] 从国外来看，以美国、英国为代表的英美法系和以德国、法国为代表的大陆法系国家，司法鉴定机构也都分为"公立"和"私立"两种，"公立"鉴定机构由政府专门投资设立，但又独立于政府机关，[13] 以确保司法鉴定的中立性。而且法医类等主要类别的司法鉴定主要由大学和研究院所"公立"鉴定机构承担，"私立"鉴定机构只在文件检验等个别领域发挥司法鉴定功能，对"公立"司法鉴定机构起补充作用。[14] 这种模式值得我国制定司法鉴定机构发展规划时参考。

4. 完善司法鉴定机构年度考核制度。应当建立全国统一的"司法鉴定机构年度考核制度"，对司法鉴定机构每年的受案情况、标准规范执行情况、设备情况、被投诉及处理情况、内部管理情况等进行综合考查打分，考核结果与司法鉴定机构的资质延续、设立分支机构、增加司法鉴定项目等事项的审批挂钩。

5. 实行司法鉴定机构资质分级和动态管理。《司法鉴定程序通则》规定："接受重新鉴定委托的司法鉴定机构的资质条件，一般应当高于原委托的司法鉴定机构。"

---

〔12〕 李禹、党凌云："2012 年度全国司法鉴定情况统计分析"，载《中国司法鉴定》2013 年第 4 期。
〔13〕 张军主编：《中国司法鉴定制度改革与完善研究》，中国政法大学出版社 2008 年版，第 61～62 页。
〔14〕 杜志淳等：《司法鉴定法立法研究》，法律出版社 2011 年版，第 77～81 页。

因此，有必要对司法鉴定机构的资质进行分级管理。2010 年我国遴选了十大国家级司法鉴定机构，但因数量太少，远远不能满足全国"重新鉴定"及其他相关鉴定的需要。有必要对全国所有的司法鉴定机构进行统一的资质评估：科学设置级别、统一评估标准和程序，并进行资质升降的动态管理，国家级鉴定机构也应纳入其间，根据不同的量化标准，设置"一级、二级、三级"资质级别，不限级别名额，每年定期进行评估，可升可降，动态管理，低于"三级"时应予以限期停业整改，整改仍不合格，应予以注销司法鉴定资质。

（六）完善司法鉴定投诉管理制度

据统计，全国司法行政机关受理的司法鉴定投诉案件数量在 2011 年为 1104 件，2012 年为 1411 件，[15] 数量呈明显上升趋势。其中，不少投诉案件演变成严重的暴力事件或社会事件，严重地影响了社会的安全稳定和司法鉴定行业的正常秩序。解决司法鉴定投诉问题需要创新如下制度：

1. 建立司法鉴定投诉风险告知制度。2013 年《司法部关于进一步加强司法鉴定投诉处理工作的意见》提出要"加强投诉预防"，要求司法鉴定机构在接受委托之前先发风险告知书、提示司法鉴定风险，还应提示当事人在对司法鉴定意见有异议时应充分利用法庭质证程序来维护自己的权益。将这一规定列入司法鉴定受理程序规范当中，以帮助当事人理性认识司法鉴定意见，降低其对司法鉴定投诉的期望值，也使法庭质证回归其应有的价值。

2. 提高司法鉴定投诉立案"门槛"。需对《司法鉴定执业活动投诉处理办法》第 8 条中的"司法鉴定程序规则"和"其他违反司法鉴定管理规定"进行具体化，防止滥用。对于无新理由的反复投诉以及诉讼已经终结的司法鉴定投诉，应对投诉的期限及次数进行适当限制。理性引导当事人的投诉预期，维护司法鉴定行业正常秩序和社会稳定。

3. 贯彻落实司法鉴定"访转诉"制度。在司法鉴定人故意或重大过失给当事人造成损失的情形下，司法行政机关可以引导当事人对有过错的司法鉴定人或其所属的鉴定机构提起侵权之诉；在符合"故意作虚假鉴定"的情形下，还可以将之与刑法中的相关罪名衔接起来。通过积极引导信访人将投诉事由导入诉讼程序，增加司法鉴定纠纷解决的渠道，加速司法鉴定投诉处理工作的法治进程。

4. 强化投诉处理的处罚手段。目前的司法鉴定投诉案件处理手段有两种：一是行政处罚（含警告、停止执业三个月至一年和注销登记）；二是行政处理（含批评教育、训诫、通报和责令限期整改）。因停止执业和注销登记这两种最"有力"的行政处罚手段难以适用于普通的鉴定违规，绝大多数情形以行政处理结案：2011 年占

---

〔15〕 李禹、党凌云："2012 年度全国司法鉴定情况统计分析"，载《中国司法鉴定》2013 年第 4 期。

98％，2012 年占97％，[16] 对被处罚的司法鉴定人或鉴定机构缺乏应有的威慑力。应将对司法鉴定机构和鉴定人行政处理的次数累积与行政处罚衔接，进而与资质的升降及延续挂钩，形成适当的处罚梯度。

5. 健全司法鉴定投诉案件会商研判制度。司法行政机关处理司法鉴定程序方面的投诉案件时可能涉及专业问题。例如判断司法鉴定人是否"故意做虚假鉴定"、痕迹类或法医临床类的司法鉴定人是否有资质进行交通事故受伤原因鉴定等，都需要专家会商协助确认。因此需要健全司法鉴定投诉案件的会商研判制度，明确规定相关专业委员会参与会商的义务、程序、决议方式及效力等。

（七）完善司法鉴定收费管理制度

1. 补缺司法鉴定收费管理规定：明确规定"三类外"司法鉴定收费的统一标准；规定诉讼调解结案或原告撤诉时尚未完成的司法鉴定的收费办法；规定司法鉴定人的出庭费用细则，明确规定出庭费用的标准及收缴办法。

2. 明确规定司法鉴定"重大、疑难案件"的判断主体、判断标准、报批程序和收费标准。

3. 加强司法鉴定收费审计监督，规定违法收费的处罚标准和方式。

（八）加强司法鉴定机构内部管理制度建设

1. 建立司法鉴定机构受理案件时的审查制度。明确规定司法鉴定机构受理鉴定委托时的审查义务主体为司法鉴定人，审查事项包括：委托鉴定事项的合法性、清晰性，鉴定材料的真实、完整、充分性等。司法鉴定人有权根据审查情形决定是否受理（司法鉴定人助理或办公辅助人员无权决定）。

2. 规范司法鉴定流程。应对司法鉴定机构的内部操作流程进行规范，减少被投诉的隐患。在这个方面，笔者认为北京市的"司法鉴定流程表模板"值得借鉴和推广。[17]

3. 健全内部奖惩制度。明确将司法鉴定机构的内部奖惩制度纳入年度考核范围，对奖惩事项进行适当的规范。

（九）健全司法鉴定监督制度

将预防性监督和惩戒性监督相结合，建立包括行政监督、行业监督和社会监督在内的司法鉴定监督体系。社会监督包括群众监督、当事人监督、网络舆情监督等。

---

〔16〕 李禹、党凌云："2012 年度全国司法鉴定情况统计分析"，载《中国司法鉴定》2013 年第 4 期。

〔17〕 北京市司法局于 2013 年制定了《司法鉴定收案登记表》、《司法鉴定材料接收登记表》、《司法鉴定案件受理审查表》、《司法鉴定回避审批表》、《调取司法鉴定材料记录表》、《司法鉴定检验、勘验记录表》、《司法鉴定期限延期审批表》、《司法鉴定听证会记录表》等共25 个表格模板，对司法鉴定的操作流程进行细化和规范，对司法鉴定流程的规范化产生了积极的影响。

目前福建省的司法鉴定行风社会监督[18]、宁夏回族自治区的司法鉴定社会责任评价试点[19]，都值得参考。

三、保障制度建设——司法鉴定改革与发展的重要条件

（一）加强司法鉴定人权利保护的立法

建立司法鉴定机构及司法鉴定人的执业保险制度，可谓是当务之急。在涉"鉴"社会矛盾凸显的今天，当事人以暴力威胁司法鉴定人和鉴定机构变更或撤销司法鉴定意见的现象屡见不鲜。此时固然应当依法追究当事人的民事或刑事责任，但解决不了对司法鉴定机构和司法鉴定人的损失赔偿问题。因此，以立法的形式、明确对鉴定人权利的保护很有其现实意义。

1. 建立司法鉴定人出庭作证的保障制度。一是鉴定人出庭前后的安全保障。对于暴力威胁司法鉴定人出庭作证或出庭后进行打击报复的当事人，除适用治安管理、侵权责任的相关规定外，应考虑与刑法中的"妨害作证罪"（或其他类似罪名）衔接，对相关当事人形成有效的震慑力，以保障司法鉴定人的生命财产安全，维护正常的司法鉴定秩序。二是鉴定人在法庭的地位保障。出庭作证的司法鉴定人在法庭上应有专门的司法鉴定人席位（不能让司法鉴定人坐在被告席、原告席或旁听席），以保障司法鉴定人在出庭作证时享有作为"专家证人"的尊严；同时，应允许鉴定人将出庭作证必需仪器设备带入法庭，保障诉讼制度的顺利实施。三是完善鉴定人的经济保障机制。如鉴定人出庭的差旅、食宿、误工等费用，以保证鉴定人的顺利出庭。

2. 建立司法鉴定机构和司法鉴定人的执业责任保险制度。根据我国相关法律规定，如果因错鉴或司法鉴定人的重大过失给当事人带来损失，司法鉴定机构和司法鉴定人都负有民事赔偿的义务。多数大陆法系国家目前都规定了这种"专家责任"制度。[20] 由于司法鉴定机构和司法鉴定人都存在无力赔偿的可能，建立司法鉴定机构和司法鉴定人的执业责任保险制度，是对司法鉴定当事人的一种有效保护。

（二）建立司法鉴定当事人法律援助制度

《司法鉴定收费管理办法》提到了司法鉴定法律援助，但缺乏具体实施程序。应明确规定司法鉴定法律援助的适用条件、决定主体和决定程序。司法鉴定基本法律可参考《律师法》第42条对律师法律援助义务的规定，将司法鉴定法律援助规定为

---

[18] http：//www. legalinfo. gov. cn/moj/zgsfjd/content/2013 – 11/27/content_ 5062253. htm？node = 6857，访问日期：2013 年 11 月 27 日。

[19] 参见《宁夏回族自治区司法厅关于开展司法鉴定行业履行社会责任评价体系试点工作方案》。

[20] ［日］蒲川道太郎："德国的专家责任"，梁慧星主编：《民商法论丛》(第 5 卷），法律出版社 1996年版，第 542 页。

司法鉴定机构和鉴定人的法定义务。同时，国务院的《法律援助条例》中也应将司法鉴定法律援助纳入其范围。设计实施程序时可参考目前青海等省的司法鉴定援助办法[21]。

（三）设立司法鉴定救助基金

应当从司法鉴定行业协会的会费中提出一定的比例来设立司法鉴定救助基金，在出现相应事故时可以由救助基金先行垫付，然后向有过错的司法鉴定机构和司法鉴定人追偿。这主要适用于因司法鉴定人故意（而非过失）给当事人带来重大经济损失，超出执业责任保险范围而司法鉴定人本人又无力赔偿的情形。

（四）健全司法鉴定专家辅助人制度

刑诉、民诉法均规定当事人可以申请"有专门知识的人"（即专家辅助人）出庭。法律应当对专家辅助人的资质条件、权利和义务、出庭启动程序、法律责任、监督机制（避免误导审判）等制度进行统一规定。

（五）科学设置司法鉴定投诉案件的矛盾出口

根据相关规定，司法行政机关无权受理关于司法鉴定意见异议的投诉，更无权变更或撤销司法鉴定意见。[22] 司法行政机关对司法鉴定投诉的处理也不会影响司法审判的进程。但当事人往往在审判程序终结后把司法鉴定投诉作为改变诉讼结果的"救命稻草"，甚至采取缠访、闹访、威胁的方式要求司法行政管理机关或司法鉴定机构变更或撤销司法鉴定意见。实践中有些司法鉴定机构迫于无奈而撤销司法鉴定意见，从而给司法审判程序带来了严重的不利影响。

要破解司法鉴定投诉难题，应该给涉鉴投诉案件的矛盾设置"出口"：一是将司法鉴定投诉处理结果与诉讼制度建立适当的衔接，例如司法行政机关受理司法鉴定投诉案件后，审判程序中止，投诉处理确认司法鉴定有重大程序瑕疵（如违反回避规定）时，审判中应当不予采信或启动重新鉴定程序；二是对司法鉴定机构自行撤销司法鉴定意见的具体情形和撤销程序进行明确规定，既可以防止随意撤销给审判带来不利影响，也可以给投诉的当事人提供一个救济渠道。

（六）建立司法鉴定人才保障制度

1. 分类培养。在高等职业教育层面，我国已经开设了"司法鉴定技术专业"[23]。但在本科、硕士和博士学历教育层面，我国目前的司法鉴定类别中只有法医学专业

---

〔21〕 参见青海省司法厅 2012 年颁布的《青海省司法鉴定援助暂行办法》。

〔22〕 法理基础是：司法鉴定意见作为一种服务于司法诉讼的"意见"证据，只有司法机关通过质证后才能决定是否可采信，其他环节、其他主体均无权决定取舍。判断证据的真实、合法、关联性是设置诉讼质证程序的主要价值和目的。

〔23〕《普通高等学校高职高专教育指导性专业目录（试行）》，载 http：//www. eol. cn/zyjs_ 2924/20070528/20070528_ 235024. shtml，2007 年 5 月 28 日。

被纳入其中。普通高等教育部门应根据司法鉴定的需要设立司法鉴定专业，形成高职、本科、研究生（含硕士、博士）三个培养目标，并分别定位为"职业型司法鉴定助理"（不能转变为司法鉴定人）、"实践型司法鉴定人"（司法鉴定业务骨干）和"研究型司法鉴定人"（高端司法鉴定专家）三种人才类别。

2. 梯队更新。据统计，2012 年全国司法鉴定人中 61 岁以上的共有 4659 人，占鉴定人总数的近 10% 。[24] 其中"三类内"司法鉴定人多数是从公检法系统退下来的司法鉴定技术人员，"老龄化"问题尤其突出。应当通过立法对相关专业司法鉴定人准入条件进行补充完善，将本科、硕士、博士从事相关工作的年限分别确定为 5 年、3 年、1 年。通过人才梯队建设，实现司法鉴定人队伍的"新陈代谢"。

3. 保障科研。司法鉴定的"科学性"需要科研保障，司法鉴定人才的培养同样离不开科研的支撑。国家应该加大经费投入，以设立司法鉴定科研专项课题基金、建立司法鉴定科研机构等形式，搭建多种司法鉴定技术研究平台，同时还要建立起对司法鉴定科研成果的"产业化"制度，及时将有价值的科研成果转化为司法鉴定实践技术，并对科研者给予物质和精神上的鼓励，从而在实现"科研促鉴"的同时，实现"科研育人"。司法部 2012 年申报的"司法鉴定关键技术研究"目前已列入了国家科技支撑计划[25]，这是一个良好的开端。

（七）司法鉴定的领导体制保障

由于司法鉴定管理涉及法院、检察院、公安、安全、司法行政、物价管理、卫生管理等部门，应建立全国和省级司法鉴定工作领导小组，制定相应的工作规则，统筹规划、协调监督司法鉴定的相关工作，在司法行政机关下设办公室，具体处理日常事务。截止到 2012 年，我国已成立 18 个省级司法鉴定工作领导小组，组长多由副省长或省级政法委书记担任，[26] 但全国性的司法鉴定工作领导小组还是空白。

（八）探索国际合作保障机制

司法鉴定是世界性的事业，尤其是司法鉴定的科学技术层面，更具有共同性。探索建立司法鉴定国际化合作机制，确保我国司法鉴定技术和管理水平的先进性。合作的内容主要包括：参加国际技术标准认可；与国外司法鉴定机构进行人员交流、技术交流；在恐怖、灾害、重大犯罪事件以及解决 WTO 争端中加强国际合作，互相提供技术支援；参与研究、讨论国际共同关注的重要、疑难技术课题；举办、参加

---

〔24〕 李禹、党凌云："2012 年度全国司法鉴定情况统计分析"，载《中国司法鉴定》2013 年第 4 期。

〔25〕 参见司法部《关于组织实施"十二五"国家科技支撑计划项目"司法鉴定关键技术研究"有关问题的通知》。

〔26〕 司法部司法鉴定管理局编：《中国特色司法鉴定制度的实践与探索》，法律出版社 2012 年版，第236～239、251～253 页。

国际法庭科学会议等[27]。

司法鉴定制度创新是十八届三中全会"全面深化改革"的必然组成部分，是法治时代的呼唤，是实现司法鉴定从人的"管理"到制度"治理"的必经之路，目的是全面规范我国的司法鉴定活动、切实提高我国司法鉴定管理水平，确保我国司法鉴定的科学性、中立性，更好地服务于司法公正，更好地满足人民群众的司法鉴定需求。但"立法只是一个法律总谱……（总谱）还要依靠演奏"[28]。因此，司法鉴定改革在"健全制度的手"的同时，更需要"迈开实践的腿"，为建设中国特色社会主义法治国家贡献更大的力量。

---

[27]　例如：2005 年第 17 届国际法庭科学大会在香港召开首次"国际法庭科学高峰会"；2007 年 12 月 7 日在中国上海举行"2007 年司法鉴定进展国际研讨会"。

[28]　吉林大学理论法学研究中心编：《法律思想的律动：当代法学名家演讲录》，法律出版社 2003 年版，第 46 页。

中国司法鉴定乱象之因[*]

常　林[**]

　　最近，一篇《浙江省高院院长齐奇直指司法鉴定市场乱象》[1]的新闻报道在社会和业内引起强烈反响。齐奇院长所及五大"乱象"基本符合事实，有些地方的乱象甚至有过之而无不及，司法鉴定体制改革[2]之患令人额蹙心痛。笔者拟从三个方面讨论导致司法鉴定乱象产生、发展和不断扩大的诸多原因。

一、顶层设计违背科学规律

　　以 2005 年为分界线，之前的中国司法鉴定制度已经运行很多年，该制度运行、磨合和变革与我国的诉讼制度基本适合与匹配。随着社会发展和法治进程的步伐加快，业内更加关注公检法"多头重复鉴定"、法院"自审自鉴"问题。在整个司法制度改革的"蓝图"中，基于各部门利益的博弈和当时的政治环境，司法鉴定制度率先接受改革。顶层设计者[3]们煞费苦心勾画出了极具"中国特色"的司法鉴定制度改革方案，这一严重违背科学规律的改革是司法鉴定乱象丛生之源。

　　（一）违背司法鉴定学科的科学规律性

　　司法鉴定的基础学科是法庭科学（forensic science），法庭科学属于应用性自然学科门类。现代科学技术手段的支撑以及专门技术人才团队的形成，是自然科学实践应用的基本条件。为法律提供科学证据的鉴定平台还需要融入权威性和公正性，在某些方面对该平台的要求更显苛刻。高精尖技术的硬件投入，高精专人才的群贤毕至，非国力恐难支撑和维系。遍览各国司法鉴定主体无一例外均属国家所立、国家所养，即使在政府体制中运行亦力求遵循自然科学之规律。例如：①美国政府为吸引优秀医学人才为国效力从事法医职业，其法医公务员薪酬成倍高于其他普通公务

　　[*]　本文原载于《中国司法鉴定》2014 年第 4 期。

　　[**]　中国政法大学证据科学研究院院长，教授。

〔1〕　"浙江省高院院长齐奇直指司法鉴定市场乱象"，载 http://news. china. com. cn/rollnews/news/live/content_ 25413582. htm，2014 年 3 月 11 日。

〔2〕　主要指 2005 年全国人大常委会颁布《关于司法鉴定管理问题的决定》。

〔3〕　参与设计的有人大法工委、中央政法委和公检法司各部门。

员；②法庭科学技术设备不仅需要定期更新，还要年度维护，对于技术方法的持续使用和更新，技术人员专业能力的提高和发展，国外政府对此均有详细的规划和经费预算。

（二）违背司法鉴定价值的科学规律性

"作为普适价值。司法鉴定的科学性（法庭科学本质属性）、中立性（社会公平正义）和公益性（司法公正效率）是各国法庭科学文化超越'法系'和制度的共同价值体系。"[4] 一国司法鉴定的功能价值总是在不断地发展和变化的，在 21 世纪的今天，其重要性更加凸显：首先，司法鉴定的主要和传统职能是为诉讼提供科学证据；其次，为政府管理和社会控制提供技术服务，比如，国外有关尸体的法医学鉴定绝大部分是解决死亡的社会管理问题，属于政府职能，而且法医学鉴定体制通常会独立于公检法之外，绝不允许附属于侦查机关（警察系统）；最后，参与国家国土安全工作并发挥技术作用，美国国会在法庭科学发展报告中指出，"毫无疑问的是，法庭科学共同体和法医系统的改善将极大地提高国土安全能力"[5]。由此可见，司法鉴定是国家急需、政府所为的公共事业，司法鉴定的中立性和公益性是其实现价值之生命，司法鉴定绝非是打击犯罪的工具，更不能沦为市场经济的"奴隶"。

（二）违背司法鉴定运行的科学规律性

"一个国家的司法鉴定制度镶嵌在该国司法制度中的关键部位，也是司法诉讼制度的重要组成部分。有什么样的司法制度就必然存在相应的司法鉴定制度，后者要适合、适宜并满足前者的需要，这样的司法鉴定制度形成的法庭科学文化才能历久弥新。"[6] 两大法系国家由于司法制度的不同，其司法鉴定运行机制存在一定差异，但均与其相应的诉讼制度高度匹配，而且蕴含了各自国家的法律文化和丰富历史经验，司法鉴定运行达到了异曲同工的效果。我国诉讼制度与司法鉴定制度的交织与融合极具中国特色，主要表现在两个方面：①公检法长期垄断并自设司法鉴定机构，公安司法人员高度罹患"司法鉴定依赖综合症"，将司法鉴定意见奉为"圭臬"。②庭审对鉴定意见的有效质证以及鉴定人出庭作证基本流于形式，刑事诉讼中公检法"流水作业"更是难言专家对抗，司法鉴定机构被律师戏称为"二法院"。诉讼制度及其文化传统没有实质变化，设计者们急不可耐地先"动"了司法鉴定模式，诉讼部门必然水土不服，甚至"上吐下泻"。

---

[4] 常林主编：《法庭科学文化论丛》（第 1 辑），中国政法大学出版社 2014 年版，第 3～8 页。

[5] 美国国家科学院国家研究委员会：《美国法庭科学的加强之路》，王进喜等译，中国人民大学出版社 2012 年版，第 33 页。

[6] 常林主编：《法庭科学文化论丛》（第 1 辑），中国政法大学出版社 2014 年版，第 3～8 页。

二、司法鉴定管理乏善可陈

司法鉴定制度改革是各部门权力博弈的结果，司法部原本想设立现代化武装的"正规军"，但位序较低只能利用所谓社会"优势资源"发展市场化司法鉴定机构。从近年来管理的效果看，客观上有顶层设计之缺陷的原因，妙手回春的确强人所难，主观上对症治疗也确实乏善可陈。

（一）司法行政传统业务中的新问题

司法行政传统业务历史悠久，经验丰富，且许多"规定动作"有国际惯例可借鉴遵循。只有司法鉴定管理是新工作、新领域和新问题，既是与公检法相通的桥梁，也是为司法提供科学证据服务的平台，还可以成为发展国家法庭科学（自然科学）事业的主导者，本应做得风生水起、如火如荼，然而却是矛盾重重，这需要在顶层设计上进行反思。目前，司法鉴定管理已经沦为司法行政的"鸡肋"，也是矛盾和问题的重灾区，许多人谈"鉴"色变，避之不及，它甚至成为扼杀干部才能和政绩的岗位。正如齐院长总结的"五大乱象"，这样问题如雪球般越滚越大，十年未能解决，很多被管理者赚得盆满钵盈，司法鉴定产品使用者委托鉴定心有余悸，采信鉴定如履薄冰。

（二）侦查机关对司法鉴定管理传统守旧

1. 技术干部完全行政化管理。技术干部考核标准和岗位职级行政化，首先是警察，其次是刑警，最后是鉴定人。追求官本位思想，淡化科研能力，侧重刑事侦查，淡化鉴定能力。笔者初步统计国内期刊公安系统发表的科研论文，除公安部物证鉴定中心外，个案报道量占有很大比例，整体科研实力较十年前大幅下降。

2. 鉴定工作完全服务刑事侦查。司法鉴定已经成为"命案必破"的工具，沦为刑事侦查的附庸。一方面社会治安和维稳的压力需要大批警力，另一方面在与司法鉴定市场化竞争中，由于"干多干少都一样"的心态，鉴定业务被社会司法鉴定机构大量蚕食，城池节节失守。刑民难辨，民事疑难案件的鉴定转由社会司法鉴定机构承担，进一步导致信访缠诉、司法不公问题频发。我们依然可以看到，社会司法鉴定行业在很多技术领域的水平和能力已经赶上或超过侦查机关。

3. 司法鉴定管理传统守旧。在此问题上公安系统过于盲目自信，错判发展机遇。主要表现为：与社会和高等院校司法鉴定行业、国外法庭科学机构组织"老死不相往来"，不交流也不学习，越来越与中国法庭科学"龙头老大"的地位不匹配；随着刑诉法的实施，以及党的十八大后法治进程的不断深化，侦查机关司法鉴定将面临更加复杂的挑战和矛盾，其传统的鉴定模式、上下级鉴定效力与出庭作证的能力均需重新审视和考量。专家辅助人制度的依法确立，有时可能使公安的司法鉴定工作前功尽弃。〔7〕侦查的"命案必破"与审判的"无罪释放"可能会对社会带来更大的冲击。

在司法鉴定制度顶层设计的重大缺陷下，试图通过加强管理解决所有致命问题是徒劳的。"法庭科学学科魅力和职业美感来自于为法律服务的过程中，帮助法庭解决案件中的专门性问题，其科学、中立的光辉熠熠闪烁。国家及其司法制度在设立和建设司法鉴定制度时，总是要小心翼翼地确保其地位的中立和运行的科学，总是要竭尽全力地给予政策和经济上的保障。人们清楚地认识到，面对不懂法庭科学的法官和诉讼参与人，面对追求正义和效率的司法体系，尽最大可能减少司法鉴定的偏向性，降低画蛇添足抑或垃圾科学的影响，是司法鉴定制度生存与发展的最大价值。"〔8〕

三、社会风气滋生市场运行

中国当今社会问题或者现状无需详述。司法鉴定应该是公益性事业，但现今司法鉴定市场化与社会不良风气的结合，进一步使司法鉴定行业奇葩般地生长。

（一）司法鉴定市场化概述

1. 受理案件遵循绝对的单方当事人主义。当事人送检材料挑肥拣瘦任意取舍，甚至伪造变造有关材料。当事人托人情找关系，只要鉴定结果满意，鉴定费可以开阴阳发票。只要结果不满意，"撒泼打滚"退钱退案。因此，受理案件即决定鉴定结果，合同的履行是以结果满意作为前提的。

2. 公检法委托司法鉴定的案件，有一些是"回扣"性质的合同关系。以手中的委托权换取个人的一己私利，甚至积极履行协助司法鉴定机构催缴鉴定费的义务。其基本做法是无评价标准地大搞"册中册"，或者以垄断方式指定某一家司法鉴定机构。还有的是，公检法退休（职）相关人员开办司法鉴定机构，利用人脉关系占领市场。

3. 司法鉴定机构基本以营利为目的，开源节流是正常的经营模式。开源的手段有：以疑难案件为名协议收费；极度扩张案源。在一个假冒横行的社会，司法鉴定必然发展到极致。比如，各类证件必须进行文件检验，各地户口必须进行亲子鉴定（亲子鉴定网络广告铺天盖地）。节流更是五花八门：雇佣专业"枪手"写鉴定，聘请退休人员签鉴定；固定资产投入再扩大，仪器设备投入无变化。

4. 当事人投诉有增无减。当事人对司法鉴定意见不服或有异议属于正常现象。但是，贴上利益市场化标签的司法鉴定难以令人信服；司法鉴定环境设施缺乏科学

---

〔7〕财新网："常林锋杀妻案存疑　被告无罪释放"，载 http://china. caixin. com/2013 - 03 - 21/100504721. html，2013 年 3 月 21 日。

〔8〕常林主编：《法庭科学文化论丛》（第 1 辑），中国政法大学出版社 2014 年版，第 3~8 页。

保证，也令人怀疑；国家维稳措施以及通过经费的救济途径滥用更助长了上访缠讼。面对投诉问题，人民法院"泥菩萨过河自身难保"，司法行政仅进行鉴定程序合法性审查（不论鉴定意见对错），司法鉴定机构或鉴定人除了人身财产安全无法保障外，其信誉和资格基本不会"伤筋动骨"。这样的后果就是"投诉无对错、投诉何其多"。

（二）司法鉴定市场化恶疾的蔓延

随着社会不良风气无节制滋生，司法鉴定市场恶疾必然进一步腐化蔓延。一是"鉴托"和司法鉴定"黄牛党"应势而生，他们与司法鉴定机构及其法人勾结，开始出现明码标价售卖司法鉴定意见的情况。二是以法庭科学为主的司法鉴定向其他技术鉴定领域侵染。打着科技支撑的旗号，挂着司法鉴定的幌子，以"皮包公司"聘请所谓科技专家的形式，承揽各个领域的技术鉴定项目，实质上破坏了其他行业内部运行的规律和秩序。三是基于司法鉴定市场利润的诱惑，申请成立司法鉴定机构的社会各类人员趋之若鹜。2012 年全国社会司法鉴定机构共受理 150 余万件[9]，按每件鉴定费 1000 元计，约计 15 亿。据说十八届三中全会精神鼓励行政审批放权[10]，浩浩荡荡的司法鉴定大军为争夺市场将再次展开激烈厮杀。四是严重打压损毁坚守科学公正底线的司法鉴定群体。"只要司法鉴定人不仅不会从遵循科学之中获得实际利益，反而要承受某种利益的损失，他们就不可能具有确保科学公正的内在动力；同样，如果司法鉴定人因为坚持原则，而要承受不利的后果，那么，他们为了规避这种风险，就会采取各种为科学所不容的模糊做法，甚至不惜逃避履行鉴定人的职责与义务"[11]。

人民法院是司法鉴定"产品"的使用者，司法鉴定"产品"是司法裁判中重要的"零部件"，该产品的质量好坏决定着司法判决的准确与否，瑕疵产品、缺陷产品或者垃圾产品必将损害司法公正和司法权威。相对而言，浙江省司法鉴定管理工作在全国尚属优良，作为使用者的齐奇院长依然痛批司法鉴定市场乱象。对于近十年司法鉴定改革的问题，有关各个方面、各个部门的确必须正视，从而协同创新，合力一致，整治司法鉴定的乱象。

---

[9] 李禹、党凌云："2012 年度全国司法鉴定情况统计分析"，载《中国司法鉴定》2013 年第 4 期。

[10] 《中共中央关于全面深化改革若干重大问题的决定》指出："……⑮全面正确履行政府职能。进一步简政放权，深化行政审批制度改革，最大限度减少中央政府对微观事务的管理，市场机制能有效调节的经济活动，一律取消审批，对保留的行政审批事项要规范管理、提高效率；直接面向基层、量大面广、由地方管理更方便有效的经济社会事项，一律下放地方和基层管理。"

[11] 常林：《司法鉴定专家辅助人制度研究》，中国政法大学出版社 2012 年版，第 171 页。

治理我国实践中司法鉴定失序的正途*

郭 华**

一、导论

司法鉴定制度作为司法制度的组成部分在诉讼中发挥着其他证据制度不可替代的作用。司法鉴定曾因"多头管理"衍生了实践中的"重复鉴定"、"久鉴不决"等影响司法公正与诉讼效率问题，并引发立法机关对此管理体制的改革。2005 年 2 月 28 日，全国人大常委会颁布了《关于司法鉴定管理问题的决定》(以下简称《决定》)，旨在通过建立统一的司法鉴定管理体制，进一步规范司法鉴定活动。在《决定》实施初期，因对"侦查机关根据侦查工作的需要设立的鉴定机构"如何管理未在法律文件中明确，致使《决定》在实施过程中出现侦查机关与司法行政机关在管理问题上的分歧[1]，以至于立法预期的目标未能得到充分实现。就此问题，2007 年中共浙江省政法委员会曾以《关于我省司法鉴定工作调研情况的报告》[2]（浙政法发〔2007〕7 号）上报中央政法委。中央政法委在进一步调研的基础上，出台了"关于进一步完善司法鉴定管理体制遴选国家级司法鉴定机构的意见"（政法〔2008〕2 号）。该文件要求："检察、公安和国家安全机关所属鉴定机构和鉴定人实行所属部门直接管理和司法行政部门备案登记相结合的管理模式"，"司法行政部门要按照中央 21 号文件和全国人常委会《决定》的原则精神，进一步规范鉴定秩序"，"要会同最高人民法院尽快建立管理与使用相衔接的机制，切实加强对鉴定活动的监督"，

---

  * 本文原载于《中国司法鉴定》2014 年第 4 期。

  ** 中央财经大学法学院教授，博士生导师。

〔1〕 对于此问题的分歧与争论可参见郭华："司法场域的鉴定管理权争夺与厮杀——以人大常委会《关于司法鉴定管理问题的决定》为中心"，载《华东政法学院学报》2005 年第 5 期。

〔2〕 该报告反映，"由于《决定》对有些内容规定的不明确，又没有与其他法律相衔接，加上各部门理解不一，致使司法鉴定秩序没有得到根本改观，多头鉴定、重复鉴定有增无减。"《决定》基于司法鉴定是一种科学技术活动，规定鉴定无地域、无级别限制，一旦当事人觉得鉴定结果对自己不利便申请重新鉴定，造成了多头鉴定和重复鉴定的增多。"

根据中央文件，2010 年 10 月公布了遴选出的"十家国家级司法鉴定机构"[3]，并"要求各有关部门要按照中央政法委的统一部署和有关任务分工要求，进一步加快相关保障制度建设，逐步形成中国特色的司法鉴定管理体制、工作机制和制度规范，确保司法鉴定工作的公正和高效"[4]。2013 年"十家国家级司法鉴定机构"通过了资质审核，旨在通过建立高资质、高水平的鉴定机构来纾解鉴定质量不高引发的问题。

然而，在司法实践中，司法鉴定存在的问题并未得到很好的解决，鉴定乱象依然存在，须进一步深化改革。针对我国统一司法鉴定管理体制改革的要求以及鉴定实践存在的问题，2012 年修改的《刑事诉讼法》和《民事诉讼法》对鉴定的内容进行大量修改，完善了鉴定制度，将专家辅助人制度作为鉴定制度的补充予以确立，同时对鉴定人出庭作证规定了较为严格的法律后果。然而，在"两大"诉讼法实施一年来，其效果仍不显著，不仅原来存在的问题没有得到很好地解决，在司法实践中又出现部分鉴定机构之间"恶性竞争"，甚至出现了"司法鉴定黄牛"等一些新的鉴定乱象。浙江金华法院在调研报告中指出，在交通事故、工伤等涉及人身损害赔偿案件中，有的鉴定机构甚至与"司法黄牛"、"诉讼掮客"结成利益同盟。司法黄牛在受害人住院期间即开始揽案，选择鉴定机构、确定鉴定内容等活动，少数鉴定机构则根据司法黄牛的要求作出鉴定意见，[5] 甚至参与残疾赔偿金的提成等。该报告得到浙江省委政法委的重视，并认为这种现象不是个别地区存在，可能全省都有，只是程度不同而已，并"由此引发闹访、缠诉事端"。在 2014 年的"人大"和"政协"会议上，浙江省高级人民法院院长针对上述情况提出了"进一步加强和规范司法鉴定工作的建议"。并认为，"当前从浙江法院的司法实践看，司法鉴定工作亟待解决的问题十分突出。有的鉴定机构管理混乱，鉴定程序不规范，质量良莠不齐，且逐利性强，给当事人增加了负担，也妨碍了正常的诉讼秩序，有损司法公信。"[6]目前司法鉴定存在问题甚至导致鉴定失序的症结在何？为何司法鉴定制度在不断深化改革中没能解决"需要改革解决"的问题？解决这些问题的改革措施是"把错了脉"还是未能"对症下药"，其正确的改革路径是什么？这些问题不仅关系到"全面深化司法体制改革"，如何进一步全面深化司法鉴定体制改革的问题，而且还关系到司法鉴定体制改革的方向性问题，关系到能否实现"让人民群众在每一个司法案件中都

〔3〕 有关此方面的内容参见冯莹、王丽英："委托司法鉴定问题与规制"，载《人民法院报》2010 年 8 月 16 日。

〔4〕 徐盈雁："10 家国家级司法鉴定机构即将公告"，载《检察日报》2010 年 10 月 16 日。

〔5〕 参见"浙江省高级人民法院办公室：金华中院反映当前法医鉴定工作存在五方面问题亟须重视"，载《浙江省高级人民法院简报》2014 年。

〔6〕 齐奇："在'两会'播撒法治种子"，载《人民法院报》2014 年 3 月 7 日。

感受到公平正义"的问题。本文针对上述问题，以目前法院反映的问题作为研究基本素材，以规范职权和保障权利作为探索视角，对司法鉴定体制改革的途径选择作出分析并提出拙见，旨在避免司法鉴定体制改革误入歧途或者在回归正途中付出不应付出的沉重代价。

二、现象与原因：司法鉴定失序问题的再思考

司法鉴定在延伸法官对专门性问题的认识能力、甄别和补强其他证据的证明力方面发挥着特殊的作用。据北京朝阳区法院统计，2009 年 6 月至 2010 年 6 月 20 日，朝阳区法院审判事务管理办公室累计收受各类鉴定案件 1073 件，占同时期该院民事收案量的 2.31%。加上法官自行承办的部分鉴定事项，该院每 100 件民事案件中约有 2.5 件需要进行鉴定。鉴定意见正逐步成为法院处理相关专业类诉讼案件中一类不可或缺的证据形式。[7] 对如此重要的证据与鉴定问题频发相对比，不仅需要对鉴定乱象保持足够的警惕，也需要理论界对司法鉴定出现不正常现象予以深虑以及对其原因进行剖析，以免国外存在的"鉴定错了，裁判就会发生错误"[8] 的悲剧在我国诉讼中不断重演。

（一）司法鉴定失序的现象与原因分析

科学、可靠的司法鉴定意见是审查、判断其他证据材料、认定案件事实的重要依据，是保障当事人合法权益、实现公正司法的重要前提。然而，鉴定在实践中存在一些不正常现象，这些不正常的现象影响了司法公正。目前，司法鉴定实践中的主要问题包括"鉴定市场失范"、"鉴定意见质量不高"、"收费不规范，鉴定时间过长"、"责任追究机制缺失"。[9] 重点体现在"'司法黄牛'深度介入，与少数鉴定机构结成利益联盟"、"一些鉴定机构不能遵守技术规范、作出科学客观结论"、"伤残等级评定标准把握不当、执行不严"、"鉴定用时过长，文书制作质量不高"以及"部分审判人员过于依赖鉴定意见"。2011 年山东省日照市中级人民法院对司法鉴定反映的情况是，由于地方鉴定机构良莠不齐，导致违规操作甚至虚假鉴定问题突出，如超委托范围鉴定，超鉴定资质鉴定，办关系案、金钱案、人情案，乱收费，效率低下，拒不出庭接受质询等等。[10] 这些问题与司法鉴定改革初期的"《决定》部分内容界定不清"、"社会鉴定机构的鉴定质量不高"、"社会鉴定机构难以满足诉讼的需要"、"缺乏统一的鉴定程序和标准"、"社会鉴定机构鉴定收费偏高"以及"监督

---

[7] 冯莹、王丽英："委托司法鉴定问题与规制"，载《人民法院报》2010 年 8 月 16 日。

[8] ［法］勒内·佛洛里奥：《错案》，赵淑美、张洪竹译，法律出版社 1984 年版，第 177 页。

[9] 齐奇："在'两会'撒播法治种子"，载《人民法院报》2014 年 3 月 7 日。

[10] 公衍义、张宝华："司法鉴定存在的问题及对策"，载《人民法院报》2011 年 3 月 16 日。

管理难以到位"等问题[11]进行比较，其前后依然存在的共性问题是，"鉴定收费问题"、"鉴定质量问题"以及"鉴定监管（主要责任追究问题）"。而在司法鉴定体制改革后出现的新问题是，"司法鉴定黄牛问题"，具体表现为"有的鉴定机构甚至与'司法黄牛'、'诉讼掮客'结成利益同盟"。对于上述问题进行分析，可以发现：

第一，司法鉴定这些问题在早期主要集中在刑事诉讼中，其鉴定事项主要集中在法医类鉴定，问题的关键是鉴定体制中的不同的职权之间以及职权与权利之间的纷争，但其中也不乏鉴定质量不高和不规范引发的问题。因此，《决定》改革的司法鉴定主要在刑事诉讼中的法医类、物证类以及声像资料等"三大类"鉴定事项上。以上问题有些表现在鉴定标准不统一或者不科学等方面，人身损害鉴定尤为突出。为进一步加强人身损伤程度鉴定标准化、规范化工作，尤其是轻微伤、轻伤与重伤鉴定标准落后问题，2013年最高人民法院、最高人民检察院、公安部、国家安全部、司法部联合发布了《人体损伤程度鉴定标准》（2014年1月1日实施），使人体损伤程度鉴定标准获得了统一，在此领域源于鉴定标准之间的问题有可能会得到缓解。然而，从司法鉴定体制改革后反映的情况来看，刑事诉讼中的鉴定因改革不到位造成的问题依然存在；而在民事诉讼尤其是医疗损害、交通事故、工伤等涉及人身损害赔偿案件中，"有的鉴定机构甚至与'司法黄牛'、'诉讼掮客'结成利益联盟"，在"三大类"外的鉴定中又出现了一些新的问题。由于涉及"三大类"外的鉴定事项未纳入《决定》调整的范围，而民事诉讼的鉴定多数涉及这些鉴定事项，尽管有些省市的司法鉴定地方立法对这些鉴定事项作出了规定，甚至有些省市在未有立法情况下也进行了登记管理，因未在国家层面明确规定进行统一登记管理，与此有关的"鉴定收费问题"、"质量问题"以及"监管（主要责任追究）问题"出现了一些问题，再加上管理上的依据不足，致使此领域出现司法鉴定的一些乱象。在有些省市，部分法院将这些"三大类"外的鉴定纳入其名册管理的范围，就使得法院和司法行政部门间就"三大类"外鉴定事项存在管理上的交叉或者重叠，在一定程度上因管理上的混乱造成了鉴定秩序上的混乱。这一问题亟待立法予以明确，也亟待相关部门予以厘清，因为其在鉴定失序中扮演了重要的角色。

第二，司法鉴定的"收费问题"、"质量问题"以及"监管（主要责任追究）问题"依然严峻，似乎成了司法鉴定的顽症。对于司法收费问题而言，2009年11月，国家发改委和司法部联合制定了《司法鉴定收费管理办法》，该办法首次在国家规章层面对司法鉴定机构收费行为进行了统一规制。由于该办法只针对司法实务中的法医、物证和声像资料类的鉴定事项规定了相关计费标准，并未涵盖其他鉴定事项的收费，尤其是"三大类"外的鉴定事项，因此仍不能解决部分司法鉴定机构乱收费

---

[11]　参见中共浙江省政法委员会《关于我省司法鉴定工作调研情况的报告》（浙政法发〔2007〕7号）。

和收费不公平的突出问题。[12] 而对于监管而言，实践中，法院对评估、拍卖、会计等类司法鉴定机构独立编制名册，并行使一定的监管权，其收费未纳入国家管制的层面。另外，侦查机关设立的鉴定机构也未纳入统一管理，即使中央政策要求的侦查机关设立的鉴定机构应当到司法行政部门备案登记，然而政策已经实施了长达6年之久，其任务仍未完成。基于此，在我国仍存在由司法行政机关、公安机关、检察机关以及审判机关各自监管的"多轨制"，难以建立统一的司法鉴定国家认证、认可、准入、争议解决等制度，鉴定程序规则、执业纪律、道德规范、操作规范等难以统一。[13] 司法鉴定体制改革后原来存在的司法鉴定"多头管理"或者"多龙治水"并未得到有效治理，鉴定存在一些乱象也就不难理解了。

鉴定质量不高，这一问题恐怕是始终伴随司法鉴定存在必然性的问题。即使上述所有的问题都得到解决，鉴定质量仍是困扰鉴定的问题，因为它不是制度能够解决的问题，况且这一问题依附于鉴定本身，即使鉴定人员均是高资质的，均能按照鉴定程序进行，也绝对不可能达到经过质证不存在问题或者法院无任何顾虑不进行质证、审查就可直接将其作为定案的根据，更不会杜绝导致案件事实错认以及改变当事人基于自身利益不断追逐重新鉴定的局面。况且，鉴定所利用的科学技术本身具有不确定性与不断发展性，其鉴定标准也是发展的，有些问题的出现是权利的使然，当事人权利不被剥夺，其问题就会存在。因此，对鉴定存在问题仅仅归结为体制问题或者法律法规不健全所造成的，不仅有错开药方的嫌疑，也有罔顾鉴定本身规律之虞。

第三，鉴定市场失范，由之引起的鉴定机构之间的不正当竞争问题是当前的突出问题。鉴定机构合理、有序地竞争，可以促进鉴定质量提高，而恶意竞争或者不正当竞争则会导致鉴定质量的下降，甚至出现"劣币驱除良币"的现象，扰乱了鉴定的正常秩序。近期出现的司法鉴定"黄牛党"则是衍生出来的一种新的不良现象。在实践中，在巨额利益的诱惑或者不良利益寻租背景下，不乏鉴定人员抛弃了职业道德，与"黄牛"串通一气，出现了将无伤残的鉴定成有伤残等级、将低伤残等级鉴定成高伤残等级，以满足当事人的不合理要求的现象。因为有市场就会有竞争，在有些领域保持适当的竞争是有意义的，但是将一些不应当市场化的领域推向市场，其市场调节的正常功能则不可能得到有效发挥，相反，市场的消极功能却能够发挥得淋漓尽致。笔者认为，鉴定属于为诉讼提供证据行为，其本身对于诉讼不应存在任何利害关系或者利益关系，否则应基于利害关系或者利益关系退出诉讼即受回避制度的调整，因此，其领域不宜按照市场的观点来看待，更不宜推向市场。如果将鉴定交给"市场调整"，其市场本身的交易功能则会在公权力参与下，要么出现权力

---

[12]　冯莹、王丽英："委托司法鉴定问题与规制"，载《人民法院报》2010年8月16日。

[13]　公衍义、张宝华："司法鉴定存在的问题及对策"，载《人民法院报》2011年3月16日。

寻租的情形，要么鉴定机构或者鉴定人因利益而铤而走险，无论哪种情形均会搅乱鉴定秩序，最终影响司法的效率与公正。按照市场规律分析，司法鉴定存在不正当竞争甚至恶性竞争是属不正常中的"正常现象"，因为其是市场活动的组成部分，是激励市场走向成熟的因素，其存在是必然的，其消灭则是不可能的，否则《反不正当竞争法》也就无用武之地。对于鉴定出现一些问题，有些是不正常问题中"正常问题"，对于这些问题需要予以"正视"而非惊诧，需要借助诉讼程序的功能予以控制，发挥司法机关的守门员作用，通过严格的诉讼职责来抑制其发生，最理想的效果是，即使问题发生了也因诉讼程序的完善与公正程序的检验而丧失其存在的负面后果。

（二）司法鉴定在实践中失序的省察与再思考

在司法实践中，律师、鉴定机构和法院之间往往会采取如下做法：律师为了让司法鉴定结果能对自己代理的一方当事人有利，而找有"关系"的司法鉴定机构进行鉴定；司法鉴定机构为了得到一定的"好处"而作出比较符合"要求"的鉴定意见；法院为了尽早结案，而常采纳其指定的司法鉴定机构所做出的鉴定。[14] 可以说，司法鉴定呈现出来的问题有些是真相，而有些则是附在表层上的虚像，法院对上述现象的总结与归纳在一定程度上反映了司法鉴定的真相，有些则是歪曲地传达了其本质。但是，在此问题上，多数观点认为，这些现象根源于《最高人民法院关于民事诉讼证据的若干规定》对当事人自行委托鉴定的规定。由于《决定》中对此没有作出明确的规定，致使"一些部门对组织和个人如何根据'需要'委托鉴定理解不一，导致了鉴定程序混乱"[15]，"根据最高人民法院《关于民事诉讼证据的若干规定》第 71 条的规定，人民法院委托鉴定部门作出鉴定结论，当事人没有足以反驳的相反证据和理由的，可以认定其证明力。由于受害人基本上没有证据证明重新鉴定的结论有误，故实践中法院都是将重新鉴定的结论作为定案根据。各鉴定机构之间因为存在业务竞争关系，为打击对手，遂利用该条的规定，在受法院委托进行重新鉴定时尽量推翻其他鉴定机构的原有鉴定结论。"然而，这种法院不履行守门员法定职责而过分依赖、期盼科学正确的鉴定意见的问题，在法院属于普遍现象。据金华中院统计，2013 年全市法院共委托鉴定案件 1995 件，其中涉及二次鉴定的案件 401 件，前后两次鉴定结论不一样的有 151 件之多，占近 4 成。[16] 如有的法院调查认为，在实践中体现为法院基干摆脱当事人的干系而随意启动鉴定程序。法院对当事人的鉴定申请未进行严格的审核，当事人申请的，准许的多，驳回的少，法院对于当事

---

〔14〕 张新宝："人身损害鉴定制度的重构"，载《中国法学》2011 年第 4 期。

〔15〕 参见中共浙江省政法委员会《关于我省司法鉴定工作调研情况的报告》（浙政法发〔2007〕7 号）。

〔16〕 林常丰、李茜、李娜："金华中院建立鉴定专家库杜绝司法黄牛揽生意"，载《都市快报》2014 年 2 月 28 日。

人的鉴定申请准许率极高，直接导致进入鉴定程序的案件数量增加。在实践中具体表现如下：①部分当事人基于拖延诉讼的目的或盲目提出鉴定申请，法院未及时制止和劝导其放弃鉴定申请；②可通过案件的法律关系或生活经验而无需专业知识进行识别或可通过走访、调查、勘验等调查证据的方式作出判断的案件，而法官过于依赖鉴定意见，怠于运用相关手段而准予鉴定；③争议不大的小标的案件，可通过引导化解的，但未进行细致的调解工作而准予鉴定；④申请重新鉴定的案件，当事人仅提供鉴定申请书，未辅以相应反驳证据，法官未要求当事人补充证据或说明理由，而是简单签发鉴定决定书，将案件递向鉴定办公室了事。法院滥用鉴定启动权，导致大量非必要进行鉴定的案件进入鉴定程序，重新鉴定的结论也未发生变化，大量的鉴定申请在拖延了一定时间后被恶意撤回。鉴定程序被滥用的趋势明显，既损害了另一方当事人的合法权益，也牺牲了审判效率。[17] 据广西宁明县人民法院反映，有些案件实际上并不需要进行司法鉴定就可以查明案件事实，法官却盲目地接受当事人的申请，甚至随意启动司法鉴定程序。这样不仅使当事人支付不必要的鉴定费，还使法院处于被动地位，鉴定的时间也拖延了案件的及时审结，浪费司法资源。[18] 对此有学者对大量鉴定案例分析后认为，在刑事案件中，"重复鉴定的发生，同案中当事人之间的关系存在较大的关联"，"发现一个'反常现象'：当事人双方私下聘请鉴定机构进行鉴定，仅次于当事人向侦查机关、法院申请鉴定的数量"。[19]

　　纵观以上现象，其背后隐藏的问题是，职权机关尤其是法院对鉴定启动决定权的法律后果缺乏清醒的认识，没有严格审慎地认识这些所谓"当事人双方私下聘请鉴定"的性质，以至于引发了当事人在此方面的权利在其利益驱动下不仅被泛用甚至不断地被滥用，本应通过否定其后果的证据能力或者通过鉴定人出庭来解决的问题，却将其置于诉讼外的不断鉴定来达到目的。其结果是，虚假鉴定或者"鉴定黄牛"在职权消极的空隙中得以浑水摸鱼甚至能够横行，因为他们提供的虚假鉴定与其不出庭作证相比无需付出相应的代价。也就是说，在鉴定问题上，法院首先应当考虑的问题是，在职权主义诉讼模式下如何吸收当事人主义保障当事人诉讼权利的优势，而非完全放弃职权主义，为当事人尤其是"鉴定黄牛"提供滥用权利的场所，更不能将其履行鉴定意见作为证据使用的"看门人"职责输送给利益冲突的当事人。因为在没有当事人主义完善的证据规则下实行所谓"当事人主义"，实质上不是一种

---

〔17〕 参见缪苗："民事诉讼中司法鉴定程序启动权的滥用与控制"，载 http：//www.nbyzfy.gov.cn/html/shenpanyanjiu/faguanluntan/2013/1012/850766.html，2013 年 10 月 12 日。

〔18〕 参见蒙香花："司法鉴定在基层法院民事诉讼应用中存在的问题及对策"，载 http：//gxfy.china-court.org/public/detail.php?id=50752，2012 年 3 月 28 日。

〔19〕 陈如超、涂舜："中国刑事重复鉴定现象的改革——基于司法实践中 50 例案件的实证研究"，载《中国司法鉴定》2013 年第 2 期。

真正意义上的当事人主义，在实践中也难以达到当事人主义的程序正义效果，其结果只能是不同制度之间相互冲突的"无政府主义"，换回来的只能是职权机关、司法鉴定管理部门和当事人之间对鉴定的相互抱怨与无端指责，司法鉴定秩序的混乱就会成为一种必然现象，而司法鉴定本身也就成为需要改革的"替罪羊"或者"伪命题"。由此，在这种观念支持下的改革必然是越改越乱，出现治丝益棼的后果不足为怪。基于此，对于上述问题不仅需要理论者省察，还需要实践者反思，更需要改革者予以反省，进而寻找解决司法鉴定失序的正途。

三、职权规范与权利保障：解决司法鉴定失序的正途

司法鉴定无论是体制改革还是机制的创新，其最终目的都是保障鉴定质量，保证作为证据的鉴定意见具有可靠性和可信性。然而，任何鉴定制度均不可能完全杜绝鉴定意见的偏差性，而以鉴定意见存在偏差或者有分歧的，放弃通过制度对其抑制则是非理性的。抑制鉴定意见的偏差性需要从鉴定人准入的"第一守门员"——司法鉴定管理制度开始。然而，对此问题仅依靠司法鉴定管理制度是不够的，还需要诉讼程序在此方面发挥作用，履行决定鉴定意见能否作为证据的"第二守门员"职责。这些诉讼程序主要是保障鉴定意见可靠性的控制程序以及检测鉴定意见可靠性的诉讼制度。前者主要包括鉴定的启动程序、鉴定的决定程序、鉴定机构和鉴定人的选择程序、鉴定的实施程序以及鉴定的质量控制程序等；后者主要包括鉴定人出庭制度、专家辅助人制度、补充与重新鉴定制度等。可以说，在"深化司法鉴定制度改革"中，制度的控制与程序的抑制功能相对于实体显得更为重要。[20]

因此，深化司法鉴定制度改革需要协调当事人"鉴定申请权"与办案机关"鉴定决定权"之间的关系，尤其是办案机关如何合理控制鉴定成为能否进一步推进深化司法鉴定制度改革关键性的环节。

（一）规范办案机关的职权，强化"第二守门员"职责

针对当事人自行委托而获得的鉴定意见，办案人员有时并未尽到审查职责，在申请鉴定时，常常忽略对当事人合法权利的保障，以至于启动的鉴定在后续程序中争议不断甚至反复被提起。对此问题，需要从规范办案机关职权作为解决问题的途径。

1. 办案机关鉴定决定权的合理控制。司法鉴定的决定权由谁掌握，其权力的行使是否合理，不仅关系到当事人合法利益的保障问题，而且还影响到诉讼能否使用鉴定意见以及使用鉴定意见作为证据的质量问题。现有的问题是，办案机关的鉴定决定权缺乏合理的控制。这种控制既包括应当决定启动鉴定的已经被启动，以及不

---

〔20〕 郭华："司法鉴定制度改革的基本思路"，载《法学研究》2011 年第 1 期。

应当启动的鉴定没有启动两个方面。也就是说，对于无须鉴定或者不能鉴定的，通过办案机关的鉴定决定权予以排除。在实践中，尽管当事人对"无须鉴定或者不能鉴定"自行或者私自委托鉴定机构进行了鉴定，其鉴定意见也不能作为证据使用。只有使当事人自行或者私自鉴定即未经过办案机关决定的鉴定仅表现为一种一厢情愿的事实行为，无法成为一种事实上的诉讼行为，才能体现鉴定程序的法定性，体现程序控制任意鉴定的乱象。因为当事人愿意向鉴定机构或者鉴定人索要所需要的鉴定意见，而鉴定机构或者鉴定人借助于提供当事人所需要的鉴定意见获取不当费用，"两者之间很容易达成交易默契"[21]，尤其是在检材不足或者有瑕疵时。同时，鉴定人在此种背景下满足这种需求还能够摆脱相应的责任。但是，对方当事人认可或者无异议的一方当事人私自或者自行委托的鉴定例外，可将其视为当事人对自己权利的处分。

对办案机关无理由否定当事人鉴定申请的，即当事人在不得已的情况下采取的自行或者私自鉴定意见，可作为提出异议的理由，可作为促使办案机关谨慎对待当事人鉴定申请的材料，体现办案机关滥用鉴定决定权剥夺当事人利用鉴定的权利的行为受到制约，即法律不宜明确规定禁止自行或者私自鉴定，因为这种行为是法律禁止不了的，实质上，法律不赋予这种行为以法律效力则能够达到目的。

2. 法院决定鉴定人出庭权的程序制约。无论是新《刑事诉讼法》还是《民事诉讼法》，均对鉴定人不出庭作证规定了"不得作为认定事实的根据"的法律后果。这种法律后果与普通证人证言相比较为严厉，未像证人不出庭那样，将不能作为定案根据的证人证言仅限于"法庭对其证言的真实性无法确认"（最高人民法院《关于适用〈中华人民共和国刑事诉讼法〉的解释》第 78 条第 3 款规定），而是将不出庭与证言不得作为定案的根据或者认定事实的根据直接挂钩。法律之所以如此规定，是因为只要法院委托了鉴定，当事人对鉴定意见有异议，鉴定人就应当出庭作证，借助于法庭程序来消除当事人对鉴定意见的异议，进而还能够借助于当事人提出的意见检验鉴定意见质量，从而避免法院基于利益考虑选择鉴定意见，割断法院与鉴定之间的利益关系。同时，借助于不出庭鉴定意见不能作为证据使用或者不出庭退回鉴定费用的压力，促使鉴定能力较差或者做虚假鉴定的鉴定人放弃鉴定，否则会为之付出损害名誉而又无法获得利益的代价，从而进行促进鉴定质量的提高。

基于此，当事人对鉴定意见有异议或者人民法院认为鉴定人有必要出庭的，应当通知鉴定人出庭，而非是法院面对当事人对鉴定意见的异议通过重新鉴定或者要求鉴定人撤回鉴定甚至更改鉴定意见来解决。因为法庭是解决当事人对鉴定意见有异议的法定场所，其通过鉴定人出庭作证发现虚假的鉴定意见，致使虚假的鉴定意

---

〔21〕 刘波："英国法庭科学服务部的市场化变迁及其启示"，载《证据科学》2014 年第 2 期。

见在鉴定人出庭制度下无用武之地。同时，鉴定人出庭也是保障当事人和辩护人、诉讼代理人对鉴定人发问权的重要措施，否则当事人的此项权利就无法得到真正落实，体现程序对当事人质证权利的保障。笔者认为，这种机制是解决我国目前司法鉴定"不能遵守技术规范、作出科学客观结论"、"伤残等级评定标准把握不当、执行不严"、"文书制作质量不高"等问题最为有效的途径，而通过庭外的重复鉴定来解决当事人对鉴定意见的异议，仅仅在形式上满足了当事人和辩护人、诉讼代理人的鉴定要求。这种追求实质真实的职权却架空了当事人对鉴定人的发问权，是以牺牲程序权利为代价的，最终有可能因鉴定质量不高致使被追求的实质真实落空，出现得不偿失的结果。

3. 鉴定意见选择权的公开透明。为提高法院采信鉴定意见的透明度，法院在是否采用鉴定意见问题上，不仅需要借助于法庭充分展示对鉴定意见选择有异议的原因，而且还需要在判决中公开是否选择鉴定意见作为证据使用以及选择何种鉴定意见作为定案根据的理由，并可借助于判决书上网的法院改革，使法官选择鉴定意见更加公开透明，继而接受专家的评价与社会的监督，从而促进鉴定公正。

另外，随着法院介入的领域越来越广，涉及鉴定的知识越来越专业，法官面临着知识学习和更新的过程。如果法官在知识的学习和接受上比较被动，习惯满足于接受"常识"，不愿对现代科学问题进行深入的研究，注定会受当事人的鉴定申请要求的牵制，[22] 并随着当事人的不断缠诉在重复鉴定的道路上越陷越深，最终在鉴定问题上作茧自缚甚至陷入无力自拔的困境。

（二）保障当事人的诉讼权利，控制鉴定权力的滥用

规范办案机关的职权并非是对诉讼利用鉴定的无理限制，尤其是强调办案机关对鉴定的决定权，在一定程度上会纵容其职权的过度行使，进而压抑当事人诉讼权利，导致当事人"涉鉴上访"现象的出现。因此，在规范办案机关鉴定决定权的同时，还应当保障当事人在鉴定上的权利，防止鉴定决定权被滥用进而以没有必要为由限制鉴定人出庭，导致本来需要通过在法庭上解决的异议鉴定意见，因被法院拒绝通知鉴定人出庭再次转为庭外解决。基于此，保障当事人权利主要有以下几个方面。

1. 当事人鉴定申请的知悉权保障。由于当事人不可能拥有专门知识，也非专业人员，其提出鉴定申请也许理由不充足或者在需要鉴定的事项上缺乏具体性、针对性，这些问题需要法官行使释明权，对此进行必要的解释与说明。尤其是在双方当事人协商选定或法院指定鉴定机构后，及时告知双方当事人申请鉴定人回避权、行使回避权的期限与程序以及选择鉴定人需要的资质，充分保障当事人在鉴定上的知

---

〔22〕 参见缪苗："民事诉讼中司法鉴定程序启动权的滥用与控制"，载 http：//www. nbyzfy. gov. cn/html/shenpanyanjiu/faguanluntan/2013/1012/850766. html，2013 年 10 月 12 日。

悉权，以免鉴定意见做出后，当事人以委托鉴定事项不符合双方争议的焦点或对委托鉴定事项存在其他异议引发再次进行鉴定，浪费司法资源。

2. 当事人鉴定申请权的保障。当事人鉴定申请权包括申请鉴定权、申请重新鉴定权、申请鉴定人出庭作证权以及申请专家辅助人出庭权。当事人无论行使哪种权利，法院均应当审慎对待，对否定当事人申请的，应当说明理由。在以上权利中，法庭对申请鉴定人出庭以及专家辅助人出庭就鉴定意见或者专业问题提出意见的权利与申请鉴定权、申请重新鉴定权相比应当相对宽容。因为专家辅助人出庭在客观上会进一步强化鉴定人的责任意识，对其鉴定产生积极影响，在一定程度上可以增强鉴定意见的科学性；同时，也会在相应地减少重复鉴定的发生，能够节约诉讼资源，提高审判工作的效率，促进案件的尽快判决。[23] 因为专家辅助人出庭是"免费"为法院提供发现鉴定意见存在问题的力量，有利于减少法官选择鉴定意见的可能偏见，从而保障法官对鉴定意见的"正确判断"，更有利于将错误的鉴定意见排除于定案根据之外。法院对鉴定人、专家辅助人出庭的申请应当积极对待，而不应当担心其在庭上"搅局"而消极应付与不当限制。

3. 当事人的鉴定参与权保障。一般情况下，一方单独委托鉴定机构鉴定得出的鉴定意见绝大多数会被另一方提出异议，而双方共同委托鉴定得出的鉴定意见常常具有可接受性。在当事人双方委托鉴定后，由于办案人员、鉴定人、当事人之间缺乏必要的交流与参与，导致当事人对鉴定意见的形成过程有疑虑，在一定程度上增加了当事人对鉴定意见的不信任度。由于办案机关决定鉴定后对鉴定机构和鉴定人的选择没有尊重当事人的合意，仅仅采取没有任何科学含量的摇号选择鉴定机构或者鉴定人方法，再加上司法鉴定意见质证不够规范等因素，在一定程度上又加剧了当事人对鉴定意见的不信任感，影响了当事人对办案机关采纳正确鉴定意见的接纳程度。基于此，需要加强当事人对鉴定过程的参与、监督，增加鉴定过程的透明度，保障当事人在鉴定进行时有一定程度上的参与权，通过共同选择鉴定人，或者聘请专家辅助人参与监督，消除当事人对鉴定意见的疑虑，从而增强办案机关采用鉴定意见的权威性。

四、结论

在全面深化司法鉴定改革中，通过严格规范办案机关在鉴定问题上的职权来强化其在决定鉴定意见能否作为证据的"守门员"上的职责，并借助于保障当事人在鉴定上的权利，促进办案机关积极、理性地履行鉴定职责。可以说，规范办案机关的职权与压抑当事人权利相比，前者是解决司法鉴定失序问题的正途，以免在压抑

---

〔23〕 全国人大常委会法律工作委员会刑法室编著：《〈中华人民共和国刑事诉讼法〉释义及实用指南》，中国民主法制出版社 2012 年版，第 366 页。

当事人权利上节外生枝，诱发司法鉴定在改革中由失序走向混乱，甚至造成整个司法鉴定制度失信而出现制度危机。但这种正途的前提需要司法行政部门对司法鉴定的有效管理，尤其是在管理上不限于仅仅履行登记手续以及公告，还应当确保不合格专家不进入鉴定人队伍，对违规违法的鉴定机构和鉴定人员实行淘汰制，使司法鉴定的准入制度和鉴定结果的使用制度有机衔接，发挥不同"守门员"的"前堵后疏"的作用，以维护司法鉴定的正常制度和促进其有序发展。

再论司法鉴定统一立法

——兼评新刑诉法中鉴定制度的变化*

王志刚** 徐静村

我国新刑诉法在鉴定制度的规定上取得明显进步，体现了中央进一步深化司法体制改革和司法工作机制改革内容的要求，同时也反映出司法鉴定制度发展的趋势和方向，其积极意义应当肯定。但受多方条件制约，尚有一些问题未能触及，比如司法鉴定启动权的单边配置问题、侦查机关内设鉴定机构的取消问题、"三大类"以外人员的管理等。此外，如何解决新刑诉法与全国人大常委会《关于司法鉴定管理问题的决定》（以下简称《决定》）、《司法鉴定程序通则》以及有关证据的规定中有关鉴定内容的顺畅衔接，也成了司法实践面对的难题。

我国司法鉴定制度的规范仍然需要制定一部统一的《司法鉴定法》来进行规范，刑诉法再修正后为其提供了契机。[1] 新刑诉法在鉴定制度方面的进步为未来立法指明了前进方向，而其不足之处恰恰也为《司法鉴定法》的制定留下了制度空间。

一、新刑诉法有关鉴定制度改革评析

如果说我国1996年对《刑事诉讼法》修正的重点是审判程序，那么2012年再次修正的重点就是证据制度的改革和完善。由于司法鉴定与刑事证据密切相连，其修改也因此呈现诸多亮点，现择要评析。

（一）"意见"取代"结论"彰显理念进步

新中国成立以后，我国的司法鉴定制度主要是借鉴大陆法系国家，表现出了较强的职权主义特征。刑事诉讼中，司法鉴定由公安司法机关单方决定启动、单方委托机构，而公安司法机关自然对其自身委托机构所提出分析意见的绝大多数都会予以支持，这种形式上的"分析意见"成了认定案件事实的实质"结论"，鉴定结论这一证据种类也由此产生。随着人们对司法鉴定认识的深化，对司法鉴定盲目迷信的

---

* 本文原载于《中国司法鉴定》2014年第6期。

** 重庆邮电大学法学院。

〔1〕 徐静村："司法鉴定立法献言"，载《中国司法鉴定》2010年第6期。

观念得以纠正，再加之鉴定不当、"结论"失真而造成冤假错案的问题多有发现，理论界和实务界开始重新认识司法鉴定活动的性质。新刑诉法将"鉴定结论"修改为"鉴定意见"，由"意见"的可审酌性取代"结论"的终结性，体现了立法者对鉴定活动性质认识的深化。

鉴定结果的呈现受多方因素影响，既受制于检材的真实性、鉴定方法的科学性、鉴定过程的规范性，同时也深受鉴定人的技术水平、鉴定习惯以及主观态度影响，具有鲜明的"言词证据"特征。也正因此，鉴定人在英美法系国家被称为"专家证人"，具有和证人同等的义务，其意见的真实性却常遭遇质疑。由此可说，鉴定的结果是由具有专门知识的人通过科学方法、科学仪器获得，但并不能表明结果就是科学可靠、不容置疑的。因此，相对于"鉴定结论"而言，"鉴定意见"[2]的称谓更能体现鉴定人所作判断的主观性特征，作为"意见"，其是否准确还必须经过庭审质证，不能直接作为认定案件事实的依据。这种名称的变化不仅表明了我国立法语言更加严谨，而且也体现出了价值理念层面的变化，从而为鉴定质证程序的完善提供了逻辑前提，值得称道。

（二）中国式"专家证人"制度初步建立

在我国传统刑事司法语境中，"证人"和"鉴定人"虽然同属"其他诉讼参与人"，但两者的制度待遇却完全不同："证人"因以"了解案件情况"而参与诉讼，所作的"证人证言"预先被假设为存伪的，所以理所当然地需要质证、需要补强、需要印证，才能排除对其的怀疑；"鉴定人"因具"专门知识"而参与诉讼，其技术水准和职业操守被天然肯定，所作的"鉴定结论"不容怀疑。随着理念的进步和对司法实践的反思，上述情况也逐渐发生变化，鉴定人的权利和义务越来越靠近于证人。尽管无论是从法律传承、诉讼结构还是资源配置的角度分析，我国当前在制度的结构层面不宜贸然地引进英美法系的专家证人模式，[3]但是可以说，新刑诉法关于鉴定人出庭问题的相关规定实际上初步确立起了中国式的"专家证人"制度。

1. 明确了鉴定人出庭的范围。在鉴定人出庭范围问题上，我国的立法规定可用日益明确、日益具体来进行概[4]，新刑诉法进一步规定了鉴定人出庭的条件：一是诉讼双方对鉴定意见存在争议；二是经过法院的通知。从理念层面来看，新刑诉法通过制度设计使鉴定人从"幕后"走到"台前"，从"实验室"走到"审判庭"，

---

〔2〕 亦有学者曾提出以"鉴定人意见"代替"鉴定意见"，更能与其他言词证据在立法语言上保持一致性。

〔3〕 汪建成："司法鉴定模式与专家证人模式的融合——中国刑事司法鉴定制度改革的方向"，载《国家检察官学院学报》2011年第4期。

〔4〕 2005年《关于司法鉴定管理问题的决定》第11条规定："在诉讼中，当事人对鉴定意见有异议的，经人民法院通知，鉴定人应当出庭作证。"2007年《司法鉴定程序通则》第7条规定："司法鉴定人经人民法院依法通知，应当出庭作证，回答与鉴定事项有关的问题。"

应当肯定其进步意义。但根据上述规定，在鉴定人是否出庭的问题上，法院仍具有较大的裁量权，而在具体操作层面，我国学者也提出："在我国鉴定案多人少的状况没有得到缓解的情况下，鉴定人要在规定的时间内完成检案量就已经存在较大压力，如果在诉讼中还要为所有案件都出庭，显然难以实现。"[5] 因此，担心规定在实践中流于形式。笔者认为，这种担忧非常有道理，这也为我们思考如何落实立法规定、细化配套制度提供了方向。

2. 规定了鉴定人拒不出庭的程序性制裁后果。在新刑诉法修改讨论时，我国立法机关最初打算建立和"强制证人出庭作证"制度一致的"强制鉴定人出庭作证制度"[6]。但在《刑诉法修正案（草案）》向社会征求意见时，该条规定遭到了极大的质疑和反对，反对者主要来自于鉴定人和部分学者。对鉴定人来讲，反对的原因在于该条规定大大加剧了他们的职业风险；对学者来讲，鉴定人与证人不同之处在于可替代性，没有必要一定强制某个具体鉴定人到庭，只需排除他的"意见"即可。考虑到这种反弹的激烈以及学者观点的合理性，为了保证我国司法鉴定制度改革的平稳推进，我国立法机关经过斟酌删除了该条规定，而改为：在经人民法院通知的前提下，鉴定人若无正当理由而不出庭作证的，其所作的鉴定意见不得作为认定案件事实的依据。

3. 完善了鉴定人人身安全保护机制。作为对鉴定人出庭作证的配套，新刑诉法完善了与证人保护制度相似的鉴定人人身安全保护制度，以消除鉴定人的后顾之忧。这充分体现了立法的细腻之处，通过鉴定人人身安全保护机制的建立，为鉴定人出庭义务的落实提供了制度保障。

（三）打通庭审法官引入"外援"的制度通道

新刑诉法确立的"有专门知识的人参与刑事诉讼"无疑使人眼前一亮，其为庭审法官解决专业问题提供了寻求"外援"帮助的制度依据。由于鉴定人所涉及的都是专业问题，在这种情况下，即便鉴定人出庭作证，受"术业有专攻"的客观条件制约，鉴定意见的询问主体（法官、检察官、当事人及其辩护人、诉讼代理人）往往对鉴定科学知识"两眼一抹黑"，质证效果可想而知。可以说，缺乏"有专门知识的人"对鉴定人质证的制度，期望通过质证实现对鉴定意见进行审查的美好初衷很可能落空，质证程序可能就又成了"认认真真走过场"。而在《最高人民法院关于民事诉讼证据的若干规定》中，"具有专门知识的人员出庭"可进入法庭庭审，就案件的专门性问题进行说明，这对"精于法律而陌于技术"的法官形成内心确信必然是

---

〔5〕 朱晋峰、朱淳良："司法鉴定立法比较之法理研判——以新《刑事诉讼法》与新《民事诉讼法》为视角"，载《中国司法鉴定》2013年第1期。

〔6〕 2011年8月30日公布的《刑事诉讼法修正案（草案）》第67、68条规定，鉴定人没有正当理由不出庭的，法院可以强制其到庭，对于情节严重的，可以处以10日以下的拘留。

相助良多。因此，新刑诉法有专门知识的人参与刑事诉讼制度的确立增强了质证的实质效果。

（四）电子数据的入法带来鉴定新挑战

随着当今社会信息化进程的推进，我国公民在通讯方式、资料存储、消费习惯等方面的"电子化"发展趋势逐渐明显，近年来利用互联网实施的犯罪也相应多发，这种变化使得电子数据在案件事实认定上的地位越来越重要。也正因此，新刑诉法将"电子数据"作为了法定证据种类之一。而与其他证据种类相比，电子数据最为脆弱，极易被篡改、伪造、破坏或毁灭，正如我国学者所指出：如果说物证、书证属于办案人员"收集"或"提取"的话，那么，电子证据则属于办案人员"制造"或者"制作"出来的，[7] 因此对其鉴定有必要制定专门的规则予以细化。新刑诉法中却缺乏关于电子数据鉴定的相应规定，这使得电子数据的鉴定在实践中呈现出严重的"侦查依附性"，电子数据鉴定意见的中立性、客观性经常受到质疑。[8] 当前，明确规定司法部负责登记管理的司法鉴定的范围包括法医类鉴定、物证类鉴定、声像资料鉴定，不同类别的鉴定人鉴定资质不同。如果说未成为法定证据种类的"电子数据"可以被作为"声像资料"进行鉴定，那么在成为与"视听资料"并列的独立的证据种类后，原来仅有"声像资料鉴定"资质的机构是否有权鉴定"电子数据"？从实践情况来看，目前各地对电子数据司法鉴定这一门类的规定，要么突破了《规定》的限定范围，要么直接修订了地方条例，标准不一，概念混乱。[9] 这无疑也需要立法的相应跟进，以厘清实践应用中的迷惑。

（五）有些敏感的制度问题未触及

如上文所述，刑诉法的修改由于受多方条件制约，尚有一些问题未能触及，依然存在"高预期、软立法"现象[10]，就鉴定制度的设置而言，职权主义色彩过重的司法鉴定启动权的单边配置问题、"侦鉴不分"的鉴定机构问题、"三大类"以外人员的管理、"多龙治水"重复鉴定现象的防止问题等都未得到立法回应，这不能不说是新刑诉法对鉴定制度修改的遗憾之处。

但从整体上讲，新刑诉法对我国鉴定制度的完善具有非常重要的意义，它使我国司法鉴定制度的发展方向逐渐清晰，也为我国司法鉴定统一立法提供了契机。

---

[7] 陈瑞华："实物证据的鉴真问题"，载《法学研究》2011 年第 5 期。

[8] 古芳："论刑事诉讼中的电子数据"，载《中国司法鉴定》2013 年第 2 期。

[9] 例如，国家信息中心电子数据司法鉴定中心所获的鉴定资质是"声像资料鉴定"，但其鉴定中心被北京市司法局批准以"电子数据司法鉴定"为名，并且其鉴定执业范围也超出了"声像资料"的鉴定范围而扩展至"数据恢复、获取、计算机软件检验"等。又如，《山东省司法鉴定业务分类规定（试行）》中，删除了"计算机司法鉴定"，保留了"声像资料鉴定"并增设了"电子数据司法鉴定"，并明确电子数据司法鉴定是指"对电子数据的获取和信息内容进行检验、鉴别和判断"。

[10] 龙宗智："新刑事诉讼法实施：半年初判"，载《清华法学》2013 年第 5 期。

二、司法鉴定统一立法的必要性与可行性

《决定》出台已接近 10 年，鉴定人出庭率低、重复鉴定、多头鉴定等问题仍然普遍存在，对我国司法鉴定制度改革的呼吁始终不绝于耳。应该说，新刑诉法和民诉法都回应了部分呼声，但仍然无法解决鉴定制度中存在的实质性问题，这从上文所论及的新刑诉法关于鉴定制度修改中的遗憾之处就可窥一斑。因此，希望通过对三大诉讼法中有关鉴定的规定逐一进行修改来解决我国司法鉴定问题的设想可能会面临困境，但这也为我国司法鉴定统一立法留下了空间。在此背景下，笔者更加认为我国有必要制定一部《司法鉴定法》，且其时机已经成熟。

（一）司法鉴定统一立法的必要性

1. 完善鉴定制度的客观需要。随着科技的不断发展，社会分工的日益细致，需要利用专门知识和技能解决的案件越来越多，"伤害案件运用医生与经济学家；产品责任案件运用设计和安全专家；建筑案件运用结构工程师与建筑师；刑事案件运用指纹与 DNA 专家……"[11] 司法工作对鉴定活动的依赖更加增强，而这也更需要鉴定立法的充分保障。尽管新刑诉法已经实施，但如上文所述，当前我国司法鉴定中存在的一些问题仍未得到解决，例如，鉴定权的启动权合理配置、鉴定机构的设置、鉴定人的资格、鉴定的程序、鉴定的标准、鉴定时间、鉴定留置、鉴定中司法协助等问题等均未得到立法回应，而这些问题又不适宜分散立法，否则必然造成司法实践中的混乱。

2. 保障法制统一的需要。法制统一是宪法规定的一项基本原则，其要求国家在立法、司法、守法等方面必须一致起来，维护法制的统一性。我国司法鉴定中的很多问题都是由"令出多门"引起，各立门户、分散立法在资源浪费的同时，也造成了立法内容的不协调，进而有碍了诉讼活动的规范化。上文所述及的新刑诉法与《决定》、《司法鉴定程序通则》以及相关证据规定中有关鉴定内容的顺畅衔接之忧，也即由此而发。鉴定统一立法，就可以避免上述问题，只需各部门法对鉴定作极其原则的规定，而将具体的内容留给统一的鉴定法去解决。

3. 理顺鉴定管理机制的必由之路。从我国司法实践情况来看，当前司法鉴定中存在的焦点问题就是"重复鉴定"问题，而"重复鉴定"又根源于鉴定机构设置上的"自立门户"和管理上的"各自为政"。[12] 这些问题是任何一部部门法无法单独解决的，只能通过司法鉴定管理制度的顶层改革来实现。而要想实现司法鉴定管理制度的顶层规划，唯有打破"分散立法"的现状，通过统一立法的方式来理顺鉴定

---

〔11〕 ［美］汤玛斯·摩伊特：《诉讼技巧》，蔡秋明译，商周出版社 2002 年版，第 396 页。

〔12〕 霍宪丹、郭华："司法鉴定制度改革的逻辑反思与路径探究"，载《法律科学（西北政法大学学报）》2010 年第 1 期。

管理制度，以保障司法鉴定活动的顺利开展。

（二）司法鉴定统一立法的可行性

司法鉴定统一立法不仅具有必要性，在当前也具有可行性，主要体现在：

1. 具备统一立法的时代背景。就整体而言，我国社会主要法律体系建设目前基本上已完成了"有法可依"的历史使命，今后的主要任务则是解决"有"的质量问题。立法机关今后关注的重点会放在使法律体系更加科学合理和健全完善、法律内部与法律之间更加衔接合理和协调一致上面来，这为制定一部统一的《司法鉴定法》提供了历史契机，而依法治国理念的深入和党的十八届四中全会依法治国基本方略的落实，也将大大推动立法进程。

2. 具备统一立法的民意基础。随着社会的发展、改革的深入，人们的权利意识和法律意识日益增强，对司法公正投注了更多的期待和注视。从发生于 2003 年，后被称之为"华人网络公审第一案"的湖南湘潭市"黄静裸死案"，到 2008 年引发贵州瓮安"6·28"恶性社会事件的"初中女生尸检疑云"，司法鉴定这个略显神秘的领域开始一次又一次走到了公众面前，牵动了无数的关注和追问。在司法鉴定秩序的规范、司法鉴定结果的客观公正成为民心所向的情况下，通过坚强有力的法律保障来回应民意呼唤成为我国立法机关的必然选择。目前的鉴定立法显然不能满足人们对鉴定的法律期待，而正是这种期待，为制定一部科学、系统、行之有效的鉴定法提供了坚实的民意基础。

3. 具备统一立法的客观条件。经过多年发展，我国目前已经拥有了一大批从事专业鉴定的骨干力量，司法鉴定领域中所采用的科学技术水平也越来越高，开展的项目也日益增多，积累了丰富的鉴定理论和实践经验。这就为司法鉴定统一立法提供了充分的理论基础、技术准备、实践条件和人员保障，在客观上为司法鉴定统一立法提供了前提条件。

三、司法鉴定统一立法中的几个宏观问题

制定一部统一的《司法鉴定法》是一个系统工程，它涉及多方面内容的联动与配合，需要统筹规划、分别研究、具体分析，限于篇幅，笔者在本文不论及统一立法的具体制度设置问题，以免挂一漏万。笔者仅就制定统一《司法鉴定法》中的几个宏观问题略陈管见。

（一）如何处理好几组关系

制定统一的《司法鉴定法》，首先要考虑处理好以下三组关系：

1. 适度超前与立足实际的关系问题。当今世界发展变化迅速，若立法仅仅对实践亦步亦趋，很容易落后于实践，因此立法必须具有一定的前瞻性，以为适应未来实践发展留足空间。这就要求我们必须认真研究借鉴国外先进国家在司法鉴定制度建设方面的经验，总结得失，以便少走弯路。而适度超前并不意味忽视当前，司法

鉴定立法必须结合我国当前司法鉴定改革的现状，统筹考虑各部门、各条块业务发展的需要和实际状况，不冒进、不保守，坚持与改革发展进程相适应。

2. 精密立法与开门纳谏的关系问题。司法鉴定是一个科技化程度较高的领域，因此《司法鉴定法》也不同于其他部门法，其在法条词语运用、法规体例与内容安排上都要求走"精细化"道路，这就要求在立法过程中不仅需要具有社会科学背景的立法工作者来把握法律语言的准确性，同时也需要具有自然科学背景的立法工作者来把握规则的可执行性。但"精密立法"并不意味着"神秘立法"，作为一部统一法典，《司法鉴定法》在立法过程中应打开大门，向社会广泛征求意见，兼顾各种不同的利益诉求，倾听不同的声音，寻求人民群众对司法鉴定制度的认识、理解和支持。

3. 统一立法与既有立法的关系问题。制定《司法鉴定法》的初衷在于解决"令出多门"、鉴定秩序混乱的现状，以符合法制统一原则的要求。但我们必须清醒认识法制统一原则的内涵要求，拟制定的《司法鉴定法》既不能与宪法、上位法相抵触，也不能与相同位阶的法相抵触。拟制定的《司法鉴定法》必须与三大诉讼法相适应，以补充和强化配套性法律规定、解决鉴定管理秩序问题、规范司法鉴定行为作为立法目标，而不能以否定和取代三大诉讼法关于鉴定制度的规定作为立法的逻辑起点，否则只能是以一种新的"混乱"替代旧的"混乱"。

（二）如何看待《决定》

《决定》的出台为我国司法鉴定管理法治化开启了先河，也吹响了我们迈向统一立法的号角，从而为我国司法鉴定制度的完善做出了巨大贡献。从目前来看，《决定》在实施过程中尽管也暴露出了规定滞后、调控乏力的问题，但我们应当看到，造成上述问题的主要原因在于司法鉴定是一个涉及司法管理体制、诉讼程序和证据制度等多方面的复杂工程，我们不能因为存在缺陷就全盘否定《决定》。在当前《决定》出台已近十年而其存在问题已经充分暴露、新刑诉法和民诉法已经实施的前提下，我们完全可以将《决定》作为制定《司法鉴定法》的基础立法蓝本，在现有《决定》的基础上进行修改，使之成为《司法鉴定法》。我们可以将《决定》作为立法基础，将《决定》中的部分原则、制度、程序等重大问题上升为法律，提升其位阶，针对性解决《决定》中暴露的问题，从而形成一部较高法律位阶的《司法鉴定法》。笔者认为，将《决定》作为《司法鉴定法》的立法基础的意义不仅在于维护立法机关权威、赢得理解和支持，更重要的还在于保持法律规定的延续性、解决问题的实效性，以及降低立法难度、提升立法效率。

（三）如何预设立法的着力点

正如上文所论及，司法鉴定涉及管理体制、诉讼程序和证据制度等多方面的复杂问题，期待一次立法就能解决所有问题的想法是不现实的。制定《司法鉴定法》的意义在于先解决司法鉴定统一立法问题上的"从无到有"问题，"有"的质量则可随着实践的发展而不断提升，我们对这部法律的制定不能一开始就期望过高。因此，笔者认为，当前制定《司法鉴定法》在确立好立法原则、设计好法典框架后，应将立法的着力点关注于当前实践中存在的一些重点问题来进行，比如，司法鉴定的管理机制问题，司法鉴定程序的规范问题，司法鉴定的监督机制构建等，不能出现"面面俱到，面面都调控不了"的立法窘境。

总之，评价司法鉴定立法工作的质量高不高，关键要看是否把握了鉴定工作的客观规律，是否顺应了鉴定工作的发展趋势，是否回应了实践需求，这是我们在制定《司法鉴定法》之前所必须提前思考的问题。

《人体损伤程度鉴定标准》与原标准的主要差异[*]

范利华[**] 吴军

一、标准制定经过

我国自 1990 年颁布实施的《人体重伤鉴定标准》(简称《重伤标准》) 和《人体轻伤鉴定标准 (试行)》(简称《轻伤标准》) 已历经 23 年,《人体轻微伤的鉴定》(简称《轻微伤标准》) 也实施了 17 年。在此期间,国家的相关法律不断完善,甚至进行了较大修订;人体损伤程度鉴定所依赖的临床医学理论、技术和诊断方法也有了进展的飞跃;同时司法鉴定实践中也暴露出上述标准存在诸多不完善。

基于上述原因,鉴定工作迫切需要对现行的鉴定标准进行补充、修改,以增强标准的科学性和可操作性。为此,2001 年司法部批准《人体损伤程度鉴定标准研究》课题正式立项,由司法鉴定科学技术研究所主持,参加单位有:最高人民法院司法鉴定中心、最高人民检察院检察科学信息研究中心、公安部物证鉴定中心、四川大学基础医学和法医学院、上海市高级人民法院法医技术室、山东省人民检察院技术处、南华大学医学院等。课题组成员汇集了上述各部门法医专家共 12 名 (吴军、朱广友、范利华、刘爱阳、张力、周伟、舒永康、邓振华、肖明松、邱胜冬、邹志虹、熊平等)。标准的研究和制定工作于 2003 年 10 月完成,并通过来自法医界、医学界和法学界各部门知名专家审定。此后数年,标准草案又在全国广泛征求意见的基础上,对标准进行了进一步修改和完善,2004 年经过中华医学会召集专家审阅并提出修改意见,后于 2006 年 11 月 14 日由全国知名法医学、医学、法学专家再次进行专家评审,并于 2007 年国家标准化委员会立项。2011 年在北京由公安部与司法部共同启动《人体损伤程度鉴定标准》的修订、制定工作。目前,新的《人体损伤程度鉴定标准》(简称《新标准》) 终于正式发布并于 2014 年 1 月 1 日正式实施。

---

[*] 本文原载于《中国司法鉴定》2014 年第 2 期。

[**] 司法部司法鉴定科学技术研究所上海市法医学重点实验室。

二、《人体损伤程度鉴定标准》与原《重伤标准》、《轻伤标准》、《轻微伤标准》的关系

根据 GB/T20000.1 以及国际标准化组织（ISO）和国际电工委员会（IEC）对标准的定义，标准是指"为了在一定范围内获得最佳秩序，经协商一致制定并经过损伤标准专题公认机构批准，共同使用和重复使用的一种规范性文件。"标准以科学、技术和经验的综合成果为基础，以促进最佳的共同效益为目的。《新标准》符合上述要求，但并不是从无到有的新标准，其是在归纳、衔接原由司法部司法鉴定科学技术研究所主持制定的《人体重伤鉴定标准》、原由最高人民法院司法行政厅法医处主持制定的《人体轻伤鉴定标准（试行）》和原由公安部物证鉴定中心主持制定的《人体轻微伤的鉴定》的基础上，吸纳了最新的科技成果，总结了多年的鉴定实践经验，对原标准进行补充、调整并划分等级而制定成为目前的一个损伤程度鉴定标准。

1. 基于所制定的《新标准》适用范围是《中华人民共和国刑法》（简称《刑法》）及其他法律法规所涉及的人体损伤程度鉴定，又是在原有的三个标准基础上的整合，《新标准》仍然是原重伤、轻伤、轻微伤三个等级。所不同的是在重伤等级中增设重伤一级，重伤的起始线为重伤二级。重伤二级的划分原则是《刑法》第 95 条规定的"使人肢体残废或者毁人容貌的；使人丧失听觉、视觉或者其他器官机能的；其他对于人身健康有重大伤害的"范围。重伤一级主要涉及重伤中严重残疾的情形，以适用《刑法》中有关"致人重伤造成严重残疾的，处 10 年以上有期徒刑、无期徒刑或者死刑"的法律规定。依据《刑法》第 234 条，"故意伤害他人身体的，处 3 年以下有期徒刑、拘役或者管制"，将轻伤等级分为轻伤一级和轻伤二级两个级别。由此，《新标准》为三等五级。保留原标准重伤、轻伤和轻微伤三个等级和等级划分的基本原则，不同的是在重伤和轻伤中又划分为两个级别。

2. 为保证鉴定工作的连续性，修订、制定的基本原则之一是原《重伤标准》条款基本上位于《新标准》的重伤二级，是以《重伤标准》中 123 条具体条款为基础，增加、调整、修改为 131 条。原《轻伤标准》条款基本上位于《新标准》的轻伤二级，轻伤二级是以原《轻伤标准》中 73 条具体条款为基础，增加、调整、修改为 108 条。原标准大部分条款均保留，对个别条款进行升降调整。如慢性颅内血肿降为轻伤一级；删除如"外伤性血尿（显微镜检查红细胞 > 10/高倍视野）持续时间超过二周"，"头部损伤确证出现短暂的意识障碍和近事遗忘"等引起争议的条款。保留条款进行修改的幅度也较大，如轻伤二级中修改原条款达 42 条，主要进行量化和细化。轻微伤中保留了原《轻微伤标准》的 41 条具体条款，增加、调整为 48 条。原则上对在鉴定实践中没有争议的，操作性好的条款予以保留。例如，原《重伤标准》颅脑损伤中条款，除第 42 条"颅脑损伤当时出现昏迷（30 分钟以上和神经系统体征，如单瘫、偏瘫、失语）"等被删除外，均保留于重伤二级，同时对保留的大部分

条款量化。例如，《重伤标准》中"颅底骨折，伴脑脊液漏长期不愈"，修改为"颅底骨折，伴脑脊液漏持续 4 周"；又如"颅脑损伤致硬脑膜外血肿、硬脑膜下血肿或者脑内血肿"条款在鉴定中对"血肿"的含义有争议，在《新标准》中修改为"颅内出血，伴脑受压症状和体征"增加了可操作性。综上，《新标准》是在原有标准上的修改、量化和细化，更具可操作性。但是，原有标准的基本思想和理论、使用范围、等级划分原则并没有改变，有利于损伤程度鉴定工作的连续性。

三、《新标准》形式的变化

原《重伤标准》排列没有按照常规的人体解剖部位的顺序，而是按照当时《刑法》第 85 条"重伤是指使人肢体残废、毁人容貌、丧失听觉、丧失视觉、丧失人体其他器官功能或者其他对于人身健康有重大伤害的损伤"关于重伤的范围展开的，将《刑法》所指重伤的各种情形作为《重伤标准》各章节的标题。《轻伤标准》与《轻微伤标准》基本按照人体解剖部位排列。《新标准》在编制体例上符合 GB/T 1.1—2009《标准化工作导则第一部分：标准的结构和编写》的要求，即外在形式符合国家标准的要求，也与国际标准编写接轨。这种编写结构从前言到规范性要素、技术性要素，乃至标准结束的终止线都有规范性要求。因此，外在形式与原标准有较大差异。《新标准》关于损伤的具体条款在标准的正文，而对标准条款涉及的分级、分度的具体技术要求以及关键的操作要求在标准的附录中有具体体现，使得标准条款简洁明了，同时又有具体的技术判断标准，凸显科学性及可操作性。例如，肝功能损害（重度）、肝功能损害（轻度）分别在重伤一级和轻伤二级，而关于肝功能损害程度分度在附录 B 中体现。在确定肝功能损害为重伤还是轻伤时，除需查阅标准具体条款外，还应正确理解附录 B.7.1 中关于肝功能损害分度的内容。同样，容貌毁损、眼睑外翻、视力损害、甲状腺功能低下、呼吸困难、构音障碍、张口困难、肾功能不全、肛门失禁、排尿困难、器质性阴茎勃起功能障碍等等，均需要将正文中的条款结合附录中的分度判断综合使用，这是在援引《新标准》条文时与原标准外在形式的显著不同。

四、《新标准》对鉴定时机规定与原标准的差异

原标准中的《重伤标准》认为"损伤程度鉴定应当在判决前完成"，《轻伤标准》对鉴定时机没有明确的表述，《轻微伤标准》中明确规定"轻微伤的鉴定应在被鉴定者损伤消失前作出评定"。上述标准实施的数十年来，由于各标准对鉴定时机表述不甚明确，法医鉴定实践中一度造成不同时间鉴定意见不一致。经过多次的研讨，在法医界逐渐形成并达成共识——对于主要依据损害后果（如影响容貌、影响功能的损伤）评定伤情的，应在损伤后 3～6 个月鉴定。然而，我国侦查、审查起诉、审判等诉讼活动是有法定期限的。而原标准关于鉴定时机没有非常明确的表述，特别是

一些重特大案件的审理不允许拖延，使诉讼活动受到影响。另外，人体各个部位的损伤，严重程度不同、部位不同、预后不同，可能不留后遗症；也可能后遗残疾，鉴定时机的不同直接影响鉴定意见；不同鉴定机构选择不同的鉴定时机，也会造成鉴定意见的差异。在原标准实施过程中，人体损伤程度鉴定时机成为亟待解决的问题之一。

《新标准》在鉴定时机方面对不同类型、不同部位、不同程度的损伤分别归类，明确表述：①"以原发性损伤为主要鉴定依据的，伤后即可进行鉴定；以损伤后所致的并发症为主要依据的，在伤情稳定后进行。"《新标准》明确规定，对于诸如体表创，骨折，出血，脏器损伤，损伤当时危及生命的等原发性损伤，可以在损伤后最短的时间内进行鉴定，对于并发症在伤情稳定后，不一定要等3~6个月，也可以进行鉴定。②"对于容貌损害或者组织器官功能障碍为主要鉴定依据的，在伤后90日进行鉴定。"这是对鉴定实践中达成共识的潜规则合法化。③"疑难复杂的损伤，在临床治疗终结或者伤情稳定后进行鉴定。"这是对一些特例，如部分神经功能障碍、骨折延迟愈合、植物生存状态等需要在90日以后更长时间伤情才能稳定的情形做出的规定。④考虑到一些案件规定的期限无法等到90日以后鉴定，《新标准》也有规定，"在特殊情况下可以根据原发性损伤及其并发症出具鉴定意见，但须对有可能出现的后遗症加以说明。"这就给一些损伤可能会遗留后遗症，但在损伤后短时间内后果无法推定的情况，而办案机关需要尽快做出鉴定时（诸如眼损伤、神经损伤、骨关节损伤等），可以按照原发性损伤达到的程度进行鉴定，并对可能后遗功能严重障碍而达到高一等级损伤程度时，需要复检重新鉴定进行说明。《新标准》关于鉴定时机的规定在以往的鉴定实践中部分已经在使用，但《新标准》的明确规定，并使之合法化，成为有据可依。

五、鉴定原则的变化

《新标准》最突出的变化是将损伤与疾病因果关系处理原则写进标准的总则。我国从20世纪80年代开始，有学者提出以下损伤与疾病的因果关系类型，以及在损伤程度鉴定中的判断原则：对于损伤与既往伤、病并存的，应当综合分析损伤在导致现存后果中的作用。根据损伤在导致现存后果中的作用可分为完全作用、主要作用、相等作用、次要作用、轻微作用和没有作用。损伤与疾病存在直接因果关系，即完全作用或主要作用时，可以直接援引人体损伤程度鉴定标准评定伤情。损伤与疾病之间存在间接因果关系，当损伤为次要或轻微作用时，一般不评定损伤程度，只说明因果关系。损伤与疾病之间存在"临界型"因果关系，又称共同（相当）因果关系时，根据人体损伤程度鉴定标准，判断被鉴定人目前后果是否已达到重伤或轻伤范围的，可以适当降低损伤程度等级。若被鉴定人目前后果已达到重伤范围的，评定为轻伤；若被鉴定人目前后果已达轻伤范围的，评定为轻微伤。上述理论在经历了 20 多年的鉴定实践应用后，已在法医界达成共识，并被吸纳入《新标准》明确规定。在《新标准》实施后，鉴定人在进行每一例损伤程度鉴定时，首先应判定损伤与后果的因果关系，然后才能适用鉴定标准评定伤情。由此可以避免以往只根据损伤后果评定重伤或者轻伤，在出现争议后再进行损伤与疾病的因果关系鉴定的尴尬局面，减少由此引发的投诉，甚至缠诉的现象。

六、《新标准》增加或者修改条款的依据

如前所述，《新标准》条款在数量上较原标准明显增加，增加或者修改是基于以下原因：

1. 医学影像技术的发展，以前不能诊断或者难以发现的损伤现在可以明确。如影像技术中 CT 薄层扫描，图像重组技术、CTA 以及 MRA 技术的运用，《新标准》增加了听骨骨折或者听骨链脱位，舌骨骨折，骶板损伤、血管血栓形成及血管狭窄的程度，外伤性脑动脉瘤，肾动脉瘤，动静脉瘘等条款。

2. 随着医疗技术的发展和进步，组织器官的移植或人工组织器官的替代的广泛应用，这些移植组织器官、人工组织器官、假体通过各种医学手段与人体融为一体，成为人体的一部分，起到保护着重要器官、保持着人体的外形、完成着人体的功能、还可能维系着人的生命的作用。从法律上讲，人体中的这些假体、移植物或人工组织器官就具有受法律保护的人身权的法律属性。这部分特定的人体内物质在受到损害时，也应当进行人体损伤程度评定。因此，《新标准》增加了"骨折内固定物损坏需要手术更换或者修复"，"各种置入式假体装置损坏需要手术更换或者修复"的条款。并限定为植入体内替代组织器官功能装置的假体，排除能方便地、随意脱卸的附属物。而对于移植器官以及再造或者再植成活的组织器官可以参照标准正文中的条款综合鉴定，也就是说，可以视为正常组织器官受损时进行伤情评定。

3. 对一些描述性（如明显、显著等）条款进行量化和细化。例如，《重伤标准》第 12 条"鼻缺损、塌陷或者歪曲致使显著变形"，修改为"鼻部离断或者缺损 30% 以上"。第 13 条"口唇损伤显著影响面容"修改为"口唇离断或者缺损致牙齿外露 3 枚以上"。《轻伤标准》第 10 条"鼻骨线形骨折伴有明显移位的；鼻损伤明显影响鼻外形或者功能的"，修改为"鼻尖或者一侧鼻翼缺损"；"鼻骨粉碎性骨折；双侧鼻骨骨折；鼻骨骨折合并上颌骨额突骨折；鼻骨骨折合并鼻中隔骨折；双侧上颌骨额突骨折"等等。

4. 考虑到人体的损伤不仅仅是人体外形的改变和功能障碍，还涉及对人体生物功能、心理功能、社会功能的影响。《新标准》在原标准的基础上增加了各部位伤残的条款，这部分的条款大部分来源于《道路交通事故受伤人员伤残评定》（以下简称《道标》）标准和《劳动能力鉴定职工工伤与职业病致残等级》标准，增加的这部分条款在鉴定实践已经使用，为成熟的条款。例如，容貌毁损（重度），颈前三角区瘢

痕形成，非肢体瘫运动功能障碍等等。

七、《新标准》其他变化

（一）关于两个部位以上同类损伤累加的变化

《重伤标准》规定："三处（种）以上损伤均接近本标准有关条文的规定，可视具体情况，综合评定为重伤或者不评定为重伤。"《轻伤标准》第53条规定："多种损伤均未达本标准的，不能简单相加作为轻伤。若有三种（类）损伤均接近本标准的，可视具体情况，综合评定。"《轻微伤标准》规定："两种接近本标准以上的损伤，可综合评定；同类损伤可以累计"。上述原标准对多部位损伤的累加给出不同意见，操作性不强。《新标准》附则6.17规定："对于两个部位以上同类损伤可以累加，比照相关部位数值规定高的条款进行评定。"这避免了采用不同方法相加使鉴定意见不一致的情形出现。但是，《新标准》对于接近重伤、轻伤、轻微伤的情形没有具体的表述，排除了多条款接近高一等级而提升等级的可能性。

（二）肢体功能和手功能评定的变化

在原标准中，肢体功能的评定是以关节活动度的丧失程度，来评定关节功能。例如，《重伤标准》是以"关节强直、挛缩畸形或者关节运动活动度丧失达50%"来表述，除肘关节以外的大关节功能障碍达到重伤程度的情形；《轻伤标准》是以"肢体大关节脱位、关节韧带部分撕裂、半月板损伤或者肢体软组织损伤后瘢痕挛缩致关节功能障碍"来表述关节功能受限达到轻伤。《新标准》使用关节功能的表述，采用查表法，避免了不同计算方法的差异对结果的影响，在同时伴有肌力减退时可以累加，是在原标准的基础上评价理念的进步。但该方法仍然沿用关节活动度丧失与关节功能丧失对应的方法，没有解决关节功能位与非功能位区别对待的问题。

原标准关于手功能评价是以对手指解剖和活动状况的描述判定损伤程度。例如，《重伤标准》中"一手拇指挛缩畸形，不能对指和握物"，"一手除拇指外，其余任何三指挛缩畸形，不能对指和握物"；《轻伤标准》中第23条"手损伤后出现轻度挛缩、畸形、关节活动受限或者侧方不稳"等。《新标准》保留了原《重伤标准》中关于手损伤后手功能评价的全部描述性条款，同时引入了《道标》对手功能的评价体系，如重伤二级："手功能丧失累计达一手功能36%"；轻伤一级："手功能丧失累计达一手功能16%"；轻伤二级："手功能丧失累计达一手功能4%"。《新标准》对手功能的评定不是一个评价体系，并且《道标》中对拇指对指、掌功能评定，没有表述，由此会出现同一等级伤情的不平衡。在使用时需注意有专门性条款的优于普通性条款，尽可能避免不同方法评价同一损伤而出现手功能障碍程度不平衡的现象。

（三）《新标准》对功能障碍评定方法与原标准的差异

原标准在当时医学检测技术水平对听觉功能、视觉功能、男子性功能的评定方法较为落后,《新标准》增加较为成熟的三个检验规范,对这部分的功能障碍评定的规范化起到积极作用。此外,关于听力减退分级标准和视觉功能损害的分级以及表述,听力障碍的言语频率范围较原 0.5kHz、1kHz、2kHz 三个频率,变化为 0.5kHz、1kHz、2kHz、4kHz 四个频率,均与世界卫生组织(WHO)保持一致,更新了以往的表述和分级方法,实现了与国际接轨。

鉴定人出庭作证制度实施现状及完善

——以浙江省为视角*

俞世裕**　潘广俊　林嘉栋　余晓辉

在司法实践中，作为法定证据之一的鉴定意见因其专业性和科学性的特点，经法庭查证属实，往往成为定案的关键。如何规范鉴定意见在诉讼活动中的启动、质询、采信规则，推动更公正合理的对抗式庭审模式的构建，一直是备受关注的话题。从完善庭审制度而言，亟须推进鉴定人出庭制度建设，通过庭审中诉讼参与人的充分质询以及法官的适当介入，阐明鉴定意见的证据能力和证明力，既符合正当程序要求，又契合传闻证据规则，使各诉讼参与方充分理解鉴定意见内容，达到定分止争的效果。

新《民事诉讼法》和《刑事诉讼法》（下文合称"新诉讼法"）对鉴定人出庭制度作了细致改进。新《刑事诉讼法》第 187 条规定："公诉人、当事人或者辩护人、诉讼代理人对鉴定意见有异议，人民法院认为鉴定人有必要出庭的，鉴定人应当出庭作证。经人民法院通知，鉴定人拒不出庭作证的，鉴定意见不得作为定案的根据。"新《民事诉讼法》第 78 条则做了类似但更严格的规定："当事人对鉴定意见有异议或者人民法院认为鉴定人有必要出庭的，鉴定人应当出庭作证。经人民法院通知，鉴定人拒不出庭作证的，鉴定意见不得作为认定事实的根据；支付鉴定费用的当事人可以要求返还鉴定费用。"上述条款强化了鉴定人的出庭义务和法律责任，但在实践中，鉴定人出庭制度的运行状况不甚理想。据浙江省司法厅统计，2013 年该省办理涉及诉讼的司法鉴定 36 832 件，鉴定人出庭作证只有 167 次，出庭率仅为 0.45%。新诉讼法对于促进鉴定人出庭的努力收效甚微。新诉讼法已实施一年有余，笔者试图结合自身工作实践，运用实证调研的方法，探究鉴定人出庭制度实施的现状和鉴定人出庭率低的原因，提出完善该制度的建议。

---

* 本文原载于《中国司法鉴定》2014 年第 5 期。

** 浙江省司法厅。

一、关于鉴定人出庭的实证调查

（一）调查方法概述

在鉴定人出庭制度上，目前学界的研究大多停留在法律文本分析的层面，并以此提出制度设想，缺少对实践的关注是此类研究的一大短板，因此其制度构想难免与鉴定人出庭制度实施的实际情况存在偏差。据此，笔者试图以实证分析的方法论来研究这一问题，探寻鉴定人出庭制度的实际情况。

2013年，浙江省司法厅"司法鉴定人出庭作证制度实证研究"课题组围绕"鉴定人和专家辅助人出庭制度"这一主题，以法官、律师、鉴定人等法律工作者为对象进行了一次问卷调查，共发放问卷600份，有效回收584份。在被调查者职业构成上，法官、律师、鉴定人数量基本平衡（分别占样本数的26.9%、36.3%、25.1%）。问卷均使用通过严谨的当场发放、填写回收的方式，所有问卷编号存档，运用SPSS软件录入电子数据库，保障问卷数据的可靠性。本文在问卷调查的基础上，通过专项调查、召开座谈会等方式，试图明晰鉴定人出庭制度的实施现状，并探求鉴定人出庭率低的原因。

（二）调查数据分析

1. 鉴定人出庭制度的实施现状。调查数据显示，少数被调查者认为司法实践中鉴定人出庭情况较多（占3.8%），绝大多数人认为司法实践中鉴定人出庭情况不多（占43.3%）或很少（占43.2%）。还有部分被调查者极端地认为司法实践中不存在鉴定人出庭的情况，持这一观点的人数（占9.8%）远多于认为鉴定人出庭情况较多的人数。

另数据显示，新诉讼法实施后，鉴定人出庭状况略有改善，但仍不够理想。584位被调查者中有超过一半的人（占57.6%）认为新诉讼法实施后鉴定人出庭比例有所提高。可见，新诉讼法对完善鉴定人出庭制度的作用得到普遍肯定，但仍有四成的被调查者认为新诉讼法实施后鉴定人出庭比例没有提高。

笔者将"是否经历过鉴定人出庭"与"新诉讼法实施后鉴定人出庭比例是否提高"这两个问题进行相关性分析，数据显示，两者显著相关，为正相关关系。统计表明，在司法实践中鉴定人出庭实际经验越丰富者，越肯定新诉讼法实施后鉴定人出庭比例有所提高。值得注意的是，在认为出庭比例有所提高的被调查者中，占总样本数47.6%的人认为提高并不明显，仅是略有提高。在"是否经历过鉴定人出庭"这一问题上，有近七成（占67.9%）的被调查者直言"从未经历"过，"多次经历"和"偶有经历"的人总共才占22.1%。

2. 受众对鉴定人出庭制度意义的认识。表1体现出被调查人对鉴定人是否应该出庭的态度。几乎所有的被调查者认为鉴定人应当出庭，持相反观点的仅仅占总人数的5%。鉴定人在所有案件中都出庭既不现实，也不符合法理上效率原则的要求，有60.6%的被调查者认为对鉴定意见异议时，鉴定人方需要出庭。

表1　鉴定人是否出庭调查表

鉴定人是否该出庭	频数	百分比（%）
应　当	199	34.4
对鉴定意见有异议时需要	351	60.6
没必要，书面意见即可	29	5.0
合　计	579	100

对被调查者的鉴定人出庭经验与其对鉴定人出庭的态度相关分析，更凸显这一点（显著性水平为0.05）。调查数据显示，两者显著相关，为正相关。经历鉴定人出庭次数越多的人，越认为鉴定人应当出庭。德沃金曾说过，"法律是一种不断完善的实践"[1]，只有真正经历过鉴定人出庭实践的人才对鉴定人出庭制度的作用有发言权。上述数据可表明，经历过鉴定人出庭的被调查者普遍肯定这一制度的积极意义，并且希望这一制度能落实。

调查数据显示，鉴定人出庭与法官采纳意见有密不可分的联系。有67.1%的被调查者认为鉴定人出庭与法官采纳鉴定意见有正相关的关系，仅有少数人认为鉴定人出庭对鉴定意见采纳有负影响（占3.8%）或者无关（占27.6%）。这一数据侧面印证了鉴定人出庭的重要作用。

3. 受众对鉴定人出庭人数少的原因认识。本次调查过程中，课题组将学界讨论较多的、导致鉴定人出庭较少的因素作为选择项，分别是"鉴定人不愿意出庭"、"法官不希望鉴定人出庭"、"当事人不了解此程序"、"鉴定意见争议少，不需要出庭"以及"其他"。超过四成（占41%）的被调查者认为最主要的原因是鉴定人不愿意出庭；认为是"当事人不了解程序"和"鉴定意见争议少不需要出庭"的，分别占总样本数的23.2%和20.3%；认为主要原因是法官不愿意鉴定人出庭的人数最少，仅仅为46人，占总样本数的8.9%。

值得注意的是，如果将这一问题的数据与被调查者的职业数据进行交叉分析，就能发现出一些耐人寻味的数据。有六成的法官认为最主要原因是鉴定人不愿出庭，但是选择这一项的律师只有40.1%，选择这一项的鉴定人则低至30.4%。而在认为法官的意愿是导致鉴定人出庭人数较少的人中，有63%的人是律师，19.6%的人是

---

〔1〕　Ronald Dworkin, *Law's Empire*, USA：Harvard University Press, 1986, p.44.

鉴定人，法官只占到 8.7%。另外，40% 的鉴定人认为主要原因是当事人不了解程序，选择此项的鉴定人数量（占 45%）超过了选择此项的法官和律师人数的总和（占 36.1%）。可见，不同职业之间对这一问题的认识存在相当大的争议。出现这样的状况，一方面是因为人有将责任归于他人的本能倾向，但更重要的原因是实务中各个鉴定参与主体沟通不畅，长期处于各行其是的状态，对鉴定人出庭的制度设计和操作程序并不熟悉。

二、鉴定人出庭少的原因

尽管新诉讼法已经对鉴定人出庭作了明确规定，鉴定制度也在不断完善，但是实践中鉴定人出庭状况却不甚理想。如前文的数据分析所述，被调查者中仅有 3.8% 的人认为鉴定人出庭"较多"，而认为"不多"和"很少"的人高达 86.5%。我国鉴定人出庭率低的原因较为复杂，主要可归纳为以下几方面：

（一）法官不愿意鉴定人出庭

首先，法院案卷中心的观念仍然存在，根据书面材料来判决的情况屡见不鲜，这种做法实质上无视当事人的控辩权利。鉴定人出庭还将加剧庭审分歧，提高采信难度，给法官采信鉴定意见带来更大的责任和压力。本着"多一事不如少一事"的惰性取向，法官并不愿意让鉴定人出庭。

其次，在鉴定人出庭中，法官在法庭上的权威很可能会受到鉴定意见专业性的打击。"我们必须承认，立足于经验常识的证明制度与科学至上主义者所推崇的制度安排之间存在某种紧张关系。随着越来越多具有强大威力的科技设备的投入，这种紧张关系可能更加严重。"[2] 法官对案件的判断是基于常识，但是鉴定意见却涉及诸多科学知识，而这是法官力不能及的领域。法官出于维护庭审权威，或者个人"面子"，不希望鉴定人出庭。

最后，鉴定人出庭"会给法庭带来更多的不确定因素，容易导致鉴定意见再次出现争议，使法官采纳鉴定意见产生困难"[3]。鉴定意见往往是左右判决的关键证据，鉴定意见的争议即意味着结案之日遥遥无期。在我国的法官评价体系当中，结案数量与案件改判率是非常重要的指标，疑案难结无疑是法官最头疼的事情。因此，法院有将案件简单化的倾向，不愿意鉴定人出庭增加案件复杂度。此外，当鉴定意见出现争议时，比起鉴定人出庭，不少法官更愿意进行重新鉴定。实践中，法官因其对鉴定专业知识的陌生，在庭审时很难提出高质量的问题，也不容易掌握庭审质证程序的主导权。特别是随着专家辅助人的引入，鉴定人和专家辅助人往往陷入公

---

〔2〕［美］米尔吉安·R. 达马斯卡：《比较法视野中的证据制度》，吴宏耀等译，中国人民公安大学出版社 2006 年版，第 43 页。

〔3〕郭华：《鉴定意见证明论》，人民法院出版社 2008 年版，第 96 页。

说公有理、婆说婆有理的窘境。笔者曾经历过一个案件，诉讼中已有两份不同的鉴定意见，鉴定人一方聘请了专家辅助人对鉴定意见进行质证。庭审时，专家辅助人和鉴定人就鉴定意见进行质证，反而增加了法官采信鉴定意见的难度，后来该法院又重新委托一家鉴定机构进行鉴定，重蹈重新鉴定覆辙。

在"法官如何处理两份分歧鉴定意见"这一调查问题中（见表2），选择"请第三方鉴定机构另行鉴定"的人数排在第二位，远高于其余选项。在今年浙江司法厅举办的"专家辅助人与鉴定人出庭作证制度座谈会"上，某位法官道出了缘由：证据制度中，当事人的质证意见并非法定证据，不能作为判决的依据。如果法官仅凭质证意见来否定鉴定意见的效力，那么一旦判决出错，法官将承担巨大的责任，而我国的信访制度更是加剧了法官的判案压力。但是如果先进行重新鉴定，法官就可以凭第二份鉴定意见的效力来否定第一份鉴定意见的证明力。在这样的情况下，法官更有底气拒绝采纳争议鉴定意见，判决出错后的责任也更小。因此，当鉴定意见出现争议时，许多法官选择再次鉴定，而不是鉴定人出庭。

表2　法官处理两份分歧鉴定意见调查表

法官如何处理两份分歧鉴定意见	频数	百分比（%）
采纳资质能力高的鉴定机构出具的鉴定意见	46	8.8
要求鉴定人出庭后决定采信哪一份	196	37.7
请第三方鉴定机构另行鉴定	140	26.9
庭外咨询相关领域的专家	74	14.2
相比于当事人自行委托的，法院更倾向采信自己委托的鉴定意见	64	12.3
合　　计	520	100

（二）鉴定人不愿意出庭

新诉讼法实施以前，由于没有规范的鉴定人出庭责任机制，鉴定人不愿意出庭就成了鉴定人出庭率低的重要原因。新诉讼法实施以后，这一情况并没有得到有效改善。在笔者的调查中，有41%的被调查者认为鉴定人出庭率低的最主要因素是鉴定人不愿意出庭（见表3）。

表3　鉴定人不愿出庭原因调查表

鉴定人不愿出庭的原因	频数	百分比（%）
人身安全难保障，害怕打击报复	130	27.3
鉴定意见已经表述清楚，没必要出庭	106	22.2
出庭作证应对能力不足，担心庭审时表述不清	100	21.0
时间、交通、精力、经济因素的考虑	121	25.4
其　他	20	4.2
合　计	477	100

　　至于鉴定人为何不愿意出庭，从表3来看，原因非常复杂，调查前预设的四种原因都得到了被调查者的认同。体现在统计结果上，每个选项的数据都非常平均。除了"其他"选项外，最多人关注的人身安全因素（占27.3%），只比最少人选择的庭上应对能力因素（占21%）多出六个百分点左右。可见，鉴定人不愿意出庭是许多因素共同导致的结果。

　　1. 鉴定人出庭保障机制不完备。鉴定意见对案件定案的作用尤为关键，因此鉴定人极易被当事人记恨。特别是刑事案件中，被告人可能就是危害社会的犯罪分子，鉴定人出庭可能会受到严重的人身安全威胁。为了解决这一问题，新刑诉法第62条规定了鉴定人及其近亲属的人身权利保障，这对保障鉴定人出庭有积极作用，但是有待落实。

　　同时，新诉讼法对鉴定人的财产权利保障尚处于模糊地带。"在普通法国家，鉴定人属于专家证人，其经济权利受到法律的保障。因为法律上要求专家证人在法庭上对于真相的探查的责任远大于雇用他的当事人的利益，所以很可能发生的情况是，诉讼一方当事人雇用的专家证人提交的报告的结果不利于其雇主。在这种情况下，专家证人在此方面受到的财产上的保障对专家证人的正常活动显得尤为重要。"[4]但与普通法系国家不同，我国的鉴定人和证人是两个法律概念，刑诉法第63条规定："证人因履行作证义务而支出的交通、住宿、就餐等费用，应当给予补助。证人作证的补助列入司法机关业务经费，由同级政府财政予以保障。"这是保障出庭证人经济权利的规定，并不适用于鉴定人。因此，一些地区只能出台地方规定，以保护出庭鉴定人的经济权利，如浙江省规定是本地（设区市行政区域内）500元每人次；

──────────

〔4〕　沈潇雨："鉴定人出庭作证制度比较研究——以中国与英国为视角"，载《中国司法鉴定》2013年第3期。

外地（设区市行政区域外）700 元每人次，司法鉴定人赴外地出庭作证的住宿费、交通费参照浙江省机关事业单位工作人员差旅费标准另行收取。

再者，鉴定人的出庭时间保障机制也有待规定。鉴定人的庭审地位类似证人，不能旁听案件，只能在庭外等待，于鉴定意见质证阶段出庭。在质证结束后，鉴定人又不能立即离开，须得庭外等候至庭审完全结束，签字确认庭审笔录后方得离开。这种方式极大地浪费了鉴定人的时间，这种时间保障机制的欠缺导致很多鉴定人不愿意出庭作证。

2. 复杂的鉴定管理体制导致鉴定人出庭制度没有得到有效落实。目前，我国不同的鉴定类型归口于不同的部门管理。例如，司法行政部门负责法医类、物证类、声像资料类（俗称"三大类"）鉴定，包括少量刑事诉讼中司法鉴定的管理；侦查机关根据侦查工作的需要而设立的鉴定机构，在刑事诉讼中作出的司法鉴定归侦查机关内部管理；劳动保障部门负责劳动能力鉴定的管理；医学会下设鉴定机构所作的医疗事故鉴定归医学会管辖；另外，人民法院亦对部分鉴定机构分类登记造册进行管理。

多元的鉴定管理体制导致了鉴定人出庭制度很难得到落实。以鉴定人出庭培训为例，司法行政部门在提高鉴定人出庭意识上作了不少工作。据浙江省司法厅统计，2010～2013 年该省共培训鉴定人 3332 人次，而截至 2013 年 3 月，浙江省共有司法鉴定人 679 人，司法鉴定人助理 201 人，可大致算出浙江省四年内人均培训 3.8 次。所以，司法行政部门管理下的法医、物证、声像资料类的鉴定人有着较好的鉴定人培训经历，出庭意识也比较好。但是三大类以外的司法鉴定人，由于涉及鉴定项目众多、分布于各个不同行业，因此缺乏较为系统的出庭作证培训。比如医学会的鉴定人，其本职工作是提供医疗服务的医生，日常门诊繁忙，从事医疗事故鉴定只是其"副业"，在医学领域长期形成的专家权威意识使其很难适应在法庭上被法官和诉讼参与人的诘问，法律人的身份意识不强，更遑论出庭作证意识。侦查机关鉴定人出庭情形也很少。由于鉴定管理体制的不统一，不少鉴定人缺乏系统的鉴定人培训，缺乏法律人的身份意识，不了解鉴定人出庭的意义和责任，因而不愿意出庭。

3. 鉴定人在庭审中缺乏明确的席位。鉴定人在法庭上没有固定的位置，大多数时候要坐在旁听席。而专家辅助人一般坐在诉讼代理人旁边，因此很容易出现专家辅助人和鉴定人同为专家，却一个坐在庭上，一个坐在庭下的不平等局面，使鉴定人心怀不忿。有鉴定人曾对笔者表示，鉴定人都是业内颇有名望的专家，对寥寥的出庭费用不感兴趣，只是本着对鉴定意见负责的态度和完成法律使命的崇高义务感而出庭。但是法庭对专家的不尊重态度大大打击了他们出庭的积极性。有的法院通知鉴定人出庭程序很随意，只是打个电话通知，未说明鉴定意见的异议点，增加了鉴定人出庭准备的难度，这些都影响了鉴定人出庭作证的积极性。

（三）律师与当事人不申请鉴定人出庭

在调查中，尽管相当多的鉴定人承认不愿意出庭，但他们亦表示，只要接到法庭通知，仍会出庭接受质证。因为新诉讼法强化了鉴定人的出庭义务及法律责任，所以鉴定人的意愿已经不是影响鉴定人出庭率的最重要因素。而法院对鉴定人出庭的垄断权力也仅限于刑事诉讼领域。在民事案件中，只要律师和当事人申请鉴定人出庭，鉴定人和法院都没有拒绝的权力。

即便如此，民事案件中鉴定人出庭次数也屈指可数，其原因在于律师和当事人并不了解鉴定人出庭制度。本次调查发现，有71.4%的律师从未经历过鉴定人出庭。而普通大众对这一制度的了解就更少了，除去法官、律师、鉴定人这些法律职业工作者之后，剩下的被调查者中有高达80.9%的人从未经历过鉴定人出庭。在鉴定意见出现争议时，当事人和律师理应是申请鉴定人出庭的最主要人选。但目前律师普遍欠缺专业知识，无法针对专业问题提出专业意见，即使鉴定人出庭，也很难提出高质量、有意义的质询。因此，律师不愿意申请鉴定人出庭。

再者，由于前文所述的法官仅凭质证意见否定鉴定意见的困难性，即便律师申请鉴定人出庭，提出高质量的质询意见，也很难推翻鉴定意见。出于诉讼效率和诉讼经济的考虑，律师和当事人都不擅于运用申请鉴定人出庭质证方式，更倾向于申请重新鉴定，这导致鉴定人出庭比例不高，也易产生多头鉴定、重复鉴定的问题。

（四）质证规则不完善导致鉴定人出庭效果不彰

为提高庭审质证的效果，新刑诉法仿照普通法系建立起了交叉询问制度，但是在法律移植中也产生了不少问题。比如新刑诉法没有赋予当事人完全的质询权：只有提请鉴定人出庭的一方有权利发问，而对方只有经审判长允许才能发问。试问，如果仅有一方能够提问，如何做到交叉呢？质询权是交叉询问制度的核心，赋予当事人完全的质询权，是实现当事人诉讼权利的需要，也是法官厘清案件事实的基础。当然，审判长一般会允许对方发问，但这恰恰反映了法律文本与现实需要的脱节。

新刑诉法司法解释第213条禁止对鉴定人诱导性提问，也与交叉质询的精神相悖。英美法系对诱导性提问并非绝对禁止。美国《联邦证据规则》第611C条规定："在交叉询问时可以允许一般的诱导性问题。当一方当事人传唤怀有敌意的证人、对方当事人或属于对方当事人一方的证人时，可以用诱导性问题进行询问。"诱导性询问在英美法庭上不仅不被禁止，实际上还十分常见，在交叉询问的"反询问"环节中，绝大多数质询都是以诱导性提问的方式实现的。因为"在当事人对抗的诉讼构造下，双方当事人都会设法找到能够为自己主张提供根据的鉴定人，以最大限度地利用有利于自己的鉴定"[5]。所以，庭审中会出现鉴定人倾向于维护一方利益，而

---

〔5〕　汪建成、吴江："司法鉴定基本理论之再检讨"，载《法学论坛》2002年第5期。

不配合对方询问的情况，这意味着对方只有使用诱导询问的方式才能得到自己想要的证言。可见，我国诉讼法绝对禁止诱导性提问，实质上不利于交叉质询规则的落实。

质证权未得到充分保障，而交叉询问受禁止诱导提问的影响难以奏效，鉴定人出庭效果不彰就是顺理成章的结果。鉴定人为出庭作证往往要准备多时，反复考量鉴定意见的形式内容，以期在法庭上展现最好的状态，但是出庭却没起到理想效果，这打击了鉴定人的出庭积极性。当事人要为鉴定人支付或垫付不菲的出庭费用，考虑到出庭效果与败诉成本不成比例的风险后，也不愿意申请鉴定人出庭。

三、鉴定人出庭的必要性

在我们的调查统计中，接近95%的被调查者认为鉴定人"应当"出庭或者"对鉴定意见有异议时需要"出庭，这项统计基本符合笔者的预期。鉴定人出庭作证"不仅是司法鉴定人的法定义务，也是实现审判程序公正、审判结果公正的需要和必然要求"[6]。

（一）从诉讼程序看，鉴定人出庭是推动庭审实质化的关键一步

中国的法院长期存在着"案卷中心主义"的传统。"法官普遍通过阅读检察机关移送的案卷笔录来展开庭前准备活动，对于证人证言、被害人陈述、被告人供述等言词证据，普遍通过宣读案卷笔录的方式进行法庭调查。"[7] 在这样的诉讼模式下，庭审程序实质上被架空，也违背了诉讼法的直接言词原则。直接言词原则要求庭审成为一个对抗式的程序，所有的诉讼参与人直接参与到庭审当中，以言词的方式表达自己的诉求。对抗式的庭审程序对实现诉讼公正意义重大。对于证人而言，在庄严肃穆的法庭环境中面对当事人与法官作证，既能真实且充分地表达自己涉及案件的经验，又能使法官更容易分辨证言中的伪证与推断性证言，提高作证效果。对于当事人而言，直接表达自己的诉求，并且在法庭上聆听对方当事人的诉求及依据，可以使他们站在更中立的角度审视整个案件。最终胜诉的一方心安理得，而败诉的一方也明白自己败在何处，实现定分止争的诉讼价值。对于法官而言，仅凭书面材料作出公正裁决是一项不可能完成的任务。案件事实往往错综复杂，书面材料无法准确完整地表述出所有细节，而且证人作证时的表情、心态，当事人出庭时的心情、语气等无法在书面材料中体现的东西，往往是法官自由心证的重要参考。目前，当事人及其辩护人、诉讼代理人的出庭情况不成问题，但是证人出庭率低的问题却得不到解决。鉴定人的庭审地位与证人类似，其出庭状况也不容乐观。要贯彻直接言

---

〔6〕 杜志淳、廖根为："论我国司法鉴定人出庭质证制度的完善"，载《法学》2011年第7期。

〔7〕 陈瑞华："案卷笔录中心主义——对中国刑事审判方式的重新考察"，载《法学研究》2006年第4期。

词原则，实现实质化的控辩式庭审，就必须积极促进鉴定人出庭。

（二）从证据制度看，鉴定人出庭是适应证据法的本质要求

1. 证据的质证制度要求鉴定人出庭接受质证。"证据法对证据法律资格的限制，除了要避免使被告人受到不公正的对待，还要把那些不可靠的证据排除于法庭之外。"[8] 而证据法上有"传闻证据排除"的规则。所谓传闻证据，是指"在审判或听证时作证的证人以外的人所表达或作出的，被作为证据提出以证实其所主张的事实的真实性的，一种口头或书面的主张或有意无意地带有某种主张的非语言行为"[9]。在英美法系的证据法上，除非特殊规定，传闻证据必须排除适用。这样做的原因在于传闻证据存在着未经质证的本质缺陷。证人出庭作证时，面对紧张的法庭气氛、接受形式严谨的保证程序（在中国为签订保证书，在国外则多为宣誓）、回应当事人的严厉质询，可以有效避免伪证的风险。在美国的柯伊诉艾奥瓦州案中，主审法官就认为证人在当面质询中更不容易撒谎。如果不需要出庭，则证人可规避这样的压力，容易做出虚假的证言。因此，证据法要求证人出庭接受质询，未经质证的证言不具有证据能力。而鉴定人出具的鉴定意见，类似于证人的证人证言，只有鉴定人出庭作证，才能有效避免书面意见的伪证风险。鉴定人出庭质证，有利于法院和有关当事人更容易理解、采信和接受鉴定意见。

2. 证据的采信制度要求鉴定人出庭，甄别鉴定意见的争议分歧。目前，争议鉴定意见的解决方式主要是专家咨询、重新鉴定、鉴定人出庭质证三种。其中专家咨询的方式"可对有争议司法鉴定意见进行评价，为化解司法鉴定争议引起的矛盾纠纷提供依据"[10]。但是专家咨询制度未在诉讼法中明确规定，因而法官在处理争议鉴定意见时很难定位专家意见的法律效力，也无法在裁判文书中援引。重新鉴定可以解决一些问题，但是当新的鉴定意见与原鉴定意见不一致时，问题不仅没有解决，而且变得更加复杂，因为两份鉴定意见的采信将比一份鉴定意见的采信更难处理，因而鉴定人出庭是最好的选择。"要求诉讼双方对鉴定意见提出意见并进行辩论，对鉴定意见的疑点要求鉴定人进行解释和说明。这种机制的运行可以消除当事人对鉴定意见的疑虑，降低鉴定意见作为证据使用的风险。"[11]

3. 鉴定意见的主观性要求鉴定人接受质证，补强意见的证明力。意见证据规则是英美证据法的基本规则，因而证人证言是对实际状况的复述，未掺杂主观色彩。

---

[8] 陈瑞华："从'证据学'走向'证据法学'——兼论刑事证据法的体系和功能"，载《法商研究》2006 年第 3 期。

[9] [美] 乔恩·R. 华尔兹：《刑事证据大全》，何家弘等译，中国人民公安大学出版社 2004 年版，第 102 页。

[10] 潘广俊："司法鉴定意见争议评价机制研究——以浙江省司法鉴定管理模式为视角"，载《证据科学》2012 年第 5 期。

[11] 郭华：《鉴定意见争议解决机制研究》，经济科学出版社 2013 年版，第 78 页。

可鉴定意见作为专家证言的一种,是意见证据规则的例外,英美证据法规定:"当法官和陪审团因为缺乏某些特殊的知识而不能做出正确推断的时候,拥有这些特殊的知识的人将被允许在法庭上给出他们的意见。"[12] 所以与仅是复述事实的普通证言不同,鉴定意见本质上就是主观判断的产物,其"作为证据诞生于诉讼中,不是随着案件事实的发生而生成的",是"一种带有权威性的主观性判断意见"[13]。

因此比起一般的证言,鉴定意见更容易带有鉴定人的主观色彩。特别是笔迹鉴定、精神病鉴定等鉴定事项,无严格的标准可以参照,鉴定人主要依靠经验和主观认识进行判断。这样的鉴定意见很容易受到当事人主观倾向的影响,可靠性很弱。在不少鉴定中,当出现鉴定事项比较模糊,结论"可左可右"时,鉴定人的主观意愿是决定鉴定意见的关键因素。但这些主观因素却往往很难在书面材料中体现。因此,我们要求鉴定人出庭,在质询中厘清做出鉴定意见的理由和依据,增强鉴定意见的可采性。

4. 鉴定意见的相对科学性需要通过质证程序弥补。由于鉴定意见的形式和内容都在科学的框架下完成,被称为"科学的证据",因此不少法官盲信鉴定意见。但是鉴定意见的科学性并不意味着绝对正确。鉴定意见的基础在于科学理论,而科学理论的基础在于理论假说。一个理论假说如果能与愈来愈多的事实相符合,并且没有任何已知事实与之矛盾,[14] 这个假说就会成为公认的科学理论。但是假说仅仅是假说,是可被证伪的,所以科学也会产生错误。在诉讼活动中,"证据就像一面'镜子'映射出已经发生的事实。我们通过证据之镜来认定事实,或者重建、再现过去的事实,那就像'镜中看花',这必然会有一定的错误率"[15]。因此,鉴定意见并没有天然的证明力,仍然需要经过质证方能采信。

5. 鉴定意见的专业性要求鉴定人出庭阐明意见的证据能力和证明力。鉴定意见往往包含大量的专业术语、专业的思维方式和专业的表述方式,包括法官在内的普通人很难理解鉴定意见内容。如果鉴定人不出庭对鉴定意见中的专业性问题做出解答,当事人就无法针对鉴定意见做出有效的质询,导致质证环节流于形式。如果法官不理解鉴定意见的具体内容,也将影响鉴定意见在法官自由心证时的证明力。所以对当事人和法官而言,鉴定人出庭都能解决鉴定意见专业性带来的不利影响。鉴定人出庭作证也有利于补强鉴定意见的证明力,有利于法官更好理解、更有底气采信鉴定意见。

---

〔12〕 Hazel Genn, "Getting to the Truth: Experts and Judges in the 'Hot Tub'", *Civil Justice Quarterly*, 2013 (4), pp. 275 – 299.

〔13〕 郭华:"司法鉴定制度改革的基本思路",载《法学研究》2011 年第 1 期。

〔14〕 张继成:"论命题与经验证据和科学证据符合",载《法学研究》2005 年第 6 期。

〔15〕 张保生:"证据制度建设是实现司法公正的首要任务",载《证据科学》2010 年第 5 期。

（三）从诉讼权益看，申请鉴定人出庭是当事人重要的诉讼权利

在英美法系国家，"诉讼法和证据法非常关注个人的权利和自由，尤其是正当程序革命把人权保障推到极其重要的位置。在大陆法系国家，虽然更强调国家利益，把及时发现真相和解决纠纷作为直接目标，但其在追求事实真相的同时也非常关注人权保障，强调证据的收集和运用不能侵犯当事人的基本人权"[16]。

质证权就是公民的基本诉讼权利之一，其历史可追溯至罗马法。罗马总督非斯都，在讨论如何适当处置囚犯保罗时说："在与原告面对面，并获得辩护权利之前就被判处死刑，不是罗马人的处事方式。"联合国的《公民权利和政治权利国际公约》也对质证权利做出了规定，人人"得亲自或间接诘问他造证人，并得声请法院传唤其证人在与他造证人同等条件下出庭作证"。只有保证当事人的质证权利，才能确保当事人的诉求及依据被充分认识，让案件真实在法庭上得到最大化的呈现。而申请鉴定人出庭就是行使质证权的重要途径，因此新诉讼法都规定了当事人申请鉴定人出庭的权利，以便其能更充分地参与到庭审当中，谋求更加公正合理的裁判结果。

四、完善鉴定人出庭制度的建议

解决鉴定人出庭率低，完善鉴定人出庭作证制度，推进更为合理的对抗式庭审模式的构建，需要法院、司法行政机关、鉴定人、律师和案件当事人，乃至公安、检察等部门的共同努力和推进，也需要相关鉴定制度机制的完善。笔者就完善鉴定人出庭制度提出如下建议：

（一）强化法官和诉讼参与人的质证意识，提升证据甄别和采信能力

1. 增强法官担当意识，提升业务能力。新刑诉法第 187 条规定："公诉人、当事人或者辩护人、诉讼代理人对鉴定意见有异议，人民法院认为鉴定人有必要出庭的，鉴定人应当出庭作证。经人民法院通知，鉴定人拒不出庭作证的，鉴定意见不得作为定案的根据。"上述法律条文被视为是强制侦查机关鉴定人出庭的依据。在当前司法实践中，故意伤害导致的轻伤、重伤案件，强奸案件，非正常死亡案件、杀人案件等都需要侦查机关鉴定人作出相关鉴定，作为案件侦办、定罪量刑的重要证据。而鉴定人出庭作证的决定权在法院手中。因此，在刑诉案件中，诉讼参与人对鉴定意见有异议，并提出申请鉴定人出庭的时候，法院应考虑案件的具体情况，如确实争议较大，则应通知鉴定人出庭。

新民诉法第 78 条规定："当事人对鉴定意见有异议或者人民法院认为鉴定人有必要出庭的，鉴定人应当出庭作证。经人民法院通知，鉴定人拒不出庭作证的，鉴定意见不得作为认定事实的根据；支付鉴定费用的当事人可以要求返还鉴定费用。"

---

[16] 尚华：《论质证》，中国政法大学出版社 2013 年版。

在民事案件中，对鉴定人出庭做了更为严格的规定，即当事人对鉴定意见有异议即可要求鉴定人出庭。法律条文也同时规定，鉴定人出庭作证也需由法院通知。实际上，民事诉讼案件中，法院也在很大程度上掌握着鉴定人出庭作证的决定权。这一方面是为了规范鉴定人出庭作证程序，另一方面也是为了防止少部分人钻法律空子滥用申请鉴定人出庭作证的权利，影响正常的审判活动。因此，实践中也有必要规定当事人对鉴定意见有异议的范围和提出方式，法院要严格执行鉴定意见异议申请审查程序。

新诉讼法明确了法院在鉴定人出庭作证中的主导地位。在推进鉴定人出庭作证中，法院也要发挥相应的作用，法官要有推进鉴定人出庭作证的担当意识。鉴定意见因其自身的特殊性，往往比其他证据有着更为可靠的证明力，鉴定意见对案件的定性具有直接影响。为保证鉴定意见的真实性、合法性，避免多次鉴定、重复鉴定，提高审判效率，同时也是为了保护当事人正当的诉讼权利，要在当事人对鉴定意见确有争议的情况下，促使鉴定人出庭作证，接受当事人或法院的质询和提问，回答与鉴定有关的问题。

法官不能过度依赖鉴定意见和专家咨询意见，对鉴定意见有异议的也不能简单地通过启动重新鉴定，或者以鉴定意见数量的多少或是否是法院委托的作为采信依据。任何鉴定意见都没有天然的证明能力，鉴定意见的证明力以及对待证事实证明力的大小，都要经过依法审核质证后予以认定。法官要有责任担当意识，推进鉴定人出庭作证，按照自由心证之原则，利用自己的法律知识和审判经验，加强对鉴定意见的审查，合理判断鉴定意见证明力的大小和可采信。

加强对法官队伍的培训。首先，法官要适应并主动推进审判方式从案卷中心主义向庭审控辩模式的转变，充分认识到案卷中心主义的弊端以及控辩式庭审的积极意义。而鉴定人出庭作证即是控辩式庭审的一种表现形式。在当事人申请鉴定人出庭时，法官应考虑案件具体情况，如争议确实较大，则应通知鉴定人出庭，不因害怕"丢面子"或者审期延长而拒绝鉴定人出庭。其次，要加强对法官在常见鉴定领域相关知识的培训，提升对鉴定意见的审核把控能力。"一套系统的证据制度，不仅是让法官知其然，还要让法官掌握证据法的基本原理知其所以然，怎么处理事实认定过程中准确、公正、和谐和效率之间的关系。"[17] 但是，在鉴定领域，法官的知识水平很难达到"知其所以然"的水准，因此鉴定人的出庭不只给当事人带来了专业知识的障碍，也给法官控制庭审带来了不小的挑战。为了解决法官非法学领域知识不足的问题，德国有专门"技术法官"的职位，"技术法官必须是在德国或者欧盟境内的大学或相关科研机构毕业并通过了技术或自然科学相关方面的国家级或学院

---

〔17〕 张保生："证据制度建设是实现司法公正的首要任务"，载《证据科学》2010年第5期。

级考试，且至少在自然科学或技术领域有 5 年以上的工作经历"[18]。通过培养有相关专业基础的人成为法官，弥补大部分法学出身的法官专业知识不足的问题。而意大利的"技术顾问"，我国台湾地区的"专家参审"等制度也是为了解决这一问题而设立的。当然，法律移植是一个复杂的工程，这些其他国家或地区的制度未必适合在我们的法律体系下运作。但是这些制度的核心思想——提高法官的鉴定专业知识水平，仍然值得我们借鉴和思考。

2. 加强鉴定人管理和培训，提高出庭作证能力。鉴定人作为鉴定意见的"生产者"，其出庭既是对自身"产品"进行介绍，有利于当事人更好地理解鉴定意见，减少争议，也是为法官审理排除专业知识障碍，更好地审查鉴定意见的证明力，从而决定是否采信鉴定意见。适应新诉讼法对鉴定人出庭作证的新要求，鉴定人必须要加强对有关法律知识的学习和培训，提升鉴定人作为"法律人"的身份意识及专业素养，增强出庭意识，提高出庭作证能力，这有赖于司法鉴定管理部门的工作。

在鉴定人的准入机制上，所有申请鉴定人资质的人必须参加由鉴定管理部门认可的岗前法律知识培训。这与鉴定意见自身的法律属性有很大关系，因此既要符合科学要求，又要符合法律规定。通过岗前培训提高鉴定人的法律素养，使之理解鉴定人出庭的法律意义，增强出庭接受质询的能力。大陆法系国家的鉴定人准入机制颇为完善，可为我国司法行政部门建立相关规则提供参考。比如荷兰对鉴定人的准入条件要求就很严格。在荷兰，进入荷兰司法鉴定研究所的司法鉴定人"必须是大学本科以上学历，在该所经过 3 年培训，再经过 1~2 年实习，通过该所组织的资格考试，才能成为一名司法鉴定专家，取得签署鉴定报告的资格。即使是博士毕业生，也至少需要 3 年时间才能成为鉴定专家"[19]。

在鉴定人的日常管理上，对违反法律规定作出鉴定意见或者出具虚假鉴定意见、无正当理由拒绝出庭的鉴定人要及时作出行政处罚。如果鉴定人在执业活动中，因故意或者重大过失给当事人造成损失的，其所在的鉴定机构要当承担民事法律责任；如鉴定人故意损毁、更换鉴定资料，给庭审质证过程带来严重后果的，鉴定人要承担相应法律责任，构成犯罪的，依法追究刑事责任。通过行政处罚和追究民事、刑事责任的威慑力敦促鉴定人依法做出鉴定意见，及时出庭作证。同时通过继续教育培训提高鉴定人法律素养，使其明晰出庭程序、熟悉质证技巧，消除鉴定人对法庭质证的畏惧心理，提高出庭作证的积极性。

在鉴定人的出庭准备上，鉴定人要强化法律思维，在鉴定时就要考虑到将来出庭作证的可能，严格按照鉴定工作规范程序和合法性、真实性及关联性的证据规则，

---

[18] 郭寿康、李剑："我国知识产权审判组织专门化问题研究——以德国联邦专利法院为视角"，载《法学家》2008 年第 3 期。

[19] 潘广俊等："司法鉴定培训团赴荷兰考察报告"，载《中国司法鉴定》2010 年第 6 期。

对鉴定事项作出专业、科学、客观的鉴定意见。在接到法院的书面出庭通知后，要针对当事人或法院对鉴定意见提出的问题做好出庭准备。在庭审之中，鉴定人有义务针对当事人及法官提出的涉及鉴定问题给予客观回答，对无关问题则不予回答。

3. 向律师和民众宣传鉴定知识。新诉讼法赋予了当事人启动鉴定人出庭作证的权利。当前，鉴定人出庭制度成效不彰，很大一个原因是律师和当事人对该制度尚不了解，甚至误解，更遑论应用了。鉴定人出庭制度的落实，有待于律师和当事人的共同努力。有律师认为鉴定人出庭费用过高，所以不愿申请鉴定人出庭，但是实际上，鉴定人出庭的费用远低于重新鉴定的费用。这一事例反映了不少律师对该制度想当然的误解。当前，要积极向律师和民众介绍鉴定人出庭的作用和庭审质证技巧。通过宣传，使民众和律师知晓鉴定人出庭制度的存在，使他们在对鉴定意见有争议时，懂得申请鉴定人出庭，而并非单纯地申请重新鉴定；也使民众和律师增加鉴定知识，掌握鉴定人出庭的程序要求和质询技巧，更好地运用鉴定人出庭制度来实现诉讼权利。司法鉴定行业要加强与律师行业的密切沟通，在律师继续教育培训中增加司法鉴定的内容，在行业之间建立常态化的沟通交流机制，推进鉴定人出庭作证。

（二）完善鉴定人出庭作证程序

1. 健全鉴定人出庭保障机制。法院、公安等相关部门要按照新诉讼法保护证人的有关规定来保护鉴定人及其近亲属的安全。在通知鉴定人出庭作证时，有条件的法院应为鉴定人设置单独的等候室，条件不够的一般应与当事人做适当区隔；庭审过程中，法院法警应负责保护鉴定人的安全；庭审结束后，若当事人及家属围堵鉴定人，法警则应护送鉴定人安全离开。对有复杂案件的鉴定人出庭，法院应充分评估鉴定人出庭作证的风险程度，并采取相应措施。同时，要落实《最高人民法院关于法庭的名称、审判活动区布置和国徽悬挂问题的通知》（法发〔1993〕41号）的规定，在审判台的左前方设立鉴定人席，同法台成45°角，确保鉴定人获得应有的庭审权利。

参照民诉法第74条规定设立鉴定人出庭作证收费规则："鉴定人因履行出庭作证义务而支出的交通、住宿、就餐等必要费用以及误工损失，由败诉一方当事人负责。当事人申请证人作证的，由该当事人先行垫付；当事人没有申请，人民法院通知鉴定人作证的，由人民法院先行垫付。"建议出台鉴定人出庭作证收费标准的指导性意见，避免各地收费混乱的现状。

明确鉴定人豁免出庭义务的权利。"没有无权利的义务，也没有无义务的权利"是法律上的经典理论。笔者认为，可结合新诉讼法关于证人出庭的规定，将鉴定人出庭义务豁免的规则制定如下：有下列情形之一的，经人民法院许可，鉴定人可以通过书面证言、视听传输技术或者视听资料等方式作证：①在庭审期间身患严重疾病或者行动极为不便的；②因路途遥远，交通不便不能出庭的；③因自然灾害等不可抗力不能出庭的；④其他有正当理由不能出庭的。这样规定明确了鉴定人何种情况下可不出庭，既保障特殊情况下鉴定人不出庭的人道主义权利，又杜绝大多数情况下鉴定人以其他不合法理由拒绝出庭的可能，使鉴定人出庭制度更为规范。

2. 完善交叉质询程序。改变对诱导询问的绝对禁止。事实上，在我国法律体系构建中借鉴较多的大陆法系里，就没有禁止诱导性提问。因为"在采职权主义诉讼模式的大陆法系国家，询问证人属于法院或检察官的职权，就一般情形而言，没有以暗示方式导致证人进行虚假陈述的危险，因此没有禁止诱导性询问规则存在的必要"[20]

赋予当事人完全的质询权和诱导询问权利。这样既可能实现实质化的控辩式庭审，也可能会使法庭脱离法官的控制，变为双方争吵的场所。"由于裁判者缺乏相关的专业知识，专家之间激烈的论辩并不一定就能使裁判者对争议问题获得清晰的认识，而辩护律师的询问技巧与策略则加大了裁判者正确评估科学证据的难度。"强化法官对于质询程序的控制更显得必要。笔者认为，除了当前刑诉法规定的法官可在发问内容"与案件无关"时进行制止，还应该增添在发问内容"重复"、"含有人格侮辱、人身威胁"等情况下的制止权，确保法官能控制庭审质询程序有序进行。

（三）推进专家辅助人制度的落实

新诉讼法首次规定了专家辅助人制度，用来解决当事人鉴定知识不足的问题。所谓专家辅助人，是指"诉讼双方聘请具有专门知识的人帮助解释和理解案件中的专门性问题，或者法官允许出庭参加质证的专家"[21]。与一般的证人质询不同，对鉴定人的质询不是以大众的常识，而是以复杂的专业知识为基础。即使法律赋予了当事人尽善尽美的质询权利与无懈可击的质询程序，当事人仍会陷在"不知所云"和"无从问起"的泥淖中，因此新诉讼法规定了专家辅助人制度来解决这一问题。专家辅助人的介入，能够及时发现鉴定意见中的不足，有利于弥补当事人专业知识空白，实现控辩双方在诉讼当中对鉴定意见质询程序中地位和权利的平等，对提高鉴定人的专业能力和水平有积极作用。但是关于这一制度的相关概念解释、配套措施等仍处于空白地带，实务界对专家辅助人制度的认识也处在比较模糊的状态，本次调查中表示不清楚或只是听说过专家辅助人的被调查者就超过了一半。因此该制度的引入会对诉讼带来怎样的影响还需留待实践检验。但目前，专家辅助人出庭的案例逐渐增多，并且给司法鉴定人带来了一定的压力。

本次调查对"专家辅助人是否影响鉴定人出庭"这一问题进行统计，有38%的被调查者认为专家辅助人制度将促使更多的鉴定人出庭，而有将近一半的被调查者（占49.6%）认为这一制度将给鉴定人带来更大的压力，认为没有影响的仅为

---

[20] 张建伟："关于刑事庭审中诱导性询问和证据证明力问题的一点思考"，载《法学》1999年第11期。
[21] 常林：《司法鉴定专家辅助人制度研究》，中国政法大学出版社2012年版，第189页。

11.6%。可见，专家辅助人制度的建立将对鉴定人出庭作证制度产生重大影响，为改革陷入日渐困难的鉴定人出庭制度带来一丝新鲜的空气，推动整个诉讼制度的发展。因此，应当大力推进专家辅助人制度的完善，以此促进鉴定人出庭制度健康、有序地发展。

（四）相关部门加强合作，共同解决鉴定人出庭作证中的问题

当前我国鉴定机构多头管理的体制，仅凭某一部门的努力难以推动鉴定人出庭制度的落实。各鉴定管理部门应当加强沟通，共同推进鉴定人出庭制度的落实。

建立司法鉴定管理与使用相衔接的机制。根据《浙江省司法鉴定管理条例》的规定，该省要求加强鉴定管理部门与法院的合作，建立鉴定信息共享机制，加大信息化建设的力度，开展有关司法鉴定规定、政务信息、资料的交流传阅，畅通司法鉴定工作交流沟通渠道，共同完善司法鉴定制度。法院在委托鉴定时，应书面告知当事人申请鉴定人出庭作证的相关权利义务，包括需要提交书面申请，规定支付鉴定人出庭相关费用。在当事人书面提出申请后，由法院就鉴定人出庭费用项目及金额给予具体通知。当事人申请鉴定人出庭，应向法院提出书面申请，说明理由和异议点，经法院审查同意，由法院至少开庭前5个工作日书面通知鉴定机构，并附当事人的鉴定人出庭作证申请书。法院要制作规范统一的鉴定人出庭作证通知书格式，明确出庭时间、地点、联系人、联系方式和付费方式等。法院要对鉴定人出庭的情况进行评价，如鉴定意见质量的高低，鉴定人在庭上的表现，鉴定意见的采信情况，有无错误或虚假鉴定意见、违规违纪行为等，并定期将有关情况通报司法行政部门，县市区法院的统一报送市中院，然后由市中院将有关意见定期反馈给市司法行政部门。司法行政部门要将鉴定机构和鉴定人的变更、处罚等情况及时向同级法院通报。司法行政部门要将法院的通报情况作为对鉴定机构资质等级评定、考核和鉴定人诚信评价和进行处罚的重要依据。公安机关、检察机关、医学会等鉴定管理部门也要严格鉴定人准入，加强对鉴定人日常执业监管，严肃对鉴定人不出庭作证等违规违纪行为进行处理。相关部门也应建立联动工作机制，密切交流，切实提升鉴定人作为"法律人"的身份意识和出庭作证的能力。

从本次问卷调查的结果看，尽管鉴定人出庭制度仍然存在不少问题，但是大多数被调查者还是对新诉讼法实施后的鉴定人出庭制度持乐观态度，立法者也在不遗余力地完善这一制度。专家辅助人等制度的构建将对鉴定人出庭产生积极影响，而这一制度的落实，还需要相关部门共同努力。只有落实鉴定人出庭制度，促进鉴定人积极出庭，才能促进司法公正。

鉴定人出庭与专家辅助人角色定位之实证研究*

胡　铭**

随着科技的发展，司法鉴定在刑事审判中的作用日益凸显。然而，由于司法实践中鉴定人极少出庭，法官又往往缺乏相关专业知识而很难对鉴定意见进行审查判断，使得鉴定意见作为一种既非常重要又具有很强专业性的证据，在我国的司法实践中常处于尴尬境地。有学者调研发现，"在上海市、青岛市和呼和浩特市中级人民法院随机调阅的所有法院案卷中，没有一起案件有鉴定人出庭接受质证的记录。"[1]可以说，法官、律师和当事人对鉴定意见又爱又恨，爱的是鉴定意见对揭示案件真相具有重要意义，恨的是面对鉴定报告中诸多专业术语和自然科学原理感觉很无助。2013年开始实施的新《刑事诉讼法》，为回应并改变这种现状做了积极的努力。新《刑事诉讼法》强化了鉴定人出庭，并引入了专家辅助人制度。然而，由于理论定位模糊，鉴定人与专家辅助人在庭审中角色不清、身份混淆，[2]上述修法的作用究竟有多大，尚待实证研究检验。

我国现有关于鉴定人出庭和专家辅助人制度的研究，主要在法解释、比较法和经验研究等三个方面展开，取得了许多有益成果，但也存在不少问题。在法解释方面，一些基本理论问题尚待厘清。如鉴定人为什么应当出庭，究竟哪些鉴定人应当出庭，法官是否应当就鉴定人出庭拥有裁量权，专家辅助人意见是否有独立的证据地位。在比较法研究方面，主要是围绕西方的专家证人和司法鉴定制度展开，尚待真正转变为对中国问题的研究。在经验研究中，由于一些基本理论问题还没有厘清，仅仅揭示鉴定人出庭少，尚不足以得出有意义的结论。而且，对于新《刑事诉讼法》相关条款实施后，鉴定人出庭和专家辅助人制度实施的现状，尚缺乏系统性的跟踪研究，这都导致了研究上的不足。

鉴定人出庭和专家辅助人制度是紧密关联的两个问题。本文尝试跳出鉴定人出

---

* 本文原载于《中国司法鉴定》2014年第4期。

** 浙江大学光华法学院教授。

〔1〕 汪建成："中国刑事司法鉴定制度实证调研报告"，载《中外法学》2010年第2期。

〔2〕 参见胡铭："专家辅助人：模糊身份与短缺证据——以新《刑事诉讼法》司法解释为中心"，载《法学论坛》2014年第1期。

庭率的笼统研究，结合专家辅助人制度，从对质权和证据能力两个维度入手，以解释学为基础，以实证分析为主要方法，重新审视必要鉴定人出庭和专家辅助人意见在刑事诉讼中的恰当定位。

一、鉴定人出庭、对质权与专家辅助人的引入

（一）鉴定人出庭与对质权

在我国的审判中，鉴定人出庭率低是学界的基本认识。据学者不完全统计，刑事案件的鉴定人平均出庭率仅为5%；如果算上民事案件，则鉴定人的总体出庭率更低；各种统计数据很难说哪个更为权威，但都很低，大体只有0.6%～2%。[3] 为改变这种状况，新《刑事诉讼法》第187条规定了比证人出庭要求更高的鉴定人出庭条款："公诉人、当事人或者辩护人、诉讼代理人对鉴定意见有异议，人民法院认为鉴定人有必要出庭的，鉴定人应当出庭作证。"[4]

鉴定人应否出庭，显然不能一概而论。实证调查显示，就多数涉及司法鉴定的案件而言，当事人对鉴定意见并无异议，还有的则是异议显然不成立。如果排除上述两类案件，真正需要鉴定人出庭的案件并不多。可见，在我国，鉴定人出庭作证的主要问题并不是鉴定人出庭率低，而是如何保证那些因当事人对鉴定意见有异议而需要鉴定人出庭的案件中鉴定人会出庭接受质证。

从本质上看，鉴定人出庭是鉴定人在法庭上就鉴定意见接受控辩双方质证的过程，是保障被告人对不利于己的鉴定意见的质证权的需要。"所谓'对质'者应指被告与证人同时在场彼此面对面且互为质问之义。"[5] 对质权是国际社会公认的刑事审判中被告所应享有的一项基本诉讼权利。《公民权利和政治权利国际公约》第14条第3款戊项明确规定了被告人的对质权，即被告人有权传唤和讯问（询问）对他不利的证人，并使对他有利的证人在与对他不利的证人相同的条件下出庭和受讯问。"在和检察官同等条件下传唤和获得证人出庭并予讯问的权利是'诉讼手段平等'原则因而也是公正审判的一个基本要素。"[6] 公约在这里规定的是广义的"证人"概

---

〔3〕 参见刘建伟："论我国司法鉴定人出庭作证制度的完善"，载《中国司法鉴定》2010年第5期。

〔4〕 新《刑事诉讼法》第187条第1款规定："公诉人、当事人或者辩护人、诉讼代理人对证人证言有异议，且该证人证言对案件定罪量刑有重大影响，人民法院认为证人有必要出庭作证的，证人应当出庭作证。"从中我们可以看出，证人出庭应同时具备三个条件：①公诉人、当事人或者辩护人、诉讼代理人对证人证言有异议；②该证人证言对案件定罪量刑有重大影响；③人民法院认为证人有必要出庭作证。而对于鉴定人出庭，并不要求具备第2项条件。

〔5〕 王兆鹏：《美国刑事诉讼法》，北京大学出版社2005年版，第366页。

〔6〕 ［奥］曼弗雷德·诺瓦克：《〈公民权利和政治权利国际公约〉评注》，孙世彦、毕小青译，三联书店2008年版，第356页。

念，其中包括了专家证人（鉴定人）。[7]

新《刑事诉讼法》之所以对鉴定人出庭做更高的要求，主要是基于鉴定意见审查判断方面的两大特点。其一，专业性决定了对鉴定意见进行审查判断有很高的难度。"在法庭对真相的探究和实验室对真相的探究之间，存在重要的区别。科学结论要永远处于修正中，而法律则必须终局和快速地解决争端。"[8] 因此，所谓唯一准确、正确的鉴定"结论"，常常只是一种理想状态。在刑事诉讼中，鉴定意见对被告人的定罪量刑往往具有关键作用，这便对鉴定意见的审查提出了更高的要求。其二，法官需要对专业的鉴定意见进行判断，并据此认定案件事实。如在美国，著名的Daubert案要求审判法官承担"守门人"的角色，排除所谓的"垃圾科学"。[9] 在此背景之下，美国的法官们已经日益认识到自己在评估专家证言时所拥有的权力和灵活性。为了让法官更好地行使这一权力并适当约束其灵活性，鉴定人出庭就显得尤为必要，因为纸面的鉴定意见更容易使鉴定人掌握认定案件事实的权力，也使得法官的权力行使难以透明。

（二）质证权与专家辅助人的引入

尽管鉴定人出庭对实现质证权很重要，但前者对于后者只是必要条件而非充分条件。由于缺乏相应的专业知识，公诉人、当事人或者辩护人、诉讼代理人很难对出庭的鉴定人提出妥适的质证意见。同样，法官也因此很容易被专业的鉴定人所左右。尤其是刑事案件中，鉴定人往往是公安检察机关工作人员，相对于社会上的鉴定人，更容易对法官形成压迫性的影响。

因此，新《刑事诉讼法》第192条确立了专家辅助人制度，以改善对鉴定意见的质证。该条规定："公诉人、当事人和辩护人、诉讼代理人可以申请法庭通知有专门知识的人出庭，就鉴定人作出的鉴定意见提出意见。"可以说，"专家辅助人制度的增设有利于强化对鉴定意见的质证效果，将案件所涉及的专门性问题展示在法庭上，通过控辩双方的有效质证得以澄清；有利于审判人员对案件所涉及的专门性问题作出科学判断，摆脱对鉴定意见的过分依赖甚至轻信；有利于在一定程度上减少重复鉴定的发生，避免使问题烦琐化、复杂化，提高审判的准确性。"[10] 最高人民法院明确

---

[7] José Luis García Fuenzalida v. Ecuador, Communication No. 480/1991, §9.5.

[8] Daubert v. Merrell Dow Pharm, Inc., 509 U. S. 579, 596-97 (1993). 转引自美国国家科学院国家研究委员会：《美国法庭科学的加强之路》，王进喜等译，中国人民大学出版社2012年版，第113页。

[9] Frederick Scbauer, Barbara A. Spellman, "Is Expert Evidence Really Different?", 89 *Notre Dame L. Rev.* 1-2 (2013).

[10] 黄尔梅："准确把握立法精神确保法律正确实施——最高人民法院刑事诉讼法司法解释稿简介"，载卞建林、谭世贵主编：《新刑事诉讼法的理解与实施》，中国人民公安大学出版社2013年版，第14页。

将专家辅助人意见定性为代表申请其出庭的一方就鉴定意见发表的专业质证意见，并视其为申请方控诉意见或辩护意见的组成部分。也就是说，专家辅助人的引入就是为了强化质证，但专家辅助人意见被排除出证据材料的范畴，不能作为定案的根据。

（三）鉴定人与专家辅助人在法律层面的异同

从立法意图来看，引入专家辅助人制度是为鉴定人出庭与鉴定意见的审查判断服务的，这使得专家辅助人制度明显处于从属地位。从法律层面来看，我国刑事诉讼中的鉴定人与专家辅助人差异极大，主要包括：①证据法上的地位不同。鉴定人提供的司法鉴定报告，作为鉴定意见具有证据法上的独立地位，属于法定的证据种类，而专家辅助人意见尚不属于证据。②资质不同。鉴定人有明确的资格要求和名册，而专家辅助人只有宽泛的所谓具有专门知识的要求。③管理制度不同。鉴定人需要在特定的鉴定机构执业并接受司法行政部门的管理，[11] 而专家辅助人并不是专门的职业，也缺乏相应的管理机关与机制。④产生方式不同。刑事诉讼中只有侦查机关和法院有权决定是否聘请鉴定人进行鉴定，当事人和辩护人、诉讼代理人则无权决定，只能申请补充鉴定或重新鉴定，而对于是否聘请专家辅助人，公诉人、当事人和辩护人、诉讼代理人均可自行决定并申请法庭通知其出庭。⑤诉讼地位不同。鉴定人是独立的诉讼参与人，而新刑事诉讼法并没有将专家辅助人列为诉讼参与人，[12] 其地位只是所谓协助当事人进行质证的人。

但是，从新刑事诉讼法及其司法解释的具体条文来看，鉴定人与专家辅助人又有着诸多共性。首先，新《刑事诉讼法》第192条规定："……有专门知识的人出庭，适用鉴定人的有关规定。"《最高人民法院关于适用〈中华人民共和国刑事诉讼法〉的解释》（下文简称《最高法院解释》）第217条重申了这一规定。这使得鉴定人和专家辅助人在庭审中实质上是趋同的。其次，《最高法院解释》有8个条文直接将鉴定人和专家辅助人并列，规定了大量共同适用的规则，[13] 包括开庭前诉讼文书和证据材料的审查、开庭准备、庭前会议、法庭审理提纲的准备、庭审发问规则、审判人员询问、庭审旁听、庭审笔录的规定等。再次，鉴定人和专家辅助人都是交叉询问的对象，都适用《最高法院解释》第213条规定的询问证人、鉴定人、专家辅助人所通用的规则，包括：①发问的内容应当与本案事实有关；不得以诱导方式发问；②不得威胁证人、鉴定人、有专门知识的人；③不得威胁证人、鉴定人、有专门知

---

[11] 特别是2005年通过的《全国人民代表大会常务委员会关于司法鉴定管理问题的决定》，对鉴定人和鉴定机构管理、登记、名册编制和公告等作出了规定。

[12] 新《刑事诉讼法》第106条保留了原《刑事诉讼法》第82条的规定："'诉讼参与人'是指当事人、法定代理人、诉讼代理人、辩护人、证人、鉴定人和翻译人员。"

[13] 参见《最高法院解释》第180、182、184、185、213、215、216、239条。

识的人。④不得损害证人、鉴定人、有专门知识的人格尊严。

如此一来，我国刑事诉讼中便出现很奇特的现象：一方面特别强调专家辅助人意见不是证据，而只是为鉴定意见的质证提供服务，从而试图区分司法鉴定与专家辅助人制度；另一方面又有意无意地将鉴定人和专家辅助人相等同，适用诸多共通的程序和规则。这背后实际上是对相关理论的混淆，是对司法鉴定和专家辅助人制度存在认识上的模糊。

二、鉴定人出庭和专家辅助人制度的实证分析

鉴定人出庭和专家辅助人相关问题的研究，需要实证分析的检验。由于很难对鉴定人出庭和专家辅助人制度的实施情况进行全国性统计，所以，本研究只是尝试从有代表性的地方实践一窥现实。笔者试图将鉴定人出庭和专家辅助人制度联接起来进行研究，以对质权作为其中的关键性联接点。同时，从证据法上来看，鉴定人出庭和专家辅助人的引入，更多的是影响法官的自由心证以及律师、鉴定人的选择。也就是说，法官、律师、鉴定人如何看待这些问题，可能会在刑事审判中产生直接的影响，如法官是否愿意让鉴定人出庭、律师是选择申请重新鉴定还是请专家辅助人出庭、鉴定人为什么不愿出庭等等。本文的研究采用问卷调查，并结合庭审观察、个案解读、案卷查阅和访谈等方法，试图揭示鉴定人出庭和专家辅助人制度在实践层面的基本逻辑。

本研究选择以浙江省为例开展问卷调查，这主要是考虑两方面的因素：其一，浙江省的司法鉴定工作开展得较好，在全国处于领先地位，具有一定的先进性和可参考性；[14] 其二，浙江省属于经济发达地区，是改革开放的前沿，也是研究新型法律问题的极佳场域。[15] 本次问卷调查历时一年有余，在 2013 年底完成，相关统计分析均采用 SPSS17.0 统计软件。调查共随机发放问卷 600 份，有效回收 584 份；对于单一地区的分析来说样本较为充足，且回收率达 97.3%。其中，匿名参加问卷调查者的信息涉及性别、年龄、文化程度、职业，相关统计结果显示所调查问题与参加调查者的性别、年龄、文化程度无显著相关，故对此不做分析。因此，本研究将职业确定为自变量，并假设职业与所调查问题相关。有效问卷的被调查者包括法官 156 人、律师 211 人、鉴定人 146 人、其他法律相关职业者 68 人、未选职业者 3 人。多

---

〔14〕 潘广俊、杨建："九年铸一'鉴'——《浙江省司法鉴定管理条例》的务实与创新"，载《中国司法鉴定》2009 年第 6 期。

〔15〕 如 2013 年初，浙江省出现了全国首家专门的专家辅助人机构—天平鉴定辅助技术研究院。该机构还推出了专业网站"中国专家辅助人网"（http：//www.zgzjfzr.com）。

数被调查者熟悉或较为熟悉证人出庭和专家辅助人制度的法律规定和司法实践。[16]

（一）鉴定人出庭率低的表象

从表1中可以看到，68%的参加调查的法律及相关职业者表示"从未经历过鉴定人出庭"，其中包括73.5%的法官、71.4%的律师和51.4%的鉴定人，而有过多次鉴定人出庭经历的仅占5.5%。在另一个问题中，即关于司法实践中鉴定人出庭情况的认识，否定性结论也仍然占多数。61.5%的参加调查的法官认为"鉴定人很少出庭"，12.8%的法官选了"没有鉴定人出庭"；47.9%的律师认为"鉴定人很少出庭"，15.2%的律师认为"没有鉴定人出庭"。有所差异的是，鉴定人选的较多的项是"有，但不多"，占66.4%，而认为很少的仅占24.7%。这显示鉴定人可能认为出庭率并不是太低，与法官、律师的认识存在差异，这在一定程度上或许反映了许多鉴定人并不愿意出庭。

相对应地，以浙江省A县为例，2007～2012年法院受理的司法鉴定的案件数增长了119.16%即从167件增加到了366件（同期案件总量增长了20.23%，即从9321件增长到了11 207件）。这说明案件审判对司法鉴定的依赖度越来越高。但是，在这6年中，该县申请司法鉴定的案件，基本无鉴定人出庭作证。调查显示，这不代表当事人对鉴定意见没有异议，而只是出现异议时，法院往往通知相关鉴定机构以函件的形式解答。从全国的情况来看，笔者以北大法宝数据库为统计样本，从2003年1月1日到2013年1月1日，涉及鉴定的刑事案件共计213 635件，有鉴定人出庭的仅为96件。这说明浙江省调研的情况和全国的情况基本一致。

表1

职　业	是否经历过鉴定人出庭				合　计
	多次经历	偶有经历	1次经历	从未经历	
法　官	2	24	15	114	155
律　师	10	34	16	150	210
鉴定人	20	38	13	75	146
其　他	0	10	3	55	68
合　计	32	106	47	394	579

---

[16] 问卷调查结果显示，仅7%的被调查者表示对新刑事诉讼法规定的证人出庭制度不清楚，仅13.5%的被调查者表示对法律规定的专家辅助人制度不清楚。

新《刑事诉讼法》对鉴定人出庭作出了相对刚性的规定之后，鉴定人出庭情况是否有明显改观？一般认为，修法将有利于提高鉴定人的出庭率。然而，调查的结果却未能证实这一点。所有参加调查者中，认为新刑事诉讼法实施后"鉴定人出庭比例有明显提高"的仅占 10.5%，其中只有 5.2% 的法官和 6.3% 的律师认为有明显提高。浙江省 A 县的调查数据则显示，新《刑事诉讼法》实施以来，仍然没有鉴定人出庭的个案。而从全省来看，据统计，2013 年浙江省共有鉴定人出庭作证 167 次，比 2012 年还少 4 次。究其原因，访谈中法官们表示，主要是由于法官和当事人对司法鉴定如何操作并不十分了解，这导致对鉴定意见的庭审质证往往流于表面，如公安机关的鉴定人出庭常常只是宣读鉴定书，并没有真正的质证。如此则使得法官和当事人在新刑事诉讼法实施后，仍极少要求鉴定人出庭。这说明仅仅有鉴定人出庭，法官和律师仍然很难有效质证，但如果有专家辅助人参与，则法官和当事人可能会提高申请鉴定人出庭的积极性。从全国的情况来看，新刑事诉讼法实施以来，北大法宝数据库中 2013 年 1 月 1 日到 2014 年 3 月 17 日期间，涉及鉴定的刑事案件有 46 832 件，而鉴定人出庭的仅 18 件。这与浙江省类似，并未比新《刑事诉讼法》实施前有所提高。但是，有差别的是，其中出现了 2 例专家辅助人的案例，一例是专家辅助人出庭提供了专家意见，另一例则是专家辅助人提供了书面意见。

（二）鉴定人出庭率低的原因

对于鉴定人是否应当出庭，如表 2 所示，60.4% 的参加调查者认为"对鉴定意见有异议时需要"鉴定人出庭；其中包括的 69% 法官、44.1% 的律师、70.3% 的鉴定人。34.3% 的参加调查者认为，对鉴定人出庭应采取刚性规定，即"应当"出庭；其中包括 30% 法官、52.1% 的律师、20% 的鉴定人。从中可以看出，对于鉴定人出庭，律师的呼声最高，而鉴定人最低。这说明法官、律师、鉴定人中，最不愿意鉴定人出庭的恰恰是鉴定人自己；甚至有 9.7% 的鉴定人认为，出庭"没必要，书面意见即可"。在问及"鉴定人出庭与法官采纳鉴定意见是否有关系"时，68.2% 的参加调查者认为有"正相关"关系，但也有 27.7% 的人认为"无关"，其中包括 19.9% 的法官、20.1% 的律师、34.7% 的鉴定人。这种否定性评价在实践中往往成为鉴定人出庭的阻力。

表 2

职　业	鉴定人是否应当出庭				合计
	应当	对鉴定意见有异议时需要	没必要，书面意见即可	其他	
法　官	47	107	1	0	155
律　师	110	93	6	2	211

续表

职　业	鉴定人是否应当出庭				合计
	应当	对鉴定意见有异议时需要	没必要，书面意见即可	其他	
鉴定人	29	102	14	0	145
其　他	12	47	8	0	67
合　计	198	349	29	2	578

在相关性分析中，采用 SPSS 中的双变量相关进行统计分析，得出相关系数 r 以及显著性水平 P，并通过检验 P 值是否小于 0.05 来判定是否显著相关（变量如若相关，则 SPSS 软件会自动生成结果在表格底部显示）。交互分析结果如表 3 所示：[17]

表3

		职　业	鉴定人是否应当出庭
职　业	Pearson 相关性	1	.183 *
	显著性（双侧）		.000
	N	581	578
鉴定人是否应当出庭	Pearson 相关性	.183 *	1
	显著性（双侧）	.000	
	N	578	581

** 在 .01 水平(双侧)上显著相关。

在此分析中，相关系数 r = 0.183，显著性水平 P = 0.000 < 0.05，此双变量关系的显著性水平值远远小于 0.05。这说明不同职业的人对鉴定人出庭的认可度不同，职业与对鉴定人出庭的认可度显著相关。

那么，法官在遇到两份鉴定意见有分歧时是否愿意请鉴定人出庭呢？调查显示，

---

[17]　整个问卷涉及的变量（除去被访者个人信息变量）多达 36 个，每一个变量都直接或间接地体现被访者对于我国鉴定人及专家辅助人制度的认知情况以及认可度。但就本研究以及先前描述统计显示的鉴定人出庭率低、专家辅助人的作用得不到发挥的情况来看，值得分析的应是最为直接的认可度，即如何看待鉴定人、专家辅助人的角色定位以及对其意见的认可度。故本研究选用如下 4 个变量进行分析：①鉴定人是否应当出庭；②法官如何处理两份不同的鉴定意见；③专家辅助人的诉讼地位；④专家辅助人意见的法律属性。为简化行文，后面的相关性分析表格均省略，而仅用文字表述。

40.6%的参加调查的法官在这种情况下选择"要求鉴定人出庭后决定采信哪一份"，23.9%的法官倾向于"请第三方鉴定机构另行鉴定"，14.5%的法官选择"相比于当事人自行委托的，更倾向采信自己委托的鉴定意见"，12.3%的法官倾向于"庭外咨询相关领域的专家"，8.7%的法官则"采纳资质能力高的鉴定机构出具的鉴定意见"。可见，在面对鉴定意见有争议时，法官的选择是多元的，要求鉴定人出庭只是其中的一个选项，且多数法官并没有选择该项。相应地，在这几个选项中，律师和鉴定人认为法官会倾向于要求鉴定人出庭的，也分别只占各自的30.6%和37%。

在相关性分析中，相关系数 $r = 0.009$，显著性水平 $P = 0.832 > 0.05$。尽管我们预期职业与法官处理分歧的鉴定意见可能相关，但统计结果显示显著性水平 P 值远大于 0.05，即二者不相关。这同时也印证了之前所发现的，在鉴定意见有争议时，法官的选择是多元的，让鉴定人出庭并不必然具有优先性。

结合阅卷，在我们查阅的246件涉及鉴定的刑事案件中，仅有8件鉴定意见未被采纳，即96.7%的鉴定意见被采纳。也就是说，在刑事案件中，鉴定意见被采纳的比例极高，鉴定人是否出庭的影响并不大。判决书显示，鉴定意见未被采纳的原因主要包括：①鉴定程序违法；②原理错误；③检材有误；④鉴定结论之间存在矛盾；⑤鉴定结论有误；⑥鉴定机构无资格。其中没有一个案件是因为鉴定人未出庭而未采纳鉴定意见，这说明鉴定意见未被采纳的主要原因还是鉴定本身出了问题。这背后也反映出刑事案件中的鉴定和民事案件中的鉴定存在差异：刑事案件一般由公安、检察机关的鉴定人进行鉴定，相对于社会机构的鉴定，其更容易为法官所采信。在北大法宝数据库中，2003年1月1日到2014年3月17日期间鉴定人出庭的114件刑事案件中，有6个案件鉴定意见未被采纳，另有1个案件为部分采纳。[18] 这说明鉴定人出庭并未提高鉴定意见的采纳率，相反，由于鉴定人出庭的案件往往是对鉴定意见有较大争议的案件，鉴定意见不被采纳的概率反而更高。

从主观层面来看，鉴定人出庭较少的最主要原因如表4所示。41%的参加调查者认为是"鉴定人不愿出庭"，法官选该项的比例最高（60%的法官），鉴定人选该项的相对较少（30.4%的鉴定人）。8.9%的人认为是"法官不希望鉴定人出庭"，律师选该项的比例最高（16.4%的律师），法官则很少这么认为（仅2.9%的法官）。上述选择表现出较为明显的职业立场。23.1%的人认为是"当事人不了解此程序"，选该项最多的是鉴定人（40%的鉴定人）。20.4%的人选了"鉴定意见争议少，不需要出庭"，22.9%的法官、20.9%的律师、18.5%的鉴定人选了该项，这一选择实质上还是认为鉴定人没有必要出庭。

---

[18] 参见钟某某故意伤害案，(2013)张中刑终字第10号。该案中有两件相互冲突的鉴定意见。

表4

职 业	鉴定人出庭较少的最主要原因					合 计
	鉴定人不愿出庭	法官不希望鉴定人出庭	当事人不了解此程序	鉴定意见争议少，不需要出庭	其他	
法 官	84	4	15	32	5	140
律 师	71	29	28	37	12	177
鉴定人	41	9	54	25	6	135
其 他	15	4	22	11	11	63
合 计	211	46	119	105	34	515

（三）鉴定人不愿出庭和法官不愿意让鉴定人出庭的原因

鉴定人为什么不愿出庭？如表5所示，36.2%的鉴定人选了"人身安全难保障，害怕打击报复"，26%选了"时间、交通、精力、经济因素的考虑"，19.7%选了"鉴定意见已经表述清楚，没必要出庭"，15%则认为"出庭作证应对能力不足，担心庭审时表述不清"。这显示出鉴定人对于出庭有多种担忧，尤其是在人身安全方面。法官选的最多的是"时间、交通、精力、经济因素的考虑"（32.2%的法官），律师选的最多的则是"出庭作证应对能力不足，担心庭审时表述不清"（28.8%的律师）。由此可见鉴定人、法官、律师对该问题的认识有所不同，涉及的因素也是多元的。

表5

职 业	鉴定人不愿出庭的原因					合 计
	人身安全难保障，害怕打击报复	鉴定意见已经表述清楚，没必要出庭	出庭作证应对能力不足，担心庭审时表述不清	时间、交通、精力、经济因素的考虑	其他	
法 官	23	33	23	39	3	121
律 师	43	29	49	38	11	170
鉴定人	46	25	19	33	4	127
其 他	18	19	9	10	1	57
合 计	130	106	100	120	19	475

法官又是为什么不愿意让鉴定人出庭？如表6所示，对于该问题，法官、律师、鉴定人的认识基本一致，即最主要的原因是"耗费大量司法资源，使庭审冗长，诉讼效率降低"；56.7%的法官、62.9%的律师和50%的鉴定人选择了这一项。这一状况和当前案多人少、法官办案压力大，是能够对应起来的。还有23.1%的法官选了"当事人对鉴定意见没有异议"，9.7%的法官选了"过于相信鉴定意见"，6.7%的法官则选了"无法听懂鉴定专门知识，避免尴尬"。在访谈中，法官表达的对鉴定人出庭的顾虑还包括：①对鉴定意见很难进行专业性质证；②一旦出庭鉴定人的表述与鉴定意见不一致，很难处理；③重新鉴定所要承担的责任要小于鉴定人出庭后法官自己作出裁断。

表6

职　业	法官不愿意让鉴定人出庭的原因					合　计
	耗费大量司法资源，使庭审冗长，诉讼效率降低	过于相信鉴定意见	无法听懂鉴定专门知识，避免尴尬	当事人对鉴定意见没有异议	其他	
法　官	76	13	9	31	5	134
律　师	105	24	19	13	6	167
鉴定人	68	13	26	26	3	136
其　他	31	4	12	8	3	58
合　计	280	54	66	78	17	495

（四）专家辅助人的角色定位与专家辅助人意见的法律属性

如上文所述，专家辅助人在刑事诉讼中的角色定位较为模糊，那么法官、律师、鉴定人是怎么看专家辅助人的呢？如表7所示，调查中有49%的法官认为专家辅助人的诉讼地位"类似鉴定人"，27.7%的法官认为"类似证人"，20.6%的法官认为是"独立的诉讼参与人"，只有少数法官（2.6%）选了"类似辩护律师"。律师的选择和法官较为接近，有42.8%的律师认为"类似鉴定人"，30.8%认为"类似证人"，21.6%选了"独立的诉讼参与人"，仅有10位律师选了"类似辩护律师"。法官和律师的选择在一定程度上说明，他们眼中的专家辅助人对司法裁判的影响与鉴定人较为相似，由此专家辅助人的意见也就与鉴定意见有了某种相通之处。鉴定人的选择则有所不同，选的最多的是"类似证人"（39.7%），其次是"类似鉴定人"（23.3%），再次是"类似辩护律师"（18.5%），最少的是"独立的诉讼参与人"（17.8%）。

这说明鉴定人在法庭上的体会和法官、律师的认识是有差异的。访谈中多位鉴定人表示，如果有的选，在法庭上其宁愿做专家辅助人而不是鉴定人，原因主要是：①不需要出具书面的鉴定意见；②责任相对较小；③收费具有灵活性。

在相关性分析中，相关系数 r = 0.138，显著性水平 P = 0.001 < 0.05。此双变量关系的显著性水平 P 值远远小于 0.05，说明职业的不同，即法官、律师、鉴定人等在案件审判中的角色差异，会影响其对专家辅助人诉讼地位的认识，而专家辅助人自身（多数专家辅助人就是鉴定人）对其法庭上角色的定位和法官、律师的认识均有所不同。

表7

职　业	专家辅助人的诉讼地位					合　计
	类似鉴定人	类似辩护律师	类似证人	独立的诉讼参与人	其他	
法　官	76	4	43	32	0	155
律　师	89	10	64	45	0	208
鉴定人	34	27	58	26	1	146
其　他	15	7	24	19	0	65
合　计	214	48	189	122	1	574

关于专家辅助人意见的法律属性，如表8所示，选择"仅作为一种质证方式"、"可作为鉴定意见"、"可作为证人证言"这三个选项的比例很接近，分别为34.5%、33.3%、28.1%。其中，法官的选择更为平均，这三个选项分别获得了33.1%、31.2%和28.6%的法官的支持，这显示出法律规定的模糊在司法实践中直接反映在裁判者的认识分歧上。鉴定人选的比较多的是第1和第3项，即45.9%的鉴定人选了"仅作为一种质证方式"，34.9%选了"可作为证人证言"，这说明鉴定人对专家辅助人意见与鉴定意见的差异是有所认识的。律师选第2项的最多，即49%选了"可作为鉴定意见"，这说明律师对专家辅助人意见的证据能力有较高的期待。访谈中，多位律师表示，在我国目前的刑事审判模式下律师的作用非常有限，渴望借助专家的外力对庭审结果施加影响。

在相关性分析中，相关系数 r = 0.116，显著性水平 P = 0.005 < 0.05。此双变量关系的显著性水平 P 值远远小于 0.05，说明在如何看待专家辅助人意见的法律属性上，职业的不同会影响对专家辅助人意见法律属性的认识。

表8

职　业	专家辅助人意见的法律属性				合　计
	仅作为一种质证方式	可作为鉴定意见	可作为证人证言	其他	
法　官	51	48	44	11	154
律　师	48	103	51	8	210
鉴定人	67	23	51	5	146
其　他	33	18	16	0	67
合　计	199	192	162	24	577

（五）小结

上文的问卷调查及相关研究，在一定程度上印证了实践中鉴定人出庭率低的表象。调查显示，包括法官、律师、鉴定人在内的被调查者，多数从未经历过鉴定人出庭。这足以说明鉴定人出庭率低，而且鉴定人出庭率并没有因为新刑事诉讼法的实施而显著改善。

鉴定人出庭率低在调查中表现出一定的现实合理性。在多数案件中，鉴定人其实不需要出庭。因为当控辩双方对鉴定意见没有异议或者提不出合理异议时，鉴定人出庭无法发挥实质作用，甚至可能导致鉴定人的所谓科学意见主宰了法庭审判。另一方面，法官在面对疑难鉴定问题时有多种选择：①要求鉴定人出庭并由法官决定采纳哪一份意见；②采纳资质高、能力强的鉴定机构出具的鉴定意见；③请第三方鉴定机构另行鉴定；④庭外咨询相关领域的专家；⑤相比于当事人自行委托的，法院更倾向采纳自己委托的鉴定机构出具的鉴定意见。从了解专业知识或查明真相的角度来说，上述方法都有一定效果；这使得如果仅仅从客观真实的角度来看，鉴定人出庭的价值其实是有限的。同时，鉴定人出庭并未提高鉴定意见的采纳率，甚至未表现出与鉴定意见的采纳有显著的相关性。因此，我国鉴定人出庭率低的问题也就转化为要求鉴定人出庭的案件的比例低这一问题。

调查显示，鉴定人不愿出庭和法官不愿意让鉴定人出庭，是鉴定人出庭率低的直接成因。其中，鉴定人不愿出庭的现象更为显著；前者涉及的原因很多，很难明确区分其间的作用大小：①人身安全难保障，害怕打击报复；②鉴定意见已经表述清楚，没必要出庭；③出庭作证应对能力不足，担心庭审时表述不清；④时间、交通、精力、经济因素的考虑；等等。法官不愿意让鉴定人出庭，主要考虑的是这会耗费大量司法资源，使庭审冗长，诉讼效率降低。在案多人少、办案压力很大的情况下，法官显然愿意选择书面审查这一更为简洁的办案方式。但调查亦显示，法官对鉴定人出庭的排斥，实际上并不是特别显著：争议案件的必要鉴定人出庭而不是鉴定人普遍出庭，在法官看来是可接受的。访谈中，不少法官肯定了鉴定人出庭的意义：①有助于发现案件事实；②倒逼鉴定人提高鉴定质量；③有助于实现程序公正，实现"看得见的正义"；④有利于解决纠纷。

调查显示，法官、律师和鉴定人对专家辅助人在法庭上的角色的认识是模糊的，专家辅助人的角色徘徊在鉴定人、证人、辩护律师和其他诉讼参与人之间；其实这和立法上定位模糊是相对应的。虽然最高人民法院的司法解释将专家辅助人出庭定位为提供质证意见，但在法官和鉴定人的心目中，这种意见可能会变成一种证据（鉴定意见或证人证言），从而对法官的心证产生不同于上述司法解释定位的影响，而辩护人十分期待这种意见成为一种独立的证据，发挥和鉴定意见一样的作用。鉴定人对专家辅助人制度的完善充满期待，并且不像很多人想象的那样排斥作为专家辅助人出庭，因为该制度为鉴定人职业发展提供了新的管道与空间。相关性分析进一步验证了我们之前的统计分析。

在我国目前的刑事审判现状下，鉴定人出庭的内外动力都不足，专家辅助人的角色定位也不清晰，而很多时候鉴定人出具的鉴定意见又具有较大影响力，如对被告人的精神病鉴定、对被害人伤情的鉴定等都对案件的判定具有关键性影响。因此，法官、律师、鉴定人对于鉴定人出庭和专家辅助人意见法律属性的认识差异，难免会对司法实践产生消极的影响。

三、专家辅助人的角色定位：个案分析

为了对鉴定人出庭和专家辅助人制度有更为清晰的解释，需要通过个案研究来对实证调查进行对比与佐证。在此，笔者选了两个案件来审视司法实践中的相关程序和规则。①刑事诉讼专家辅助人出庭第一案——安徽省黄山市祁门县警察方某、王某涉嫌故意伤害案（以下简称"安徽案"）。[19] 该案作为新《刑事诉讼法》实施后专家辅助人出庭第一案，由著名法医专家刘良教授[20]作为专家辅助人出庭，引起了媒体和学界的关注，颇具代表性。笔者通过媒体的详细报道和与该案律师的访谈，对该案有了较详尽的了解。②浙江省近期发生的一起伤害案件（以下简称"浙江案"）。该案是非常普通的案件，不像安徽案那样有社会影响，但它更加真实地反映了普通案件中鉴定人出庭和专家辅助人参与的现状。同时，课题组直接旁听该案的审判，也

---

〔19〕 这是一起广受关注的刑事案件：两位安徽黄山民警涉嫌刑讯逼供，致使犯罪嫌疑人熊某死亡。民警家属坚持认为是检察院陷害两位民警，由此引发上千名民警联名上书为二人鸣冤，关于该案具体的庭审过程，参见李蒙："新刑诉法下专家辅助人首次出庭"，载《民主与法制》2013 年第 15 期。

〔20〕 刘良教授系华中科技大学同济医学院法医学系主任，兼任中国法医学会法医病理学专业委员会副主任，曾参与了程树良案、黄静案、谢佩银案、熊卓案、冉建新案等刑事案件的法医鉴定工作。

使我们有机会深入观察庭审实况。对上述两个案件的审视，可以引发我们对如下几个问题的思考：

（一）专家辅助人参与庭审的方式

鉴定人出庭显然是接受质证的，而法律赋予专家辅助人的职责则是协助质证。然而，个案反映的现状是，鉴定人和专家辅助人在庭审中都是以接受质证为主。如在浙江案中，涉及鉴定人出庭和专家辅助人参与的主要流程如下：①核实鉴定人、专家辅助人的身份；②询问鉴定人；③专家辅助人发表意见；④询问专家辅助人；⑤鉴定人询问专家辅助人并做补充说明；⑥法官询问鉴定人、专家辅助人；⑦鉴定人、专家辅助人最后陈述与修正意见；⑧双方再次对鉴定人和专家辅助人的陈述发表意见。有意思的是，浙江案中，就庭审中涉及的某一问题，鉴定人要求专家辅助人做出回答，专家辅助人则申明这超出了其专业范围和委托范围，拒绝提供意见，但法官强令专家辅助人给出专业意见。这显示出浓厚的被质证色彩。

在安徽案中，专家辅助人刘良排在辩方的四个证人之后出庭，出庭时间约为半个小时。刘良给法庭提供了一个文字版意见，但在庭审中他并未全文宣读，而只是阐述了主要观点；讲完后让律师提问，律师和专家辅助人采一问一答的方式。法官没有对刘良发问，检察官也没有提出任何异议，只问了一个很细节的问题："你是什么时候去现场查看的？"从中我们可以看出，专家辅助人在该案中非常像英美法系的专家证人，甚至鉴定人都没有出庭，始终只是专家辅助人在接受质询（解答专业问题）。

（二）鉴定人和专家辅助人在法庭上的位置

这绝非形式，而是可以说明鉴定人和专家辅助人在法庭上的地位问题。在安徽案中，开庭时刘良就坐在证人席上。以往刘良做鉴定，都是接受公安司法机关的委托，该案是他在刑事案件中第一次接受律师的委托。"专家辅助人，有一点点律师的色彩，"他说，"这个身份给了我很奇怪的感觉——好像是在做律师一样的工作。"[21]若从这一点来看，似乎专家辅助人又应该和律师坐在一起。

在浙江案中，开庭前法官核实了鉴定人、专家辅助人的身份，但对两者的要求有所不同。法官只是简单询问了鉴定人的姓名和单位，但详细询问了专家辅助人的姓名、单位、从业经历、专业范围等内容。专家辅助人有专门席位，与当事人及诉讼代理人坐在一起。鉴定人则没有专门席位，与证人一起坐在庭下旁听席。

上述两案说明，实践中鉴定人和专家辅助人在法庭上的位置较为混乱；甚至一些案件中由法警临时搬来一张桌子，作为专家辅助人的席位。这在一定意义上印证了，相关制度特别是专家辅助人的定位，仍然有较多模糊之处；如果坐在当事人和

---

〔21〕 刘长："中国式专家证人出庭公家不再垄断司法鉴定话语权"，载《南方周末》2013 年 7 月 4 日。

律师身边，说明主要是协助质证；如果坐在证人席，则更接近鉴定人或证人；如果是单独席位，则更像其他独立的诉讼参与人。

（三）专家辅助人难找的原因

安徽案和浙江案这样的专家辅助人出庭的案件，在我国并不多见，找到合适的专家出庭更是不易。出庭的专家主要分为两大类：一类是体制内的专家，包括公安检察机关的鉴定专家、医院医生或者高等院校的教授，如安徽案中的刘良便是高等院校教授。由于法律规定和司法实践对专家的身份及其在法庭中的定位较为模糊，甚至有时个别专家感觉自己更像是被审判的人，这容易导致体制内的专家不愿意参与庭审。另一类是民间鉴定机构的鉴定人，2005 年我国司法鉴定体制改革以来，民间的鉴定队伍迅速成长，已经成为司法鉴定的主要力量。在浙江案中，出庭的专家便为民间鉴定机构的鉴定人，其作为专家辅助人出庭，相当于是与鉴定人同行"作对"，这背后如果没有利益的驱动，显然多数鉴定人并不希望参与这种"内部对抗"。[22]

我国的专家辅助人制度刚刚起步，但在美国，专家证人每年涉及数十亿美元的效益。调研中发现，华东地区仅有上海和杭州各一家从事专家辅助人服务的机构，[23]且现状是咨询的挺多但真正接案的极少，均处于勉强维持的状态。

（四）专家辅助人意见的价值

从浙江案庭审的实际效果来看，尽管鉴定人的鉴定意见有利于申请鉴定的一方，但鉴定人在庭审中的表现仍然较为中立。主要原因可能是鉴定人没有太多发问的权利，他的职责基本是回答当事人双方、法官提出的问题，因而庭审中主要围绕鉴定意见的细节展开，比较客观、较少情绪化。而专家辅助人则不同，由于当事人欠缺专业知识，所以往往委托专家辅助人代为发言（至少该案如此），因此，专家辅助人不仅有自己发表意见的机会，还有替当事人、律师发表意见的机会，事实上成为鉴定意见质证这一特殊环节中的"律师"。另外，专家辅助人由当事人自主选择，其费用由当事人自行协商，这些都十分类似于律师。

在安徽案中，刘良的出庭显然给鉴定人带来了极大的压力。以前鉴定人做鉴定只是单向的过程，即使出庭也因为专业知识的垄断地位而使法官、律师很难抓住问题的要害。但现在，刘良这样一位有着专业声誉的法医学教授作为专家辅助人出现

---

[22] 这种利益驱动主要是专家辅助人的收费并不像司法鉴定那样受到严格限制，而是可以像律师那样比较灵活。因此，动辄数万元的费用也成了当事人聘请专家辅助人时的一大负担。调研中发现，除非是重大案件或某些特殊案件，一般当事人聘请专家辅助人的动力并不大，刑事案件中当事人有聘请专家辅助人意愿的多数是信访案件。

[23] 分别是杭州的天平鉴定辅助技术研究院和上海勇鹤科技有限公司主办的专家证人网（http://www.zjzr.org）。

在法庭上，就使得对鉴定意见有了纠错、追责的机会。从该案最终在起刑点之下判处轻刑的结果[24]可以看出，刘良的出庭对法官的裁判产生了重要影响。

四、以鉴定人出庭与专家辅助人的引入为契机推动审判方式改革

为解决法官先定后审、庭审流于形式的弊病，通过1996年和2012年两次修法，我国的刑事审判方式逐步引入了对抗式诉讼的合理因素。鉴定人出庭和专家辅助人的引入是契合这一改革趋势的。同时，在证人出庭短期内很难有大的改观的情况下，从鉴定意见的审查规则入手，可以为推动对抗式审判方式改革找到可行的新思路。

（一）以质证权为核心：对抗式的鉴定意见审查规则

从必要性来看，保障对质权为实现鉴定意见审查的正当程序和发现真实提供了路径。"刑事被告与证人面对面的权利，为宪法所保障的基本人权，目的在维持审判程序的公平，及发现真实。"[25]对于鉴定意见，同样如此。从实现程序正义的角度来看，任何人在面临刑事追诉时，要求与对己不利的鉴定人面对面对质，是人性的本能反应，是保障审判公正的基本要素。这能使被告人亲身观察审判中鉴定人作证的程序，以一种看得见的形式维持程序的公平。特别是在我国，刑事案件中的鉴定意见主要由侦查机关内设鉴定机构作出，且往往被推定为天然地具有较高的证明力。于是，在被告方没有鉴定启动权的情况下，这种对质更加体现出重要意义，是实现控辩平等的重要因素。从另一方面来看，鉴定人出庭有利于发现真实。鉴定人的鉴定过程处于一种秘密的状态之下，纸面的鉴定意见很难将其中的疏漏或错误展示出来，通过法庭上的质证，则能使单方面的"鉴定结论"变成控辩双方可以质疑的"鉴定意见"。但笔者认为，发现真实并不是鉴定人出庭最重要的功能，因为通过重新鉴定等方法同样可以发现真实。只有从保障对质权的层面来理解，必要鉴定人出庭才能获得理论上的足够支撑。

从可行性来看，首先，新《刑事诉讼法》对鉴定人出庭规定了相对刚性的条款。相比于证人出庭的规定，新《刑事诉讼法》第187条对鉴定人出庭做了更为刚性的制约，即"……经人民法院通知，鉴定人拒不出庭作证的，鉴定意见不得作为定案的根据"[26]。其次，虽然新《刑事诉讼法》给法官保留了鉴定人是否出庭的裁量权，但这是可行的，也符合国际惯例。如《公民权利和政治权利国际公约》第14条第3

---

[24] 根据《刑法》第234条，故意伤害致人死亡的，处10年以上有期徒刑、无期徒刑或者死刑。该案二审报最高人民法院核准，在起刑点之下分别判处两被告人3年6个月和3年有期徒刑。因之前被告人已经被羁押约3年，实际上判决后不久就被释放了。

[25] 《美国刑事诉讼法》，王兆鹏译，北京大学出版社2005年版，第368页。

[26] 修法后，证人出庭的刚性亦得到了加强。原《最高人民法院关于执行（中华人民共和国刑事诉讼法）若干问题的解释》第58条规定："……未出庭证人的证言宣读后经当庭查证属实的，可以作为定案的根据"。这一规定实际上宣示了证人可以不出庭作证。但新刑事诉讼法实施后，该条被废止。

款关于被告人对质权的规定本身具有相对的灵活性。联合国人权事务委员会对这一点的解释是：该项规定意在保证被告人在强制获得证人出庭和询问任何证人方面，同起诉方具有同样的法律上的权利。[27] "刑事法院因而被赋予了相对广泛的自由裁量权，但在传唤证人和专家时，他们不能违反公正和'诉讼手段平等'的原则。"[28] 人权事务委员会也只在很少的案件中明确认定了对被告人对质权的违反，如森迪克诉乌拉圭案。[29] 但在死刑案件中，人权事务委员会适用了相对严格的标准，这也使国家承担了确保对被告人有利的证人出庭的极为广泛的积极义务，如格兰特诉牙买加案。[30] 再次，相比于证人出庭，鉴定人既要受司法鉴定机构的管理，又要受司法行政部门的严格规制，更容易实现出庭。鉴定人身份的特殊性和职业性，使得在法官通知其出庭的情况下，鉴定人一般不敢违抗。笔者调研中也发现，凡是法官通知出庭的，鉴定人均出庭参加了质证。因此，所谓鉴定人不愿出庭是鉴定人出庭率低的主要原因之观点，恐怕很难站得住脚。

从具体路径来看，关键要解决好以下三个问题：①最重要的是规制法官对鉴定人出庭的裁量权。原则上法官应该尊重被告方申请鉴定人出庭的要求，应在庭前会议中，通过公正的程序来决定是否通知鉴定人出庭。如果法官不同意鉴定人出庭，应当以书面形式充分说明未损害被告方对质权的理由，并应赋予当事人对该书面决定申请复议的权利。同时，应该规范法官庭外咨询专家、重新启动鉴定的权力。②保障鉴定人出庭的相关权益。虽然笔者并不认为鉴定人不愿出庭是阻碍鉴定人出庭的主要原因，但调查显示，鉴定人对出庭普遍存在抵触情绪，这会给被告人对质权的实现造成实质上的障碍。如鉴定人在法庭上消极应对质证。针对鉴定人出庭所涉及的个人尊严、人身安全、经济补偿等现实问题，应建立一套合理的制度，特别是在同步视频作证、鉴定人保护等方面应做更多的努力。③严格鉴定人不出庭的程序后果和鉴定人责任。对于侵犯被告方对鉴定人对质权的案件，应将其明确归入程序违法。如果一审发生鉴定人应当出庭而没有出庭的，二审应撤销原判、发回重审。鉴定人拒绝出庭的，应建立强制出庭制度。如果仍然拒绝作证，根据不同情况，可

---

[27] 参见联合国人权事务委员会第 21 届会议第 13 号一般性意见：第 14 条（http://www.umn.edu/humanrts/chinese/CHgencomm/CHhrom13.htm，2014 年 5 月 23 日访问）。

[28] [奥] 曼弗雷德·诺瓦克：《〈公民权利和政治权利国际公约〉评注》，孙世彦、毕小青译，三联书店 2008 年版，第 356 页。

[29] 在该案中，被告人被一个军事法庭不公开地缺席审判，判处 30 年监禁；他没有任何机会传唤对自己有利的证人。See Violeta Setelich v. Uruguay, Communication No. 63/1979, §12.3, 16.2, 20.

[30] 在该案中，被告人的女友在一份书面证言中声称，案发时被告人整晚都和她在一起，但她由于无力支付路费而不能出庭。人权事务委员会认为，法官本应当延期审理并发出传票以确保她出庭，而警方本应为她提供车票。See Lloyd Grant (represented by counsel) v. Jamaica, Communication No. 353/1988, §8.5.

处以警告、训诫、拘留等行政处罚。此外，还需要一系列相关制度和程序规则支持，如对抗式的诉讼体制、庭前证据交换制度、交叉询问程序规则等。

（二）超越质证权：专家辅助人意见的证据能力

如上文所述，我国的鉴定人出庭和专家辅助人制度的意义，主要是围绕着对质权的实现。特别是专家辅助人制度被认为是解决控辩双方对专业问题质证能力不足的新举措。如学者所言："专家辅助人制度的确立……有助于发现鉴定中的差错与问题……有助于帮助司法人员和诉讼参与人……正确理解与认识鉴定活动……在保证法庭质证、审查、判断证据活动顺利进行的同时，也确保了鉴定人出庭作证制度的实效性得以真正实现。"[31]

然而，上述定位对于充分发挥专家辅助人的作用，恐怕还相差甚远。实证调查显示，新《刑事诉讼法》实施以来，专家辅助人虽然极受关注却也极为罕见，凤毛麟角式的个案显然不能实现法律预设的目的。专家辅助人的身份极为模糊，这很容易使司法实践无所适从。个案中的情况也与立法设计有所差异，如在鉴定人没有出庭的情况下，怎么解释法庭上的专家辅助人是在帮助质证？前述安徽案中，法庭上实际上只有刘良作为专家辅助人在发表专业意见。因此，如果要充分发挥专家辅助人在庭审中的作用，就需要超越质证权，从整体上重新思考专家辅助人的定位，而其中的关键是专家辅助人意见的证据能力问题。

从整体上看，应从专家辅助人制度走向专家证人制度。对于新《刑事诉讼法》引入的所谓"有专门知识的人"，笔者倾向于用"专家证人"来代替现在通常使用的"专家辅助人"。从字面来讲，专家辅助人像是专家的助理，而专家证人更能体现我国刑事司法实践中所谓有专门知识的人的现状。[32] 如安徽案中的刘良教授。实际上，我国司法机关也曾明确使用专家证人一词来解释相关制度，即 2009 年《最高法公布对网民 31 个意见建议答复情况》中曾指出："专家证人制度在我国施行时间不长，但最高人民法院十分强调要注重发挥专家证人的作用，积极鼓励和支持当事人聘请专家证人出庭说明专门性问题，并促使当事人及其聘请专家进行充分有效的对质，

---

[31] 陈光中、吕泽华："我国刑事司法鉴定制度的新发展与新展望"，载《中国司法鉴定》2012 年第 2 期。

[32] 陈瑞华、黄永、褚福民：《法律程序改革的突破与限度——2012 年刑事诉讼法修改述评》，中国法制出版社 2012 年版，第 90 页。

更好地帮助认定专业技术事实。"[33]

专家证人制度和我国现行专家辅助人制度的本质区别在于,其发表的意见是否具有证据能力。专家证人意见作为刑事诉讼中意见证据规则的例外,其证据能力得到了普通法的确认。[34] 在布莱克法律词典中,"专家证人"这一词条直接标注的是见"证人"词条。专家证人是指具备某种知识、技能、经验、接受过某种训练或教育,能够对证据或事实问题提供科学的、技术的或其他专业的意见的人。[35] 这里的专家证人,对相关领域必须拥有充分的知识和技能,或者推论其能够帮助事实审理者发现真实。这种知识可能单独来自对某一领域的研习,也可能单独来自经验与实践,或者两者兼而有之。在普通法国家,专家证人极为常见。"兰德公司一项研究成果表明,加利福尼亚州高等法院在上个世纪 80 年代末审理的案件中,有专家证人出庭的占 86%,平均起来,每个案件中有 3.3 个专家证人。"[36]

我国的司法鉴定制度与英美法系的专家证人制度显然有区别。[37] 我国 2005 年的鉴定制度改革中,鉴定的启动、鉴定人的聘任、鉴定意见的审查规则等主要是借鉴了大陆法系的司法鉴定制度,将鉴定人定位为"法官辅助人"。新《刑事诉讼法》确定的专家辅助人制度则实质上吸收了英美法系专家证人制度的某些特点,使所谓专家辅助人更像是"当事人辅助人"。这也体现了两大法系在鉴定制度上相互融合的趋势。实际上,大陆法系在强调鉴定人中立性的同时,也有类似专家证人的制度。在德国,"鉴定证人"与证人比较接近;德国《刑事诉讼法典》第 85 条对鉴定证人进行了规定:"只要为了证明过去的事实或状态而需要特殊专业知识进行感知,就可以讯问有专业知识的人员,对此适用有关证人的规定。"鉴定证人基于其特殊的专业知识而对过去的事实作证,而鉴定人通常对现有事实提供专业咨询。[38] 在日本,辅佐人是为了保护被告人而存在;在此意义上,辅佐人具有和辩护人相同的地位;在被告缺席的情况下,其能独立作为被告人的代理人参与诉讼。[39] 在俄罗斯,刑事诉讼

---

[33] 这里针对的是民事诉讼中的相关制度,即 2001 年《最高人民法院关于民事诉讼证据的若干规定》第 61 条引入了"具有专门知识的人员"。其规定如下:"当事人可以向人民法院申请一至二名具有专门知识的人员出庭就案件的专门性问题进行说明。人民法院准许其申请的,有关费用由提出申请的当事人负担。审判人员和当事人可以对出庭的具有专门知识的人员进行询问。经人民法院准许,可以由当事人各自申请的具有专门知识的人员就有关案件中的问题进行对质。具有专门知识的人员可以对鉴定人进行询问。"

[34] 参见樊崇义等:《刑事证据法原理与适用》,中国人民公安大学出版社 2001 年版,第 214 页以下。

[35] See Bryan A. Garner ed. , *Black's Law Dictionary*, 7th ed. , West Group, 1999, pp. 600, 1597.

[36] [美] 约翰·W. 斯特龙主编:《麦考密克论证据》,汤维建等译,中国政法大学出版社 2004 年版,第 31 页以下。

[37] 参见汪建成:"专家证人模式与司法鉴定模式之比较",载《证据科学》2010 年第 1 期。

[38] KK‐StPO/Senge, StPO 7. Auflage 2013, § 85 Rn. 1.

[39] 参见 [日] 松尾浩也等编:《条解刑事诉讼法》,弘文堂 2009 年版,第 88 页。

中的"专家"被赋予"其他刑事诉讼的参加人"的身份,"专家的结论和陈述"作为法定的证据种类加以规范。[40]

而我国的专家辅助人制度,从上文的实证分析中可以看出,其设计是有缺陷的,即专家辅助人意见没有证据能力;加上较高的成本,其很难对当事人和律师有真正的吸引力,在庭审中的作用极为有限;这直接导致了其在实践中的应用非常有限。笔者认为,我国可以在坚持司法鉴定制度的大陆法传统的基础上,在强调鉴定人的中立性的同时,通过吸收专家证人制度在保障被告人权利方面的优势,在结构上仍然保留职权化的司法鉴定制度,但在技术上完善对抗化的专家辅助人制度。也就是说,司法鉴定制度与专家证人化的专家辅助人制度是可以并存的。

从国内法的层面来看,新《刑事诉讼法》中仅规定了"有专门知识的人",而未明确规定"专家辅助人"或"专家证人",司法解释中亦是如此。这便为学理上论证借鉴专家证人制度来改良现行制度留下了空间,也为司法实践中的探索提供了可能性。至于是叫做"专家辅助人"还是"专家证人"并不重要,重要的是其背后的证据能力问题。在《最高法公布对网民31个意见建议答复情况》中,曾明确提到了专家意见的证据能力。"专家证人的说明,有利于法官理解相关证据,了解把握其中的技术问题,有的本身不属于案件的证据,但可以作为法院认定案件事实的参考。"这一表述实质上指出了某些专家证人意见是具有证据的属性的,虽然并没有明确列举哪些专家证人意见具有这样的属性。在《最高法院解释》中,对证人、鉴定人、有专门知识的人的询问程序,能与此相呼应。其第215条规定:"审判人员认为必要时,可以询问证人、鉴定人、有专门知识的人。"上文的实证研究也显示,专家意见对法官心证的影响实际上与证人证言、鉴定意见相似,都发挥着证据的作用。《最高法院解释》第216条进一步规定:"向证人、鉴定人、有专门知识的人发问应当分别进行。证人、鉴定人、有专门知识的人经控辩双方发问或者审判人员询问后,审判长应当告知其退庭。证人、鉴定人、有专门知识的人不得旁听对本案的审理。"如果仅仅从有利于协助质证的角度来看,恐怕专家应该更多地参与旁听审判,以便更加了解案情以助有效质证。正是因为专家辅助人意见对法官心证的影响与证人、鉴定人有类似之处,[41]专家辅助人也应该受到一定的限制,而不是像律师那样完全自由地参与刑事审判的全过程,才会有如此的规定。相比于新《刑事诉讼法》,新《民事

---

[40] 参见[俄]古岑科主编:《俄罗斯刑事诉讼教程》,黄道秀等译,中国人民公安大学出版社2007年版,第204页。

[41] 《最高法院解释》第87条规定:"对案件中的专门性问题需要鉴定,但没有法定司法鉴定机构,或者法律、司法解释规定可以进行检验的,可以指派、聘请有专门知识的人进行检验,检验报告可以作为定罪量刑的参考。"这里的"有专门知识的人"显然不是鉴定人,而可以被纳入所谓的专家辅助人或专家证人。

诉讼法》中有专门知识的人要承担两项职能：①就鉴定人作出的鉴定意见提出意见，②就专业问题提出意见。[42] 新《刑事诉讼法》仅规定了第一项职能，忽略了就专业问题提出意见这一重要职能，而后一职能显然超越了协助质证。

此外，赋予专家辅助人意见以证据能力，不仅有利于被告方对质权的实现，也为控方举证提供了新的途径。也就是说，专家辅助人的引入以及专家辅助人意见的证据能力的确认，本身对控辩双方是公平的，只是由于被告方在我国现行的司法鉴定体系中处于明显弱势的地位，从而使得二者对被告方的意义要超过控方。也正因为如此，本文的研究主要是站在被告方的角度来展开的，而较少论及控方专家辅助人的问题。

五、结语

本文的研究试图从实证的角度，重新审视鉴定人出庭和专家辅助人制度，并对新刑事诉讼法相关制度的实施进行评估。由于相关案例匮乏，尤其专家辅助人出庭的案例更是稀缺，本文采用了以问卷调查为主，结合访谈、阅卷、个案分析的方法，试图一窥实践中鉴定人出庭和专家辅助人制度的实施状况。由于受采样地域范围和样本数量所限，以及有效阅卷和典型案例不足，使得相关研究还仅限于一种探索式的解读。

本文的核心观点是，保障对质权的实现是必要鉴定人出庭和引入专家辅助人的理论基础。为此，关键在于限制法官在鉴定人出庭问题上的决定权，虽然法官保有一定的裁量权是司法权属性的需要，也并不违反国际刑事司法准则。新刑事诉讼法引入的专家辅助人制度也是围绕对质权设计的，[43] 但由于专家辅助人的身份在鉴定人、证人、辩护人、其他诉讼参与人之间徘徊，所以相关条文和司法解释表现出"身份困惑"。专家辅助人制度的引入打破了侦查机关聘请鉴定人的垄断状态，体现了控辩平等的取向。但没有证据能力的专家辅助人意见是残缺不全的，加上成本高、请专家难等问题，使得专家辅助人制度的积极影响，在新刑事诉讼法实施以来，几乎可以忽略不计。如何使专家辅助人意见的定位从保障质证权走向具有独立的证据能力，尚需进一步研究。

从根本上看，鉴定人出庭和专家辅助人的引入是以实现庭审中的控辩平等对抗为导向的。通过鉴定人和专家辅助人的出庭，使以往主要代表控方的鉴定人在鉴定

---

[42] 新《民事诉讼法》第79条规定："当事人可以申请人民法院通知有专门知识的人出庭，就鉴定人作出的鉴定意见或者专业问题提出意见。"

[43] 这一点类似于被告人对不利于己的证人的对质权的保障。相关研究参见熊秋红："刑事证人作证制度之反思——以对质权为中心的分析"，载《中国政法大学学报》2009年第5期。易延友："证人出庭与刑事被告人对质权的保障"，载《中国社会科学》2010年第2期。

过程中感受到实实在在的压力，更为法庭上发现控方提出的鉴定意见中的问题提供了机会。这是鉴定制度改革的需要，也是强化控辩双方质证效果的需要。从发展的趋势来看，鉴定制度既要保持中立性又应走向对抗化，允许作为"法官辅助人"的鉴定人和作为"当事人辅助人"的控辩双方各自委托的专家同时存在，并使之当庭进行必要的对质和交叉询问。这是对鉴定意见进行有效审查的必由之路，也是未来鉴定制度改革的方向。

鉴定人出庭作证问题研究

——以新《刑事诉讼法》为视角*

王建强** 赵卫峰

新《刑事诉讼法》实施前，由于立法上的不完善、部分鉴定人素质不高以及对鉴定人出庭相关保障措施不到位等多方面的原因，实践中鉴定人不出庭的现象非常严重。我国原刑诉法原则性地规定鉴定人应当出庭作证，但是并没有对不出庭会有什么惩罚措施作出规定，在实践中也就容易成为一纸空文。2005 年全国人大常委会《关于司法鉴定管理问题的决定》(以下简称《决定》) 对鉴定人出庭等问题进行了规定。《决定》的相关规定虽然较原刑诉法有了一定进步，但是也存在很大的局限性。其惩罚措施对于侦查机关内设鉴定机构的鉴定人员没有约束力[1]，而在刑事诉讼中由于鉴定启动权在公安司法机关，当事人仅仅享有申请重新鉴定、补充鉴定的权利，大部分的鉴定都是由侦查机关的内设鉴定机构完成的。《决定》对面向社会服务的鉴定机构中的鉴定人有一定约束力，但在实践中由于没有很好的监管措施，也基本上没有得到有效实施。鉴定人素质参差不齐的现状以及对鉴定人出庭人身财产安全保护、经济补偿的缺乏都在很大程度上影响了鉴定人出庭的自觉性和积极性。新刑诉法针对鉴定人出庭存在的问题作了很大的修改，笔者将结合新刑诉法的相关规定及新刑诉法实施一年来的效果，从鉴定人出庭的必要性、新刑诉法对鉴定人出庭相关规定及积极意义、存在的问题和对策三个方面对鉴定人出庭问题进行分析。

一、鉴定人出庭的必要性分析

证据法中的直接言词原则是要求鉴定人出庭的法理基础。鉴定人出庭接受诉讼双方对其所出具的鉴定意见进行质证，有利于法官掌握案件事实，也是鉴定意见被控辩双方接受的必要途径。国外立法对于鉴定人出庭作证这一问题都作出了相近的

---

* 本文原载于《中国司法鉴定》2014 年第 3 期。

** 北京民生物证司法鉴定所。

〔1〕 目前，我国鉴定机构主要分为两类：一类是侦查机关内部设立的鉴定机构；一类是面向社会服务的鉴定机构。《决定》颁布不久，公安部和检察院就分别作出解释，认为《决定》规定的对象限于面向社会的鉴定机构，不适用于本部门的鉴定机构和鉴定人员，仍然执行本部门的相关规定。

规定，要求鉴定人必须亲自出庭作证，接受控辩双方的询问，然后由法官决定是否采纳鉴定意见，对于无正当理由拒绝出庭的鉴定人也都规定了相应的制裁措施。

（一）鉴定意见作为一种法定证据，须经过质证

在我国，鉴定意见是与物证、书证、证人证言等相并列的法定证据种类之一。鉴定意见这一证据种类的特征在于鉴定人是通过自己的专业知识并运用科学方法对案件中所涉及的专门性问题作出的判断，由于其具有科学性的特征，所以具有较高的证明力，并深得裁判者的信赖。但是，对证据进行质证是现代诉讼的基本要求，不能因为鉴定意见披上科学性的外衣而忽略了对其进行质证。对鉴定意见进行质证不仅是形式理性和程序正义的要求，也是实现实体正义的重要近路。[2] 需要对鉴定意见进行质证主要有以下几个方面的原因：第一，在我国，鉴定意见是与其他种类证据相并列的一类证据，地位没有高于其他证据，同样需要经过法庭质证、认证后才能被采纳采信。第二，鉴定意见没有预定的证明力。鉴定意见作为一种证据，虽然具有科学性，但是并不能与科学结论简单画等号。20 世纪以来，被冠以"科学证据"之称的鉴定意见逐渐步入司法证明舞台的中心，而裁判者虽然是法律方面的专家，但对于诉讼中所涉及的专门性问题却不甚了解，因而对于具有科学性外衣的鉴定意见容易迷信其证据效力及证明力。鉴定意见虽然是建立在科学理论的基础之上，但是科学是不断发展的，而且司法鉴定领域还有一些伪科学的存在。第三，鉴定人员能力素质的参差不齐以及鉴定所依据的检材样本可能存在虚假等因素，都可能导致出现错误的鉴定意见，甚至虚假的鉴定意见，这就需要司法工作者对鉴定意见进行质证，并与其他证据综合考虑，得出裁判结果。

（二）鉴定人出庭有助于鉴定人员队伍建设

司法鉴定是指在诉讼活动中，鉴定人运用科学技术或者专门知识，对诉讼涉及的专门性知识进行鉴别和判断，并提供鉴定意见的活动。因此，鉴定人必须具有解决相关专门问题的知识和能力。《决定》第四条对鉴定人资格做了相关规定，但主要是学历、职称等方面的要求。实践中，我国鉴定人资格取得程序比较混乱，并没有全国统一的考试程序以及准入标准，鉴定人资格取得申请主要由其所在鉴定机构审核并报主管部门审核，这种审核批准程序缺乏科学的方法和标准，缺乏有效的硬性准入门槛及相应的监管措施，在很多地方都成了一种过场形式。有关部门核准鉴定人资格之后，对鉴定人员并没有一套完善的培训及考核机制，这就导致部分鉴定人员业务素质、法律素质、道德操守不高，严重影响了鉴定人员队伍的整体素质。鉴定人出庭作证，要接受控辩双方及法官对鉴定意见中的专业问题的提问、质疑，回答诉讼参与人关于仅仅通过书面鉴定意见无法了解的知识和依据的问题，这就对鉴

---

[2] 杜志淳等：《司法鉴定法立法研究》，中国法制出版社 2011 年版，第 176 页。

定人员的能力素质提出了更高的要求。对于能力素质优秀的鉴定人员这不仅是一个展示自己专业水平的平台，也是一个锻炼和提高自身水平的机会。而对那些不具备相应能力水平的鉴定人来说，则是一个很难完成的任务。因为在法庭上，与法官、当事人以及专家证人面对面进行质证很容易暴露自己的真实水平。因此，鉴定人出庭这一制度的实施可以促进鉴定人努力学习提高专业水平，还能够淘汰一部分能力水平不够担任鉴定人资格的人，对鉴定人员队伍建设有十分重要的作用。

（三）鉴定人不出庭影响将当事人对裁判结果的认同

我国司法鉴定的启动权集中在公检法机关，当事人没有鉴定的启动权，只有对鉴定存在疑问时才能申请重新鉴定或者补充鉴定，而决定权又在公检法机关，相关法律也没有规定当事人提出申请后必须进行鉴定。实践中，侦查机关在案件侦查中可以随时启动鉴定程序，而鉴定人员也多为其内设鉴定机构人员。在审判中，法官有权决定是否委托鉴定、由谁进行鉴定，这在很大程度上造成了当事人对鉴定意见，特别是侦查机关出具的鉴定意见的可靠性产生疑问。前几年发生在湖南的黄静案就是这一问题的集中反映。鉴定意见往往对最终裁判结果起着举足轻重的作用，而如果对裁判结果起着关键作用的证据做出者不出庭接受询问，即使鉴定意见是按照法定程序和科学方法得出的正确结论，受到不利影响的一方当事人也会对该鉴定意见抱有怀疑态度，随之而来的后果就是不断申请重新鉴定或者自己委托鉴定机构做鉴定，导致了司法实践中"多头鉴定"、"重复鉴定"等问题的发生，严重影响了诉讼效率。"裁判者在诉讼中扮演着代替'神'来宣告'真理'的角色，由于这种宣告影响着当事人的实体权利分配，同时具有权威性和终局效力，一旦作出，就意味着这种分配将成为既定事实，因此，裁判者经常成为承载着当事人不满的容器。"[3] 鉴定人不出庭作证，导致对鉴定意见缺乏有效的质证，法官若认定该鉴定意见的证据效力并据此作出判决，有关当事人就可能基于对该鉴定意见正确性、正当性的质疑转移到对法庭审理程序及审判结果公正性的怀疑。另外，有关当事人丧失了对审判结果的信任，就会走上访、申诉的道路，严重影响社会稳定，作为消除社会矛盾机构的司法机关就可能会成为一个制造新的社会矛盾的地方。"可见，鉴定人不出庭作证的后果不仅仅是影响一个具体案件的判决，一个法院的形象，而且会影响到当事人对司法公正的信心，它影响到的是社会公众对整个国家司法制度的信任，是关系着司法公正与效率的不可忽视的一个环节。"[4]

二、新刑诉法对鉴定人出庭相关规定及意义

新刑诉法针对实践中存在的问题对鉴定制度作出了相应的修改和完善，对鉴定

---

〔3〕 樊崇义：《正当法律程序研究》，中国人民公安大学出版社 2005 年版，第 143 页。

〔4〕 申柳华："对我国鉴定人不出庭现象的反思"，载《云南大学学报（法学版）》2004 年第 3 期。

人出庭率低这一问题的解决将起到很大的促进作用，体现了立法的进步。

（一）用"鉴定意见"代替了"鉴定结论"

新刑诉法将原刑诉法"鉴定结论"改为"鉴定意见"，这一改动看似只是两个字的变动，却揭示了鉴定活动的实质，用"鉴定意见"取代"鉴定结论"作为刑事诉讼中证据种类的一种，更加符合证据的本质特征。现在诉讼法中对证据的定义更加倾向于材料说，即证据材料只有经过法庭质证才能作为证据使用。"司法鉴定所产生的证据从本质上讲就是一种专家证言，不具有任何预定的效力，同样需要在法庭上经过当事人和法官的审查判断，并经法官认定后才能作为定案的根据。"[5] 采用"鉴定结论"的说法会容易使司法机关工作人员及当事人误认为通过鉴定得出的结论就是证据，不需要法庭质证及法官认定，如此认识会使其具有超越其他证据种类的优势地位，脱离了证据的本质特征。鉴定意见的提法强调了该类证据只是证据种类中的一种，是鉴定人员通过专业知识得出的一个主观判断，鉴定人的判断并不是法官的判断，不能直接作为最终事实结论成为法院判决的依据。一言以蔽之，"鉴定意见"只具有一定的科学性，并没有所谓的权威性，其究竟能否得到采纳、证明力的大小必须结合其他证据审查判断，经过法官的认定。这就为鉴定人需要出庭质证提供了依据，也有利于破除法官对"鉴定意见"的迷信，避免了"结论"一词给人确定、不容置疑的感觉，促进法官对"鉴定意见"进行有效的审查判断。

（二）明确鉴定人出庭条件，增加不出庭的后果

"尽管原刑事诉讼法明确规定了鉴定人出庭作证的义务，但是由于缺乏相应的法律制裁和保障措施，实践中这一义务并未得到切实履行。"[6] 新刑诉法第187条第3款规定："公诉人、当事人或者辩护人、诉讼代理人对鉴定意见有异议，人民法院认为鉴定人有必要出庭的，鉴定人应当出庭作证。"这一条文明确了鉴定人出庭的条件，一是控辩双方对鉴定意见有异议，主体包括公诉人、当事人或者辩护人、诉讼代理人；二是法院认为鉴定人有必要出庭。第一个条件规定了可以申请鉴定人出庭的主体，但是这些主体仅仅享有申请的权利，并且排除了法院主动要求鉴定人出庭的可能。第二个条件实质上规定了谁有权最终决定鉴定人是否出庭的问题。这一条文赋予了控辩双方同等的鉴定人出庭申请权利，排除了法官主动要求鉴定人出庭的权利，法官在控辩双方提出申请后可以根据案情自由裁量鉴定人是否出庭，这样规定使法官的地位更加中立，体现了当事人主义色彩。该规定对鉴定人出庭的程序作出了规定，增强了鉴定人出庭的可操作性。第187条第3款规定：经人民法院通知，

---

〔5〕 卞建林、郭志媛："解读新《刑事诉讼法》推进司法鉴定制度建设"，载《中国司法鉴定》2012年第3期。

〔6〕 卞建林、郭志媛："解读新《刑事诉讼法》推进司法鉴定制度建设"，载《中国司法鉴定》2012年第3期。

鉴定人拒不出庭作证的，鉴定意见不得作为定案的根据。笔者认为，这一规定是新刑诉法对鉴定这一块修改的最大亮点，用基本法的形式确定了鉴定人不出庭的法律后果，即排除该鉴定意见，体现了传闻证据规则的要求。鉴定人没有正当理由不出庭会导致鉴定意见被排除，"不得作为定案依据"这一规定虽然对鉴定人来说没有直接的惩罚，但是控辩双方基于胜诉的要求必然会向鉴定人施加压力，督促其出庭作证，有利于改善鉴定人出庭率不高的现状。

（三）增加对鉴定人的人身安全保护

在诉讼中，鉴定意见会在很大程度上决定一个案件的判决结果，鉴定人出庭就鉴定意见中的相关问题接受控辩双方的询问，会直接面对诉讼当事人。因此，当事人就有机会了解掌握鉴定人的相关信息，这在很大程度上导致了鉴定人不敢或不愿到法庭面对当事人，害怕当事人打击报复，威胁到自己及家属的生命财产安全，而过去的刑诉法并没有相关规定来保护鉴定人。权利与义务是需要对等的，法律要求鉴定人出庭作证履行义务，鉴定人也因此会面临一些风险，法律就需要有相应的保护措施来维护鉴定人的权利。立法者也意识到了保护鉴定人及其家属安全的重要性，新刑诉法第62条规定，对于危害国家安全犯罪、恐怖活动犯罪、黑社会性质的组织犯罪、毒品犯罪等案件，鉴定人因在诉讼中作证，本人或者其近亲属的人身安全面临危险的，人民法院、人民检察院和公安机关应当采取以下一项或者多项保护措施……这体现了立法的进步，有利于消除鉴定人出庭作证的后顾之忧，对鉴定人积极履行出庭作证义务也将产生积极的影响。

（四）增加了专家辅助人制度

近年来，司法鉴定意见在很多冤假错案中都具有一定的负面作用，造成了非常恶劣的社会影响。司法鉴定一个重要的特征就是具有科学性，为什么鉴定意见却屡屡成为冤假错案的帮凶呢？笔者认为，对鉴定意见缺乏有效的质证是其中一个非常重要的原因。鉴定意见是鉴定人通过其专业知识运用科学方法对案件涉及的专门性问题得出的结论，而法官和控辩双方缺乏相应的专业知识。即使鉴定人出庭了，控辩双方囿于专业知识的缺乏，也很难对鉴定意见进行有效的质证，法官往往会轻信鉴定意见并将其作为定案的根据。新刑诉法第192条第2款规定："公诉人、当事人和辩护人、诉讼代理人可以申请法庭通知有专门知识的人出庭，就鉴定人作出的鉴定意见提出意见。"这一规定确立了专家辅助人制度，对鉴定意见质证效果的提高将会起到很大的作用。为了使鉴定意见能够得到实质性的质证，必须由具有专业知识的人出庭与鉴定人进行对质，以避免对鉴定意见的质证成为鉴定人的"一言堂"。作为鉴定意见所涉及的专业知识方面的专家学者，专家辅助人可以与鉴定人就鉴定所依据的理论、方法等方面的问题进行质证，从而发现鉴定意见存在的专业方面的问题，有助于法官对鉴定意见形成正确的内心确信，有利于作出正确的判决，防止因为采信错误的鉴定意见造成冤假错案。

三、存在的问题及对策

在肯定新刑诉法对鉴定人出庭问题的积极作用的同时，我们还应当看到现行规定存在的一些弊端，并在今后的立法工作中进行修改和完善。

（一）应增加对鉴定人不出庭的实体性惩罚措施

新刑诉法修正案草案第 187 条规定，证人没有正当理由逃避出庭或者出庭后拒绝作证，情节严重的，经院长批准，处以 10 日以下的拘留。鉴定人出庭作证，适用前两款的规定。这一规定对鉴定人和证人不出庭的情况规定了相同的惩罚措施，即强制出庭和予以拘留，但最后颁布的新刑诉法只保留了对证人可以采取这种惩罚措施的表述。"新刑讼法最终确立了鉴定人拒不出庭的后果，即经人民法院通知，鉴定人无正当理由而不出庭作证的，其鉴定意见不得作为认定案件事实的依据。由此可见，新刑诉法最终对鉴定人拒不出庭的后果仅采取了程序性制裁手段。"[7] 至于为什么删除草案中关于强制鉴定人出庭的规定，笔者查阅相关资料后发现有两种解释：一是认为该规定太过严厉，不利于提高鉴定机构及鉴定人进行鉴定工作的热情；二是认为《决定》中有相关条款对这一问题已经做出了规定。

笔者认为，上述理由并不成立，原因主要有以下几个方面：一是虽然规定经人民法院通知，鉴定人无正当理由而不出庭作证的，其鉴定意见不得作为认定案件事实的依据，这对鉴定人出庭将产生一定的促进作用，但是将鉴定意见排除这一行为更多的是对提出鉴定意见方或者对鉴定意见支持方的制裁，这种所谓的制裁的作用对象是一方当事人而非鉴定人本身。二是新刑诉法保留了对证人不出庭的实体制裁措施，证人只是由于目睹案件发生过程或者其他原因了解案件相关情况就必须出庭作证，且法院可以对其不出庭采取严厉的制裁措施。相比证人而言，享有更多权利并且获取更多利益的鉴定人却没有同等的制裁措施，从权利义务的角度讲这是不公平、不对等的。三是部分学者认为鉴定人不同于证人，没有不可替代性，这是站不住脚的。实践中，鉴定人不出庭导致的后果是当事人对鉴定意见不服，因而申请重新鉴定，对一个案子作出几份甚至十几份鉴定意见，这不仅影响了诉讼效率，而且给当事人带来了巨大的人力和财力负担。因为不需要出庭质证，部分鉴定人就可以不负责任地出具鉴定意见，更甚者出现了很多虚假鉴定。认为强制鉴定人出庭可能影响鉴定人接受委托鉴定的积极性更是讲不通的，侦查机关的鉴定机构进行鉴定是为案件侦查服务的，其鉴定人也是相应部门的工作人员，这本是职责范围，何谈影响其进行鉴定的积极性。而面向社会的鉴定机构是营利组织，盈利状况跟其进行鉴定的数量质量息息相关，强制其出庭也不会影响其接受委托鉴定的积极性。因此，

---

〔7〕 陈邦达、胡广平："论新刑诉法司法鉴定问题的修改"，载《福建警察学院学报》2012 年第 5 期。

排除鉴定意见这种程序性制裁只能在一定程度上促使当事人督促鉴定人出庭作证，但是力度显然是不够的，还需要有相应的实体性制裁措施。"在英美法系，鉴定人和证人一样，法庭对不出庭可以采取强制措施；大陆法系对鉴定人不出庭的，可以进行包括剥夺鉴定人资格在内的很多惩罚措施。"[8] 德国对拒不出庭的鉴定人就规定了可以采取判处罚金以及羁押等处罚。

鉴于此，笔者认为，对鉴定人也应当适用新刑诉法第188条对证人不出庭的制裁措施，以更好地督促鉴定人出庭作证。

（二）须对鉴定人出庭的经济补偿问题作出规定

随着法制进程的不断推进，司法证明方式经历了从非理性到理性的转变，证明方法也经历了从"神证"、"人证"到"物证"的转变。而随着科学技术的发展，越来越多的科学技术被应用到司法领域，鉴定意见对司法判决起到了越来越重要的作用。因此，越来越多的案件需要鉴定人出庭作证，但是鉴定机构很多都是营利性的机构，经济利益自然是鉴定人需要考虑的问题。鉴定人出庭需要消耗一定的时间精力。一方面，出庭影响了鉴定人正常的业务工作，必然会造成经济上的损失；另一方面，出庭的鉴定人还要支出一定的交通费、食宿费，特别是一些案件鉴定人还要到外地去出庭作证，这也是一笔很大的开支。权利和义务是需要对等的，出庭作证是由法律规定的鉴定人的一项义务，同时国家也应当对鉴定人因履行义务而遭受的经济损失进行补偿。很多国家都对鉴定人出庭给予了相应的经济补偿，如德国有专门关于补偿证人、鉴定人的法律，规定对鉴定人出庭作证要依照该法给予相应的经济补偿。我国相关法律法规在鉴定人安全保障及经济补偿问题上的缺失，严重影响了鉴定人出庭作证的积极性，遗憾的是新刑诉法对这一问题并没有进行规定。

新刑诉法第63条规定，证人因履行作证义务而支出的交通、住宿、就餐等费用，应当给予补助。证人作证的补助列入司法机关业务经费，由同级政府财政予以保障。有工作单位的证人作证，所在单位不得克扣或者变相克扣其工资、奖金及其他福利待遇。笔者认为，对鉴定人出庭作证的经济补偿问题可以参照该规定执行。

---

[8] 柯昌林："借鉴国外立法：完善我国鉴定人出庭作证制度"，载《法制与经济》2006年第6期。

公诉视角下的鉴定人出庭研究[*]

邹积超^{**}　袁雪娣

司法鉴定是一项运用科学技术为诉讼提供技术保障和专业服务的司法证明活动。虽然鉴定意见的做出需要依赖先进的科学技术，但很明显的是，鉴定人才是最为关键的因素。新《刑事诉讼法》有关条款明确规定了鉴定人有出庭作证的义务和鉴定人不出庭的后果，这无疑使得鉴定人在刑事诉讼中的地位进一步突出。新法实施尚不久，鉴定人在适应法律的新变化，司法机关和诉讼参与人也在积极探索这一变化的应对策略。本文将从公诉视角对鉴定人出庭进行探讨，以期寻找规律，使该制度的司法意义得以充分发挥。

一、鉴定人出庭的公诉职能目标

《刑事诉讼法》第187条规定："公诉人、当事人或者辩护人、诉讼代理人对鉴定意见有异议，人民法院认为鉴定人有必要出庭的，鉴定人应当出庭作证。"从此条文的内容来看，鉴定人出庭的直接意义在于消除"鉴定意见的异议"。这自然可以派生出鉴定人出庭更为深刻的意义——对鉴定意见的证据效力进行更为全面、深入的检验。有观点认为，鉴定人出庭作证对于证明鉴定过程的合法性、鉴定意见与待证事实的关联性方面具有一定的作用，但对于帮助法官认定鉴定意见科学性方面作用不大，甚至流于形式。这种观点看似有一定道理，但将鉴定人出庭的必要性与鉴定人出庭的作用相混淆了。刑事诉讼有直接言词原则，鉴定人出庭作证是这一原则的必然要求，法官通过察言观色，更容易做出明智判断。[1] 也许法官对科学技术的理解上有一定缺陷，但这不能排除他可以通过直接聆听相关解释，并综合案件其他证据作出相应判断；更何况，人与人之间的沟通有50%以上是靠身体语言，例如，眼神、声音、小动作、身体姿势等有关身体语言影响人们的生动描述。[2]

---

*　本文原载于《中国司法鉴定》2014年第6期。

**　上海财经大学。

〔1〕　陈瑞华：《刑事证据法学》，北京大学出版社2012年版，第151页。

〔2〕　〔美〕盖瑞·史宾塞：《最佳辩护》，魏丰等译，世界知识出版社2003年版，第36~61页。

（一）强化公诉证据效力

控辩双方之所以对鉴定意见产生异议，无非是鉴定意见的真实性、关联性和合法性出现问题，又因为涉及专业知识而衍生为一系列问题，包括鉴定机构的资质、鉴定人的资格、检材情况、鉴定技术和方法、鉴定程序等等。在刑事诉讼中，鉴定意见虽已由公诉人审查，辩护人也已审阅，但对于鉴定意见所涉及的专业性问题，仍会有不同的看法；对于超出控辩双方知识范围的问题仍可能存在难以理解的地方。这就需要鉴定人出庭对鉴定意见进行释疑。比如在高某故意杀人案中，前后共有3次对其精神状况的鉴定，对精神状况做了抑郁症、人格障碍的不同结论，对其刑事责任能力和受审能力也做出了不同的结论。如果鉴定人不出庭，非专业人员可能难以辨清形成鉴定意见的依据，从而影响法庭对鉴定意见的采信。将鉴定意见，特别是有异议的鉴定意见让法庭采信，对于公诉人而言无疑有较大的压力。但鉴定意见往往是公诉人支持公诉的重要证据，鉴定人出庭无疑能够强化鉴定意见的证据效力，稀释专业问题给公诉人带来的压力，从而有利于鉴定意见被法庭采信。

（二）鉴定意见的检验

提起公诉之前，公诉人一般会对鉴定意见进行认真审查，但往往是书面审查。虽然在审查中不排除与鉴定人的交流，但对于专业知识并不充分的公诉人来说，对鉴定意见进行全部理解和透彻审查仍有相当大的难度。而实践中，基于惯例，特定事项的鉴定往往集中于特定的鉴定机构、鉴定人，对鉴定机构或者鉴定人的信任惯性也可能影响公诉人的审查。因此，在对鉴定意见进行审查时，公诉人可能出现一些误解或者疏忽，从而未能及时检出鉴定意见中存在的瑕疵或者错误。为此，对于庭审中的全部证据，公诉人仍不失监督职责——鉴定人出庭制度实际上也包含了对鉴定意见进行检验的意义。

（三）鉴定意见的效果强化

刑事诉讼改革的总趋势是加强控辩双方的对抗，鉴定人出庭制度也无非是强化这种对抗或者是将对抗更为实质化的一种方式。对于公诉人来说，鉴定人出庭可能会造成诉讼不流畅，甚至可能影响最终的诉讼结果。但有异议的鉴定意见如果不能得到一个有效途径加以澄清，那么即使取得胜诉的结果也并不能取得良好诉讼效果，而追求良好的诉讼效果应为公诉应有之义。需要指出的是，尽管鉴定意见有客观的科学知识作为支撑，但其本质上仍是鉴定人主观认识的产物，唯有当事者亲到法庭阐释方能公正。另一方面，只有对鉴定意见进行充分的质证，才能使当事人自觉地接受判决结果，从而减少非理性的缠诉、滥诉现象。[3] 对于公诉人而言，对于影响大、争议大的案件，反愿意有鉴定人出庭，将诉讼对抗引导趋向最大化，以使得诉

---

〔3〕 李佳玟："检查一体原则与鉴定报告的证据能力——评'最高法院'2006年度台上字第六六四八号刑事判决"，载《月旦法学杂志》2007年第10期。

讼的社会张力得到最大限度的释放，从而强化诉讼结果效力，改善诉讼整体效果。

二、公诉案件的鉴定人出庭预备

尽管鉴定人出庭有积极的公诉意义，但并不受公诉人欢迎——因为其影响到诉讼效率；从实际情况来看，出庭也不受鉴定人的欢迎——谁也不喜欢被别人质疑。尽管如此，鉴定人出庭仍是目前最为有效的化解鉴定意见异议的方式。

（一）对鉴定资质再次审核

鉴定机构和鉴定人的资质是确保鉴定意见合法性和真实性的根本保障。[4] 此类问题常常是公诉人和鉴定人容易忽略的，但一旦发生问题又常常是致命的。实践中，一些案件随附的鉴定报告中常常缺少鉴定资质的证明材料，由于信任的惯性，公诉人在审核的过程中也容易忽略有关鉴定资质的审核；而一些鉴定人对自身的鉴定资格有所了解，但对鉴定机构的鉴定资质又不甚了解。在这种情况下，一旦出庭，公诉人和鉴定人极有可能在与辩方真正的交锋前就败下阵来。由此，鉴定资质的审核虽然可能已经在审查起诉阶段予以审核，但在开庭前仍要再次审核。根据经验，在审核中尤其需要注意审核鉴定人是否纳入鉴定名册，审核鉴定人鉴定资质是否已进行年检，审核鉴定人在作出鉴定意见时是否享有鉴定资质。此外，鉴定人要准备好各种证件和材料（包括鉴定机构的证件、鉴定人的学历、职称和鉴定资格证件、相关法律材料等），并与公诉人在鉴定资质上形成交流沟通。

（二）熟悉相关案件材料

如果鉴定人的专业水平不存在问题，其出庭时能否取得良好效果很大一部分取决于他对案件材料的熟悉程度。这是因为鉴定人出庭使得自己的身、行、言、形均暴露于法庭之上，如果对案件不熟悉，对鉴定材料不熟悉，对专业知识不熟悉，都可能影响作证效果，影响法官心证。而且诉讼的进程是难以完全掌控的，一个案件在作出鉴定意见后可能很长时间才能进入审判程序。此时，鉴定人极有可能对鉴定材料、案件材料有所遗忘。比如在一些非法集资类犯罪中，常常需要对集资总额进行司法会计鉴定，由于此类犯罪的会计材料往往不完整，对有关金额数据的取舍常常需要鉴定人在鉴定过程中综合全案情况进行考虑，而此类犯罪数据庞杂，形成包括附件在内的数册鉴定意见报告，如果鉴定人对材料不熟悉，出庭将很难适应辩护人对某些细节的询问。由此，鉴定人在出庭前应该对相关鉴定材料、案件材料进行重温，公诉人则应该根据实际情况对某些细节问题给鉴定人进行重点的介绍；对鉴定意见中的重要环节也应该与鉴定人进一步确认；对可能被询问的问题进行预测。

---

[4] 张军主编：《刑事证据规则理解与适应》，法律出版社 2010 年版，第 190 页。

（三）专业知识整理

虽然鉴定人一般对自己的专业知识水平有较强自信，但在出庭时仍可能面临两个方面的问题：一是如何将复杂的专业知识用通俗的语言向法庭进行阐释；二是在引入专家辅助人的情况下如何应对专业交锋。由此，鉴定人需要对案件涉及的专业知识进行全面的整理，并对该领域的最新研究成果和技术新发展有所了解，必要时可以列明提纲。同时，公诉人也应该对鉴定意见涉及的有关专业知识加以了解，以便在鉴定人出庭时的询问或者交叉询问中把握有利的方向，必要时应与鉴定人进行沟通，或者向本机关技术部门人员或专家请教。需要特别注意的是，在专家辅助人出庭的情况下，鉴定人、公诉人有必要对专家辅助人的学术观点、研究成果进行研究，摸清其与本方观点的差异或分歧。

（四）公诉人与鉴定人沟通

一般而言，鉴定意见是公诉方的重要证据，由此可以将鉴定人理解为控方证人。尽管基于客观中立的原则，鉴定人对控辩双方不能有所偏袒，但在诉讼实践中，鉴定意见一旦被公诉方采用，则鉴定人与公诉方的密切关系是显而易见的。目前，鉴定人出庭的案件比例并不太高[5]，鉴定人对出庭的情绪非常复杂——毕竟法庭不是鉴定人熟悉的场所。由此，鉴定人与公诉人在庭前的交流就显得至关重要。在交流中，公诉人应该对法庭审理的程序和基本规则进行详细的介绍，引导鉴定人的心理调适，并就可能涉及的鉴定资质、回避、检材来源、鉴定条件、鉴定程序和方法、鉴定意见书的形式要件等问题与鉴定人研究讨论。在这里需要指出是，实践中公诉人和鉴定人常常会就庭审中的询问进行模拟，甚至会对相关问题的答案进行设计。有人认为，这种方式可能会使公诉人对鉴定人的客观性产生消极影响。这种想法不能说完全没有道理，但就实际情况来看，鉴定人虽然会在回答问题的基本策略和基本定位方面听从公诉人的意见，但如果让其改变客观的、专业的立场是很困难的。因为这意味着巨大的风险——庭审是开放性的，鉴定人的言词会受到法庭全体人员包括专家辅助人的鉴别，理性的鉴定人很少会放弃原则。

（五）对鉴定失误的注意

在庭审预备中，一个经常会出现的问题是发现鉴定意见中存在一定的瑕疵甚至错误。对于这一情况，公诉人和鉴定人应该客观对待，本着实事求是的原则，按照法律的有关规定进行操作。一般来说，对待这种情况，可以由公诉人向法庭申请补充侦查而使案件得以延期审理，由此使鉴定人能够对相关问题进行修正、补充鉴定或者重新鉴定。对于一些对案件定性量刑影响不大的瑕疵问题，可以留待庭审时向

---

〔5〕 据某市 2013 年刑事诉讼"四类人员"（证人、侦查人员、鉴定人和有专门知识的人）出庭情况的统计，出庭共计 72 人次。其中，证人出庭 34 人次（占 47.2%）、侦查人员出庭 24 人次（占 33.3%）、鉴定人出庭 14 人次（占 19.4%）；尚无有专门知识的人出庭。

法庭直接作出说明。

三、鉴定人出庭的程序要点

实践中，鉴定人出庭的程序一般按照证人出庭作证程序进行。在这一过程中，鉴定人既需要与公诉人进行良好的配合，又需要根据庭审的具体推进灵活地处理可能出现的各种意外情况，这对鉴定人素质和能力要求都很高。

（一）诉讼角色定位

鉴定者，乃为取得认定事实之资料也，即使持有特别学识经验之第三人，究其事实陈述所判断意见之称谓。[6] 鉴定人出庭虽然在程序上按照证人出庭程序设置，但鉴定人的角色定位与证人不同。证人是以其所见所闻向法庭陈述其所察知的案件事实，并接受控辩双方的质证；而鉴定人是以其专业知识就鉴定意见承载的内容向法庭作出说明，并接受控辩双方的询问——在这个过程中，质证的对象是鉴定意见，而不是证人证言。因此，鉴定人出席庭审，务必严格围绕鉴定意见向法庭作证，而不能对鉴定意见之外的案件事实发表意见。另一方面，鉴定人对公诉人和控方的观点没有必然的依附关系，而应该本着客观公正的原则以专业知识解决鉴定意见中的专业性问题。

（二）适应"交叉询问"

在庭审中，对言词证据审核的基本方式是交叉询问。虽然我国刑事诉讼中并没有设置交叉询问规则，但对证人或者鉴定人的询问仍按照交叉询问方式进行设计。根据司法解释，对鉴定人的发问先由提起通知的一方进行。因此，对鉴定人的询问往往由辩方开始。辩方对鉴定人的询问可能非常尖锐，这些问题可能涉及案件事实，也可能涉及专业性知识、鉴定人的经验甚至鉴定意见的采信率等。对于这些问题，鉴定人应该调整好心态，按照既定计划和实际情况用尽量通俗的语言客观、精确地加以陈述。当然，在交叉询问过程中，公诉人要善于引导鉴定人围绕焦点问题展开阐释，同时需要注意对其情绪引导和控制。

对于交叉询问，笔者认为有两个问题值得关注。一是询问次序。司法解释规定询问鉴定人由提请通知的一方进行，但这一规定不尽合理。由于实践中往往是辩方对鉴定意见有异议并申请鉴定人出庭作证，故询问一开始往往就非常激烈，有些辩护人、专家辅助人甚至利用审判人员、公诉人对专业知识的不甚了解而将询问引入歧途。由此，笔者认为，对鉴定人的询问应当由控方先进行比较合适，由公诉人迅速对鉴定人的鉴定资质、鉴定主张和争议进行归纳，帮助鉴定人进入状态，以保证正常的诉讼秩序。二是所谓禁止诱导性询问似应放宽。根据法律规定，对证人的询问

---

〔6〕 刁荣华：《刑事诉讼法释论》，汉苑出版社1997年版，第219页。

应避免诱导性询问，也有人主张对鉴定人绝对禁止诱导性询问。笔者认为，交叉询问规则实际上一般禁止主询问中的诱导性询问，反询问中并不禁止诱导性询问。因为与一般证人相比，鉴定人毕竟受到客观立场、科学知识的限制，受到诱导而做虚假陈述的风险较低。绝对禁止诱导性询问，蕴涵了对鉴定人品格发问的限制，变相剥夺了对方当事人对鉴定人品格的发问权，[7] 不利于全面揭示鉴定意见存在的问题。

（三）应答的基本策略

在庭审过程中，公诉人虽然可以尽量引导鉴定人作证，但鉴定人自身仍应该有良好心理素质和职业素养；特别是在应对辩方询问时，问题可能涉及各个方面，其目的就是为了打乱鉴定人的思路，或者暴露鉴定人的知识短板，或者使得鉴定人陷于前后陈述的矛盾中。鉴定人应该紧紧围绕鉴定意见，根据有关法律法规和自己的专业知识灵活加以应对。对于涉及鉴定意见之外的案件事实的询问，鉴定人完全有权利拒绝回答，并向法庭说明该询问已经超出鉴定人职责范围。对于超越《刑事诉讼法》询问规则的询问，在庭审实践中不一定会被公诉人、审判长发现或制止，在这种情况下，鉴定人当然亦有权拒绝回答，同时提醒审判长注意并申请其对这类询问进行制止。对于意外性、恶意性的问题，选择拒绝回答策略较优。比如某故意杀人案中的辩护人发问：鉴定人在另一起故意杀人案中所作的精神病鉴定意见是不是没有被采信？对于此类问题，鉴定人可以拒绝回答，并释明此询问超出案件鉴定范围且违反询问规则。在诉讼实践中，鉴定人由于主客观的原因也可能对此类问题予以回答，这时候公诉人应该及时提醒法庭注意予以纠正，并提醒此类问题违反询问规则且与案件无关从而不应采纳。

诉讼实践中，还有一个问题是出现鉴定意见的明显瑕疵、错误，或者鉴定人的回答存在失误。在这种情况下，鉴定人极为被动，很可能出现失控的状态。对此，公诉人应灵活掌握，及时提出自己的意见和建议，帮助鉴定人理清思路、恢复记忆、纠正错误。对明显的瑕疵、错误或者失误可能影响定罪量刑应予以解释说明，并提出延期审理的建议。

（四）专家辅助人应对

新《刑事诉讼法》引入了"专家辅助人"（有专门知识的人）制度，这一制度是为了解决鉴定意见质证的专业化和实质化问题。至于什么是有专门知识的人，法律并没有界定——专家辅助人既可以是有鉴定资格的鉴定人员，也可以不具备资格而有相应知识或者经验的人员。专家辅助人的出现无疑会对鉴定人出庭带来新的考验。但是，目前刑事诉讼法律法规对专家辅助人的规定相当原则与粗疏，对其资格条件、诉讼地位、权利义务和参审程序等并无具体规定，这使得专家辅助人制度运

---

[7] 郭华：《鉴定意见证明论》，人民法院出版社 2008 年版，第 159 页。

行混乱；出庭鉴定人面对的情况也由此变得更为复杂，既可能面对专业造诣在己之上的专家辅助人，也可能遇到滥竽充数者、胡搅蛮缠者。对此，鉴定人应当牢牢立足于鉴定意见，利用自己对鉴定材料和案件材料熟悉的优势予以耐心应对，但应适可而止，一般不宜在学术问题上过分纠缠或者无限制扩展。当然，来自于控方的鉴定人还可能面临一个现实问题，由公诉人聘请的专家辅助人（一般情况下是司法机关鉴定机构的人员或者有长期工作联系的人员）在庭审中常常越俎代庖，代鉴定人回答一切质询，使得鉴定人虚置（有些鉴定人对此还表示欢迎）。这显然不是一种正常现象，实际上违反证据质证的一般规则，也违背设置专家辅助人的初衷，应注意避免，鉴定人也应当注意抵制。

（五）鉴定人出庭的规制与保障

鉴定人出庭制度虽然早已有之，但《刑事诉讼法》修改中的排除条款无疑将鉴定人的出庭推向一个新的发展阶段。从实践来看，鉴定人出庭仍然存在着诸多问题——这些问题有的是由于法律存在空白，有的则是操作上的畸变——必须及时得到解决，否则鉴定人出庭可能还会被束之高阁。为此，一是要对鉴定人的权利义务进行更为合理的设定，对鉴定人保护、鉴定人补偿、鉴定人拒绝回答权、专家辅助人对质权等方面进行周密规定。二是要对鉴定人的询问规则加以全面设计。三是对专家辅助人制度予以细化，对专家辅助人的诉讼地位、权利义务、询问规则和出庭程序进行规制，保证专家辅助人制度正常运行。四是健全落实鉴定人不出庭责任追究制度，适当加强处罚力度，比如可以规定拒不出庭除了接受处罚外还要双倍返还鉴定费用。需要指出的是，笔者认为《刑事诉讼法》中所谓排除条款——鉴定人拒不出庭作证则鉴定意见不得作为定案根据——不尽合理。因为鉴定意见受到时空条件影响较大，仅因鉴定人不出庭就加以排除，是司法资源的浪费，也很可能意味着无从重新鉴定。五是需要加强对鉴定人培训，提升其出庭素质和能力，包括法律知识、语言能力、应变能力、心理控制能力等。当然，最好的提高方式是积累出庭作证的经验。

人民检察院鉴定人出庭作证之初探[*]

冯鹏举[**]

新《刑事诉讼法》对鉴定人出庭作证进行了新规定，对鉴定意见的证据资格提出了更高要求。鉴定人出庭作证，是人民检察院鉴定工作的薄弱环节，为了尽快适应《刑事诉讼法》的要求，本文对人民检察院鉴定人出庭作证的有关问题进行初步探讨。

一、我国鉴定人目前出庭作证的状况

鉴定意见是《刑事诉讼法》规定的证据种类之一，具有科学性强，准确率高等特点。新《刑事诉讼法》第 187 条第 3 款对鉴定人出庭作证进行了规定："公诉人、当事人或者辩护人、诉讼代理人对鉴定意见有异议，人民法院认为鉴定人有必要出庭的，鉴定人应当出庭作证。经人民法院通知，鉴定人拒不出庭作证的，鉴定意见不得作为定案的根据。"

我国的法律、司法解释及鉴定规则对鉴定人出庭作证早有规定，都把出庭作证规定为鉴定人和鉴定机构的法定义务。但是，司法实践中刑事案件的鉴定人出庭率却一直很低。据估算，河南省检察机关鉴定人在公诉案件中的出庭率不超过鉴定案件数量的 1‰，全国鉴定人的出庭率也大体如此。究其因，主要有：一是司法办案人员不能客观、理性地对待鉴定意见。长期以来，"鉴定人是科学证人"、"鉴定结论是科学判决"之类观念在司法办案人员头脑中根深蒂固，迷信和依赖鉴定意见，对鉴定意见不进行审查或者简单审查就采信。对当事人的异议不认真对待，不及时核查，敷衍推诿。不注意采取鉴定人出庭作证的方式依法解决当事人的异议，有时代替鉴定人回答当事人对鉴定意见的质疑，有时草率地启动重新鉴定。二是鉴定人出庭作证的法律规定比较原则、笼统，在诉讼中难以有效落实。我国法律对鉴定人出庭作证多限于原则性规定，对鉴定人出庭的条件、不出庭的法定理由、拒不出庭的法律后果以及鉴定人的保护等缺乏具体规定，对人民法院不依法通知鉴定人出庭作证缺乏监督机制。三是鉴定人出庭作证的意识不强，积极性不高。有的鉴定人认为出具

* 本文原载于《中国司法鉴定》2014 年第 5 期。

** 河南省人民检察院。

了鉴定意见就完事了，至于当事人有无异议、鉴定意见是否采信，是办案单位的事，与自己无关。在接到出庭作证的通知时，找理由推辞或者用书面答复当事人质询的方式代替出庭。

鉴定人不出庭作证，鉴定意见中存在的问题在庭审中就较难发现，就容易出现"鉴定错了，案件必然错"的情况，也容易造成当事人的上访。新《刑事诉讼法》、修订后的《人民检察院刑事诉讼规则（试行）》和最高人民法院《关于适用〈中华人民共和国刑事诉讼法〉的解释》(以下简称《解释》) 对鉴定人出庭作证、有专门知识的人出庭、鉴定人出庭的保护等有了明确规定，将促使鉴定人从幕后走向法庭，促进鉴定人出庭作证常态化，有利于推进司法鉴定的规范化和科学化，全面提高司法鉴定工作质量；有利于实现当事人的质证权，保护当事人的合法权利；有利于法庭对鉴定意见的审查与认定。面对新形势、新规定，人民检察院的鉴定人一定要正确应对，做好出庭作证工作。

二、人民检察院鉴定人出庭前的工作机制

人民检察院的鉴定机构是根据检察职能的需要设立的，除了对检察机关直接受理立案侦查的案件中的专门性问题进行鉴定外，还要对公安机关移送审查起诉案件中的技术性证据材料进行审查，必要时可以进行鉴定。显然，人民检察院鉴定人出庭作证的要求更高，责任更重。因此，人民检察院有必要建立鉴定人出庭作证的有关工作机制，保证出庭作证的质量和刑事诉讼的顺利进行。

（一）鉴定意见的完善机制

检察技术部门与侦查、公诉等部门，就案件中专门性问题的鉴定事项、当事人对鉴定意见有无异议以及鉴定意见是否采信等情况，要及时沟通，做好相关工作。特别是在办案部门将鉴定意见告知犯罪嫌疑人、被害人等以后，如果犯罪嫌疑人、被害人等对鉴定意见有异议，或者办案部门对鉴定意见有疑问的，鉴定人要及时自行审查，并根据办案部门的要求，对鉴定意见中可能存在的遗漏事项、疑点、鉴定文书不规范等问题，通过补充鉴定或者重新鉴定等措施予以完善。

（二）出庭前的沟通机制

对于用作提起公诉依据的鉴定意见，当事人等在庭前会议、法庭审理过程中有无异议，公诉部门与技术部门要及时交换意见。在接到人民法院出庭作证的通知后，鉴定人应与公诉人就出庭的准备、质证中的配合等事项进行沟通。

三、质证中鉴定人应答规范之探讨

鉴定人出庭作证是一项法律性、科学性和专业性很强的工作。实践中，涉及鉴定的各个方面都有可能受到质疑。对于各种发问，鉴定人不是一律回答，也不是一概拒绝，哪些问题应当回答，哪些问题应当拒绝或者可以拒绝回答，笔者认为应进

行规范，才能收到较好的出庭作证效果。

（一）鉴定人应当回答的问题

《解释》第84条规定的对鉴定意见应当着重审查的10个方面内容，第85条规定的鉴定意见不得作为定案根据的9种情形，是法庭审查与认定鉴定意见的依据，应当作为质证时鉴定人回答问题的基本范围。一般来说，人民检察院的鉴定人在法庭作证时，应当紧紧围绕本次鉴定的程序和实体，对本次鉴定的有关情况和涉及的专业知识在一定范围和深度内进行回答，证明鉴定程序的合法性和鉴定意见的可靠性，这是鉴定人出庭作证能否成功的关键。

1. 鉴定机构和鉴定人是否具有法定资质。人民检察院的鉴定机构和鉴定人的管理工作，是按照《人民检察院鉴定机构管理办法》和《人民检察院鉴定人管理办法》进行的。从事司法鉴定，鉴定机构和鉴定人均应取得资格证书。这方面的质疑通常有：鉴定机构和鉴定人有无资格证书，鉴定事项是否超出该鉴定机构业务范围、技术条件，鉴定人是否超出执业类别进行鉴定，鉴定机构和鉴定人资格的审核、延续、变更、监督和处罚等情况。

2. 鉴定人的个人情况及其是否存在应当回避的情形。这方面的质疑通常有：鉴定人的学历、职称、专业年限、专业培训、从事该类案件鉴定的经验、错案记录、既往投诉和处罚等情况。鉴定人是否存在《刑事诉讼法》第28、29条以及鉴定规则规定的应当回避的情形。

3. 鉴定材料的来源及其鉴定条件。鉴定材料是鉴定的基础，是否合法、真实、完整和充分，直接影响鉴定结果。这方面的质疑比较多，通常有：①检材的来源、取得、包装、保管、送检是否符合法律及有关规定，与相关提取笔录、扣押物品清单等记载的内容是否相符，是否受到污染或者损坏，是否充足、可靠，是否达到鉴定标准；②样本来源是否明确，样本的时效、数量、质量是否具备鉴定条件；③鉴定机构对鉴定材料的接收、传递、检验、保存和处置是否符合技术规范，鉴定对象与送检材料是否一致。

4. 鉴定意见的形式要件是否完备。这方面的质疑通常有：是否注明提起鉴定的事由、鉴定委托人、鉴定机构、鉴定要求、鉴定过程、鉴定方法、鉴定文书的日期等内容，是否由鉴定机构加盖司法鉴定专用章并由鉴定人签名、盖章，鉴定文书的标题、正文、落款、附件以及打印、图片制作等是否符合人民检察院鉴定文书的规范。

5. 鉴定程序是否符合法律、鉴定规则的规定。这方面的质疑通常有：有无委托书和受理鉴定登记表，填写是否规范；是否超出受理范围；是否逐级受理，向上一级院委托是否通过本院检察技术部门统一办理；对其他机关的委托是否实行同级受理制度；鉴定要求与申请人的申请是否一致；补充鉴定材料的情况；耗尽或者损坏检材的原因，是否事先征得委托人同意；是否由两名以上鉴定人共同进行鉴定；对于聘请的其他鉴定机构的鉴定人，有无手续；鉴定人的意见有无分歧。

6. 鉴定过程和方法是否符合本专业的规范要求。任何鉴定都可能涉及对鉴定过程和方法的规范性、合理性和科学性的质疑。本次鉴定的步骤和方法，或者鉴定过程中进行实验的时间、条件、方法、过程和结果等，是否执行了国家标准和行业标准，操作规程是否规范。如果本次鉴定执行的是本鉴定机构自制的技术规范，则该技术规范在科学和法律上有何评价，鉴定人使用该技术规范是否具有随意性，由此产生的数据或者根据是否可靠。鉴定方法是否正确、是否过时。使用仪器设备的名称、性能，该项设备的检验技术是否具有先进性和可靠性，操作是否规范。

7. 鉴定意见的依据是否确实、充分。鉴定意见的依据，通常是质证的焦点或者关键。这方面的质疑通常有：鉴定人选用的特征是否确实；特征、数据等鉴定依据是否充分，能否达到鉴定意见的技术要求；对鉴定依据的分析论证是否科学；鉴定结果能否足以排除合理怀疑，是否具有必然性和唯一性。

8. 鉴定意见是否明确。这方面的质疑通常有：鉴定意见是否完整、明确，与鉴定要求是否一致，表述方式是否规范，是否存在疑点。

（二）鉴定人拒绝回答的问题

概言之，与鉴定事项无关的，或者法律、法规等规定不得在开庭时公开质证的，鉴定人有权拒绝回答。对于下列内容的发问，鉴定人可以拒绝回答，但要说明拒绝回答的理由。

1. 违反规则的发问。《解释》第213条规定了向证人发问应当遵循的规则，该规则适用于对鉴定人、控方专家辅助人的发问。对于违反发问规则的发问，鉴定人有权拒绝回答，可以申请审判长制止。这些情形主要有：发问的内容与本次鉴定事项无关；以诱导方式发问；威胁鉴定人；损害鉴定人的人格尊严。另外，对于发问内容重复的、无端指责鉴定不合法或者鉴定意见错误的，或者在法庭上胡搅蛮缠的，鉴定人也可以拒绝回答。

2. 涉及保密事项的发问。鉴定人出庭作证时，要严格执行《人民检察院办案工作中的保密规定》，处理好出庭作证与保守国家秘密的关系，处理好拒绝回答与依法维护当事人质证权的关系。举报材料、采取技术侦查措施获取的材料以及涉及国家秘密、商业秘密和个人隐私的材料等，在作为鉴定对象用来鉴定时，对其来源、收集方法、内容、状态等进行的发问，属于法律、法规等规定的不得在开庭时公开质证的内容，鉴定人应当拒绝回答。必要的时候，可以由审判人员在庭外对鉴定材料进行核实。

3. 涉及特殊鉴定方法的发问。有些鉴定事项涉及特殊的鉴定方法，如：信用卡隐形符号的显示方法、防伪标识的解调方法等。对于特殊的鉴定方法及其适用范围或者发展水平等的发问，如果回答后有可能造成某种消极影响，鉴定人应当拒绝回答。

4. 涉及公民人身权的发问。在指印、人像照片、人体物质等鉴定事项中，侦查机关通常会采集多人的样本进行鉴定，以确定犯罪嫌疑人。在当事人等提出对多少人进行了比对鉴定时，鉴定人应当拒绝回答。在当事人等提出为什么只认定被告人时，鉴定人可以根据鉴定的科学原理和依据进行排他性回答。

四、鉴定人应对专家辅助人的基本策略

《刑事诉讼法》第192条第2款规定："公诉人、当事人和辩护人、诉讼代理人可以申请法庭通知有专门知识的人出庭，就鉴定人作出的鉴定意见提出意见。该款规定的有专门知识的人出庭，适用鉴定人的有关规定。"该款类似《意大利刑事诉讼法典》对"技术顾问"的规定。"有专门知识的人"在法庭上具有辅助当事人和辩护人等就鉴定意见提出意见之功能，学界称之为专家辅助人。专家辅助人可以是本专业领域内具有鉴定资格的人员，也可以不具有鉴定资格或者某种职称，但一般应是具有相应专业知识和实践经验的专家。《解释》第217条第2款规定："申请有专门知识的人出庭，不得超过二人。有多种类鉴定意见的，可以相应增加人数。"

公诉案件中，辩护人、被害人从有利于自己的立场出发，有时对鉴定意见都有异议，都可以申请专家辅助人出庭，提出有利于自己的主张，对鉴定意见进行部分或者全部否定。应对专家辅助人，人民检察院的鉴定人要注意运用以下方式方法：

（一）了解专家辅助人的情况，进行周密的出庭准备

详细了解专家辅助人在该专业领域的专业特长、学术观点、资历等情况，研究不同鉴定意见的分歧及其原因，了解专家辅助人对控方鉴定意见的具体异议，预测发问的问题及其广度和深度，制作应答提纲以及与鉴定事项有关的视听资料或者电子数据。明确公诉人、鉴定人、控方专家辅助人在法庭质证时回答问题的分工及相互配合等事项。

（二）侧重从技术层面回答问题

对专家辅助人的发问，鉴定人要侧重在技术层面上讲明鉴定相关事项的客观性、科学性、规范性等问题。对于鉴定材料，应重点说明其真实性、完整性和充分性；对于鉴定的设备和方法，应重点说明设备的适用性和先进性，鉴定方法的正确性和规范性；对于鉴定依据，应重点说明其客观性、稳定性和特殊性，特征总和的特定性，对特征评断的全面性、针对性和科学性，以及在此基础上形成鉴定意见的必然性和唯一性。

（三）发挥优势，适时反驳

鉴定人对鉴定材料、鉴定过程、特征形态、仪器检验效果等有直接感知，对在此基础上形成的鉴定意见具有充分发言权，这是鉴定人的优势。专家辅助人缺乏对鉴定材料原件或者原物、特征形态等方面直接感知的条件，凭借鉴定文书中所附鉴定材料的复制件、图片、特征比对表等材料，较难形成对本次鉴定客观、全面、科

学的认识。鉴定人应注意发挥自己的优势，在专家辅助人的发问出现主观性、片面性、表面性时，要及时反驳。

（四）不在学术问题上纠缠

司法鉴定领域的专家，有的从事理论研究，有的从事鉴定实务，有的是理论研究和鉴定实务相结合。在法庭上对鉴定意见进行质证时，如果专家辅助人以权威自居，以自己的学术观点或者"鉴定秘方"，以过时的鉴定方法、技术标准、技术规范发问，鉴定人就不要在学术问题上纠缠，以现行的法律、法规、规章或者鉴定方法、技术标准予以反驳。

（五）用好质证时的权利

人民检察院的鉴定人、公诉人、控方专家辅助人，在法庭上要密切配合，相互支持。一般情况下，公诉人在庭上不应直接对人民检察院的鉴定人发问，但如果遇到鉴定人表达能力不强，或者精神紧张无法连贯陈述的特殊情况，公诉人就要根据需要，经审判长许可后，及时对鉴定人进行发问，调节质证节奏。在对方专家辅助人出现发问方式不当、发问内容与本案无关或者违反发问规则等情况时，鉴定人、公诉人、控方专家辅助人，要及时用好拒绝回答、反驳、提出异议、申请审判长制止等法定权利，掌握质证的主动权。

论公安机关鉴定体制改革的方向

——以犯罪现场勘查与刑事技术鉴定的区别为视角[*]

李 伟[**]

犯罪现场勘查与刑事技术鉴定是侦查办案不可或缺的重要手段，在刑事诉讼中的地位十分重要。在我国实行依法治国方略的语境下，社会主义法制不断完善，人们的法律意识不断增强，公安机关打击各类刑事犯罪活动，侦破各类刑事案件势必紧紧依赖证据，这主要是由现场勘查和刑事技术鉴定工作来实施和保证。现场勘查的成功与否关系到整个侦查工作的成败以及刑事诉讼能否顺利进行。[1] 犯罪现场勘查与刑事技术鉴定本应泾渭分明，然而从我国的实际情况来看，现场勘查与刑事技术鉴定工作相互混淆，常引发"自勘自鉴"、"自侦自鉴"，这一点与我国《刑事诉讼法》的立法精神相违背。随着民主化进程的进一步深入，司法公正、程序至上是每一个执法者必须面对的现实课题和应当追求的诉讼目的。因此，很有必要探讨犯罪现场勘查与刑事技术鉴定的区别与联系，明确各自的工作内容和要求，分析两者混淆之危害，在实践中做到有所侧重，有的放矢，突出重点，讲究方法，改革公安机关现有的鉴定工作制度，以适应程序公正的要求。

一、现场勘查与刑事技术鉴定的联系与区别

我国《刑事诉讼法》将现场勘查和鉴定归于侦查的立法定位，造成了在侦查实践中依靠现场勘查和刑事技术鉴定破案的成分加重。在以侦查为中心的刑事诉讼模式下，从提高侦查效率和便捷的角度考虑，常造成现场勘查和刑事技术鉴定在侦查实践中混淆使用，给司法实践带来潜在的风险和隐患。

（一）犯罪现场勘查与刑事技术鉴定的联系

犯罪现场勘查与刑事技术鉴定均涉及科学技术的应用问题，有些技术在应用上

---

[*] 本文原载于《中国司法鉴定》2014 年第 2 期。

[**] 铁道警察学院。

〔1〕 钟新文："现场勘查工作存在的主要问题及对策"，载《吉林公安高等专科学校学报》2007 年第 6 期。

还存在一定的相通性。

1. 法律地位相同。据《刑事诉讼法》规定，证据包括：物证，书证，证人证言，被害人陈述，犯罪嫌疑人、被告人供述和辩解，鉴定意见，勘验、检查、辨认、侦查实验等笔录，视听资料、电子数据。在侦查实践中，犯罪现场勘查与刑事技术鉴定是侦查办案不可或缺的重要组成部分，是收集证据、查明案件事实真相的重要手段，其结果均可作为证据使用。

2. 目的相同。现场勘查是刑事侦查的重要环节。因为犯罪现场会遗留有大量、丰富的犯罪信息和犯罪证据，通过现场勘查收集犯罪信息和犯罪证据并加以分析研究，可以明确侦查方向和范围，为查明案情提供依据。

《刑事诉讼法》第144条明确规定鉴定的目的是为了查明案情，解决案件中某些专门性的问题。随着社会的发展和科学技术的进步，加强刑事技术鉴定工作是新形势的客观要求，也是刑事技术鉴定技术走向正规化、法制化的必然趋势[2]。公安司法机关在查明案情的诉讼活动中已经大量依靠刑事技术鉴定的结果作为侦破线索和审判的依据，刑事技术鉴定为司法实践提供了有力的技术支撑。因此，犯罪现场勘查和刑事技术鉴定有着相同的诉讼价值取向。

3. 都是技术性、程序性很强的刑事诉讼活动。犯罪现场勘查是侦查破案的门户，其目的是从犯罪现场收集证据、发掘研究犯罪信息和证明犯罪事实，要求现场勘查工作人员必须具备相关的知识和技能，在固定现场、记录现场情况和寻找、发现、提取、利用证据等具体操作中，常涉及物理、化学、医学、数学等自然科学的理论知识。同时，现场勘查必须依据《刑事诉讼法》和《公安机关办理刑事案件程序规定》以及相关的规范性文件，实行属地管辖，现场勘查必须统一组织、指挥，有计划、有步骤地进行。

刑事技术鉴定工作是具有专门知识的人，经侦查机关聘请、指派后，利用自己掌握的专业知识，运用科学技术手段或技能，就案件中的专门性问题进行鉴别和判断并做出鉴定意见的活动。鉴定人除了必须具备专门知识，还必须依据《刑事诉讼法》、《民事诉讼法》、《行政诉讼法》以及其他有关法规开展鉴定工作。

4. 工作原则相同。现场勘查工作和刑事技术鉴定工作都必须坚持及时、客观、全面、科学等原则。坚持这些工作原则才能保证工作的规范化、法律化，才能做到公正、严肃，防止先入为主、人云亦云、偏听偏信、徇私枉法等现象发生。要坚决克服和纠正工作中的粗枝大叶、走马观花等不良心态，大力弘扬求真务实的精神，对任何案件的现场勘查都力争不留下遗憾，每一起检验鉴定都准确无误，每一份勘验检查笔录和鉴定文书中的语言精练、描述准确、文字与图片相互印证，从而完美

---

〔2〕 刘耀："加强物证鉴定标准化建设"，载《中国司法鉴定》2003 年第 4 期。

地使两者的实际工作成果转化为最直接的破案力。

（二）犯罪现场勘查与刑事技术鉴定工作的区别

犯罪现场勘查和刑事技术鉴定在刑事诉讼中处于不同的阶段，是刑事科学技术在刑事诉讼不同的阶段和层次的应用。

1. 任务不同。犯罪现场勘查是侦查人员依据有关法律，对与犯罪有关的场所、物品、人身、尸体进行勘验和检查的活动。通过现场勘查，旨在发现、固定、提取、收集犯罪嫌疑人在犯罪过程中形成的各种痕迹或物品，为确定侦查方向和范围提供支持，其基本任务是：查明犯罪情况、收集犯罪证据、固定现场状态、研究分析案情、确定立案依据、及时客观分析、适时采取紧急措施。

刑事技术鉴定是为了查明案情，接受指派或聘请的鉴定人员将现场遗留的物品或痕迹进行对照、检验或鉴别，其主要目的是应用科学技术来发现或排除有疑问的人或物，基本任务：一是对送检的检材和样本的质地、成分、性能、用途等进行检验、鉴别；二是鉴别某些涉案人员的精神状态是否正常；三是确定伤残等级、死亡原因、死亡方式等。

2. 实施主体不同。犯罪现场勘查的法定主体是侦查机关的侦查人员，[3]《刑事诉讼法》第126条规定"侦查人员对于与犯罪有关的场所、物品、人身、尸体应当进行勘验或者检查。在必要的时候，可以指派或者聘请具有专门知识的人，在侦查人员的主持下进行勘验、检查。"此条款明确规定了侦查人员是现场勘验检查的主体，仅在"必要的时候"方可指派或者聘请具有专门知识的人员参加，即使在这种情况下，也必须"在侦查人员的主持下进行勘验、检查"。由此可见，勘验、检查是指侦查人员对于与犯罪有关的证据实施的一种侦查活动，是一项十分重要的侦查措施。据此规定，犯罪现场的实地勘验只能由侦查人员组织实施，其中"具有专门知识的人"不具备独立的勘查权，不具有独立从事犯罪现场勘查的主体资格。

刑事技术鉴定的主体是鉴定人员，即具有专门知识的人。由于我国尚没有法规解释"具有专门知识的人"具体是哪些人，笔者认为应理解为具有鉴定资格而不享有侦查权（勘查权）的相关专家层面上的人员，而不应包括享有侦查权的侦查人员在内。

3. 工作方法不同。现场勘查主要是通过现场访问、实地勘验检查、现场讨论等方法来发现、提取物证。只要能够提取物证而不会污染和损毁物证的方法都可应用。同时，现场勘查在时间上往往有较强的紧迫性。刑事技术鉴定往往是通过科学的仪器或方法对送检的物证进行检验后得出的检验意见或鉴定意见。虽然刑事技术鉴定也应及时开展，但其时间的紧迫性要求没有现场勘查强。

---

[3] 彭艳丽、崔志峰："浅析刑事案件现场勘查的主体"，载《山西省政法管理干部学院学报》2010年第2期。

此外，由于侦查工作的不确定性，现场勘查时采取的技术方法和手段应具有灵活性，可以是比较成熟可靠的技术，也可以是创新性较强的先进技术或尖端技术，甚至包括一些实验性的技术。但是，刑事技术鉴定时所采取的技术和方法强调的是稳定性、可靠性、公认性和科学性。有些先进的技术或方法在确定侦查方向和范围方面可能具有重要的作用，但应用于刑事技术鉴定方面是不适宜的。

4. 法律文书表现形式不同。现场勘查工作的情况是以现场勘验检查记录的方法进行记载、描绘，包括现场勘查笔录、现场照片、现场绘图、现场录像等内容。其主要记述、描述现场所在的地点、位置、周围环境，现场上物品、痕迹、物证和尸体（活体）所在位置、方向、角度、距离等，集中反映勘查的顺序和勘查中使用的方法。

刑事技术鉴定工作的情况是以鉴定书、检验报告、分析意见书等方式进行描绘、记载的。其内容主要包括检案摘要、检验所见、分析说明、鉴定意见等，主要是描写记述检验的过程、方法、顺序、所见。刑事技术鉴定的分析说明部分集中反映了鉴定人在检验、鉴定中所见及其逻辑分析、推理、判断的过程。

现场勘验检查记录和检验鉴定文书虽然都是客观事物的真实记载和描绘，但前者多运用宏观方法，后者多运用微观方法；前者侧重记载人的感知，不应记载和反映人的推理、判断，后者正好相反，强调的是分析、推理、判断的过程，即鉴定意见的由来。另外，现场勘验检查记录和鉴定文书中落款人一栏的内容不同。现场勘验检查记录的落款人包括现场指挥人员、勘查人员（包括笔录人员、绘图人员）和见证人。鉴定文书中落款就是鉴定人员本身，无其他人员。

二、犯罪现场勘查与刑事技术鉴定的混淆之处及其危害

犯罪现场勘查的主体是侦查人员，但我国目前公安机关的鉴定机构隶属于侦查部门，导致在实际工作中刑事技术人员和鉴定人员具有双重身份，技术人员既要对现场进行勘查，发现提取各种痕迹物证，又要对提取的痕迹物证进行检验鉴定，他们在侦查机关中表现出社会角色的双重性：从事犯罪现场勘查工作时是侦查员的身份，从事鉴定工作时是鉴定人的身份。刑事技术人员双重身份的出现容易引起犯罪现场勘查和刑事技术鉴定互相混淆，导致"勘鉴不分"、"自侦自鉴"现象的发生，对诉讼的公平正义带来了一些负面的影响，学者对此争议较大。

（一）对诉讼程序的影响

根据《刑事诉讼法》第 28 条规定，侦查人员有下列情形之一的，应当回避：①是本案的当事人或者当事人的近亲属的；②本人或者他的近亲属和本案有利害关系的；③担任过本案的证人、鉴定人、辩护人、诉讼代理人的；④与本案当事人有其他关系，可能影响公正处理案件的。由于侦查人员与鉴定人员所参与的诉讼角色不能互相兼容，否则，就不能保证刑事诉讼程序的公正。

鉴定机构从属于侦查部门管理的主从关系必然使刑事技术鉴定受到侦查目标的影响。在侦查过程中的鉴定可能受到有利于"证实犯罪"、"打击犯罪"的需要，会偏离正常轨道而使刑事技术鉴定的独立性、中立性和公正性受到质疑。特别是在影响较大的疑难案件中，鉴定人受侦查影响的可能性更大。

在现行司法体制下，侦查机关在侦查阶段完全掌握司法鉴定的启动权，同时侦查机关内部设有鉴定机构，因此，当事人在侦查阶段无法选择鉴定机构或鉴定人，鉴定都在公安机关鉴定机构进行，而且鉴定人的鉴定活动缺乏体制外的监督。[4] 按照法律规定，如果当事人对鉴定意见有异议时，可以申请重新鉴定。但是，在"自侦自鉴"的管理模式下，使重新鉴定的可能性下降，而且重新鉴定的鉴定机构也多选择公安机关内部的鉴定机构。

（二）对鉴定结果准确性的影响

在实践中，隶属于侦查部门的鉴定机构，其鉴定人员与侦查人员职责的混淆，使鉴定技术人员既参与现场的实地勘查，又进行物证的检验鉴定，这一活动对侦查而言可能及时有效，但鉴定人因参加过本案的现场勘查，过多地了解案情细节，可能会导致鉴定人先入为主，在鉴定工作中常因"办案需要"等因素作用而导致错鉴、错案的风险较大。如在办案实践中，鉴定意见与自己在现场勘查中了解的情况不一致时，鉴定人可能会改变或修正其鉴定意见，出现本应科学、客观、公正的鉴定意见去追随主观的案情，出现本末倒置的现象。在实际工作中，不少错案的原因就是这种错误的鉴定结论。[5] 由于事物之间的作用是相互的，受侦查导向影响的鉴定反过来还可误导侦查，造成冤案错案的发生。

（三）对现场勘查和刑事技术鉴定质量的影响

由于基层公安机关刑事技术部门人员少，任务重，既要勘查现场，还要检验鉴定，在繁重的工作压力下，其现场勘查和检验鉴定的质量无法保障。同时，刑事技术人员长期忙于常规的现场勘验工作，不能进行经常性业务技能培训，业务素质得不到相应地提高，与当前科技的飞速发展相背离，[6] 不利于现场勘查和刑事技术鉴定质量的提高。

三、公安机关鉴定体制改革的方向

由于公安机关内设的鉴定机构隶属于侦查部门，加之在鉴定工作中的双重身份，法学理论界和实务界对此的争议较大。一些学者建议应将侦查机关的鉴定机构剥离，

〔4〕 陈龙鑫："对公安机关司法鉴定体制改革的理性思考"，载《中国司法鉴定》2010 年第 5 期。

〔5〕 徐静村："论鉴定在刑事诉讼法中的定位"，载《中国司法鉴定》2005 年第 4 期。

〔6〕 陈刚等："基层公安机关实行'侦勘合一'改革的理性思考"，载《中国人民公安大学学报（社会科学版）》2006 年第 6 期。

统一由司法行政部门管理，但这一观点遭到另一些学者以及公安机关的强烈反对。全国人大常委会《关于司法鉴定管理问题的决定》（以下简称《决定》）基于"侦查工作需要"而赋予了侦查机关设立鉴定机的法定权力，同时，从刑事技术鉴定对侦查工作的作用、侦查阶段鉴定时限的要求以及刑事执法效率的角度考虑，在现阶段保留公安机关的鉴定机构具有一定的必要性和合理性。[7] 但是"自侦自鉴"、"勘鉴不分"的模式存在的弊端较多，与现代刑事诉讼程序公正的理念相违背。因此，必须通过体制的改革来化解公安机关内设鉴定机构的弊端。

（一）实行鉴定机构与侦查主体相分离的制度，加快"侦勘合一"机制的建立

为解决"自侦自鉴"的弊端，保证刑事技术鉴定的独立性、中立性和公正性，必须将刑事技术鉴定机构从侦查部门中分离出来，成为公安机关的内设机构，与侦查部门相平行，两者互不隶属。这种体制的建立，可最大限度地化解"自侦自鉴"的弊端，使鉴定人在从事鉴定工作时免受侦查导向及行政管理体制的影响。提高刑事侦查人员和刑事技术人员的自身素质，并完善各种制度，实行侦技分离，加快"侦勘合一"机制的建立，使他们能够合法地进行现场勘查和检验鉴定。

1. 实行"侦勘合一"的可行性。当前基层公安机关刑事技术人员所勘查的现场多数较为简单，需要提取的痕迹物证多为手印、足迹、工具痕迹、车辆痕迹、生物物证、文字物证等常规物证，这些物证的发现、提取、包装、送检的方法较为成熟。以往技术人员在现场中的照相、录像、绘图、提取物证以及勘查文书的制作等工作的技术含量不高，侦查人员经过短期的培训，提高现场意识、证据意识、程序意识后，完全可以胜任此项工作，当遇到重大疑难案件时可请求上级公安机关派员协助进行勘验。

2. 实行"侦勘合一"的正面效应。从现阶段的刑事技术发展情况来看，实行"侦勘合一"与以往的"自侦自鉴"相比，具有很大的正面效应：①实行"侦勘合一"可提高侦查人员的素质。实行"侦勘合一"改革后，促使侦查员学习现场照相、现场录像、现场绘图、现场痕迹物证的发现、提取技术，从而使侦查人员的业务素质提高。②可大幅度提高侦查工作的效率。侦查人员直接参与现场勘查，对现场物证的分布情况有直观的感受，可以提高对痕迹物证的分析利用能力，使侦查的针对性更强，从而提高侦查的工作效率。③可以提高现场勘验的质量。在以往"侦勘分离"的模式下，侦查人员不直接参与现场勘验工作，致使其对现场的证据意识薄弱。实行"侦勘合一"后，侦查人员自己勘查现场，能否在现场提取到有价值的物证，与案件能否及时侦破有很大的关系，因此，可以提高侦查员对现场勘验的重视程度，

---

［7］ 邹明理："论侦查阶段鉴定的必要性与实施主体"，载《中国刑事法杂志》2007 年第 1 期；郭华："侦查机关内设鉴定机构的负面影响与消解"，载《现代法学》2009 年第 6 期；陈龙鑫："对公安机关司法鉴定体制改革的理性思考"，载《中国司法鉴定》2010 年第 5 期。

提高现场勘验的质量。④实行"侦勘合一"改革后,"自侦自鉴"、"勘鉴不分"的问题便迎刃而解,"勘鉴分离"就顺理成章,使刑事技术人员集中精力对物证进行检验鉴定和相关的科研工作,提高了检验鉴定工作的质量,同时,还有效地促进刑事技术的专业化建设。⑤公安机关鉴定机构与侦查部门分离后,可以借助物证的送检过程中各种程序和手续的监督作用,促使侦查人员在现场勘验检查过程中全面细致地提取检材,从而保障物证检材在提取、包装、送检过程中的客观性。同时,还可避免鉴定人因过多地了解案情而先入为主,引起鉴定的偏向性。

3. 实行"侦勘合一"后可能面临的问题与对策。任何改革都不可能一帆风顺,可能会出现这样那样的问题,因此,在"侦勘合一"改革前,应对可能出现的问题进行深入的分析,有所应对,尽可能地扬长避短。有学者担心由于实行"侦勘合一"后,侦查员不能适应现场勘查的工作,而设想在鉴定机构与侦查部门分离后,在侦查部门内另设刑事技术部门,或者在各级公安机关的刑事技术人员分立为现场勘验检查和检验鉴定两部分,如此改革将导致人员更为紧张,无法正常开展现场勘验检查和检验鉴定。此种顾虑,有一定的道理,但从1997年"侦审合一"刑侦体制改革的结果来看,侦查人员通过学习相关知识,能够胜任相应的工作。同时,从另一角度来看,现场勘验的技术都是常规的技术,而检验鉴定所用技术的专业性更强,通过一定时期的系列化培训,使每个侦查员都能熟练地运用一般现场的勘验技术。关于现场勘验器材的配备问题,一般情况下现场勘验装备主要包括现场勘查箱、勘查光源、生物物证提取箱、足迹提取箱、照相机、录像机等装备以及常用耗材,与检验鉴定所需的装备相比,其所需的资金较少,因此,现场勘验器材的装备问题不会成为改革的难题。[8]

(二)公安机关鉴定机构应接受司法行政部门的备案登记管理

根据《决定》第3条"国务院司法行政部门主管全国鉴定人和鉴定机构的登记管理工作"的规定,司法行政部门是司法鉴定行业的统一管理部门。同时,中央政法委又要求"检察、公安和国家安全机关所属鉴定机构和鉴定人实行所属部门直接管理体制和司法行政部门备案登记相结合的管理模式"。因此,公安机关的鉴定机构应接受司法行政部门的登记管理。司法行政机关对公安机关所属的鉴定机构进行登记管理体现了鉴定体制改革的目标,具有重要意义。

1. 实行统一的备案登记管理可保证鉴定的中立性。中立性是鉴定最基本的属性,主要表现为鉴定机构和鉴定人的中立,是指鉴定机构不直接隶属于侦查、起诉和审判部门,鉴定人不直接介入侦查、起诉、审判活动,鉴定人实施鉴定应相对地超脱,

---

[8] 陈刚等:"基层公安机关实行'侦勘合一'改革的理性思考",载《中国人民公安大学学报(社会科学版)》2006年第6期。

只对案件中的专门性问题的客观性、科学性、真实性负责。[9] 实行统一的备案登记管理可以促使公安机关的鉴定机构与侦查部门相分离，逐渐转变成为专门的鉴定机构，从而保证鉴定的中立性。

2. 实行统一的备案登记管理可以提高鉴定质量。在目前"二元制"鉴定机构管理体制下，公安机关内设鉴定机构的管理主要由侦查部门管理，其弊端日益显现，致使刑事技术鉴定在鉴定启动、鉴定人的回避以及鉴定过程等方面缺乏体制外的监督。通过在司法行政机关的备案登记，使公安机关的鉴定机构逐步接受外部的监督，促使其不断提高业务质量。

（三）公安机关鉴定机构要实行实验室认证认可制度

《决定》规定："法人或者其他组织申请从事司法鉴定业务的，应当具备下列条件：……有在业务范围内进行司法鉴定所必需的依法通过计量认证或者实验室认可的检测实验室；……"因此，为了保证刑事技术鉴定质量的提高，公安机关的鉴定机构应进行计量认证或者实验室认可。

1. 有助于提高司法鉴定质量和管理水平。认证认可是质量管理的重要手段，要求鉴定机构从管理和技术两方面建立并运行质量管理体系，对鉴定的过程实行全方位、动态化的监控，使鉴定的每一个环节都有据可查，同时引入第三方的评价。因此，实行实验室认证认可制度可不断提高刑事技术鉴定的专业技术和管理水平，从而保证刑事技术鉴定的质量。

2. 有助于提高刑事技术鉴定的权威性和采信率。长期以来，由于案件当事人对刑事技术鉴定意见有疑义时常引发上访事件而使鉴定机构和鉴定人遭受非议，也使刑事技术鉴定的公信力和权威性受到影响。实行实验室认证认可准入制度可使刑事技术鉴定的结果具有可追溯性，使鉴定风险有效可控，保证了鉴定结果的可靠性和科学性，从而提高了鉴定意见的权威性和采信率。

（四）对公安机关刑事技术鉴定意见有争议时，应委托社会鉴定机构进行鉴定

如果当事人对刑事技术鉴定有争议，要求重新鉴定，此时再选择公安机关内设的鉴定机构进行鉴定，可能不会消除当事人对鉴定意见的疑问，由此引发的多重鉴定和上访事件时有发生，不仅耗费了司法资源，也容易引起人们对鉴定的公正性的质疑。此时应委托资质和信誉较好的社会鉴定机构进行鉴定，使鉴定的独立性和公正性能够得到保障，可最大限度地减少因可信度问题造成鉴定纠纷而引发上访事件。

---

[9] 裴小梅："司法鉴定的'中立性'特质"，载《中国司法鉴定》2008年第2期。

试论鉴定意见的可诉性

——兼论鉴定意见争议的解决[*]

孔庆威[**]　　彭浩强

鉴定意见作为科学证据在诉讼活动中的地位越来越重要，对准确、有效地查明案件客观事实，正确适用法律，保障及时裁判和公正司法有着不可替代的重要作用。但鉴定意见的客观真实性不仅要受到仪器设备、鉴定方法以及实验室条件等客观因素的制约，也会受到司法鉴定人的科技水平、业务能力和实践经验等主观因素的影响。所以，鉴定意见的客观性和科学性仍然需要通过诉讼程序来检验。那么，如何检验鉴定意见？对鉴定意见有异议，能否单独提起诉讼，即鉴定意见是否具有可诉性？

一、司法鉴定的属性

（一）司法鉴定是科学性和法律性的有机统一

司法鉴定既不是行政行为，也不是司法行为和一般的科学技术行为，更不能简单称为法律服务行为，它是一种运用科技方法、专门知识、职业技能和执业经验为诉讼活动提供技术保障和专业化服务的司法证明活动，是科学性和法律性的有机统一。所以，司法鉴定机构不同于科学鉴定机构和社会其他行业技术鉴定机构；司法鉴定活动不同于侦查活动、检察活动和审判活动，也不同于技术侦查中的技术检验活动和技术检查活动。[1]

（二）司法鉴定具有中立性

由于司法鉴定是一种服务诉讼活动的技术性活动，是从科学的角度帮助司法机关发现案件真相和确认证据真伪，这就要求司法鉴定必须居于中立的地位，从公正的角度提出符合客观规律和科学认识的鉴定意见。所以，司法鉴定机构和鉴定人在诉讼活动中要保持中立地位。只有保持中立性，才能不偏不倚地实施鉴定，才能符

　＊　本文原载于《中国司法鉴定》2014 年第 2 期。

　＊＊　广东省东莞市司法鉴定协会。

〔1〕　霍宪丹主编：《司法鉴定通论》，法律出版社 2009 年版，第 16 ~ 19 页。

合程序公正的要求，才能保障结果客观真实、科学权威。

（三）鉴定意见是一种法定证据

三大诉讼法都将鉴定意见作为法定证据种类之一，因此，它也应当具备证据的一般要求：①客观性。证据必须是客观存在的事实材料，必须是对案件事实的客观反映和真实记载。②关联性。证据必须与待证事实有着内在和必然的联系。③合法性。证据必须符合法律规定形式并按法定程序取得。鉴定意见只有同时具备客观性、关联性和合法性，才具有证据能力，才拥有法律上的证据资格；能否作为认定案件事实的根据，即是否具有证明力，还要经过法定程序查证属实，在法庭上接受询问和质证，最终由法官根据具体案情来综合考虑判断。

二、审判实践中对鉴定意见可诉性问题的处理

这是一宗司法审判实践中的真实案例。四川省自贡市中级人民法院在审理当地某投资公司与该市某建筑公司建设工程承包合同纠纷一案中，依法委托四川省某工程咨询机构，对案件争议的平基土石方工程中的土石方量进行鉴定。2010年10月，接受委托的工程咨询机构作出《司法鉴定报告》。该投资公司不服此鉴定结果，于2011年2月向鉴定机构所在地的金牛区法院提起诉讼，要求确认该鉴定报告无效，并退还鉴定费2.5万元。金牛区法院认为，自贡中院在案件审理中，鉴定机构接受自贡中院委托对涉案工程土石方量进行司法鉴定，作出《司法鉴定报告》，对该《司法鉴定报告》是否采信，应由自贡中院在上述案件审理中作出处理，故裁定依法驳回原告的起诉。原告未提出上诉。后来，四川省成都市中级人民法院审判委员会经研究讨论，将所辖金牛区法院审结的该起对法院委托的鉴定机构所作鉴定不服而起诉该鉴定意见无效案件确定为示范性案例。

承办法官接受记者采访时说，当事人对法院委托的鉴定报告不服，依法只能向委托法院提出，由委托法院作出处理。该案所涉《司法鉴定报告》是否采信，应由自贡中院在审理建设合同承包纠纷一案中，根据双方当事人对鉴定报告的质证意见，结合相关规定，作出是否采信、另行委托或补充鉴定的决定，其他法院无权对该鉴定意见进行审查。否则，如果不服鉴定的当事人可另行起诉鉴定机构，确认鉴定意见的效力，实践中可能将导致两个法院都对同一鉴定意见进行审查，不仅影响诉讼效率，而且可能造成结论的冲突。因证据应当在法庭上出示，并由当事人互相质证，当事人若对法院委托的鉴定报告不服，其只能在质证时提出该证据在程序上或实体上存在的问题，请求审理法院依法委托重新鉴定或补充鉴定，但其申请能否得到批准，还应由审理法院决定。[2]

---

〔2〕 王鑫、冯雪："不服司法鉴定结论提起诉讼不具可诉性被法院裁定驳回"，载《人民法院报》2012年6月29日。

上述案例虽然只是地方法院在审理具体案件中的做法，不具有指导性或仿效性，但此案的审理结果却对当前我国司法鉴定领域有着极其深远的影响。毕竟，迄今为止对鉴定意见有异议而单独提起诉讼该如何处理，在法律上还没有明文规定，专门的理论研究很少，判例也极为少见。本案例倘若被最高人民法院公布为指导案例，那它就具有一定的"法律效力"，效力仅次于最高人民法院的司法解释，地方法院在具体审判中，一般情况下都会参照适用。

三、鉴定意见的可诉性

鉴定意见应该具有较高的客观真实性，但它也有失真或错误的可能性。如果当事人对鉴定意见有异议，能否单独就不服鉴定意见提起诉讼，即鉴定意见是否具有可诉性？笔者从诉的构成要素、鉴定机构与委托人的法律关系、鉴定人的诉讼地位以及鉴定意见对当事人的法律影响等几个方面来剖析。

（一）诉的构成要素

一切诉讼都必须具有明确的被告、诉讼标的、诉讼请求和相关证据等几大要素。因为鉴定机构是社会组织的一种，不是行政机关，所以其与当事人的关系是一种民事法律关系，应由民事法律来调整。司法部《司法鉴定机构登记管理办法》第41条"司法鉴定机构在开展司法鉴定活动中因违法和过错行为应当承担民事责任的，按民事法律的有关规定执行"的规定更加明确了适用的法律规范。所以，如果以鉴定机构为被告的诉讼，应属于民事诉讼范畴。

另外，诉讼也必须具备诉讼标的。所谓诉讼标的，是指当事人之间发生争执并要求法院作出裁判的民事权利义务关系，是法院审理和裁判的对象。鉴定意见只是法定证据的一种，是法院或一方当事人在诉讼中就专门性问题委托鉴定机构进行鉴定而得出的意见，此鉴定行为是一种辅助法院查明案件事实的证明行为，出具的意见是一种证据。证据是证明案件事实的材料，不属于诉讼标的范围，不是人民法院审理和裁判的对象，当事人不得针对证据单独提起诉讼。

如果鉴定意见是可诉的，那么其他的证据如书证、物证、证人证言等也应该是可诉的。这样一来，任何诉讼都可以派生出许多案件，每个证据都通过单独进行诉讼来认定，法庭调查质证就失去作用和意义，也会造成司法资源的严重浪费。因此，对鉴定意见单独提起诉讼的，法院应裁定不予受理；已经受理的，应裁定驳回起诉，而不宜采用判决驳回诉讼请求的方式处理，因为驳回诉讼请求只是当事人的诉讼请求经过审理后不能得到法律上的支持，并不否定其可诉性。

（二）鉴定机构与委托人的法律关系

这里分为以法院为委托人和以诉讼一方当事人为委托人两种情况。

1. 以法院为委托人。这种情况只能发生在起诉以后，当事人在举证期限内向法院申请鉴定，经法院同意后，由双方当事人协商确定有鉴定资格的鉴定机构、鉴定人员，协商不成的，由法院指定，这时候是以法院的名义进行委托的。所以，当事人与法院委托的鉴定机构之间不存在民事法律关系，起诉鉴定机构不属于法院的受案范围。我国民诉法明确规定，人民法院受理公民之间、法人之间、其他组织之间以及他们之间因财产关系和人身关系提起的民事诉讼，而鉴定机构是受法院委托，在鉴定中运用自己的专业知识、技术、设备而独立作出鉴定意见，鉴定机构与当事人之间并不存在民事上的权利义务关系。鉴定意见是否采信，是否对当事人的利益产生影响，均取决于审理法院。所以，该情况下不能起诉鉴定机构。

2. 以诉讼一方当事人为委托人。根据现行法律有关规定，民事案件、刑事自诉案件在提起诉讼前，当事人可以自行委托相关事项的司法鉴定。这种情况，鉴定机构是由单方选定的，鉴定机构与当事人就存在委托关系，双方的权利义务就要受到司法鉴定协议书的约束。但根据《司法鉴定程序通则》第13条"委托人不得要求或暗示司法鉴定机构和司法鉴定人按其意图或者特定目的提供鉴定意见"的规定可以看出，当事人与鉴定机构的协议书是不能就鉴定意见进行约定。也就是说，就算当事人认为鉴定机构违约，也不能就"鉴定意见"提起诉讼，因为"鉴定意见"与是否存在违约责任没有法律上的关联性，不属于法院审理的范围。

（三）鉴定人的诉讼地位

鉴定人的诉讼地位，也可以称为鉴定人的法律地位，是一个国家根据其法律传统和对司法鉴定人的宏观定位，对司法鉴定人在法律生活中所扮演角色的界定。在我国，司法鉴定人是具有科学技术和专门知识的独立的诉讼参与人。司法鉴定人既不是法官的"科学辅助人"，也不是诉讼当事人任何一方的"技术顾问、专家证人"，而是帮助司法机关解决诉讼案件中涉及的专门性问题的诉讼参与人。司法鉴定人受所属司法鉴定机构的指派，解决诉讼案件中的专门性问题，为侦查、起诉、审判、法律监督等司法活动提供科学证据而独立参与诉讼活动。根据我国法律对于证人、鉴定人、翻译人等诉讼参与人的规定，司法鉴定人负有如实鉴定的义务，其法律地位是中立的、独立的，不受当事人、办案单位、行政机关等的干扰。司法鉴定人对自己参与鉴定案件的鉴定意见负责，对科学、对事实负责，而不是仅对委托人、诉讼当事人、侦查机关或其他某一司法机关负责。当然，司法鉴定人的执业活动需要接受包括当事人、司法行政机关、司法机关、媒体和社会大众等各方的监督，以保证鉴定活动的科学、独立、公正和客观。[3]

（四）鉴定意见对当事人的法律影响

鉴定意见从其属性看是司法鉴定人对特定问题的个人观点，是法官进行审判的参考意见，其本身并不能直接确定当事人具体的权利义务，也不是对当事人的人身

---

〔3〕 杜志淳等：《司法鉴定法立法研究》，法律出版社 2011 年版，第 49~50 页。

权、财产权进行直接处理。鉴定意见是否发挥证据作用，需要经过法庭调查质证，由法院来决定是否采信。另外，三大诉讼法修正案都把原来的"鉴定结论"修改为"鉴定意见"，更加突出和强调其是一种倾向性的意见，需要检验和认证，是否被采信是待定的。如果鉴定意见被法庭采信，说明鉴定意见具有科学性，是客观事实的真实反映；如果鉴定意见没被法庭采信，只能说明鉴定意见没有证明力，当然也不会对当事人产生法律上的影响。所以，应该是不可诉的。

四、类似法律行为的可诉性

（一）交通事故认定书的可诉性

交通事故认定书在交通事故刑事案件及人身损害赔偿案件中具有举足轻重的作用，但出具交通事故认定书是属于行政行为还是技术鉴定行为，却是一个有争议性的话题。2004 年 5 月 1 日《道路交通安全法》实施之前，公安交通管理部门依据《道路交通管理条例》对交通事故的基本事实、成因和当事人的责任所作出的综合评判被称为"交通事故责任认定书"，本质上是一种行政执法行为，而且根据《道路交通管理条例》的规定，当事人对责任认定书可以要求复议、复核。因此，交通事故责任认定书解决的是法律问题，而不是证据问题，具有可诉性。《道路交通安全法》颁布实施以后，对公安交通管理部门所作的事故认定书被称为"交通事故认定书"，删除了"责任"二字。该法第 73 条还明确了交通事故认定书的性质，规定公安机关交通管理部门应当根据交通事故现场勘验、检查、调查情况和有关的检验、鉴定意见，及时制作交通事故认定书，作为处理交通事故的证据。与此同时，《道路交通安全法》还把《道路交通管理条例》里规定的"复议和复核"相关内容删除，说明了交通事故认定书不是一种行政确认，也不是法律适用文书，而只是一种"证据"，因而不具有可诉性。

为进一步明确是否可诉，《关于交通事故责任认定行为是否属于具体行政行为，可否纳入行政诉讼受案范围的意见》（法工办复字［2005］1 号）如是答复："根据道路交通安全法第 73 条的规定，公安机关交通管理部门制作的交通事故认定书，作为处理交通事故案件的证据使用。因此，交通事故责任认定行为不属于具体行政行为，不能向人民法院提起行政诉讼。"

（二）公证债权文书的可诉性

《民事诉讼法》第 238 条和《公证法》第 37 条都规定了对经公证的以给付为内容并载明债务人愿意接受强制执行承诺的债权文书，债务人不履行或者履行不适当的，债权人可以依法向有管辖权的人民法院申请执行。而《公证法》第 40 条却规定了当事人、公证事项的利害关系人对公证书的内容有争议的，可以就该争议向人民法院提起民事诉讼。因此，对于具有强制执行效力的公证债权文书的当事人认为公证书的内容有争议而提起诉讼的案件，人民法院是否应当受理？

其实解决上述矛盾和问题的核心就是如何理解《民事诉讼法》第 238 条、《公证法》第 37 条与《公证法》第 40 条的关系和法律意义，即公证债权文书是否具有可诉性的问题。为此，最高人民法院以《最高人民法院关于当事人对具有强制执行效力的公证债权文书的内容有争议提起诉讼人民法院是否受理问题的批复》正式明确：债权人或者债务人对该债权文书的内容有争议直接向人民法院提起民事诉讼的，人民法院不予受理。解决了长期以来公证界和司法界争论的一个理论和实务问题。

五、鉴定意见争议的解决机制

鉴定意见作为司法鉴定人个人的认识和判断，表达的只是司法鉴定人的一种意见，而且也会受到一些客观因素的影响，对于同一专门性问题可能出现不同的鉴定意见是不可避免的现象。所以，如何评判和采信这些不同的鉴定意见十分关键，要解决鉴定意见的争议，应该要有相关的解决机制。

（一）法庭质证

鉴定意见的质证是指双方当事人及其辩护人、诉讼代理人对鉴定意见向司法鉴定人询问、质疑以及专家辅助人对司法鉴定人的询问和司法鉴定人针对鉴定意见作出回答、说明等诉讼活动。对于同一专门性问题的不同鉴定意见，当事人双方或者一方存在争议的，首先应当通过法庭质证程序来解决。因为鉴定意见属于证据的一种，《民事诉讼法》规定"证据必须查证属实，才能作为认定事实的根据"和"证据应当在法庭上出示，并由当事人互相质证"。另外，《民事诉讼法》和《关于司法鉴定管理问题的决定》都规定了"当事人对鉴定意见有异议，鉴定人应当出庭作证"；《司法鉴定人登记管理办法》和《司法鉴定程序通则》也规定了"司法鉴定人依法出庭作证，回答与鉴定有关的询问"；《民事诉讼法》规定"经人民法院通知，鉴定人拒不出庭作证的，鉴定意见不得作为认定事实的根据"。

（二）重新鉴定

对鉴定意见的争议通过质证程序仍存在疑问，法院不能采纳或者排除的，如果这种分歧不是因现有鉴定技术不足造成的，则可以委托鉴定能力较强、技术力量雄厚等资质条件较高的司法鉴定机构进行重新鉴定。根据《最高人民法院关于民事诉讼证据的若干规定》第 27 条规定，当事人对人民法院委托的鉴定部门作出的鉴定意见有异议申请重新鉴定，提出证据证明存在下列情形之一的，人民法院应予准许：①鉴定机构或者鉴定人员不具备相关的鉴定资格的；②鉴定程序严重违法的；③鉴定意见明显依据不足的；④经过质证认定不能作为证据使用的其他情形。对有缺陷的鉴定意见，可以通过补充鉴定、重新质证或者补充质证等方法解决的，不予重新鉴定。第 28 条规定："一方当事人自行委托有关部门作出的鉴定结论，另一方当事人有证据足以反驳并申请重新鉴定的，人民法院应予准许。"当然，法院在审判过程中，通过对初次鉴定的程序和实体进行审查发现原鉴定程序严重违法、鉴定方法存在严重错误、鉴定意见与案件的其他证据明显不符等情形，也可以直接决定委托重新鉴定。

这里值得一提的是，对鉴定意见的争议，既不宜通过终局鉴定的形式来解决，也不应该无理由地限定鉴定的次数。否则，不仅违反科技活动的规律，也不符合司法鉴定的科学属性。所以，目前我国的法律还没有对限制鉴定的次数作出明文规定，司法实践中对同一问题出现多次鉴定（有的居然达 8 次之多）的情况时有发生。虽然在对侦查机关所属鉴定机构备案登记工作的基础上，有关部门于 2010 年 10 月 22 日遴选并公布了 10 家国家级司法鉴定机构，但这一做法只是为了设立一批资质条件好、能力水平高的司法鉴定机构，打造司法鉴定的"航空母舰"，更好地服务司法审判工作，并没有对终局鉴定问题作出规定或建立终局鉴定制度的意思。

六、结语

笔者虽然认为鉴定意见是不可诉的，但并不是说涉及司法鉴定活动的所有问题都不可诉。如果当事人认为，鉴定机构违反双方协议或者存在违法过错行为，应当承担民事责任的，可以向法院就司法鉴定意见以外的问题提起违约之诉或侵权之诉，通过诉讼维护自身合法权益。

迈向"过程导向信任"的刑事
死因鉴定争议解决机制*

陈如超**

一、导论：问题与研究方法

鉴定意见一度被誉为"证据之王"。德国学者甚至说："在铁面无私的法庭上，起决定作用的不再是《圣经》中上帝提出的律条，亦不是传统力量的约束，而是'专家们'的一纸鉴定。"[1] 然而，近年在中国，因连丽丽案（2000）、高莺莺案（2002）、黄静案（2003）、代义案（2007）、李树芬案（2008）、谢业新案（2011）、念斌案（2006~2014）……而屡屡曝出重大鉴定争议，争议远播国内外，令刑事鉴定备受质疑、声誉扫地。虽早在 2005 年，全国人大常委会通过并实施了《关于司法鉴定管理问题的决定》，紧随其后，中央相关政法部门亦陆续出台了系列规范文件，并被寄予厚望。[2] 但是，至今层出不穷、甚至愈演愈烈的刑事鉴定争议，不仅未能实现立者的法治宏图，反而一再诱发当事人上访、闹事，并时而激起大规模群体事件；同时，办案部门案难结、事难了，且置身舆论的风口浪尖之中，招致各方口诛笔伐，渐渐失信于民，徒增刑事司法定分止争的难度。[3] 于是乎，褪下"神圣光环"的科学鉴定，被戏谑为"是非之王"，而既有鉴定制度的改革，也被论者讥讽为"号错了脉、开错了方"。[4]

中国刑事鉴定争议频仍，其公信力岌岌可危！国家立法若一味采取鸵鸟战术，则并非长久之策。为此，2012 年修正的刑诉法对此有所回应，诸如强制鉴定人出庭、创建专家辅助人制度，等等。且《公安机关办理刑事案件程序规定》（2012 年）首次

---

　* 本文原载于《证据科学》2014 年第 4 期。
　** 西南政法大学刑事侦查学院副教授。

〔1〕 [德]汉斯·波塞尔：《科学，什么是科学》，李文潮译，上海三联书店 2001 年版，第 1 页。
〔2〕 参见王比学："多头鉴定、久鉴不决有望破解"，载《人民日报》2007 年 8 月 17 日。
〔3〕 2007 年曾经闹得轰轰烈烈的代义尸检案，至今已逾 6 年，仍未最终得到当事人家属认同，代义之姐代力对媒体说，仍不会放弃。参见庞静："代义案七年之痛"，载《民主与法制时报》2013 年 9 月 2 日。
〔4〕 参见柴会群："从'证据之王'到'是非之王'——司法鉴定争议录"，载《南方周末》2010 年 1 月 21 日。

细化重新鉴定、补充鉴定条件，最高院司法解释（2012 年）亦吸纳《关于办理死刑审查判断证据若干问题的规定》中对鉴定意见的审查内容与方法。然而，上述制度功能如何，还尚待司法实践持续检验（实践已证明，其效果并非尽如人意[5]）；另外，即使上述改革在审判程序中成功运作，但审前程序、特别是侦查阶段鉴定争议的解决与预防机制，却并未进入此次修法视野。而事实上，当前中国刑事鉴定争议最频繁、影响最大且最令人头痛者，恰发生于公安、检察院初查或侦查阶段。

当然，客观地说，对刑事鉴定争议的关注，法学界与鉴定界早已有之，他们分析了鉴定争议产生的众多缘由，提出了诸多应对之策。[6] 不过，当前论者的研究，或失之于笼统，常常混淆刑民两种鉴定争议的诉讼结构差异，对不同程序中鉴定争议的类型分布语焉不详，而一味模仿国外经验的研究思路，导致提出的治理路径千篇一律；或停留于某类具体鉴定争议的静态分析，忽视案件背景、社会舆论等因素，对刑事鉴定争议发生、演变机制进行动态剖析，建议显得简单、琐碎而过于理想化，以致无法获得实务界认同，而浪费改革契机。

理论研究尚未尘埃落定，刑事办案部门却已饱经鉴定争议之苦，长久以来，刑事办案部门一直在试验各种变革之途，且取得一定成效。如部分检察机关在尸检案件中推行"阳光鉴定程序"与"临场见证制度"，一些法院试行"重新鉴定听证程序"，以及哈尔滨公安局在曾经闹得沸沸扬扬的林松岭案死因鉴定中的妥帖且成功的做法，反映出办案部门在预防与解决鉴定争议尤其是死因鉴定争议方面，已摸索出实践智慧，它们是在限制重新鉴定次数、剥离侦查机关鉴定机构、赋予当事人鉴定启动权的改革建议几乎被束之高阁的情况下，采取的一种务实可行的制度改良。这些局部性探索与地方性知识亟须理论回应，并借此升华为法律制度建构，以常规化地解决鉴定争议。毕竟，"中国获得成功的基本上都是司法实践中自身自发的、民众普遍满意的改革，而那些直接引自西方的制度改革却无一例外地遇到了挫折。"[7]

有鉴于此，本文将采取黄宗智提出的"走向从实践出发的社会科学和理论"的

〔5〕 相关案例参见张倩："死因争议求解之路"，载《民主与法制时报》2013 年 9 月 2 日；章礼明："评'专家辅助人'制度的诉讼功能——借助于新《刑事诉讼法》实施之后司法首例的分析"，载《河北法学》2014 年第 3 期。

〔6〕 如邹明理："合理控制重新鉴定和有效解决鉴定争议措施探讨"，载《中国司法》2008 年第 8 期；郭华："论鉴定意见争议的解决机制"，载《法学杂志》2009 年第 10 期；潘广俊："司法鉴定意见争议评价机制研究——以浙江省司法鉴定管理模式为视角"，载《证据科学》2012 年第 5 期；陈永生："中国司法鉴定体制的进一步改革——以侦查机关鉴定机构的设置为中心"，载《清华法学》2009 年第 4 期；陈永生："域外法医鉴定机构设置的特征"，载《国家检察官学院学报》2010 年第 1 期。

〔7〕 陈瑞华：《论法学研究方法》，北京大学出版社 2009 年版，第 155 页。

研究路径,[8] 以目前司法实践中,当事人不满手段最多样与对抗性最严重,且社会影响最巨、对刑事鉴定公信力损害最大的部分死因鉴定争议案件作为研究对象。我们将通过搜集、整理相关典型案例与既有文献材料,结合个人经验,描述当前刑事死因鉴定争议的案件特征,追溯争议的产生、发展及其解决的复杂机制,并根据实践部门尝试的改革经验,借助"过程导向信任"的核心命题,在当前既定条件约束下,来适度改良刑事鉴定程序,将其作为预防(初次鉴定)与破解(重复鉴定)中国死因鉴定争议乃至提升国家司法鉴定公信力的最佳突破口。

二、经验材料及死因鉴定争议的初步分析

(一)研究材料及其说明

我们的分析材料主要基于两部分:首先是影响性案例,即死因鉴定公案(见表1)。作为公案,它们轰动全国,虽然数量少,但影响力比常规案件影响力的总和还要大。公案原本寻常,但由于某些特殊原因,引起媒体连篇累牍的报道,并迅速演变成公共话题,成为各界关注的焦点,[9] 继而积淀为人们牢固的认知结构,成为社会评价的先验框架。而且刑案中接二连三出现的死因鉴定争议公案,可以说,已足以将刑事鉴定制度的问题与缺陷彻底暴露,并放大、摆放在人们面前以供评断。另外,公案作为法治进程中的里程碑事件,是推动具有惰性性格的法律制度变革的原动力。中国改革开放后刑事诉讼文明化或革新历程,已反复验证了这种惯常的"回应型"或"压力型"司法。

表1 部分影响性死因鉴定争议公案(1999~2014)

案例名称	鉴定次数	案件持续时期(年)	发生地域
连丽丽案	6	1999~2006	辽宁鞍山
黄莺莺案	3	2002~2006	湖北襄阳
黄静案	6	2003~2006	湖南湘潭
方一栋案	5	2004	浙江余姚
吕海翔案	2	2004	浙江海宁

---

〔8〕 参见黄宗智:《经验与理论:中国社会、经济与法律的实践历史研究》,中国人民大学出版社2007年版,第440页。

〔9〕 参见孙笑侠:"司法的政治力学——民众、媒体、为政者、当事人与司法官的关系分析",载《中国法学》2011年第2期。

案例名称	鉴定次数	案件持续时期（年）	发生地域
李胜利案	4	2004～2006	河南周口
谢佩银案	4	2005～2008	安徽淮南
戴海静案	2	2006	浙江瑞安
念斌案	1	2006～2014	福建平潭
黎朝阳案	3	2007～2008	广西南宁
张庆案	3	2007～2008	吉林长春
李国福案		2008	安徽阜阳
李树芬案	3	2009	贵州瓮安
涂远高案	2	2009	湖北石首
曾仲生案	2	2009	广西南宁
李乔明案	2	2009	云南善宁
徐梗荣案	2	2009	陕西丹凤
钱云会案		2009	浙江乐清
湖南凤凰少女坠亡案	2	2010	湖南凤凰
谢志冈案	2	2010	辽宁本溪
"黄山陷警案"	2	2010	安徽黄山
谢业新案	2	2011	湖北荆州
陈志明案	2	2011～2013	江苏南京

说明：①表中的案例，均来自学者研究、重要媒体报道且在社会上产生重要影响的案例。除少部分案件外，均以所谓的"被害人"命名。②有些案例的数据信息根据现有资料，尚不确定，故留空白。③上表案例仍然只是中国目前存在死因鉴定争议案件的部分，如同高莺莺案类似的案例还有湖南凤凰少女跳楼案、谭静案等；而以徐梗荣案、谢佩银案为代表的疑似刑讯逼供致死案，以李乔明案为代表的看守所非正常死亡案，以及以谢业新案为代表的官员非正常死亡案则更多（多达上百例），但本文仅仅举出上述公认经典案例和其他类型的，如家庭婚姻关系、当事人纠纷引发的一方死亡的部分典型案例。④至于实践部门因为鉴定制度改革而报道的一批案例及其统计数据，可以作为本文分析资料，但其影响比较小，上表未录入。

其次，为保障分析的可靠与结论的说服力，我们还根据既有死因鉴定争议的相应文献[10]，结合笔者实地调研，以资印证和互勘，希望勾勒出当前刑事鉴定争议的真实图谱。当然，即便上述两部分材料存在缺陷，或因其产生"晕轮效应"而致本文的分析存在偏差，但它作为如同王亚新教授所谓的"类似于在广阔地面上分散打钻抽取的地底物质的样品"，一样可以"与关于广域地质构造的既存假说进行对照"[11]，以之验证或修正当前既有的解决刑事死因鉴定争议的各种立法对策与理论建议。

（二）经验材料的初步分析

可以说，中国当前刑事司法实践中最具影响力且深陷是非泥潭的，主要为被害人疑似非正常死亡的死因鉴定案件。这类鉴定案件能够如此引人注目，除鉴定意见在案件定性（自杀或他杀）、被告人罪责（有罪或无罪）方面不可或缺的证据价值外，它们还符合学者所谓的"公案"应具备的"焦点"性主题元素：案情扑朔迷离、案件涉官涉富、犯罪后果越过道德底线、当事人抗议手段暴烈等。因机缘凑巧，它们借助媒体尤其是便利的网络，为民众提供了发泄社会不满、批评司法不公、针砭时弊的渠道，个案遂演变成公案。[12]即便如此，上述案件能够成为鉴定公案的毕竟是少数，大部分死因鉴定争议并未进入媒体、世人与学者视野，而仅为司法界与鉴定界共识。因此，为理清死因鉴定争议的复杂性与勾勒其粗略概貌，我们首先需要根据公案与既往研究，对其案件结构特征进行初步描绘。

1. 当事人。当事人关系突出表现为：①"被害人"死于侦查机关的讯问过程或追捕中，或死于看守所羁押期间，而相应机构却解释为"被害人"跳楼自杀、因自身疾病死亡等原因，但家属却死活不承认，这是最典型的涉警案件。②"加害人"与"被害人"之间是官（除第一类的警察机关）与民、富与贫、官与官（作为受害者的官员或公务员身份，往往被家属怀疑为因对其他官员进行举报或受到排挤或存在其他恩怨而被"谋杀"）、个人与组织单位之间的关系，这决定了受害方将官、权、富、强等敏感特征引入，为此而不惜挖掘，甚至杜撰官、富背景，寻求道德话语权，

---

[10] 相关文献参见陈如超、涂舜："中国刑事重复鉴定现象的改革——基于司法实践中50例案件的实证研究"，载《中国司法鉴定》2013年第2期；郭华、刘荣志："鉴定意见争议解决的基本思路"，载《中国司法》2013年第11期；胡铭："公案、鉴定意见与刑事诉讼法修改"，载《江苏行政学院学报》2012年第4期；刘锋：《刑事诉讼中的重复鉴定问题研究》，广东商学院2010年硕士学位论文；杜骏飞主编：《沸腾的冰点——2009中国网络舆情报告》，浙江大学出版社2010年版；龙跃：《刑事诉讼中的多头鉴定、重复鉴定问题研究》，浙江大学2011年硕士学位论文。

[11] 参见王亚新等：《法律程序运作的实证分析》，法律出版社2005年版，第5页。

[12] 参见孙笑侠："公案的民意、主题与信息对称"，载《中国法学》2010年第3期。

质疑办案机构存在故意袒护嫌疑人而不服尸检意见。[13] ③加害人与"被害人"存在朋友、恋人、夫妻等家庭、邻里、朋友关系，事前存在矛盾或其他特殊事件（如强行发生性行为）或不和谐因素或纠纷，而"被害人"死亡突然、"加害方"在场却无合理解释，此时家属倾向推定"被害人"是前述人员故意将其致死，一定要将其绳之以法，为"被害人"复仇。

可以看到，在这类案件中，"被害人"已经死亡，因此为其喊冤、寻求公正的，都是与其存在直接血缘关系、共同利益的家属、亲人或其他个体。同时，立案后犯罪嫌疑人或被告人大都被国家剥夺或限制人身自由（死因鉴定意见是立案的前提，若没有立案，则说明鉴定意见对嫌疑方是有利的，他们当然不会不满），故亦常常由其家属、律师等代其申冤、抗议。[14] 因此，在死因鉴定争议案件中，狭义的当事人（即被害人与嫌疑人或被告人）特别是被害人难以或根本不可能提出鉴定争议，主要或只能由其他存在利害关系的人来提出。尽管如此，本文为避免表述的繁复而进行简化处理，即将死因鉴定意见的争议者统称为当事人。

2. 办案部门。死因鉴定争议主要发生于初查或侦查阶段（无论是公安机关还是检察院），其次是庭审阶段或审查起诉阶段，但后续阶段的鉴定争议，大多是侦查期间鉴定异议的延续。原因在于，死因鉴定案件，基本上都由侦查机关在初查或侦查阶段独立启动与完成（以前还存在由政法委牵头的联合办案），鉴定意见决定着是否立案或侦查终结。况且，在侦查或初查阶段，犯罪案件发生不久，家属与疑似犯罪嫌疑人之间的对立情绪最高，只要鉴定意见无法满足前者预期，就极易激发其非理性的抗争行为。

初查或侦查阶段的死因鉴定争议，除部分被合理解决外，剩下的，或被恶化，或被不了了之，或被无限拖延，或随着诉讼进程流入后续程序。在审查起诉阶段，当事人亦会针对侦查机关的鉴定意见提出异议，但检察机关几乎不会重新启动鉴定。[15] 很大程度上，这是因为公诉机关与侦查机关在追诉犯罪问题上的立场是高度

---

[13]　如在贵州瓮安李树芬案件中，被指为"元凶"的王娇被认为是县委书记的亲侄女，或是副县长的孩子；18 岁的刘言超和 21 岁的陈光权传说与当地派出所的所长有亲戚关系。但事实上，三人并没有任何官方亲戚背景。参见吴伟："贵州瓮安事件始末"，载《新世纪周刊》2008 年第 20 期。

[14]　在安徽黄山祁门县民警方卫、王晖刑讯逼供案中，除被告人及其家属外，祁门县公安局以及黄山市其他区县公安机关以全体千余名警察的名义表达了对两被告的声援。当然，这种极端的情况比较少见，但在涉警刑讯逼供的案件中，公安机关领导及其民警不满检方侦查、鉴定的情况，甚至阻挠检察机关办案的情况并非个案。

[15]　刘晓农等人介绍，在 2250 件具有鉴定意见的案件中，由嫌疑人或辩护人提出并被检察机关采纳重新鉴定的案件仅为个位数。而与此相对应，但凡提审嫌疑人并告知其鉴定意见时，嫌疑人多会提出对鉴定结果有意见。参见刘晓农、彭志刚："关于刑事鉴定的几个问题——以《刑事诉讼法》的修改为视角"，载《法学论坛》2013 年第 1 期。

一致的，由侦查机关启动并完成的鉴定程序，一般而言符合公诉机关的利益。[16] 特别是当侦查与公诉职能均由检察院自己行使时。而在法庭审判时，由于鉴定意见决定着被告人的定罪量刑，且由于控辩式庭审结构、法官相对中立、辩护律师的更多参与，故虽经侦查或初查的过滤，当事人的鉴定争议虽有减少，但比起审查起诉阶段却增多。但总体而言，庭审阶段的死因鉴定争议，大多还是初查或侦查阶段的进一步延续。由此可见，侦查或初查阶段的死因鉴定争议，应是中国刑事司法制度回应的重心。

3. 争议手段。在中国的诉讼实践中，除持续、多次向办案部门表达质疑、不满以申请死因重新鉴定外，当事人通过模仿，或在"被逼无奈"、"走投无路"（家属语）的情况下，已自觉或不自觉地探索出表达异议的行动策略谱系：①涉鉴上访。重复上访、越级上访、多头上访，这是当事人运用最频繁的抗议策略。而且，因鉴定而上访或信访，特别是命案与伤害案中的涉鉴上访，已经成为当前中国上访案中最令人头痛、最麻烦、最难以解决的问题，[17] 早已引起中央高层高度重视。[18] ②闹事。当事人家属到办案部门辱骂、示威、暴力威胁工作人员。当事人家属扯白旗、打横幅，组织人员游行、示威、喊冤，声泪俱下。③拒绝火化尸体，与侦查机关暴力抢尸，将尸体长年累月冰冻在家里或殡仪馆。④自虐性威胁。当事人家属借助自伤、自残或自杀等姿态，逼迫办案部门重视其合理诉求或改变鉴定意见。⑤群体性事件。被害人家属方未必有能力安排或组织成千上万人的群体事件，但不可否认，他们确实利用了以死因鉴定争议为导火索的群体性事件，而取得了与政府或办案部门谈判的筹码。⑥自行鉴定。为印证自身推断，以否定官方鉴定意见，当事人有时私下委托鉴定机构进行鉴定。而这些鉴定意见往往与办案部门相悖，虽然它们不能直接作为证据，但在客观上强化了当事人怀疑。⑦利用网络、媒体曝光案情，已逐渐为当事人反抗办案部门的流行趋势。⑧特殊情况下，比如在涉警刑讯逼供案中，公安机关领导、干警甚至警察群体向法院、检察院施加压力，集体陈情、喊冤，为涉案干警鸣不平。这种抗议方式虽然比较少，但对司法机关的侦查、起诉与审判产生了严重的干预与恶劣的影响。在具体案件中，当事人常常根据效果进行上述策略的选择与组合。

除此之外，尚有一些规律可循：①侦查机关面临当事人不满而抗争的手段最多，暴力性最强，几乎可用的手段均轮番上阵，不达目的不罢休。②与被害人方相比，

---

〔16〕 汪建成："中国刑事司法鉴定制度实证调研报告"，载《中外法学》2010 年第 2 期。

〔17〕 王进忠："解读公安涉法上访（上）"，载《辽宁警专学报》2008 年第 2 期。

〔18〕 2010 年 8 月 25 日，全国人大常委会委员长吴邦国针对当事人不服鉴定意见而长期赴京上访作出了专门批示。参见郭华："对我国国家级鉴定机构功能及意义的追问与反省——评我国国家级司法鉴定机构的遴选"，载《法学》2011 年第 4 期。

嫌疑人方或被告人方存在鉴定争议的情况要少，即便他们不满尸检意见，其抗争的手段也相对温和、节制。这可能与当事人双方诉讼地位、社会对被害人的同情或抨击的偏向性等要素相关。③无论侦查行为是由公安机关还是检察院行使，当事人抗议手段几无差别。虽然检察院被法律规定为中立的法律监督部门，但在自侦案件中，却常常被害人家属认为存在故意祖护之嫌。

4. 争议后果。存在部分死因鉴定争议本为寻常，[19] 然而在中国，其不仅数量多，更关键的是，它本身易演变成"案中案"，成为争议不绝的"诉讼问题"与危机国家刑事司法合法性的"政治问题"，其弊端表现在：死因鉴定次数多，一些案件高达3次，甚至6次之多，且相互冲突；持续时间长，有些动辄几年；[20] 当事人因鉴定争议而奔波，为此家徒四壁、负债累累、亲离子散、遭受家人亡故之痛；长年累月中，部分人变得居无定所、精神偏执；一些案件中的家属还被截访、关进学习班或黑监狱。同时对国家而言，部分死因鉴定案件中，公检法机关、地方政法委、党政机关悉数卷入，职权鉴定机构与社会鉴定机构均有参与，这是典型的多头鉴定、重复鉴定问题。其最大弊端，就是无限制增加了办案机构工作压力与解决鉴定纠纷难度，进而破坏性地影响鉴定公信力；更甚者，案件结局若因当事人上访闹事而改变，其戏剧性的"示范效应"，极易催生出牟利性上访、无理上访与有理上访的无理化。[21]

更深远的恶果，则是影响无远弗届的一个个具体死因鉴定争议，不断塑造社会民众的认知结构，并作为一种认知"前见"或思维定式，影响着他们将来对自身亲历或关注的其他鉴定争议案件的客观评价，从而挫败国家刑事鉴定制度改革努力。这就是目前中国刑事鉴定信任危机治理过程中的"内卷化"现象——国家治理走向了反面，越治理，刑事鉴定争议越多。另外，死因鉴定争议还可能成为社会内部矛盾、社会民众与地方党政机关冲突的导火索或催化剂，刑事司法正当性与国家治理合法性可能丧失民众认同感，国家统治的合法性出现危机。

三、死因鉴定争议：影响因素及其发生演变机制

死因鉴定争议是指当事人及其家属（主要是被害人方）拒不认同或难以接受办案部门给出的鉴定意见，在中国，它主要根源于鉴定意见的不可信，而非或并非仅

---

〔19〕 叶俊："法医鉴定的本质是科学实证"，载《民主与法制时报》2013年9月2日，第8版。

〔20〕 如念斌案，从2006年8月开始，直到2014年8月22日，历经8年，念斌4次被判处死刑、3次上诉，最终被判无罪（参见中国新闻网："福建'念斌投毒案'终审宣判上诉人念斌无罪"，载http://www.chinanews.com/fz/2014/08-22/6519555.shtml，2014年8月22日）。之所以如此，就在于法医鉴定出现重重疑点。参见叶俊："法医鉴定争议困局"，载《民主与法制时报》2013年9月2日，第5版。

〔21〕 参见陈如超："中国刑事案件中的涉鉴上访及其治理"，载《北方法学》2014年第1期。

仅来自于鉴定意见的不可靠。然而，鉴定意见的可信性，是基于当事人的"主观评断"——一种受情感支配的具有"归我属性"的个体认知，而不是限于甚或主要不是根据鉴定意见的"可靠性"问题作出的客观判断——超越诉讼主体情感偏向的，一种科学意义上的"事实真相"建构。这导致当事人、法医鉴定人、办案机关之间就鉴定意见能否作为定案根据存在认识上的严重分歧。

申言之，鉴定意见可靠性是在现有科技条件下，鉴定人综合各种因素（包括现场勘验），对被害人死亡原因与性质的一种客观解释，即鉴定意见在当前条件下被认为是"正确无误的"，尽管随着法医科学的发展，它有可能被推翻，但从目前的科学能力与法医鉴定界的公认水平而言，该鉴定意见还无法、亦不应被推翻。可信性表达的是当事人对办案机关给出的鉴定意见的最终的、外在的认可与接受，无论其内心是心悦诚服还是满腹牢骚，它追求的是当事人对死因鉴定意见的认可。简言之，可靠性关注鉴定意见在科学事实层面上的"真实性"，反映认识的客观维度；而可信性则聚焦鉴定意见的当事人可接受性，它关注鉴定意见被信任与被认同的主观维度。[22] 理论上，鉴定意见的可靠性与可信性存在如表2所示的四种模型：

表2　鉴定意见可靠与可信组合的四种理论模型

	鉴定意见可信	鉴定意见不可信
鉴定意见可靠	①可靠且可信	②可靠但不可信
鉴定意见不可靠	③不可靠但可信	④既不可靠亦不可信

应该说，从上表可以看到，司法实践中最糟糕的现象是②，鉴定意见可靠但无法获得当事人认同。问题较多的是④，鉴定意见不可靠亦不可信，在刑事鉴定中特别是错案中随处可见，[23] 亟须纠正。而③鉴定意见不可靠但可信，亦非刑事司法最佳追求，且在实践中是小概率事件。实际上，①鉴定意见可靠，且被当事人认同，无论是在初次鉴定阶段，还是在鉴定异议阶段，办案部门都应力求这一效果。然而，①只应是尘世中任何一国刑事司法的理想图景，可作为"范导性"原则与办案时的"绝对命令"，但因法医鉴定实践的复杂性远超想象，不可能每案如此，特别是制约鉴定意见的可靠性问题，并非人为努力所能克服。因此当鉴定意见受到主客观限制，虽无法准确查明案件事实——而非明显的人为故意使然时，但若能通过解释获得当

---

〔22〕　对于这两个概念，我将不进一步展开分析，否则的话，将卷入无穷无尽的科学哲学、认识论等一些自认掌握真理话语的学者目前乐此不疲，但却因为自身知识水平、出发角度、对实践的抽象想象和晦涩不明的语言而导致越辩越令人糊涂的"话语陷阱"。

〔23〕　房保国："科学证据的失真与防范"，载《兰州大学学报（社会科学版）》2012年第5期。

事人信任，则是解决鉴定争议的次优选择。上述分析说明：死因鉴定应该竭力追求①，杜绝出现②，且当死因鉴定技术无法避免主客观缺陷时，力争鉴定意见获得当事人信任，避免鉴定争议及其激化现象出现。由此看来，可靠性固然重要，但在一个鉴定公信力不足的司法体系中，它远不如鉴定意见的可信性对于解决死因鉴定争议来得有力。因此，对中国的公检法机关而言，让当事人认同、接受死因鉴定意见比其本身的可靠更重要、更关键，亦更能预防（初次鉴定）与解决鉴定争议（重新鉴定）。当然，这并不意味着办案部门应该将明显错误的死因鉴定意见强加于当事人，这是不公平的。

上述分析证明：只有通过分析影响死因鉴定意见可信性的相关因素，并超越其可靠性的视角局限，才是解决死因鉴定争议乃至中国目前刑事鉴定争议的最佳路径。据此，我们需牢记"贴地步行，不在云端跳舞"（维特根斯坦语）的哲人告诫，着眼于刑事死因鉴定实践，发现影响其可信的重要因素，并在此基础上，分析死因鉴定争议发生、演变机制，从而找到遏制死因鉴定争议的关键。

（一）影响死因鉴定意见可信性的重要因素

当事人是否认同死因鉴定意见的机制极其复杂，涉及法医鉴定科学、鉴定人能力与品性、鉴定程序、办案部门回应当事人鉴定异议的方式、社会舆论等众多主客观、直接间接因素。

1. 死因鉴定的科学性与客观识别能力。按照当前司法鉴定的一般理论，死因鉴定意见的可靠性，取决于法医鉴定理论的有效及其技术的客观识别能力，鉴定对象（需要解决的专门问题及其附着载体情况）的复杂疑难程度，以及鉴定科学能否正确解决该专业问题等众多因素。[24] 尽管当前的死因鉴定（如法医病理学）取得了长足发展，但它毕竟是一门实践性的运用科学，是要解决现实中千差万别的具体问题，需要面对偶然性、个体差异与鉴定对象的客观限制，而不是在人为控制的理想环境——实验室里运作，故很容易在法医鉴定界引起争议。当然，由于这些问题过于复杂，不是通过法律制度改革本身能够有效解决，因此并非本文论述重点，本文仅仅截取其中一个片段举例说明。如一些法医界的著名专家指出：命案的死亡原因鉴定中存在着疑难，特别是溺水死亡、高坠死亡的性质确定，以及某人是因自身疾病还是外在原因或二者兼而有之死亡的性质确定，法医学尚无好办法。[25] 这一困境导致的鉴定争议，典型地反映在高莺莺案、张庆案与代义案与"黄山陷警案"等大量

---

[24] 美国学者指出，评价专家证据的可靠性，取决于三项因素：①鉴定理论的有效性；②科技手段的有效性；③该科技被正确地运用于案件中。See Paul C. Giannelli, "Admissibility of Scientific Evidence", 28 *Oklahoma city University L. Rev.* 3 (2003). 转引自张南宁："科学证据可采性标准的认识论反思与重构"，载《法学研究》2010 年第 1 期。

[25] 顾晓生："命案法医学证据审查要点"，载《检察日报》2008 年 1 月 11 日。

案件中：

【案例1】在著名的嫩江县代义案中，解放军307医院出具的毒化检测报告表明，代义的送检血液中检出每毫升2100微克的氨基比林、每毫升160微克的咖啡因，胃液中量则更大，分别为每毫升15 000微克和每毫升1300微克。据此推断，代义至少应吃一瓶（每瓶100片）氨基比林咖啡因药片。然而，即使代义真的服用如此剂量的药片，是否可能在半小时内死亡？这在法医学界引起争议。因为氨基比林咖啡因片只是一种常用药，而非烈性毒药，因服用该药过量而导致急性死亡的案例极为罕见。为此，代义之姐代力为启动重新鉴定以证伪侦查机关的尸检意见，不惜以身试药，吞下96粒氨基比林咖啡因片。然而，在专业法医看来，代力"以身试药"的做法意义不大，因为法医用一个词就可以排除这种实验的科学性：个体差异。[26]

【案例2】2007年7月27日，吉林大学法医鉴定中心对非正常死于看守所的张庆进行尸检。2007年9月3日，长春市检察院书面告知张庆家属鉴定结果："外伤不构成死因，可构成死亡的诱发因素。"由于张庆死前有肝硬化、重度脂肪肝和肺水肿，故鉴定机构最终认为"可由于肝硬化致肝性脑病死亡"。对于"肝性脑病"，张庆家属聘请的见证尸检过程的一位哈医大法医学副教授解释说，那是由于肝脏有病，病变到一定程度，导致肝功能下降，最终引起脑中毒而死亡。但他不认可这样的诊断结果，因为张庆的肝体积没有缩小，脾体积也没变大，说明未到肝硬化晚期，"不足以导致肝性脑病的出现。"[27]

上面表1鉴定公案中的源于类似问题的鉴定争议频频发生，严重影响了当事人对鉴定意见的信任。不过，因为这类死因鉴定争议，基本上来自于专家基于专业知识的判断，对当事人来说，甭说质疑，就连看专业术语都是一头雾水。事实上，凡这类鉴定争议，当事人大多在聘请专家见证官方鉴定过程或其私下咨询或委托鉴定人或聘请专家辅助人出庭或听取一些鉴定专家在网络或媒体上表达的专业意见后，[28] 他们才可能从科学性层面提出质疑。

因此，当事人存在评判死因鉴定意见是否可信的其他理由，并且有时将之作为他们最重要的怀疑理由。实践中，当事人常常采取一些容易被观察、看起来客观、具有一定说服力的因素作为替代性测度机制，以此作为判断死因鉴定意见是否可信

---

〔26〕 柴会群："女子以身试药拷问法医鉴定"，载《南方周末》2009年7月15日。

〔27〕 参见"疑犯看守所内非正常死亡"，载 http://news.sina.com.cn/o/2008-01-08/073313216743s.shtml，最后访问日期：2014年8月22日。

〔28〕 相关案例参见吉林长春的张庆案、辽宁的连丽丽案、安徽谢佩银案、"黄山陷警案"、黑龙江代义案中，专家对办案机关鉴定意见发表的意见及其对当事人的影响。

的重要因素。同时，正因为这些因素当事人操作起来得心应手，易被他人同情与支持，其负面性常常被当事人选择性放大，并进行"错误性归因"，以致当办案部门的死因鉴定意见明显可靠时，也会成为当事人对其不信任的"重要理由"。〔29〕除此之外，一些纯粹的程序性问题逐渐成为当事人拒不认同死因鉴定意见的辩护理由，虽然它们同其可靠性只存在间接的关联，甚至是相互独立的因素。由此看来，死因鉴定意见的可信性危机，其实是一个系统问题，而仅非法医科学技术问题。

2. 死因鉴定意见是否违背当事人常识、常情、常理。"三常"反映人们朴素的情理观、公平观、是非观，是当事人据以评断复杂而反常事件的重要智识资源，它无需过多案情，只需诉诸内心直觉与道德判断。〔30〕在死因鉴定案件中，当事人凭"三常"反驳办案部门鉴定意见的情况俯拾即是。如表1众多鉴定公案均提示，当某人非正常而亡，侦查机关尸检认为是自杀时，家属大多拒不认同。他们无法想通：一个好端端的人，为什么会自杀？他/她身上为什么有那么多并非坠楼或其他自杀方式造成的伤痕？他"身中11刀"还能是自杀（谢业新案）？一个心智正常的人能如此毫无征兆地血腥地屠戮自己？〔31〕侦查机关的尸检意见怎么会有几个版本（谢佩银案）？若为自杀，当地党政一把手为什么会介入，还要与家属签订火化协议，还要抢尸、火化尸体？他们想掩盖什么？（在高莺莺案中，当高被掩埋时）好好的天空，为什么突降暴雨？这是否是窦娥六月飞雪式的冤情隐喻？〔32〕……"三常"作为当事人或其家属质疑鉴定意见是否可信的利器，在非正常死亡的死因鉴定案件中，出现频率高，加之涉官、涉富、涉警、涉权的敏感因素，并辅之以情感化的形象化推理与话语表达机制，最能赢得同样无专业训练的社会普通民众的同情与支持。

3. 相互冲突的鉴定意见。重新鉴定在错鉴无法避免的情况下，作为一种纠错机制，应是法律程序自我修复的救济性制度装置。然而，在死因鉴定中，当重新鉴定后出现的二次或多次鉴定意见相互冲突的事实本身，就会成为当事人强烈怀疑办案部门死因鉴定意见是否可信的显著标志（如"黄山陷警案"）。这在中国已是一个极端吊诡，但在司法实践中反复上演的困境：重复鉴定次数愈多，鉴定意见愈有分歧，鉴定争议就愈大，由此形成恶性循环，造成办案机关是否启动重新鉴定机制时左右为难。办案部门早已洞明这一悖论，故在司法实践中，若非鉴定错误证据确凿，或

〔29〕 比如发生于2011年的谢业新案，专家通过详细的分析证明，办案机关认为谢业新自杀的鉴定意见是成立的。参见战裔："10刀'试探伤'探查自杀真相"，载《民主与法制时报》2011年11月7日。

〔30〕 心理学研究表明，当人们面临一个复杂的判断或决策问题时，他们通常会依据自己的直接或一些常识来进行决策。参见〔美〕斯科特·普劳斯：《决策与判断》，施俊琦、王星译，人民邮电出版社2004年版，第75页。

〔31〕 李晓亮："'11刀自杀'的难度在哪里"，载《中国商报》2011年9月6日。

〔32〕 陈磊："如坠云雾的高莺莺死亡案"，载《南方人物周刊》2006年第21期。

内外压力逼迫，它们几乎不会轻易启动重新鉴定。[33] 而重新鉴定申请或要求被拒绝，反而又成为当事人鉴定争议的新理由。

4. 鉴定人能力水平与德行问题。语言哲学学者弗里克认为，所谓信任（S,P）在于，说者 S 是真诚的，并有能力作出话语 P。这两个条件构成了说者陈述的可信性。[34] 然而，既然当事人难以判断死因鉴定意见（P）的可靠与否，他们则倾向以鉴定人（S）的德行与能力，作为判断鉴定意见是否可靠的重要指标与替代性方法。而这种评价，主要基于当事人对鉴定人鉴定过程的观察与鉴定人回答其疑问的态度、语气与内容。可以看到，鉴定人的德行、态度、能力、敬业精神、专业水准问题，在鉴定公案（如连丽丽案的尸检，代义案尸检，李树芬案的第一、二次尸检）中多处可见：

【案例 3】在李树芬的第一次尸检过程中，由于其被打捞上来时，脸的右侧有一道明显的划痕。家属"不相信她是自己跳下去的"，因此怀疑是"抓扯留下的痕迹"。但法医胡仁强告诉死者家属，如果是手抓的，"宽度应在 3 毫米以上，并且能看见脱落的表皮"。"这很可能是水中漂浮物擦伤造成的。"但家属不愿认可这种推测，"为什么就一种可能，也可能是抓扯时用刀逼的……"由于这道划痕不是致命伤，双方都没有进行深究。接下来，在褪去死者衣物后，法医对尸表进行了全面检查，均未发现损伤。胡仁强说，所有检查都是按照尸检程序进行的，而且当着亲属的面。但整个过程，没有检查死者的外阴，也没有进行尸体解剖。胡仁强的解释是，当时家属并没有质疑是奸杀，而且"当着直系家属的面，检查那里，可能会引起他们的反感"。大约 40 分钟后，尸检结束。第二次尸检，法医王代兴为了检查死者死亡前是否中毒，他打开了死者的胃，里面有大约 200 克未消化完的米饭、白菜和豆腐。"有敌敌畏吗？"解剖胃时有家属问。"敌敌畏有臭味，谁会喝？"王代兴说。[35]

上述法医尸检存在重大缺陷。法医倾向性明显（随意给出意见）、态度敷衍（用时 40 分钟，用手电筒随便照照）、检验匆促（未解剖），甚至给出"自杀溺水而亡"的违背专业常识的鉴定意见等问题，[36] 是引起鉴定争议乃至群体性事件的直接原因。可以说，有关鉴定人自身责任意识、工作作风、专业能力、鉴定中立公平等问

---

〔33〕 陈卫东等："刑事案件精神病鉴定实施情况调研报告"，载《证据科学》2011 年第 2 期。

〔34〕 转引自丛杭青：《陈词证据研究》，人民出版社 2005 年版，第 127 页。

〔35〕 李树芬案法医尸检存在的严重程序与检验问题，参见蔡如鹏："少女李树芬三次尸检内幕"，载《中国新闻周刊》2008 年第 25 期。

〔36〕 陈永生："域外法医鉴定机构设置的特征"，载《国家检察官学院学报》2010 年第 1 期；陈永生："中国司法鉴定体制的进一步改革——以侦查机关鉴定机构的设置为中心"，载《清华法学》2009 年第 4 期。

题,尽管大多数时候隐藏于厚重晦涩的法医专业术语里,但已逐步被当事人(借助专家辅助人)撕开。[37] 特别是在当事人家属参与鉴定的过程中,"一个不经意的动作、一个随意的眼神、一句不疼不痒的问话,都能惹怒情绪激烈的围观者"(顾晓生语)。更不幸的是,实践中部分法医鉴定人过度考虑当事人诉求、社会民意、政治稳定,而作出与事实不符的鉴定意见;更甚者,一些鉴定人罔顾鉴定科学,故意错鉴,颠倒黑白、混淆是非,[38] 且难以被追责(连丽丽案)[39]。其造成的恶劣影响,严重削弱了法医鉴定人的整体信誉,营造出职权鉴定不可信的氛围。

5. 鉴定程序问题。按照学者见解,鉴定争议本为当事人对鉴定意见真实性产生的重大怀疑或根本分歧,而鉴定程序不合法、鉴定文书内容格式不合规范,不是鉴定争议范畴。[40] 该观点建基于当事人有充分能力评断鉴定意见真伪,忽略了当事人利用鉴定程序问题的"借题发挥"。其实司法实践中,法医鉴定人不回避(曾仲生案)、无资格(连丽丽案)、不出庭,鉴定人在相关案件中不适格(李树芬案),以及鉴定人没有参与鉴定却署名[41],只告知鉴定结论部分,甚或不及时告知、拒绝告知,拒绝家属参与尸检等程序性缺陷(黎朝阳案),已逐渐成为当前死因鉴定争议焦点。一些学者调研指出,在当事人不服鉴定意见而上访的情况中,因鉴定程序不规范而引发的上访,已经占司法鉴定信访案件的1/2;[42] 更有学者说,法医鉴定程序瑕疵、问题或漏洞,已变为当前当事人质疑办案部门鉴定意见是否可靠的最主要理由。[43] 当然,法医鉴定程序问题,与鉴定人品性与能力、责任态度、工作作风有些交叉,但此处更侧重鉴定程序自身的正义公平,它是现代程序正义的法治理念被当事人充分运用的一个例子。

6. 公检法机关回应当事人死因鉴定争议的方式不当。中国刑事法律程序实行职

---

[37] 如在"黄山陷警案"中,检察机关的鉴定明显表现出这些缺陷。参见章礼明:"评'专家辅助人'制度的诉讼功能——借助于新《刑事诉讼法》实施之后司法首例的分析",载《河北法学》2014 年第 3 期。

[38] 如 2009 年春夏之交,震惊全国政法界的内蒙古司法鉴定腐败窝案,参见王和岩:"操纵司法鉴定:内蒙古窝案",载《新世纪》2010 年第 2 期。

[39] 在连丽丽案中,第一次尸体解剖时,竟然是犯罪嫌疑人母亲所在医院和一名没有法医资格的医生进行鉴定。霍仕明:"花样女儿猝死酒店,凶手逍遥",载《法制日报》2006 年 8 月 10 日。

[40] 邹明理:"合理控制重新鉴定和有效解决鉴定争议措施探讨",载《中国司法》2008 年第 8 期。

[41] 陈镇国、郝涛、李珊:"《司法鉴定之惑》专题报道之二 两起刑案鉴定背后的真相",载《民主与法制》2011 年第 11 期。

[42] 据学者对浙江 2009 年司法鉴定投诉事由的分析可以看出,当事人一般指出鉴定标准不当、鉴定主体不合法、鉴定程序不合法、鉴定时限不合规定、非法设立分支机构、社会黄牛影响公正、超标准收费等外在事由,很少有直接否定鉴定意见的。参见禹海航等:"司法精神医学鉴定结论分歧的分析",载《临床精神医学杂志》2001 年第 2 期。

[43] 刘瑛:"法医鉴定引发上访的原因及对策",载《北京人民警察学院学报》2005 年第 5 期。

权性鉴定体制，当事人存在鉴定异议时，可以向公检法机关提出，要求后者给予合理解释；当符合条件时，他们亦可以申请重新鉴定。然而，针对当事人的死因鉴定争议，公检法三机关未必能够合理处理。它们下面的几种回应方式，则可能激化其与当事人之间的鉴定冲突：①轻视沟通，拒绝公布死因鉴定过程与鉴定论证的详细细节，借口保密，只告知鉴定结论部分；②否定当事人鉴定异议，拒绝重新鉴定，但未能说服当事人，或根本不说明理由；③干脆置之不理，或扬言不惧当事人不满；④或者拒绝家属查看尸体，或暴力抢尸，或强行火化尸体，或与当事人签订尸体火化协议；⑤要求当事人预交鉴定费，特别是超额鉴定费，否则拒不鉴定，这被当事人视为故意刁难；⑥针对当事人不服鉴定意见而上访、投诉、闹事，采取不冷静、不克制的行为，甚至暴力截访……

由于死因鉴定争议案件本身涉及"人命关天"之事，对死者家属而言，是终生难忘的切肤之痛。若办案机关特别是侦查机关对当事人疑问的答复、处理敷衍塞责、言辞冷漠、粗暴蛮横或故意刁难（基于当事人视角），不仅极易强化鉴定冲突，更易导致他们不满目标的转移：从当初死因鉴定争议转变成对办案部门处理方式的不满；当事人与办案部门的矛盾，超过或掩盖了当事人之间的矛盾；当事人对死因鉴定意见的不信任，扩散成对整个国家司法体系的不信任。

当然，本文只是概括归纳出影响死因鉴定意见可信的主要因素，而且从因素1～6的排序来看，显示出从实体到程序、从内容到形式逐步过度的特点，最后以至于一些单纯的程序性争议，也演变成被当事人当做鉴定意见不可信的重要辩护理由。

另外，公案显示，鉴定意见的可信性，还受到其他一些因素的影响：①法律专家或其他公共知识分子、法医鉴定专家的参与。他们或作为专家辅助人提供专业意见，或在媒体网络上发表意见，或接受当事人私人咨询提供意见，这种所谓专业的知识供给，对办案机关的鉴定意见最具颠覆意义；特别是一些公知或"有良心的知识分子、专家"，通过给办案部门公开信、联名上书（谢佩银案），举办被害人死因研讨会（戴海静案），或为被害人建立网上墓园、纪念馆（黄静案），或给当事人经济与道义支持（李树芬案）等方式，最能巩固与强化当事人的鉴定争议。②网民、媒体与社会普通民众给予当事人的信念、经济支持与抗争策略指点；长期的上访人、闹事者或以此为业的职业谋划者的出谋划策；民众因被害人事件举行的游行示威（戴海静案）或以此为导火索衍生出的暴力性群体事件（吕海翔案）。

上述事件与行为能有效激励当事人执着于鉴定争议。但同时，它们也复杂化了个案性的死因鉴定争议，对办案机关造成了难以承受的政治性危机与社会性压力。不过，由于它们只是当事人产生死因鉴定争议的一种信息资源与动力源头，其提供的理由、口号与具体诉求，依然主要指向前面6个核心影响因素，故此处并不单列，而笼统称之为"社会舆论"。

（二）死因鉴定争议的发生演变过程

当前，无论作为整体的刑事司法，还是具体的公检法机关抑或刑事司法鉴定，都处于信任危机之中；[44] 且办案部门与当事人（或其家属）之间互不信任，彼此猜忌。[45] 由此造成的后果是，普遍缺失信誉的法律制度与司法环境组成的社会结构，深刻地影响了卷入诉讼中的个体行为与社会预期；而个体行动与民众预期反过来又固化、甚至升级了不信任的社会结构。这就是吉登斯所谓的"结构二重性"理论[46]在死因鉴定争议中的典型反映。我们需要对这一过程进行理论分析，以寻求解决之道。当然，由于影响死因鉴定争议的因素众多，且案件背景复杂、具体争议类型不同，故我们只能以本文论及的最为典型的死因鉴定公案作为样板，并删繁就简、高度抽象，构建一个死因鉴定争议发生机制的理想型的简化模型：

1. 死因鉴定争议的初始化。在刑事司法公信力堪忧的现实制约下，一旦当事人及其家属被侦查机关告知与其预期、直觉、常识严重不符的鉴定意见（特别被害人之死突如其来）时，他们通常首先质疑侦查机关鉴定意见的可信性。特别是当一方面案件涉警、涉富、涉官或存在家庭婚姻或其他事前纠纷等敏感要素，另一方面侦查机关（有时是涉案的公安机关自身）给出非常可笑、毫无科学依据、极不严肃甚至相互矛盾的死因解释（典型的是被害人于审讯、羁押期间死亡的涉警案件）时，当事人家属极端愤怒、十分不满。

但在初始阶段，当事人大多还不会采取上访、闹事、网络发布信息等过激行为，而一般会寻找各种可信的理由，即影响鉴定意见可信性因素 1～5 中的一个或若干，在法律程序内，向办案机关表达要求改变鉴定意见的诉求。这时可能出现两种结果：①侦查机关启动重新鉴定，改变了鉴定意见，或者通过合理解释鉴定争议，满足了争议方预期，鉴定争议或许终结。②侦查机关拒绝解释鉴定争议或解释不合理，或者拒不启动重新鉴定（因素 6）。在这过程中，侦查机关还可能拒绝家属察看尸体，或故意拖延察看时间，甚或为了避免风险（如当事人家属携尸闹事）而秘密火化尸体；同时，因为将被害人之死视为其自身疾病或其他特殊原因所致，故侦查机关一般不会立案，从而终止初查程序。这时，当事人的鉴定争议必然升级，反抗情绪陡

---

〔44〕 参见四川省高级人民法院课题组："人民法院司法公信力调查报告"，载《法律适用》2007 年第 4 期；北京市第一中级人民法院课题组："关于加强人民法院司法公信力建设的调研报告"，载《人民司法》2011 年第 5 期；胡铭："刑事司法的国民基础之实证研究———项基于城市问卷调查的分析"，载《现代法学》2008 年第 3 期；阿计："'证据之王'，如何走出信用危机"，载《公民导刊》2005 年第 8 期；柴会群："从'证据之王'到'是非之王'——司法鉴定争议录"，载《南方周末》2010 年 1 月 21 日。

〔45〕 陈如超："中国刑事案件中的涉鉴上访及其治理"，载《北方法学》2014 年第 1 期。

〔46〕 ［英］安东尼·吉登斯：《社会的构成：结构化理论大纲》，李康、李猛译，生活·读书·新知三联书店 1998 年版，第 90 页。

然弥漫。因为尽管当事人对死因鉴定意见是否可信的判断，可能基于"自我利益立场"的情绪性认识，但无法否认的是，亲人之死过于突然带来的悲痛之苦、为惩罚"凶手"夹杂的强烈复仇情绪，意味着侦查机关需要给予家属一个合理的说法，让其信服。

2. 死因鉴定争议激化。由于鉴定冲突的转向（当事人与侦查机关）、升级（不满变得剧烈化），矛盾主体多元（当事人与当事人、当事人与侦查机关），当事人郁积的不满开始情绪化，并掩盖理性认知，出现"自我认知正确"的过度强调或错误强化，鉴定争议行为趋于反复、执着或曰固执、偏激，且由于当事人身处特定情境中的极端焦虑与愤怒，而令其行为极易暴力化与不满行为的常规化。此时此刻，改变死因鉴定意见并非唯一要务，"出气"、"泄恨"、"挣面子"可能主导着当事人的行为与话语。因此，他们可能采取诸如暴力冲撞侦查机关、威胁办案人员；或自伤自残；或游行示威，打出横幅，四处申冤；或者重复上访、越级上访、赴京上访；或咨询"著名专家"，寻求专业意见帮助；或通过现代媒体与网络，发布案情，邀请社会支持，以便给侦查机关施压……

3. 死因鉴定争议的处理或延续。尽管已经转化或转向的当事人与国家—地方相应部门的矛盾冲突走向前台，然而死因鉴定争议的处理仍是国家解决纷争、重建合法性的唯一路径，而且刻不容缓。为此，具体的办案部门，主要是侦查机关，有时是党政机关、相应政法部门牵头联合，进行重新鉴定，或高规格——鉴定人人数多、资质高、牵涉各著名鉴定机构的专家会诊，以应对当事人缠诉、闹访或防控社会秩序严重失序的混乱局面。然而，侦查机关压力逼迫下的重新鉴定可能带来如下后果：

（1）重新鉴定意见与先前鉴定意见一致，则冲突可能继续被强化。因为当事人此时已经步入与办案部门持续斗争的不归路，倾全力投入，家庭可能一贫如洗，若中途停顿，则前功尽弃（郭伟案），反而证明此前鉴定争议行为是错误的（代义案）；同时，在当事人因不满而努力的过程中，受到社会舆论、法律专家与法医专家的支持，特别是因上访而结缘的各路"冤屈者"、职业"谋划者"[47]，会相互鼓励、彼此交心，并出谋划策，这极强地坚定了当事人一抗到底、拒不妥协的决心。

（2）即便侦查机关的重新鉴定改变了鉴定意见，无论是因情势而推翻先前鉴定意见，还是基于政治考虑而妥协折中，其固然暂时解决了初查阶段的鉴定争议，并予以立案，但它同时也印证当事人此前的不满是正当的，社会舆论的支持是合理的，办案机关徇私枉法、鉴定腐败等现象是客观存在的。据此，刑事司法的公信力反被削弱，社会对死因鉴定乃至整个刑事鉴定的信任度再次降低，而且一方面，它可能诱发因追逐利益的无理"闹鉴"与有理鉴定争议的无理化；另一方面，若鉴定意见

---

〔47〕 这是一类寄生于社会中，专门为上访者设计上访方案、闹事策略的一群人。他们不仅使鉴定争议激化，甚至还激化了鉴定争议的产生。

未能满足争议方的全盘预期,[48] 或又引起犯罪嫌疑人方的鉴定异议,即便案件进入后续起诉、审判环节,死因鉴定争议仍然会存在,并不会沉寂。

此处仅仅论述死因鉴定争议在审判阶段的延续。庭审的鉴定争议,固然当事人不满手段可能不再暴力化,但其上诉、上访、向上级法院的联名上书(如"黄山陷警案")、向审判法院的政治施压,异议方聘请的专家辅助人庭审时对法医鉴定意见的有效挑战(只破不立,不仅无法帮助法官认证,反而加剧了鉴定争议与法官采证难度[49]),法官认证鉴定意见的专业局限,而更令审判法院困境重重、进退维谷。同时,由于此类案件耗时费力,且时过境迁,尸体已被火化或无再鉴价值,器官类检材已被污染或毁损,同时难以再找适格鉴定人,故重新鉴定大多已无可能或意义不大,即便重新鉴定,可能相互冲突的鉴定意见,亦令法官不敢冒险。因此,只要此类鉴定争议延续于审判,法官大多将之视为烫手山芋,如果鉴定妥协,给出折中鉴定意见(如黄静案),则可能招致双方不满;如允许鉴定人与专家辅助人出庭,则专家之间的分歧,法官又难以判案(陈志明案)。因此,尽管侦检机关将案件"成功"移送或推脱给法院,法院与审判法官却处境尴尬,而无论最后采取何种处理方式,都可能削弱审判法院的公信力,并引发当事人继续上诉、申诉、上访,将矛盾聚集于自身。

由此看来,一旦死因鉴定争议被激化后,随着当事人采取手段的升级、社会舆论的介入与民众参与的增多,则国家无论后续采取何种应对策略、投入多少成本,即便最终能够摆平冲突,但却难以加强国家刑事司法与鉴定的公信力,反而会进一步加剧其信任危机,并积淀为超稳定的社会心理结构,影响到未来相似案件中当事人的行为与预期(此一怪圈可以用图1表示)。这是一个法治悲剧。

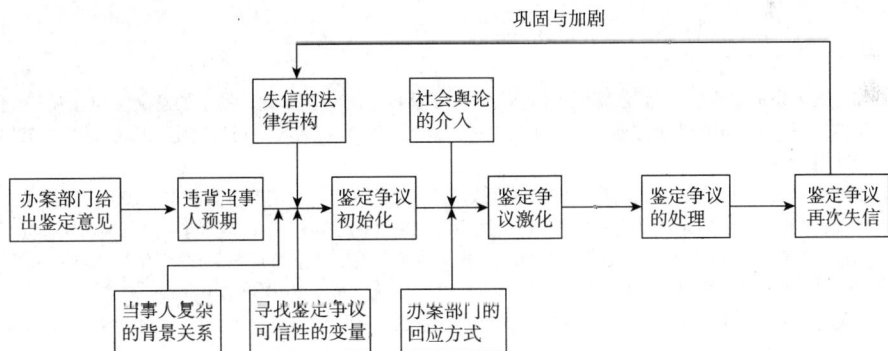

图1　死因鉴定争议的发生演变机制

---

〔48〕　如被害人家属认为是嫌疑人或被告人的原因致使被害人死亡,但鉴定意见认为外力只是其中一个因素,虽然嫌疑人或被告人应该承担责任,但并非全责。

〔49〕　章礼明:"评'专家辅助人'制度的诉讼功能——借助于新《刑事诉讼法》实施之后司法首例的分析",载《河北法学》2014年第3期。

而破解这一恶性循环，重建死因鉴定公信力，则必须：①在死因鉴定的初始环节——初查与侦查阶段减少鉴定争议发生的可能。②鉴定争议一旦发生后，应选择合理的鉴定争议解决机制，避免其激化；且办案机关应尽量采用鉴定争议听证程序，通过鉴定人与当事人多方主体的参与，合理解释异议，决定有无重新鉴定必要，以减少后续阶段的多次重复鉴定。

四、实践启示：刑事死因鉴定争议解决的司法操作模式

鉴定意见曾被视为"证据之王"，但在中国刑事鉴定特别是死因鉴定中，不仅未能得到如此美誉，[50] 反而一再制造混乱与争议，沦为"是非之王"，引发信誉危机。死因鉴定争议既给办案机关造成巨大政治风险、办案压力，同时也令不满的当事人及其家属经历锥心之痛、背负道德风险、经受精神与经济双重压抑。这是一个典型的两败俱伤的社会、法律悲剧。

面临这一困境，当然需要寄希望于法医学的发展，但对于本文的研究目的而言，更重要的是如何改进刑事鉴定制度。目前，论者提出剥离侦查机关鉴定机构或法医鉴定部门，[51] 赋予当事人鉴定决定权或将决定权全部收归法院行使，[52] 专家共同鉴定，[53] 限制重新鉴定次数，[54] 设计分流与递进并行的鉴定争议解决机制。[55] 虽然各种建议都敏锐洞察到问题的一面，对其解决深有启发，但都存在一些问题：比如借鉴国外经验，剥离侦查机关法医鉴定机构看似釜底抽薪，但在中国，即便社会鉴定机构参与鉴定（如张庆案、黎朝阳案、连丽丽案），死因鉴定争议同样存在；[56]

---

〔50〕 如有人无奈地感叹道："司法鉴定不作不行，作了又前后不一。如此，鉴定的意义又何在呢？"参见陈镇国等："《司法鉴定之惑》专题报道之一 见习医生被'高效'司法鉴定"，载《民主与法制》2011年第11期。

〔51〕 参见樊崇义、陈永生："我国刑事鉴定制度改革与完善"，载《中国刑事法杂志》2000年第4期；熊秋红："我国司法鉴定体制之重构"，载《法商研究》2004年第3期；陈永生："中国司法鉴定体制的进一步改革——以侦查机关鉴定机构的设置为中心"，载《清华法学》2009年第4期；陈永生："域外法医鉴定机构设置的特征"，载《国家检察官学院学报》2010年第1期。

〔52〕 参见谭世贵、陈晓彤："优化司法鉴定启动权的构想——以刑事诉讼为视角"，载《中国司法鉴定》2009年第5期。

〔53〕 邹明理："合理控制重新鉴定和有效解决鉴定争议措施探讨"，载《中国司法》2008年第8期。

〔54〕 章礼明："评'专家辅助人'制度的诉讼功能——借助于新《刑事诉讼法》实施之后司法首例的分析"，载《河北法学》2014年第3期。

〔55〕 郭华："论鉴定意见争议的解决机制"，载《法学杂志》2009年第10期。

〔56〕 如广东但俊辰疑似非正常死亡案件，分别由顺德区法医与著名的国家级鉴定机构中山大学法医鉴定中心进行鉴定，但家属均不认同，而进行了漫长申诉，最后求助媒体，希望引起关注。参见陈宇："男子怀疑儿子死于他杀，将尸体冰冻2年讨公道"，载《南方都市报》2013年7月5日。

又如赋予当事人鉴定决定权，除引发当事人实质的不平等之外，[57] 鉴定人中立性危机可能制造更多的鉴定争议；而只容许法院具有鉴定决定权，当事人双方、侦控机关只能平等申请鉴定，则在中国显得过于理想化与书卷气，侦查与初查阶段鉴定如何操作？法院愿意接过这一麻烦吗？至于"分流与递进并行的鉴定争议解决机制"，思路虽好，但引入司法鉴定主管机构、鉴定协会之类的非诉讼主体，徒增案件复杂性；而"鉴定人—专家辅助人—专家陪审员"三位一体的庭审质证模式，[58] 则根本无法有效解决侦查机关初查与侦查阶段面临的最剧烈、最迫切的死因鉴定争议。

同时，立法层面，现行刑诉法规定了鉴定人出庭与专家辅助人制度，这是目前法律解决鉴定争议的有力措施。然而，①鉴定人与专家辅助人能否出庭，由法官决定，这可能导致法官与当事人就他们是否应该出庭产生争议。②死因鉴定争议的存在，目前主要集中在侦查或初查阶段，如果没有立案或侦查中止，此阶段的鉴定争议不会或难以进入庭审，庭审时的鉴定争议解决机制，根本不可能解决当事人不满手段最多、抗议程度最高、社会影响最大的庭前法医鉴定争议。③而当鉴定人出庭解释死因鉴定意见却无法说服当事人，或庭审中鉴定人之间、鉴定人同专家辅助人产生所谓"专家之争"时，这两项制度装置的功能就无济于事。实践中的案例已暴露出这一问题：如在陈志明案中，鉴定人虽然出庭，不但没有解决鉴定争议，反而激化冲突，让异议方认为"尸检存在黑幕"；[59] 而专家辅助人出庭的立场，决定了其作用只在于解构鉴定意见的可信性。因此，专家辅助人的功能受到鉴定人和刑事法官的强烈质疑，他们提出，"专家并未亲自接触尸体或参与鉴定过程，如何可能对法医鉴定结果进行鉴定？"[60] 因此，学者提醒，专家辅助人出庭不仅不能减少重复鉴定，反而可能诱发更多重复鉴定，损害司法效率，进而出现负面功能。[61] 这是我们必须警惕的问题。

与学者建议和立法相反，一些办案机关迫于现实压力，采取诸如检察系统的"阳光鉴定程序"与"临场见证制度"，法院的"重新鉴定听证制度"或"司法鉴定

[57] 如在美国，"在绝大多数刑事审判中，公诉方和辩护方最根本的区别就在于资源。……最高质量的科学分析是极为昂贵的，只有最富有的人才能够支付得起。这意味着在公诉方庞大的得到政府资助的专家证人队伍面前，大多数被告人不得不低头屈服。这种不平等的结果就是，在大多数情况下，在法庭上没有人对科学证言和结论提出反对意见。"［美］科林·埃文斯：《证据：历史上最具争议的法医学案例》，毕小青译，三联书店 2007 年版，第 309 页。

[58] 参见赵珊珊："司法鉴定主体格局的中国模式——以刑事诉讼法为范本的分析"，载《证据科学》2013 年第 1 期。

[59] 张倩："死因争议求解之路"，载《民主与法制时报》2013 年 9 月 2 日。

[60] 张倩："死因争议求解之路"，载《民主与法制时报》2013 年 9 月 2 日。

[61] 章礼明："评'专家辅助人'制度的诉讼功能——借助于新《刑事诉讼法》实施之后司法首例的分析"，载《河北法学》2014 年第 3 期。

的阳光操作程序"，在既有法律制度的约束下，有效预防或解决了死因鉴定争议。如西安检察院的"临场见证制度"规定：法医在尸体解剖前必须告知死者家属及有关单位和个人，死者家属可以自行聘请专家或其他有行为能力的人临场见证，旁观解剖全过程，现场提出问题及建议，申请鉴定人回避等。"临场见证"制度不仅彰显了法医鉴定工作的科学性、公正性，更在消除当事人疑虑、避免上访、缠讼等问题的发生方面发挥了重要作用。自 2000 年 1 月至 2006 年 7 月，该院共受理案件 2081 起，全部实行公开鉴定，没有一起上诉缠诉。16 年来，该院鉴定中心没有作出一起错误鉴定。[62]

山东省、福建漳州、河南灵宝、四川西充等省市的检察系统开展了与此类似的"阳光鉴定程序"改革。其中，以山东省检察系统的模式最具代表性。其特点为：检察院主要针对发生在监管场所等地方的非正常死亡案件，①做到鉴定人员资质、鉴定程序、检验过程、鉴定结论的"四公开"。②聘请有关医学专家参与鉴定和会诊讨论。③邀请当事人近亲属、律师和当地具有相关医疗知识的人全程见证。④鉴定意见作出后，法医技术人员在办案检察官主持下，对当事各方进行鉴定意见告知，对其不理解或存在疑惑的问题，从医学、法医学角度进行详细解答。听取死者家属的质疑，并就鉴定意见的形成过程、检验鉴定方法、参照标准、执行标准进行详细解释。"阳光鉴定程序"改革取得较好效果。如截至 2010 年 8 月底，山东检察机关采用"阳光鉴定"工作模式处理涉及人身伤亡突发事件 11 起，包括监管场所在押人员非正常死亡案和公安机关办案过程中犯罪嫌疑人突然死亡案，出具检验鉴定 689 份，准确率达 100%。[63] 同样，漳州检察院检验鉴定 13 起非正常死亡敏感案件，收到死者亲属、责任单位、办案部门满意率 100% 的良好效果。[64]

当然，面对当事人的鉴定争议问题，一些法院也建立了"重新鉴定听证制度"（丰县法院）或"司法鉴定的阳光操作"（杭州中院）。[65] 如丰县的"重新鉴定听证程序"，是指申请人对司法鉴定意见提出重新鉴定申请时，由法院司法鉴定部门负责召集承办法官、当事人、检察机关及鉴定机构人员进行听证。听证时，鉴定机构要对鉴定程序、依据等接受承办法官及案件当事人质询，并可就其中的疑问进行辩论。为增强透明度，该制度还要求听证应公开进行。该院通过试行这项制度，规范了申请重新鉴定启动程序，降低了诉讼成本，提高了司法效率，取得了良好效果。

---

〔62〕 张继英："西安市检察院法医鉴定高度透明赢得群众信赖"，载《检察日报》2002 年 3 月 11 日。

〔63〕 卢金增、王洪松、曹广强："阳光鉴定：用群众看得见的方式化解矛盾"，载《检察日报》2010 年 9 月 3 日，第 2 版。

〔64〕 郑欣、刘龙清："福建漳州：13 起非正常死亡案件鉴定满意率达 100%"，载《检察日报》2008 年 11 月 20 日。

〔65〕 曹杰、刘秋苏："丰县法院申请重新鉴定须听证"，载《人民法院报》2004 年 6 月 14 日；陈群："杭州中院司法鉴定阳光操作"，载《人民法院报》2003 年 12 月 24 日。

最后，受死因鉴定争议冲击最大的公安机关，在一些个案中也进行了改革尝试。最典型的案例是 2008 年 10 月 11 日发生在哈尔滨的六警察殴打林松岭案。该案可谓一波三折：

【案例4】2008 年 10 月 12 日到 13 日，一篇"六警察将哈体育学院学生当街殴打致死"的网帖闹得沸沸扬扬，对涉案警察的谴责充斥了公众的言论空间。但是，在警方提供的现场监控录像公布后，特别是关于死者的亲属是巨贾或高官的各种来路不明却言之凿凿的传闻在网络流布后，舆情突然出现了逆转。于是，在 10 月 15 日到 16 日这两天时间里，反过来同情警察、侮辱死者及其亲属的字符如潮水般不断涌现，几乎淹没了对现场录像是否被剪辑的质疑。等到显赫的家庭背景之类传闻的真实性，被政府新闻发布会断然否定后，10 月 19 日以后的社会心理再次向死者倾斜，要求严惩涉案警察的呼声又渐次高涨起来。[66] 面临汹涌而变幻莫测的舆情，哈尔滨公安局通过黑龙江公安厅邀请了国内 4 名权威法医专家，同时尊重死者家属意见，根据其提出的专家名单，邀请 3 名专家参与鉴定，1 名专家见证尸体解剖过程。后来，专家组的意见被死者家属认可，社会舆论也就此沉寂，公安机关成功地化解了一次影响国内外的重大危机。[67]

上述司法实践在预防与解决死因鉴定争议的一些开创性举措，具有如下特点：①在侦查或初查阶段的初次死因鉴定中，针对极有可能产生争议的案件，办案机关注重鉴定的公开性、部分鉴定程序的协商性、当事人（包括其聘请的专家）的充分参与性、鉴定人答疑解惑的及时性与系统性，从而有效地预防了鉴定争议。②当事人存在鉴定争议时，法院、检察院在各自的诉讼阶段举行特别程序，在法官/检察官、鉴定人、当事人均参与的情况下，由鉴定人针对各方鉴定疑问进行合理解释，以消除异议；经过充分论证后，办案机关最终确定有无重新鉴定必要。这种类似日本的开放式的鉴定争议预防与处理方式，[68] 赢得了当事人认同，除与当事人常识相悖外（最后常识服从于科学），它避免了影响鉴定意见可信性的其他重要因素的出

---

〔66〕 季卫东："林松岭事件：舆情的裂变与操纵"，载《财经》2008 年第 22 期。

〔67〕 高增双："哈尔滨公布六名警察涉嫌打死大学生案尸检结果 两名涉案警察被提请检察机关批捕"，载《检察日报》2008 年 11 月 7 日。

〔68〕 在日本刑事庭审中，当事人对鉴定有异议，可在法庭上提出主张，可以向法庭申请重新鉴定，但是否进行重新鉴定由法庭决定。重新鉴定在程序上有严格的规定，由法院主持，在检察机关、当事人（律师）和鉴定人共同在场时，由主张重新鉴定的一方提出重新鉴定的主张和理由，经各方陈述自己的意见后，由法庭决定是否重新鉴定；同时法庭在对鉴定结论进行质证后也可自行决定进行重新鉴定，此类重新鉴定的费用由法院负担。参见吴何坚、李禹："赴日考察报告"，载《中国司法鉴定》2002 年第 4 期。

现，这种处理模式可称为通过"过程导向信任"的死因鉴定争议预防与解决机制。固然，目前检察机关实践中的操作模式，还主要应用于事前预防，但它却有力地指出了死因鉴定争议出现后的解决方案与路径。当然，为论述简便，暂且将之命名"过程导向信任"的死因鉴定争议解决机制，即采广义视角，因为鉴定争议的预防亦是鉴定争议的解决。

然而应认识到，实践部门"自生自发"的变革存在诸多缺陷：它缺乏法律制度的统一规范，各地自行其是；它仅仅运用在部分地区，而由表1的鉴定公案可见，死因鉴定争议发生具有地域的广泛性；它主要在检察机关运用，而对于面临死因鉴定争议最多、困境重重的公安机关，则并未成为一种发展趋势；当事人对鉴定人选任较少发言权，且没有专家与鉴定援助制度的有力支持，贫穷而又外行的当事人参与鉴定过程的实质效果有限；它没有预见或提出解决当事人参与（包括聘请的专家）检验过程所带来的可能风险。因此，实践部门的改革虽具有启发性，但"过程导向信任"的机制还需进一步理论论证，在此基础上，才可能进行合理的法律制度建构。

五、"过程导向信任"：理论基础及其制度建构

（一）"过程导向信任"的理论基础

由于中国目前死因鉴定争议的主要问题在于鉴定意见的可信性，即不被当事人信任。因此，以信任建构鉴定意见的当事人认同至关重要。根据信任产生存续的基础，信任可分为"结果导向的信任"与"过程导向的信任"。[69] 按照这一分类，我们将结果导向的信任定义为，在中国职权主义鉴定体制下，当事人认同公检法机关告知的死因鉴定意见，哪怕其并不理解法医专业问题、并未参与鉴定过程。死因鉴定结果受到当事人信任，必然依赖于公检法机关特别是公安机关的高度公信力。这种结果导向的高度鉴定信任，是基于法律理想主义的制度构建，它可以减少鉴定实施过程的烦琐与运作成本，避免案件超过诉讼时效。但现实是残酷的，死因鉴定争议仍有发生，特别是典型个案形成的巨大影响力与超常破坏性，一步步颠覆了死因鉴定的可信性，击碎了法律理想主义者的迷梦，因此仅仅靠告知鉴定结果无法导致当事人信任。

而陷于水深火热的实践部门掀起了改革浪潮，它们权衡利弊、斟酌损益，选择了"过程导向的信任"的破解之法。过程导向信任，即强调在当前由公检法机关在不同诉讼阶段自行启动鉴定或重新鉴定的情况下，通过当事人的有效参与，借助公正、透明的鉴定程序，合理预防与化解死因鉴定异议，从而实现鉴定意见的可信性。据此，哪怕是死因鉴定意见与当事人的最初期望不符，他们亦愿意接受，过程公正

---

[69] 徐昕、卢荣荣："暴力与不信任——转型中国的医疗暴力研究：2000~2006"，载《法制与社会发展》2008 年第 1 期。

与开放导向结果信任。当然，此种运作模式，不仅重视死因鉴定程序的公平性，也关注鉴定结果的正当性，即鉴定人应回答当事人及其专家辅助人的疑问，甚至在特殊案件中，允许当事人聘请的专家与官方鉴定人共同鉴定。由此看来，通过鉴定过程导向鉴定意见的可信，应该是当前中国解决死因鉴定争议的重要之途。

"过程导向信任"的死因鉴定程序机制运用在两个时点：初始鉴定的未雨绸缪，鉴定争议产生后的定分止争。前者往往是侦查机关在死因鉴定前，根据案件情况或其他途径知悉当事人极可能不服鉴定意见或已准备闹事，而主动或根据当事人申请采取"过程导向信任"的鉴定模式。而后者是公检法机关针对当事人已有的死因鉴定争议，而应采取有效的化解方法，它分两个步骤：首先办案部门举行鉴定争议听证程序，以解决有无重新鉴定必要；其次，若需要重新鉴定，则通过"过程导向信任"的鉴定程序机制，避免争议激化，消解鉴定冲突。

"过程导向信任"的死因鉴定机制之所以有效，主要在于其如下功能：第一，办案机构与当事人合理协商，通过对各种主张和选择进行权衡，可以找出目前最恰当的鉴定程序和最佳的解决方案。如选择何种鉴定机构、什么资质的鉴定人、是否需要当事人的专家见证死因鉴定过程，他们可以取得共识。第二，公检法机关通过给予当事人充分的、合理的参与机会，可以疏导他们的不满和矛盾，既阻止了当事人采取激烈的手段，如上访、闹事，又避免办案机构压抑他们的对抗倾向，而将死因鉴定争议"异化"为当事人与公检法机关的冲突。第三，既排除了公检法机关单方、恣意的鉴定争议处理方式，又保留了它们合理的回旋余地，如通过举行鉴定争议听证会，以决定重新鉴定有无必要。第四，更关键的是，死因鉴定不可能实现皆大欢喜的效果，因而鉴定程序必须吸收部分甚至全体当事人的不满。满足公正程序要件的死因鉴定过程，可以使鉴定意见变得容易为失望者所接受，当事人也不能出尔反尔，这是程序公开透明的效果。即便当事人不满，也难以提出客观理由。第五，过程导向信任的死因鉴定程序机制，可以减轻公检法机关的责任风险，避免其成为众矢之的，屏蔽社会舆论的负面影响，从而实现现代法律程序的独立化功能，实现刑事鉴定与刑事司法的真正独立品格。

当然，"过程导向信任"的死因鉴定机制，还可以带来系列重要的间接效果。首先是强化法医鉴定人的技术水平与责任意识。死因鉴定过程公开、鉴定人受到同行监督、鉴定人必须回答当事人质疑，这对鉴定人而言是一种风险与挑战。没有娴熟的技术、细致严谨的敬业精神，鉴定人根本无力担当如此重任。这是一种合理的优胜劣汰法医鉴定人的科学机制。其次，如同前面所述，法医鉴定的科学性判断对当事人来说甚为困难，倘若当事人参与观察鉴定过程，并聘请专家辅助人予以见证，再加上鉴定人详细而耐心地回答鉴定疑问，鉴定意见的可接受性最能合理化，避免出现鉴定意见可靠而鉴定不被信任的风险。最后，通过局部的过程导向的死因鉴定机制，逐步提升典型个案的鉴定公信力，以实现常规死因鉴定案件的结果信任，进而合理化刑事职权鉴定机制的高效、简约功能，避免给目前鉴定体制带来剧烈震动。

尽管如此，过程导向信任的死因鉴定争议解决机制面临两个问题：

1. 成本高昂。它费时耗财，若目前所有死因鉴定意见都按照这一逻辑产生，国家财力、人力势必无力承担，故须限定其适用范围，划定适用条件。当然，必要成本是必需的。虽然部分重大、疑难案件增加了公检法机关特别是侦查机关的负担，但相较当事人不服鉴定意见而闹事、上访，以及当事人上访及其引发的群体性事件后，国家为解决这些问题而花费的代价，则可以看到，这种鉴定程序机制取得了事半而功倍的效果。[70] 随着个案鉴定信任的蔚然成风，死因鉴定公信力必将普遍提高，这是目前国家提高刑事司法公信力，乃至重构国家刑事治理合法性的唯一途径。寄希望于整体的刑事鉴定制度改革，想要毕其功于一役的做法，即便立法层面可能，但若缺乏当事人在个案中的切实参与和亲身体验，不信任的超稳定心理结构与预期亦难以有效改变。

2. 如何避免当事人对死因鉴定过程与结果的不当干预与影响，即如何保障法医鉴定的科学性。毫无怀疑，当事人特别是抱有对抗或敌对情绪的当事人参与鉴定过程，法医别说正常开展工作，连个人安危都可能是问题。在这个时候，法医只能耐心、专业且浅显易懂地回答当事人及其家属的疑问，做到有理有据，既不能迎合当事人及其家属、亦不能曲解科学。

【案例5】一个犯罪团伙的嫌疑人猝死在看守所，其余十几名在押犯罪嫌疑人的亲属一哄而起，甚至冲击了县政府。尸体在殡仪馆里，有几百人围观，几十人吵吵嚷嚷，他们对前去劝阻的工作人员推推搡搡。死者老母亲横躺在殡仪馆门前不让法医解剖尸体，她的七八个儿女向来人高声叫喊。当顾晓生到现场时，乱哄哄的人群里不时爆出阵阵喊叫。尸检从当天下午6点多开始，一直忙到晚上10点多，顾晓生耐心解答身边所有人的提问：为什么是尸斑不是出血，什么是冠心病，冠心病发作时有什么特点等。先前坚决要陪同查验的几个男人，不到两小时就找借口到外面抽烟去了，最后叫人来看都没有人来。鉴定意见是"心脏病发作，饭后在睡眠中猝死"，该鉴定意见被群情激奋的人认可。(来源于顾晓生法医的亲身经历)[71]

由此看来，当事人参与鉴定过程时，法医若真诚对待尸体检验，认真回答异议，工作仔细、作风专业，不敷衍塞责，大多数时候还是能避免其干预、保障鉴定科学。这意味着，哪怕是鉴定细节，鉴定人亦不能马虎。就像顾晓生法医告诫说："你要真

---

[70] 从鉴定公案可以看到，部分案件因鉴定争议耗时长最长的8年，鉴定次数多、参与机构涉及公检法等各个部门。如代义案，至今其家属仍然对侦查机关鉴定意见不服，还要进行上访。

[71] 杨青瞳："把消失的真相带回人间"，载《工人日报》2012年11月27日。

诚地对待死者,解剖时不要东一刀、西一刀的,不要一寸一针地撩,尽量像外科医生对病人那样一针针缝好。解剖后一定清理干净,脸、脖子、躯体、脚,再为干干净净的死者穿好衣裳。就算死者被砍得不成样子,也要尽量做好。""死人的事是天大的事,你讲清楚、讲明白人是怎么死的,他们在验尸现场一直看着你仔细小心地操作,即使鉴定结论与希望的不一样,他们也会相信你的真诚。"[72] 如此细致入微的执业精神,当然可以获得当事人信任。同时,当事人还可以聘请自己信得过的专家见证监督(检察机关的操作模式),甚至邀请鉴定人参与官方鉴定(林松岭案),这样形成的鉴定意见,其可信性就能通过己方专家或鉴定人传递给当事人(如同前面所述,由对 S 的信任,转变成对 P 的信任),从而保障尸检意见的客观与可信。

(二)建构"过程导向信任"的死因鉴定争议解决机制

在死因鉴定争议频繁,且动辄因涉警、涉富、涉官等敏感因素而成为公案,同时当事人因不满鉴定意见而采取上访、闹事乃至可能以此引发群体性事件,并因死因鉴定争议而导致当事人与国家政法部门产生剧烈冲突、国家刑事司法合法性面临危机的现实背景下,改革死因鉴定程序,迈向"过程导向信任"的死因鉴定争议预防与解决机制,应是当前国家需要认真面对的事情。当然,着手制度建构之前,必须认识到当前的法律与现实制约:

首先,短期内,中国侦查机关的鉴定机构不可能被撤销,法医鉴定不可能如同部分国家那样,全部由独立于办案部门的鉴定机构进行鉴定。其次,当前法律不会亦不应赋予当事人自主的鉴定启动权,但现行法律却仅仅允许当事人申请重新鉴定与补充鉴定,则未必合理。因此赋予其初次鉴定的申请权应是法律改革的目标。同时,现行法律仍没有规定重新鉴定条件,而只是在《公安机关办理刑事案件程序规定》(2012 年)中被细化,现有规定固然有所进步,但仍不失缺憾,需要进一步在刑诉法中明确。最后,现行法律最有改革意义的鉴定人出庭与专家辅助人制度,作为庭审时的死因鉴定争议解决机制之一,非常具有意义,但其功能有限。

"过程导向信任"的死因鉴定争议解决机制,必须在这一根本前提下进行。其主要构成要素为:①鉴定人资质、鉴定过程、鉴定程序与鉴定意见的公开;②赋予当事人鉴定机构与鉴定人的选择权;③当事人、律师及其聘请的专家辅助人,甚至鉴定人有权监督、见证、参与鉴定过程;④鉴定过程中,鉴定人有义务详细回答当事人方的疑问;⑤公安机关、检察院应告知当事人鉴定意见,当事人不服,应该举行专门的听证程序,答疑解惑;⑥法庭审判中,当事人对鉴定意见有异议,鉴定人应该出庭,当事人可以聘请专家辅助人参与对鉴定意见的质证。可以说,目前除第 6 个要件法律有所规定外,其余都付诸阙如。结合上述要件与第二部分的死因鉴定争

---

[72] 杨青瞳:"把消失的真相带回人间",载《工人日报》2012 年 11 月 27 日。

议的案件结构特征，以及第三部分破解鉴定争议的两个重要时点，"过程导向信任"的死因鉴定争议解决机制的法律体系可以设计为：

1. 重大疑难案件初次鉴定的争议预防机制。当侦查机关面临特殊案件背景，可能造成重大社会舆论，当事人或其家属不服鉴定意见极可能上访、闹事，或者鉴定启动前已经闹事，比如围攻办案机关、党政部门的疑似非正常死亡案件，在初次鉴定时，就应进行如下制度操作：①告知当事人鉴定人人选、鉴定人资质等情况，听取其意见。在案情特别复杂、社会舆论关注度非常高的案件，可以允许当事人提名鉴定候选人（特殊情况下，可以允许其聘请的鉴定人与侦查机关鉴定人共同鉴定）。②告知当事人鉴定的时间、地点，允许当事人及其律师监督鉴定过程。③赋予当事人聘请的专家辅助人见证初查与侦查阶段的鉴定过程，毕竟当事人及其律师都是外行，对鉴定过程的监督未必能够发现问题。④鉴定人必须对当事人、律师及其聘请的专家提出的疑问，如鉴定意见的形成过程，法医检验鉴定方法、参照标准、执行标准进行详细解释。⑤侦查机关应告知鉴定人鉴定意见及其形成依据，并对当事人的异议进行合理解释。⑥侦查机关应该对尸体、相应的生物检材进行合理保存，以满足可能的后续鉴定要求。同时，条件允许时，鉴定过程应全程录音录像，以示公开透明，达到科学、客观、公正、权威的目的。而且出现鉴定争议时，特别是部分案件鉴定材料被毁损或污染了之后无法重新鉴定时，全程的录音录像资料可以作为解决死因鉴定争议的依据。

2. 死因鉴定争议听证程序。一方面上述重大复杂案件鉴定后，当事人尤其是对方当事人可能存在异议；另一方面，许多常规案件初次鉴定后，当事人可能对侦查机关出具的死因鉴定意见有争议，从而会申请重新鉴定。此时，办案部门（侦查机关、检察院与法院）根据不同的阶段应主持特定的法律程序，在双方当事人（包括律师和专家辅助人）、鉴定人在场的情况下，由主张重新鉴定的一方提出重新鉴定的主张和理由，经各方陈述意见与鉴定人答辩后，由公检法机关根据情况决定：①如果存在非实质性鉴定争议，特别是当事人仅仅是出于泄恨、报复等情绪性原因而引发鉴定争议，办案部门与鉴定人应该对其进行合理解释，消除其疑虑，然后断然拒绝重新鉴定；②如果存在实质性鉴定争议，则可进行补充鉴定与重新鉴定。死因重新鉴定应该按照前述初次鉴定程序进行，实现过程公开与当事人的充分参与。

当然，上述改革措施的完成，必须同时有相应的配套制度。最典型的是，专家辅助人不仅可以参与法庭审判，对死因鉴定意见提出问题，更应介入庭前程序，尤其是参与侦查阶段的死因鉴定程序，帮助当事人选择鉴定人、监督鉴定过程。同时，鉴于部分疑难重大案件中的当事人比较贫困，国家可以为其提供免费的专家辅助人。因为虽然目前国内大部分地方实行司法鉴定援助，但由于刑事案件中当事人根本没有鉴定决定权，鉴定援助意义不大，[73] 如果国家转而为当事人提供专家辅助人的法律援助，效果肯定会更好。[74]

六、结论

卡尔·马克思告诫："理论在一个国家实现的程度，总是决定于理论满足这个国家需要的程度。"[75] 因此"过程导向信任"的死因鉴定争议解决机制，应该说是与当前中国刑事司法实践相适应的，它通过利用鉴定程序的开放性、鉴定过程的多方参与性与鉴定人对当事人鉴定异议回应的及时性，而实现了当事人对鉴定意见的可接受性，不至于出现鉴定意见可靠但不可信的局面。特别是当"法医科学技术本身之争"不可避免、法律手段无能为力而导致死因鉴定争议必然存在的情况下，当事人不至于闹事、上访。同时，"过程导向信任"的死因鉴定争议解决机制提供的范式与思路，同样可以运用于常见的损伤程度鉴定和刑事精神病鉴定等鉴定争议频发领域，进而以此提高中国整个刑事鉴定制度的公信力与鉴定意见的可信性。当然应该看到，任何制度改良，都雷同于"纽特拉隐喻"[76]，绝不可能一蹴而就，亦不可能解决所有问题或完全避免鉴定争议，人们应该进行永无终日、缺乏诗意的奋进与努力。

---

[73]　陈如超："中国司法鉴定救助制度的实证研究"，载《中国司法鉴定》2012 年第 2 期。

[74]　上述建议类同于意大利刑事程序中的技术顾问制度。其刑事诉讼法规定技术顾问有权"参加聘任鉴定人的活动并向法官提出要求、评论和保留性意见"，有权"参加鉴定工作，向鉴定人提议进行具体的调查工作，发表评论和保留性意见"，有权"对鉴定报告加以研究，并要求法官允许他询问接受鉴定的人和考查被鉴定的物品和地点"。并且国家还为特定的当事人提供免费的技术顾问。

[75]　中国中央马克思恩格斯列宁斯大林著作编译局编译：《马克思恩格斯选集》（第 1 卷），人民出版社 1995 年版，第 11 页。

[76]　科学哲人纽特拉针对认识论的难题，做出了非常有意思的比喻：人类就像在茫茫大海上航行的一艘船上的水手，他们可以修改他们生活其上的这艘船的任何一部分，可以一部分一部分地修改它，但是他们却不能全盘彻底改造它。参见徐向东：《怀疑论、知识与辩护》，北京大学出版社 2006 年版，第 455 页。

刑事错案中鉴定意见应用的问题及对策[*]

马秀娟^{**}

鉴定意见在司法证明活动中不仅可为案件侦破提供线索，协助发现案件真相，还可以保护无辜者，防止错案发生。鉴定意见在司法实践中的应用越来越多，并常常成为案件中的关键证据。但新近曝光的几起刑事错案充分暴露了鉴定意见应用中存在的问题及导致的严重后果。诚然，鉴定一旦发生错误必然导致错案，即使鉴定本身没有错误，而是鉴定意见应用中出现问题，也一样不可避免会致错。

一、问题

【案例1】 在"张辉、张高平强奸杀人案"中，侦查机关作出的 DNA 鉴定显示，所提取的被害人王某 8 个指甲末端检出混合 DNA 谱带，系由死者王某和一名男性的 DNA 谱带混合而成，但排除了张辉、张高平与王某的混合，而是另有其人。这本来是对被告人极为有利的无罪证据，但一审法院认为"手指是相对开放部位，不排除被害人因生前与他人接触而在手指甲内留下 DNA 的可能性"。二审法院则认为该鉴定意见"与本案犯罪事实并无关联"，因而不能作为排除两被告人作案的反证。

【案例2】 在"刘凯利杀人案"中，辽宁警方的尸检报告显示，被害人张某体内检查出的精液进行 DNA 鉴定后为 A 型血，刘凯利的血型检验为 O 型血。而法院认为这一"血型不符的鉴定意见"只能说明被害人生前和别的男子发生过性行为，并不能说明发生性关系的人就是凶手，也并不能因此排除刘凯利不是凶手。

【案例3】 在荷兰的 Schiedam 公园谋杀案中，Kees Borsboom 因强奸和谋杀 10 岁的 Nienke Kleiss 以及对她的朋友 Maikel 殴打并谋杀未遂而被判 18 年。该案中，无任何痕量物证表明 Borsboom 与谋杀有关，而从受害人的指甲内残留物提取的部分 DNA 图谱和在其左靴上发现的痕量物证指向一名未知男性。尽管如此，Rotterdam 地区法院和 Hague 上诉法院都依然判决 Borsboom 谋杀罪成立。直到他服刑 4 年后，荷兰国家 DNA 数据库中得到了真正的犯罪人 Wik H. 的参考图谱，与案中的 DNA 图谱相匹

* 本文原载于《中国司法鉴定》2014 年第 03 期。

** 山西法学法学院。

配，Borsboom 被释放。[1]

这几起案件中，鉴定意见的应用有共同的特点：一是在以上案件中都作出了正确的鉴定并得出了明确的事实信息；二是鉴定结果均与案件确定的犯罪嫌疑人不符，显示作案人可能另有其人；三是对于这些证据，司法机关未作出合理的解释，在不能排除合理怀疑的情形下，即作出有罪的判决。由于鉴定意见在诉讼中并未得到足够的重视和正确的应用，因而未能将无辜者排除出犯罪嫌疑人的范围。从这些案件中应当反思，没有充分、直接的证明有罪的实物证据能不能定案？在证据只能证明有犯罪发生但不能证明犯罪行为是犯罪嫌疑人所为时应当如何处理？同时，这也反映出在鉴定意见应用中存在着的问题也许并不比错误鉴定本身小，甚至是更值得我们重视的方面。

二、原因

(一) 有罪推定的司法观念

在鉴定意见显示犯罪嫌疑人可能无罪的情况下，在不能明确肯定地得出有罪结论的情形下，作出了有罪判决，这反映出办案人员有罪推定、疑罪从有的固有观念的影响力。第一，办案人员凭经验主义办案，先入为主，主观臆断，以偏概全。在调查取证的时候，他是围绕着已经得出的结论找证据，如佘祥林案中，在没有做 DNA 鉴定的情况下，办案人员就主观确定女尸就是张在玉。加拿大的"隧道视野"理论表明：警察往往相信他们知道谁是犯罪行为人，因而不可能调查与其想法不一致的其他证据。[2] 而一旦办案人员先入为主地认为犯罪嫌疑人有罪，这一预定思维将注入其具体行为中，往往错误地将自己推测的事实当作案件的客观事实本身，在司法活动中会倾向于强化和证实有罪的证据而不再留意可以证明无罪的证据。第二，盲目推崇口供的证明作用。将获取犯罪嫌疑人的供述作为侦查破案不可替代的有效途径，从而不惜采取刑讯的手段来获取有罪口供，往往在口供与物证之间的矛盾尚未得到合理解释的情况下，轻易采取口供从而定罪。第三，在证据审查中走过场。由于在对案件事实查证属实之前就认定犯罪嫌疑人有罪，导致疏于核查相关证据及与案件事实之间的联系，在关键证据缺失，不能排除合理怀疑的情况下就轻易认定案件事实。印证了美国的亚伦·德萧维奇总结的"司法游戏规则"，其中，规则 1 是：事实上，几乎所有的刑事被告都是有罪的；规则 2 是：所有的辩护律师、检察官和法官了解并且相信规则 1。[3] 现代法治观念的不完善，直接导致办案人员在取证

---

〔1〕 [荷] Ton Broeders："法证科学领域的决策"，李小恺、王进喜译，《证据科学》2012 年第 3 期。

〔2〕 赵琳琳：《刑事冤案问题研究》，中国法制出版社 2012 年版，第 58 页。

〔3〕 [美] 亚伦·德萧维奇：《最好的辩护》，李贞莹、郭静美译，南海出版公司 2002 年版，第 14 页。

和审查证据思路上的误区，为冤假错案的发生埋下隐患。

（二）证据规则的疏失

对证据的关联性判断是证据判断和运用的首要问题。美国《联邦证据规则》第402条规定："除……另有规定外，所有关联性证据都具有可采性，不具有关联性的证据没有可采性。"在前述案例中，司法机关曾作出"鉴定意见与案件事实无关联"的判断，并作为否定该鉴定意见证明力的理由。从证据关联性的涵义来看：如果证据在逻辑上能够证实或者推翻某项待证事实，那么其就具有关联性。有关联性的证据就是那些使待证事项更有可能或更不可能的证据。从"更可能"的角度看，证据的关联性很明显，而从"更不可能"的角度来看，证据的关联性也要得到确认。否则，无罪证据从何而来？因此，鉴定意见既然已经显示了犯罪的"更不可能"，就也是与案件事实有关联的证据，理应被采纳。笔者注意到2007年《人民法院统一证据规定（司法解释建议稿）》第11条关于"证据的相关性"规定："相关证据，是指对案件事实的认定具有证明力，有助于审判人员审查判断案件事实存在可能性的证据。"就该条的字面含义理解，似乎只包含"可能性"，而未将"不可能性"包含进来，对于证据相关性的含义界定是不全面的。但在该《规定》第130条的"确信无疑标准"中，对"确信无疑"作出4项细化解释，其中第2项："从常识上看，不存在任何影响案件真实性的可能性"；第4项规定："对被告人实施犯罪行为的事实认定，合理地排除了其他可能性。"这正说明无罪证据应当也必须被合理考虑，否则应视为未达到证明的标准。

三、对策

（一）重视鉴定意见

鉴定意见是借助科学的手段和方法对案件的专门性问题作出的科学判断结论，在诉讼中有相当的证明力，应当充分发挥鉴定意见在揭示案件真相中的作用。一方面，各种鉴定特别是DNA鉴定在认定人身同一，为发现案件实体真实方面提供了关键性的技术手段，为查明发生在过去的事实提供了最大的可能性。《关于办理死刑案件审查判断证据若干问题的规定》第6条和《最高人民法院关于适用〈中华人民共和国刑事诉讼法〉的解释》第69、72条明确要求：对现场遗留与犯罪有关的具备鉴定条件的血迹、体液、毛发、指纹等生物样本、痕迹、物品，应作DNA鉴定、指纹鉴定等，并与被告人或者被害人的相应生物检材、生物特征、物品等比对；应当提取而没有提取、应当检验而没有检验，导致案件事实存疑的，法院应当向检察院说明情况，由检察院依法补充收集、调取证据或者作出合理说明。另一方面，鉴定意见特别是DNA证据在纠正错案、保护无辜者方面也起到了巨大的作用。美国从20世纪90年代中期始建立"无辜者救援中心"，无辜者保护计划的目的是保障所有被判有罪的人有证明自己无罪的机会，其行动途径之一就是通过DNA鉴定手段来复查可能错判的刑事案件。在 DNA 检测中，如果检测结果对申请人有利，申请人就有权以发现新证据为由申请再审，而且法院应当批准再审，启动再审程序。至今美国已有314 名被判刑人通过 DNA 检测洗刷了冤屈。[4] 因此，办案人员应当树立无罪推定、尊重人权的理念；还要强化证据意识，坚持证据裁判原则，以证据指引办案的方向，围绕证据开展诉讼的各项活动；同时应进一步提高获取、判断和运用证据的能力。

（二）完善鉴定意见的相关规则

1. 关联性规则。强调证据关联性的目的是为了将证据与案件的待证事实联系起来，从而将无关联性的证据排除在法庭之外。鉴定意见的关联性规则应当体现在以下方面：一是鉴定意见应与诉讼中争点有关，也就是要确定鉴定意见能够证明的事实属于案件中的关联情节或整个案件事实中的合理部分；二是被鉴定意见证明的事实必须对解决案件中有争议的问题具有实质性意义。关联性要求对某种待证事实的认定存在可能或不可能两个方面的盖然性，而且这种关联性应当是客观存在的，而不是办案人员的主观臆断和揣测。如杜培武案件中，在杜培武的衣袖检测出手枪射击后的残留物与现场一致，但由于杜培武原是警察，曾经使用过枪支，其衣袖上残留物鉴定与案件的关联性就需要进一步的审查。《最高人民法院关于适用〈中华人民共和国刑事诉讼法〉的解释》第 84 条规定，对于鉴定意见应当着重审查的内容有：检材的来源、取得、保管、送检是否符合法律的有关规定；与相关提取笔录、扣押物品清单等记载的内容是否相符；检材是否充足、可靠；鉴定意见与案件待证事实有无关联；鉴定意见与勘验、检查笔录及相关照片等其他证据是否矛盾等。因此，鉴定意见的关联性主要考察的是鉴定意见的内容与证明对象有无客观上的和法律上的关联，也包括鉴定的对象，即检材、样本、鉴定涉及的人与鉴定意见有无关联。没有关联性的鉴定意见就没有证据能力和证明力，而由关联性的鉴定意见则具有可采性。

2. 意见规则。鉴定意见在司法证明上的价值止于何处？比如犯罪嫌疑人 DNA 与犯罪现场证据 DNA 的匹配能否说明犯罪嫌疑人就是罪犯呢？在英美法系中，当陪审团评估 DNA 证据在一个案件中的证据价值时，会运用以下逻辑链进行推导，得出最终的案件结论：第一，证据与被告人是匹配的；第二，被告人是犯罪证据 DNA 的来源；第三，被告人是犯罪的实施者。这三个问题中，DNA 鉴定所得结论只能回答第一个问题，即表述"犯罪证据 DNA 分型信息与被告人的 DNA 分型信息的匹配与否"的问题，当其试图回答第二个甚至是第三个表述观点时，DNA 证据的矛盾和误解就产生了。因为，从表述一推导出表述二或者表述三，或者从表述二推导出表述三，

---

〔4〕 "The Cases：PNA Exoneree Profiles"，载 http：//www. innocenceproject. org/cases – false – imprisonment，最后访问日期：2014 年 3 月 24 日。

是陪审团（审判者）排他性的司法统治领域。[5] 鉴定人发表的意见范围不是无限制的，其只能就鉴定检材和样本的匹配概率问题发表科学的鉴定意见，而不能发表推论性的事实认定结论。也就是说，司法鉴定所要证明的必须是事实问题，当鉴定意见超出事实问题的范围，对法律问题发表意见时，则不具有任何证据效力。这一点从鉴定意见作为间接证据的属性也可以得出，因间接证据对争点事实的证明是推论性的而不是直接性的，其只提供事实信息，而由裁断者通过这些事实信息推论出争点问题，得出结论。如司法精神病问题的鉴定只能作出是否为精神病的判断，却不能确认某个人是否构成犯罪及应否承担刑事责任；对人身伤害有关损伤程度的鉴定只能确定伤害等级，而不能直接确定刑事责任。

3. 补强规则。补强规则是指某一证据不能单独认定案件事实，必须与其他证据结合在一起，才能作为定案根据。鉴定意见的证明价值有多大？法官应当如何采信？鉴定意见对法官有没有、有多大的约束力？《法国民事诉讼法典》第 246 条规定，法官不受技术人员的验证或结论的约束。[6] 鉴定意见虽然具有很强的证明力，但不能成为科学的判决。尽管如今越来越多影响诉讼的主要事实唯有依靠科技手段来查明，但"我们有时夸大、甚至迷信科学解决我们社会问题和科学将我们从邪恶中拯救出来的能力。近年来的经验警告我们，科学证据可能是误判的潜在原因"。[7] 鉴定意见的准确性取决于鉴定人的专业知识和技能、送检材料、鉴定环境、鉴定手段、鉴定仪器等方面的影响，鉴定的意见本身也存在认知差错的可能。因此，鉴定意见并没有预定的效力。即使是 DNA 鉴定也存在尽管是极低的错误匹配可能性，因而不能确立犯罪嫌疑人与特定证据之间的绝对联系。任何证据证明力不足时，都必须补充其他证据才能定案。如果鉴定意见不能单独达到证明要求的，也应当适用补强规则。司法实践中仍存在对鉴定意见较强的依赖性，有时凭借一份鉴定意见就对案件得出先入为主的推断。《关于办理死刑案件审查判断证据若干问题的规定》第 32 条规定要求对证据应当进行综合审查：对证据的证明力，应当结合案件的具体情况，从各证据与待证事实的关联程度、各证据之间的联系等方面进行审查判断。证据之间具有内在的联系，共同指向同一待证事实，且能合理排除矛盾的，才能作为定案的根据。因此，在审查鉴定意见效力时，不能孤立地进行审查，必须把鉴定意见同其他证据联系起来，互相印证。鉴定意见必须与其他证据形成完整的证据链条，才能证明案件事实，从而防止不确定的心证和误判。

---

〔5〕 吕泽华：《DNA 技术在刑事司法中的运用和规制》，中国人民公安大学出版社 2011 年版，第 50 页。
〔6〕 《法国民事诉讼法典》，罗结珍译，中国法制出版社 1999 年版，第 50 页。
〔7〕 ［英］保罗·罗伯茨："科学、专家和刑事司法"，载［英］麦高伟、杰弗里·威尔逊主编：《英国刑事司法程序》，姚永吉等译，法律出版社 2003 年版，第 233 页。

（三）健全相关配套制度

1. 强制鉴定制度。该制度旨在夯实证据系统，预防和减少侦查错误的发生。《最高人民法院建立健全防范刑事冤假错案工作机制的意见》第9条规定："现场遗留的可能与犯罪有关的指纹、血迹、精斑、毛发等证据，未通过指纹鉴定、DNA 鉴定等方式与被告人、被害人的相应样本作同一认定的，不得作为定案的根据。涉案物品、作案工具等未通过辨认、鉴定等方式确定来源的，不得作为定案的根据。"香港的死因调查制度也规定，对于凡有不明原因的死亡事件发生之情形，接责任人报告则必须启动死因调查程序，由死因裁判官发出是否交由病理学家进行尸体解剖的命令，是否召开有陪审团或者没有陪审团参与的死因研讯，根据情况作出死因报告。[8] 由于刑事诉讼中的犯罪嫌疑人、被告人、被害人只享有不服鉴定意见的补充鉴定和重新鉴定的申请权，而没有法定的鉴定启动权，该制度可以说是对鉴定进行程序监督的有效手段。

2. 庭前开示制度。庭前开示是在庭审前确定质证要点的制度。鉴定意见涉及专业知识，在审判前予以开示和披露，有助于促进当事人对科学证据的准备、理解、沟通和运用。在庭前开示程序中，可以针对实质性问题，确定案件事实争执点，从而达到明确、限制和缩小举证范围的目的。在对鉴定意见开示时，可就鉴定人的资格、鉴定材料、鉴定的方法等相关鉴定的问题进行审查，确保双方当事人对鉴定意见出具过程的知悉权，双方当事人可以行使提出异议和申请重新鉴定的权利。另外，双方还可以对当事人提供的鉴定意见的必要性进行审查，认为没有提供必要的或者不属于专门性问题的，则可以作出排除的决定。这样就可以防止庭审质证的突袭和审判的拖延。

3. 裁判说理制度。裁判应当说明理由是现代司法裁判的主要内容之一，在涉及司法鉴定意见的判决中，特别是以鉴定意见作为主要依据的判决中，应对鉴定意见的采信与否说明理由，这也是促使裁判者谨慎裁判，同时保证其说服力和公信力的重要举措。澳门《刑事诉讼法典》第149条规定："①鉴定意见固有之技术、科学或艺术上之判断为不属审判者自由评价之范围；②如审判者之心证有别于鉴定意见书所载之判断，审判者应说明分歧之理由。"由于鉴定意见涉及专门性的问题和科学技术方法的运用，对其认证应当尤为谨慎。既要摒弃对鉴定意见盲目崇拜、不经审查判断就直接认证的倾向，也要注意在决定采信与否特别是决定不采信鉴定意见时要有合理充分的理由支持。

---

[8] 门金玲："论命案强制鉴定制度的建构——以预防侦查错误为视角"，载《山东警察学院学报》2011年第4期。

【三、证据制度】

刑事证明标准中主客观要素的关系[*]

陈瑞华[**]

一、问题的提出

众所周知，我国刑事诉讼法确立的是一种客观化的证明标准。所谓"客观化的证明标准"，是指裁判者在认定某一案件事实是否成立时，需要达到某一外在的证明目标或证明要求。至于举证方要在多大程度上说服裁判者，裁判者对这种案件事实形成多大程度的内心确信，法律则不做明确的要求。在我国刑事诉讼中，"事实清楚，证据确实、充分"就是这样一种证明标准客观化的立法产物。对于这一证明标准的具体含义，法学界和司法界向来众说纷纭，没有形成统一的认识。一般说来，所谓"事实清楚"，是指裁判者对于有关定罪量刑的事实均已查清楚；所谓"证据确实、充分"，则是对认定事实在证据上所提出的质和量的要求，其中"证据确实"是对证据质的要求，是指据以定案的每个证据都必须具有证明力，而"证据充分"则是对证据量的要求，是指案件事实需要有足够的证据加以证明。[1]

但是，自 2010 年以来，这种将证明标准客观化的立法模式发生了变化。最高人民法院率先将"排除合理怀疑"的标准引入到我国司法解释之中，并将其作为法院在裁判死刑案件时判断案件是否达到"证据确实、充分"的标准之一。[2] 2012 年通过的《刑事诉讼法》则更是将"排除合理怀疑"全面纳入证明标准，并使其成为"证据确实、充分"的三大法定条件之一。[3]

---

[*] 本文原载于《中国法学》2014 年第 3 期。

[**] 北京大学法学院教授，博士导师。

[1] 参见李慧群："郑福田、傅兵抢劫案——对共同犯罪案件如何把握'证据确实、充分'的证明标准"，载《刑事审判参考》(总第 86 集)，法律出版社 2013 年版，第 48～54 页。

[2] 参见张军主编：《刑事证据规则理解与适用》，法律出版社 2010 年版，第 254 页。

[3] 参见郎胜主编：《〈中华人民共和国刑事诉讼法〉修改与适用》，新华出版社 2012 年版，第 123 页。另参见江必新主编：《〈最高人民法院关于适用《中华人民共和国刑事诉讼法》的解释〉理解与适用》，中国法制出版社 2013 年版，第 110 页以下。

将"排除合理怀疑"引入我国刑事诉讼的证明标准，意味着在原来客观化的证明标准中注入了一种带有主观性的证明要求。所谓"主观性的证明要求"，原本是自由心证原则的内在应有之义，是指法律对裁判者认定案件事实提出了内心确信程度的要求。所谓"排除合理怀疑"，一般是指裁判者对案件事实的主观判断，达到了内心确信、排除合理疑问的程度。相对于那种外在的、客观化的证明要求而言，这是一种主观化的和内在的证明程度，对事实裁判者内心对案件事实的确信程度提出了法律要求。从比较法的角度看，无论是英美法中的"排除合理怀疑"，还是大陆法中的"内心确信无疑"，基本上都属于这种证明标准主观化立法模式的产物。我国刑事诉讼法尽管没有确立自由心证原则，也没有全盘接受这种主观化的证明标准，但却将"排除合理怀疑"的主观性要素注入"证据确实、充分"的客观化要求之中，形成了一种客观要求与主观要素相结合的证明标准立法模式。

那么，这种将主观因素注入具有客观化倾向的证明标准的立法努力，究竟能在多大程度上对这种证明标准作出实质改变呢？本文拟对证明标准主观要素引入的问题作出初步的研究。笔者将分析证明标准的客观化及其主要局限性，讨论那种将主观要素引入证明标准的意义，并对主观标准与客观标准的融合提出自己的见解。本文所要论证的中心观点是，证明标准主观要素的引入是为着克服证明标准的客观化所存在的缺陷而进行的一次立法努力，要成功地将这一主观要素加以"激活"，就需要将主观要素与客观要素进行适当的融合。

二、对证明标准客观化的反思

为法官认定案件事实设定一个外在的、客观化的证明要求，这是中国证据立法的一个传统。无论是民事诉讼法、行政诉讼法，还是刑事诉讼法，都要求法官只有认定案件达到了"事实清楚，证据确实、充分"的要求，才能认定起诉方提出的案件事实是成立的。所谓"事实清楚"，其实是"恢复事实原貌"的代名词，也是"实事求是"的另一种表述。而所谓"证据确实、充分"，则无非是对指控证据提出了质和量这两个方面的要求而已。无论是"事实清楚"，还是"证据确实、充分"，似乎跟裁判者的主观认识并没有关系，也不是裁判者对案件事实的认识所要达到的内心确信程度。作为一种外在于裁判者主观认识、独立于裁判者内心确信之外的证明标准，"事实清楚"和"证据确实、充分"属于一种可望而不可即的证明目标。

在 2010 年以前，我国《刑事诉讼法》对"事实清楚"和"证据确实、充分"的证明标准并没有做出具体的解释，法律理论界对这一要求的内涵也有着不尽相同的理解，司法实务界在刑事审判中对这一证明要求缺乏统一的理解，以至于造成法律适用上的混乱。最高人民法院 2010 年参与颁布实施的《关于办理死刑案件审查判断证据若干问题的规定》（以下简称《办理死刑案件证据规定》），首次对这一证明标准的含义作出了解释，试图达到使裁判者准确理解这一证明标准的立法意图。[4]在此基础上，2012年《刑事诉讼法》更是明确将"证据确实、充分"明确解释为三个具体的要素，使这一证明标准的含义走向法定化和规范化。[5]

总体上看，《刑事诉讼法》和司法解释细化了这一证明标准的内涵，既确立了一系列具体的外在要求，又引入了诸如"排除合理怀疑"之类的主观要素。但相比之下，刑事证据法对主观要素的引入，远不及对证明标准客观要素的高度强调。可以说，《办理死刑案件证据规定》的发展在一定程度上就是客观化证明标准不断具体化的发展过程。对于这一点，本文拟进行简要的讨论和评价。

（一）客观化证明标准的规范化

从2010年最高人民法院颁布施行《办理死刑案件证据规定》，到2012年《刑事诉讼法》正式生效实施，我国司法界和立法界在证明标准的细化方面做出了诸多方面的努力，并对"证据确实、充分"做出了一系列较为具体的解释。这些权威的解释大量吸收了法律理论界的研究成果，将那些曾出现在法学论文和著作中的理论阐述上升为法律规范的内容。在此背景下，将"事实清楚，证据确实、充分"仅仅视为一种认识论意义上的标签，已经有些不合时宜了。随着《办理死刑案件证据规定》的发展，这一证明标准已经被赋予了越来越丰富、具体的内涵。尤其是对"证据确实、充分"的标准，《办理死刑案件证据规定》更是从外在的、客观化的角度确立了一系列法定的要素。概括起来，《办理死刑案件证据规定》主要是从6个方面强化了证明标准的客观化。

1. 每一案件事实都有证据证明。"定罪量刑的事实都有证据证明"，这被我国《办理死刑案件证据规定》视为"证据确实、充分"的首要条件。对于这一要求，我们可以从另一角度加以理解：凡是没有证据证明的事实，都是不成立的，也都不能作为定罪量刑的根据。当然，一个刑事案件在没有任何证据的情况下，法院是不足以做出任何定罪量刑裁判的。不仅如此，犯罪构成的每一要件事实，以及任何一个量刑情节，都要有证据加以证明，否则，这些要件事实和量刑情节也是不能成立的。

作为裁判者认定"证据确实、充分"的首要条件，定罪量刑的事实都应该有证据证明，其实体现了证据裁判原则的要求，将那些没有任何证据证明案件事实或者没有证据证明某一犯罪构成要件事实的案件，均视为"证据不足"的案件。

2. 单个证据具备证明力和证据能力。我国《办理死刑案件证据规定》还将以下

---

〔4〕 2010年，最高人民法院会同最高人民检察院、公安部、国家安全部、司法部发布了《关于办理死刑案件审查判断证据若干问题的规定》，其中的第5条首次明确规定了"证据确实、充分"的条件。

〔5〕 根据2012年《刑事诉讼法》第53条的规定，证据确实、充分应当符合以下三项条件：一是定罪量刑的事实都有证据证明；二是据以定案的证据均经法定程序查证属实；三是综合全案证据，对所认定事实已排除合理怀疑。

命题列为"证据确实、充分"的条件："每一个定案的证据均已经法定程序查证属实"。这其实是对证据证明力和证据能力的综合要求。换言之，每一个证据必须同时具备证明力和证据能力，这是案件被认为达到"证据确实、充分"的显著标志。

每一个证据要转化为定案的根据，都必须同时具备证明力和证据能力。证明力包含着真实性和相关性这两个基本要求，证据被"查证属实"属于真实性的要求，而证据具有"定案"的作用则是其具备相关性的标志。对证据的收集和审查判断过程要经过法定的程序，这意味着证据必须具有法定的资格和条件，也就是具备证据能力。否则，该证据就可以被排除于定案根据之外。

作为裁判者认定案件事实所要达到的证明程度，"证据确实、充分"包含了对每一证据的证明力和证据能力的资格要求。反过来，假如作为定案根据的某一证据，没有被查证属实，或者没有相关性，或者不具备作为定案根据的资格条件，那么，这个案件就不能被认为达到了"证据确实、充分"的程度。

3. 证据相互印证。司法解释确立了证据相互印证规则，要求作为定案的证据相互印证，并将其作为确认证据真实性的主要依据。所谓相互印证，其实是指两个以上的证据所能证明的案件事实出现了交叉或者重合。那些能够揭示同一事实或信息的不同证据，一般会被视为相互间达到印证的程度，其真实性也就得到了验证。相反，假如某两个或者更多的证据揭示了不相一致甚至相互矛盾的事实或者信息，那么，这些证据就被视为相互不能印证，其真实性也就无法得到验证。

证据相互印证既是判定单个证据是否具有证明力的标准，也是认定案件是否达到"证据确实、充分"的前提条件。对于据以定案的证据相互不能印证，证据之间存在矛盾并且矛盾无法得到排除的，应被认定为"证据不足"。

4. 全案证据形成完整的证明体系。作为一种外在的证明标准，"证据确实、充分"要求据以定案的证据不仅要有足够的数量，而且这些证据所证明的事实还要形成较为完整的证明体系。在案件只有间接证据的情况下，司法解释明确提出了证据要形成"证明体系"的证明标准。而在案件同时存在直接证据和间接证据但直接证据被认定不可信的情况下，裁判者也要审查间接证据是否达到同样的证明要求。

所谓证明体系，也被称为"证据锁链"，一般是指没有证据在查证属实的前提下，相互衔接和协调一致，证据之间相互印证，形成环环相扣的闭合锁链。[6] 具体说来，与案件事实的每一环节相对应，那些具有相关性的证据构成了证明体系的一环或者一个链条；证据唯有相互印证，才能与其他证据链条形成环环相扣的关系。在由一系列证据所形成的证明体系中，不能存在某一案件事实环节缺少证据证明或者某一证据得不到其他证据印证的情况，否则，所形成的证据锁链就是不完整的，

---

〔6〕 参见张军主编：《刑事证据规则理解与适用》，法律出版社 2010 年版，第 253～254 页。

案件也就不能被视为达到"证据确实、充分"的程度。

5. 直接证据得到其他证据的补强。在案件存在直接证据的情况下，该直接证据的真实性能否得到其他证据的补强，就成为判定该案是否达到"证据确实、充分"的主要标准。具体说来，对于那些包含着较为完整的犯罪是构成事实的直接证据来说，只要该直接证据的真实性得到了其他证据的印证，那么，该直接证据所包含的全部事实信息的真实性也就得到了验证。正因为如此，对直接证据真实性的补强，既是验证该直接证据真实性的必由之路，也是确定该直接证据所包含的案件事实得到证明的保证。

《办理死刑案件证据规定》对于被告人供述的补强确立了三方面的标准：一是根据被告人供述获取了隐蔽性很强的实物证据；二是被告人供述与这些实物证据及其他证据相互印证；三是排除了案件存在串供、逼供、诱供等非法取证行为的可能性。

6. 结论的唯一性和排他性。《办理死刑案件证据规定》明确提出了结论唯一性和排除其他可能性的证明要求。所谓"结论的唯一性"，是指根据全案证据得出的结论是唯一的，而不能有两种以上的结论。假如根据现有证据既证明被告人存在实施犯罪行为的可能性，也证明被告人也有没有实施犯罪的可能性，那么，裁判者得出的结论就不是唯一的。所谓"排除其他可能性"，是指综合全案证据来看，排除了两方面的可能性：一是所发生的案件不是犯罪事件，或者犯罪事件根本没有发生；二是所发生的犯罪行为不属于被告人所为，存在着其他人实施犯罪行为的可能性。假如现有的证据没有排除犯罪未曾发生的可能性，或者现有证据没有排除其他人实施犯罪的可能性，那么，裁判者就只能认定本案"证据不足"。

（二）对证明标准客观化的评价

2010 年以来，我国刑事诉讼中的证明标准出现了越来越具体和细化的发展趋向。立法者对"事实清楚，证据确实、充分"这一最为重要的证明标准，确立了一系列具有可操作性的规范性指标。前面所说的"相互印证"、"证明体系"、"证据补强"以及"排他性"、"唯一性"等法定要素，就属于这类规范性指标的有机组成部分。公允地说，这种将证明标准具体化的立法努力，既体现了法律理论界多年来对证明标准问题的理论概括，也对司法实务界在个案中对证明标准的司法探索进行了系统总结。相对于原有的过于抽象化和哲理化的立法表述而言，这一立法模式对于司法官员准确把握"证据确实、充分"的内涵，规范和约束法官在认定事实方面的自由裁量权，确会产生积极的作用。

然而，这种刑事证据立法活动，仍然主要属于一种从外在的角度推进证明标准客观化的立法努力。也就是说，立法者没有从裁判者对案件事实形成内心确信的角度，来确立一些旨在限制裁判者内心可信程度的指标。相反，这种立法努力更多的是从裁判者主观认识之外，对那些原本抽象的证明目标细化为若干个具体的条件和要求。对于这种旨在将那种外在的证明标准加以具体化的立法努力，我们有必要从理论上进行反思。

1. "证据确实、充分"不具有证明"标准"的属性。在哲学认识论中，"事实清楚，证据确实、充分"的意思就是案件客观事实已经被发现，达到了不枉不纵、客观真实的程度。换言之，法官对待证事实的认定已经达到了百分之百的确定性，也就是完全恢复了曾经发生过的案件事实真相。从司法裁判的效果来看，这一带有哲学认识论意味的证明标准，以理想目标替代了可操作的证明标准，使得法院认定案件事实缺乏可操作的标准。

我国《刑事诉讼法》所确立的"事实清楚，证据确实、充分"的证明标准，经常被视为一种"证明要求"，而难以发挥证明"标准"的作用。根据这一认定事实的法律规则，人们根本无法对一个案件的全案证据是否达到这一法定"证明要求"作出具体的判断。从客观层面看，人们仅仅根据这一要求，无法判定现有的全案证据是否达到了足以认定案件事实的程度。而从主观层面看，根据这一抽象的目标，人们也无法评判裁判者对案件事实的认定是否达到了内心确信无疑的程度。[7]

正是因为"事实清楚"和"证据确实、充分"的证明标准更具有证明目标的属性，而难以发挥"证明标准"的功能，因此，那些将这一证明标准予以具体化的立法努力，才具有了一种天然的局限性。

2. 单个证据转化为定案根据的条件不等于证明标准。2012 年《刑事诉讼法》将"每个案件事实都有证据证明"以及"证据经法定程序查证属实"设置为"证据确实、充分"的法定条件，这种立法表述的科学性是值得反思的。所谓"每个案件事实都有证据证明"，这其实是证据裁判原则的基本要求。这一原则的本意是要求裁判者对每一案件事实都要依据证据加以认定。但这一原则对于裁判者认定案件事实需要达到怎样的证明标准，并没有提出明确要求。假如裁判者仅仅根据"有证据加以证明"的标准来认定案件事实的话，那么，这种证明要求也就太容易得到满足了。其实，对于"每个案件事实都要有证据证明"的法定要求，假如从相反的角度加以理解就更为准确了。具体来说，假如案件的某一待证事实没有证据加以证明，那么，这就属于典型的"事实不清"或者"证据不足"，而不能被认为得到法定证明标准了。而至于案件的每一待证事实都有证据加以证明，则并不足以被认定为"事实清楚"或者"证据确实、充分"。

至于"所有证据都要经法定程序查证属实"，则属于每一证据转化为定案根据都要满足的条件，而与案件是否达到法定的证明标准并没有直接的关系。原则上，没有证据要转化为定案的根据，都要同时具有证明力和证据能力。所谓"查证属实"，无非是证据具有真实性的另一种表述而已；而所谓"经过法定程序"，则具有证据合

---

[7] 参见张卫平："证明标准建构的乌托邦"，载《法学研究》2003 年第 4 期。

法性或证据能力的含义。但是，案件的全部证据即便都具有证明力和证据能力，也不一定达到足以认定案件事实的程度。裁判者要对这些证据进行综合评判，以验证根据这些证据是否足以达到最高的内心确信程度。刑事诉讼法将对证据证明力和证据能力的要求，设定为"证据确实、充分"的法定条件，明显将证明标准与证据转化为定案根据之条件混为一谈。

其实，刑事诉讼法在设定法定证明标准方面所出现的上述疏漏，也跟"证据确实、充分"的立法表述具有直接的联系。所谓"证据确实"，所强调的无非是据以定案的每一证据都被"查证属实"这一意思而已。这一法定表述本身就混淆了证明标准与定案条件的区别。而真正具有"证明标准"意味的只有"证据充分"。但是，究竟依据怎样的标准来判定"证据充分"，这又是立法者没有给出明确答案的问题。

3. 客观化的证明标准无法衡量裁判者形成内心确信的程度。在"事实清楚，证据确实、充分"的法定表述中，我们看不到法官究竟对待证事实的真实性形成了多大程度的相信，是否存在合理的怀疑。立法者在设定这一证明标准时，似乎只设定了一种独立于裁判者主观认识之外的客观目标，而对裁判者的主观认识并不关心。换言之，立法者只关心案件的终极事实真相是否得到了揭示，而不关心裁判者的内心是否达到确信的程度。

2010 年以来的《办理死刑案件证据规定》，对于"证据确实、充分"所做的越来越细化的立法总结，尽管有助于克服原有的证明标准过于哲理化的缺憾，但是，这些立法总结仍然是从外在的视角向加强证明标准客观化的方向做出了一次又一次的立法努力。所谓的"证据相互印证"，其实是独立于裁判者认识之外的一种证明要求。所谓的"证明体系"，又被称为"证据锁链"，这被解释为据以定案的证据既要具有足够的数量，又要"环环相扣"，相互印证，不存在无法排除的矛盾。这种带有公式化色彩的证明标准，仍然是外在于裁判者主观认识的客观标准。所谓的"口供补强"，其实是口供得到印证的别称。被告人供述的真实得到其他证据的印证，并排除非法取证的可能性，这无论如何都是一种外在于裁判者内心确信之外的证明要求。不仅如此，所谓"排他性"和"结论的唯一性"，尽管与裁判者的主观认识具有一定的联系，但仍然属于一种外在的证明要求。因为何谓"排他性"，何谓"结论的唯一性"，仍然不具有衡量裁判者主观认识程度的作用，而属于一种外在的证明要求。

我国的《办理死刑案件证据规定》在将证明标准具体化的过程中，始终回避了如何为裁判者主观认识进行界定的问题：对于一个案件事实的认定，裁判者究竟是要达到"内心完全确信"，还是只需要达到"高度的可信性"就足够了呢？裁判者假如没有对案件事实形成百分之百的确信，那么，他们究竟要形成多大程度的"内心疑问"，才足以作出不认定案件事实的决定呢？假如经过对全案证据的综合考量，裁判者始终对案件事实存在合理的疑问，那么，他们究竟是要认定这一事实，还是要将这一事实视为不存在的呢？等等。对于这些旨在确定裁判者内心确信程度的问题，

《办理死刑案件证据规定》显然大大忽略了。

4. 缺乏具体标准的证明要求容易促使法官对"事实清楚"进行任意解读。事实上，在近年来得到披露的冤假错案中，法院的有罪判决几乎都曾作出"事实清楚，证据确实、充分"的表述。而在这些错案得到纠正之后，同样的法院根据同样的证据往往又得出"事实不清，证据不足"的裁判结论。[8] 这显示出法官对案件是否达到法定证明标准问题存在着极大的自由裁量权。

表面看来，刑事证据法对"证据确实、充分"确立了越来越细化的标准和条件，这似乎意味着裁判者在认定事实方面的自由裁量权可以受到有效的约束。但实际上，法律对于裁判者的内心确信和主观认识并没有设置任何可操作的尺度。尤其是对裁判者在何种情况下不应认定案件事实作出明确的列举。这就使得裁判者经常可以随心所欲地认定案件事实，甚至按照一些几乎机械、刻板的规则，来对那些在形式上满足所谓法定证明要求的案件作出"证据确实、充分"的认定。这种仅仅从外在视角确立证明要求的立法方式，容易造成裁判者在认定事实方面的机械司法，使他们变成通过适用法定规则来认定案件事实的机器和奴隶。

在不少冤假错案中，法官面对公诉方提交的被告人有罪供述笔录，又当庭调查了包括物证、书证、勘验笔录、辨认笔录等在内的其他证据，认定这些证据与被告人供述"形成了相互印证"。仅仅根据案件满足这种形式上的证明要求的情况，法官就做出了有罪裁判。但在裁判生效之后，一种戏剧性的场面出现了：真正的犯罪人主动供认了该项犯罪事实，或者本案的真正受害人回来了。法院这时才发现原来对案件事实做出了错误的认定。但令人百思不得其解的是，当初法院的定案裁判完全遵循了法定的证明要求：证据相互印证，形成了所谓的"证据锁链"，达到了"排他性"的程度。既然如此，刑事误判究竟是怎样发生的呢？原来，裁判者仅仅根据形式上的法定证明要求，对公诉方提交的证据进行评判，得出了案件事实清楚的结论。但是，被告人庭前就推翻了有罪供述，而改作无罪的辩解；被告人原来的有罪供述是在受到酷刑或变相酷刑的情况下做出的；多个证人提供了不利于被告人的证言，却没有任何一个证人出庭作证。不仅如此，法官尽管对被告人是否实施犯罪存在诸多疑问，却在外部压力下，本着"留有余地"的原则，做出了十分草率的有罪裁判。[9]

---

[8] 在 2000 年前后，中国一度发生了三个较为知名的刑事误判案件，也就是杜培武案件、佘祥林案件和赵作海案件。关于这三个案件的情况，可参见曾粤兴、王达人：《正义的诉求》，法律出版社 2003 年版，第 195 页以下；孙春龙等："透视湖北杀妻冤案"，载《瞭望东方周刊》2005 年 4 月 14 日；邓红阳："赵作海曝'留有余地'潜规则　监督制约流于形式"，载《法制日报》2010 年 5 月 13 日。

[9] 对于中国法院"留有余地裁判方式"的分析和评论，可参见陈瑞华："留有余地的判决——一种值得反思的司法裁判方式"，载《法学论坛》2010 年第 4 期。

这些"冤假错案"发生的教训表明，刑事证据法从外部强化客观化的证明要求的努力，无法对裁判者的主观认识形成有效的约束。事实上，在这些案件的诉讼过程中，法官一般都对诸如犯罪事实是否发生、被告人是否实施犯罪的问题，产生了合理的疑问，也都对被告人构成犯罪这一点无法形成内心确信。但是，裁判者的这些主观认识却没有成为其作出事实裁判的直接依据。在多方面因素的影响下，裁判者不是根据经验、理性和良心来做出事实认定，而是机械套用所谓的"证据相互印证"、"排除矛盾"、"形成证据锁链"、"排他性"等外在的证明要求，满足于从形式上验证案件是否达到法定证明要求。于是，那些形式上符合法定证明要求的事实认定过程，恰恰被证明是靠不住的；法官当初对被告人是否构成犯罪所形成的内心疑问，却经常是符合经验法则的，事后也被证明是非常准确的。

三、主观证明要求的引入

自 2010 年以来，我国《办理死刑案件证据规定》在为证明标准设定一些越来越具体的客观要素的同时，也逐步引入了一些主观层面的证明要求。在 2010 年颁布实施的一项办理死刑案件证据规定中，最高人民法院首次提出了"排除一切合理怀疑"的主观标准。[10] 根据这一规定，法院在运用间接证据认定案件事实时，在各项证据均已"查证属实"、"相互印证"并形成"完整的证明体系"的基础上，还要达到"结论是唯一的，足以排除一切合理怀疑"的程度，才能认定被告人有罪。2012 年《刑事诉讼法》施行以后，"排除合理怀疑"的证明标准被扩展适用到所有刑事案件之中。根据这一法律，"对所认定事实已排除合理怀疑"被作为法院认定案件"证据确实、充分"的法定条件之一。

（一）"排除合理怀疑"标准的确立

一些最高人民法院法官曾对"排除合理怀疑"这一主观证明要求的引入，给出过权威的解释。针对 2010 年在办理死刑案件证据规定中首次使用"排除合理怀疑"这一说法，一些法官认为，这里所说的"排除合理怀疑"就等于结论的唯一性，也就是"只能得出被告人为实施某犯罪行为的犯罪人，完全排除了他人作案的可能性"[11]。按照这一解释，我国刑事诉讼法从客观方面所确立的证明标准，与那种主观的证明标准并没有实质性的区别。"在诉讼实践中，清楚、确实、充分都是主观对于客观的一种判断"，但"在客观方面设定的证明标准与主观上相信的程度是对应的，如'事实清楚，证据确实、充分'相对应的主观认识程度应当是'确信无

---

〔10〕 参见《关于办理死刑案件审查判断证据若干问题的规定》，其中的第 33 条首次确立了排除合理怀疑的证明标准。

〔11〕 张军主编：《刑事证据规则理解与适用》，法律出版社 2010 年版，第 254 页。

疑'。"[12]

最高人民法院法官的这种解释在 2012 年《刑事诉讼法》实施后并没有发生实质性的改变。在随后颁布的司法解释中，最高人民法院对于何谓"排除合理怀疑"以及如何运用这一主观性较强的证明标准，并没有做出任何具体的解释。为什么会这样呢？在主持司法解释起草的最高人民法院法官看来，所谓"排除合理怀疑"，是审判人员对全案证据进行审查后所形成的一种主观标准，"只可意会，不可言传，应当由法官裁量把握，因此不必对其具体内容加以解释"。那么，究竟何谓"排除合理怀疑"呢？这些法官认为，这主要是指证据与证据之间、证据与案件事实之间不存在矛盾或者矛盾得以合理排除，而根据证据认定案件事实的过程符合逻辑和经验规则，由证据得出的结论具有唯一性。[13]

那么，立法机关在刑事诉讼法中引入"排除合理怀疑"的主观要求，究竟有怎样的立法考量呢？一些参与过刑事诉讼法修订工作的官员明确指出，"排除合理怀疑"是指对于认定的事实，已没有符合常理的、有根据的怀疑，实际上达到确信的程度。"证据确实、充分"具有较强的客观性，在司法实践中，这一标准是否达到，还是要通过侦查人员、检察人员、审判人员的主观判断，以达到主客观相统一。只有对案件已经不存在合理的怀疑，形成内心确信，才能认定案件"证据确实、充分"。本条使用"排除合理怀疑"的这一提法，并不是修改了我国刑事诉讼的证明标准，而是从主观方面的角度进一步明确了"证据确实、充分"的含义，便于办案人员把握。[14]

无论是最高人民法院的法官还是参与立法工作的官员，都认为"排除合理怀疑"属于一种主观性的证明标准，其含义最多也就等同于内心确信无疑，而难以有更为具体的解释。不仅如此，法官和立法官员也都认为，我国刑事证据法将"排除合理怀疑"的主观要求引入证明标准之中，既没有取代原有的"证据确实、充分"标准，更没有降低我国刑事诉讼的证明标准。充其量，"排除合理怀疑"的说法是从主观方面使得"证据确实、充分"的标准得到具体化了而已。2012 年《刑事诉讼法》的条文表述似乎也印证了上述观点。

（二）本来意义上的"排除合理怀疑"

无论是《刑事诉讼法》还是司法解释，都没有对"排除合理怀疑"的含义及其与"证据确实、充分"的关系作出明确的解释。这给法学研究者留下了进一步解释的空间。但是，"排除合理怀疑"属于移植于英美证据法的证明标准，在讨论这一证

---

〔12〕 张军主编：《刑事证据规则理解与适用》，法律出版社 2010 年版，第 95 页。

〔13〕 江必新主编：《〈最高人民法院关于适用《中华人民共和国刑事诉讼法》的解释〉理解与适用》，中国法制出版社 2013 年版，第 46 页。

〔14〕 郎胜主编：《〈中华人民共和国刑事诉讼法〉修改与适用》，新华出版社 2012 年版，第 123 页。

明标准在中国刑事证据法中的含义之前，我们有必要简要了解一下什么是本来意义上的"排除合理怀疑"。

对于"排除合理怀疑"的含义，权威的《布莱克法律词典》认为，它"是指全面的证实、完全的确信或者一种道德上的确定性"，并认为这一术语与"清楚"、"准确"、"无可置疑"等词汇可以等量齐观。具体而言，排除合理怀疑的证明是"达到道德上的确信"的证明，是符合陪审团的判断和确信的证明，作为理性人的陪审团成员在根据有关指控犯罪是有被告人事实的证据进行推理时达到了如此高的内心确信，以至于不可能作出其他合理的推论。[15]

法律词典的解释几乎将"排除合理怀疑"等同于完全的内心确信了。那么，英美法国家的法院究竟是如何解释这一证明标准的呢？一般而言，英美判例法极少对"排除合理怀疑"作出直接解释，但对何谓"合理怀疑"确有着具体、明确的界定。

一般认为，"合理怀疑"不能是一种想象出来的怀疑，也不能是一种建立在推测基础上的怀疑，它应当是一种"实际的"和"实质的"怀疑，它来源于证据，来源于证据所证明的事实或情况，或者来源于公诉方缺乏证据这一事实；合理怀疑"是指案件的这样一种状态，即在全面比较和考虑了所有证据之后，在陪审团成员心目中留下了这样的印象，即他们不能说自己对指控事实的真实性和确信的确定性感到了有一个可容忍的定罪"。[16]

通过考察英美判例法，我们不难发现，"排除合理怀疑"尽管在判例法中很少得到明确的解释，但至少可以有以下几个方面的基本认识：①"排除合理怀疑"属于一种消极性的证明标准，它试图告诉陪审团成员何谓"合理怀疑"，以及在存在"合理怀疑"时是不能作出有罪裁决的，但它并没有说明什么才是"排除合理怀疑"的状态；②"排除合理怀疑"属于一种主观性的证明标准，它将被告人是否有罪的判断置于裁判者的内心，裁判者根据从法庭审判中所形成的内心确信来判断是否达到了这一证明程度；③"排除合理怀疑"并不要求犯罪事实达到绝对的确定性，或者达到数学上的确定性，也不等于要排除任何怀疑，因为"每件与人类事务相关的事情，都对某种可能性或者假想的怀疑开放着"，而要达到排除一切怀疑的程度，这既是不可能的，也是不必要的；④"排除合理怀疑"诉诸裁判者的内心判断，是对裁判者对案件事实认识程度的描述，它不等于"恢复事实真相"这一外在的、客观的要求，而属于裁判者内在的、主观的判断标准。

那么，"排除合理怀疑"与大陆法中的"内心确信"是一回事吗？原则上，两者都属于主观层面的证明标准，都标志着裁判者对案件事实的认识程度。但是，"排除

---

〔15〕 参见《布莱克法律词典》（英文第 5 版），美国西方出版公司 1979 年版，第 147 页。

〔16〕 [美] 罗纳德·J. 艾伦、理查德·B. 库恩斯、埃莉诺·斯威夫特：《证据法：文本、问题和案例》，张保生、王进喜、赵滢译，高等教育出版社 2006 年版，第 818 页以下。

合理怀疑"侧重从消极的、否定的角度来界定裁判者的主观认识程度，而"内心确信"则侧重从积极的、肯定的角度来说明裁判者的主观判断标准。从比较法的角度来看，大陆法国家的法律尽管要求法官、陪审员要根据理性、经验和良心，从当庭审判中对案件事实所形成的全部印象做出判断。但是，这些裁判者的"自由判断"并不是随意的，至少，他们要受到"有疑义时做有利于被告人解释"这一原则的约束。根据这一原则，只要对被告人是否构成犯罪存在合理的怀疑，裁判者就应作出无罪的判断。这一原则与自由心证原则一起，使得大陆法国家形成了与"排除合理怀疑"大体相似的证明标准。[17] 正因为如此，大陆法国家的"内心确信"，又经常被称为"内心确信无疑"。

（三）引入主观证明要求的意图

根据前面的分析，"排除合理怀疑"与"证据确实、充分"是不同性质的证明标准，前者是主观的、内在的证明标准，是用来衡量裁判者对案件事实达到怎样内心确信程度的标准，而后者则属于一种客观的、外在的证明标准，是用来衡量全案证据是否足以推导出案件事实真相的标准。严格说来，"排除合理怀疑"可以被视为一种"证明程度"，而"证据确实、充分"则可被归为一种"证明要求"或"证明目标"。既然如此，最高人民法院和立法机关究竟为什么要将这一标准引入中国证据制度呢？

1. "排除合理怀疑"标准的确立，有助于克服原有证明标准过于理想化的不足。按照前面的分析，原有的"事实清楚"标准，与哲学上的"实事求是"密切相关，只是一种客观的认识目标，而无法发挥证明标准的作用。而原有的"证据确实、充分"标准，也只是法律对案件事实的证明在质和量两个方面所提出的要求，它们并没有给出具体的衡量尺度。相反，"排除合理怀疑"标准的引入，使得裁判者认定案件事实有了可测量的标准和尺度。原则上，这一标准并非等于"发现真相"、"绝对确定"、"恢复事实原貌"等理想的证明目标，而属于裁判者对案件事实的确信程度。而在对一种事实的认识上，人们确实是存在"将信将疑"、"初步相信"、"完全确信"等不同认识程度的。毫无疑问，"排除合理怀疑"属于在人们主观认识范围内所要达到的最高认识标准。尽管对于"排除合理怀疑"的具体含义，人们可能会存在不同的认识，但是，对于"合理怀疑"，人们却是容易形成共识的，也是具有可测量的标准的。在一定程度上，"排除合理怀疑"标准的引入，使得我国《刑事诉讼法》第一次有了真正意义上的"证明标准"。

2. "排除合理怀疑"标准的引入，有助于克服原有证明标准过于客观化的缺陷。根据前面的讨论，无论是"事实清楚"，还是"证据确实、充分"，都属于法律从外

---

[17] 参见［美］弗洛伊德·菲尼、［德］约阿希姆·赫尔曼、岳礼玲：《一个案例，两种制度——美德刑事司法比较》，郭志媛译，中国法制出版社 2006 年版，第 376 页以下。

在的角度为裁判者确立的证明要求。但这些证明要求并不能自动转化为衡量裁判者主观认识程度的标准。"排除合理怀疑"标准的引入，意在使裁判者通过审视自己的内心是否达到确信的程度，来认定案件事实。对于这些裁判者来说，经过完整的法庭审判过程，结合对全案证据的综合审查，假如已经形成了内心确信，并对被告人实施犯罪这一事实不再存在合理的疑问，就可以直接作出犯罪事实成立的结论。相反，假如经过法庭审判过程，裁判者对犯罪事实的成立仍然存在合理的疑问，就可以认定该项事实不存在。

3. "排除合理怀疑"标准的引入，可以发挥与"疑罪从无"相似的功能。在我国主流的刑事诉讼理论中，"疑罪从无"被视为无罪推定原则的必然要求，是司法机关处理疑罪案件的基本准则。自1996年以来，我国刑事诉讼法明确确立了这一原则，要求法院对于"事实不清、证据不足"的案件，可以做出"指控犯罪事实不能成立"的无罪判决。所谓"事实不清、证据不足"，一般是指证据与证据之间不能相互印证，法官对于被告人实施犯罪事实存在合理的疑问。可以说，在过去的司法实践中，对于"事实清楚，证据确实、充分"标准，人们往往更侧重从客观方面加以认识和把握。但对于"事实不清，证据不足"的情形，则经常是从主观方面进行判断和鉴别的。

在某种意义上，"排除合理怀疑"的引入，意味着裁判者在综合审查全案证据之后，假如仍然存在合理的怀疑，那么，他就只能遵循"疑罪从无"的理念，按照"疑问时做有利于被告人解释"的原则，作出被告人没有实施犯罪行为的认定。所谓"排除合理怀疑才能认定被告人有罪"的命题，又可以合乎逻辑地转化为"没有排除合理怀疑就不能定罪"的判断。既然法官在存在合理怀疑时只能作出无罪判决，那么，要认定被告人构成犯罪，就必须达到"排除合理怀疑"的程度。

四、客观要素与主观要素的关系

尽管法官和立法官员对"排除合理怀疑"标准的确立做出了权威解释，但这一问题在法律理论界还是存在不同看法。一些学者认为，"排除合理怀疑"与"证据确实、充分"分别从主观和客观方面表述了同样的证明要求，两者是一回事。"排除合理怀疑"既没有取代原有的"证据确实、充分"标准，更不是一种低于"证据确实、充分"的新的证明标准。[18] 但也有学者主张，证据确实、充分必然意味着排除合理怀疑，但排除合理怀疑却并不必然意味着证据确实、充分。证据确实、充分"不仅要求具有内部性的排除合理怀疑，而且还要求具有外部性的证据相互印证"，至少在

---

〔18〕 参见魏晓娜："'排除合理怀疑'是一个更低的标准吗？"，载《中国刑事法杂志》2013年第9期。另参见李蓉："从法定证据证明标准之兴衰看我国新刑事诉讼法的证明标准"，载《南京大学法律评论》2013年第2期。

部分情形下，"排除合理怀疑的标准低于证据确实、充分的标准"。[19] 当然，还有一种更富有新意的观点，认为"排除合理怀疑"标准的确立，是对运用证据认定案件事实所要达到的程度的要求，是关于证明标准的新解释。[20]

《办理死刑案件证据规定》将证明标准的客观要素与主观要素同时确立下来，这势必引发一场有关两种要素之间关系的讨论。但是，作为成文化的法律规则，无论是刑事诉讼法还是相关司法解释，都只能给出一种宣言式的条文表述。至于法院究竟如何处理"证据确实、充分"与"排除合理怀疑"之间的关系，究竟如何重新把握认定被告人构成犯罪的证明标准，可能还需要从我国法院未来的司法裁判中进行观察。当然，最高人民法院也有可能对此指定专门的司法解释，甚至也有可能通过颁布指导性案例的方式，对认定犯罪事实的证明标准作出具体化的解释。不过，无论通过什么方式进行解释，最高人民法院都要从法院的司法判决中寻找相关的裁判逻辑，以便确定法官对犯罪事实的内心确信程度。

在以下的讨论中，笔者将对前述两种观点进行一些反思性评论，在此基础上，也对主观标准与客观标准的融合提出自己的见解。

（一）主观标准是否等于客观标准

无论是立法官员还是最高人民法院法官，都将"排除合理怀疑"与"证据确实、充分"视为同样的证明标准。一些从事法学研究的学者也认为，主观证明要素引入，并没有降低原有的证明标准。假如上述判断可以成立的话，那么，人们不禁会提出一种疑问：在证明标准中引入"排除合理怀疑"的主观要素，究竟还有什么实质意义呢？难道立法者和司法机关仅仅满足于用"排除合理怀疑"的说法来解释"证据确实、充分"吗？

其实，持有上述观点的人士，从根本上忽略了"排除合理怀疑"与"证据确实、充分"的本质区别，也对我国原有证明标准的根本缺陷缺乏足够的认识。

原则上，"排除合理怀疑"与"证据确实、充分"是不同层面上的标准，两者根本不可能是一致的。首先，前者属于主观层面的证明标准，意在为裁判者对案件事实的认识设立确定程度；而后者则属于客观层面的标准，意在为裁判者设立一个较为理想的证明目标。其次，"排除合理怀疑"并不需要达到绝对的确定性，也就是说，裁判者不需要对案件事实的存在达到排除一切怀疑的程度，而"证据确实、充分"是属于"实事求是"、"客观真实"的代名词，要求裁判者对案件事实要达到恢复事实原貌的最高程度。再次，"排除合理怀疑"要求裁判者本着经验、理性和良心，对自己通过庭审所形成的内心确信进行审视，凡是存在合理疑问的情况下都要做有利

---

[19] 龙宗智："中国法语境中的'排除合理怀疑'"，载《中外法学》2012 年第 6 期。另参见龙宗智："诉讼证明的方法"，载《刑事司法指南》（2013 年第 4 集），法律出版社 2013 年版，第 62～91 页。

[20] 参见樊崇义、张中："排除合理怀疑：刑事证明的新标准"，载《检察日报》2012 年 5 月 16 日。

于被告人的解释，这带有明显的尊重裁判者内心判断的意味，属于司法独立的内在应有之义。而"证据确实、充分"则属于法律为裁判者认定案件事实所设立的外部要求，带有明显的限制法官自由裁量权的意味，为外部权威势力审查裁判者的事实认定设立了一种依据。很显然，"排除合理怀疑"与"证据确实、充分"根本不是一回事，两者不在同一层面上。

从2010年以来，"排除合理怀疑"的标准逐步被引入到我国的《办理死刑案件证据规定》之中，并最终为《刑事诉讼法》所确立。从根本上说，这是为克服原有证明标准的缺陷所做的立法努力。按照本文前面的分析，通过引入"排除合理怀疑"的标准，立法者试图解决原有证明标准过于理想化、过于客观化以及缺乏可操作性等方面的缺陷，从而为裁判者确立一种真正意义上的内心确信尺度。从2012年《刑事诉讼法》的条文表述来看，"排除合理怀疑"已经成为"证据确实、充分"的核心条件，具有对后者加以具体化的立法功能。在一定程度上，假如要给我国刑事诉讼的证明标准设定一个标签的话，那么，这个标签仍然是"证据确实、充分"。但是，裁判者究竟是依据怎样的标准来认定案件事实，才算"证据确实、充分"呢？这就需要进一步审视裁判者的内心确信程度，只有达到"排除合理怀疑"的程度，才可以作出"证据确实、充分"的判断。很显然，"排除合理怀疑"标准的引入，不仅对"证据确实、充分"的要求做出了具体的解释，而且在一定程度上改变了我国证明标准的内涵，也就是从原有的"注重外在的客观要素"转向"强调内在的主观要素"，以裁判者的内心确信程度取代了原有的抽象证明要求。这无疑是我国刑事诉讼证明标准制度的重大转型。

（二）主观标准是否低于客观标准

有些学者认为，"排除合理怀疑"属于"证据确实、充分"的必然要求，但后者还有更多、更高的要求，"排除合理怀疑"至少在一定场合下要低于"证据确实、充分"的标准。笔者认为，这一观点同样忽略了"排除合理怀疑"与"证据确实、充分"的实质区别。其实，这两种证明标准本来就不处于同一层面上，何来前者低于后者的判断呢？而无论是立法官员还是最高人民法院法官，都不会接受通过引入"排除合理怀疑"来降低证明标准的观点，而最多认为这一主观要素的引入是为了弥补证明标准客观化的缺陷和不足。

假如将"排除合理怀疑"视为低于"证据确实、充分"的证明标准，那就意味着我国法院原来需要达到100%的真实程度，而"排除合理怀疑"标准引入，则使得现在法院只需要达到95%左右的真实程度就足够了。但是，面对近年来越来越多的"冤假错案"相继得到披露、法院在刑事审判中面临着更大压力的情况，《办理死刑案件证据规定》怎么可能会将刑事诉讼的证明标准加以降低呢？一种合乎逻辑的刑事政策应当是提高证明标准、严格掌握司法证明的尺度，而不可能使法院认定犯罪事实变得更为容易和顺畅。无论是从政治正确的角度还是从道德正当的角度来看，法院认定一个公民有罪当然应当达到 100% 的真实程度，这是不能打任何折扣的。

其实，"排除合理怀疑"与"证据确实、充分"是不存在高低之分的两套证明标准。前者是从内在的、主观的角度衡量裁判者内心确信程度的标准，而后者则属于从外在的、客观的角度为裁判者认定犯罪事实所设定的理想目标。引入"排除合理怀疑"标准的主要目的，不是为了降低法院认定犯罪事实的证明标准，而是为了克服原有客观化证明标准的缺陷和不足，以便为裁判者设立另一种足以发挥避免错案裁判功能的新标准。

（三）主观标准与客观标准的融合

通过对前述两种观点的回应，笔者已经论证了以下命题："排除合理怀疑"既不等同于"证据确实、充分"，也不是低于"证据确实、充分"的证明标准；立法者引入"排除合理怀疑"标准，确立了一种通过衡量裁判者的主观确信程度来判定案件事实成立的新途径，这一主观标准具有弥补"证据确实、充分"之不足的可能性。

但是，如果说"证据确实、充分"标准显得过于理想和抽象的话，"排除合理怀疑"也并不具有十分明确、具体的含义。受传统认识论的影响，我国立法界和司法界将"内心确信"、"排除合理怀疑"等视为过于主观性和随意性的认识标准，担心确立这类标准容易使法官在认定事实方面享有较大的自由裁量权。在司法实践中，面对明显无法形成"证据锁链"、证据无法相互印证的案件，出庭公诉的检察官仍然坚持认为"确信被告人就是犯罪人"，负责审判的法官则可能认为"尚存在合理的疑问"。甚至对于那些存在重大争议的案件，主审法官经常作出"尽管存在一些疑问，但确信凶手就是被告人"之类的评价。这显然说明，在《办理死刑案件证据规定》中确立"排除合理怀疑"等主观性标准，经常会面临一种风险：裁判者根据自己的利益、偏见和预断，而随心所欲地认定案件事实。

那么，究竟如何防止裁判者滥用"排除合理怀疑"的证明标准呢？英美证据法的经验表明，对"排除合理怀疑"直接下定义的做法是行不通的，但对"合理怀疑"的含义，却是可以界定的。只不过，英美判例法对"合理怀疑"的界定并不是很成功。相反，中国《办理死刑案件证据规定》的发展则说明，尽管"证据确实、充分"确实属于外在的、理想的证明目标，但对"证据确实、充分"的含义加以界定也并非是不可能的。中国《办理死刑案件证据规定》近年来所出现的诸如"相互印证"、"间接证据形成证明体系"、"直接证据得到补强"、"结论具有唯一性和排他性"等方面的标准，就属于对"证据确实、充分"加以具体化的有益探索。

那么，假如我们将"排除合理怀疑"与"证据确实、充分"结合来进行界定，会不会创造出一条使证明标准具体化的新路呢？

具体说来，相对于"排除合理怀疑"而言，"合理怀疑"是较为明确的、具体的和可掌握的；相对于"证据确实、充分"来说，"证据不足"也是有着具体衡量尺度的。如果说"排除合理怀疑"与"证据确实、充分"难以画等号的话，那么，"合理怀疑"与"证据不足"是不是有着更为密切的联系呢？换言之，那些被视为"证据不足"的情况，是不是一般也都会造成裁判者对案件事实产生"合理怀疑"呢？

例如，在某一受贿案中，多个证据相互无法印证，证据之间存在重大的矛盾，同一证人、被告人作出前后不一致的陈述，这就很容易使法官对犯罪事实的成立形成合理的疑问。而对于这些情况，我们也通常会将其视为"证据不足"。由此，我们可以得出"证据相互不能印证"等于"合理怀疑"的结论。

很显然，根据所谓"证据相互印证"、"间接证据形成证明体系"、"直接证据得到补强"、"结论具有排他性和唯一性"等标准，来直接得出被告人实施犯罪行为的结论，这似乎属于对经验法则和逻辑法则的滥用，容易造成法官在认定犯罪事实方面的机械司法。事实上，案件即便达到了上述标准，也还存在裁判者是否内心形成确信、是否存在合理疑问的问题。相反，假如案件存在着"证据相互不能印证"、"直接证据取法得到补强"、"结论不具有排他性和唯一性"等相反的情况，我们一般都可以将其视为"存在合理怀疑"的标志，从而据此得出案件没有达到"排除合理怀疑"的程度。当然，这种情况也就等于"证据不足"。

这种将"证据不足"的客观情形解释为"合理怀疑"的情况，越来越多地得到最高人民法院法官的接受。最高人民法院五个刑事审判庭共同编辑的《刑事审判参考》，就曾根据证据不足的客观表现，来界定"排除合理怀疑"的内涵。具体说来，法院综合全案证据，只要认为案件尚未达到排除其他可能性、关键证据相互不能印证、被告人无罪的可能性大于有罪可能性的，就可以直接认定本案"没有排除合理怀疑"。例如，在晏朋荣涉嫌故意杀人、抢劫一案中，"指控依据的核心证据是陈国秀的陈述、晏朋荣的认罪供述，这两项证据均前后不一，彼此之间在关键细节上也存在矛盾，无法形成印证。在案的其他证据反映的情况与该两项证据均存在明显矛盾，不能起到补强作用。特别是在晏朋荣翻供后，全案证据无法形成完整的证据链，晏朋荣无罪的可能性远大于有罪的可能性"[21]。又如，在苏光虎涉嫌故意杀人一案中，最高人民法院的法官则认为，"根据司法经验判断，该起犯罪由苏光虎所谓的可能性极大，公安机关也正是基于周某被杀地点、手段、性质等方面与周某被杀有不少类似之处而并案侦查的。然而，死刑案件的证明标准是排除合理怀疑，在该起事实仅有苏光虎本人的供述作为直接证据，且在其供述未能得到其他证据补强的情况下，在案的证据上不能形成完整的证据链，得出是苏光虎作案的唯一结论。据此，为慎重起见，最高人民法院裁定一、二审法院认定苏光虎杀死周某的事实不清，证

---

[21]　周进、徐海、徐万祥："晏朋荣故意杀人、抢劫案——关键证据存在疑点、无法排除合理怀疑的案件，应当宣告无罪"，载《刑事审判参考》（总第83集），法律出版社2012年版。

据不足，公诉机关指控的相关事实不能成立"。[22]

归结起来，"排除合理怀疑"与"证据确实、充分"的融合，只有在消极的事实发现层面上才具有可能性。所谓"消极的事实发现"，是指最大限度地避免错误，防止误判。对"合理怀疑"具体含义的解释，完全可以从"证据不足"的客观情形中来发现线索，寻找灵感。

（四）主观标准的外部制约——司法裁判的独立性和正当性

要避免裁判者滥用"排除合理怀疑"标准，避免认定事实上的误判，法律除了要从客观方面引入一些衡量标准以外，还需要引入外部的制度保障。这些制度保障包含着十分广泛的内容，但概括说来，核心就是司法裁判应保持独立性和正当性。

在判断自己对案件事实的认识是否达到"排除合理怀疑"程度时，裁判者一般只要根据理性、经验和良心就可以做出大体的判断。但是，在对被告人的犯罪事实"存在合理怀疑"的情况下，裁判者是否敢于作出无罪判决，这又是另一个问题了。根据我国刑事司法实践的经验，几乎所有后来被证明属于"冤假错案"的刑事案件，法官在审判过程中几乎都形成过或多或少的"合理疑问"。这些疑问要么表现在证据之间存在矛盾，相互不能印证，或者同一证人、被告人做出了自相矛盾的陈述，要么表现为证据无法环环相扣，无法形成完整的证据锁链，要么表现为无法排除"犯罪没有发生"或者"被告人没有作案"的其他可能性。但令人遗憾的是，作为承办人的法官即便对案件存在这类合理的疑问，也不足以改变有罪裁判的形成。因为该法官对案件并没有真正的独立裁判权，他无法根据自己的内心确信程度来形成最终的裁判结论。法院内部的院庭长审批案件、审判委员会讨论案件以及法院外部的各种形式的司法干预，导致法院对这类本来没有达到"排除合理怀疑"程度的案件，经常作出有罪判决。当然，有时对这种因外部干预而无法宣告无罪的案件，法院在宣告有罪时，还会作出"留有余地"的刑事处罚。

对于一个没有独立审判权的法官而言，究竟是确立"证据确实、充分"标准还是"排除合理怀疑"标准，其实是没有实质意义的。司法证明制度要从原有的过于注重客观标准，过渡到重视裁判者内心确信程度的主观证明标准，最起码应当保障司法裁判者的独立性。这是一种合乎逻辑的推论。在这一方面，司法裁判的独立性尤其强调确立疑罪从无原则，使得法官在"无法排除合理怀疑"时，拥有作出无罪判决的独立权威。

除了维护司法裁判者的独立性以外，法院司法裁判的正当性也是值得高度重视的问题。其中，司法裁判程序的正当性又是其中的重中之重。为避免裁判者滥用其内心确信，有必要全面确立直接和言词审理的原则，使裁判者彻底摆脱对公诉方案

---

[22] 林玉环："苏文虎故意杀人案——对死刑案件如何把握'证据确实、充分'的定案标准"，载《刑事审判参考》（总第 85 集），法律出版社 2012 年版。

卷笔录的依赖，真正从当庭对证据的举证、质证和辩论中形成对案件事实的主观认识。与此同时，应当充分保障被告人及其辩护人的辩护权，确保他们在每一证据的调查过程中都能够有效地行使质证权，能够对控方证人进行当庭交叉询问，而对本方证人则可以进行当庭发问，使得法官有机会通过亲自听取证人的当庭陈述和双方的发问来形成对案件事实的认识。不仅如此，法官对其所认定的案件事实进行充分的判决说理，上级法院通过复审程序可以对下级法院的事实判决进行全面的审查，合议庭成员可以对案件事实是否成立进行充分的、平等的辩论，从而真正根据多数裁决原则来形成事实裁判结论，等等，这些制度安排如能得以实现，刑事证据法对"排除合理怀疑"标准的引入也将具有一个良好的外部制度环境。

五、结论

我国《办理死刑案件证据规定》将"排除合理怀疑"引入到原有的证明标准之中，是从过去注重外在的、客观化的证明要求走向重视裁判者内心确信程度的重要立法尝试。这种立法尝试既不是对"证据确实、充分"标准的简单解释，也不是要降低我国刑事诉讼中的证明标准，而是从裁判者主观认识的角度重新确立裁判者作出有罪裁判的标准。在一定程度上，我国《办理死刑案件证据规定》尽管仍然保留了"事实清楚，证据确实、充分"的形式化证明要求，但其内核已经被"排除合理怀疑"标准所取代。

以主观上的"排除合理怀疑"来取代客观层面上的"证据确实、充分"标准，并不是立法者的随性而为，而是有着深刻的原因和意义。一般说来，我国原有的"证据确实、充分"标准，将法官认定被告人有罪的证明标准强调到"实事求是"、"客观真实"的地步，使其变成一种理想的、抽象的证明目标，而失去了设定认识案件事实之尺度的意义。更何况，以一种外在的、客观的证明要求来对法官的事实裁判活动进行审查，也不具有最起码的可操作性，容易造成不同法官认识上的混乱。相反，"排除合理怀疑"标准的引入，注重从内心确信程度方面来衡量法官对案件事实的主观认识，并根据是否存在"合理怀疑"来作出有罪或者无罪的判定，这显然要比那种动辄强调"实事求是"、"客观真实"等抽象目标的原有证明标准更为科学和合理。尽管对于"排除合理怀疑"的标准可能存在界定上的困难，但是，对于"合理怀疑"的内涵和形式，人们只要诉诸经验、理性和良心，就不难达成共识。

当然，我国《办理死刑案件证据规定》目前对"排除合理怀疑"的含义并没有给出具体的解释。而对之形成鲜明对比的是，《办理死刑案件证据规定》对于何谓"证据确实、充分"却设立了越来越具体的标准，这些法定标准可以包括"证据相互印证"、"间接证据形成证明体系"、"直接证据得到补强"、"结论具有排他性和唯一性"等方面。要使得"排除合理怀疑"标准在我国《办理死刑案件证据规定》中落地生根，在司法实践中被成功"激活"，就要将这一主观标准与客观标准真正地加以融合。其中，将"合理怀疑"的标准与"证据不足"的表现形式进行适度的"嫁接"，可能是这种融合的有益尝试。为避免法官滥用"排除合理怀疑"的标准，法律除了要为其设定可操作的内在要素以外，还应构建有效的外部制约机制。其中，确保司法裁判的独立性和正当性，是这种外部机制的主要目的。

刑事鉴定意见证据资格程序性保障措施*

段作瑞**

鉴定意见在证据体系中的地位越来越重要，但是在司法实践中，也常常出现因为错误、虚假的鉴定意见导致案件事实被错误认定的情况。因此，在诉讼中，尤其是在对当事人权利影响重大的刑事诉讼中，诉讼各方加强对鉴定意见证据资格的审查，确保法院作为认定案件事实根据的鉴定意见的客观性，就显得尤为重要。对此，新《刑事诉讼法》作出了进一步的规定，主要包括：明确了鉴定人必须出庭，并指出"公诉人、当事人或者辩护人、诉讼代理人对鉴定意见有异议，人民法院认为鉴定人有必要出庭的，鉴定人应当出庭作证。经人民法院通知，鉴定人拒不出庭作证的，鉴定意见不得作为定案的根据。"新《刑事诉讼法》明确了专家辅助人制度，只要控辩双方对鉴定意见有异议，就可以申请法庭通知"有专门知识的人"出庭作证，等等。这是新《刑事诉讼法》有关鉴定意见证据资格保障的几个创新点，这无疑对加强鉴定意见证据资格的审查具有重要意义。

但是，新《刑事诉讼法》对于诸如刑事案件司法鉴定程序的规范性、鉴定意见告知程序的规范性、鉴定人隐蔽作证的规范性、鉴定意见审查的规范性等其他程序性保障措施，相较于以往的诉讼法，均没有太大修订。据此，我们有必要对其进行研究，分析在新的司法背景下存在的问题，提出完善对策，切实形成全方位的、立体的、能够切实保障鉴定意见证据资格的措施体系。

一、刑事案件司法鉴定程序的规范性

鉴定人在接受委托之后，对案件中的专门问题，运用其专业性知识做出判定，必须严格按照相关法律的规定程序运行，如鉴定的启动、委托、检材保管、鉴定实施等都应当符合相应的技术规范。否则，司法鉴定意见将会由于鉴定程序违法问题迭出，从而被排除在诉讼之外。因此，规范鉴定意见的相关程序也是其证据资格有效性的保障之一。

---

* 本文原载于《中国司法鉴定》2014年第3期。
** 武警政治学院鉴定中心。

（一）规范司法鉴定的启动程序

在刑事诉讼中，如果对案件中的专门性问题，需要由具有专门知识的人向法庭提供证言的，相关部门可以启动鉴定程序。如果鉴定程序的启动不符合法律规定的条件，那么，该鉴定意见将不具有合法性。根据我国有关法律规定，司法鉴定启动权归属于侦查机关、检察机关和人民法院，当事人仅仅有申请鉴定权。这显然不利于当事人权利的保障，甚至这有可能会使得侦查机关为追求不正当诉讼利益而滥用权力，从而向法庭出具某种具有"倾向性"的鉴定意见。因而，笔者认为，在我国目前司法实践情景下，对此应当有所调整。在原则上，鉴定的启动权仍然归属于公安司法机关，对于一些特殊的案件，公安司法机关必须启动鉴定；对于其他一些案件，当事人申请鉴定，公安司法机关没有启动的，当事人可以自行委托启动鉴定。

鉴定程序启动的正当与否、合法与否，将直接决定鉴定意见的获得，从源头上决定其是否具有可靠性、是否具有证据资格。为充分保障案件专门性事实的认定建立在确实、可靠的鉴定意见基础之上、庭审中的鉴定意见能够为各方都信任，以及保障当事人的辩论权，除应当赋予公安司法机关的鉴定启动权以外，立法者还应当赋予当事人一定的鉴定启动权。

（二）鉴定人和鉴定机构的资格

根据全国人大常委会《关于司法鉴定管理问题的决定》（以下简称《决定》），司法鉴定是指在诉讼活动中鉴定人运用科学技术或者专门知识对诉讼涉及的专门性问题进行鉴别和判断并提供鉴定意见的活动。因此，司法鉴定必须由具备特定资格的人来进行。《决定》对鉴定机构和鉴定人的条件明确进行了规定，在《司法鉴定机构登记管理办法》和《司法鉴定人登记管理办法》中也有具体规定。如《司法鉴定人登记管理办法》第12条规定："个人申请从事司法鉴定业务，应当具备下列条件：①拥护中华人民共和国宪法，遵守法律、法规和社会公德，品行良好的公民；②具有相关的高级专业技术职称；或者具有相关的行业执业资格或者高等院校相关专业本科以上学历，从事相关工作5年以上；③申请从事经验鉴定型或者技能鉴定型司法鉴定业务的，应当具备相关专业工作10年以上经历和较强的专业技能；④所申请从事的司法鉴定业务，行业有特殊规定的，应当符合行业规定；⑤拟执业机构已经取得或者正在申请《司法鉴定许可证》；⑥身体健康，能够适应司法鉴定工作需要。"另外，鉴定人还不得具有第13条规定的例外情形。[1]

当然，在特殊的司法鉴定范围内，《决定》对于鉴定人的资格进行了进一步完

---

[1] 第13条规定："有下列情形之一的，不得申请从事司法鉴定业务：①因故意犯罪或者职务过失犯罪受过刑事处罚的；②受过开除公职处分的；③被司法行政机关撤销司法鉴定人登记的；④所在的司法鉴定机构受到停业处罚，处罚期未满的；⑤无民事行为能力或限制行为能力的；⑥法律、法规和规章规定的其他情形。"

善。如对机动车安全技术检验，鉴定人和鉴定机构必须符合《交通事故安全技术检验鉴定》（GA/T 642-2006）的规定。但是，在司法鉴定实践中，尤其是在一些偏远、经济较落后的地区，往往会发现鉴定人和鉴定机构不具有从事某项鉴定的资格，但依然出具了相应的鉴定文书。这种鉴定意见的准确性也就无从保障，也当然不具有证据资格。因此，鉴定意见采信机关应当严格审查鉴定机构和鉴定人的资质要件。

（三）规范鉴定意见的制定程序

鉴定意见是鉴定人依据科学技术规范和法定程序对专门性问题作出的判断，在技术操作规范中，对于技术应用也具有相应的程序要求，如检材的提取、保全、鉴定技术的选择、实验、制作鉴定文书等。当中无论哪一个环节存在隐患，都可能致使鉴定意见的正确性出现偏差，使得该鉴定意见失去证据资格。例如，在 DNA 鉴定中，样本受到污染，那么鉴定人所得出的数据将有可能并不准确。为此，《司法鉴定程序通则》进行了规定："司法鉴定人进行鉴定，应当对鉴定过程进行实时记录并签名。记录可以采取笔记、录音、录像、拍照等方式。记录的内容应当真实、客观、准确、完整、清晰，记录的文本或音像载体应当妥善保存。"另外，鉴定人除应当按照法律规定的程序进行鉴定以外，还应当严格依据法律规定的标准进行否则，将导致庭审无法对鉴定意见的正确与否予以衡量，也可能导致鉴定实践对同一问题产生不同的结论。例如，对机动车运行安全技术条件进行测试，就应当依据《机动车运行安全技术条件》（GB7528-2004），对文书鉴定就应当严格依据《文书鉴定通用规范》（SF/Z JD0201001-2010）。因此，司法鉴定人在进行鉴定时，应当严格按照法律规定的程序和标准实施，不至于在向公安司法机关提交鉴定意见之后，而失去证据资格。

二、完善刑事鉴定意见告知程序

要有效保障鉴定意见的证据资格，其最为有效的方式就是由控辩双方对鉴定意见进行质证，揭露其可能存在的不足。因此，双方当事人在庭前应当有充分的机会知晓鉴定意见。即我们有必要确立鉴定意见的庭前告知制度，但是这在我们司法实践中却存在显著缺陷，亟须完善。

（一）存在的问题

我国有关法律对鉴定意见告知制度予以了规定，但相对简单，缺乏系统性，难以完全发挥告知制度的应有功能，从而影响对鉴定意见的质证，双方对证据资格的审查也会有所欠缺。新《刑事诉讼法》第146条规定："侦查机关应当将用作证据的鉴定意见告知犯罪嫌疑人、被害人。如果犯罪嫌疑人、被害人提出申请，可以补充鉴定或者重新鉴定。"这是我国诉讼程序中有关告知制度的明确规定，该条规定存在一定问题。

首先，鉴定意见告知的内容有限，仅设计鉴定意见的结果，并不包括可能影响鉴定意见客观、公正的其他内容。如《人民检察院刑事诉讼规则（试行）》第253条也对鉴定意见告知进行了规定："用作证据的鉴定意见，人民检察院办案部门应当告知犯罪嫌疑人、被害人；被害人死亡或者没有诉讼行为能力的，应当告知其法定代理人、近亲属或诉讼代理人。"但在司法实践中，相关部门往往只告知鉴定的最终结果，而对于其他内容，如鉴定的程序、鉴定机构和鉴定人的资格等，都不告知。然而这些却往往是审查该鉴定结果是否真实、可靠，是否具有证据资格的重要因素。因此，只告知鉴定结果，势必会让双方当事人难以对鉴定意见地做出是否合法进行判定，最终也难以对鉴定意见的证据资格产生合理怀疑。

其次，鉴定意见告知的具体操作程序不明确。通畅的程序是一项制度能够有效运行的保证，程序的不明确极容易导致司法实践中，公安司法机关无所适从或者各行其是，这势必影响该制度在司法实践中的实施。

最后，未履行鉴定意见告知的后果不明确。无论是新刑诉法还是公安机关、检察院的有关规定，都只要求告知鉴定意见，但是对于如何告知，没有履行告知义务的后果如何等等，都没有明确。这就意味着，即使侦查机关没有将鉴定意见告知犯罪嫌疑人、被害人，也不会因此而招致不利。从而导致在庭审中出现诉讼突袭的现象，双方即使聘请专家辅助人，也难以对其进行有效质证。并且，在违反法律规定的告知义务的情形下，其鉴定意见的证据资格也有待商榷。

（二）鉴定意见告知制度的完善

只有对鉴定意见告知制度进行完善之后，才能保障控辩双方庭审的充分质证，才能厘清有关诉讼中的专业性问题。笔者认为，我们可以从以下几方面对告知制度进行完善。

首先，明确鉴定意见庭前告知的内容。侦查机关在进行鉴定之后，除应当及时告知犯罪嫌疑人、被害人及其相关人以鉴定结果之外，还应当告知有关司法鉴定的其他内容，包括鉴定机构和鉴定人的资质、检材的保存、鉴定程序，等等。只要不影响诉讼的进程，侦查机关就有义务将司法鉴定有关内容告知权利人。

其次，明确告知程序。在司法鉴定意见完成之后，侦查机关应当及时将有关内容告知权利主体。如果在特定时间内无法告知的，应当在案卷中说明有关情况，记录在案，以供备查。对于告知的形式，笔者认为，鉴定意见的告知将直接决定双方的质证效果，因此，侦查机关应当以书面形式告知，并且应让对方签名确认。对于当事人要求重新鉴定，或者补充鉴定的，应当予以及时回复：理由成立的，应及时进行重新鉴定或补充鉴定；理由不成立的，应当书面答复，并说明理由。

最后，明确不告知鉴定意见的后果。侦查机关应当将鉴定意见告知犯罪嫌疑人、被害人而没有告知的，只要该种不告知非出自于有碍侦查等情形，则其要承担相应的法律后果。例如，法庭要求侦查机关在一定时间内告知有关人员，并赋予他们足够的时间对鉴定意见进行审查。如果侦查机关仍不告知的，则该鉴定意见不得作为认定案件事实的依据。

三、隐蔽作证程序

新《刑事诉讼法》第62条对鉴定人出庭的作证方式进行了规定："对于危害国家安全犯罪、恐怖活动犯罪、黑社会性质的组织犯罪、毒品犯罪等案件，证人、鉴定人、被害人因在诉讼中作证，本人或者其近亲属的人身安全面临危险的，人民法院、人民检察院和公安机关应当采取以下一项或者多项保护措施：……② 采取不暴露外貌、真实声音等出庭作证措施……"这是我国首次在立法中明确提出鉴定人可以采取不暴露外貌、真实声音等出庭作证措施，也就是理论界所说的隐蔽作证制度。

隐蔽作证包括物理隐蔽和视频技术隐蔽两种方式：①物理隐蔽作证方式，是指在法庭审判期日，在法庭上设立屏风等物理障碍物，由鉴定人在屏风后作证或者用面具等方式遮盖鉴定人脸部等，使得相对人不知晓鉴定人的真实身份。②视频隐蔽方式，是指鉴定人不出现在特定的作证室内，通过双向视频传输技术作证。在鉴定人作证的视频和音频信号传送到法庭内时，技术人员可以通过后台编辑功能处理鉴定人信息，使法庭内人员在法庭的显示屏上看到的是隐藏了鉴定人面部特征的图像。适用该种方法作证，在有必要的情况下，技术人员还可以对鉴定人的声音进行处理，使法庭内的人员听不到鉴定人的真实声音。

隐蔽作证方式在国外由来已久，如《葡萄牙证人保护法》第14条以及《英国1999年少年司法和刑事证据法》第23、24条。我国隐蔽作证程序研究起步较晚，新刑诉法仅有一个条文对其加以规定，司法解释也没有明确。并且，该条文的规定存在显著缺陷：首先，适用范围较窄。只规定隐蔽作证方式适用于人身伤害可能遭受危险的人。实际上，在司法实践中，鉴定人也可能因为出庭作证，其自身或者近亲属也可能招致人身或财产权方面的不利，从而导致其不敢出庭，进而影响法庭对其证据资格的审查。其次，新刑诉法仅对隐蔽作证的方式做了原则性的规定，而对证人采取隐蔽方式作证的具体操作程序等未加以明确，可能导致实践操作不顺畅，亟须立法予以完善。

立法首先应当明确，隐蔽作证程序同样适用于对人身、财产等权利可能遭受侵害的鉴定人。另外，立法还应当对隐蔽作证的具体操作规范等加以明确。首先，在适用范围方面。隐蔽作证方式与鉴定人直接在法庭上作证的方式相比，具有程序相对较烦琐、成本较高等特点，且对控辩双方对鉴定人质证的有效性也会产生一定的不利影响。因此，在鉴定人采取隐蔽方式出庭的情况下，应当明确哪些案件中的哪些鉴定人有必要采取此技术手段。笔者认为，鉴定人采取隐蔽方式出庭作证的范围，应依以下标准予以界定：第一，危害国家安全犯罪、恐怖活动犯罪、黑社会性质的组织犯罪、毒品犯罪等案件；第二，在这些案件中，鉴定意见对案件的定罪量刑起决定性作用；第三，鉴定人出庭作证，其自身或者近亲属的人身或财产权可能遭受不利。符合这三项条件的鉴定人，有必要采用视频隐蔽技术作证。其次，在程序启动方面。鉴定人出庭主要是在法庭审判阶段，因此隐蔽作证程序的启动也应由法院根据案件的具体情况来决定。对于鉴定人认为，其出庭作证会对其本人或者其近亲属的人身安全造成影响的情况，鉴定人可以向法庭提出申请，由法院决定；法院也可以根据案件的具体情况，依职权启动该程序。最后，在鉴定人隐蔽作证程序方面。为真正充分发挥隐蔽作证的作用，承办法官在开庭前应核对鉴定人身份，并做好笔录；在开庭审理阶段不再对鉴定人身份进行审查。其余有关对鉴定人的质证程序，只需参照一般鉴定人出庭作证程序即可。

四、健全鉴定意见审查程序

鉴定人在接受委托之后，运用其科学技术知识对案件中的专门性问题，经过辨别之后，作出的鉴定意见是否具有证据资格，能否作为定案的根据，最终都需要经过法庭的质证，由法官予以认定。对于不具有证据资格的鉴定意见，法官还可以决定采用补充鉴定或者重新鉴定的方式，以弥补其存在的不足。

（一）鉴定意见的庭前准备程序：证据开示

所谓庭前准备程序，是指法官在开庭以前，就对案件中的相关事实和证据进行审查，确定案件中的争点和双方都认定的事实，为庭审程序的快速、有效运行提供基础。新《刑事诉讼法》第182条第2款规定："在开庭以前，审判人员可以召集公诉人、当事人和辩护人、诉讼代理人，对回避、出庭证人名单、非法证据排除等与审判相关的问题，了解情况，听取意见。"这是庭前准备程序在我国刑事诉讼中仅有的规定。无论是从程序角度还是从实体角度来看，证据开示制度还存在明显不足，亟须进行改革。鉴定意见不同于其他证据，其具有知识、技能上的专门性，如果在庭审时直接让控辩双方质证，即使让"具有专门知识的人"帮助当事人进行质证，也可能会措手不及，无法达到充分质证的效果。因而在庭前程序中，法院有必要组织当事人将准备在庭审中使用的鉴定意见相互进行交换，以使得双方对鉴定意见内容有充分了解。

对于证据开示的具体操作程序，笔者认为，法官应当根据案件的具体情况，认真分析鉴定意见在诉讼过程中的具体作用，如果鉴定意见对于案件事实的认定具有重要作用的，应当通知双方在庭前将鉴定意见等证据进行交换。同时，法官在庭前应当赋予双方当事人充分的准备时间。至于具体的运作，证据开示应当由法官主持，双方当事人出示并就有关问题提出意见，以确定庭审中双方就其证据资格需要进行探讨的问题。

（二）对证据资格的审查

鉴定意见是否具有证据资格以及其证明力如何，都需要法官在控辩双方的参与下，对可能影响鉴定意见客观性、关联性、合法性及科学性等性质的因素进行全方位的审查。首先，对鉴定主体的资格应当进行审查，如鉴定机构和鉴定人是否具有相应的资质，是否在其执业范围之内从事鉴定，是否有应当回避而没有回避的情形，等等。对此，"两高三部"在 2010 年颁布的两个证据规定中有明确的审查内容。其次，对鉴定程序应当进行审查。包括：鉴定人是否严格按照法律规定的程序和标准实施鉴定，鉴定材料的保存是否合乎规范，是否受到污染，等等。最后，对鉴定意见的形式进行审查。这里主要包括：鉴定书是否有鉴定人、鉴定机构的签名和盖章，应该记明的内容是否记明，等等。由于法官和控辩双方对鉴定意见证据资格的审查内容与其制定程序的相关内容类似，在此不再赘述。

（三）规范鉴定意见的重新鉴定程序

如果双方和法官对提交至法庭的鉴定意见存有疑问，认为有关专业性问题并没有得到有效解决，而又无法通过其他途径对该问题进行判明的，法庭可以决定进行重新鉴定。重新鉴定可以委托原鉴定机构之外的其他鉴定机构进行鉴定，如果双方当事人同意，也可以委托原鉴定机构进行重新鉴定，但是原鉴定人应当回避。由于实践中重新鉴定程序混乱，多头鉴定、重复鉴定的现象层出不穷，因此，笔者认为，对于重新鉴定的次数应当严格限制。此外，重新鉴定原则上应当委托资质、信用等比原鉴定机构更高的鉴定机构进行。对于重新鉴定或补充鉴定的其他问题，则可以参照初次委托鉴定的程序进行。

非鉴定专家制度在我国刑事诉讼中的完善*

龙宗智** 孙末非

我国长期实行官方化色彩浓重的司法鉴定制度，由法定部门核准的司法鉴定机构及其鉴定人是解答涉案专业性问题的唯一主体，其他专家的意见均被排除在诉讼之外。这种制度固然具有高效的优势，但也暴露出解决问题手段单一、监督制约不足等弊病，借鉴英美法系"双向鉴定"模式，引入专家证人制度，逐渐成为学界的主流意见。[1] 新修订的《刑事诉讼法》首次在立法层面上，允许案件鉴定人以外其他"有专门知识的人"出庭提供专业性意见（下文将这类"有专门知识的人"统称为"非鉴定专家"）。此后，最高人民法院颁布的《最高人民法院关于适用〈中华人民共和国刑事诉讼法〉的解释》（下文简称《最高院刑诉司法解释》），又对"有专门知识的人"提供检验报告做出了规定。[2] 这是我国专家制度领域的一项重要制度改革。但纵观此次修法，这项创新制度的规定仍显笼统粗疏，尚有一些问题需要进一步澄清和细化，本文尝试予以阐述。

一、非鉴定专家的法律性质

传统专家制度包括英美法系的专家证人制度和大陆法系的鉴定人制度两种类型。

---

* 本文原载于《吉林大学社会科学学报》2014 年第 1 期。

** 四川大学法学院教授，博士生导师。

[1] 相关论述可参见江伟主编：《中国证据法草案（建议稿）及立法理由书》，中国人民大学出版社 2004 年版，第 549 页；徐继军：《专家证人研究》，中国人民大学出版社 2004 年版，第 254 ~ 255 页；邵劭："论专家证人制度的构建——以专家证人制度与鉴定制度的交叉共存为视角"，载《法商研究》2011 年第 4 期；胡震远："我国专家证人制度的建构"，载《法学》2007 年第 8 期。

[2] 新刑诉法第 192 条第 2 ~ 4 款规定："公诉人、当事人和辩护人、诉讼代理人可以申请法庭通知有专门知识的人出庭，就鉴定人作出的鉴定意见提出意见。法庭对于上述申请，应当作出是否同意的决定。第 2 款规定的有专门知识的人出庭，适用鉴定人的有关规定。"《最高人民法院关于适用〈中华人民共和国刑事诉讼法〉的解释》第 87 条第 1、2 款规定："对案件中的专门性问题需要鉴定，但没有法定司法鉴定机构，或者法律、司法解释规定可以进行检验的，可以指派、聘请有专门知识的人进行检验，检验报告可以作为定罪量刑的参考。对检验报告的审查与认定，参照适用本节的有关规定。"上述款项中提到的"有专门知识的人"，是没有在同一案件中担任鉴定人的专家，下文简称为"非鉴定专家"，以区别于原鉴定制度中的鉴定人。

由于两种制度各有利弊，且呈现一定的互补性，近年来表现出相互借鉴的改革趋势。纵观大陆法系各国的鉴定制度改革，通常是在保留原鉴定制度的基础上，适当引入其他专家参与诉讼，具体改革进路主要分为两种：一是设置专家辅助人制度，专门围绕鉴定人出具的鉴定意见进行质辩，如意大利的技术顾问制度；[3] 二是充分借鉴英美法系的做法，平行设置专家证人制度，专家证人既可以就鉴定结论提出质询、发表意见，也可以就其他技术性问题提出自己的新观点，采用这种方式的国家包括德国、法国、俄罗斯等。[4] 我国原有的鉴定制度与大陆法系的鉴定人制度非常相似，此次修法允许非鉴定专家参与诉讼。辨别这类专家的法律性质，是探讨该制度建构和完善的基本前提。

（一）专家辅助人和专家证人的区别

专家辅助人和专家证人具有相似性，两者都是诉讼参与人，通常由控辩双方选任，功能均为解决涉案的专业性问题，且法律都不会对专家的资质设置非常严格和具体的要求，但两者之间也有一些区别：

首先，在专家意见的性质上，专家意见可以区分为质证性意见和独立性意见两类。质证性专家意见具有附属性，不对某事项提供独立结论，而是对已经形成的鉴定结论等其他专家证据，从专业的角度进行质辩，协助法官判断鉴定的证明效力；而独立性专家意见则运用独立的检验手段、完整的论证方式，最终得出结论性的专业性意见供法官采信。原则上，专家辅助人只能提出质证性意见，而专家证人既可以提出质证性意见，也可以提出独立性意见。

---

[3] 根据《意大利刑事诉讼法典》第 225 条规定，在决定进行鉴定后，公诉人和当事人有权任命自己的技术顾问；而且在国家司法救助法规定的情况和条件下，当事人有权获得由国家公费提供的技术顾问的协助。技术顾问可以进行的活动有：①参加聘任鉴定人的活动并向法官提出要求、评价和保留性意见；②参加鉴定工作，向鉴定人提议进行具体的调查工作，发表评价和保留性意见；③如果技术顾问是在鉴定工作完成之后任命的，他可以对鉴定报告加以研究，并要求法官允许他询问接受鉴定的人和考查被鉴定的物品和地点。参见《意大利刑事诉讼法典》，黄风译，中国政法大学出版社 1994 年版，第 78 页。

[4] 德国刑事诉讼明确设立了专家证人制度，"专家证人乃一以其特别之专业知识而对过去的事实或状况加以陈述者"。参见 [德] 克劳思·罗科信：《刑事诉讼法》，吴丽琪译，法律出版社 2003 年版，第 262 页。《德国刑事诉讼法》第 85 条规定："为查明过去的事实或者情况需要询问具有特别专门知识的人员，适用证人的有关规定。"《法国刑事诉讼法典》第 169 条，允许某证人或提供情况者"做出与鉴定结论相反的证言或情况，或者提出新的技术方面的观点"。《俄罗斯刑事诉讼法》第 58 条和第 74 条规定，专家参加诉讼行为的目的主要有两个方面，一是协助查明、确认和提取物品和文件，采用技术手段研究刑事案件的材料，向鉴定人提出问题；二是向控辩双方和法院解释其职业权限范围内的问题，此时专家的诉讼作用与鉴定人相似，都是独立依据自己的专业知识回答法庭和辩护双方的问题。参见何家弘、张卫平主编：《外国证据法选译》，刘品新等译，人民法院出版社 2000 年版，第 394、449 页；[俄] К. Ф. 古岑科主编：《俄罗斯刑事诉讼教程》，黄道秀等译，中国人民公安大学出版社 2007 年版，第 228～230 页。

其次，在专家意见的范围上，专家辅助人只能以鉴定中所涉及的事项作为提供意见的前提和范围，超越于鉴定之外的事项，即使涉及专门性问题，专家辅助人原则上也不得发表自己的意见；而专家证人可以针对涉案的任意专业问题发表意见，这些问题可以与涉案鉴定事项重合、交叉，也可以与鉴定事项无关。

再次，在专家意见的提供方式上，专家辅助人参与案件的方式被限定在对鉴定意见的解释和质辩，主要手段是出庭质询鉴定人。而专家证人的作证方式相对丰富灵活，除询问鉴定人以外，还可以通过与当事人和其他诉讼参与人在庭上质询、发表独立的咨询意见、对相关物证进行检验、开展模拟实验、演示模拟动画等多种方式，帮助法庭更准确地理解专业问题。[5]

最后，在专家意见的法律地位上，专家辅助人提供的意见性质与辩护人意见类似，不能归入任何一种刑事诉讼的证据形式，不具有法定的证据地位，对法官仅具有参考作用，即使法官不采信原鉴定意见，也不能直接根据专家辅助人的意见得出相反结论，在条件允许的情况下，可以重新启动鉴定程序。而专家证人是一种特殊的证人，专家证人提供的意见属于一种证人证言，具有证据效力。除不受意见证据规则的约束外，专家证言的证据地位和审查标准与普通证言并无二致，在经过法定审查程序后，可以直接作为定案依据使用。

（二）非鉴定专家性质在立法表述中的矛盾性

向社会公众征询意见的《刑事诉讼法修正案（草案）》曾在第 69 条规定"有专门知识的人作为证人出庭"，也就是说，该草案曾经试图明确赋予鉴定人之外的专家以证人的属性。但在最终获全国人大通过的修正案中，删除了"作为证人"四个字，致使专家的地位产生争议。从目前的立法和司法解释中看，我国的非鉴定专家兼具专家辅助人和专家证人的双重特征。其中，专家辅助人的特点主要体现在以下方面：

从专家意见与鉴定意见之间的关系来看，此次立法除在证据种类的称谓上，把"鉴定结论"更改为"鉴定意见"外并没有对原有的鉴定制度进行实质性的调整，司法鉴定事项的鉴定工作仍由法定的鉴定结构及其鉴定人员排他地承担。而根据新《刑事诉讼法》第 192 条的规定，专家出庭的目的，不是自己对鉴定事项进行系统检验并发表结论性的意见，而是对鉴定人做出的鉴定意见的真伪提供自己的质辩性意见。实践中，大部分专家意见都是辩方聘请的专家，从专业角度对控方提供的鉴定意见提出质疑和反驳，对鉴定意见形成必要的监督和制约力量，只有极少部分的专家由控方聘任，旨在通过自己的解答强化鉴定意见的效力。正如有学者指出的那样："他（非鉴定专家）在法庭上的任务是专门就对方的鉴定意见挑毛病、提问题，用以指出对方鉴定意见在科学性方面的破绽和问题，或者就对方提出的专门性问题进行

---

〔5〕《法国新民事诉讼法典》，罗结珍译，中国法制出版社 1999 年版，第 48 页。

回答，以此加强庭审质证。"[6] 可见，对于鉴定事项，非鉴定专家提供的意见具有明显的附属性和补充性，比较符合专家辅助人的基本特征。

从专家意见的法律效力来看，刑事诉讼法并没有对专家意见能否视为证据做出明确的说明，但鉴于我国诉讼法规定的证据种类中，并没有增加非鉴定专家的意见，而原有的鉴定人、证人等概念也都无法容纳非鉴定专家这类主体，所以，目前很难把专家意见纳入任何一种证据类型之中。最高院刑诉司法解释更是采取了一种比较保守的方式，规定专家出具的检验报告"可以作为定罪量刑的参考"。"参考"一词含糊笼统，实践中如何把握有待商榷，但至少说明司法解释目前还没有打算明确赋予专家意见以证据的效力。我们知道，专家辅助人提供的专家意见不具有证据效力，而专家证人作为证人的一种，所提供的证据自然属于证人证言，具备证据的属性，故从我国立法对专家意见效力的态度上看，专家意见也在向专家辅助人的特点靠近。

与此同时，非鉴定专家却也呈现出一些专家证人的特点：从专家出庭后需要承担的职能来看，刑事诉讼法规定有专门知识的人出庭，适用鉴定人的规定。最高人民法院司法解释也明确规定，控辩双方和审判人员均可以向有专门知识的人发问。[7] 如此一来，非鉴定专家在庭上就不仅要作为质询者，以揭露问题为目的向鉴定人进行询问，同时还可能以被质询者的身份，接受法官和控辩双方的质询。事实上，一旦专家需要直接面对裁判人员和控辩双方的提问，就意味着专家有机会甚至有必要对相关的专业事项阐明自己的基本立场，发表自己的独立见解，这也使得出庭专家可能突破单纯的协助功能，具备专家证人的某些特征。

从专家提供意见的范围来看，立法仅规定针对鉴定意见提供专家意见，但最高院司法解释对专家功能的解读，却在一定程度上突破了立法的限定。根据司法解释第87条的规定："对案件中的专门性问题需要鉴定，但没有法定司法鉴定机构，或者法律、司法解释规定可以进行检验的，可以指派、聘请有专门知识的人进行检验，检验报告可以作为定罪量刑的参考。"根据该规定，鉴定人之外其他有关专家，可以在不属于鉴定事项的其他专业问题上，独立进行检验并提供结论性意见。这项职能显然超越了专家辅助人提供专业帮助的范围和参与诉讼的手段，在提供意见的范围上呈现出专家证人的特性。

（三）实践中如何界定非鉴定专家的性质

法条与司法解释对专家性质的矛盾表述，给非鉴定专家在我国的定位造成了一定的困扰。考虑到非鉴定专家制度与我国原有鉴定制度衔接的需要，同时也为了让专家能更全面、深入地为刑事司法提供专业性的帮助，未来实践对非鉴定专家性质的理解，不一定非要在专家辅助人和专家证人之间做出非此即彼的选择，而是可以

---

〔6〕 黄太云："刑事诉讼法修改释义"，载《人民检察》2012年第8期。
〔7〕 见《最高人民法院关于适用〈中华人民共和国刑事诉讼法〉的解释》第213、215条。

结合我们现有的诉讼体制和证据制度的特点，兼采两者的部分特征，按照专家意见类型的不同，灵活确定专家意见的法律地位。

我们首先应当承认，非鉴定专家只是我国既有鉴定制度的一种补充而非替代，对于属于司法鉴定的事项，非鉴定专家应主要以专家辅助人的身份参与诉讼。司法鉴定机关及其鉴定人仍然是出具鉴定意见的唯一合法主体，非鉴定专家如果参与鉴定事项的论证，应主要从质证的角度对鉴定意见的破绽和问题提出质证性的意见。但需要注意的是，在现实司法实践中，质证性意见和独立性意见是难以截然分开的，一场有效、充分的质证活动，往往需要专家对鉴定事项表达明确的、带有结论性的观点，清晰、完整地反映形成意见的相关依据和推导过程。如果教条地贯彻专家辅助人单纯的质辩功能，一律否定专家发表独立意见的资格，在现实中不具备可操作性。且在我国的制度设计中，专家不仅要承担与鉴定人之间的质证工作，还需要接受控辩双方和法官的询问，所以，应当允许专家依照自己的检验和论证思路，解答诉讼参与人和裁判者的疑问，甚至发表个人对鉴定事项独立的专业见解，以有力地支持自己的立场，保证质辩的质量。当然，专家提供的意见无论是质辩性的还是独立的，都不能直接作为定案依据使用，原则上只具有"弹劾效力"，即法官可以通过专家证人的意见否定某项鉴定意见的证据效力，但不能仅仅根据专家的意见而直接得出与原鉴定意见相反的结论。在条件允许的情况下，法院应当进行重新鉴定。

而司法鉴定事项之外的其他专业性问题，由于这些事项不在鉴定的范围之内，专家意见不会与鉴定意见直接发生抵触，在必要的情况下，可以允许非鉴定专家发挥专家证人的基本功能。随着科技的发展，人们运用专业知识认识事物的技能不断拓展，司法机关可能接触的新兴专业事项也逐渐增多，原有的司法鉴定业务范围难以及时回应日新月异的技术革新，我国目前法定司法鉴定事项，在食品药品检测、计算机信息技术等亟须专家帮助的问题上，已经表现出一定的滞后性。事实上，在立法未引入非鉴定专家之前，针对一些不属于鉴定事项但又确实需要专家进行必要的解释、说明或检验的专业问题，司法实践中已经出现了一些变通。如在某些案件中，法官会允许鉴定人以外的专业人士就一些专业问题提供自己的看法，也有些法院采取案外咨询的形式，解除对于某些专业问题的困惑。新修订的最高人民法院刑诉法司法解释，允许专家就司法鉴定事项之外的专业问题提供独立的检验报告，应该说是对长期司法经验的总结与回应。但是，要使法官能够准确解决鉴定以外的专业问题，允许专家提供意见只是第一步，专家意见的法律地位是确认这些意见如何应用于实践中的又一关键因素。根据目前的司法解释，专家意见不属于证据，只能作为定罪量刑的参考，这就意味着法官是否采信这种意见的最终决定不受制约，专家意见甚至无法在判决书中体现，这将直接导致法官在审查这类专家意见乃至适用整个非鉴定专家制度体系上的随意性。应该说，未来最彻底的解决方式，是借鉴多数西方国家的做法，扩展"证人"在我国的含义，使非鉴定专家以专家证人的身份参与诉讼，这样，专家所提供意见也相应地成为证人证言，获得证据效力，除意见证据排除规则不适用于专家证言以外，其他关于证人证言的证据规则均可适用。在法律未作出更改前，鉴于实践中，专家基本都会先制作书面的检验报告，再上庭接受质询，可以把这些书面检验报告暂时归入书证范畴并参照鉴定意见的标准进行审查。对于检验条件完备、论证过程充分、结论足以让人信服、符合法定要求的检验报告，可以作为证据予以采信。

二、非鉴定专家出庭资格的审查

目前，立法仅规定由法庭做出专家是否出庭的决定，但没有明确采取哪些具体的标准。法律同时规定，非鉴定专家出庭，适用鉴定人的有关规定。这里的"出庭"所涵摄的内容指向模糊，无法确定是仅包括出庭的程序，还是同时涵盖对专家证人出庭资格的审查。即使我们假定涵盖了这一内容，由于非鉴定专家在性质、地位和作证范围上，都与鉴定机关及其鉴定人迥然有别，完全参照鉴定意见的审查标准也是不现实的，故有必要针对非鉴定专家的独特性单独予以分析。

（一）非鉴定专家是否采用回避制度

根据《刑事诉讼法》、《司法鉴定程序通则》等法律的规定，司法鉴定人本人或者其近亲属与委托人、委托的鉴定事项或者鉴定事项涉及的案件有利害关系，可能影响其独立、客观、公正进行鉴定的，应当回避。那么，非鉴定专家的出庭，是否需要遵循回避条款？

虽然很多国家都在立法中专门规定了对专家证人的客观中立义务，明确专家对法庭具有"优先职责"，无论委托人胜诉败诉，应当保持价值中立，[8] 但这种规定在现实中基本只具有"宣示"作用，并没有强制约束力，很难发挥实际的效果。因为绝大多数专家证人都由控辩双方各自选任和支付报酬，受聘专家不可避免地具有当事人性，倾向于维护己方的立场，"许多情况下与代理律师合为一体，置于同一方当事人的阵营而与对方对抗"[9]。专家证人与委托方具有天然的利害关系，设置回避制度既没有理论上的必要性，也没有现实上的操作性。

我国在官方色彩比较浓重的鉴定制度基础上，补充设置非鉴定专家规则，就是为了借鉴专家证人制度中这种允许双方在合理范围"畅所欲言"的司法竞技主义特点，让控方和案件当事人聘请的专家站在各自立场阐述专业意见，可以敦促审判人员对涉案的专业问题有更为全面和深刻的认识，乃至从最极端的角度去审视案件有没有存在合理怀疑之处，保证办案质量。所以，在非鉴定专家的选任问题上，应该

---

〔8〕 徐昕：《英国民事诉讼与民事司法改革》，中国政法大学出版社 2002 年版，第 328 页。

〔9〕 ［日］谷口安平：《程序的正义与诉讼》，王亚新、刘荣军译，中国政法大学出版社 1996 年版，第 256 页。

保障这种合理限度内的当事人性，无需适用鉴定人的回避条款。但这里需要明确以下问题：第一，在我国的刑事诉讼中，被告人和被害人处于特殊的当事人地位，被告人和被害人当然不能成为同一案件的非鉴定专家，即使在他们的陈述中，存在对鉴定意见等涉案证据的专门性意见，也应当归入被告人供述和辩解、被害人陈述的证据范畴。第二，尽管专家属于一种特殊证人，但与普通证人存在显著区别。普通证人以自己亲身经历案件的感受为作证对象，适用意见证据排除规则，而专家以发表意见作为作证方式，两者存在冲突。普通证人是亲历案情的人，具有不可替代性，应优先作为证人出庭作证。同时，由于普通证人不得提供推测性或判断性意见，该证人不得再针对同一作证内容发表专家意见，以免产生角色冲突。第三，在单位犯罪中，如果单位内部的技术人员不在追究个人刑事责任之列，应当允许其针对相关的专业内容，以专家证人的身份出庭发表专家意见。[10]

（二）非鉴定专家适格性的审查

非鉴定专家无需具有司法鉴定资格，也不适用回避制度，但并不意味着对专家的资格不做审查，只是原则上由法官根据具体案情自由把握。在专家证人制度盛行的英美法系，由于专家由控辩双方各自聘任，加上英美一贯以来的实用主义法律文化，秉承专家意见的有效性"不在于该证人在这一领域中是否比其他的专家更有资格，而是该证人是否比陪审团和法官更有能力从事实中作出推论"的观点。[11] 法律并不对专家资质预先设置统一的、具体的认定标准。如英国1999年《统一民事诉讼规则》第425条第4项的规定："专家是在特殊专业领域具有知识、经验，从而使其在法庭所陈述的意见能够被法庭所采纳的人。"《美国联邦证据规则》第702条规定："如果科学、技术或其他专门知识有助于事实审理者了解证据或决定争议事实，因其知识、技术、经验、训练或教育而具有专家资格的证人，可以以意见或其他方式对之作证。"这种资质判断条款概括抽象，交由裁判者在实际个案中自由裁量。而在大陆法系，由于专家证人的出现，本就是鉴定人官方化色彩的调和剂，因而对于专家的资质，法律一般也不会做出详细的要求，只有小部分国家会罗列一些禁止担任诉

---

〔10〕 在《最高人民法院公布对网友31个问题的答复》中，针对知识产权案件的相关问题，首次提到了"专家证人"的概念。该文件规定，专家证人既可以是外部人员，也可以是当事人内部人员。有学者对这一条款提出质疑，认为由内部人员担任专家证人，将导致作证不公的现象。参见郭华："鉴定人与专家证人制度的冲突及其解决——评最高院有关专家证人的相关答复"，载《法学》2010年第5期。笔者认为，专家证人的选任方式，本身就不可避免具有一定的倾向性。民事诉讼中的这种做法可以为刑事诉讼所借鉴，特别是在医疗事故案件、知识产权案件、食品和药品质量等案件中，内部技术人员对于自身开发产品应用技术的情况最为熟悉，可以提供专业性的证言。

〔11〕 ［美］约翰·W. 斯特龙主编：《麦考密克论证据》（第5版），汤维建等译，中国政法大学出版社2004年版，第32页。

讼专家的情形，如未成年人、精神病患者、依法被剥夺担任公职权利的人，等等。[12]

从我国的情况来看，我国过去对鉴定者的资格审查过分形式主义，基本依赖于官方预先编制的鉴定机构和鉴定名录进行判断，而忽略了鉴定者的实际专业素质和案件的具体情况。本次修法补充非鉴定专家的出庭制度，其中的一个重要目的，就是尝试建立以专家个体为重点审查对象的、关照个案具体情况的、相对灵活开放的专家资格体系。为实现设置非鉴定专家制度的初衷，未来实践对专家资格的要求不宜过严，也不应局限于专家的学历、职称、证书等僵化的认证视野。在符合一般证人的基本要求，即能够辨别是非和正确表达的基础上，只要从专家过往的教育背景和从业经历来看，具备查明案件事实所需的特定专业知识、技能和经验，原则上都应该允许出庭作证。当然，资历、职称、从业经历、行内认可度等，可作为资质认定的衡量因素，也可以作为专家意见证明力大小的参考标准，但不能仅依靠这些因素对专家资格做出必然性的认定。

（三）非鉴定专家出庭必要性的审查

在实践中，很多案件都会涉及日常知识结构之外的专业性问题，但并非每个专业问题都必须聘请专家专门进行解释说明。如英国《专家证人指南》第 2 条就规定："专家……仅对当事人争议至关重要的事项以及就其专业领域内的事项提供意见"。英国"专家学院"还出版过《给专家的指引》（Code of Guidance for Experts and Those Instructing Them），详细列举了有必要让专家出庭的情况："①没有专家协助，纠纷的本质能否界定和沟通；②没有专家调查，双方的争点是否可以明确并能达成一致意见；③没有专家意见，对方所主张的案情（或其中大部分案情）能否得到接受或拒绝；④没有专家证据，争议的事实能否被证实；⑤任一当事人所提供的证据的本质是否只能借助专家才能够解释清楚；⑥没有专家的帮助，当事人能否有效地沟通；⑦没有专家的帮助，能否草拟公平的和解协议条款。"[13]

借鉴西方国家审查专家证人有无出庭必要的实际操作情况，结合我国的现状，非鉴定专家的作证事项应当具备三个要素：

1. 专业性。在我国的立法用语中，专家作证的事项一般描述为"专门性"知识，在证据法理论上一般称为专业性知识，意指"推论的对象必须与某一科学领域、行业、商业或者某种职业具有高度的相关性，在内容上超出一般人的知识领域"，即法

---

〔12〕　如《意大利刑事诉讼法典》第 225 条规定，"公诉人和当事人有权任命自己的技术顾问"，同时，用排除方式列举以下人员不得担任或兼任技术顾问："①未成年人，被禁治产人，被剥夺权利的人，患有精神病的人；②被禁止包括暂时禁止担任公职的人，被禁止或者暂停从事某一职业或技艺的人；③被处以人身保安处分或防范处分的人；④不能担任证人或者有权回避作证的人，被要求担任证人或译员的人。"

〔13〕　杨良宜、杨大明：《国际商务游戏规则：英美证据法》，法律出版社 2002 年版，第 480～481 页。

官无法依据日常知识、经验与推理做出准确的分析和判断。如果专家作证的内容依照普通的经验常识亦能得出，即使作证者确属作证事项方面的专家，该证言也不能认定为专家证言。[14] 这里需要特别强调两个问题：首先，并非所有对鉴定意见真实性的质疑都要由专家完成，比如，关于鉴定检材的提取是否合法，保管链条是否完整，鉴定主体是否符合法律要求，鉴定意见的形式是否完备等，就不涉及专业问题，无需聘请专家提供意见。其次，专家证人作证事项可以涉及自然科学、社会科学等各个方面，唯法律知识具有特殊性。因为法官本身就是法律专家的代表，专家证人不必也不应就法律问题提出自己的意见，以免左右法官的独立判断，削弱法官在法律领域特别是正规审判程序中的至上性，动摇当事人对法官解决司法纠纷能力的信赖。当然，对于疑难案件，法官可以在庭外征询法学专家的意见，也可以就某个或某类案件召开专家研讨会，参考法学专家提供的法律意见。但这种意见本身不具备证据能力，不能在判决中援引。这里有一种特殊情况，在某些刑事案件中可能涉及对外国法的查明，这时，可以将外国法作为一种"事实"看待，在必要情况下由专家出庭对外国法律的情况作出说明。

2. 重要性。专家证言对案件的作用，应当对裁判者认定要件事实产生显著的影响。实践中，可能显著影响要件事实的专家意见的情况主要包括两种：第一种情况，专家意见本身就是证明案件事实存在与否的证据，比如环境污染犯罪中关于污染物成分的检验报告。另一种情况，专家意见将影响到某个或某些证据对要件事实的证明效力。比如，在某个故意伤害的刑事案件中，鉴定人出具鉴定意见，认为通过DNA测试，能够证实犯罪现场的血迹中与被告人的DNA相吻合，以此证明被告人到过犯罪现场并与被害人发生打斗，而专家出具专家意见，证明检测方法存在缺陷，鉴定意见不能作为定案依据。再如，某专家提供意见，从医学角度证明某重要目击证人存在重大认知缺陷，其证言不应被采信等。

3. 争议性。所谓争议性，是指针对专家欲说明的专业性问题，不同的诉讼主体之间存在认识上的根本性分歧，不能达成一致结论。在我国，刑事案件中常见的专业知识，基本已经为鉴定事项所覆盖，在目前的专家证据体系中，鉴定制度居于专家证据制度的主导地位，非鉴定专家制度毕竟只是鉴定制度的一种补充，专家出庭并非认定案件事实的常规手段。出于诉讼经济的考虑，如果裁判者和控辩双方认为某专业性问题不存在争点，就没有必要再聘请专家出庭进行说明和接受质询。

三、非鉴定专家出庭制度的规范

尽管新刑诉法明确要求非鉴定专家出庭，适用鉴定人的有关规定，但非鉴定人

---

〔14〕 Philler v. Waukesha County, 139 Wis. 211, 214, 120 N. W. 829, 830 (1909).

诉讼立场的当事人性，意味着非鉴定专家出庭后的质证程序、享有的权利和承担的义务，都需要与鉴定人保持必要的差异。对非鉴定专家全盘套用鉴定人的法律规范，在实践中容易产生问题。笔者在此选取几个重要问题加以说明，以期为今后的司法实践和司法解释的制定提供参考。

（一）非鉴定专家质询规则的完善

笔者对于非鉴定专家出庭质询程序的具体构建提出以下建议：

1. 专家围绕鉴定事项提供意见的，应当首先向鉴定人进行询问。据不完全统计，当前司法实践中鉴定人出庭率还不足5%。[15] 与证人强制出庭作证制度不同，出庭并不是鉴定人的一项义务，而是以自愿为原则。为了尽可能保障专家的质询权，对于辩方提出专家出庭申请的，法院应履行告知义务，在庭前会议或开庭前的其他时间内向公诉机关通报此情况并责成公诉人通知相关鉴定人出庭接受质询。如果鉴定人仍不出庭，专家可以在公诉人宣读鉴定意见后，直接就鉴定意见中的相关问题提出自己的看法，法庭将这些意见记录在案并作为是否使用鉴定意见的参考。如果专家是针对非鉴定事项发表独立观点，可直接宣读检验报告或对检验结论和关键问题进行介绍。

2. 如果针对同一专业问题，控辩双方均聘请了非鉴定专家出庭作证，在辩方专家询问鉴定人后，双方专家可以进行相互对质，通过各方专家的充分论证，使审判人员更加全面、准确地做出判断。

3. 由于专家证人的出庭适用鉴定人的规定，在辩方专家与鉴定人及控方专家质询之后，参照鉴定人的质询规则，经审判人员同意，控辩双方和被害人有权向非鉴定专家发问。专家应该在自己的专业范围内对相关人员的提问进行解答，专家如果认为公诉人和当事人所提问题超出了自己的专业领域，可以拒绝作答。

4. 如果专家认为在某些案件中，被告人、被害人或证人的陈述可能存在与事实不符的矛盾或漏洞，而这些漏洞有必要从专业的层面进行剖析，专家也有权向法庭提出询问相关人员的要求，法庭可以允许。但为了避免诉讼的不当延误，专家应在申请询问时提供依据，让审判人员相信当事人或证人的陈述确实有运用专业意见加以甄别的必要。

5. 在询问结束以后，经审判人员同意，专家可以进行最后陈述，对庭审质询中涉及专业的问题进行概括和总结。最后还有一点需要注意，对于鉴定事项，专家提供的意见具有质证性质，只有出庭质询才能让裁判者更好地了解争点、辨明真伪并做出判断，所以对于专家对鉴定意见提出意见，法律只规定了出庭这一种方式。但专家对非鉴定事项提供检验报告的情况，司法解释并没有明确规定专家是否必须出

---

〔15〕 陈瑞华：《刑事诉讼前沿问题》，中国人民大学出版社2000年版，第556页。

庭。从提高诉讼效率的角度考虑，对于专家制作了书面检验报告的，如果裁判者认为检验结论符合常识逻辑且与案件主要证据能够相互印证，可以通过庭上宣读书面检验报告的方式进行，没有必要强制专家出庭作证。

（二）非鉴定专家的费用支付

在刑事诉讼中，司法鉴定费用按照《司法鉴定收费管理办法》等法律法规核定，原则上由国家支付。而非鉴定专家与鉴定人不同，没有接受司法委托的义务，也没有强制出庭的责任。专家证人参与司法活动，接受法庭调查，完全源于与委托人之间自愿形成的契约关系。因此，在受偿问题上，非鉴定专家不应该适用鉴定人的规定，而是应当由委托人按照合同的约定，支付相关的聘请费用。比如在美国，在《专家责任纪律守则》（The Code of Professional Responsibility's Disciplinary Rule）中，就明确规定专家证人出庭有权获得报酬。[16] 毫无疑问，在美国的实践中，公诉人和被告人就是各自聘请的出庭专家最主要的薪酬支付主体。这种做法应当为我国所吸收借鉴，无论是当事人、公诉机关还是审判机关聘请非鉴定专家，都应当本着公平自愿的原则，与专家进行协商并签订聘用合同。

无论委托人与专家之间所订立的合同的内容为何，根据"契约自治原则"，公权力不宜加以干预。但为防止过分增大诉讼成本以及使专家作证演变成纯粹的逐利行为而影响证言的客观公正性，部分国家也会通过法律对专家的收费问题设置不同形式的限制。例如，在专家证人的选任方面，国家立法鼓励双方对专家人选达成合意，尽量避免重复鉴定。[17] 英国的《民事诉讼规则》甚至规定"法院有权强制运用单一的共同专家"，以节省不必要的诉讼开销。在出庭作证的专家人数方面，澳大利亚《联邦法院规则》赋予法院限制专家证人人数的权利，《加拿大证据法》则明确规定在民事和刑事诉讼中，各方专家证人原则上不超过5名。在计费的方式上，一般按照小时计费或案件计费的方式。美国法院的相关判例指出，专家不得根据审判结果收取额外报酬，如果这种行为会激发作伪证的明显动机，相关行业协会也将这种行为视为违反职业道德的行为。[18] 同时，不少国家会赋予法官某种形式的监督权。根据英国《民事诉讼规则》，"法院可限制希望依赖鉴定结论的当事人可能向他方当事人收取专家证人费用的金额"。根据《法国民事诉讼法》的规定，禁止鉴定人直接从当事人那里接受任何形式的报酬，由法官事先命令当事人寄存款项，在鉴定人完成鉴定任务后，从存交在法院书记室的款项中领取。[19] 目前，我国最高院司法解释，

---

〔16〕 The Code of Professional Responsibility's Disciplinary Rule，pp. 7 – 109.

〔17〕 徐昕："专家证据的扩张与限制"，载《法律科学（西北政法学院学报）》2001 年第 6 期。

〔18〕 Griffith v. Harris，17 Wis. 2d 255，116 N. W. 2d 133（1962）.

〔19〕 ［法］让·文森、塞尔日·金沙尔：《法国民事诉讼法要义》，罗结珍译，中国法制出版社2001 年版，第 996 ~ 1013 页。

对非鉴定专家的出庭数量也做出了限制，"申请有专门知识的人出庭，不得超过二人。有多种类鉴定意见的，可以相应增加人数"。未来条件成熟时，可以考虑适当赋予法院对非鉴定专家支付费用的监管职能，保证收费额度能够控制在合理的限度内。

（三）非鉴定专家的法律责任

根据《司法鉴定程序通则》的规定，鉴定机构和鉴定人在司法鉴定过程中，有违反法律规定行为的，由司法行政机关依法给予相应的行政处罚；有违反司法鉴定行业规范行为的，由司法鉴定行业组织给予相应的行业处分。同时，根据我国刑法的规定，鉴定人可以成为伪证罪的主体。[20]

由于非鉴定专家不具有行政人员身份，亦不要求需要隶属于行业组织，对非鉴定专家参与庭审活动的鉴定，显然无法参照鉴定人的相关规定执行行政处罚和行业处分。那么，非鉴定专家是否应当参照对鉴定人的规制，纳入伪证罪的主体范围呢？

笔者认为，我国不适宜将非鉴定专家纳入伪证罪的主体范畴。从刑事司法实践来看，对于鉴定人，原本就鲜见追究伪证罪的情形。这是由两方面原因决定的：第一，对专家意见"虚假性"的证明存在严重困难。与普通证人相对客观事实陈述不同，专家提供意见的事项虽然以客观的、科学的专业知识为依托，但论证过程仍需要大量的主观推论和判断，某些事项属于"见仁见智"的情形，即使不予采信，也不能说明提供的意见就是虚假和错误的。第二，即使在裁判中认定专家的意见确有错误，也难以认定专家在主观上存在"故意"。错误的结论不一定是专家故意为之，还可能是由于专家的疏忽大意、技术失误、业务能力不足等因素造成。如果仅凭意见未予最终采信，就推断专家存在主观上进行虚假陈述的故意，显然有失公允。而相比鉴定人，非鉴定专家更难纳入伪证罪进行规制：一方面，非鉴定专家证人原则上由当事人聘请，专家在专业问题上的理论预设、技术运用和论证过程中，即使存在一定主观偏见，只要在合理限度之内，应当予以容忍；另一方面，非鉴定专家所提供意见，特别是针对鉴定事项的意见，往往只是对专业问题提出一些假设可能性，而不是能够进行真伪二元化判断的确定性结论意见，因而也无从认定意见的虚假性。

在英美法系，专家证人在理论上虽然具有承担伪证罪的可能，但早在 20 世纪下半叶，美国联邦法院就在多个判例中，强调专家豁免原则的重要价值，指出专家只有在享有豁免特权的前提下，才有出庭作证的积极心态并以相对客观中立的视角引导法官发现真实。[21] 实践中，极少出现追究专家证人伪证罪的司法判例。目前，各国规制专家证人的方式主要有两种：一是允许诉讼当事人特别是己方当事人，在专家

---

[20] 《中华人民共和国刑法》第 305 条规定："在刑事诉讼中，证人、鉴定人、记录人、翻译人对与案件有重要关系的情节，故意作虚假证明、鉴定、记录、翻译，意图陷害他人或者隐匿罪证的，处 3 年以下有期徒刑或者拘役；情节严重的，处 3 年以上 7 年以下有期徒刑。"

[21] Mitchell v. Forsyth, 472 U. S. 511 (1985).

错误履行或怠于履行诉讼职责时，提起民事侵权诉讼。专家证人在民事领域是否享有豁免权，美国的司法实践一直存在争议。[22] 直至近 20 年，当专家确实存在过失行为并给当事人造成损失时，允许委托人通过司法途径向专家证人索赔才成为了主流观点。[23] 而英国在民事领域也曾长期坚持专家豁免原则，直到 2011 年，终审法院在"Jones v. Kaney"中，才正式废除了专家证人的豁免特权，要求专家证人对自己先前的过错行为负责。[24] 这种通过民事诉讼加以监督制约的方式具有一定效果，但起诉主体限于己方证人，起诉原因又基本限于专家证人在作证前的准备工作存在重大过错而导致作证没能达到约定之效果，证言本身的客观与否往往并非关键。且我国如果要借鉴这种方式，尚需要依托于侵权法受案和损害赔偿范围的进一步扩大。二是强化专家的自律性，建立出庭专家的学术声誉和行业诚信体系，通过行业内部对提供不实证言的专家予以吊销执照等纪律处分，[25] 以此强化出庭专家的责任意识，这也是大多数国家对专家证人最普遍的约束方式。从已经建立较为成熟的专家证人体系的国家来看，大多数专家证言来自于重复出庭的专家。[26] 这些专家通常在本领域具有权威性的地位，重视本人的学术声望，从机会成本的方面考量，通常不会仅仅从维护委托人的利益出发，而为此摒弃对科学与真理的基本信仰和追求。为进一步敦促专家自身的自律性，我国法院或律师协会可以考虑逐步建立出庭专家数据库，记录出庭作证的专家名录、作证内容、法庭认证情况等相关信息。通过对每位专家证人以往出庭情况的详细记录和必要的信息披露，引导专家证人坚守职业伦理底线，对自己所做的专家证言秉持忠于科学的信念和正直负责的良知，为案件真相的查明贡献自己的智识。

---

[22] 有部分法院认为，专家豁免制度是英国普通法的一项传统制度，只有在民事领域同样赋予专家证人绝对的豁免权，才能保证专家谨慎地对待委托人交付的专业性工作，并提供可靠的证言。参见 Bruce v. Byrne – Stevens & Associates Engineers, Inc. 776 P. 2d 666（Wash. 1989）.

[23] 相关判例可见 Mattco Forge, Inc. v. Arthur Young & Co., 5 Cal. App. 4th 392（1992）. Pollock v. Panjabi, 781 A. 2d 518（Conn. Super. 2000）. MacGregor v. Rutberg, 478 F. 3d 790, 792（7th Cir. 2007）.

[24] Jones v. Kaney, UKSC 13（2011）.

[25] Maggard v. Commonwealth, Board of Examiners of Psychology, 282 S. W. 3d 301（Ky. 2008）.

[26] ［美］罗纳德·J. 艾伦、理查德·B. 库恩斯、埃莉诺·斯威夫特：《证据法》（第 3 版），张保生、王进喜、赵滢译，高等教育出版社 2006 年版，第 722 页。

《行政诉讼法》中有关鉴定条款的修改与完善[*]

高　歌[**]

一、问题的提出

随着新的《民事诉讼法》、《刑事诉讼法》的施行，行政诉讼的修改也日益被人们所广泛关注，按照 2013 年 4 月底举行的十二届全国人大常委会第二次会议通过的 2013 年的立法工作计划来看，《行政诉讼法》的修改草案将会在当年 10 月提交全国人大常委会初次审议。这也就意味着《行政诉讼法》的修改已经启动。然而行政诉讼法学界将焦点放在了诸如扩大行政诉讼的受案范围，明确其级别管辖，引入调解，建立公益行政诉讼制度、增加行政诉讼的判决形式等方面。而对其中的证据制度，特别是鉴定制度少有涉及，这反映出学者的修改建议稿中对鉴定制度最新理论成果有意无意地忽视。其中原因较为复杂，但笔者认为以下两个重要的原因是不能忽视的：第一，我国的《行政诉讼法》脱胎于《民事诉讼法》，两者之间具有一定相似性，导致了对《行政诉讼法》中类似《民事诉讼法》的制度缺少了关注；第二，由于司法鉴定制度在行政诉讼中的作用不如其在民事、刑事领域那么明显，这就使得行政诉讼学者忽视了鉴定条款的完善。虽然司法鉴定制度在行政诉讼中的作用相对缓和，但是鉴于社会分工以及精细化作业的逐步成型，在一般情况下，越来越多的专门知识不可能为法官和当事人所知晓，涉及需要对专门性问题进行鉴定的案件也越来越多，司法鉴定的重要性日益凸显。特别是在涉及工伤鉴定等情势下忽视对司法鉴定问题的关注，必将不利于将来新《行政诉讼法》的颁布与施行。

二、"鉴定意见"的称谓问题

"鉴定意见"的称谓问题在学术界已有定论，对于以前的"鉴定结论"这一称呼，新《民事诉讼法》与新《刑事诉讼法》都已采用"鉴定意见"这一较为合理、科学的表述。"鉴定意见作为鉴定人个人的认识和判断，表达的只是鉴定人个人的意见，对整个案件来说，鉴定意见只是诸多证据中的一种证据，审判人员应当结合案件

---

[*] 本文原载于《中国司法鉴定》2014 年第 6 期。

[**] 华东政法大学。

的全部证据，加以综合审查判断，从而正确认定案件事实，做出正确判决，而不是被动地将'结论'作为定案依据。"[1] 然而，就笔者所知晓的若干专家关于《行政诉讼法》修改建议稿均未对原先的"鉴定结论"这一称谓存在的表述问题予以关注，在修改建议稿中仍使用的是"鉴定结论"这一表述。[2] 虽然在笔者看来这一称谓的转换仅具有一定的象征意义，但要想使条文中的鉴定制度落实到司法实践中，还需要鉴定观念的更新，配套制度的保障以及司法文化、审判观念等深层因素的更迭。综上，应在新《行政诉讼法》中应将原先有关"鉴定结论"的表述更改为"鉴定意见"，使其与全国人大常委会《关于司法鉴定管理问题的决定》及新《民事诉讼法》、新《刑事诉讼法》相一致。不过有学者认为源于鉴定意见的实际做出者是鉴定人，为了体现鉴定人对鉴定意见的责任性及鉴定意见的证言属性，这一称谓还有缺陷，在将来可称为"鉴定人意见。"[3] 笔者以为，这一观点固然更为科学，不过考虑其实现的当下现实可能性，在即将修订的《行政诉讼法》中还是尽量和其他两大诉讼法保持一致。

三、鉴定启动权

《行政诉讼法》与其他诉讼法相区别的一个重要特征便是行政诉讼针对的是行政主体的具体行政行为，而具体行政行为就有处分性、特定性、外部性等特征。那么，这就导致相当一部分涉及鉴定的案件是针对行政程序中被告据以做出具体行政行为的鉴定意见而提出质疑的。至于其他涉及鉴定的案件因其亦是对案件涉及的"专门性"问题而可能提起司法鉴定的，这在本质上与刑事、民事领域为了解决专门性问题无差异，都是为了解决诉讼中的专门性问题，但有一个比较明显的差异就是在行政诉讼中，涉诉的原告和被告的相互地位既不像刑事诉讼领域那么剑拔弩张，也不像民事诉讼那样平等，介于两者之间，更倾向于民事领域。有鉴于此，更靠近民事诉讼领域鉴定的制度设计可能是较为理性的选择。

（一）初次鉴定启动权

1. 当事人初次鉴定启动权。现行《行政诉讼法》及《最高人民法院关于行政诉讼证据若干问题的规定》（以下简称《行政证据规定》）均未规定当事人的初次鉴定启动权，而"鉴定作为一种证据调查活动，应当由当事人通过收集程序并提供给法庭"[4]。这是为了使行政诉讼的基本功能得以实现。因此，对于行政诉讼，如果当

---

〔1〕 全国人大常委会法制工作委员会民法室编：《〈中华人民共和国民事诉讼法〉条文说明、立法理由及相关规定》，北京大学出版社 2012 年版，第 99～117 页。

〔2〕 胡建淼等：《行政诉讼证据的实证与理论研究》，中国法制出版社 2010 年版，第 7～9 页。

〔3〕 郭华："《刑事诉讼法》有关鉴定问题的修改与评价"，载《中国司法鉴定》2012 年第 2 期。

〔4〕 郭华：《鉴定结论论》，中国人民公安大学出版社 2007 年版，第 201～222 页。

事人、行政主体向法院申请初次鉴定，人民法院应认真审查其合理性，必须经过对申请条件的审查确定鉴定条件成熟与否，但鉴于行政主体在行政诉讼中较为强势的地位，而行政诉讼的目的又在于保护公民、法人和其他组织的合法权益，那么对当事人的初次鉴定启动权予以制度保护就是题中应有之义。当然，这种初次鉴定启动权是一种较为消极的初次鉴定启动权，因为决定鉴定启动的主体仍然是法院，而不是当事人。但是鉴于新的《民事诉讼法》未赋予当事人初次鉴定启动权，同时《最高人民法院关于民事诉讼证据的若干规定》（以下简称《民事证据规定》）中旨在解决当事人积极的鉴定启动权问题的第 28 条也因为"其自身规定的不科学"出现了逻辑上的缺陷。[5] 鉴于上述两点原因以及赋予当事人积极的鉴定申请权可能导致鉴定的泛滥，以及上文提到的司法鉴定在行政诉讼中地位的现状，新修改的《行政诉讼法》是否能在此点做出制度上的突破令人担忧。

2. 法院依职权的初次鉴定启动权。假如在诉讼过程中，相关当事人并没有率先提出鉴定的申请，而法院通过审理认为，需要通过鉴定才能解决证据能力、证明力或明确案件争议事实的，或者先前的鉴定意见因庭上质证而不能肯定其证据能力或证明力的，法院依据其职权可以启动鉴定程序。有学者又提出了将法院上述启动权的行为细化为"强制鉴定"、"自由裁量鉴定程序"、"限制启动范围"三个方面，认为部分符合特定条件的鉴定事项"应当纳入必须启动鉴定程序的范围"，为了避免鉴定启动程序的过分扩张需要限制特定情形不能启动鉴定程序，而除此之外，法院可根据自由心证对特定的专门性问题确定是否启动鉴定程序。[6] 笔者基本赞成此种规定，但基于实然层面的理由，立法是否会遵从这种理论的构建是值得怀疑的。

另外，因为新《民事诉讼法》将原《民事诉讼法》第 72 条"人民法院对专门性问题认为需要鉴定的，应当交由法定鉴定部门鉴定；没有法定鉴定部门的，由人民法院指定的鉴定部门鉴定。"修改为第 76 条："当事人可以就查明事实的专门性问题向人民法院申请鉴定。当事人申请鉴定的，由双方当事人协商确定具备资格的鉴定人；协商不成的，由人民法院指定。当事人未申请鉴定，人民法院对专门性问题认为需要鉴定的，应当委托鉴定制度具备资格的鉴定人进行鉴定。"而原《民事诉讼法》第 72 条的表述与《行政诉讼法》第 35 条的用语基本一致，而行政诉讼如上文所述跟民事诉讼相比更强调对当事人诉讼权利的保护。所以，应该在借鉴《民事诉讼法》第 76 条的基本表述的基础上，明确鉴定权的启动范围，限制法院依职权直接选任鉴定人。另外还有学者指出了民诉法修改中的诸如："鉴定人直接成为被选择或被指定的对象"、"鉴定人的收费权特别是出庭作证收费权被忽视，且鉴定费被等同于出庭作证费"、"未明确鉴定人与证人之间的差异"、"能力验证项目建设和评价技

---

〔5〕 郭华：《鉴定结论论》，中国人民公安大学出版社 2007 年版，第 201～222 页。
〔6〕 郭华：《鉴定结论论》，中国人民公安大学出版社 2007 年版，第 201～222 页。

术仍需完善"〔7〕等缺点。笔者认为，上述缺陷是值得重视的，为避免重蹈覆辙，可能的情况下，将来在《行政诉讼法》的修改过程中对上述缺点予以关注并尽可能完善。

（二）补充鉴定、重新申请鉴定权

假如在诉讼过程中，当事人申请法院的初次鉴定意见经过庭上质证而不能肯定其证据能力或证明力，或者当事人自行鉴定的鉴定意见经过质证而不能肯定其证据能力或证明力，当事人可以申请法院对未解决的"专门性问题"进行补充鉴定或重新鉴定。至于补充鉴定与重新鉴定的条件除了根据原先的《行政证据规定》第29、30条之外，可以参考《司法鉴定程序通则》第28、29条之规定，并加以吸收。

四、鉴定人出庭制度

鉴定人出庭作证，接受当事人对鉴定争议事实的一系列质问，并说明鉴定的过程、依据等必要因素，不仅是鉴定人的义务，也是鉴定意见证据能力、证明力的重要保障。现行《行政证据规定》第47条（即：当事人要求鉴定人出庭接受询问的，鉴定人应当出庭。鉴定人因正当事由不能出庭的，经法庭准许，可以不出庭，由当事人对其书面鉴定结论进行质证。鉴定人不能出庭的正当事由，参照本规定第41条的规定。对于出庭接受询问的鉴定人，法庭应当核实其身份、与当事人及案件的关系，并告知鉴定人如实说明鉴定情况的法律义务和故意作虚假说明的法律责任）规定的鉴定人出庭制度已较为完善，笔者认为这一制度设计基本可行，可考虑将其纳入正在修订的《行政诉讼法》文本当中，并借鉴《民事诉讼法》第78条之行文表述。但这里有一个问题需引起重视，有一种观点认为，"不能像对待普通证人那样为鉴定人设定特殊原因，以免使得鉴定人拒绝出庭作证合法化"，如鉴定人确因特殊原因不能出庭作证的，"应当及时更换鉴定人，并重新作出鉴定意见，而不得允许鉴定人不出庭作证"〔8〕。笔者认为，这种观点产生的一个重要原因是为了使直接言词原则在诉讼过程中得以体现以确保诉讼制度改革的成效、体现程序正义的要求。但是这种看法有过于武断之嫌，原因有二：第一，在委托鉴定时对鉴定人是否在将来可能出庭作证要求鉴定人做出一定程度的允诺，在确保其能够在法律规定其应当出庭作证时出庭接受质证，这在一定程度上可以避免上述情况的出现；第二，随着科学技术的发展，越来越多地通过网络视频等先进技术可以使得鉴定人不在庭审现场，通过实时视频、音频传输设备而在特定地点接受质证，上述问题也可能随之化解。因此，在当前，还是应当对鉴定出庭作证的例外予以一定程度上的承认。对于鉴定人经法庭

---

〔7〕 李学军、朱梦妮："新诉讼法规制下的鉴定制度评析"，载《中国司法鉴定》2012年第6期。

〔8〕 全国人大常委会法制工作委员会民法室编：《〈中华人民共和国民事诉讼法〉条文说明、立法理由及相关规定》，北京大学出版社2012年版，第99～117页。

一定条件下通知而拒不出庭的，可参考《民事诉讼法》及《刑事诉讼法》中的规定，即其鉴定意见不作为定案依据，以避免可能出现因严重瑕疵的鉴定意见被采纳而导致的错案。

五、有专门知识的人出庭制度

现行《行政证据规定》第48条规定："对被诉具体行政行为涉及的专门性问题，当事人可以向法庭申请由专业人员出庭进行说明，法庭也可以通知专业人员出庭说明。必要时，法庭可以组织专业人员进行对质。当事人对出庭的专业人员是否具备相应专业知识、学历、资历等专业资格等有异议的，可以进行询问。由法庭决定其是否可以作为专业人员出庭。"这一制度设计在当时可谓超前，并与现行《民事诉讼法》第79条的表述基本类似，在保持其内涵不变的条件下，可以就原先表述进行更新。需要指出的是，这种专家辅助人制度并非是对"专家证人"的简单借鉴，而是对司法鉴定模式的改良、完善。

除了上述的重点阐释鉴定的基本制度以外，至于鉴定人员资格条件、鉴定人的回避制度、鉴定人的保护制度、鉴定材料的必要提供、鉴定费用等问题，由于其与民事诉讼、刑事诉讼中相应制度在其对应诉讼法中所发挥的作用基本相同，此处不再赘述。不过在《行政诉讼法》的修改之外，也要制定配套的司法解释，对原先在一些司法解释中存在的不合理规定予以修正。

鉴定与专家证言：概念关系的比较法考辨[*]

章礼明[**] 国淑莹

一、问题的提出

在比较法学研究中，我们经常遇到一个棘手的问题，即一个法域中出现的概念如何在另一个法域中找到相同或相近的概念，以保证分析工具的一致性，避免不必要的误解。"鉴定"这个诉讼法上常用概念就是较典型的事例。在大陆法系国家法典中，"鉴定"是一个法律专业术语，它一般作为名词，通常表示证据的种类之一，即专家运用科技方法对相关信息在鉴别、判断后提供的意见。作为大陆法系传统国家之一，我国亦不例外，只不过我国法律中将其称作"鉴定结论"或"鉴定意见"。而在英美法系国家，法律上也有类似的概念，表达为"expert testimony"或"expert evidence"，中文译为"专家证言"或"专家证据"。在我国法学理论界，人们通常将大陆法系国家的"鉴定"或"鉴定意见"与英美法系国家的"专家证言"视为功能上的等值物，并在研究问题时不加思考地交替使用。由此，令我感兴趣的问题是，不同法系中的这两个概念是否可以产生对应关系，如果可以，为什么分别称作"鉴定"和"专家证言"而不是使用统一的称谓？这与语言文字的翻译是否有关？笔者期望通过对我国法律上"鉴定"概念的追根溯源以及对于两大法系中"鉴定"与"专家证言"的比较，拨开笼罩在这些问题上的迷雾。

二、"鉴定"专业术语在我国法律上的出现

在我国当代，"鉴定"是诉讼法中常见的专业术语，它可以表达多种不同涵义。作为一个名词，它有时是指专家提供的证言；有时是指获得专家证言的一种方法，具体来说，是指侦查机关或司法机关指派或聘请专家对案件中的专业性问题进行鉴别和判断后所形成的结论或意见。作为一个动词，"鉴定"概念是一个侦查学上的概念，不具有诉讼法的意义，它指的是专家针对案件中的专业性问题进行鉴别和判断的行为。本文考究的是"鉴定"作为名词的第一种意义。

---

* 本文原载于《中国司法鉴定》2014 年第 1 期。

** 广州大学法学院。

"鉴定"明显是一个汉字词组，属于我国语言文字的构成部分。从语源来看，"鉴定"一词，在我国古代文献中已有反映，兹举几例。宋代陆游所著的《跋中和院东坡帖》中有："鉴定精审，无一帖可疑者。"明代叶宪祖所著的《鸾鎞记·品诗》中有："滴露研朱非草草，从容鉴定庶无尤。"明代董其昌所著的《袁伯应诗集序》中有："若伯应（袁可立子）之诗，郁郁唐人，世有锺嵘自能鉴定，无所俟余评矣！"在这几例当中，"鉴定"这个词语的共同涵义是指辨别并确定事物的真伪或优劣。显然，我国古代典籍中出现的这些"鉴定"词语没有当代我国法律上"鉴定"这个概念的实质意义。在近代以前，"鉴定"这个词语较多反映在文学作品当中，它还不是一个法律专业词语。在我国古代法典当中，未见"鉴定"这个法律专业概念就是明证。[1]

追寻下来，"鉴定"作为一个法律专业概念是我国近代以来移植西方国家法律制度的伴生物。在清朝末年，迫于内外形势的压力，清王朝为了挽救岌岌可危的政治统治，开始变法修律，移植外国的法律。在清末变法过程中，1906 年《大清刑事民事诉讼法（草案）》是清王朝制定的第一部现代意义上的程序法，这部法律采用刑事诉讼与民事诉讼合编的方式，仅有 260 条。[2] 这是由沈家本、伍廷芳等中国的法学知识分子编订而成，其内容是在我国传统的纠问式诉讼制度基础上加入西方国家陪审制、律师辩护、公开审判等有利于保障人权的规则而构成。[3] 在此情势之下，法条的表述使用了较多的本土概念，其中，未见"鉴定"这个法律概念。该法在之后遭到众多当权士大夫的强烈反对而胎死腹中。1911 年清王朝又制定了《大清刑事诉讼律（草案）》，而在这部法典中赫然出现"鉴定"这个词语，该部法律第一编第三章第五节以"鉴定及通译"为条目。[4] 这标志着"鉴定"这个法律专业概念在我国正式出现。那么，它为什么会在这时突然出现呢？这与当时我国移植日本法律有着直接的联系。

三、"鉴定"概念在日本法律上的中转

在清末变法运动中，出于日本成功收回"领事裁判权"这一先例以及地理、文化等因素的考虑，清王朝选择了日本作为学习的对象。在那个时代，派遣留学生、翻译法典、聘请法学教师和法典编纂者无不以日本为主要的追逐对象。正是在这样

---

〔1〕 需要说明的是，本文考究的是"鉴定"这个法律概念，而不是"鉴定"实践现象。在古代，无论中外，在很早时期，法医学鉴定在司法实践和法律中均有表现。

〔2〕 关于 1906 年《大清刑事民事诉讼法（草案）》文本，参见胡瀚："《大清刑事民事诉讼法》草案研究"，中国政法大学 2009 年硕士学位论文。

〔3〕 李贵连主编：《二十世纪的中国法学》，北京大学出版社 1998 年版，第 31～32 页。

〔4〕 关于 1911 年《刑事诉讼律（草案）》的文本，参见吴宏耀、郭恒编校：《1911 年刑事诉讼律（草案）——立法理由、判决例及解释例》，中国政法大学出版社 2011 年版。

的社会背景下，日本法律上的大量概念被引入我国。[5] 1911 年清王朝制定的《大清刑事诉讼律（草案）》是在日本法学家冈田朝太郎（1868～1936）协助下制定的。[6] 通过对《大清刑事诉讼律（草案）》与当时日本正在施行的 1890 年《刑事诉讼法》相对照，两者在法律体例、内容以及概念上呈现高度的相似性。可以说，《大清刑事诉讼律（草案）》基本上是模仿日本《刑事诉讼法》的结果。由此可以推断，"鉴定"这个法律专业术语在我国的首次出现直接来源于日本法律。追溯下去，日本法律上为何出现"鉴定"这个专业术语呢？

日本在近代之前以中国法律为效仿的对象。中国古代社会在本土文化的长期发展中形成独特的法律体系，"中华法系"作为世界法系的重要一支曾经影响了包括日本在内的诸多周边国家。而中国古代法律上没有"鉴定"这个专业术语，因此，这与日本近代之后的法律转型相关。在十九世纪中叶，欧美列强依靠武力打开日本大门，在 1854 年至 1855 年间，日本被迫与美、英、俄等国签订了一系列不平等条约，由此沦为半殖民地国家。在这些不平等条约中，强加的"领事裁判权"不仅有损日本主权，也使日本政府面临国内社会的强大压力。为了修改不平等条约，收回"领事裁判权"，日本明治政府被迫同意殖民统治者的要求，按照西方国家法律修改本国法律，由此开始了法律的现代转型。在此过程中，由于西方各国法律并不相同，在美、英、法、德等国家法律中选择何者成为当时的首要问题。

考虑到成文法传统等现实原因，日本选择了当时法国的法律作为仿效的标的。[7] 1876 年，在法国法学家波瓦索那特的帮助下，日本开始第一部现代意义上的刑事诉讼法典编纂工作。1880 年，该法典颁布，取名为《治罪法》。19 世纪 80 年代末，日本学习外国法律由法国向德国的发生转移，1890 年，日本参酌德国 1877 年《刑事诉讼法典》体例对《治罪法》重新整理，并对其内容作了少量修改，改名为《刑事诉讼法》。[8] 正是这部法律成为后来我国《大清刑事诉讼条例》的参酌样本。[9] 由此，我们可以推断，"鉴定"这个概念最初来源于法国法律。在法国，当时使用的是 1810 年颁布的《刑事审理法典》。在这部法典颁布之初，受科学技术的时代的限制，"鉴定"这个词语在当时法典中还没有出现。何时法典中出现"鉴定"这个法律概念目前无从考证。但是，这部法典在颁布之后的长达一个半世纪中经历过多次小修小补。1958 年，法国对《刑事审理法典》进行整理并作大幅度修订，并

---

〔5〕 李贵林主编：《二十世纪的中国法学》，北京大学出版社 1998 年版，第 31～32 页。

〔6〕 黄源盛："近代刑事诉讼的生成与展开——大理院关于刑事诉讼程序判决笺释（1912～1914）"，载《清华法学》2006 年第 2 期。

〔7〕 汪振林：《日本刑事诉讼模式变迁研究》，四川大学出版社 2011 年版，第 82～84、89～93 页。

〔8〕 汪振林：《日本刑事诉讼模式变迁研究》，四川大学出版社 2011 年版，第 82～84、89～93 页。

〔9〕 黄源盛："近代刑事诉讼的生成与展开——大理院关于刑事诉讼程序判决笺释（1912～1914）"，载《清华法学》2006 年第 2 期。

改名为"刑事诉讼法典",该法典有"expertise"这个专业术语构成的条目。在现时中文版《法国刑事诉讼法典》中,这个术语均被翻译为"鉴定"。[10] 由于法律专业术语的连续性,"expertise"这个概念在日本模仿法国法律的 19 世纪 80 年代想必已经出现,这在当时也具有客观条件。日本明治七年,即 1874 年,日本翻译家其作麟祥(Mitsukuri Rinsho)经过五年努力终于将包括《刑事审理法典》在内的"法国五法全书"翻译成日文,这也是日本当时选择法国法律作为仿效对象的原因之一。[11] 因此,利用汉字将法文"expertise"翻译为日文"鉴定"或许正是出自这位翻译家之手。

四、"鉴定"与"专家证言"的比较

"expertise"这个词语或许是法国人创造,至少至今没有在英美国家作为一个法律专业词语出现。查阅布莱克法律英文词典,其中未见收录有"expertise"这个词条,而对于"expert testimony"这个概念在这部词典中即有收录,它给出的定义是,在某种科学领域或特殊经验领域具备资格的人提供的科学、技术或专业的意见(evidence about a scientific, technical, or professional issue given by a person qualified to testify because of familiarity with the subject or special training in the field.)。[12] 尽管我们无法得知"expertise"这个专业词语的创造是否受到英文法律专业词组"expert testimony"的影响,但是,在直观上,它与这个英文词组在外形上存在明显的相似之处,均含有"专家"的意思。在欧洲历史上,受到法国《刑事审理法典》的直接影响,德国和意大利曾制定过本国的《刑事诉讼法典》。我们发现,现时《德国刑事诉讼法典》中,与法文"expertise"对应的词汇是"Sachverstndige",现时《意大利刑事诉讼法典》中,对应的词汇是"perizia"。它们在德文和意大利文中均有"专家"的含意。在当前,德文和意大利文中的这两个特定概念在我国已经出版的中文文本刑事诉讼法典当中,它们的完整翻译都是"鉴定"这个词语。[13]

查阅最新的收录有"expertise"这个词条的中英文普通词典,它的汉语注解包括"专家的意见"和"鉴定"两种。[14] 由此看来,"expertise"与"expert testimony"的意义上具有相同性。也就是说,现今大陆法系国家法律上的"鉴定"与英美法系国家法律上的"专家证言"在一般意义上可以发生概念上的转换关系。那么,接下来

---

〔10〕 相关法条的翻译参见《法国刑事诉讼法典》,罗结珍译,中国法制出版社 2006 年版。

〔11〕 汪振林:《日本刑事诉讼模式变迁研究》,四川大学出版社 2011 年版,第 82~84、89~93 页。

〔12〕 *Black's Law Dictionary*, seventh edition, West Group, 1999.

〔13〕 相关法条的翻译参见《德国刑事诉讼法典》,李昌珂译,中国政法大学出版社 1995 年版。《意大利刑事诉讼法典》,黄风译,中国政法大学出版社 1994 年版。

〔14〕 参见 iCIBA 网络词典关于"expertise"词条的解释,载 http://www.iciba.com/expertise.

的问题是，既然如此，并且"expertise"含有"专家"的意思，当年的日本翻译家为何将其译为"鉴定"，而不是"专家证言"呢？一个可以解释的理由是，日本翻译家当时见到这个词语，在日文中没有对应的法律概念，因而利用汉字会意的语言特点采用了意译的方法，因为专家证言毕竟是专家通过鉴别、判定的方式得出的意见，翻译者取其行为的特征，而不是行为者的特征。

当然，在不同的法律体系中，概念所传达的实质意义不会完全相同。细致地比较当代不同法域中"expertise"与"expert testimony"这两种概念，可以从它们共同要素即"专家"的含意作进一步分析。在大陆法系国家，根据其法律要求，"专家"是指某个专业领域内受过科学、技术方面教育的专业人员。这些人通常是有较高社会地位的教学、科研和其他行业的专业人士，他们被司法行政机关作为鉴定人候选对象被编入鉴定人名册之中，在鉴定需要时，由司法官员从中选任。而在英美法系国家，"专家"的范围根据前述定义大致可以分为三类：第一类是科学家，包括在某个专业领域内受过科学、技术知识教育和训练的科学家、工程师等；第二类是技术人员，包括在某个行业中没有受到专业理论知识学习却有着丰富实践经验的工薪阶层人士。如专业汽车修理工、砖瓦工、薄板金属工、测量工、木工和电工等；[15] 第三类是拥有特定知识的人，例如翻译人员，对外国法律了解的人。这三类划分只是粗略式的，实际上，科学家也可能同时技术人员，在鉴定的多数场合不能分离，例如，DNA鉴定，科学家在鉴定过程中必须要掌握相应的专业技术。比较两大法系国家"鉴定"与"专家证言"，其区别主要在于大陆法系国家将纯粹的技术人员的证言和特定知识的人排除在鉴定证据之外。例如，在大陆法系国家法律上称作"勘验、检查人员"和"翻译人员"是作为普遍证人或独立的诉讼参与人，而在英美法系国家被当作"专家证人"。

两大法系国家的这种差异性与诉讼的程序结构有关。在大陆法系国家，提供证据责任在于检察官和法官这类司法官员。为了案件的"实体真实"，法官可以主动收集证据，而在英美法系国家，提供证据责任在于控、辩双方当事人，为了维护"程序公平"，作为事实裁判者的陪审团或法官需要在控、辩双方之间居于中立地位，不能主动收集证据。在大陆法系国家，鉴定人是法官的"辅助人"，为了更有利于查明事实真相，寻找有科学知识背景的专业人士鉴定，提供鉴定证据，以增强鉴定证据的权威性。而在英美法系国家，专家证人是控、辩双方各自利益的维护者，为了在对抗式诉讼中争取更大利益，必须充分挖掘证据，增强本方的事实主张，可以任意找到专家证人，提供专家证言。也因此，在英美法系国家，法律对专家能力上没有硬性要求，专家的学历、职称不是专家能力的决定性因素，信奉"实践出真知"的

---

〔15〕 ［美］乔恩·R.华尔兹：《刑事证据大全》（第2版），何家弘等译，中国人民公安大学出版社2004年版，第429页。

理念。因此，专家选择的范围形成差异，例如，汽车修理工这种英美法系国家纯粹技术性专家证人，在大陆法系国家可能被拥有较高专业职称的工程师所替代。同时，在大陆法系国家，鉴定人、勘验、检查人员和翻译人员均来源于司法官员的聘请或委任，是可以依赖的对象，只是在具体职能上有所区别，因而分别以不同名称相区别。这区别于英美法系国家，鉴定人、勘验、检查人员和翻译人员在诉讼上由各方聘请或委任，均为各方案情的专家证人，在诉讼程序严格区分没有实质意义。

通过以上比较，我们发现两大法系国家各自使用的"鉴定"和"专家证言"这两个概念有着共同性的一面，两者均是指在某个专业领域内受过专门教育和训练的专业人士提供的证言，但另一方面，由于诉讼结构上的差异，英美法系国家相对大陆法系国家对"专家"所作的界定较为宽泛，没有经过专业教育，但具有某个专业领域的实践经验和特殊知识的人也可以成为"专家"，提供专家证言。

五、结语

通过以上我国法律上"鉴定"这个专业术语渊源的考证说明，这个概念最初来源于法国，它的法文表述为"expertise"，这个概念在近代经由日本翻译家译为"鉴定"这种表述。在我国近代移植日本法律过程中，这种概念正式进入我国法律之中，进而成为当代诉讼法上的一个专业术语。在此认识的基础下，大陆法系国家的"鉴定"即"expertise"与英美法系国家的"expert testimony"即"专家证言"这一对概念之间的关系在一般意义上大体可以对应，但在具体语境下，各种表达的涵义有所区别。这主要表现在专家证言的范围上，英美法系相对于大陆法系宽泛一些。在我国法学界，人们在使用这两个概念时通常不加区别地使用，这有不够严谨之处。尽管这种比较法研究可能存在不足，但却能够提示：针对不同法系中近似概念在使用时需要小心谨慎，对相关概念需要作适当界定，以保持分析问题的概念的逻辑一致性。

试析民事诉讼鉴定证据

——由一起民事案件引发的思考*

姜丽萍**

一、问题的提出

2013 年 1 月 11 日，笔者接受一位老人的委托，代理参加诉讼。老人因一起遗产继承纠纷，与自己曾经的养女对簿公堂。老人夫妻二人同属一个单位，单位分给他们一套住房，后买了下来。老人的丈夫在去世前，找单位的同事帮忙，立了一份代书遗嘱：死后将自己的房产留给妻子养老用。老人的丈夫去世后，老人拿着遗嘱去房管部门过户，房管部门得知还有一个养女，遂告知她向法院起诉，法院判决确认后，方能办理过户。老人起诉至法院，在审理过程中，养女申请对遗嘱进行鉴定，鉴定意见为，检材上老人丈夫的签名与样本上老人丈夫的签名不是同一人书写，意味着遗嘱欠缺真实性。老人受到巨大打击，撤诉。老人撤诉后，养女又起诉老人，以老人伪造遗嘱为由请求法院判决剥夺老人的继承权，房产的 50% 由其继承。

本案只有两份证据，一份是司法鉴定书，原告（养女）提交的，一份是被告（老人）提交的遗嘱。这份司法鉴定书显然对被告不利，由于直接去质证有困难，被告便聘请具有专门知识的人出庭辅助我们进行质证。但意想不到的事情发生了，鉴定人不同意出庭，理由是，该司法鉴定书是为上一个案子做的，不是为本案做的鉴定。结果，法院也不让我们聘请的人出庭，在我们的争取下，向法院提交了一份书面质证意见。

值得欣慰的是，法院依据《民事诉讼法》第 78 条的规定，认为被告对鉴定意见有异议并申请鉴定人出庭的，鉴定人有必要出庭。但经法院通知，鉴定人拒不出庭作证，故法院不将该《司法鉴定意见书》作为认定本案事实的依据。

遗憾的是，被告提交的遗嘱也未予以认定，理由是立遗嘱人、代书人、见证人的名字都是在复印件上签署的，不符合遗嘱的形式要件。且代书人和见证人对该遗

＊ 本文原载于《中国司法鉴定》2014 年第 2 期。

＊＊ 中国青年政治学院法学院副教授。

嘱的形成过程表述前后不一致，不能做出合理的解释，故法院不将该遗嘱作为认定本案事实依据。法院最后各打五十大板，原告没有证据证明被告伪造遗嘱，被告不能按照遗嘱独自继承丈夫留下的遗产。将双方推向了法定继承。

笔者认为，该案留给我们值得思考的问题很多，既有实体的，也有程序的；既有实质真实与形式真实的关系问题，也有司法的惯性思维问题，等等。本文根据《民事诉讼法》对鉴定证据的修改，结合审判实践，对我国民事诉讼鉴定证据提出可进一步完善的观点。

二、"鉴定结论"改为"鉴定意见"的意义

（一）鉴定结论的涵义及其弊端

所谓结论，是指对人或事物所下的最后的论断。[1] 鉴定结论，是指具有专门知识或技能的人，接受当事人的委托或接受法院的聘请，利用自己的特长就案件中涉及的专门问题进行分析和判断所作出的结论性意见。[2] 这种结论性意见，给人的直觉是通过鉴定所得出的最后论断肯定准确无误，值得信赖，具有不可推翻性。

此外，作为独立的民事证据，其突出的特点为：鉴定结论是鉴定人对民事案件中的某些专门性事实问题进行鉴定后得出的书面结论；这是凭借一定的科学仪器和设备，就有关专门性问题进行分析、研究后所得出的结果；重要的是这些人是受人民法院指派的人，往往具有专门知识和技能，是某个领域的专家。导致在审判实践中，法官对鉴定结论的依赖，基本上会依据鉴定报告给出的结论，认定案件事实，作出判决。那么，拿到对自己有利的鉴定结论这一方当事人，就可以提前庆祝了，因为这已经预示了胜利的到来。而另一方当事人则会穷尽一切所能达到重新鉴定的目的，以推翻原有的鉴定结论，这样一来就出现了多头鉴定、多次鉴定的情形，双方当事人这时似乎已经忘记了双方争议的事实问题，鉴定成为他们新的争议焦点。

在"鉴定结论"时期，鉴定人很少接受法庭质证。鉴定人不出席法庭接受质证，可能导致鉴定结论无法经过有效审查，会使鉴定结论的可靠性与真实性大打折扣。依据这种不可靠、不确信的证据定案，势必会增加错案发生的可能性。鉴定人不出席法庭质证，导致诉讼双方当事人询问与反询问的权利被剥夺，损害了诉讼程序的正义性。

鉴定人不出席法庭质证也有违直接言词审理原则。这一原则要求在法庭审理时，各诉讼主体都必须亲自到庭，以言词陈述的方式进行攻击、防御等各种活动，各种证据都必须以言词陈述的方式提交法庭，并接受质证和认证；要求从事法庭审判的法

---

〔1〕 中国社会科学院语言研究所词典编辑室编：《现代汉语词典》（修订本），商务印书馆1996年版，第646页。

〔2〕 刘家兴、潘剑锋主编：《民事诉讼法学教程》（第3版），北京大学出版社2010年版，第154页。

官必须亲自参与法庭的证据调查活动,直接接触和审查证据,证据只有经过法官的亲自调查,才能作为定案的根据。[3] 即使某方当事人申请鉴定人出庭,当然还要支付鉴定人出庭的费用,但质证的结果或是申请重新鉴定未果,或是对之前的鉴定结果回天无力。

"鉴定结论"所暴露出的这些弊端,在学界早有研究提出,最高人民法院也用司法解释的方式不断加以规范。比较典型的是 2002 年的《最高人民法院关于民事诉讼证据的若干规定》(以下简称《若干规定》)中对司法鉴定的解释性规定,缓解了司法鉴定完全由法院主导的局面。《若干规定》第 26 条规定:"当事人申请鉴定经人民法院同意后,由双方当事人协商确定有鉴定资格的鉴定机构、鉴定人员,协商不成的,由人民法院指定。"当事人具有了鉴定申请权,并且对重新申请鉴定规定了严格的法定情形,《若干规定》第 27 条:"当事人对人民法院委托的鉴定部门作出的鉴定结论有异议申请重新鉴定,提出证据证明存在下列情形之一的,人民法院应予准许:①鉴定机构或者鉴定人员不具备相关的鉴定资格的;②鉴定程序严重违法的;③鉴定结论明显依据不足的;④经过质证认定不能作为证据使用的其他情形。"同时规定:"对有缺陷的鉴定结论,可以通过补充鉴定、重新质证或者补充质证等方法解决的,不予重新鉴定。"

此外,《若干规定》对鉴定程序作出了相应的规定,如"审判人员对鉴定人出具的鉴定书,应当审查;鉴定人应当出庭接受当事人质询;当事人可以向人民法院申请由一至二名具有专门知识的人员出庭就案件的专门性问题进行说明;审判人员和当事人可以对出庭的具有专门知识的人员进行询问;经人民法院准许,可以由当事人各自申请的具有专门知识的人员就有关案件中的问题进行对质;具有专门知识的人员可以对鉴定人进行询问。"这在一定意义上,保证了程序的公正性。但据笔者了解,某些基层法院的法官对具有专门知识的人员出庭就案件的专门性问题进行说明、对质,只限在医疗纠纷等案件中,像笔迹鉴定这样的案件还没有。可在审判实践中,申请笔迹鉴定的案件越来越多,对结果不满的当事人也大有人在,即使鉴定人出庭了,当事人及其诉讼代理人限于相关专业知识的局限性,也很难达到质证的效果和目的。

(二)鉴定意见的内涵及其意义

所谓意见,是指对事情的一定的看法或想法。[4] 从字面上理解,意见多代表的是个人主观意念上对客观事件或人物的见解,带有较为强烈的主观意愿和色彩,但意见并不代表建议,通常只是表达自己的观点。"鉴定意见"的表述,表明鉴定证据

---

〔3〕 李浩主编:《证据法学》,高等教育出版社 2011 年版,第 89 页。
〔4〕 中国社会科学院语言研究所词典编辑室编:《现代汉语词典》(修订本),商务印书馆 1996 年版,第 1495 页。

仅是鉴定人运用自己的专门知识和技能对案件的某些专门性问题进行鉴定所作出的"意见"，并非是最后的"结论"，仅仅是鉴定人的个人观点和看法，是否科学，是否符合案件真实，均需要加以证明。鉴定意见由于受到诸多不确定因素和主客观条件的影响，也确实需要在法庭上接受质证，因此经过进一步查证属实，才能作为定案的依据。

首先，我国目前对鉴定机构及其从业人员的严格准入资格要求仍然没有相关法律规定，仅有司法部在 2000 年发布的《司法鉴定人管理办法》。鉴定人员的经验与能力参差不齐，运用的科学仪器和设备精密程度不一，标准不等。加之没有严密的操作规程和有效监督，因此难以保证鉴定意见的真实与公正。当前，鉴定领域的不正之风呈愈演愈烈之势，一些鉴定机构和人员为了追求经济利益，曲意迎合办案人员和某些当事人的不当要求，扭曲了鉴定意见的本意，[5] 致使"人情鉴定"、"关系鉴定"以及"权钱鉴定"等现象时常出现，多头鉴定、重复鉴定以及虚假鉴定等问题难以解决。[6] 因而，鉴定意见的科学性、客观性与公正性大打折扣，鉴定意见的可信度与公信力大幅度降低。

其次，"鉴定意见"要受到鉴定检材与鉴定方法等一系列因素的影响，这也使鉴定意见存在真实性问题。作为鉴定物质基础的鉴定材料来源于案件，由委托人或者相关利害关系人提供。一般来说，如果委托人向鉴定人提供了真实、完整、充分的鉴定材料，鉴定人运用了恰当的鉴定方法，那么所得出的鉴定意见可靠性和真实性会较高。

最后，鉴定意见只是法定证据形式的一种，并不享有特权，并非最终的结论。这种证据形式要作为定案的根据，必须通过诉讼双方的质证以及法官的审查判断，查证属实。

很多情况下，支撑鉴定结论证据效力的并不是其科学性，反而是与科学相差甚远的人们对鉴定结论的那种神秘感以及对科学工作的盲目信任。[7] 由"鉴定结论"改为"鉴定意见"，其称谓较为科学，更符合客观真实。一定程度上会破除人们对鉴定证据制度的尊崇与迷信，从而降低人们对鉴定的盲从性。

三、民诉法第78、79 条适用难点解析

（一）关于鉴定人出庭义务及法律后果

民诉法第 78 条规定："当事人对鉴定意见有异议或者人民法院认为鉴定人有必要出庭的，鉴定人应当出庭作证。经人民法院通知，鉴定人拒不出庭作证的，鉴定

---

〔5〕 张汉昌："论我国司法鉴定制度的改革与完善"，载《南都学坛》2001 年第 5 期。

〔6〕 李明、林东泉："论我国司法鉴定制度改革重心的转换"，载《中国司法鉴定》2010 年第 2 期。

〔7〕 陈煜："保障鉴定结论科学性的若干思考"，载《中国司法鉴定》2008 年第 2 期。

意见不得作为认定事实的根据；支付鉴定费用的当事人可以要求返还鉴定费用。"首先，规定了鉴定人出庭作证的义务；其次，规定了鉴定人拒不出庭的法律后果。该规定可以充分保证当事人对鉴定意见的质证权。

鉴定意见既然是法定证据的一种，就应当在法庭上出示，并由当事人互相质证才能作为定案的根据。鉴定人不出庭，既不符合鉴定意见作为证据的基本性质要求，也不利于当事人的质证权的行使。而且，不出庭作证的鉴定人，因为无法直接面对当事人的质疑，回答当事人的问题，其意见书中的错误难以发现，若法官盲目采信，极可能导致裁判结果不正确、不公正。同时，鉴定人不能在法庭上对鉴定的程序、鉴定的依据等进行陈述，对鉴定意见的科学性和真实性作出说明，会造成鉴定意见可信度降低，当事人对其科学性和公正性产生怀疑。因此，本条规定，鉴定人在当事人对鉴定意见有异议或人民法院认为有必要时，有出庭作证的义务。[8]

该条法律规定的适用，在审判实践中所遇到的问题有两个。其一，如果当事人对鉴定意见有异议，应以什么方式向法院申请通知鉴定人出庭，是否一定应采用书面申请的方式。就本文提到的案件而言，法院在电话通知开庭时，我们对原告方提出的作为证据的鉴定意见有异议，请法院通知鉴定人出庭，来电者（可能是书记员，可能是法官助理）在征求审判长同意后说可以，我们就没有提交书面的申请。但开庭时，鉴定人没有出庭，审判长说我们没有提交书面的申请书。随后，我们立即补交书面的申请书，审判长还要求我们提交在法庭上要向鉴定人提问的提纲，以便鉴定人做准备，开庭时只能围绕事先提交给鉴定人的提纲进行询问、质证。关于这一点我们就更加不明白了，为什么要提前把发问的提纲给鉴定人？鉴定意见是鉴定人作出的，围绕鉴定意见所提出的任何问题，他们都应当能够回答和应对。其二，在我们提出书面申请后，法院安排了第二次开庭。开庭时，审判长告知双方，在庭前，根据被告的申请已经通过电话和发函形式通知鉴定人出庭，鉴定人回复，不同意出庭，理由是为上个案子做的鉴定，即老人诉养女遗嘱继承纠纷案件所作的鉴定。审判长解释说，有一定道理。笔者当时就提出了反对意见，提出《民事诉讼法》第78条规定对鉴定意见的质证程序，并没有指出是为哪个案子做的鉴定，只要鉴定意见作为证据使用就得接受质证。未经质证的证据是不能作为定案的依据的。鉴定人不同意出庭接受质证，视为原告没有提交该证据，如果坚持提交，就应该对鉴定人产生相应的法律后果。《民事诉讼法》在鉴定作为证据部分的修改，首先从"结论"改成"意见"，其次，明确规定了质证程序，就是要改变司法实践中法院判决对"鉴定结论"的依赖，因为"鉴定结论"也仅具有相对真实性。由于鉴定人能力或技术手段的局限，也会存在一定的错误。所以，此次民诉法规定了严格的质证程序，以实现

---

[8] 单丽雪主编：《中华人民共和国民事诉讼法注释本》，法律出版社 2012 年版，第 60～61 页。

程序的公正。为此，我们不同意审判长和鉴定人的说法，要严格依照法律规定办事。尽管我们在法庭上提出了自己的反对意见，但是心里仍然没有底，因为这只是自己对法律的理解。庭审后，笔者咨询了相关专家，专家回答鉴定人的理由是成立的。尽管如此，笔者还是坚持自己的观点。幸运的是，法院最终采纳了笔者的观点，认为被告对鉴定意见有异议并申请鉴定人出庭，鉴定人有必要出庭，但经法院通知，鉴定人拒不出庭作证，故法院不将该《司法鉴定意见书》作为认定本案事实的依据。

（二）关于证明辅助人制度

《民事诉讼法》第 79 条也是新增的条文，是关于证明辅助人的规定。其内容为："当事人可以申请人民法院通知有专门知识的人出庭，就鉴定人作出的鉴定意见或者专业问题提出意见。"证明辅助人可以辅助一方当事人对鉴定人的鉴定意见发表专业的质证意见，以使鉴定意见更加接近客观真实，这是一场专业人士之间的交锋，既弥补了当事人及其诉讼代理人某些专业知识的不足，又可以辅助法官查清案件事实。

《民事诉讼法》第 79 条在适用中所遇到的问题是，证明辅助人是不是专家证人？证明辅助人的诉讼地位如何？是不是鉴定人不出庭，证明辅助人也不能出庭，只能提交书面意见？这样会让当事人很失望，钱我花了，人我请了，但没能出庭发表意见，提交书面的意见，又担心书面的东西法官不会看。还有，"有专门知识的人"是否一定是达到了专家水平的人？笔者在聘请"有专门知识的人"的过程中遇到了难处。在北京高校聘请时，他们认为，得是具有高级职称的人才能够出庭，因该校有高级职称者仅两人，开庭那天一位老师有课，一位老师出差，都无法出庭，只能再去寻找其他的人。当找到北京某司法鉴定所时，所有的鉴定人都不接受聘请，可能不愿意"同行相欺"吧。后来在天津的一个司法鉴定所找到了一位愿意接受聘请的"有专门知识的人"，但如前文所说，因鉴定人未出庭，笔者所聘请的"有专门知识的人"也未能出庭，仅提交了一份书面的意见。但事实上，笔者心里也很没有底，假如作出司法鉴定意见的鉴定人出庭了，我们聘请的司法鉴定人与其进行质证，结果会如何？其质证意见会不会动摇由法院委托的鉴定人作出的鉴定意见，而被法院采纳？辅助证明人辅助当事人证明的结果是什么？是否能形成证据，还是当事人要求重新鉴定的依据？

有学者将《民事诉讼法》第 79 条概括为"专家证人出庭"[9]，既然是专家，就得有专家的评判标准。早在 1918 年，德国学者埃·梅茨格尔就提出了"三职能说"。认为专家在诉讼中有三种基本职能："①传达从某一专门知识中抽象出来的结果，即传达科学技术的一般原则；②根据某一专门知识，传达从诉讼的具体事实中所得出的推论；③根据某一专门知识所认定的事实，传达关于具体事实本身。"与这三种职

---

[9] 单丽雪主编：《中华人民共和国民事诉讼法注释本》，法律出版社 2012 年版，第 60~61 页。

能相对应，专家在诉讼中分别具有专家辅助人、鉴定人或专家证人、专家陪审员的法律地位。[10] 从梅茨格尔的"三职能说"，到"有专门知识的人"来看，这里的"专家"的标准和我们通常所指的专家应有所不同，强调的是"专门知识"，只要精通某方面的"专门知识"就可以认定为"专家"，不能完全用职称来衡量。

此外，将第 79 条概括为"专家证人出庭"，是不是表明"有专门知识的人"是作为证人出庭的，那么，他的诉讼地位就是诉讼参与人，其所提出的质证意见或就某专业问题提出的意见就是证据，经查证属实后，可以成为法官认定案件事实的依据？

从国外的经验上看，可以找一个辅助自己诉讼的人，主要是对专业性的问题发表意见。专家辅助人是站在当事人一方为当事人服务的，只能依当事人申请而来。专家到法院干什么事呢？就是对鉴定人的意见发表意见，提出质疑，对涉及某些领域的知识、技能进行解读、解释。从人大法工委的权威解释来看，这个专家意见使法官对争议案件事实产生确信的作用，不会形成一个新的证据。

四、结语

以上这些问题，是笔者在司法实践中所遇到的困惑，为了实现法律适用的统一性，法律需要在适用情形上，作出进一步明确的规定。笔者还有一个感受是，司法鉴定人的素质、鉴定的设备、科学技术手段及其道德水平亟待提高。在香港，一个医科专家证人，需经医科本科毕业后再加上 6 年的专科训练，经考试及香港医学专科学院认可后才获得专科医生资格，方可在自己专业领域出具法证报告。香港诚信体系的建立，历史积淀深厚，规则完备严谨，特别是依托行为人的个体素养构建起来的社会微观秩序，堪称世界一流，其在司法鉴定的管理上，注重能力和职业道德修养是值得借鉴的。[11]

---

〔10〕 胡卫平："试论专家在司法鉴定中的角色定位"，载《中国司法鉴定》2013 年第 3 期。

〔11〕 李春晓、蒋玉琴："香港司法鉴定制度的启示与借鉴"，载《中国司法鉴定》2012 年第 2 期。

指向与功能：证据关联性及其判断标准*

张建伟**

一、问题的提出

证据的关联性是证据法的基本概念，在一些国家尤其是英美国家，关联性是证据是否得以被采纳的主要争点之一。证据的关联性与可采性有一定联系，但又有所不同。证据的可采性以证据的关联性为前提，同诉讼中的待证事实没有关联的证据不可采纳为定案的根据。也就是说，具有可采性的证据都具有关联性；反过来，具有关联性的证据不一定具有可采性。这是关联性证据规则包含的基本内容，看似简单易解，但遇到适用问题时，许多人会感到这一领域存在模糊地带，需要释疑解惑。

在我国，证据的关联性可能会引起法律界更多注意，这是因为司法实践中法院否定辩护方提出的证据常常以"不具有证据的关联性"为理由。在判决书中，这一理由往往体现为一两句断言，例如在李某某案件二审结束后，审判长就该案五大焦点作出公开说明，就拒绝采纳李某某辩护人张起淮律师提供的多项证据提出理由："二审法院庭审中，上诉人的辩护人向法庭申请出示多份所谓视频证据，对此检察员均提出异议，认为与本案不具有直接的关联性。合议庭经依法审查，认为异议成立，因此对辩护人申请出示上述证据，不予准许。"[1] 这段说明为人们留下几点疑问：一是何谓"直接的关联性"，与之对应的显然是"间接的关联性"，如何区别直接和间接的关联性，这两个概念有何理论或者实践意义？二是如果这些视频证据不具有"直接的关联性"，那么有无"间接的关联性"？三是"间接的关联性"是不是关联性？这个问题的答案是显而易见的，类似"白马"是不是马；四是如果"间接的关联性"也是关联性，那么这些视频证据就是有关联性的，就不能运用关联性规则排除这些证据（除非属于关联性过度遥远的证据），要达到排除的目的需要另辟蹊径；四是法院确定证据有无关联性是以什么为判断标准的？在审判长的说明中，对于这

---

　* 原载于《法律适用》2014 年第 3 期。
　** 清华大学法学院教授。

〔1〕 新华网："维持原判依据何在？——审判长回应李某某等五人强奸案五大焦点"，载 http：//news.xinhuanet. com/legal/2013－11/27c_ 118313981. htm，最后访问时间：2014 年 1 月 13 日。

些证据不具有直接的关联性只有断言而没有论证，而且未能阐明没有直接的关联性为何就不具有可采性，使得"说明"之后更加令人迷惑。审判长使用的"直接的关联性"模糊了这些证据是否具有关联性的关键点，也给外界解读时留下疑虑。

进一步思考，关联性是决定证据是否采纳的尺度之一，在对抗性强的诉讼中，常常引发争议需要司法裁决。但在我国的司法活动中，证据关联性并没有引发频繁争议，包括李某某案件。其原因有四：一是我国法律规定不够细致，存在很多缺口，司法解释虽然条文不少，但程序和证据方面规定的存在的罅漏、模糊之处甚多，不能充分满足司法实践的需要，例如法律界对于判断证据有无关联缺乏明确的标准，一般民众对这一术语更感到陌生；二是我国司法对于程序争议和证据争议大多无知无感，意识不到在定罪量刑之外还需要就某些程序或者证据争议郑重其事地作出裁决，因此即使产生程序或者证据争议也很难转为专就这些问题展开的司法裁判；三是司法人员和律师对于实体法较为重视，相关的法律素养有一定水准，但对于程序或者证据的法律素养明显不足，不能引出程序或者证据争议；四是即使提出程序或者证据争议，由于前述第一个原因的存在，这些争议也难以取得预期的法律效果。

笔者认为，当前司法实践首先要解决的还是司法人员和律师对于证据关联性的认知问题。对于证据关联性认知不足，特别是对于判断证据的关联性的标准缺乏了解，是关联性规则应用上的直接障碍。本文拟就证据关联性和如何判断证据关联性的标准展开讨论，期待对于关联性规则的司法运用发挥有益的参考作用。

二、对于证据关联性的理解

证据的关联性，又称"相关性"，指的是"证据对其所要求证明的事实具有的必要的最小限度的证明能力"[2]。这一概念在证据法学概念中具有基石地位，不可小觑，正如米尔建·R. 达马斯卡指出的那样："相关性概念是奠定英美证据法原理大厦的基石之一：它处于证据词典的核心地位，在实际的法律论述中扮演着重要角色。"[3]

对于证据的关联性，已经存在许多定义，其中经典的定义是由斯蒂芬表述的："关联性被用于说明任何两项彼此存在如下联系的事实，即按照事情的一般过程，一项事实本其自身或者与其他事实的联系，为另一事实过去、现在或者未来的存在或者不存在提供证明或者提供可能性。"[4] 西蒙爵士提出了一个更简洁而实用的定义，云："如果与需要证明的事项存在逻辑上的证明或者反证关系"，"能够使需要证明的

---

〔2〕 ［日］我妻荣编：《新版新法律学辞典》，董璠舆等译，中国政法大学出版社 1991 年版，第 249 页。

〔3〕 ［美］米尔建·R. 达马斯卡：《漂移的证据法》，李学军等译，中国政法大学出版社 2003 年版，第 76 页。

〔4〕 In R. v. Kearley [1992]. Declan McGrath, *Evidence*, Thomson Round Hall, 2005, p. 2.

事项更有可能或者更无可能"，那么，该证据就是有关联性的。[5] 也就是说，作为证据内容的事实与案件的待证事实之间存在某种联系，才具有对案件事实加以证明的实际能力。用米尔建·R. 达马斯卡的话说："相关性涉及的是某项信息在支持或否定某事实结论（待证事实）的存在方面的证明潜力。相关性概念表达的思想是，一项证据是通过逻辑或经验联系而与待证命题相联结的。不过，相关性概念的任务不是要揭示这种联结的强度——那属于证明力的问题。"[6]

证据关联性涉及的是证据的实际功能，从上述的定义中可以看出，西方学者对于证据关联性的解释侧重于这种功能，其包含的因果关系相当明显：证据与案件的待证事项之间存在某种联系是因，由于这种联系而具有使待证事项更有可能或者更无可能的功能是果。这类定义将证据关联性的结构——实质性和证明性清楚地表达出来了，为判断证据的关联性提供了标准。

关联性证据指证据具有某种倾向，使有待裁判加以确认的某项争议事实的存在比没有该项证据时更有可能或更无可能。与之对应的概念是无关联性的证据，如果提出的证据与案件的待证事实之间不存在客观联系，不具有借以判断争议事实的能力，这样的证据就是无关联性的证据。无关联性的证据不具有证明有法律意义的事实的作用，当然就不能被法庭采纳为定案的依据。

我国证据法学对于关联性所下定义解释偏重于证据与案件待证事项的关系，随这种关系产生的证明功能隐含其中，没有将后者凸显出来。在我国，学者一般认为，对于证据的关联性可以从客观性、多样性和可知性三个方面加以理解：证据的关联性是客观存在的而不是主观想象的。司法人员在办理案件的过程中，必须尊重证据与案件待证事实之间的关系，如实评价证据对案件待证事实的证明作用，不能将没有客观联系的证据想当然地认为有或者硬说成有客观联系。其次，关联性的表现形式多种多样，如因果联系、时间联系和空间联系、偶然联系和必然联系、直接联系和间接联系、肯定联系和否定联系等，[7] 不一而足。无论存在何种联系，都表明证据反映了与案件有关的事实。再次，证据事实与案件事实的关联性能够为人们所认识。如果尚未为人们所认识，就不能断定其具有关联性，当然不能作为定案的依据。只有随着诉讼活动因自觉应用不断发展的科学技术而水平得到提升时，某些事实与案件事实的关联性才为人们所认识，这些事实方能成为诉讼证据进入诉讼轨道。这

---

〔5〕 In Dpp v. Kilbourne〔1973〕. Declan McGrath, *Evidence*, Thomson Round Hall, 2005, p. 2.

〔6〕 〔美〕米尔建·R. 达马斯卡：《漂移的证据法》，李学军等译，中国政法大学出版社 2003 年版，第76 页。

〔7〕 因果联系，指证据事实是案件主要事实的原因或者结果；时间和空间联系指证据事实属于与案件事实有关的时间、地点、环境等事实；偶然联系和必然联系、直接联系和间接联系、肯定联系和否定联系，反映了证据事实与案件事实之间存在偶然的或者必然的、直接的或者间接的、肯定的或者否定的关系。

三性描述对于证据关联性的认识有一定帮助，但如果不进一步分析证据关联性的内在结构要素，提出判断证据关联性的明确标准，对于司法实践中判断具体证据的关联性指导意义不大。

值得注意的是，对于证据与待证事项关联的多样性的揭示，不能以窄化的眼光来认识证据的关联性，案件的待证事实的关联有多种可能性，要避免将有关联性的证据排除在外。至于属于哪一种关联，细加分析可能会发现，不同的关联关系对于证据的证明作用或者证明力可能有不同影响。如李某某案中辩护方提供的视频证据不是案件发生现场的录像（案件发生时现场录像大概就是本案公诉方和审判方认定的"直接的关联性"），相对于现场录像，只属于间接证据（或称为"情况证据"[8]），其证明作用存在一定差距，但若承认这些视频资料具有关联性，这就为其可采性提供了前提。无论哪一种关联关系，都属于关联性，这是理解证据关联的多样性应当具备的基本认识。

三、证据关联性的结构要素：实质性和证明性

关联性取决于证据与证明对象（待证事项）之间的形式性关系。构成关联性的两个结构要素是实质性和证明性，证据相对于证明对象是否具有实质性（materiality），以及证据对于证明对象是否具有证明性，是判断证据有无关联性的依据。

（一）实质性

美国学者阿瑟·库恩在谈到证据的关联性时指出："证据应该针对在审查中的事实，并应在调查的目的所需要的范围以内。换句话说，证据应该恰当而重要。拉丁文法谚有云："'Frustra probatur quod probatum non relevant.'——'如恰当而不关重要，仍为无用的证据'."[9] 这就涉及证据的实质性问题。所谓"实质性"指运用证据将要证明的问题属于依法需要运用证据加以证明的待证事项。如果某一证据并非指向本案的争点问题（issue in the case），那么该证据在本案中就不具有实质性（immaterial）。英国学者 J. W. 塞西尔·特纳指出："证据必须限制在有关争议问题的范围内。"按照这一公理，"诉讼一方可以证实所有与争议事实有关的情况，而不能去

---

[8] 所谓"情况证据"，"即所谓之间接证据，陪审团得据此有关间接事实之证据，推理以证明主要事实存在。一般推定证据多系由间接犯罪事实或情况构成，故为情况证据之一，反言之，并非所有情况证据均系推定证据。间接证据仅系证明他项事实，即间接事实；由间接事实而推理主要事实。唯间接事实本于推理作用，足以证明待证事实者，得为情况证据；但此情况事实与主要事实具有关联关系，始得据以推理。情况证据之情况，因其内容性质不同，约可分为内部征象与外部形迹二种；因其情况与犯罪行为时间上关系之不同，有属于行为前，有属于行为时，有属于行为后者。因情况性质状态之不同，其证明方法亦不一致。"何孝先主编：《云五社会科学大辞典·第六册·法律学》，台湾商务印书馆股份有限公司 1976 年版，第 301 页。

[9] ［美］阿瑟·库恩：《英美法原理》，陈朝璧译，法律出版社 2002 年版，第 78 页。

证实别的东西。这种相关的情况不仅包括主要争议事实本身的各个部分，而且也包括所有为辨明或解释主要争议事实所需要的辅助事实（举证事实）。"[10] 美国学者阿瑟·贝斯特（Arthur Best）指出："有时候一个证据可能与诉讼中的某一争点有关联，但却与另一个争点没有关联性。在这种情形下，此一证据仍可通过关联性的考验，因为没有任何单一的证据被期待与一个诉讼中所有的争点都有关联性。"[11] 此外，"有时候一个证据与诉讼的任何争点均无关联性，但可能因为陪审团或法官有其他的资讯而有关联性"[12]。

在诉讼中，证据必须限制在有关争议问题的范围内。诉讼一方可以证实所有与争议事实有关的情况，而不能去证实别的东西。一般认为，这种相关情况不仅包括主要争议事实本身的各个部分，也包括所有为辨明或解释主要争议事实所需要的辅助事实。

需要指出的是，实质性问题并非一成不变，证据是否具有实质性，关键在于证据是否指向本案的争点问题。为了识别一项证据是否具有实质性，可以通过考察对方提出该项证据用以证明什么，并进一步决定该证明目的是否有助于证明本案的争点问题来决定。

（二）证明性

所谓"证明性"是指证据具有这样的能力：依事物间的逻辑或经验关系具有使实质性问题可能更为真实或不真实。证明性是一个经验和逻辑问题，由事物与事物之间的客观联系所决定，即按照事物的通常进程，其中一项事实与另一事实相联系，能大体证明另一事实在过去、现在或将来存在或不存在。在判断证据的关联性（尤其是证明性）时，法官必须依据一般经验法则或逻辑法则进行而不得任意决断。

证据的关联性是采纳该证据的前提条件，不具有关联性的证据，在法律上不具有可采性。由于关联性这一含义适用于所有所举出的证据，因此，也渗透于诉讼的全部过程。所有具备可采性的证据必须与要证事实有关联性，至少当对方就证据的关联性提出质疑时，举证方必须首先证实其具有关联性。但是基于当事人主义的理念，在英美国家诉讼实务中，排除没有关联性的证据并非法官的职责，法官没有

---

〔10〕 ［英］J. W. 塞西尔·特纳：《肯尼刑法原理》，王国庆等译，华夏出版社1989年版，第516页。

〔11〕 不过，有另外一种情况存在，某一证据与案件事实的实质争点之一有关联性，但可能因为涉及另一争点的关系而被禁止考虑。参见［美］Arthur Best：《证据法入门——美国证据法评释及实例解说》，蔡明秋等译，元照出版公司2002年版，第11页。

〔12〕 "假设在一个杀人案中，检方试图提出被告拥有一顶有蓝色羽毛的红帽子。如果目击证人目睹杀人者逃离现场时戴着同样的一顶帽子，则被告帽子的资讯将是有罪与否的重要间接证据（情况证据/circumstantial evidence）。但要注意，帽子所有权的关联性，只有在有目击证人的证词存在时才明显。这就是所谓的'附条件的关联性'。"［美］Arthur Best：《证据法入门——美国证据法评释及实例解说》，蔡明秋、蔡兆诚、郭乃嘉译，元照出版公司2002年版，第12页。

主动排除不具关联性证据的义务。只有在诉讼一方对证据的可采性提出异议或反对时，法官才会就该证据是否具有可采性作出裁判。另外，对于一项没有关联性的证据，如果对方没有提出异议，或者虽然提出了异议，但是依据的排除理由有误，那么，该项没有关联性的证据也将获得可采性，学理上称之为"治愈的许可性"。

关联性不等于充分性，并不要求一个证据便能充分证明待证事实，"证据要跨过关联性的门槛，只要显示出：法官必须相信一个合理的事实认定者在决定一个事实存在与否时，应该会受到这个资料的影响。强烈的影响并非必要。一个证据只要能够比没有此一证据存在时对事实之认定更有帮助即可。因此，关联性不同于充分性。就像麦考密克（McCormick）的名言：'一块砖不等于一面墙。'"[13]

四、判断证据有无关联性的标准和依据

由关联性两个结构因素可以引申出判断证据关联性的两项标准，一是指向标准，即根据证据的指向来确定是否具有关联性；二是功能标准，即根据证据是否具有证明案件待证事项的功能来确定是否具有关联性。符合这两项标准的证据，就是关联性证据。就一个证据来说，符合指向标准的也往往符合功能标准。乔恩·华尔兹为判断证据关联性提出三项标准，简便实用。他指出，在判断一项证据是否具有关联性时，应当依次考察以下三个问题：①提出的证据是用来证明什么的？②这是否是本案中的实质性问题（在刑事案件中，实质问题的范围取决于刑事实体法的规定，在民事案件中则取决于原告的具体主张内容）？③提出的证据对该问题是否有证明性吗（能否帮助确认该实质性问题吗）？如果答案全部是肯定的，该证据就具有关联性。[14] 这 3 个问题，第一个问题和第三个问题都是从证据本身的属性提出的，第二个问题是就证据指向的对象的属性提出的，可以归并到第一个问题之中。归纳起来，从证据自身属性着眼，不外乎两项标准。

（一）指向标准

证据在诉讼证明活动中用以证明什么，清楚表明了证据的指向。指向诉讼中的争议事项的，意味着符合关联性的第一个判断标准。

证据指向本案的争点问题。刑事诉讼是落实国家刑罚权的活动，法院通过诉讼活动要确定的是国家刑罚权的有无和大小问题。刑事诉讼首要的"争点问题"是刑罚权在具体个案的有无和大小问题，其中刑罚权之有无涉及的是被告人是否有罪的问题，一般说来，被告人有罪则国家有刑罚权，被告人无罪则国家没有刑罚权；例外

---

[13] ［美］Arthur Best：《证据法入门——美国证据法评释及实例解说》，蔡明秋、蔡兆诚、郭乃嘉等译，元照出版公司 2002 年版，第 5 页。

[14] ［美］乔恩·华尔兹：《刑事证据大全》，何家弘等译，中国人民公安大学出版社 1993 年版，第 64 页。

情况是，虽然被告人事实上有罪，但符合其他法定情形（如已过诉讼时效、经过赦免等），国家对于个案拥有刑罚权的刑罚权业已消灭，在法律上仍然视为无罪。

需要指出的是，刑事案件之首要待证事项是"被告人是否有罪"的问题，这属于案件最根本的争点，控诉方进行的实体法证明最终是要证明这个命题（这个命题无疑也是一个事实描述，属于控诉方提出的根本诉讼主张），因此往往成为控诉方与辩护方进行攻防的重点。由此以观，有论者提出的如下观点是不正确的："被告人的行为是否构成犯罪需要根据刑法规定和案件事实予以认定，而证据证明的只能是案件事实，因此'被告人的行为是否构成犯罪'不属于证明对象的范畴。"[15] 被告人是否有罪以及进一步的其行为是否构成犯罪，固然属于法律判断问题，但也是事实证明问题，而且对于裁判者来说，事实证明更先于法律判断。只不过需要证明的首要的待证事项与这个事项下一些更为具体的实体法方面的待证事项存在层次上的落差，后者属于这个首要争点之下的次一层级的具体争点，不能因这些具体待证事项而否定根本的待证事项的存在。

在诉讼中，争点问题可以分为实质上的争点问题和形式上的争点问题两种，对于被告人是否有罪，属于实质上的"争议问题"，实际上被告人及其辩护人可能对此不持有异议，但是现代大陆法系国家的刑事诉讼实行实质真实发现主义，即使被告人认罪，法官仍需对案件事实调查，不受当事人意思表示的拘束，因此被告人是否有罪实质上属于"争点问题"；同样，英美法系虽然采行当事人主义，对于被告人自愿认罪的案件可以不经法庭审理直接加以确认并转入量刑程序，但控诉方不能没有证明被告人有罪的证据，这与民事诉讼的自认还是有一定差别的。被告人及其辩护人对被告人有罪存有异议的，被告人是否有罪为形式上的争点问题，其特征是该问题具有争议的性质直接表现于外。刑事诉讼的争议问题不限于刑罚权的有无，还涉及刑罚权的大小，前者属于定罪问题，后者属于量刑问题；并且不限于实体法问题，也包括程序法和证据法问题。刑事诉讼之所谓"争点问题"的范围与"待证事项"的范围相近，最高人民法院发布的刑事诉讼法司法解释和最高人民检察院发布的刑事诉讼规则所列需要证明的事项，意味着控诉方需要加以解决的诉讼争议事项。简易言之，一桩案件形式的争议问题可能很多，实质的争议问题更多。有一些争点可能与被告人是否有罪没有直接关系，涉及的是与案件或者当事人等有关的司法人权、程序合法或者证据合法的问题。证据指向这些问题，意味着它们也具有关联性。

（二）功能标准

证据因与案件有某种关联而具有揭示其事实真相的能力。反过来，如果某一证据具有揭示有关案件事实的功能，使待证事项的存在更有可能或者更无可能，说明

---

〔15〕 张军、江必新主编：《新刑事诉讼法及司法解释适用解答》，人民法院出版社 2013 年版，第 45 页。

它一定与案件存在某种关联。证明功能是外在表现，关联关系是内在原因，两者是表与里关系。因此，证据的证明功能能够成为判断证据有无关联性的依据。

我国《刑事诉讼法》本身没有就证据关联性作出专门规定，但是，《刑事诉讼法》第48条为证据所下定义中隐含有证据关联性的要求："能够证明案件真实情况的材料，都是证据。"按照这一规定，判断是否"证据"的标准之一是：某一材料是否对于有关案件事实具有证明性。这一法律规定是从证据功能角度对证据作出界定的，表明我国立法中采取功能标准作为关联性判断的标准，只不过这一标准是隐含在证据的法定定义中的。

在英美国家，判断证据的关联性（尤其是证明性）时，法官必须依据一般经验法则或逻辑法则而不得任意决断。这一点与大陆法系国家法官在形成自由心证时，应依据一般事物的关联性判断证据相似。但是，应当指出的是，关联性在大陆法系与英美法系证据规则中的地位和作用有所不同。证据的关联性，可以分为证据能力关联性与证据价值关联性两种。

第一种，证据能力的关联性是关联性有无问题，属于调查范围，亦即涉及对证据进行实质调查前的关联性问题，一旦确认没有关联性，该证据就失去了证据能力而不得在后续的证据调查程序中接受调查。在英美法系，关联性侧重的是证据能力关联性，其作用在于要求法官在采纳证据时遵从事物间的客观联系，以免不适当排除有助于查明案情的相关证据，或者不适当地采纳不具有关联性的证据而使陪审团错误地认定事实。

第二种，证明力的关联性是关联性大小问题，属于判断范围，亦即涉及对证据进行实质调查后之关联性问题，也就是对证据进行调查，通过该证据与待证事实的关联性大小强弱来揭示证据价值的大小。在大陆法系，关联性问题侧重的是指证明力评价的关联性，其作用在于要求法官在评价证据、形成心证时遵从事物间的客观联系，防止恣意品评证据。

在我国，我国司法实践中"证据法治"的水准尚有待提升，证据法制本身简陋粗糙，司法实践对于证据能力关联性和证明力关联性更多诉诸直觉判断而缺乏司法理性特征。在证据能力关联性方面，诉讼活动中很少发生关联性争议，就是发生了也几乎见不到对于这一问题展开辩论和裁决，主要原因在于对于如何判断证据的关联性，司法人员缺乏了解，在判决中为拒绝接受辩护方提出的证据常以不具有关联性为理由，但只有断言而没有论证，大概也与不了解证据关联性的判断标准有关。对于证明力关联性，司法人员鲜有从关联性角度来自觉思考证明力者，法学研究也一直欠奉。不过，最高人民法院解释第104条第2款规定："对证据的证明力，应当根据具体情况，从证据与待证事实的关联程度、证据之间的联系等方面进行审查判断。"最高人民法院研究室编著的《新刑事诉讼法及司法解释》就证据关联性和证明力的关系加以进一步解释："审查判断证据的证明力，应当从各证据与待证事实之间的关联程度方面进行审查。证据的证明力实际上就是确认其与案件事实的关联作用及关联程度，对此要通过证据本身所负载的有关案件情况的信息量、证据本身的属性等情况综合考虑。"[16] 这一要求对于司法实践只有名义上的约束作用，但由于判断取决于裁判者的内心活动，能够实际在多大程度上发挥指导司法办案的功效尚难作出清楚的评估。

五、关联性规则的基础性和应用方法

以证据关联性为基石的证据规则为关联性（relevancy）规则，又称"相关性规则"，这是一项基础性证据规则。美国学者认为，证据的关联性，是融会于证据规则中带有根本性和一贯性的原则。阿瑟·贝斯特尝谓："几乎所有证据法中的问题都涉及关联性——要让证据被认许的一方，必须明确指出该证据与何一争点有关联，并显示该证据如何能有助于厘清那个争点。"[17] 关联性规则的基础性地位体现于以下两个方面。

首先，关联性规则涉及的是证据的内容或实体，而不是该证据的形式或方式。因而，关联性规则适用于所有证据形式，在适用范围上具有广泛性。

其次，尽管具有关联性的证据不必然具有可采性（容许性），但没有关联性的证据必然没有可采性。

所以，关联性规则是关于证据能力的一般规则或基础规则，即除非证据具有关联性，否则不产生证据能力问题，亦即：关联性是证据能力的先决条件。[18]

美国学者解释说：证据可以被采纳的首要条件是具有关联性，即以假定证据的真实性为前提，当一个理智健全的调查者能够认为，提出该证据比不提出该证据可以在某种程度上使讼争事实被确认并对事实运用有关实体法的可能性更大或者更小的情况下，这个证据便具有关联性。[19] 可见，关联性并不涉及证据的真假和证明价值。对证据真假及其证明力大小进行判断，是证据被采纳之后裁判者（法官或者陪审团）的职责。关联性侧重的是证据与证明对象之间的形式性关系，即证据相对于证明对象是否具有实质性以及证据对于证明对象是否具有证明性。

作为一般原则，所有具备关联性的证据都具有证据能力，除非成文法有特殊规定。例如，《美国联邦证据规则》第402条在"相关证据一般可以采纳，无相关的证

〔16〕 张军、江必新主编：《新刑事诉讼法及司法解释适用解答》，人民法院出版社2013年版，第124页。

〔17〕 ［美］Arthur Best：《证据法入门——美国证据法评释及实例解说》，蔡明秋、蔡兆诚、郭乃嘉译，元照出版公司2002年版，第2页。

〔18〕 ［美］Arthur Best：《证据法入门——美国证据法评释及实例解说》，蔡明秋、蔡兆诚、郭乃嘉译，元照出版公司2002年版，第5页。

〔19〕 Paul F. Rothstein, *Evidence in a Nutshell：State and Federal Rules*（*Nutshell Series*）, 2nd ed. West Pub. Co. , 1981, p. 2.

据不能采纳"的标题下规定："所有具有相关性的证据均可采纳，但美国宪法、国会立法、本证据规则以及联邦最高法院根据立法授权确立的其他规则另有规定的除外。没有相关性的证据不能采纳。"即在一般情况下，关联性是证据可采性的充分必要条件；即使在有特殊规定时，关联性也是证据可采的必要条件。

除非法律另有特殊规定，具有关联性的证据一般都可以采为证据。但是，依据普通法传统，法官在某些情况下亦有权排除某些具有关联性的证据，尽管该证据依据法律具有可采性。例如，《美国联邦证据规则》第403条规定："证据虽然具有相关性，但可能导致不公正的偏见、混淆争议或误导陪审团的危险大于该证据可能具有的价值时，或者考虑到过分拖延、浪费时间或无需出示重复证据时，也可以不采纳。"据此，法官对于是否采纳具有关联性的证据享有一定的裁量权。具有关联性的证据，可能因导致偏见、混淆或浪费时间等原因而被法庭排除，不得出示于法庭。有学者指出："有些排除规则禁止证明某些事实，尽管这些事实是争执中的事实或与一项争执点有关联。有些排除规则是决定的，例如，以公共利益为依据排除某项证据……有些排除规则只是禁止为某些目的证明某些事实，例如，排除相似事实证据规则。"[20]

英美证据法专门对某些证据的关联性作出限定，防止此类证据被不适当使用。在美国，在联邦法院适用的证据法对下述证据的关联性作出了规定。

1. 太遥远的证据（evidence which is too remote）。尽管关联性证据具有可采性，但某些证据虽有一定的关联性，却会引起时间的臆测或浪费，这样的证据被称为"关联性不足"的证据，在诉讼中应当予以排除。这些证据的特点是：①关联性虽然存在，但这种联系很遥远，[21] 排除此类证据的原因在于避免时间的浪费；②容易产生太多的枝节争执点（side issues）；③容易被虚构。有学者解释说："法律调查不同于学术探究。经验表明，法律调查需要法庭的注意力尽可能集中于少量事实要点上。基于这一目的，有可能导致臆测或者浪费时间的证据要被排除，尽管有一些薄弱的理由表明这些证据是有关联性的。至于没有多大分量的证据，由于它们被炮制出来是容易的，这样的证据也同样被拒绝采纳。这些规定往往被概括为关联性不足的证据应被排除，或者应区别逻辑上的关联性和法律上的关联性。"[22]

2. 品格证据（character evidence）。一般规则是，一个人的品格或者品格特征的证据在证明这个人了特定环境下实施了与此品格相一致的行为问题上不具有关联性。

---

[20] Ruperl Cross & Nancy Wilkins：*An Outline of the Law of Evidence*，Butterworths，1964，pp. 155 – 156；沈达明编著：《英美证据法》，中信出版社1996年版，第88页。

[21] 在 Holcombe v. Hewson 案件中，啤酒酿造商以一家酒馆违背从他那里购买啤酒的契约为由要求赔偿损失。被告反驳说原告支付的是质量低劣的啤酒。就此酿造商提供的向其他酒馆交付了质量优良的啤酒的证据被排除，因为"他可能善待一方却不善待他方"。Rupert Cross & Nancy Wikins，*An Outline of the Law of Evidence*，Butterworths，1964，p. 156.

[22] 沈达明编著：《英美证据法》，中信出版社1996年版，第88页。

在英美证据法中，"关于被告人的好品行的证据一直被认为是相关的，这虽然不合逻辑，但却有其历史的原因。然而，他的坏品行不被看作是与他是否实施了犯罪行为的问题同样相关的"[23]。品格证据规则的例外情况是：①如果被告人首先提出了关于其品格的证据，那么，控诉方提出的反驳被告人的品格证据，具有可采性。如在刑事案件中，如果被告人提出其品格端正来说明其不可能实施指控的罪行，那么起诉方亦可以提出有关被告品行不良的事实，作为证据反驳被告人。②如果被告人提出了关于被害人品格的证据，那么，控诉方提出的反驳被告人提出的被害人品格证据的反证，具有可采性。在杀人案件中，为反驳辩护方提出的被害人先动手的证据，控诉方提出的证明被害人一贯性格平和的证据，具有可采性。③对于证人的诚信，可以提出有关证人的名声和评价加以抨击或支持。"与被告人的品格证据的应用规则恰恰相反，证人的不良品格总是一种具有相关性的证据，而证人的良好品格则不然。传唤证人的一方不能（在初审时）通过证实证人的良好品格或者证明他们在以前的某些场合讲的话与目前讲的内容相同来为其证据提供佐证。但是，与这些证人敌对的一方却可以揭露他们的不良品格，以使陪审员们对证人证言的真实性产生怀疑。"[24]

3. 类似事实（similar facts）或者类似行为（similar acts）。有学者解释说："在刑事审判过程中，控诉方可能会寻求以这样的方法来证明自己的案件，即以诱导性证据（leading evidence）试图表明被告人在一系列其他场合犯下了与现在被指控的犯罪相似的罪行。律师们都知道这类证据就是'类似事实'。"[25] 对于这类证据，总的原则是，关于相似犯罪、错误或行为的证据不能用来证明某人的品格以说明其行为的一贯性。也即"一次为盗，终生为贼"的逻辑是不成立的。例如，某人15年前曾多次实施强奸犯罪的行为，对目前的强奸指控来说不具有关联性。不过，上述证据可以用来证明动机[26]、机会、意图[27]、预备、计划、知识、身份或缺乏过失或意外

---

〔23〕 ［英］J. W. 塞西尔·特纳：《肯尼刑法原理》，王国庆等译，华夏出版社1989年版，第516页。

〔24〕 ［英］J. W. 塞西尔·特纳：《肯尼刑法原理》，王国庆等译，华夏出版社1989年版，第520～521页；参见《美国联邦刑事诉讼规则和证据规则》，卞建林译，中国政法大学出版社1996年版，第18页。

〔25〕 William Shaw: *Evidence in Criminal Cases*, Butterworth & Co. (Publishers) Ltd., Shank & Sons Ltd., 1954, p. 54.

〔26〕 "为了证明某一犯罪的动机，可以把一些其他的犯罪揭露出来。例如，为了解释一桩谋杀案，可以证明死者是被告人在以前的几次犯罪中的同谋，随后又成为一个需要摆脱的人。"［英］J. W. 塞西尔·特纳：《肯尼刑法原理》，王国庆等译，华夏出版社1989年版，第517～518页。

〔27〕 申言之，"虽然被告人的坏品行本身不能成为他有罪的相关的证据，但是他曾经实施过与目前控罪相似的罪行这一事实对于证明他的犯罪意图或犯罪行为却可能是具有相关性的。特别是当罪行之间紧密联系以至于形成了一个连续性的行动过程时更是这样。在这种情形下，相似的事实证据就是可采纳的。""这里所谓的'相似'，指的是各罪行之间具有相同的特点，而且这些特点对于当前正在进行的询问有意义。"［英］J. W. 塞西尔·特纳：《肯尼刑法原理》，王国庆等译，华夏出版社1989年版，第518页。

事件等其他目的。特纳指出："如果某个有争议的问题是关于一个人在某一时机如何行动的，那么，关于他在一些其他类似场合的行动的证据就不会被当做是充足的相关证据而加以采纳。相应地，在民事法庭上，在由于某一合同中的术语而引起争论时，当事人不能把他的对手与别人签订的关于同一问题的合同中所使用的术语作为证据来支持自己的观点。然而，如果所要争论的不是对方在签订眼前的合同时实际讲了些什么，而是他在签订合同时的心理状态如何，譬如说，他是否出于欺诈的意图使用了模棱两可的术语，那么，上述关于其他合同的证据就是完全可以采纳的了。"[28] 另外，"本规则并不排除相关的事实证据。如果案件中因某些特别的条件而使被告的其他罪行具有了合法的相关性，提出关于被告以前曾实施过其他罪行的证据也并无不可。譬如说，如果一个入室盗窃者在作案现场遗留下了一个雪茄烟盒，而这个烟盒又是他在同一天从别处偷来的，那么，就可以出示这个烟盒，从而对他的入室盗窃罪作出确凿的证明。"[29]

4. 特定的诉讼行为。下列诉讼行为在民事和刑事诉讼中一般不得作为不利于被告的证据采纳：①曾作有罪答辩，后来又撤回；②作不愿辩解又不承认有罪的答辩；③在根据美国联邦刑事诉讼规则第 11 条或类似的州程序进行的诉讼中作出以上答辩的陈述；④在答辩讨论中对代表控诉方的律师所作的陈述，该答辩讨论并未产生被告人作有罪答辩的结果，或者被告有罪答辩后又撤回。但是，作为例外，上述行为用于证明被告人作伪证时，或者与其同时产生的其他陈述已被提交法庭时，可以采纳为证据。

5. 特定的事实行为。关于事件发生后某人实施补救措施的事实，关于支付、表示或允诺支付因伤害而引起的医疗、住院或类似费用的事实，关于某人曾经或者没有进行责任保险的事实、和解或要求和解而实施的特定行为，一般情况下不得作为行为人对该事实负有责任的证据加以采用，但符合法定例外情形的除外。不过，在刑事诉讼中，"即使是被告犯罪以后的行为，也有助于把问题弄清楚。例如，一个盗窃犯在被逮捕时向逮捕他的人开枪射击的行为，也可以用于证明他的盗窃罪。"[30]

6. 被害人过去的行为。在过去很长一段时期里，性犯罪案件中关于被害人过去性行为方面的名声或评价的证据是可以采纳的，因而，被害人在诉讼中往往被迫回答来自辩护律师的令人窘迫的贬低性盘问。随着美国女权运动的开展，国会和各州立法机关开始努力限制在性犯罪案件中使用以前性行为的证据。1978 年美国国会通过了"强奸盾牌条款"，即《美国联邦证据规则》第 412 条规定，不论其他法律有何

<hr>

[28] ［英］J. W. 塞西尔·特纳：《肯尼刑法原理》，王国庆等译，华夏出版社 1989 年版，第 517 页。

[29] ［英］J. W. 塞西尔·特纳：《肯尼刑法原理》，王国庆等译，华夏出版社 1989 年版，第 517～518 页。

[30] ［英］J. W. 塞西尔·特纳：《肯尼刑法原理》，王国庆等译，华夏出版社 1989 年版，第 518 页。

规定，在某人被指控有强奸或者为强奸而侵害之行为的刑事案件中，有关受害人过去性行为方面的名誉或评价的证据，一律不予采纳。不论其他法律有何规定，在某人被指控有强奸或者为强奸而侵害之行为的刑事案件中，关于所谓被害人过去性行为方面的证据，尽管不是涉及名声或评价的证据，除以下情况外，同样也不能采用：①有关过去性行为的证据是宪法规定应采用的。这是刑事被告人尽可能提出合法辩护意见的正当程序权利。例如，在一起强奸案中，就控告人是否同意问题，不允许被告方提出证明该控告人为妓女的证据就可能违背了正当程序的观念，阻止被告方证明控告人因过去的不正当行为而具有虚假指控该被告人的特殊动机也可能是宪法所不允许的。②允许使用在侦查或审查过程中发现该被告人不是该精液主人的证据，或者该被告人并没有造成控告人所受伤害的证据。③该被告人可以提出他自己过去与控告人的性关系的证据，尽管该证据不是决定性的，但它会导致发生性行为是双方同意的问题。

7. 证明力易受误解的证据。某些证据的证明力容易被夸大，采纳这些证据容易导致误认案件事实。英国学者特纳指出："与案件事实相关、甚至也很重要，但由于它们本身的特点，往往会使一般人误以为对事实具有比它实际具有的更大的证明力的那些证据。"这类证据亦应在排除之列。"'传闻证据'就是这种证据的典型例子。"[31]

8. 产生不利于被告的偏见的证据。特纳指出："在刑事案件中，当关于被告以往的行为或罪行（以致供认）以及其他有损信誉的问题的证据在法官看来可以被采纳的时候，如果法官认为这种证据将会产生的偏见明显地超过它的证明价值以至于对被告人不利，那么，法官正确的做法仍然是将它排除出去。"这体现了使被告人受到公平对待而行使司法处理权的想法。

9. 仅仅证明犯罪倾向的证据。"如果某一证据仅仅证明被告人具有实施与所控罪的性质相似的罪行的一般倾向，那么，这一证据就是不可采纳的。这是一条基本的规则。"[32] 不过，"实践中对这一问题的决定存在着一种倾向，即凡是相关的证据都予以采纳，只要这种证据不是仅仅用于证明被告的不良品行即可"。[33]

显而易见，域外国家，尤其是法治成熟国家的上述有关证据关联性的司法实践和立法及解释例对于我国健全关联性规则和促进司法中的自觉应用具有重要借鉴意义。

我国法律和司法解释没有就证据之关联性作出详细、明确规定，但有一些概括性规定，表明我国司法实践实际上认同并适用关联性规则，如《最高人民法院关于

---

〔31〕 ［英］J. W. 塞西尔·特纳：《肯尼刑法原理》，王国庆等译，华夏出版社 1989 年版，第 503 页。

〔32〕 ［英］J. W. 塞西尔·特纳：《肯尼刑法原理》，王国庆等译，华夏出版社 1989 年版，第 519 页。

〔33〕 ［英］J. W. 塞西尔·特纳：《肯尼刑法原理》，王国庆等译，华夏出版社 1989 年版，第 519 页。

适用〈中华人民共和国刑事诉讼法〉的解释》（以下简称为《最高人民法院解释》）第 69 条第 4 项规定审查物证、书证的内容之一是"物证、书证与案件事实有无关联"；第 84 条第 8 项规定审查鉴定意见的内容之一是"鉴定意见与案件待证事实有无关联"并在第 85 条第 8 项规定"鉴定意见与案件待证事实没有关联的"不得作为定案的根据；第 92 第 6 项规定审查视听资料的内容之一是视听资料的"内容与案件事实有无关联"，第 93 条第 4 项规定审查电子数据的内容之一是"电子数据与案件事实有无关联"，但是第 94 条关于视听资料、电子数据不得作为定案根据的情形的规定中却未包含没有关联性的情形，令人多少有些意外。

另外，更为重要的是，我国司法实践缺乏对于证据问题和程序问题的有力挑战和积极回应，难以通过这种挑战激发相应问题的司法裁判，从而形成证据法和程序法方面的判例（最高人民法院和最高人民检察院发布的指导性案例）可以看出，这些案件绝大多数都是实体法案例，因此缺乏证据关联性方面的解释例积累，对于司法实践中遇到的问题，如对于下述证据是否具有关联性，一些解释例已经有了明确结论，但在我国司法实践中却没有判断依据，需要加以澄清。这些证据包括以下几种：①机械在特定场合产生某项结果的能力，可用在相似的场合产生相同结果的证据予以证明。②动物在某一场合看见物体或听到一种声音时的直觉反应，可作为在相似环境中对同一类的动物有同样的或者相似的反应的证据。③一个人的身体对遭受某种物质或外界状况的反应，可以采纳其他人同样或者相似反应的证据。④牵涉到人身伤害的案件，同一地点或机械曾发生的意外事故或人身伤害的证据，是否可采，存在不同做法。⑤坐落于相似地点的相似地产的出售价，可以用来证明作为诉讼中有争议的特定地产的出售价。[34]

这些规定涉及生物反应、非生物反应、人的身体反应、意外事故和类似财产，属于证据关联性的辅助规定，往往由实际办理的案件激发出相应的司法裁判并进一步发展成判例，为处理同类案件确立了规范。我国司法裁判显然缺乏这种发动力和类似的解释例形成机制，窒碍了证据关联性判断依据的丰富化，也使得证据关联性规则在一些特殊情形中的实际应用存在相当困难。

六、"直接的关联性"与间接证据

社会广泛瞩目的李某某案件涉及的"直接的关联性"究竟何指？公诉人和审判长称辩护方提供的视听资料不具有"直接的关联性"，意思是这些视频材料不是案发时的现场录像。但是，并非直接的关联性才是关联性，间接的关联性也是关联性。既然不能否定这些视频材料有关联性，就不能依据关联性规则加以排除。令人生疑

---

[34] 同一规则似乎也适用于动产。

的"直接的关联性"只不过是偷换概念的说法。"直接的关联性"并非排除证据的理由，按照关联性规则，不具有"关联性"才是排除证据的理由。

值得注意的是，关联性问题主要与间接证据（或者情况证据）有关。依据证明的方式不同，可以将证据划分为直接证据和间接证据。直接证据是以直接的方式而非推论的方式证明关于事实的主张或者案件的主要事实，它直接地、一步地达到案件的实质性争议问题。间接证据是指不能直接证明而必须通过推理来确立其所要证明的事实主张或者案件主要事实的证据。关于实质性事实问题的直接证据总是相关的（并有证明性），因此，讨论直接证据的关联性没有实践意义，那是显而易见的。我们需要判断的关联性主要与间接证据相联系。如果"直接的关联性"是排除证据的理由，那么间接证据或情况证据就得一概排除出诉讼之外，因为每一个间接证据或情况证据都不能直接揭示主要事实，与案件的主要事实都不具有直接的关联性。

在李某某的案件中，辩护方拥有多项视频资料。辩护方对于杨某某前往案发现场的视频材料的解读是，视频显示无被害人杨某某被胁迫前往案发地的迹象，也不见李某某对杨某某实施殴打和其他暴力行为。李某某的辩护人指出："从这4个监控录像以及众多证人证言，精斑 DNA 检测以及现场勘验结论，以及一些其他客观证人证言的证实，我们认为，这个案子如果用客观物证和无利害关系的证人证言定案，肯定是无罪。"[35] 在第二审过程中，辩护方向法庭提交一份新的视频证据，用以否定用以认定李某某有罪的证人证言，视频内容是律师按照证人证言将案发现场重新走过一遍，例如有证言称杨某某被李某某等人揪头撞向电视柜，律师经过实地验证确认电视柜高度不能撞到头。[36]

如前所述，凡指向本案待证事项并具有证明功能的，都具有关联性。上述视频资料从证据指向到证据功能进行衡量，显然符合证据关联性标准。就证据指向来说，《最高人民法院解释》第 64 条规定应当运用证据证明的案件事实相当广泛，包括：①被告人、被害人的身份；②被指控的犯罪是否存在；③被指控的犯罪是否为被告人所实施；④被告人有无刑事责任能力，有无罪过，实施犯罪的动机、目的；⑤实施犯罪的时间、地点、手段、后果以及案件起因等；⑥被告人在共同犯罪中的地位、作用；⑦被告人有无从重、从轻、减轻、免除处罚情节；⑧有关附带民事诉讼、涉案财物处理的事实；⑨有关管辖、回避、延期审理等的程序事实；⑩与定罪量刑有关的其他事实。这些事实是实体法事实，诉讼活动中的争议事项不限于这些实体法事实，还可能涉及证据法和程序法事实，凡证据指向这些事实并能够实际起到证明

---

[35] 中国广播网："李某某案关键视频曝光　李家律师组织 12 名专家研讨"，载 http://www.zgnt.net/content/2013 -09/12/content_ 22239774_ 4. htm，最后访问日期：2014 年 1 月 20 日。

[36] 京华时报："李某某案：李家提交新视频证据　换张起淮律师辩护"，载 http://news.cnhubei.con/xw/gn/201310/274319. shtml，最后访问日期：2014 年 1 月 20 日。

作用的，都具有关联性。例如在李某某案件第二审过程中，辩护方向法庭提交的新的视频证据，直接指向是用以认定李某某有罪的证人证言的真实性，并最终指向对于被告人有罪的指控，符合证据关联性的指向标准。视频内容对于控诉证据（用于指控的那份证言）的真实性起到的揭示其虚伪性的作用，进而对于被告人有罪的指控发起有力的质疑，符合证据关联性的功能标准。由此可见，李某某案件中的这些辩护方提供的视频资料是有关联性的。不仅如此，这些视频资料足以产生对于被告人有罪的"合理的怀疑"，人民法院要认定被告人有罪，不能无视这些辩护证据，用一句没有"关联性"甚至"直接的关联性"简单加以否认，而应当进行认真调查。要给被告人定罪，必须排除这些辩护证据引发的"合理的怀疑"。

七、结语

在各种证据规则中，关联性规则具有基础地位，其价值在于节约司法资源，提高诉讼效率，避免诉讼时间浪掷在与案件事实无关的材料的调查上，从而保证诉讼活动恰当而公正地进行，防止诉讼不必要延宕和纠缠于无关问题，"关联性的概念可以节省时间，限缩诉讼双方开庭前所需准备的主题。最后，借由确保诉讼结果系得自多数人认为与争议事实有关之资料，而增加了审判的正当性"。[37] 事实证明，对于关联性规则进行精细研究是十分必要的，粗糙的证据法知识不足以满足司法实践的需要，只会使各种该规则的功效难以充分展现。

耐人寻味的是，关联性虽然是证据法学基本概念，但是司法实践中对于这个概念的理解还相当粗疏，应用这个概念也颇多随意性。当前运用证据的关联性概念排除证据多见于对于辩护方证据的否定，裁判书中对于何以认定其没有关联性几乎都是不诉说的，也看不出裁判时确认有无关联性的标准是什么，这势必增加社会对于判决公正性的疑虑，降低司法的公信力。司法人员的专业水准，对于司法质量有相当重要的影响，它对于包括关联性规则在内的证据规则的准确把握，对于正确处理案件的证据取舍问题并正确认定案件事实以及提升办案质量，在对抗性越来越强的司法活动中，显然是必不可少的。

〔37〕 ［美］Arthur Best：《证据法入门——美国证据法评释及实例解说》，蔡明秋、蔡兆诚、郭乃嘉译，元照出版公司 2002 年版，第 3 页。

证据的界说

——以字典释义为中心的历史语义学分析[*]

余 伟[**]

"证据"一词在日常生活与学术研究中被频繁使用，证据概念也是学术研究的焦点之一。西方学界围绕证据问题进行了诸多讨论，国内研究多集中在法学领域，基本上侧重把证据与外在物体、客观事实、因果逻辑链联系在一起来讨论。证据常常被定义为事实或根据，但仅仅"证据法学界还有'材料说'、'原因说'、'结果说'、'方法说'、'反映说'、'信息说'、'广义狭义说'、'统一说'等各种各样的观点"[1]。对于"证据是什么"依然众说纷纭。

无疑，证据首先可被界定为一个语词。它在言语行为中，以声音的形式呈现，而在间接交流时，则以文字形式呈现。按照索绪尔的看法，"我们一般只通过文字来认识语言"[2]，而且"词的书写形象使人突出地感到它是永恒的和稳固的，比语音更适宜于经久地构成语言的统一性"[3]。作为语词的证据，显然可以作为进一步探究的前提性共识。人们很早就出于澄清语词释义的需要而开始对语词进行汇编，形成字典与词典。字典与词典中的定义具有较广的普适性。通常，字典与词典规定了某一语词的含义，那么任何与之不相符合的写法与用法都是错误的，必须予以纠正，从而确保语词正确发挥交流功能。

---

[*] 本文原载于《证据科学》2014 年第 4 期。

[**] 复旦大学助理研究员。

〔1〕 何家弘编：《虚拟的真实——证据学讲堂录》，中国人民公安大学出版社 2009 年版，第 26 页。

〔2〕 ［瑞士］索绪尔：《普通语言学教程》，高名凯译，商务印书馆 1999 年版，第 47 页。

〔3〕 ［瑞士］索绪尔：《普通语言学教程》，高名凯译，商务印书馆 1999 年版，第 51 页。

有鉴于此，我们将尝试从历史语义学[4]角度，在分析证据之字典普通定义的基础上，探究"证据是什么"这一概念问题。逻辑上，字先于词出现。要探究"证据"概念，显然我们必须同时探究证据与"证"、"据"。由于我们的出发点是证据的普适定义，则专门的学科辞典将不在我们讨论范围之内。

一、汉语字典中的"证据"及其历史语义

高使用频率的"证据"一词，在坊间任何一本字典或词典中都会涉及。由于证据在现代汉语中是个词，我们将从权威性的《现代汉语词典》出发。

证据作为一个词，在辞书中并非作为主条目。在《现代汉语词典》修订本中，证据一词被置于证字之下，意为"能够证明某事物的真实性的有关事实或材料"[5]。从该条释义中，我们可以看出，证据被化约为事实或材料，而且是被用来证明某事物之真实性的。证据与事实或材料、证明活动紧密相关，那么按照这里的定义，我们为了实现证明之目的，有意识地采纳有关的事实或材料，将之运用于证明活动时，那些事实或材料就成了证据。如果有关事实或材料没有用于证明活动，那么相关证据就不存在了。由之，我们可以判断，证据必须被纳入到证明活动中，只有在证明活动中才有证据，构成证据的基本要素是事实或材料，证据的功能指向是求真。特别地，由于事实是"事情的真实情况"[6]，证据潜在地必须为真。《现代汉语词典》的解释，是当前最普通、最广为接受的证据定义。

不过，正如索绪尔所指出的，我们若是只看到词的某种意义，并不能精确理解这个词，必须把该词与其相反或相近的词放在一起来理解，"我们要借助于在它之外

---

[4] 历史语义学通俗地说就是从历史变迁过程的角度，对语词的意义进行分析研究。在西方，当前主要以概念史著称，自 20 世纪 60 年代西方学界"语言学转向"以来逐步兴起，其主导思想认为概念以语言形式表现，不仅是社会历史文化的产物，而且又反作用于社会历史过程，德国科泽勒克和英国斯金纳堪为两大代表，他们特别关注社会转型时期的概念。国内冯天瑜先生《"封建"考论》出版以来，历史语义学成为学界一个热点，冯天瑜先生并提出"历史文化语义学"。应该说，这些研究的重点都是历史，希望通过语言分析来探究历史。对此类研究的一个批评就是过于关注历史本身，而忽略了概念本身，很容易出现以想象之情境作为历史情境，并且以历史上出现的定义来约束当前实际使用之定义的问题。对本文而言，历史语义学作为一种分析方法，产生语义的历史文化更多的是一种背景而非认识对象，而我们的研究目的是概念本身，希望通过经验性的历史认识透视抽象性的概念本身，从而能确立概念界定的一个标准。
[5] 中国社会科学院语言研究所词典编辑室编：《现代汉语词典》（修订本），商务印书馆 1996 年版，第 1605 页。
[6] 中国社会科学院语言研究所词典编辑室编：《现代汉语词典》（修订本），商务印书馆 1996 年版，第 1605、1153 页。

的东西才能真正确定它的内容"[7]。《现代汉语词典》已经把证据与证明、事实或材料联系在了一起。而在该词典中，我们可以看到类似的词语：证词、证婚、证件、证明、证人、证实、证书、证物、证言、证验、证章；凭证、字据、论据、票据。它们可以基本区分为两类，作为证明活动所需的人或事物（名词）和具体的证明活动用语（动词）。这里，证明一词较为特殊，它兼具动词与名词的功能。在同一本词典中，证明被定义为"用可靠的材料来表明或断定人或事物的真实性"和"证明书或证明信"[8] 这里的证或据类的词语，所指向的都是表明某种真实性、确定某种真实情况的产物。证据与证明，分别从名词与动词两方面，涵盖了其他相关语词。

而 1973 年出版的《现代汉语词典（试用本）》，代表了大约半个世纪前的认知。其间证据被定义为"甲事物能证明乙事物的真实性，甲就是乙的证据"[9]，证与据的意义没有变化，但证据的定义却与修订本不同，并非常见的种加属差的方式，反而是类似于模拟的某处情境。证据被定义为某种看得见的事物，与修订本相比，事物作为"客观存在的物体或现象"[10]，材料作为相关证明活动所需的事物或事实，两者所指并无太大差别。

若把证据一词分开，可以发现，"证"字具有多重意义，但其第二义即为"证据"[11]，而"据"字除了占据、依凭的意思之外，还有着"可以用作证明的事物"[12]的意思。"据"本身作为事物，是看得见摸得着的。鉴于同书中材料的一个定义就是"提供著作内容的事物"和"可供参考的事实"，[13] 因而"据"在证明活动中就是材料或事实。特别地，此义所附例词中赫然有着"证据"一词。综合来看，在现代汉语中，构成证据一词的两个字意义相同，因而它是一个并列式复合名词。证据就是证或据。

若是证据一词的意思可以被认为是证和据的并列使用，那么我们更有必要单独

---

[7]　中国社会科学院语言研究所词典编辑室编：《现代汉语词典》（修订本），商务印书馆 1996 年版，第 1605、1153 页。

[8]　中国社会科学院语言研究所词典编辑室编：《现代汉语词典》（修订本），商务印书馆 1996 年版，第 1605 页。

[9]　中国社会科学院语言研究所词典编辑室编：《现代汉语词典》（试用本），商务印书馆 1973 年版，第 1316 页。

[10]　中国社会科学院语言研究所词典编辑室编：《现代汉语词典》（修订本），商务印书馆 1996 年版，第 1153 页。

[11]　中国社会科学院语言研究所词典编辑室编：《现代汉语词典》（修订本），商务印书馆 1996 年版，第 1605 页。

[12]　中国社会科学院语言研究所词典编辑室编：《现代汉语词典》（修订本），商务印书馆 1996 年版，第 685 页。

[13]　中国社会科学院语言研究所词典编辑室编：《现代汉语词典》（修订本），商务印书馆 1996 年版，第 114 页。

查看这两个字。广泛应用的《新华字典》新版中，"证"被解释为"用人物、事实来表明或断定"和"凭据，帮助断定事理或情况的东西"，[14]"据"则被释作凭依、依仗、占据之外，还被解释为"可以用作证明的事物，凭证"。[15] 这样的解释与《现代汉语词典》并无二致，1954 年人民教育出版社版的《新华字典》和 1971 年《新华字典》修订重排本，其含义都没有变化。[16]

更具权威性与涵盖性的《汉语大词典》与《汉语大字典》，按照历史演变的具体情况，区分了证据与證據。不考虑汉字简化因素，严格地从语形上来说，在文字改革之前，只有"證據"一词，没有"证据"一词（若无特别需要，本文中一般只使用"证据"字样）。这两部辞书分别罗列"证"与"證"、"据"与"據"，彼此意思有所区分，由之使得证据一词的意义扩大化，这不同于《现代汉语词典》为代表的一般辞书。在《汉语大词典》中，证据被解释为："①证明事实的根据；②证明，考证；③法律用语，据以认定案件的材料。"[17] 这里与《现代汉语词典》中的释义一致的地方，是都认为证据是参与证明活动的、以事实为根本目标。但证据的首义却被定义为根据。根据可以被解释为根本的依据，那么"据"自然就是构成词汇的语义成分，而"据"字在《汉语大字典》中释义与上述中型辞书一致，无论"据"与"據"字，两者均有着依据之定义。[18] 上文中中型辞书中"证"与"据"字的释义都包含着证据，那么证据又可被单独分列为"证"与"据"字。

尽管我们按照字典的释义，在生活中一般不会用错证据一词，但在字典或词典中，无论证据如何被定义，其在逻辑上显然都逃不脱循环重复定义的嫌疑。从术语之精确性与证据之本质的角度来看，似乎并不能澄清证据定义。特别地，《汉语大字典》中证据一词意义的扩大，还体现在证据被定义为证明、考证，这把证据从名词扩展到了动词，从外在事物变成了人的行为。而其被定义为法律用语，则表明证据这个词所属的特定专业领域，或者说该领域更依赖于证据。

现代汉语中证据一词的定义方式提醒我们要深入思考证据一词的合理界定，循此思路，我们继续考察汉语证据一词的历史变迁。

证据一词，其成词的历史并不短，在此之前单独的"证"与"据"字也有着较为久远的发展过程。证据两个字合在一起，明确表达某种意思，成为一个词，大致

---

〔14〕 中国社会科学院语言研究所词典编辑室编：《新华字典》（大字本），商务印书馆 2000 年版，第 633 页。

〔15〕 中国社会科学院语言研究所词典编辑室编：《新华字典》（大字本），商务印书馆 2000 年版，第 254 页。

〔16〕 新华辞书社编：《新华字典》，人民教育出版社 1954 年版，第 510 页。

〔17〕 罗竹风主编：《汉语大词典》（第 11 卷），汉语大词典出版社 1993 年版，第 432 页。

〔18〕 汉语大字典编辑委员会编纂：《汉语大字典—第一卷—说文》，湖北辞书出版社、四川辞书出版社 1986 年版，第 1967 页。

可考为出现于两晋时代。东晋葛洪（公元283～363）在四世纪初叶所著的《抱朴子·弭讼》中写道，"若有变悔而证据明者，女氏父母兄弟，皆加刑罪"。[19] 证据一词在此出现的意思就是用来证明的东西，与后世的意义并无差别。此后，南北朝时期，南朝宋刘义庆（公元403～444）在《世说新语·赏誉》中也用到了证据一词，他写道，"既至，天锡见其风神清令，言话如流，陈说古今，无不贯悉，又谙人物氏族，中来皆有证据"[20]。这里的证据是后世的名词意义，而与此同时，南朝宋范晔（公元398～445）所著《后汉书·独行传·缪肜》中有言"时县令被章见考，吏皆畏惧自诬，而肜独证据其事，掠考苦毒"[21]，此文中的证据却有着动词的属性，其义相当于证明。这些材料表明，证据成词后，其意义就与现代汉语中意义接近，但独有动词用法是现代汉语所不具备的。不过，在现代汉语中有着"证明"一词取代证据之动词意义，只保留证据一词的名词性。

而"证明"一词的成词历史比证据还要早。东汉班固（公元32～92）在《汉书·儒林传·孟喜》中写道，"同门梁丘贺疏通证明之"[22]，这里的证明就是把事情辨明清楚，区别真伪的意思。王逸（公元89～158）在《楚辞章句·离骚经》中写道，屈原"复作九章，援天引圣，以自证明，终不见省"[23]，这里的证明也是有着分清事情真假的意义。这是作动词用的证明，迄至晚明，凌濛初在《二刻拍案惊奇》卷十三中却有着"今有烦先生做个证明，待下官尽数追取出来"[24] 的字语，这又是作名词的意思了。

综合证据与证明的情况，在古代汉语中这两个词都可用作动词和名词，比现代汉语有着更多的灵活性，但其意义却没有什么特别的变化。随着语体和历史的变迁，在现代汉语中，这两个词基本上固定了其分属的名词和动词的词性。

若把证据二字分开，探究其古代汉语中证据的语义成分。目前在甲骨文中尚未发现有"证"和"据"这两个字。"证据"一词，繁体字写作"證據"，小篆写作"证据"。学者们所认可的已知最早的"证"字实物，考古发现于湖北荆门的包山二号战国楚墓中。"证"字的流传，根据学者们的研究，"证"与"證"在宋代以前"本不同音，也不同义……'證'是验证，'证'是劝谏。元代以后两字变成同音，明代开始以'证'通'證'。"[25] 许慎在《说文解字》中释"证"字为"谏也"，即

---

[19] 葛洪：《抱朴子外篇卷二十三·弭讼》。
[20] 刘义庆：《世说新语中卷下·赏誉第八》。
[21] 范晔：《后汉书·独行列传第七十一·缪肜》。
[22] 班固：《汉书卷八十八·儒林传第五十八·孟喜》。
[23] 王逸：《楚辞章句·离骚经第一》。
[24] 凌濛初：《二刻拍案惊奇》卷十三。
[25] 王力主编：《王力古汉语字典》，中华书局2003年版，第1267页。

劝谏、纠正的意思；"證"字则训作"告也"，即告发、检举之意。[26] 分析字义，"证"与"證"都与言语有关，前者要以一套说辞来恢复正确的情况，后者则是主动告发，说出真相，"告发是向上一级机构进行举报的行为，而告发之言，又是记录在案"[27]。此外，依据《故训汇纂》中历代训诂研究所得，"證"字与"徵"、"症"同源，因而还有着验证、征兆的意思。[28] 王力认为，"典籍中常以'證'训'徵'，或同训'驗'"[29]。"据"与"據"，《说文解字》道"据，戟挶也"，"據，杖持也"，[30] 前者是一种手不能屈伸的病，但有时可假借为"據"字，后者则依然同现代汉语中同一字的意义差不多，有依靠、依凭的意思。但"据"与"據"，从汉字之象形特征来看，似乎都有着不可变更、不可再退的意思，手不能伸缩则是成为固定的样子，无法改变；杖持则是支持、支撑之意，保证一切维持着平衡状态。这样来看，"据"与"據"，若是同源，则本意都应该有确定的、固着的、不可变更的意思。

　　从上述语词历史变迁中，我们会看到古代汉语中的"证"与"据"字，有着其本身的独有意义；从作为证据一词的语义成分来看，"證"字的告发本意，表明"證"更多的是作为人的一种主观活动，告发的前提是自己相信所告发之事的正确性，从而达成告发之目的。这接近于后世的证明。包山楚简中关于"證"字的一段相关文字，大意是说因为一桩官司，为了指证某人杀了人，需要一批人举行盟证的仪式，然后听取并接受这些人的说辞。[31] 从这段材料中，我们会发现与"证据"相关的字很早就出现在了司法这一专门领域中。楚简中所用的词叫"盟证"，即发誓作证、指证之意，与许慎所解释的告发之意相比，这个词更多表现出以外在的神灵为担保，以一种仪式或程序来确保所言的真实性。我们今天已经很难完全复原当时的盟证场景，但直到近代，汉语中还有着类似的词语，比如证盟、证盟师一词，但意义更多的是向神佛许愿、盟誓、证人等，也可作为证据的同义词。[32] 而在传世文献中，春秋时代，《论语·子路》中有言"吾党有直躬者，其父攘羊，而子证之"[33]，若是这段文字系《论语》结集之初既有的，那这个传世文献中的证字比包山楚简在年代上还要上行许多年。值得注意的是，这里的证字依然出现于司法领域。证据概念很有可能最早就是出现于司法领域，其主要功能就是要评判，确定真相。从文献来看，证据很可能最早就是一种旨在求真以行事的证明活动，其确保获得真的手段

---

〔26〕　许慎：《说文解字·言部》。

〔27〕　李土生：《土生说字·春》，中央文献出版社 2009 年版，第 1257 页。

〔28〕　宗福邦等主编：《故训汇纂》，商务印书馆 2003 年版，第 2149 页。

〔29〕　王力主编：《王力古汉语字典》，中华书局 2003 年版，第 1298 页。

〔30〕　许慎：《说文解字·手部》。

〔31〕　湖北省荆沙铁路考古队编：《包山楚简》，文物出版社 1991 年版，第 26 页。

〔32〕　许少峰编：《近代汉语大词典》，中华书局 2008 年版，第 2383 页。

〔33〕　《论语·子路》。

靠的是外在神灵主导下的一定的程序。在包山楚简中，盟证依然是向着神灵发誓，然后才进入到人事活动。尽管盟证行为受人主观自由支配，但盟证的合法性仍旧依赖于外在神灵。

综合对"证据"一词的古今释义考察，我们可以认为作为语词的证据，自成词之日始，其普通意义在汉语中是非常稳定的。然而，证据一词从语义成分的渊源来看，单纯地指作外在的东西是不够的，它以获得真相为目标，与人的活动紧密结合，最初就是指一整套外在证明程序下的活动，其主要的和最初的应用领域可能就是司法领域。在今天，"证"更多地被用为动词，表示人的活动；"据"更多地当作名词，表示可依靠的事物。两者的结合赋予了证据作为活动与事物的双重含义。尽管现代汉语把"证据"与"证明"作了区分，但"证据"在历史中与"证明"是最为接近的一对概念。若是考虑到文字改革，把"证"、"證"统一为"证"字，那么，今日的字典对证据一词的定义是有限的，剥离了"证据"的动词属性，单纯地指称外部实在，但因文字改革造成的"证"、"證"合而为一，仍然潜在地包含了以言语进行规劝、说服，而非仅仅求真的意思了。"證"字与"徵"、"症"同源，更潜在地赋予了证据作为某种情况之表征、表现与迹象的意思，那么证据暗指着其本身就是欲证明之情况的一部分。字典与词典中证据的普通定义远远没有揭示出证据一词的历史文化内涵。

由于证据在古今中外是被普遍应用的，以下我们将分析英语等相关词典定义来比照考察证据。

二、西文词典中的"证据"及其词源

我们最常用的外语是英语，与汉语对应的英文词汇，习惯上我们依然会借重外语词典。常见的双语词典把中文词汇一词与相关西文词汇一一对照起来，隐含的前提是不同语言的语词像方程式一般，彼此对等，意味着同一个东西。英语在这类字典中，所处的位置其实类似于汉语的释义。比方说，某本汉英辞典中就把证据对应着英语中的 evidence、proof、testimony、witness 等词，证明则对应着相应的动词形式的 prove、testify、demonstrate 等词和名词形式的 certification、identification 等词。[34]从这些词汇中，我们可以看出相关的对应原则是一对多。不过，对应的诸多英语词汇本身是有所区别的。比方说，testimony 是证词，witness 是目击证人等等。从术语的单义性和精确性来说，这类英语词汇翻译成中文如果统一用证据一词，都不精确。在英汉对译中，证据被灵活地翻译为相应的适合不同情境中的英语词汇。尽管在词义的解释中，人们力图做到精确对应，但所有的汉英对照字典中，还是在证据条目

---

[34] 吴光华主编：《汉字英释大辞典》，上海交通大学出版社 2002 年版，第 1379 页。

下，罗列了这些词汇，这使得它们在此类辞典中丧失了语词使用时所具有的那种具体情境与灵活性。字典在循环定义之外，又出现了新问题。但若是把证据之汉语词汇作为一个语族，证据之英语词汇作为一个词族，两者之间作比较，相对来说方便得多，这可以被认为是一对一，但这种一不是一个词，而是一个词族，并且这种对应也许不是那么精确的。

从实际经验来看，在汉英词语对照中，evidence 倒是普遍首先被翻译为证据一词，相对来说该词与汉语证据一词被结合在一起的情况是较为频繁的。

备受好评的《英汉大词典》中，对 evidence 一词的解释首先给予的解释是"根据；证明"，这与汉语中证明之根据的定义没有差别。该书将 evidence 区分为名词与动词。名词中第二义为"【律】证据；证词，证言；证人；物证"，第三义则是"迹象，痕迹"。[35] 这样的解释认为它是可以找到的，无论是证物证言，还是迹象痕迹，都是看得见的事物，侧重于从外延来解释 evidence 一词。作为动词，evidence 其意义主要是证明。上文中，我们梳理了汉语证据一词的定义，并从文字同源与变迁的角度，指出了证据一词因语形变化和历史渊源所具有的那些潜在的意义。从《英汉大词典》的 evidence 释义来看，这个词的中文基本上涵括了汉语证据一词的现代意思，并且和《汉语大词典》一样，也特别标明其专属法律领域。以外延实指的方式界定 evidence，方便了人们在实践中具体使用这个词。总的来说，evidence 一词，在通晓中英文字的人士心中，是基本对应于汉语证据一词的。从实际的交流活动来看，这样的界定也是合宜和实用的。不过，在这本词典中，与汉语证据一词不同的是，evidence 的动词首义却是"显示；表明"，而且名词第四义是"清楚、明显"。汉语中，并没有特别突出这个意思，从求真旨趣来看，证据作动词，可以等同于证明，证明若是求得真相，自然有着把事情搞清楚的意思。但明显之义，在英文中明确提出，这是英文 evidence 一词的重要特点。evidence 的形容词形式则分为两个词，evident（明显的）和 evidential（作为证据的）。

如果说通过这类中小型辞书，可以知道在当今时代，evidence 等词的主要意义。那么若是要更深入地查考 evidence 一词的渊源，我们则需要用到权威性的《牛津英语词典》(Oxford English Dictionary，通称 OED)，OED 与《汉语大字典》、《汉语大辞典》一样，罗列的是古往今来关于 evidence 等词的所有意义，是我们探究证据之英语表达变迁的最主要工具。诚如威廉斯（Raymond Williams）与燕卜荪（William Empson）所一致认为的，"对于词义之探讨，我所能做的是就是几乎完全倚赖这一个呈现在眼前的庄严物品"[36]。《牛津英语词典》囊括了自 1150 年以来所有见之于文

---

〔35〕 陆谷孙主编：《英汉大词典》，上海译文出版社 2001 年版，第 595 页。

〔36〕 ［英］雷蒙·威廉斯：《关键词：文化与社会的词汇》，刘建基译，生活·读书·新知三联书店 2005 年版，第 10 页。

献的英语词汇，除了详尽地阐释词汇的意义之外，还特别注重词汇在不同时间与地域所发生的变化。

"辞典编纂家依靠统计来决定词条的设立或义项的排序"[37]，《英汉大词典》和其他词典的词项意义排列一般都是这样。但 OED 不同，其原名是《新英语词典》(年代顺序版)(*New English Dictionary on Historical Principle*，故又称 NED)，表明这类词典系按照历史编年顺序排列，"对收录的词作详尽的历史描述，即从形体、含义、用法等角度. 全面揭示各词的起源、历史演变和现状"[38]，它不以确定词义为主，而是以描述该词在历史中演变为主。

在《牛津英语词典》中，学者们研究认为 evidence 首义为 "The quality or condition of being evident; clearness, evidentness"[39] (明显的性质或状态；清楚明白；明显)。这是英文中 evidence 一词的最初的意思，仅仅指一种无须思考，一目了然的显白情况。相近的释义还解作实际的呈现(在场)、展示。此外，它还有着所显露出的事物以及专门的法律术语之义。从历史引文来看，在现存英语文献中，1300 年，evidence 被首次写下，被用来意指着 "An appearance from which inferences may be drawn; an indication, mark, sign, token, trace. Also to take evidence: to prognosticate. to bear, give evidence"[40] (可由之推出结论的某种表象；一种指示、标识、记号、标记、痕迹等意思)。这种看得见的情况，在最初的使用情境中，被落实为一种符号、征兆。在 1391 年，乔叟(Chaucer) 写道，"I have perceived well by certeyne evidences theire ability to lerne sciences"[41] (我已经从某些迹象感知到了他们习得科学的能力)。而在 1665 年，奥卡斯(Boyle Occas) 言道，"Certain Truths, that have in them so much of native Light or Evidence...it cannot be hidden"[42] (某些真理，在它们中有着许多天然的光芒或证据……它不会被遮蔽)。这些引文显示出 evidence 一词的本义仅仅是那看得见的明显情况，即所欲知之情况的看得见的那部分，并与真理紧密相关。从初始义来看，它并不涉及某类程序化的证明活动，这与中文十分不同。换言之，evidence 本指一目了然。在该词最初使用的时候，它还有着例证、事例、担负证明的东西的

〔37〕 姚小平：《西方语言学史》，外语教学与研究出版社 2011 年版，第 25 页。

〔38〕 李荫华编：《英语词典初探》，商务印书馆 1985 年版，第 78 页。

〔39〕 Edmund Weiner & John Simpson (ed.), *Oxford English Dictionary* (second edition on CD – ROM), Oxford University Press, 2005.

〔40〕 Edmund Weiner & John Simpson (ed.), *Oxford English Dictionary* (second edition on CD – ROM), Oxford University Press, 2005.

〔41〕 Edmund Weiner & John Simpson (ed.), *Oxford English Dictionary* (second edition on CD – ROM), Oxford University Press, 2005.

〔42〕 Edmund Weiner & John Simpson (ed.), *Oxford English Dictionary* (second edition on CD – ROM), Oxford University Press, 2005.

意思，这些意义依赖于看见之义。在该词最初使用的时候，它还有着例证、事例、担负证明的东西的意思，这些意义都是指看得见的事物。evidence 用作法律用语，是从 14 世纪中叶开始的，在其法律用语这一大的义项中，evidence 就是证人、证言、证物，即法律调查所给出的、用来确定争议之事实或观点的信息。

此外，和中文证据一词一样，evidence 的释义中大量地与 proof（证明）等词交织在一起。proof 有着繁多的司法意义，也可以指称证人。当然，proof 同样可以用来表示证明的行为，而非上述证明活动的结果。特别地，proof 还可以用来指 "The fact, condition, or quality of proving good, turning out well, or producing good results; thriving; good condition, good quality; goodness, substance"[43]（证明或可得出良好结果的事实、情况或性质），这表明 proof 也被认为是外在的事实。proof 还可以作为形容词，表示不可入的，这暗地里赋予了名词意义一种坚实、确凿的性质。另有相关的 witness 一词，现在通常解释为目击证人，但其首义 "Knowledge, understanding, wisdom"（知识、理智、智慧），与其他词汇截然不同的。如果 witness 最初是知识，那么这种知识是一种亲自看到所得的知识。这是一种亲知的知识，当其写下来的时候，就成了 testimony，而亲知的主体只能是这在场的人，从而它也就有了证人的意思。[44]

基本可以判断，英语中 evidence 为代表的证据诸词，以及更多应用 evidence 的词组，构成一个庞大的证据词族。而且除了这些类似词汇之外，英语的特点还决定了有着更多应用 evidence 的词组。比如在现代英语中，有许多形容词可以与 evidence 构成词组，比如有 circumstantial evidence 间接证据、情况证据、conclusive evidence（确证）、demonstrative evidence（确凿证据）、direct evidence（直接证据）、documentary evidence（书面证据）、external evidence（外来的证据）、hearsay evidence（传闻证据）、internal evidence（内在的证据）、King's or Queen's evidence（对同犯不利的证据）、material evidence（物证）、moral evidence（符合普遍经验的当然证据）、presumptive evidence（指定证据）、self evidence（自明的、明显的证据）。

而从词源上来看，vide 是构成 evidence 意义的重要成分。vide 是拉丁文，意思是看见，这是 evidence 获得明显性之意义的根本要素，evidence 源自后期拉丁语 ēvidentia，意为明朗、明确、明显，在修辞学中指清楚易懂的叙述。[45] 根据西方学者研究所得："是西塞罗（Marcus Tullius Cicero，公元前 106~43）第一次引入了 evidentia 这个术语，这一拉丁语译自希腊语 εναγεια，意思是显见的性质（the quality of

---

[43] Edmund Weiner & John Simpson（ed.），*Oxford English Dictionary*（second edition on CD – ROM），Oxford University Press, 2005.

[44] cf. Eric Partirdge, *Origins: A Short Etymological Dictionary of Modern English*, London & New York: Routledge, 1966, p. 3810.

[45] 谢大任主编：《拉丁语汉语词典》，商务印书馆 1988 年版，第 200 页。

being evident）。"[46] proof 则源出后期拉丁语 prōbo，意为试验、体验、证实、证明，[47] 也与 probātiō 有关。probātiō 有着试验、尝试、检验和证据、论证、证明的意思，这些意思与 prōbo 类似，它更有着真理的能见性的特别含义。[48] 这个含义直接挑明了求真的旨趣，并表达了探究的必然成功信念，更是把证据提升到真理之看得见的那一部分，证据隐然就是真理。而在《牛津拉丁语词典》中，prōbo 一词的所有英文释义，都与赞同、认可有关，它表示一种赞同他人的观点，这种赞同是正式的，而且是对他人的认可，是好的，但这种观点需要先被验证，而验证的结果预先就被认为是真的。[49]

回溯到相应的希腊词 εναγεια。在《希英大词典》中，εναγεια 的首义就是 "clearness, distinctness, vividness"（清晰明显鲜明的性质），在此义项下细分开来，它在哲学上是 "clear and distinct perception"（清楚明白的感知），在修辞学上是 "vivid description"（生动的描述）；其次，意为 "clear view"（清晰观点）；第三，"self - evidence"（自明性）。[50]

从拉丁语与希腊语的词源释义来看，evidence 在希腊罗马时代的本义都是明显的、显而易见的，与视觉有关，讲究对心灵和感官的明显性。而且都特别强调语言本身的那种动人的有效性，这种语言层面的内涵，比汉语更强调说服之意。在《希英大词典》中，自明性的定义，远远使得 evidence 摆脱了动辄被英文等现代欧洲语言中牵扯进证明活动中的处境。在希腊文中，evidence 作为感知，与人的身体密切相关，这种感知即是对外在世界的，也是面向内在心灵的。其内涵是异常丰富的。

在古希腊语中，evidence 并不承担着后世证据的主要意义。希腊人有着自己的证据词汇。学者们通常把对应翻译为中文证明、论证，其直白的意思是指出、显出、表明，把潜藏的东西大白于天下。[51] 证据相关的古希腊词义突出了亲见、并且见证者本身就成了所见证之事的证据，典型的就是殉道者见证了并证明了神的伟大。不考虑希腊词的变形与音调，被界定本义为 "point out, display, make known, whether by deed or word"[52]（通过事例或言语而指出、展示、使人知晓）。这是一种典型的认知表达活动，它借助外在看得见的事物和听得见的言语来表达内在的认识，因而这个词还被认为是 "show forth, exhibit something of one's own"[53]（展示属于某人所

---

〔46〕 David H. Schum："关于证据科学的思考"，王进喜译，《证据科学》2009 年第 1 期，第 48 页。

〔47〕 吴金瑞编：《拉丁汉文辞典》，光启出版社 1970 年版，第 1111 页。

〔48〕 吴金瑞编，《拉丁汉文辞典》，光启出版社 1970 年版，第 440 页。

〔49〕 B. G. W. Glare, *Oxford Latin Dictionary*, Oxford：Oxford University Press, 1968, p. 1465.

〔50〕 Henry George Liddell and Robert Scott, *A Greek - English Lexicon*, Oxford：Clarendon Press, 1996, p. 626.

〔51〕 罗念生、水建馥编：《古希腊语汉语词典》，商务印书馆 2004 年版，第 97、150、523 页。

〔52〕 Henry George Liddell and Robert Scott, op. cit. , p. 195.

〔53〕 Henry George Liddell and Robert Scott, op. cit. , p. 195.

拥有的东西），凸显了证据的公开性与可表达性。由之，这个词从活动本身变成了活动的所得，即被认为表现了"ordain a thing or person to be"[54]（规定某事或某人所是）的种种信息，这些信息是关于某情况的准确展示，而所有涉及的事实则被规整地提呈并解释。Evidence 一词本义指"bear witness to or in favour of another, confirm what he says"[55]（给出目证或者赞成支持别的目证，坚信他所说的），是在人的活动中用到并感知到的；其次意思是"to be in aspect with"[56]（与事物有着表面联系的）。这表明希腊人认为证据是相关事物的一部分，而且是看得见的那部分。引申开来，这个词就有着赞赏和证词的意思，显然证据必须是一致认可的。是证词、证明之意，但在大词典中很强调它与十诫的关系，它特指刻有十诫的板（the tables of the Deca-logue)[57]，如此一来，这个词汇的证据尽管是言辞，但却是神圣的，是神启示的。证据具有神圣性、真理性。

三、比较视域中的"证据"定义反思

对中文与英文中的"证据"一词进行一个历史语义的考察之后，很自然地，在我们心中都会有一个比较的意识。对于比较的理论前提，我们在这里可不去讨论。在生活中和学术研究中，比较是一个不言而喻可以进行并且已经在进行着的活动。上述历史语义学的考察中，在某种程度上，已在进行比较，即对历史进程中同一概念词汇前后不同语义的比较。特别地，在考察英文证据定义时，研究入手的汉英字典本身就是比较的产物。

总的来说，证据概念的定义在中西语境中较为稳定，尽管证据有着诸多历史含义，但在现代社会中基本上没有什么特别突兀的变化。它们在基本义上，与中文证据的意义并不相同，前者是一种明显的状态，是看得见的，在这种状态中，所见到的无论内心反省的还是外在感知的事物，都是人们共同认可的，它是证明活动的基础；后者最初就是一种仪式化、程式化的活动，仪式后的所得才能是可以共同认可的，是证明活动中的要素，与人的言语密切相关。英文 evidence 等词还明确有着表象、迹象的意思，这也是与汉语略有不同的。但随着历史的演变，中文与英文的证据概念，不约而同地向外在事物靠拢。只有在证据概念之外延的领域内，或者说证据外化为具体的人、事、物上的时候，中英的证据概念才得以基本（绝非完全）吻合，但内涵也还是有所差异。不过，evidence 和证据，都是以获得真知、真相为旨趣，真（truth）是一个主导着证据概念的关键词。

---

[54]　Henry George Liddell and Robert Scott, op. cit. , p. 195.

[55]　Henry George Liddell and Robert Scott, op. cit. , p. 1082.

[56]　Henry George Liddell and Robert Scott, op. cit. , p. 1082.

[57]　Henry George Liddell and Robert Scott, op. cit. , p. 1082.

其次，中西证据一词都与司法密切相关，其本身（无论是什么）都是真理看得见的部分。法律是裁判、评定，做出结论的地方，民事诉讼的重要原则就是平息纠纷，显然，证据的出现与使用就是要把问题搞清楚。于是，证据一词的由来这个问题就自然而然地出现了。现今所见的"证据"字样及其释义，并没有合理解释"证据"二字的由来，换言之，为什么在某个时代要发明"证据"这个词呢？在汉语中，迄今没有发现东周之前有类似证据字样的文字，是没有还是未能留存下来呢？说没有是难以想象的。语言的基础是语音而不是文字，口头语言必定先于书面文字。"每一个时期的词义演变，在进入书写纪录之前，必定早已在日常生活语言里发生过了。"[58] 殷商甲骨文已经是相当成熟的文字。那么春秋战国时期及此后证据字样更多地使用与留存，极有可能表明此时遇到了新情况，需要人发挥主动性以确保或获得某种真实情况。我们今天知道东周以前，社会是比较稳定的，占卜与祭祀等宗教活动较为突出，"国之大事，在祀与戎"[59] 尽管人世纷争不断，尤其是商周易代有"革命"之说，但都没有带来对超自然力量的怀疑，神灵始终是主宰人的根本性力量。从商王占卜活动来看，人之行动的依据在于天，焚烧甲骨所得的裂纹征兆，就是上天给予的可靠指示，甲骨的征兆本身就是真的，这不容怀疑，不需要再去证明其真实性。天与人的沟通还是比较顺畅的，人从来没有怀疑过这种沟通的有效性。这应该就是社会生活中的证据，它就活生生地呈现在人们的生活中。因而当信仰本身动摇后，人事因素上升，证据一词就必须被发明出来。一切需要人来进行裁决的地方，都有着证据概念的存在。由之，证据不仅具有认知的意义，更有着社会伦理的意义。

而从历史语义考察可以看出，中西证据在历史中都兼指着行为与事物，其词汇在动词属性与名词属性中变化，在漫长的演进中却都力图统一于外在的事物。中西证据最大的区别在于，汉语证据在本义上更多的是一种证明活动，而西方语境中 evidence 更多的是清楚明白的性质、情况、境界。但正如汉语证明一词，从字面上看就有着使之明白、清楚的意思，西文中各种证据词汇也并非没有活动之意。但是，值得注意的是，双方都或隐或显地有着言语的说服之义。比如，从拉丁文 contestation 来看，其义可以被翻译为"口供，供词；证据，证明；当着证人面讲述的口供"，[60] 这样的释义表明这个词依然和希腊语一样注重亲知，但在流传中，这个词又有了"论点，主张，见解"以及"坚决的请求，哀求，恳求"的意思，[61] 而这些意思关

---

〔58〕 ［英］雷蒙·威廉斯：《关键词：文化与社会的词汇》，刘建基译，生活·读书·新知三联书店 2005年版，第 12 页。

〔59〕 《左传·成公十三年》。

〔60〕 谢大任主编：《拉丁语汉语词典》，商务印书馆 1988 年版，第 131 页。

〔61〕 谢大任主编：《拉丁语汉语词典》，商务印书馆 1988 年版，第 131 页。

注于信念的表达与效果，丧失了求真的旨趣，削弱了真的力量而谋求言辞的说服力，这就只注重修辞层面了。从这种字义上的变化，可以想见在古希腊历史学家修昔底德会强调亲见，而罗马的西塞罗则以演说著称于世并成为拉丁语 evidentia 一词的最初使用者，就不是偶然的了。因为在后者那里，看见不重要，让你相信看见了的才是重要的。

此外，证据成为语词，就在人们的社会生活中发挥着重要的作用。在不同的情境中，人们会用到不同的证据词汇。不同的语言中证据概念并非只限于单一词汇，而是构成庞杂的语义场，彼此交织在一起。依循我们的历史语义考察路径，我们可以看出，在语言对译中，不是单纯的一对一，而是不同词族之间的对译，两边的"一"都是"多"的集合。这种"多"，不仅仅是单一的词组、短语，而且有的还是诸多词组、短语构成的小集合。"一"有时候也是一种"多"。证据概念在任何一种语言中都是有着多重含义，尽管人们常识上一般只明确意识到其中最重要或最常见的意义，但并不代表在语境中，人们只传达出单一意义。而且，一种语言所表达的证据概念，在进入到另一种语言中时，会被强制性外化为另一种语言的单一词汇，从而此种语言中立体的、丰富的语义内涵常常会被平面化、单一化地理解。若是我们多关注些英语以外的欧洲语言，这种情况就更加明显了。在法语中，évidence 依然以明显性为首义，尽管它具有类似汉语证据的意思，但更多用在日常生活中。我们对这个法文词汇多只关注与明显有关的词义。[62] 相关地，prevue 在法语字典中被明确界定为证据，并在司法领域中被普遍使用，而 prevue 特别地有着修辞学上的意思，即论证、引证。[63] 尽管汉语中证据潜藏着说服、劝告之义，但按照一般看法，论证并非证明，证明追求确定性的真，而论证只是讨论或然性的真。在德语中，类似英语 evidence 的词是 Evidenz，意思就是显著、明显。这依然符合西方语言以明显性为证据之主要特点。但德语 Nachweis、Beweis 等证据用词却源自 weisen（指点、指示），一个古老的日耳曼语词，名词则是 Weise（方式、方法）。[64] weisen 有点类似于英语的 to show（展示给人看），Weise 还有着路标、指示牌的意思，因而德语证据一词在使用中更多的是偏向于证明的方法，其特点在于强调动作与程序，靠着这种动作可以通达目标。这一点倒是接近于汉语"证"字古老的盟证之义了。从词源上来看，weisen 有着指示的意思，表明德语中证据词汇意思是一种获得真知的媒介、符号。而这些转换为汉语都隐而不彰了。

经验性判断只是让我们对历史上的主要证据定义有所认识，并且正如我们在上

---

〔62〕 张寅德主编：《新法汉词典》，上海译文出版社 2002 年版，第 385 页。

〔63〕 张寅德主编：《新法汉词典》，上海译文出版社 2002 年版，第 801 页。

〔64〕 Walshe，*A Concise German Etymological Dictionary*，London & New York：Routledge & Kegan Paul Ltd.，1951，p. 247.

文中所指出的，此类定义还有着循环论证等问题，不能解决我们关于证据概念的界定问题，也不符合现代学术研究对术语的精确性要求。历史语义学的考察不能只满足于经验认识，必须在此基础上进入到对概念本身的反思。

四、"证据"定义的理论反思

概念是人类认识之网上的扭结，在形式逻辑中是通过推理得出结论的第一步。对于一个概念来说，最重要的就是给它下个定义，明确它是什么，从而使得推理可以进行下去。亚里士多德说，"定义乃是揭示事物本质的短语"[65]。因而，一个概念，以语词的形式呈现出来，则其定义的语义内涵必须能够抓住概念的本质。有鉴于逻辑推理作为求真的过程，必须从真到真，否则无法得出真知，同时作为逻辑推理之起点的概念也不可能有两种本质。因而，某一概念的真正定义只能是唯一的。证据概念原则上也必须有唯一定义。

我们所讨论的各种字典与词典尽管罗列了诸多义项，以此来表明该语词的语义丰富性，但在每一义项中，对于证据一词都采用了一句话或者短语的形式来界定它。我们因了种种原因而对这些定义有着天然的信任感。但仅就证据这个词来看，在实际生活中，字典与词典的解释并非定于一尊，依然有着种种争议。显然，字典与词典中的定义，一旦进入实际工作层面，并非被无条件地完全施用，从概念界定的角度来看，那类定义并没有真正把握证据的本质。

我们已经分析判定字典与词典中定义的一个问题是循环定义。从相关字典的释义可以看出，把证据释为证或据，然后把证或据释为证据，是同语反复。通过描述证据的相关外延，把证据直接解释为证人、证物、证言等具体的事物，以大家看得到的情况来解释证据一词，并不能应对现实中可见情况时时在变而且众人所见情况并非相同的问题，那么这种描述又如何能够实现把握概念本质的任务呢？再而，采用严格的属加种差的方法，这种方法，按照亚里士多德的说法，"必须把被定义者置于种中，然后再加上属差；因为在定义的若干构成要素中，种最被认为是揭示被定义者本质的"[66]，从而证据是有某某属性的事物这种定义，自然就可以分析为某某属性和事实这两部分，但随之带来的问题是，本定义中的属（事实）依然要被定义，从而不断定义更高一级的类、属、种，最终会面临着"对于最大的类就不能有属加种差的定义"[67] 的困境。如果根本性的最大的类没有明晰是什么，那么此后的属加

---

〔65〕 ［古希腊］亚里士多德："论题篇"，徐开来译，载苗力田主编：《亚里士多德全集》（第 1 卷），中国人民大学出版社 1990 年版，第 357 页。

〔66〕 ［古希腊］亚里士多德："论题篇"，徐开来译，载苗力田主编：《亚里士多德全集》（第 1 卷），中国人民大学出版社 1990 年版，第 471 页。

〔67〕 金岳霖主编：《形式逻辑》，人民出版社 1979 年版，第 47 页。

种差其合法性也必然面临着可疑。可最大的类恰恰是没法定义的，因而字典与词典中的定义，很多并非本质性的证据概念定义，对于其中无法定义的问题，只能归结于日常生活经验赋予的"想当然"的必然性。

字典与词典中证据的定义问题，并非专属于"证据"一词，或者唯有字典与词典独享。相反，这种定义问题是普遍存在的。事实上，这样的问题在字典与词典的编纂者们那里，也是清楚明白的。《牛津英语词典》等大部头的辞书，按照历史主义的原则编纂，不再将语词释义强制性地规定为某几项，而是根据历史变迁的实际情况罗列义项，重在描述这个词而非规定这个词。所谓的首义，在规范性词典中是最主要的意义，但在历史性词典中则仅仅是它最先写下时候的意义。最重要的，这种历史性词典把该词当初的各种使用情况直接予以引文，让我们看到它当时是如何被使用的。换言之，单纯地给定词语的意思并没有多少用处，唯有在丰富的例证中才能理解无法精确化的释义。很多规范性的词典，有鉴于无法精确定义，也都以组词、例句等方式力图具体地谈论相关词汇的意义。这实际上表明把握本质的定义是难以做到的，字典与词典无法把握概念，只能对历史上所出现的情况忠实地加以描述，或者以例句的形式表现其意义。

不过，在埃柯（Echo）看来，字典与词典最大的问题在于它们是一个封闭的体系。"所谓词典，其模式可以看作是像结晶一样地完成了的意义空间。"[68]。换言之，字典与词典总是设定了有限的义项，一旦词典完成，原则上不可更改，所有的意思被固定并作为标杆。而我们一旦参照词典，潜意识里就被词典的释义所束缚，可完全照搬词典的解释却未必符合实际情况。尽管历史性词典罗列了历史上的各种证据使用的意义与情况，但历史性词典无法预料到所有的情境，从而也就无法给出所有的证据释义。事实上，这个任务也是不可能完成的。

由之，我们似乎可以判断所有力图一劳永逸地解决证据定义的做法，是不可能实现的。情境变化无穷，证据也随情境而变化，证据定义问题也必然是一个历史性的过程，对证据的认识亦是如此。更重要的，如果只有在具体的情境中通过使用证据才能真正理解证据概念，那么证据定义的问题必然转化为在某某情境中，什么可以成为证据，证据如何被使用的问题。我们似乎可以断言：证据的本质要向证据的用法去寻得，证据的意义在于其使用。这种对证据的看法与20世纪晚近以来西方日常语言学派的观点很接近。但这样一来，似乎字典与词典可以从我们的生活消失了，因为它无法给我们一个准确的定义。可事实上，它们确实在生活中还发挥着不小的作用，我们离不开它们。

证据概念与证据语词是不同的。"证据"这个词的意义并不一定是证据概念的真

---

〔68〕 ［日］筱原资明：《埃柯：符号的时空》，徐明岳、俞宜国译，河北教育出版社2001年版，第88页。

正的或完全的意义。从形式逻辑来看，"概念既和事物有关，又和语词有关，我们要揭示一个概念的内涵，就既可以从揭示事物的特有属性方面进行，也可以从揭示语词的意义方面进行。"[69] 如果我们要在证据之使用中理解证据概念，那么我们探究证据之意义的方法依然是要围绕证据这个词。我们在一开始就把证据界定一个语词。作为一个语词，"证据"是属于语言系统内的，语言就是一套符号系统，证据自然也就成为一个符号，不过，是一种语词形式的符号。作为一个符号，它表达着我们的思想，并指称着外在的事物。作为一个符号，人们既可以在符号系统中纯粹依照符号演算规则使用它，而不考虑它的意义，也可以以之为工具，在言与行中表达着自己的思想，以收到相应的效果。作为一个语词符号的证据，并非证据概念本身。因而，字典与词典中的证据定义，不能被理解为证据概念的真实定义，而只能被认为是语词定义。"语词定义就是规定或说明语词的意义的定义。"[70] 它起的主要功能就是让我们明白这个词在语言系统中是什么意思，从而帮助我们去理解这个词所代表的概念的本质意义。它作为符号，代表着这个概念，但其实际只是指示着这个概念。证据是概念，"证据"是语词符号。因而，上文中字典与词典的问题，如果只是语词定义自然无妨，但很多时候，人们总是不经意地以真实定义（揭示事物之本质属性的定义）方式去界定证据概念，这就必然造成各种误解。

由之，证据的定义要区分为语词定义与真实定义。作为一个语词，对其定义是可行的，这种定义只是把证据这个词与相关的事物联系起来，激发我们思考与行动，并不能揭示证据这个概念的本质。"既然语词定义的被定义项是表示一个语词的自身，而定义项是表示事物的某种属性或具有某种属性的事物，那么定义联项就应当是语词与事物间的一种关系，具体地说，就是'表示'这种关系。"[71] 比方说，"证据是证明的根据"这种说法，以真实定义的面目出现自然容易引发争议，无助于解决问题，但若是从语词定义角度理解，以"证据表示证明的根据"这种定义方式，把证明与证据联系在一起，从而引发人们在具体的证明活动中探究并应用证据概念，显然是实用可行的。

有鉴于证据概念要在使用中方可认识，相应地"证据"作为一个语词符号，必然出现在证据概念使用的任何情境中。作为语词符号的证据，从我们对之历史考察来看，其本身也有着历史的变易性，并非完全的一成不变。在历史场景中，我们会见到证据、见证、证人、证言等等我们所谓的证据词族，然而在漫长的历史中，我们逐渐把这些不同的语词符号统一称作证据。这样，证据这个词，作为符号，不仅可以表征思想，代表着证据概念，而且在符号系统中，还可以用来代表其他相关符

---

[69]　金岳霖主编：《形式逻辑》，人民出版社 1979 年版，第 44 页。
[70]　金岳霖主编：《形式逻辑》，人民出版社 1979 年版，第 48 页。
[71]　金岳霖主编：《形式逻辑》，人民出版社 1979 年版，第 49 页。

号，其他相关符号自然也可以代表着证据这个词，彼此之间可以替换，从而使得在不同情境中出现的证据符号是多样的。

由于证据概念必须在证据活动中才能被完整认识。而从形式上来看，证据概念只有以符号的形式外化出现，才能参与到证据活动中。人们在进行证据活动的时候，把心中所拥有的证据观念赋予这个符号，从而生成证据意义，指称某种实际的事物为证据概念的承载物。但无论是符号、观念还是事物，都只是从某个侧面表现的证据概念。在情境中，人们的证据思想、证据符号与可能的证据承载物，三者因为人的活动而得以勾连在一起的时候，证据概念方才得以完整呈现。

更而由于证据依赖于人的活动，从而人对证据概念的认知程度无疑将限定着证据概念的呈现程度。人作为历史性的存在者，每个人、每个群体对事物的认知程度都是不同的，而且这种程度的差异随着人的认知结构和时空的转化而变化。因而，在每一处情境中，证据的表现会因人而异。证据概念在证据活动中以符号指向着外物与观念，却又依赖于相关人士的认知程度与结构。证据概念可以说是认知结构与外物或符号的结合体，人的认知结构是证据概念的必要部分。证据是属人的证据。

探究科学证据可接受性的制度路径[*]

刘建华^{**}　郭沁珩

法庭科学，又称刑事技术或物证技术学，是刑事法学与自然科学结合的产物。人们依赖法庭科学的各种技术对案件中出现的检材进行鉴定，并向法庭提供反映案件真实情况的实物证据。可以说，这些实物证据是以技术科学的方法顺应刑事司法的要求，提升了科学证据的诉讼价值。

人类的司法活动已经进入了科学证据时代。在纷繁复杂的现代社会生活中，在日新月异的科学发展进程中，司法活动的对象在不断提高其科技含量，司法活动的环境也在不断更新其科技内容。因此，我们要实现司法公正，就必须依靠科学技术，就必须提高司法的科学水平，这符合时代要求和发展需要。

但另一方面也应该意识到，科学证据不一定是科学的，由于个人主观因素等的介入，科学证据也会"说谎"，因而呈现出不确定性的一面。在司法裁判越来越依赖于科学证据的时代，作为裁判者的法官如何审查认定科学证据，其"可接受性"已作为一个描述某种特征或属性的词语，已被用于形容判决的执行性及权威性。正如中国人民大学何家弘教授所言，法官对科学证据认定的趋势，将成为法庭审查判断此类证据提出新的挑战，尤其是其"可接受性"将是法官心证公开的难题。

一、科学证据大量进入庭审现场成为必然

正如美国耶鲁大学法学院达马斯卡教授所感慨："伴随着过去 50 年惊人的科学技术进步，在司法领域，新的事实确认方式已经开始挑战传统的事实认定方法。越来越多的对于诉讼程序非常重要的事实只能通过高科技手段查明。"因此，随着科学技术的迅猛发展，信息网络、材料工程、生物技术等现代科技全方位、多角度地冲击着法律领域。

（一）科学证据是现代诉讼的必然产物

随着科学技术的不断进步，科学在我们日常的生活中得到广泛应用。由于犯罪更加智能，预谋性与隐蔽性不断加强，复合化程度不断提高，犯罪手段愈加复杂，

---

* 本文原载于《中国司法鉴定》2014 年第 3 期。

** 中南财经政法大学。

这一犯罪形势的变化要求具有更先进的技术设备、科学知识参与到法庭审判当中。法庭科学将人类的认知领域进一步扩大与丰富，也使得科学证据越来越多地出现在法庭上。

科学证据是具有专门知识的专家运用科学技术原理与手段发现、提取、固定、检验和鉴定的证据形式。在我国，科学证据主要体现为鉴定意见、视听资料、电子数据、勘验与检查笔录等形式，这些证据的认定大多涉及科学知识。运用科学的方法对事实存在的原因以及其他事实的内在联系，依据特定的科学原理和方法进行检验得出判断和结论，从而还原案件真实情况。

在传统诉讼中，发现利用证据的方法主要是通过观察，加之口供证言，法官对证据进行"良心"和"理性"的审判，总的来说很少使用复杂的专业技术和方法。而在现代诉讼中，越来越多专门性问题的出现，如交通事故现场遗留肇事车辆的油漆或塑料碎片需要专门分析仪器分析技术进行微量测量等。因此，人们对证据提出了更高的要求，传统依赖口供的证明方法逐渐淡出，法定证据制度让位于自由心证证据制度，司法证明方式不断进步的同时，更是大量科学证据进入了庭审程序。正如何家弘教授所言："可以毫不夸张地预言，21 世纪的司法证明将是以物证为主要载体的科学证明。"

（二）科学证据是查明案件事实的关键证据

科学证据属于法庭科学领域，其与传统证据的区别在于证据"潜伏"的信息需要鉴定专家"解读"，而在"解读"过程中又需要"高精尖"的仪器设备辅助。如电子数据搜索、恢复、修复及解密、DNA 谱图测试及描绘、毒物毒品定性定量分析等。可以说，科学证据"高贵"的出生就体现了其显著的优势。

科学证据正是将司法与科学联系在一起，用科学原理及方法加深对司法证明本质的理解，推动司法证明朝着合理化方向改革。通过研究科学证据与传统证据使我们对各种证据的属性了解更加深刻，其较之传统证据更具有科学性与权威性，因此，科学证据往往成为查明案件事实的关键证据。

科学证据是立足于证据之上的科学概念，这也是科学证据成为查明案件事实的关键原因之一。传统的证据已经无法为日益复杂的案情提供帮助，需要具有一定知识的专家对其进行分析验证，得出结论。如用化学方法显现血迹，用科学的技术方法来提取、鉴定视听资料是否伪造。可以说，科学证据已经渗透到人们生活和工作的每一个需要发现事实真相的角落。考虑到鉴定意见与科学证据交叉点最多，所以在研究科学证据时，通常是以狭义的鉴定意见作为研究对象。

二、科学证据的可接受性成为庭审现场的瓶颈

虽然科学证据在现代诉讼中发挥着重要作用，但是无论从科学本身的相对区，还是法官知识的盲区以及诉讼各方认识的误区来说，科学证据在庭审现场的可接受

性已成为审查、认证的障碍，甚至波及判决执行的问题。

（一）科学证据本身的相对区

科学证据就一定是"科学"的吗？它是一个亘古不变的真理，还是只是一个不断被检验在一定时期被学界所认可的规律呢？实践表明，科学证据在法庭审查判断中仍存在失真和错位等一系列的问题，其本身确定性存在相对区，这也让我们在法庭审查判断中同样应重视科学证据的可采性问题。当然，科学的不确定性是内在于科学的，是科学文化的重要特质，也是科学家工作中所熟悉的，并不都是可以通过进一步的研究能消除的。

从科学证据自身来讲，科学证据是运用具有可检验特征的普遍原理、规律和原理解释案件事实构成的变化发展及其内在联系的专家意见。由于科学本身具有一定的局限性，它是一个不断发展的过程，科学作为探究真理和规律的活动，其本身就具有开放性的特点并遵循"试错演进"的规律而发展。在特定时间段内是科学的理论，也有可能被证明是错误的，没有哪一种科学理论是绝对的真理，对科技的探索是永无止境的。因此，据科学技术理论而得到的科学证据必然也是要接受检验的，它自身的存在也是具有一定的相对区。且在当下的诉讼活动中，有许多缺乏坚实科学基础的"垃圾科学"、"伪科学"披着科学的外衣混迹于法庭，混淆着视听。

从科学证据的形成过程来讲，科学证据的形成必然要经过专家对证据进行提取、保存、鉴定、提交，在此四个环节中都有可能出现导致科学证据失真的因素。如在提取环节，有可能勘验、检查主体不具有合法性，勘验人员不具备勘验检查的专业知识和专业技能导致对现场证据污染，从而影响科学证据的检材质量。同时，科学证据是人依据科学原理而操作的，虽然证据本身具有客观性，但人在鉴定、解读过程中会造成科学证据的失真，这也是科学证据在法庭审查中常见的问题。

正如美国学者约翰·霍德指出的："即便科学上有再重大的进步，我们也完全不可能解决司法上的所有疑问，因为科学是相对的，其准确率永远不可能达到100%。"纵观各国审判实践，对科学证据的过度崇拜所导致的冤假错案不胜枚举，这也是警醒我们在法庭审查判断过程中应更加切实地对科学证据进行审查判断，切不可因为其有"权威"、"科学"的外衣而忽略其本身的相对区。

（二）诉讼各方认识的误区

科学证据虽然具有科学性，仍然只是提交给法庭的所有证据中的一种，是证据链条中的一环，并不具有任何预先的证明力。由于科学证据的相对性，加之诉讼各方认识的局限性，我们对科学证据认可会出现一些理解的误区。

1. 审判法官知识的盲区。作为案件事实认定者的法官，是维护正义的重要力量，承载着"公堂一言断胜负，朱笔一落命攸关"的重大职责，对科学证据审查更应小心谨慎。台湾学者陈朴生认为："在证据法上，鉴定结论的功能是补充裁判官之认识能力。事实之认定系基于推测实证事实存否之基础资料，依经验法则，论理法则，而判断要证事实之存否。如缺乏特别法则上之知识，则由鉴定人依其学识经验，提出报告，以补充法院之知识。"但在具体操作过程中，一些法官对于科学鉴定可谓是十足的门外汉，如热差分析法（又称"DSC法"）是文书制作时间检验技术的一条新途径。检验的原理是在程序温度控制下，测量蓝黑墨水随着时间变化的成分含量及物理、化学动态参数值，法官对此生成图谱结论是否有效根本无法判别。

就科学证据的属性而言，科学证据虽冠以科学的名称，但不代表真理。科学知识和科学证据可以帮助还原案件真实，但使用不当也会阻止正义的实现。法官可能对法律规范了如指掌，但对于专业的科学领域可能一无所知，囿于经验与知识的不足，他们在甄别科学证据的证据能力和证明力问题上可能会做出错误的判断，轻率地排除或盲目地推崇科学证据，难以对科学证据关联性、合法性、客观性、充分性、专业帮助性进行有效审查判断。

由于审判人员不能正确地评价科学证据，常常赋予科学证据过高的、不适当的证据价值。美国一份对法官和律师的调查显示，被调查的70%法官认为科学证据比其他证据更加可靠。在司法实践中存在着对科学证据的过分依赖，忽视对科学证据的证据能力评估，从根本上讲，也是由于法官自身对科学证据知识的盲区所致。

2. 当事人认识的偏见。在科学鉴定的实践中，当事人对鉴定接受的程度表现明显偏见。如笔迹鉴定，其科学方法就是先注意比较检材与样本一般特征的信息，然后再细致入微地观察其起笔、运笔，连笔、搭配等具有重大鉴定价值的细节特征。钻研笔迹的内在本源及规律，分析其是否存在伪造、变造的情况。笔迹对样本的依赖决定了合适的样本是文检界不懈追求的梦想，但实践中检案往往无法找到与之适合的样本。

当然，当事人在诉讼过程中享有质询权，但在科学证据运用在法庭审查判断中，当事人因为自己私利，无法公正对待鉴定结果，如湖南黄静案中法医进行了五次尸检、六次鉴定。当事人将对自己有利的鉴定意见加以推崇，而把对自己不利的因素无限放大，造成案件中出现了重复鉴定、多头鉴定等现象。这个过程消耗了过多诉讼时间，浪费国家资源，影响诉讼效率。同时，在当事人被告知鉴定过程中可能出现的概率问题之后，可能无法正视科学证据的相对性，往往持不信任态度，对科学证据进行妖魔化，导致在运用鉴定技术时，当事人可能给鉴定过程以及科学证据的运用带来诸多不利。

三、提高科学证据在庭审中可接受性的制度路径

科学承认自己的局限性，绝不意味着科学要一改自己的初衷，去追求模糊、朦胧乃至主观的东西。在构建和谐社会的背景下，法官着力消解当事人的心理症结，提高判决的可接受性与消解法律纠纷。最高人民法院《关于加强人民法院审判公开工作的若干意见》就明确指出：正视科学证据的法律地位，审查科学证据的可采性，

尊重科学鉴定意见，正确利用科学证据，还原案情真实情况。

（一）鉴定报告说理应有可读性

人们自古对权威就尊崇，对于"专家"、"权威"所做的鉴定意见持着过分信任的态度。作为科学证据被广泛运用的鉴定报告，在说理、分析鉴定意见的事实过程中，更要注重其可读性。当事人往往会质疑"鉴定人凭什么给出这样的结论"，而这要求鉴定人在鉴定报告说理过程中具有说服力。

从鉴定所依据的科学原理来讲，鉴定过程依据的科学原理必须是在其领域内被普遍认可接受，至少在一段时期内，没有出现对其质疑的声音。且要求其在运用实践过程中是普遍存在的，不能是一个鲜为人知的原理披着权威的外衣来混淆视听。从鉴定材料的保全程序来讲，委托人提交的鉴定材料的来源除具有原始性、合法性外，还应获得当事人认可。在笔迹鉴定过程中，如遗嘱的笔迹鉴定，其比对样本如果选取留遗嘱的人事档案材料，那所做鉴定意见就会使一方当事人不接受，其理由是人事档案材料不一定是死去人所写的。鉴定不同的案件适用不同的鉴定检材，鉴定人切不可陷入"为了鉴定而鉴定"的怪圈，而是应从案件出发，寻找与案件相关材料，在双方当事人确认的基础上，再进行鉴定。

从鉴定报告的审查程序来讲，鉴定机构签发报告必须经过复核、确认等程序。通过审查程序，一方面，可以杜绝鉴定报告的书写错误，提高鉴定报告的严肃性；另一方面，可以强化鉴定人内部管理与考核，提高鉴定报告的科学性。自2005年司法鉴定体制改革以来，鉴定机构不断增多，且多以营利性为主，机构管理不规范，缺乏严格的审查程序，已经影响鉴定报告的科学性与客观性，降低了鉴定报告的权威性与说服力。因此，鉴定人在签发鉴定报告时，对形式及内容方面的检查，可以提高鉴定文书的权威性。

（二）鉴定人出庭作证应具有有效性

鉴定人出庭作证在我国三大诉讼法都有明文规定。新《民事诉讼法》第78条规定："当事人对鉴定意见有异议或者人民法院认为鉴定人有必要出庭的，鉴定人应当出庭作证。"新《刑事诉讼法》第187条规定："公诉人、当事人或者辩护人、诉讼代理人对鉴定意见有异议，人民法院认为鉴定人有必要出庭的，鉴定人应当出庭作证。"《最高人民法院关于行政诉讼证据若干问题的规定》第47条规定："当事人要求鉴定人出庭接受询问的，鉴定人应当出庭。"从立法角度来看，当事人对其书面鉴定意见有异议，申请鉴定人出庭作证，鉴定人不能随意推诿。

当然，由于诉讼各方知识的误区，鉴定人出庭作证时并没有达到有效的质证效果。如笔者曾经出庭一个交通事故撞死人的痕迹鉴定案件。代理人对鉴定地点书写提出质疑，说为什么鉴定地点只写本鉴定中心，没有写交警大队的停车场以及医院的太平间？问了一系列无关紧要的形式问题，但对于核心问题"是正面撞的还是侧面撞的"没有涉及只言片语。我想这可能是代理人没有真正仔细研究此案，让鉴定人出庭只是向委托人说明其代理的用心而已。鉴定人出庭做陈述，诉讼各方可以运用自己质询权对鉴定人提出质询，鉴定人就鉴定过程进行释义，说明检材的提取、鉴定过程、采用的方法、得出的结论依据等，并客观回答差异点与相同点。

总之，通过鉴定人出庭，法官能得到更多有利于心证的判断依据，当事人可以一定程度上化解自己的偏见。在这一过程中，鉴定人不应因个人利益，害怕自己的鉴定方法被他们剽窃而在对鉴定报告说理过程中含糊带过，使当事人只知结果不知过程。鉴定人出庭对鉴定报告进一步释明，当庭解答诉讼各方的疑惑，详细说明自己鉴定意见的过程，这样能有效地提高此鉴定意见的证明力，提高科学证据在庭审运用中的可接受性。

（三）专家辅助人申请应有便利性

为审查科学证据的证明能力，提高科学证据的证明力，质询在庭审中成为关键一环。双方当事人对科学证据的质询与辩论过程往往要求质询人具有专业的科学知识，而这些科学知识往往是普通诉讼参与人所不具备的，并且法官也需要科学知识辅助审查判断。我们不能要求法官成为"业余的科学家"，那么，如何在诉讼中使"高深"的科学证据让当事人有效理解，法官在面临科学证据的采证中又该如何弥补自己知识的鸿沟？无疑，设立专家辅助人的角色是顺应现代司法的趋势。

专家辅助人制度 2002 年《最高人民法院关于民事诉讼证据的若干规定》及《最高人民法院关于行政诉讼证据若干问题的规定》规定出台后应运而生；新《民事诉讼法》、新《刑事诉讼法》实施后，专家辅助人在法律上固定下来。根据规定，诉讼参与人、公诉机关根据案件需要，可以聘请 1~2 名具有专门知识的人，在法院庭审过程中就专业性问题与鉴定人或对方聘请的专家辅助人进行对质和询问，并发表自己的意见和观点。这不同于我国现在知识产权等案件审理采用的专家陪审员制度，专家陪审员是合议庭的组成成员，专家辅助人则不承担审判职能。尽管后者的合法性已经确定，但其配套制度，如专家辅助人的专家库的建立、申请程序如何启动等规定并没有跟进。

从当事人角度出发，设立专家辅助人，帮助诉讼双方有力进行科学质证，有利于提高鉴定人出庭的有效性。法律赋予当事人聘请辅助人的权利，这里的辅助人不仅可以是具有鉴定资格的司法鉴定人，也可是在某一领域具有专门知识的专家、科学家以及技术顾问等。诉讼双方对司法机关出示的鉴定意见有异议时，专家辅助人对诉争的案件事实涉及的专门性问题进行说明或发表意见和评论。当然，辅助人必须是在鉴定科学性与法律严谨性基础上维护当事人利益。对于此过程可能出现"反复鉴定"的局面，法律应当严格规定当事人聘请辅助人提出重新鉴定的理由，从而避免资源浪费。

从法官角度出发，设立专家辅助人，帮助法官解答科学问题，弥补法官知识的盲区。法官聘请在科学、技术以及其他专业知识方面具有特殊的专门知识或经验的人员，有别于诉讼双方的辅助人，也有别于专家陪审员，其责任在于帮助法官对科学证据客观地审查，对双方争议点进行判读，以及是否启动重新鉴定等事项。总之，法官辅助人不能代替法官行使审判权，其所给出的只能是意见而不是审判结论。而且，设立法官辅助人应是在鉴定意见有争议，诉讼双方争执不下，而法官由于自己知识缺陷无法判断或者判断困难时，应从程序上方便申请专家辅助人。同时，应注意避免法官不积极履行自己审判义务而变相转移审判权，导致不公平甚至是冤假错案的发生。

毋庸置疑，科学证据在案件事实认定上的功能日益凸显，但我们不能过于迷信和盲从于科学证据的作用，应当认识到科学证据也是证据的一种，由于各种因素的影响，科学证据也具有难以避免非科学性的一面。因此，一方面，我们必须提高科学技术水平来提高科学证据的确定性；另一方面，我们应采取措施减少法官知识的盲区及诉讼各方认识的误区，提高科学证据审查判断的可接受性，使科学证据能更好地维护社会公平正义。

论法庭证据评估体系的发展*

王华朋** 许 锋

一、引言

在法庭识别科学中，有个著名的 Locard 准则，即每次接触都会留下痕迹。比如，一个未知的勒索电话，敲诈一位女士，如果警察录下了勒索电话，即留下了罪犯作案的痕迹。按照 Locard 准则，在每一个案件中，会获得两种材料：一类是来源未知的材料，通常称之为检材、物证或者问题材料；另一类是来源已知的材料，通常称之为样本或者控制材料。这两种材料可以在一个已知的嫌疑人身上获得，比如血液样本、指纹、足迹、语音等，也可以在犯罪现场获得，比如窗户上的玻璃样本，受害者衣服上的纺织物等。法庭科学家的任务就是确定这两种材料是不是由同一人或同一物体产生的，并将其作为某一个案件的证据提交给法院。但是，随着社会对法庭科学认知的提高，并不是所有的证据都会被法庭所接受，这些法庭科学家提供的证据也要满足法庭证据的科学接纳原则。事实上，已经有过很多的报道，案件中的证据被过分夸大和错误鉴定的情况出现。对证据鉴定方法的争论还引起了对一些已经被法院假定为零错误率技术的质疑，比如潜在指纹识别。引起质疑的部分原因包括在鉴定报告中出现的一些致命的错误，比如西班牙马德里涉嫌恐怖袭击的 Mayfield 案件[1]，Mayfield 因为指纹鉴定的结论被错误的认定为恐怖分子，这一事件被许多新闻媒体所曝光。法庭案件的实际情况是，调查过程中发现的证据的数据并没有想象中那么完整，经常是只有残缺的部分数据或被其他干扰因素影响后的数据，其证据效力也会减弱，到不到理想状态下的程度。[2] 因此对于法庭学科来说，建立一个逻辑上和科学原理上都正确的证据评估体系是至关重要的，也越来越迫切。通过此体系，就可以向法庭提供有意义的信息，避免令人混乱和模糊的证据解释的出现。

---

* 本文原载于《证据科学》2014 年第 1 期。

** 中国刑事警察学院副教授。

〔1〕 Saks M. J. , Koehler J. J. , "The Coming Paradigm Shift in Forensic Identification Science", *Science*, 309 (2005), pp. 892 – 895.

〔2〕 朱晋峰："刑事诉讼中鉴定意见证明力的不足与补强"，载《中国司法鉴定》2011 年第 4 期。

二、法庭证据检验方法的演变

（一）传统法庭检验方法的弊端

法律和科学的发展，使人们对传统法庭识别科学的声明产生了怀疑。许多现在还在大量使用的证据检验评估方法不能满足上述法庭科学对证据检验方法的要求，存在着很多弊端。传统的法庭识别经常会给出"是同源"和"是非同源"的鉴定结论，这种方法主要有以下两个缺点：

1. 主观判断标准的使用。任何比较检材和样本的系统和技术，都受到不确定性的影响，特别是在法庭环境中，其不确定性受到许多当前分析证据之外因素的影响。因此，如果法庭科学家得出"认定"或者"否定"的结论，这种绝对的认定/否定过高估计了证据的价值和强度，忽视了与案件相关的其他信息的影响，混淆了证据检验人员与事实裁定者（法官、律师、陪审团）的角色。绝对的认定/否定等同于判定有罪/无罪，相当于抢夺了法官的决定权，这不仅迫使检验人员承担相当大的风险，陷入被动，也容易造成冤假错案，影响司法公正，而且，即使法庭科学家的主观判断标准是通过客观测量获得的，也会受到质疑。法庭科学家应该跳出推理的过程，避免给出绝对的鉴定结论，绝对结论是法庭综合调查的工作范围，而不仅仅某一个相关证据的鉴定者的工作范围。这种评价模式过于主观，缺乏量化的客观依据和科学的评价标准。

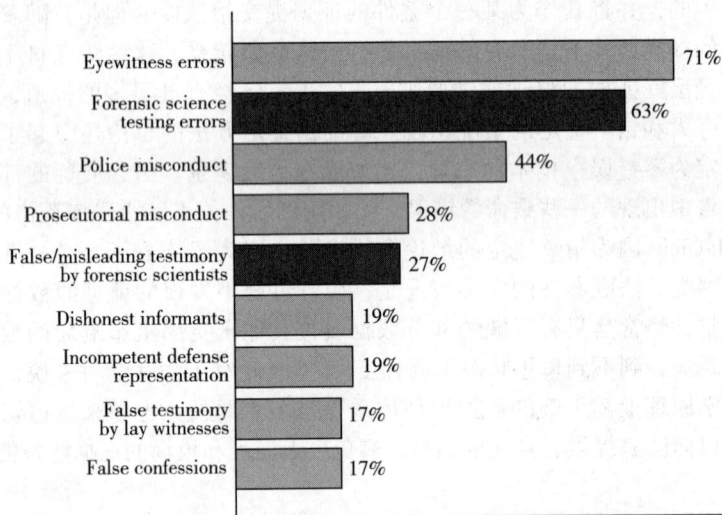

图 1 85 个错误宣判案件（无 DNA 证据）中影响因素分析图[3]

---

〔3〕 Saks M. J. , Koehler J. J. , "The Coming Paradigm Shift in Forensic Identification Science", *Science*, 309 (2005), pp. 892 – 895.

图 1 为美国纽约卡多佐法学院从无 DNA 证据参与的 85 个错误宣判的案件中，对导致错误结论影响因素的分析图。从图 1 中可以看出，错误的法庭科学家检验结论的因素占到了 63%，由法庭科学家提供的错误或误导性证词导致错误宣判的因素占到了 27%，图中两个红颜色柱状图表示与法庭科学有关的部分。数据来自 Saks 和 Koehler，[4] 图中的百分比之和超过 100%，是因为在许多案件中，不仅只有一个影响因素，而且还有多个因素同时存在的情况。

2. 错误的假设基础。传统的法庭识别科学基于一个中心假设，即两个不能分辨的痕迹肯定是由同一个物体产生的。传统的法庭科学家往往是把犯罪现场的证据和另外一个人或物体联系起来，而忽视了世界上所有其他的人和物体。之所以会做出这样的结论，是因为他们认同任何物体都具有独一无二特征的假设。按照这个假设，由不同人和不同物体产生的痕迹观测起来肯定是不同的，因此，当一些痕迹观测起来没有什么不同，法庭科学家就会做出它们来自同一人或同一物体的结论。比如两张纸片，如果发现不了它们之间的不同，经常会被法庭科学家认定为来自同一张纸，而忽视了来自其他纸张的可能性。尽管缺少理论和经验基础，人和物体具有独一无二特征的假设在传统的法庭科学中占据着重要地位，它可以使法庭科学家得出大胆的、确定的结论。该假设也妨碍了法庭科学家去测量更多目标的属性，以及这些属性变化频率的数据，也就不会去计算和解释不同目标出现相同属性现象的概率。如果没有这个假设，法庭科学家需要做更多的科学工作，也不会在法庭上提供如此绝对的结论。

（二）法庭证据的科学接纳原则

法庭科学被定义为应用科学，因为它处理的是关于法律的事项和问题。它的一个分支就是利用自然科学原理完成对涉案证据的比对、评估、识别或确认。目的是通过科学的分析，获得调查中未知来源证据的出处。法庭识别就是法庭科学家对相关证据进行评估检验，并提交和解释检验结果的过程。比如遇到和以下类似的问题：一个未知来源的犯罪证据与另外一个相似的证据是否来自同一人或同一事物？法官会根据法庭科学家提供的检验结论，再结合案件其他的相关信息，做出最后的判断，即某个案件的犯罪证据与某个嫌疑人的同类证据是否来自同一人或同一事物。因此，评估证据对案件结论支持的强度大小，是一个非常重要的任务。事实上，尽管在 20 世纪对法庭识别已经进行过系统的研究，特别是指纹、枪弹痕迹、油漆、玻璃、工具痕迹、足迹等，但是，关于如何向法院提供法庭证据的争论在许多科学和法律论坛上依然是一个热门话题。原因之一是，在 1993 年，美国高院颁布的关于法庭证据准入的 Daubert 准则，提出的法庭证据接受条件的出现。按照上述条件，美国最高法

[4] Saks M. J. , Koehler J. J. , "The Coming Paradigm Shift in Forensic Identification Science", *Science*, 309 (2005).

庭建议，向法院提供的证据的技术必须具有标准的程序，并且能演示其测试性能和精确度，还要被相关学科的科学团体所接受；如果是非科学的意见，比如缺乏科学基础的科学家证据，将不被联邦法庭所采纳。上述规则与世界上许多法庭科学家的意见相一致，即需要一个具有更透明程序以及在逻辑上可解释的法庭证据解释理论。在 Daubert 准则中陈述的条件，是为了确定证据鉴定是通过科学的理论、推导和方法得出的结论，是可靠和有效的，这些条件可归纳如下：[5] ①所用理论是否可被检验或已经被检验过；②所用技术是否公开发表过或者是否被同行互查过；③所用技术在使用中是否有一个已知的或潜在的错误率；④所用技术是否有标准存在并且具有维护所用技术的操作规范；⑤所用技术是否被相关的科学界所接受；⑥所用技术是否基于事实或者来自该领域科学家的合理数据；⑦所用技术是否具有提供证据强度的量化值，原理是否清晰而不致误导听众。

世界各国都已认识到这一问题的重要性。Daubert 准则就已经明确规定：法庭证据的检验方法必须经过测试，错误率已知并且可以接受。这也正是证据的科学性和可靠性的基本内涵及核心要求。2009 年 2 月美国国家研究委员会提交给国会的报告（NRC，2009）和 2010 年 4 月英国及威尔士法律委员会的咨询文件（Law Commission of England and Wales，2009）都强烈呼吁重视法庭科学的可靠性，对法庭证据技术的科学性、准确性和客观性提出了迫切要求。

目前，法庭科学正在向一个新的证据评估模式发展，正处于新旧证据评估模式的转换进程中。[6] 澳大利亚、英国、瑞士和荷兰等一些国家也提出在法庭证据的检验和评估上应该借鉴 DNA 检验的成功做法，引入基于贝叶斯理论的似然比证据评估体系，国内也开始在法庭语音证据领域开展了相关研究。[7] 该体系不仅可以对证据价值进行量化评价，还可以测试分析技术及方法的可靠程度和准确程度。因此，被

---

[5] U. S. Supreme Court Daubert v. Merrel Dow Pharmaceuticals，509 U. S. 579（1993）.

[6] Saks M. J.，Koehler J. J.，"The Coming Paradigm Shift in Forensic Identification Science"，*Science*，309（2005），pp. 892 - 895.

[7] 王华朋、杨军、许勇："似然比在法庭说话人确认中的应用"，载《证据科学》2012 年第 1 期；王华朋："基于 LPCC 与似然比的法庭说话人识别"，载《中国刑警学院学报》2011 年第 2 期；张翠玲：《法庭语音技术研究》，中国社会出版社 2009 年版，第 25 ~ 100 页。

公认为是目前最科学、最正确和最符合逻辑的法庭证据评估的方法[8]。推动法庭证据评估模式转换主要有以下三个方面的原因：

(1) 错误检验案件的出现以及对法庭科学中错误率的研究；

(2) DNA 检验方法的楷模作用；

(3) 法庭对科学家证据接受标准的重要变化。

三、似然比法庭证据检验评估体系

(一) 似然比对证据强度的量化

在实际案件中，从犯罪现场或犯罪过程中获得的证据样本，简称问题样本或检材，它和嫌疑人生物特征样本是否来自同一个人是未知的。对于这一不确定事件，采用概率统计进行估计是最客观和最科学的方法。因此，似然比证据评估体系，不是提供"检材和样本是/否同源"或"倾向于同源/不同源"的结论，而是提供"在同源假设条件下获得问题样本和嫌疑人样本特征相似性的概率与非同源假设条件下获得该问题样本和嫌疑人样本特征相似性的概率之比"，即似然比值。法庭根据证据检验人员提供的 LR 值的大小来评价该证据支持起诉假设 H_0（同源假设）或辩护假设 H_1（非同源假设）的程度，再结合与案件相关的其他信息，进而判断证据的价值和强度，进行案件的审判。

支持任何假设的后验概率都必须考虑到和案件背景信息相关的先验判断，似然

---

[8] Drygajlo A., "Statistical Methods for Estimation of the Strength of Evidence in Forensic Speaker Recognition – from Theory to Practice", *Forensic Science International*, 2003, pp. 136, 367 – 368; Aitken C. G. G., Taroni F., Wiley J., "*Statistics and the Evaluation of Evidence for Forensics Scientists*", Wiley Online Library, 2004; Gonzalez Rodriguez J., et al., "Robust Estimation, Interpretation and Assessment of Likelihood Ratios in Forensic Speaker Recognition", *Computer Speech & Language*, 2006, 20 (2), pp. 331 – 355; 王华朋等："改进的非匹配信道法庭自动说话人识别方法"，载《电声技术》2013 年第 4 期; Ramos Castro D., Gonzalez Rodriguez J., Ortega Garcia J., "Likelihood Ratio Calibration in a Transparent and Testable Forensic Speaker Recognition Framework", 2006; Rose P., "Technical Forensic Speaker Recognition: Evaluation, Types and Testing of Evidence", *Odyssey 2004: The Speaker and Language Recognition Workshop Odyssey*, 2006; Drygajlo A., "Forensic Automatic Speaker Recognition", *Signal Processing Magazine*, *IEEE*, 2007, 24 (2), pp. 132 – 135; Gonzalez Rodriguez J., Ramos D., "*Forensic Automatic Speaker Classification in the 'Coming Paradigm Shift'*", 2007, pp. 205 – 217; Gonzalez Rodriguez J., et al., "Emulating DNA: Rigorous Quantification of Evidential Weight in Transparent and Testable Forensic Speaker Recognition", *Ieee Transactions on Audio Speech and Language Processing*, 2007, 15 (7), pp. 2104 – 2115; Morrison G. S., "Forensic Voice Comparison Using Likelihood Ratios Based on Polynomial Curves Fitted to the Formant Trajectories of Australian English/al/", *International Journal of Speech Language and the Law*, 2008, 15 (2), pp. 249 – 266; Zhang C., et al., "Forensic Speaker Recognition in Chinese: A Multivariate Likelihood Ratio Discrimination on/i/and/y/", *Interspeech 2008: 9th Annual Conference of the International Speech Communication Association 2008*, Vols 1 – 52008. pp. 1937 – 1940.

比是对证据本身效力的分析。它们之间的关系可由下面的贝叶斯理论表示：

$$\frac{p(H_0 \mid E, \ I)}{p(H_1 \mid E, \ I)} = LR \times \frac{p(H_0 \mid I)}{p(H_1 \mid I)} \tag{1}$$

$$LR = \frac{p(E \mid H_0, \ I)}{p(E \mid H_1, \ I)} \tag{2}$$

其中，E 代表证据，I 表示案件的背景信息。由上式可知，假设的先验概率与证据分析结果的似然比相乘，得到假设的后验概率。先验概率和似然比都以概率比的形式出现，反映了支持两种假设的相对强度。先验比是由真相调查员在证据检验评估之前，根据案件的其他背景信息获得，然后再根据似然比形式的证据权重分析，推导出支持上述两种假设的后验概率比。因此，真相调查员的意见有可能会根据证据权重的大小做出改变。

似然比计算的原理示意图如图 2 所示，图中的虚线是起诉假设 H_0 为真的条件下，证据特征满足同源假设的概率密度函数，实线是辩护假设为真的条件下，证据特征满足非同源假设的概率密度函数。图中黑色竖线为证据 E 出现的概率值的大小，它在同源概率密度函数上出现的概率值为 0.0103，在异源概率密度函数上出现的概率值为 0.0048，那么，该证据 E 的似然比值就是上述两个概率值的比。

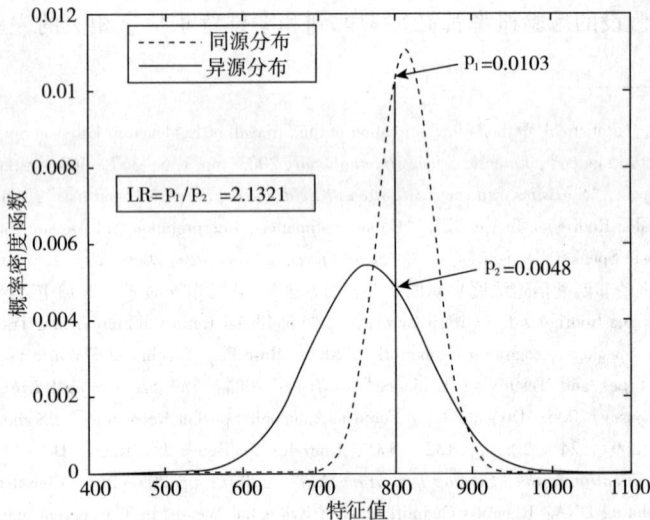

图2　似然比计算示意图

在似然比证据评估体系中，法庭科学家的任务是提供当前的证据支持"是"或者"否"的结论，以量化的支持强度表示，法官的任务是与案件的其他先验知识相结合，得到反映事实真相的后验概率比值[9]。似然比必须与先验概率比进行组合，但这不是法庭科学家的所必须做的，这应该是法庭或者事实调查员的责任范围。

似然比证据评估体系的职责范围如下式所示：

$$\frac{p(H_0 \mid E)}{p(H_1 \mid E)} = \frac{p(E \mid H_0)}{p(E \mid H_1)} \times \frac{p(H_0)}{p(H_1)} \qquad (3)$$

后验比　　　　　似然比　　　　先验比
（法庭负责）　（法庭科学家负责）　（法庭负责）

在法庭鉴定中，法庭科学家的任务就是检查有用的材料（检材和样本），评估它们之间的相似性，还要考虑到在环境中出现的完全相反的条件假设。法庭科学家通过量化测量的方法，评价一个证据的法律效力，即证据强度。法官根据法庭科学家的意见作为案件的辅助材料之一，再使用其他的相关证据，做出最后的宣判意见和决定。因此，法庭科学家的任务就是一个根据事实信息提供专业意见的证人，他并不是任何一方的支持者，本着中立和客观的原则，仔细地组织和精确地表达鉴定意见。法庭科学家的目标就是，通过对检材和样本的比对，为法庭提供有意义的信息，帮助法庭评估证据的效力，完成证据来源确认的任务。考虑到法庭、罪犯、律师的认知情况，其中用到的数字信号处理技术应该用专门的方式表达，这些技术概念应该让不属于该专业的人员理解，比如法官和律师。

似然比的分子，其作用是估计在罪犯样本和嫌疑人样本来自同一人的假设条件下，获得当前两样本间匹配程度的概率；似然比的分母，其作用是用来估计在罪犯样本和嫌疑人样本来自不同人的假设条件下，获得当前两样本间匹配程度的概率。因此，当前证据支持同一人的假设和支持不是同一人假设的相对强度就是似然比的比值。似然比的值和1之间相对距离的大小，反映了证据强度的大小。似然比的值和1之间的差距越大，说明证据结论的支持强度越大；似然比的值越是接近1，说明当前的证据强度越低，因为该结果既不能为是同一人的假设提供强力的支持，也不能为不是同　人的假设提供强力的支持。似然比与1的相对大小关系表明，当前的证据支持同源假设还是支持非同源假设，似然比的值并不是对真相的二值表示。也就是说，对于鉴定结果，似然比并没有给出"是"或"否"的回答，它只是量化反映了当前证据对鉴定结论支持的强度。[10]

〔9〕 Drygajlo A., Meuwly D., Alexander A., "Statistical Methods and Bayesian Interpretation of Evidence in Forensic Automatic Speaker Recognition", *Interspeech*, 2003, pp. 689 – 692.

〔10〕 王华朋："法庭说话人识别"，中国科学院大学 2013 年博士学位论文。

（二）基于贝叶斯理论的法庭证据解释方法

在贝叶斯理论中，证据的解释必须在案件的环境中进行，至少要考虑两个方面的假设。而不是仅仅考虑一个方面的假设（问题样本来源于嫌疑人），法庭科学家至少应该可虑另外一个竞争性假设（问题样本来源于除嫌疑人外的其他人）。似然的比值可以看成问题样本和嫌疑人样本的相似性与其在人群中出现的典型性的比值，即相似性是指问题样本与嫌疑人样本之间的相似性，典型性是指问题样本特征在相关人群中出现的概率。

贝叶斯解释方法现今已经作为一个有逻辑有条理的证据分析方法，为广大法庭学者所接受。在过去，法庭科学家曾经犹豫要不要把分析结果以贝叶斯框架的形式解释，他们更习惯于对把鉴定报告写成"是与否"的形式，比如，经鉴定，问题样本与嫌疑人样本来自同一人，或问题样本与嫌疑人样本来自不同的人。这种"是与否"的鉴定结论主要是受到了法官的影响，他们希望法庭科学家出具类似的明确结论。在1998年，Evett指出了使用"是与否"解释证据的隐患，并提出了使用下面的方法解释法庭证据：

（1）证据的解释必须在案件环境中进行。

（2）解释证据，必须考虑两个完全相反的假设。即，只考虑一个方面假设的真实性而忽视其相反方面的假设是不合适的。

（3）法庭科学家应该考虑每一种假设条件下证据特征出现的概率。

证据 E 的似然值分别在假设 H_0 为真的条件下和假设 H_1 为真的条件下进行计算。这两个似然值之比，即似然比，就是一个基于新信息 E 的修订数值。通过组合似然比与先验概率比（先验比）得到上述两个假设的后验概率比（后验比）[11]。似然比表明了在两个竞争性假设条件下的证据强度，而且可以帮助法庭科学家对鉴定结论进行总结和解释。贝叶斯证据解释为法庭科学家提供了一个向法庭提供证据的简洁框架。贝叶斯的方法的有效性，可以从理论上和实际应用上得到解释。第一，在几个重要的法庭科学领域，理论预测已经被证实为正确的。第二，它在实际中可以用来把相同的对象从不同的对象中区分出来。

既然对于法庭科学家，要获得先验概率是绝对不可能的，那么法庭科学家就不能做出如下的结论：检材和样本之间的匹配程度证明，检材和样本来自同源的概率与来自不同源的概率之比是一个实际的值。只能做如下解释："通过对目前证据匹配程度的比对检验，检材和样本来自同源的概率与来自不同源的概率之比变为检验之

〔11〕 Drygajlo A., Meuwly D., Alexander A., "Statistical Methocls and Baysian Interpretation of Evidence in Forensic Automatic Speaker Recognition", *Interspeech*, 2003, pp. 689 – 692.

前的 X 倍"。[12] 后来似然比的理论被很多的数学家，哲学家、法庭科学家和律师等进一步扩展和强调，确定了似然比方法在证据评估中的重要地位，更多的似然比理论发展详情可参见 Aitken 和 Taroni 的专著[13]。

（三）法庭证据检验系统可靠性评估方法

由于各类证据本身的稳定性和特异性不同，检验技术、方法和标准也有所差异，这就造成各类证据之间证据价值和可靠性程度的不平衡。例如，DNA 和指纹的稳定性和特异性就好于语音、笔迹和足迹，因此，前者的证据价值和可靠性一般情况下优于后者，这是由证据本身的不同属性及特点决定的。然而，无论任何证据，在进入法庭作为证据使用时，都应该表明其证据强度及其检验技术方法的准确程度和可靠程度。

在对未知来源证据和已知来源证据的检验过程中，需要使用一个与证据类型对应的检验系统，这个系统的性能决定了检验结果的准确性。如果要获得系统的性能，就必须对系统进行相应的测试，以获得检验系统的先验准确率。在目前和过去的法庭证据检验中，检验系统的输出结果有两个："是"与"非"，代表测试证据与来源已知的证据（目标证据）是否为同源的判定结果。如果测试证据与目标证据来自同一个人，但系统输出的结果为"非"，称之为错误否定，以 FN（False Negative）表示；如果测试证据与目标证据来自不同的人，但输出的结果为"是"，则称之为错误认定，以 FP（False Positive）表示。用来评测系统性能的方法有：

1. 等误识率（Equal Error Rate，EER）。当检验识别系统确定好识别阈值后，就会根据检验条件产生一个固定的错误认定率和一个固定的错误否定率，理想的情况是两者的取值都最低，但是实际上两者之间是相互制约的，两者不能同时取得最小的值，况且在不同的检验条件下，不同的说话者确认系统之间，选取的门限阈值不同，会使得各系统之间没有可比性。实际应用中往往选取错误认定率和错误否定率相等时的阈值，为了方便，把错误认定率和错误否定率相等时的错误率称为等误识率。虽然等误识率仍然无法衡量系统的整体分类能力，但可以实现不同识别系统之间的比较。

2. DET 曲线。EER 为衡量不同系统性能提供比较便利的同时，也存在一定的缺点，那就是它只能衡量系统某一个点处在等误识率阈值下的性能，无法从整体上全面评价一个系统的性能。解决这个问题的方法是，通过作图，把系统在不同的阈值下的错误认定率和错误否定率值直观的绘制成曲线，放在一个统一的坐标系中，各

〔12〕 Castro D. R., "Forensic Evaluation of the Evidence Using Automatic Speaker Recognition Systems", *Universidad autónoma de Madrid*, 2007, pp. 51 – 60.

〔13〕 Aitken C. G. G., Taroni F., Wiley J., *Statistics and the Evaluation of Evidence for Forensics Scientists*, Wiley Online Library, 2004.

个系统的识别性能以曲线的形式表现出来，简单明了。DET 曲线就是采用的这种方法，从 DET 曲线的物理意义可知，曲线越靠近坐标轴，则表示错误认定率和错误否定率相对越低，识别系统的性能越好。

3. 检测代价函数。在基于似然比的法庭证据检验系统中，系统的输出结果为似然比的值，表示当前证据对两个竞争性假设支持的相对强度。由于在似然比证据评估体系中，门限"1"具有特殊的物理意义，而且不可改变，所以，在普通识别系统中通用的 EER、DET 曲线等都无法用于系统输出结果似然比的解释，但可以用来检验识别系统的区分性能。例如，在法庭说话人识别系统中，常由与先验概率无关的对数似然比代价函数来反映系统识别性能，该代价函数就是 NIST 说话人识别技术评测中心使用的系统性能评估函数：

$$Cllr = \frac{1}{2}\left(\frac{1}{N_{ss}}\sum_{i=1}^{N_{ss}} log_2\left(1 + \frac{1}{LR_{ss_i}} \right) + \frac{1}{N_{ds}}\sum_{i=1}^{N_{ds}} log_2\left(1 + LR_{ds_j} \right) \right) \tag{4}$$

在上式中，N_{ss} 和 N_{ds} 分别是相同说话人比较对的个数和不同说话人比较对的个数，LR_{ss} 和 LR_{ds} 是由相同说话人比较对和不同说话人比较对通过计算产生的似然比值。Cllr 作为对法庭说话人识别可靠性的一种测量方法，已经被应用于法庭自动说话人识别和声学语音学法庭语音比对的研究中。[14] 识别系统性能越可靠，Cllr 的值就会越低，与之相反，越不可靠的系统就会产生越高的 Cllr 值。其他的法庭证据识别系统，可参照该评估方法进行设计。

4. Tippett 图。法庭证据检验系统的输出结果经常以 Tippett 图表示，它是一种描述系统输出似然比分布的图。这种表示方法是由 Evett 和 Buckleton 在法庭 DNA 分析的解释中提出的，[15] 之所以命名为 Tippett 图，是因为 Tippett 等人定义了同源比较和非同源比较的概念，见图3。以法庭说话人识别系统为例，向左上延伸较粗的曲线表示不同说话人的对数10似然比大于等于 x 轴刻度的样本所占的比率；向右上延伸较细的曲线表示同一说话人对数10似然比小于等于 x 轴刻度的样本所占的比率。两曲线相交的点为等误差点，可以用来判断该鉴别系统性能的好坏。如图3所示，图中的竖直点画线为识别阈值，在法庭说话人检验系统中，似然比的识别阈值是固定为1，取对数后值为0。最理想的情况就是左上粗线和右上细线和阈值都没有交点，此时，同一说话人比较对和不同说话人比较对都达到 100% 的识别率。在 Tippett 图下方，两曲线分别越过识别阈值的部分，即为识别错误的比较对分布。对于相同说话

〔14〕 Brümmer N.，Preez J. du.，"Application – independent Evaluation of Speaker Detection"，*Computer Speech & Language*，2006，20（2，3），pp. 230 – 275.

〔15〕 Evett I.，Buckleton J.，"Statistical Analysis of STR Data"，*Advances in Forensic Haemogenetics*，1996（6），pp. 79 – 86.

人比较对，识别错误称为错误否定；对于不同说话人比较对，识别错误称为错误认定。

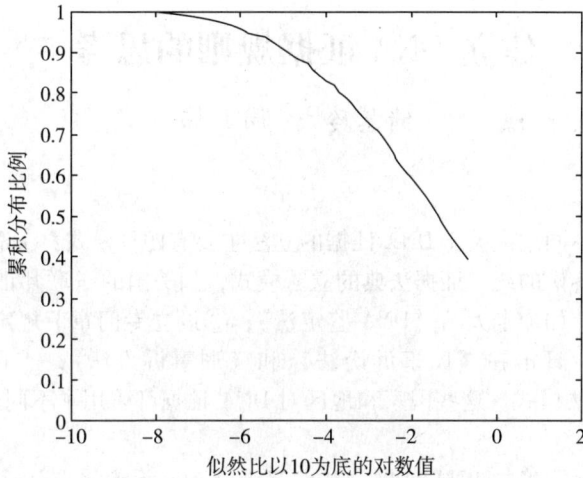

图3　Tippett 图

四、结论

从上文的分析和比较来看，似然比法庭证据检验评估体系，消除了传统法庭检验方法中的弊端，具有可解释的符合科学原理的逻辑推理关系，并且客观量化了证据强度的大小。似然比评估体系的缺点是，原理较为复杂，要实现整个司法体系对其有明确认识，还需要相当长的一段时间，但是，似然比法庭证据检验评估体系必定是未来法庭检验科学发展的方向。

建立 DNA 证据规则的思考*

储慧玲** 周　炜

世界各国和不同地区关于 DNA 证据的立法主要有四种模式：①适用于刑事诉讼、民事诉讼、行政诉讼的统一证据法典的立法模式，如美国的《联邦证据规则》；②单独证据立法模式，如加拿大的《DNA 鉴定法》；③设立专门章节规定 DNA 证据的立法模式，如德国、日本在《民事诉讼法》和《刑事诉讼法》；④在实体法中规制 DNA 证据的实体法模式。这些国家和地区对 DNA 证据都采用了不同的立法模式进行了法律规制。[1]

我国目前尚无明确的 DNA 证据立法。笔者认为，无论采取什么样的立法模式，我们都要明确 DNA 证据规则的立法思路，即走法律事先未确定 DNA 证据的证据资格和价值，由司法工作人员依据每起案件的实际情况去自由地搜集、使用、审查、评断 DNA 证据的"自由证明"之路，还是走法律事先明确规定出司法工作人员在诉讼活动中收集和使用 DNA 证据的各种具体规则以及审查和评判 DNA 证据的具体标准的"法定证明"之路。[2] 当然从实际来说，绝对的"法定证明"和"自由证明"都是不存在的，不管大陆法系还是英美法系的 DNA 证据制度都是两种证明之路的结合，只是侧重点不同罢了。而我国在运用证据时，一向遵循的是实事求是的证据制度，因此目前我国的 DNA 证据制度大致是属于"自由证明"的范围。司法工作人员在具体收集、运用 DNA 证据时享有相当大的自由裁量权。所以，我国对 DNA 证据进行立法时，到底该走哪条路，值得我们认真去思考。由于当前我国 DNA 证据的收集、运用还比较混乱无序，司法工作人员整体素质比较低，并且考虑到立法技术和司法实务等具体问题，笔者认为我国的 DNA 证据规则的建立应当以"法定证明"为主、以"自由证明"为辅助的思路。在 DNA 证据的收集、鉴定、运用等环节上做出明确的规定，将 DNA 证据规则统一规定到《刑事诉讼法》中，在《刑事诉讼法》中设定专门的章节来规定 DNA 证据规则。新修订的刑诉法中，只有第 48 条对证据进行了规

＊　本文原载于《中国司法鉴定》2014 年第 2 期。

＊＊　安徽省铜陵市公安局刑警支队。

〔1〕　何家弘："刑事证据立法与犯罪侦查观念"，载《山东公安专科学校学报》2002 年第 4 期。

〔2〕　何家弘："刑事证据立法与犯罪侦查观念"，载《山东公安专科学校学报》2002 年第 4 期。

定，而 DNA 证据也仅属于其"鉴定意见"中的一种。而且新《刑事诉讼法》第 144条到 147 条对鉴定程序的规定过于原则，在司法实践中没有很好的可操作性，为此，各部门出台了一些相关的规定和规则，为本部门依法进行司法鉴定提供了法律依据。但其适用对象范围十分有限，其他没有出台相关法律规定的司法部门仍然缺乏可操作性的法律依据。不仅如此，由于条款规定的差异性，可能还会导致当事人诉讼权利的不平等。所以，应当在《刑事诉讼法》中专章进行 DNA 证据规则的建立。在这一专章中如何设立 DNA 证据规则，笔者认为应当从以下几个方面来进行考虑。

一、DNA 鉴定机构的资质

DNA 证据的价值在于追求鉴定意见的客观真实、科学可靠，并借此达到查明案件事实真相的目的。为保证这一价值目标的实现，笔者认为，应当在专章中首先明确：通过实验室认可制度的 DNA 实验室出具的鉴定意见才是真实可靠的，才具有法律效力。相反，假如 DNA 实验室未通过国家实验室认可，法庭应认定，其出具的 DNA 鉴定意见是不具有法律效力的。

那么，什么是实验室认可制度呢？实验室认可制度是实验室品质保证措施最重要的环节，由公证、独立的第三方权威机构对检测/校准实验室及其人员有能力进行特定类型的检测/校准做出正式承认的制度。这一制度的设立旨在表明实验室具备了按有关国际准则开展校准/检测的技术能力，同时也使实验室本身对自己的能力是否能够准确无误地达到适当标准予以自我检验。其对 DNA 实验室的如下指标进行认可：资产数量、物质技术条件和水平、实际从事鉴定的范围和业务数量、鉴定的资质等级以及专业结构，和鉴定意见被法庭的采信率、错误鉴定和故意伪证的情况、经查证属实的投诉情况以及承担的责任情况等。笔者认为，在我国的 DNA 鉴定体系中导入实验室认可制度，将 DNA 实验室通过国家实验室认可作为 DNA 证据具有法律效力的先决条件，理由有如下几点：首先，国家实验室认可制度能够提供刑事司法体系更好的服务品质；其次，国家实验室认可制度能够发展并维持一套评估实验室能力水准与强化其运作的准则；再次，国家实验室认可制度能提供一套独立、公正、客观并且有利于实验室的全面体检制度；最后，国家实验室认可制度是提供公众与实验的服务对象一个确认实验室是否达到要求和标准的方法。

二、DNA 鉴定机构的独立性

在 DNA 鉴定机构方面，欧洲国家比较一致的特点是没有全国统一的司法鉴定机构。如英国，有属于国家内务部的 7 个较大法庭实验室，他们具有独立性并自负盈亏。除此以外，还有一些民间的鉴定机构，其需要资格认定，并且每年还要进行资格注册，但只要具备条件，都可以进行司法鉴定。又如西班牙，免费的、不受理包括被告在内的外来委托鉴定的科技警察总部及其分支机构，其专门服务于警察局，属于警察局自己的专门的鉴定机构。除此以外，西班牙也有一些民间的鉴定机构，与英国的鉴定机构不同，它们无资格限制，可以接受各种机构的鉴定委托，也可以接受私人的鉴定委托，但其鉴定的效力如何则完全由法庭确定。此外，在欧洲，警察局在侦查阶段允许有自己的鉴定人员，而法院在审判阶段所委派的鉴定机构则必须是除警察局和检察院两家之外的鉴定机构。[3]

独立原则是指司法鉴定一定要在排除一切干扰因素的情况下，依据鉴定材料进行检验所得的结果，做出科学的、独立的判断。特别是在当前司法实践中，自侦自鉴、自诉自鉴、自审自鉴的情况普遍存在，对司法鉴定的干扰林林总总，凸显了独立原则的重要性。[4] 我国目前 DNA 鉴定机构共有两类，一类是侦查机关自身设置的 DNA 鉴定机构，第二类是由司法行政机关指导和管理的，为社会公众服务的 DNA 鉴定机构。其中，侦查机关系统地建立了中央、省、市三级 DNA 鉴定组织，形成了相对独立的多系统、多层次法医 DNA 鉴定格局。特别是改革开放以来，受利益的驱使，法医 DNA 鉴定机构遍地开花，各部门顺理成章地成立自己的 DNA 鉴定机构，就好比设立一个科室一样，既有利于领导的管理和使用，又能为单位增加收益。这样就造成 DNA 鉴定无序化，法制约束力较松，引起老百姓的不满，这成为我国法医 DNA 鉴定体制改革的最大障碍，法医 DNA 鉴定的公正性和独立性受到损害。由于法医 DNA 鉴定是科学鉴证活动，因此从事 DNA 鉴定的人员和机构就应当处于中立的地位。侦查机关在案件侦查阶段，指派自己的 DNA 鉴定人员进行鉴定，易形成暗箱操作，出现"自侦自鉴"的现象。老百姓往往认为 DNA 鉴定人员与侦查员同属一家，影响 DNA 鉴定的公正性。DNA 鉴定机构的中立地位要求 DNA 鉴定机构与公检法无隶属关系，只能以被委托与被聘请的方式为司法活动提供服务。考虑到 DNA 鉴定在诉讼活动中的重要作用，有必要将原先侦查机关的 DNA 鉴定机构和人员从原单位分离出来，建立一个以司法行政机关为管理主体的面向社会、为公众服务的 DNA 鉴定体系，把 DNA 鉴定机构作为一项社会性、中立性的机构来管理，DNA 鉴定机构与鉴定人员保持独立性，不属于任何具体执法机关，如此才能最有效地避免出现自侦自鉴、自检自鉴、自审自鉴，确保鉴定质量和结果可信性，同时还可有效整合人才和设备资源，提高工作效率。

三、鉴定人必须出庭接受质证

欧洲有一些大陆法系国家与英国相同，把鉴定人作为证人，但另有一些国家仅仅把鉴定人作为特殊身份的人而不是证人到法庭接受质证。在此种情形下，与普通证人相比更显现了鉴定人的重要性，尤其是法院审判时委托的鉴定人，其更被视为

---

〔3〕 田文昌："欧洲六国证据立法和司法制度考察随笔（三）"，载《法制日报》2001 年 3 月 4 日。
〔4〕 胡校敏："论我国司法鉴定制度改革"，载《池州学院学报》2007 年第 6 期。

具备彻底中立立场，所做鉴定具有极高权威性。它们的共同点是，鉴定人不论是作为证人还是特殊身份的人，都应该出庭为其所做的鉴定意见接受质证。

依据新刑诉法的规定，在庭审时，通过两种方式审查鉴定意见：一种是鉴定人出庭接受公诉人、辩护人、诉讼代理人和当事人的发问；第二种是法庭仅以书面形式审查鉴定人鉴定意见，本人无需出庭。从目前我国实际情况来看，多数法院在审判时，DNA 鉴定人很少出庭，对 DNA 鉴定意见主要还是采取的书面审查方式，仅仅在法庭上宣读一下 DNA 鉴定意见。DNA 鉴定人不出庭作证，法庭仅审查书面形式的鉴定意见弊端甚多：首先，这种不允许控辩双方介入的审查方式，容易产生法庭在调查事实、认定证据等方面的暗箱操作。其次，DNA 鉴定人不出庭接受控辩双方的质询，对于其鉴定意见中的错误和疏漏难以及时发现和纠正。另外，鉴定人不出庭，使得案件当事人对法庭的审理的公正性产生怀疑，难以真正信服。因此，这种书面的、间接的审查方式，对 DNA 鉴定意见很难做出客观的、准确判断，易造成消极的影响。笔者认为，应当在诉讼法中作出明确规定，任何 DNA 鉴定人不出庭接受控辩双方的质证，其所作的鉴定意见不能作为证据使用，当然鉴定人患病死亡或不可抗拒因素无法出庭的除外。

四、对"撒网采验 DNA"应进行法律规制

"撒网采验 DNA"又称"大规模无令状 DNA 测试"，是指在不能确定犯罪嫌疑人时，侦查机关对一定区域内有可能涉案的人一一采集血液或唾液样本进行 DNA 分析，以此来确定犯罪嫌疑人的侦查方式。如在 1990 年 1 月至 9 月期间，美国加州圣地亚哥连续发生 6 人被杀害的案件，警方要求 800 名居民提供血液或唾液以供检验，在拒绝提供样本的男子中有一名 23 岁的劳工，后来他因其他案被捕，而被获取了 DNA，比对结果证实他就是凶手。1995 年在佛罗里达州 Dade Country，有 2300 人接受 DNA 检验，以查明 6 名妓女被杀案，但凶手并非在此次大规模检验中被查出。在美国，这种撒网式采验 DNA 案件的共同点是：首先，对实施对象只能确定为某一范围的人，而不能确定为具体人。其次，使用别的方法已不能发现嫌疑人，此为最后的手段。此外，无令状。何谓令状？令状原则的基本含义如下：一是要求强制检查、搜查、逮捕、扣押等强制侦查措施须经法官审批，通常不得由侦查机关直接发动；二是对这些侦查措施规定严格的条件和程序。采取生物检材以检验 DNA 在美国构成搜索。依照美国联邦宪法规定，非有以宣誓书为支持的相当理由，不得签发搜索票[5]

随着 DNA 技术在我国司法实践的广泛应用，DNA 检验的费用也相对降低，"撒网检验 DNA"逐渐被接受，使得侦查机关时常舍弃其他传统的侦查方式，动辄以检

---

〔5〕 朱富美：《科学鉴定与刑事侦查》，中国民主法制出版社 2006 年版，第 298 页。

验 DNA 的方式调查案件，虽然对侦破案件起到了一定积极作用，但也存在较大缺陷：首先，这侵犯了公民的隐私权，虽然警方可以指出足以受到指控的犯罪嫌疑人可能属于某个嫌疑群体之中，但并未能指出与有关 DNA 证据可能在某一个人身上发现，如此进行"撒网检验 DNA"侵犯了除犯罪嫌疑人以外的所有正常合法公民的人身权利。其次，虽然成本有降低，但人均检验的试剂成本费至少在 100 元左右，大规模检验时，成本仍然高昂，浪费较大，并且成功概率也不高。最后，造成社会影响巨大，把特定区域的所有人都当作犯罪嫌疑人来采样，违背了"疑罪从无"的法律原则，引起广大合法公民的反感。如 2012 年发生在山东滨州滨城区的，因涉案金额达二十余万元的 38 起学生宿舍盗窃案，而发生的采集滨州学院全部 5000 多名男本科生血样进行 DNA 检验的事件，就造成了恶劣的社会影响。

笔者认为，应该尽快建立相应的证据规则，对这种撒网检验 DNA 进行详尽的司法规制。虽然百姓有协助警方的义务，但更应对其合法权益进行保护，执法人员的一切执法行为都应该在法律允许的范围内进行，保护绝大多数无辜者的利益，最重要的一点是要经过被采样的人的同意才能够提取 DNA 样本。对特定嫌疑范围的人进行询问或者采取检材样本的情形，应当由侦查员到被采样人居所进行，这样胁迫或强制的意味能够显得轻微，居民对到家中询问的执法人员有协助调查的感觉而不是觉得被强制。应由执法人员一户一户到门前访视，经同意以后再采取其取样本。

事实认定的概率分析[*]

梁权赠^{**}

在法学语境下，事实认定是一个"用证据来确定争议事实真相的过程"[1]。一般认为，事实认定有两个向度："一方面，证据提出者试图证明其主张的事实……另一方面，事实认定者对事实客体能动反应和构建的决策过程。"[2]公正司法有赖于准确的事实认定，后者取决于最佳认知策略。当然，只专注于最佳认知策略，不可能实现全面的司法公正，还要兼顾司法的人权保障、效率、和谐。有时，"一个次理想的事实认定方式，可能比具有更强查明事实能力的方式更有助于全面实现司法裁判的目的。"[3]由此，当下学者研究事实认定主要有两条进路：一是暂且搁置人权保障等司法制度设计，单独寻求认知意义上的最佳策略；二是以人权保障等司法制度安排为讨论前提，"司法裁判中，正确事实认定的重要程度对于程序环境是多么的敏感，因此又是多么的不确定。对于那些热衷于在受限制的范围内实现事实认定价值最大化的证据法学者，这是富有教益的一课。"[4]"如果一项制度要求应当以当庭陈述的方式作证，那么，持现实主义观念的科学家就应当将这种证言形式视为既定条件，然后，致力于将该项要求的缺陷最小化。"[5]

当制度设计付诸司法实践时，事实认定应当兼顾准确发现真相和人权保障、效率、和谐。在问题探讨过程中，对诸多价值因素进行逐一分析，其观察和思考是必要的。一方面，可以使问题更加清晰、便利；另一方面，可以恪守人权保障等司法理念。但体现这些理念的制度形态却可以调整和变更，在与最佳认知策略相调和的

---

* 本文原载于《中国司法鉴定》2014 年第 6 期。

** 北京市东城区人民检察院。

[1] Bryan A. Garner Editor in Chief, *Black's Law Dictionary*, 9th ed., Thomson West, 2009, p. 671.

[2] 张保生主编：《证据法学》，中国政法大学出版社 2009 年版，第 100、126 页。

[3] ［美］米尔吉安·R. 达马斯卡：《比较法视野中的证据制度》，吴宏耀等译，中国人民公安大学出版社 2006 年版，第 25、67 页。

[4] ［美］米尔吉安·R. 达马斯卡：《比较法视野中的证据制度》，吴宏耀等译，中国人民公安大学出版社 2006 年版，第 25、67 页。

[5] ［美］米尔吉安·R. 达马斯卡：《比较法视野中的证据制度》，吴宏耀等译，中国人民公安大学出版社 2006 年版，第 25、67 页。

过程中，也许会催生更为合理的制度。反之，若仅仅限于在现有制度下寻求最佳认知策略，不仅有悖于实事求是的科学精神，而且不利于制度的优化与变革。笔者以概率分析为视角，探讨事实认定的最佳认知策略，着重解决的问题是，数学推理能否让事实认定更为准确。

一、事实认定与概率论

根据概率分析所涉及证据数量的不同，笔者将事实认定概率分析划分为：单一证据维度和证据组合维度。

（一）单一证据维度

单一证据维度，是指概率分析只涉及单一证据，一般是通过概率赋值来数量化证据的某个属性，主要是证明力。事实认定概率分析的单一证据维度，主要发生在司法鉴定领域。比如，某一DNA证据的证明力可表述为："现场血迹DNA分型与犯罪嫌疑人DNA分型完全匹配，该DNA分型在人群中的随机匹配概率是十亿分之一，所以，现场血迹来源于犯罪嫌疑人的可能性是来源于随机人群的十亿倍。"通过概率赋值数量化证据证明力，是概率论向法律领域的天然渗透——DNA证据刚出现时，人们未表现出任何担忧。

1. 统计概率证据的证明力——似然率。以DNA证据为典型代表的同一认定证据，其证明力一般是通过统计概率理论被数量化的。统计概率是"一个从适格群体或亚群体中得出的简单比例"[6]。用统计概率来表征证明力的证据被称为"统计概率证据"（statistical – probability evidence）。统计概率证据数量化的证明力在法医物证学领域被称为"似然率"（Likelihood Ratio, LR）。[7]

虽然似然率是贝叶斯公式的一部分，但在事实认定概率分析的单一证据维度，一般不牵扯完整的贝叶斯公式。[8] 可以这样理解，当"生物检材与犯罪嫌疑人DNA分型完全匹配"出现时，不外乎由两种情况导致：或者"生物检材来源于犯罪嫌疑人"，或者"生物检材来源于随机人群"。假设"生物检材来源于犯罪嫌疑人"，生物检材与犯罪嫌疑人DNA分型相匹配的概率是100%；假设"生物检材来源于随机人群"，生物检材与犯罪嫌疑人DNA分型相匹配的概率（即随机匹配概率）是十亿分之一，所以认为生物检材来源于犯罪嫌疑人的可能性是来源于随机人群的十亿倍。似然率总大于等于1，等于1代表证据不相关；似然率越大，证据证明力越强。

2. 统计概率证据的运用。统计概率证据为事实认定提供了极大便利，但运用时

---

〔6〕 Philip Dawid, *Probability and Proof*, http://www.statslab.cam.ac.uk/~apd/.

〔7〕 侯一平主编：《法医物证学》，人民卫生出版社2004年版，第298~300页。

〔8〕 ［新西兰］约翰·巴克尔敦、克里斯托弗·M. 特里格斯、［澳］西蒙·J. 沃尔什：《法庭科学DNA证据的解释》，唐晖等译，科学出版社2010年版，第31、141页。

却存在诸多陷阱。比如,某一 DNA 证据能证明"受害人阴道中的精液来源于犯罪嫌疑人",而可能对"犯罪嫌疑人实施了强奸行为"没有丝毫证明力,在司法鉴定实践中却常有"DNA 证据 = 犯罪"的谬论。[9] 以菲利普·戴维分析"1973 年加州大学伯克利分校研究生院招录案"[10] 为例:

表1　1973 年加州大学伯克利分校研究生院录取结果

	录　取	拒　录	合　计
男	3738	4704	8442
女	1494	2827	4321
合　计	5232	7531	12 763

从录取情况看,该校整体录取比例是 5232/12 763 = 41 %,男生录取率是 3738/8 442 = 44 %,女生录取比例是 1494/4321 = 35%。这让人产生预断:录取存在性别歧视。一项证据只要"使任何事实的存在具有任何趋向……若有此证据将比缺乏此证据时更有可能或更无可能",它就是相关证据,而不必苛求它能独立地、完全地证实这一事实。[11] 由此,以上数据可用来证明"加州大学伯克利分校研究生院招录存在性别歧视"。

但戴维的进一步分析却否定了该证据的相关性。他按照不同的招生部门,对录取情况进行了分别检验,发现最大的 6 个招生部门(共有 85 个)有 4 个是女生录取率高于男生。他还发现,女生们大多趋向于申请那些录取率低的部门,极少去申请那些录取率较高的部门;男生则相反。所以,男女录取率差异是因为"女生们在企图跨越更高的跨栏"。

这不是他的最终结论,在其进一步研究中又提出一个假设:录取存在地域歧视,该校偏爱加州生源。他指出,进一步的数据分析可能得到如下结论:因该校偏爱加州生源,1973 年加州生源中女生比例较小,所以导致当年女生录取率严重低于男生。依此推知,诸如此类的假设还有很多:种族歧视、身高歧视、家庭背景歧视……因此,戴维教授给出了最终结论:统计概率证据只能证明"联系",不能证明"因果",因为我们实在无力对这么多假设进行逐一证伪。

---

〔9〕 梁权赠、田野、石美森:"试论如何正确应用 DNA 证据",载《中国司法鉴定》2012 年第 4 期。

〔10〕 Philip Dawid, *Probability and Proof*, http://www.statslab.cam.ac.uk/~apd/.

〔11〕 [美]罗纳德·J.艾伦、理查德·B.库恩斯、埃莉诺·斯威夫特:《证据法》,张保生、王进喜、赵滢译,高等教育出版社 2006 年版,第 148~149 页。

事实上，统计概率证据没有戴维教授所想象的那样复杂和阴险。"男女录取比率差异"只能证明"男女录取比率有差异"，其证明只能止步于此，这是其证明力使然，至于差异原因难以预料，"性别歧视"、"地域歧视"、"种族歧视"等皆有可能。其实，"因果"关系完全可能由统计概率证据来证实：作为统计概率证据典型代表的DNA证据，就可由"检材等位基因分析图谱高度吻合"，证实"检材来源同一"。当下，司法鉴定中的DNA证据，具有接近于100%的似然比率，"由于达到很高的科学确信度，如果DNA证据表现为源于这名被告，那么唯一合理的解释就是DNA样本的确源于该被告。"随着科技的发展，司法鉴定领域将会出现越来越多的类似于DNA证据的同一认定证据，它们均能实现从"特征匹配"到"来源同一"的证明。

（二）证据组合维度

证据组合维度，是指运用概率论公式或模型，对多项证据进行分析和整合。这个过程通常表现为数学推理的形式，最典型的是，新证据法学派提出运用贝叶斯定理进行事实认定。

1. 贝叶斯主义。贝叶斯定理是由英国神职人员托马斯·贝叶斯提出。其公式如下：[12]

$$\underbrace{\frac{P(H_p)}{P(H_d)}}_{prior\ odds} \times \underbrace{\frac{P(E\mid H_p)}{P(E\mid H_d)}}_{LR} = \underbrace{\frac{P(H_p\mid E)}{P(H_d\mid E)}}_{posterior\ odds}$$

贝叶斯定理视为一种推理工具。事实认定的推理过程在一定程度上与贝叶斯推理相吻合，所以贝叶斯定理被引入法律领域。提出将贝叶斯定理应用于事实认定的是 Michael O. Finkelstein 等人，这里援引他们的原始案例，对贝叶斯推理作下简介：[13]"警方在某郊区沟渠内发现一具女尸。现已有充分证据证明，在死前的晚上，死者与其男友有过激烈争吵（证据1）。经证实，死者的男友曾在其他场合多次殴打过她（证据2）。现场勘验发现，在杀害死者的刀柄上有一处掌纹，该掌纹与死者男友的掌纹相匹配，专家作证说，该掌纹在人群中随机出现的概率不会超过 1/1000（证据3）。"事实认定的过程大概如此：通过证据1、证据2可预断，死者男友有暴力倾向，有杀人动机，有行凶的时空可能；再加上证据3，大致认定，死者被其男友杀害。

在贝叶斯定理中，证据1和证据2作为先验比率（prior odds），具体为：检控方

---

〔12〕 ［荷］安娜贝尔·博尔克等："用于证据评价的似然比模型"，张娜译，载《中国司法鉴定》2012年第4期。

〔13〕 Michael O. Finkelstein, William B. Fairley, "A Bayesian Approach to Identification Evidence", *Harvard Law Review*, 1970, 83（3）, pp. 489–517.

假设（"死者被其男友杀害"）为真的概率 P（H_p）和辩护方假设（"死者被其他人杀害"）为真的概率 P（H_d）的比值。显然，根据证据 1 和证据 2，检控方假设占有一定优势，即先验比率大于 1。接着，证据 3 以似然率的形式被整合，即 P（E | H_p）（"在检控方假设下，证据 3 为真概率"，1）与 P（E | H_d）（"在辩护方假设下，证据 3 为真概率"，1/1000）的比值。根据证据 1、证据 2 得出先验概率，再乘以证据 3 的似然率，最后得出后验概率。

可见，贝叶斯推理过程是：在没有任何证据的条件下，检控方假设为真的概率和辩护方假设为真的概率各被赋值 50%，即先验比率为 1，这与"证据证明力似然率为 1 时，代表证据不相关"的命题相一致。此后，每整合一项证据，贝叶斯公式就运行一次，已被整合的证据形成先验比率，代表犯罪嫌疑人有罪比无罪更可能的程度，直至最后。贝叶斯推理过程似乎与人的认知过程十分契合，被新证据法学派赞为："根据获得的新证据，我们能在多大程度上以及什么方向上修改就某些假设形成的先前信念。"[14] "能在已有知识、经验和证据的条件下，实现信息鉴定和证据的有效整合。"[15] "与《联邦证据规则》第 401 条相关性完全吻合。"[16]

2. 贝叶斯怀疑主义。运用贝叶斯定理构建数理模型已在自然科学领域取得了巨大成功，所以，大多数怀疑者并未彻底否定贝叶斯主义，只是就其某个方面提出质疑：

（1）质疑先验概率。在事实认定时，贝叶斯推理的起点是先验概率。大多数贝叶斯主义者认为，在没有任何证据的情况下，贝叶斯推理应对检控方假设和辩护方假设分别赋值 50%，即犯罪嫌疑人有罪和无罪的可能性相等。但"学者们对在刑事诉讼中先行赋予当事人 50 % 有罪的概率是否违反无罪推定原则争论不休。"[17] 检控方假设和辩护方假设，是贝叶斯推理的两个基本假设，相互对立，其概率之和等于 1，如果不是对其分别赋值 50 %，似乎没有其他更好的选择。

（2）质疑证据证明力赋值。这是截至目前贝叶斯主义遭受攻击的最大灾区。这些质疑分为两种：赋值是否正当；赋值是否可行。贝叶斯怀疑主义先驱却伯批评道：①法官和陪审团不精通数学，他们不应该用自己无法理解的语言接收信息、进行交流；②数字化具有诱导性，使貌似'硬'的量化证据排挤'软'的非量化证据；③关于有罪无罪问题，对特定事物量化，不具有政治正当性。[18]

〔14〕 Richard O. Lempert, "Modeling Relevance", *Michigan Law Review*, 1977, 75（5）.

〔15〕 Laurence H. Tribe, "Trial by Mathematics: Precision and Ritual in the Legal Process", *Harvard Law Review*, 1971, 84（6）, pp. 1329 – 1393.

〔16〕 Richard O. Lempert, "Modeling Relevance", *Michigan Law Review*, 1977, 75（5）.

〔17〕 张保生主编：《证据法学》，中国政法大学出版社 2009 年版，第 100、126 页。

〔18〕 张东苏：《科学与哲学》，商务印书馆 1999 年版，第 130 页。

在"赋值是否可行"方面，首先，不存在对证据证明力进行赋值的精良手段和标准。目前，除了 DNA 证据，其他所有证据证明力大小在数字上都不明朗。且不说对"在死前的晚上，死者与其男友有过激烈争吵"等证据证明力如何赋值，就连被大多学者划入科学证据范畴的指纹证据、笔迹证据，目前都处于探索阶段。其次，证据间的依赖关系使其证明力摇摆不定。证据间的依赖关系是指，证据间相互依附，一项证据的相关性、证明力会被其他证据改变。在法庭上，先前出示的证据的证明力一定会随着后续证据的出示而改变。"全体不是部分的总和，不是由部分集成。并且部分的存在是依全体而变更。"[19]典型例证还有《韩非子·说难》："弥子之行未变于初也，而以前之所以见贤而后获罪者，爱憎之变也。"[20]为了解决该问题，有学者提出了"信念修正理论"，至今这个理论已发展出许多原则。[21]

（3）司法证明过程是否与贝叶斯推理具有同构性。这是对贝叶斯推理最严厉、最根本的拷问。"也许问题的关键并非演算法，而是我们的研究工具与研究目的不匹配。"[22]但关于因果律与数理是否同质，张东荪先生曾有过精辟论证，其结论是："数理亦与因果律一样，同是思想自身所具的格律，并不是外物所具的性质……因果律与数理都只是思想的方式，说科学依靠因果律与数理则无异于说科学依靠于思想自身的范畴。"[23]当代的一些研究也在印证这一观点："在《计算与认知》一书中，派利夏恩提出了一个核心命题：计算是心理行为的实际模型而不仅仅是模拟。"[24]所以，这一拷问似乎只是虚惊一场。

二、关于事实认定概率分析的反思与展望

人们对事实认定司法证明思维的认识历经了从"浑然不觉"到追求精准、明晰、实证，再到"心照不宣"。类似历程发生在西方语言诠释学史中：从对认知主体性作用之自觉，到施莱尔马赫探究实证性的语法学，又到狄尔泰视"理解"为精神科学研究的独特方法，再到海德格尔将诠释学转向为此在的本体论，而到了伽达默尔似乎是抛弃了一般意义上的方法论。[25]事实认定概率分析是否会走向消亡存在一些疑问，并呈现出两个极端：

---

〔19〕 张东荪：《科学与哲学》，商务印书馆 1999 年版，第 130 页。

〔20〕 周勋初修订：《韩非子校注》（修订本），凤凰出版社 2009 年版，第 96 页。

〔21〕 王佳："司法证明思维研究"，中国政法大学 2009 年博士学位论文。

〔22〕 ［新西兰］约翰·巴克尔顿：《法庭科学 DNA 证据的解释》，唐晖等译，科学出版社 2010 年版，第 31、141 页。

〔23〕 王佳："司法证明思维研究"，中国政法大学 2009 年博士学位论文。

〔24〕 ［加］泽农·W·派利夏恩：《计算与认知——认知科学的基础》，任晓明、王左立译，中国人民大学出版社 2007 年版，第 9 页。

〔25〕 潘德荣：《西方诠释学史》，北京大学出版社 2013 年版，第 324～361 页。

（一）司法鉴定领域将涌现大批统计概率证据

在司法实践中，可能会导致不断涌现出像 DNA 证据一样精确、明晰、实证的统计概率证据。"2009 年 2 月，美国科学院国家研究顾问委员会发布了名为'加强美国法庭科学之路'的报告暗示，到目前为止，只有 DNA 检验技术能够满足科学的基本要求。"[26] DNA 证据倍受青睐原因有二：一是 DNA 证据依托于明确的统计学数据，而其他同一认定证据，即使其同一认定效力实质上超过了 DNA 证据，但苦于缺乏实证统计学数据，所以看起来不科学、不可靠，比如指纹证据、笔迹证据。二是"由于达到了很高的科学确定度，如果 DNA 证据表现为来源于这名被告，那唯一合理解释就是它的确源于该被告"[27]。检讨前文加州大学招生案，统计数据之所以只能证明"男女录取率差异"，不能证明"性别歧视"，是因为"性别歧视"只是"男女录取率差异"的充分不必要条件，导致从"男女录取率差异"到"性别歧视"的推论链条断裂。假如有统计学证据显示，由性别歧视以外的因素导致男女录取率差异的概率是十亿分之一，即一旦出现男女录取率差异，几乎都可归咎于性别歧视，而非其他。所以，如果统计概率证据的证明力足够强，那么它就能够证明因果关系。

总之，如果某一统计概率证据能破解以上难题，完善实证统计数据，实现高度的科学确定度，那么其将华丽转身——而这并不难。在司法鉴定领域，进行个体识别的主要方法是通过比对样品间的特征（群）匹配程度。一般来说，在发生匹配的条件下，某特征（群）在人群中出现的概率越低，其同一认定效力越强。今后，随着用于同一认定的个体特征（群）的统计学数据的完善，司法鉴定领域将涌现大批类似于 DNA 证据的统计概率证据，那时，DNA 证据"一统天下"的局面将被打破。

（二）事实认定不可能通过数学推理实现

事实认定只能由人来完成，企图通过构建概率模型，实现事实认定人工智能化的所有努力，都将无功而返。在这一方面，事实认定概率分析的走向将与诠释学十分类似。

首先，在事实认定过程中，主体的经验、知识、价值取向、情感、情绪等全部参与其中，其过程极其复杂，数学推理难以模拟。尤为棘手的是，人的直觉不可或缺。国内外均有此共识："直觉"在事实认定中很重要，甚至比三段论都重要。波斯纳认为："目前在审判中用于解决事实争议的心照不宣的、直觉式的推断程序，若要努力使之程式化，必将导致无休止的混乱不堪。"[28] 霍姆斯认为："法律的生命不在

---

〔26〕 邢学毅："《加强美国法庭科学之路》的反响和启示"，载《证据科学》2011 年第 4 期。

〔27〕 Michael O. Finkelstein, William B. Fairley, "A Bayesian Approach to Identification Evidence", *Harvard Law Review*, 1970, 83 (3), pp. 489 – 517.

〔28〕 ［美］理查德·A. 波斯纳：《证据法的经济分析》，徐昕、徐昀译，中国法制出版社 2004 年版，第 47～104 页。

于逻辑，而在于经验。流经的时间、普遍的道德和政治理论、公共政策的直觉思维，无论是否言明还是无意识的，甚至是法官与同僚们共同持有的偏见在判定人们理应遵守的规则时也比三段论更为有用……法律由那些有能力、有经验的人执行……他们知道不能因为三段论而牺牲敏感的感觉。"[29] 龙宗智提出："由于来自客体的信息太复杂，或者具有非线性、无序性的特征，以致逻辑与语言系统无法解析这些信息，这些信息也很难以有序结构的方式存在，故而只能用直觉等非逻辑认识方式去把握它。另一种情况是某些信息与认识主体的深层感受发生契合性碰撞，从而以直觉、灵感、顿悟等非逻辑方法产生出某些新的认识。"[30] 如果说数理与因果律具有同构性，在条件完备时，人的所有逻辑思维可被转化为数学推理，那么，这些"敏感的"、"心照不宣的"、"非线性的"、"无序的"、"深层次的"、"瞬时性的"直觉如何去把握，又如何将它们转化为数学推理，这是难以想象的。

其次，数学推理并非司法证明思维的"母语"，而是一门需要翻译的"外语"。若偏执于司法证明的程式化、数字化，不仅会导致事实认定者出现理解障碍、解释障碍和证明障碍，比如，后验比率要多大才足以认定被告人有罪，而且还将胁迫相关程序（举证、质证等）进行程式化、数字化变革，进而导致诉讼全盘程式化、数字化。如此舍近求远，降低了诉讼效率、增加了诉讼成本，比如诉讼需处处依赖专家，更使得原本朴素平常的诉讼变成数据论战，这恰恰背离了数字诉讼求真之初衷。因为最大的误差和隐患将出现在把本可凭借常识、直觉即可理解的证据和构建的事实转化为陌生的、抽象的、空泛的数字及其推理的过程中。

最后，数学推理会通过"量"上的运算模糊、混淆乃至掩盖"质"上的差别。比如，关于一起刑事案件的证明，如果"主观"、"客观"、"主体"、"客体"四要件均达到了"排除合理怀疑"，那么全案就排除了合理怀疑。若假定"排除合理怀疑"是99%的真实程度，那么四要件均是99%的真实程度，而通过概率乘法原则[31] 或其他公式运算后，全案事实的真实程度都会小于99%，即全案事实没有达到"排除合理怀疑"。

再比如，在贝叶斯推理中，每一项证据都是以"似然率"的形式被整合：

犯罪嫌疑人有罪的概率＝似然率1（证据1的证明力）× 似然率2（证据2的证明力）×……

在证明中，每一项证据都有其固定的证明对象，不同的证据扮演着不同的角色，

---

[29] ［美］小奥利弗·温德尔·霍姆斯：《普通法》，冉昊、姚中秋译，中国政法大学出版社2004年版，第6、30页。

[30] 龙宗智："'大证据学'的建构及其学理"，载《法学研究》2006年第5期。

[31] 针对独立事件的概率运算方式，比如独立事件A、B、C、D为真的概率均是99%，那么A、B、C、D四者同时为真的概率就是99%×99%×99%×99%＜99%。

发挥着不同的作用。如果某一要件对于事实认定是必要的，但又缺乏相关证据，那么，其"先天缺陷"是不可能通过其他证据来"后天弥补"的，即使后者证明力极强，即司法证明呈现出一种"短板理论"[32]。而通过任何数学方式进行的事实认定，都会在数量化和程式化的运算过程中，用"量"上的无差别运算模糊、混淆乃至掩盖"质"上的差别。

总之，事实认定中的各种证据，如同树干上的不同枝桠，在不同的位置上发挥着不同的作用，这些作用不能相互混淆和彼此替代。证据的完整性和证明力同等重要，而任何数量化运算都是在忽略证据间的差别，忽视证据的完整性，企图以无差别的证明力来认定事实，其实是一种极其荒谬的想法。

三、结语

正在发生着的事实已显现出事实认定概率分析的两个基本走向：一方面，司法鉴定领域中新一代统计概率证据正在崛起，比如运用概率乘积规则构建印证公式的电子证据[33]，比如正在探索数据库建设的笔迹证据[34]；另一方面，乔纳森·科恩坚持着自由证明思想，[35]罗纳德·艾伦宣扬着相对合理性理论[36]，波斯纳认为由普通人组成的陪审团来进行事实认定的最大优势不是别的，恰恰是他们能够更准确地认定事实[37]。对此问题更需要我国学术界与实践给予特别关注与反思。

---

[32] "短板理论"又称"木桶原理"，其核心内容是：一只木桶盛水的多少，并不取决于桶壁上最高的那块木块，而恰恰取决于桶壁上最短的那块。

[33] 刘品新："简论信息时代证据制度创新"，载常林、张中主编：《第四届证据理论与科学国际研讨会论文集》（上册），中国政法大学出版社2013年版，第35~38页。

[34] 黄旭、刘建伟："建立笔迹样本数据库的可行性初探"，载常林、张中主编：《第四届证据理论与科学国际研讨会论文集》（下册），中国政法大学出版社2013年版，第183~187页。

[35] ［美］乔纳森·科恩："证明的自由"，何家弘译，载《外国法评译》1997年第3期。

[36] Ronald J. Allen, "The Narrative Fallacy, the Relative Plausibility Theory, and a Theory of the Trial", *International Commentaryon Evidence*, 1996 (4), pp. 1554 – 1567.

[37] ［美］理查德·A.波斯纳：《证据法的经济分析》，徐昕、徐昀译，中国法制出版社2004年版，第47~104页。

【四、域外改革启示】

越南司法鉴定法[*]

梁礼华^{**}译

近年来，越南司法改革步伐明显加快，尤其是 2005 年越共中央政治局制定了《关于 2005~2020 年司法改革战略》的纲领性文件，对越南司法改革提出了一个明确的任务和要求。据此，越南采取了一系列司法改革措施，包括建立中央司法改革指导委员会，改革司法系统、诉讼程序、庭审方式，完善司法辅助机构，加强对法官队伍的培训，完善立法等等，司法改革取得初步成效。越南于 1988 年 7 月 21 日出台了《关于司法鉴定的决定》，此后于 2004 年 9 月 29 日，越南国会常务委员会通过了《司法鉴定法令》，并于 2005 年 1 月 1 日起生效实行。越南《司法鉴定法令》经过 6 年的实施，越南司法鉴定工作得到长足发展，取得了许多可喜的成就，但也暴露出很多问题，如司法鉴定员数量较少、素质不高，司法鉴定体系不完善，司法鉴定管理混乱，缺乏完备的体制机制等。这使得越南司法鉴定工作难以适应日常的诉讼活动要求。为了解决上述问题，改正体制方面的不足，为越南司法鉴定活动创新、稳固发展创造法理依据，更是为了提高诉讼活动的质量，确保法院能及时、客观、依法作出判决，2012 年 6 月 20 日，越南国会第八届第三次会议上通过了《司法鉴定法》，于 2013 年 1 月 1 日起生效实施。笔者现将《越南司法鉴定法》翻译于后，以飨读者。

越南司法鉴定法

第一章 总 则

第一条 适用范围

本法律主要对司法鉴定员；司法鉴定组织；从事司法鉴定相关组织及人员；司

---

* 本文原载于《证据科学》2014 年第 1 期。

** 中国政法大学证据科学研究院。

法鉴定业务；司法鉴定业务的政策、制度和鉴定费用以及从事司法鉴定的相关组织的责任进行规定。

第二条　词语解释

本法中，相关词语解释如下：

（一）司法鉴定是指司法鉴定人员根据本法规定，按照诉讼机关、诉讼人或鉴定要求人的要求，运用专门知识、工具、科学方法、技术、业务对有关在刑事案件、解决民事纠纷、行政诉讼等进行调查、诉讼、处理、执行中涉及的专门性问题提供鉴定结论的活动。

（二）鉴定委托人包括诉讼机关、诉讼人。

（三）鉴定要求人指在建议诉讼机关、诉讼人进行鉴定，但未得到采纳后，有权自己要求进行鉴定的人。

（四）司法鉴定组织、个人包括司法鉴定员、从事司法鉴定业务的人员、公立司法鉴定组织、非公立司法鉴定组织和其他从事司法鉴定业务的组织。

（五）司法鉴定人包括司法鉴定员和其他从事司法鉴定活动的人员。

（六）司法鉴定员指满足本法第七条第一款规定，得到国家有关机关批准从事司法鉴定业务的人员。

（七）其他从事司法鉴定人员指满足本法第十八条第一款或第二款和二十条的规定，得到委托、要求鉴定的人员。

（八）其他从事司法鉴定组织指满足本法第十九、二十条规定，得到委托、要求鉴定的组织。

第三条　司法鉴定基本原则

（一）遵守法律、严格执行专门标准。

（二）真实、准确、客观、无私、及时。

（三）只针对鉴定要求提出专门结论。

（四）对鉴定结论负相应法律责任。

第四条　司法鉴定组织及个人的责任

（一）根据本法及其他相关法律的规定，从事司法鉴定的组织及个人有接受、完成司法鉴定活动的责任。

（二）根据本法及其他相关法律的规定，其他组织和个人有为司法鉴定人员完成鉴定任务提供便利条件的责任。

第五条　国家对于司法鉴定的政策

（一）在需求量大、经常性的领域，国家投资、发展公立司法鉴定组织系统，以满足诉讼需求；为非公立司法鉴定组织发展提供便利条件。

（二）为教育、培养司法鉴定人的专门业务技能提供优先政策。

第六条　禁止有以下行为：

（一）拒绝提供司法鉴定结论，且无正当理由的。

（二）故意提供违背事实的司法鉴定结论的。

（三）故意延长完成司法鉴定时间的。

（四）利用司法鉴定牟取非法利益的。

（五）引诱、强迫司法鉴定人员做出违背事实的司法鉴定的。

（六）干涉、妨碍司法鉴定人员完成鉴定工作的。

第二章　司法鉴定员

第七条　司法鉴定员执业许可

（一）常驻越南的越南公民具备以下条件的，可以申请成为司法鉴定员：

1. 身体健康，品行良好；

2. 大学以上文化，且从事司法鉴定相关工作 5 年以上；

如已在法医、法医精神病、刑事技术鉴定机构直接参与鉴定活动的，从事相关工作满 3 年以上，可申请成为法医、法医精神病、刑事技术鉴定员；

3. 对于申请法医、法医精神病和刑事技术领域鉴定员资格的人员，需有鉴定业务方面的培养或培训证明。

（二）具有以下情形之一的，不得成为司法鉴定员：

1. 无民事行为能力或限制民事行为能力的；

2. 正被追究刑事责任的；属过失或故意轻微犯罪已结案但未消案底的；一般、重大、特别重大故意犯罪已结案的；

3. 受行政处罚正被执行社区矫正、强制戒毒的。

（三）相关部委与司法部部长协商同意后，可对本条第一款作出具体规定。

第八条　申请司法鉴定员资格材料

（一）司法鉴定员申请书。

（二）符合申请的专业领域的大学以上毕业文凭复印件。

（三）简历及司法履历表。

（四）鉴定员拟任职机关、组织有关参与专业实践活动时间确认书。

（五）鉴定员拟任职机关、组织有关法医、法医精神病和刑事技术领域鉴定业务的培养、培训证明。

（六）符合鉴定领域有关管理部门规定的其他证明材料。

第九条　任命司法鉴定员的组织、程序、手续

（一）中央机关的法医鉴定员、法医精神病鉴定员由卫生部部长任命。

中央机关的刑事技术鉴定员由公安部部长任命。

中央其他机关的司法鉴定员任命由其管辖部委的部长、首长任命。地方的司法鉴定员由省级政府的政府主席任命。

（二）国防部、公安部的法医鉴定员须符合本法第七条第一款规定标准，并报请卫生部部长任命。

国防部的刑事技术鉴定员须符合本法第七条第一款规定标准，并报请公安部部长任命。

其他相关部委的鉴定员须符合本法第七条第一款规定标准，并报请相关鉴定领域管理部门首长任命。

省级政府专门管理司法鉴定机关的首长，主持、配合司法厅挑选符合本法第七条第一款规定标准的人员，接受符合本法第八条规定条件的人员的申请材料，报请省政府主席任命为鉴定员。

自接到合格的材料之日起20日内，相关部委的首长、省政府主席须决定任命其为司法鉴定员，如果拒绝任命的，须书面通知报请人，并讲明理由。

（三）各部委及省级政府须在本部门、省的网页公开刊登司法鉴定员名册，同时通报司法部集中统一编制司法鉴定员名册。

第十条　任免司法鉴定员

（一）撤销司法鉴定员资格的情形如下：

1. 不再符合本法第七条第一款规定标准的；

2. 属于本法第七条第二款规定的情形的；

3. 被处以警告以上纪律处分或故意违反司法鉴定相关法规被处行政处罚的；

4. 具有本法第六条规定情形之一的；

5. 属于公职、事业、军队士官、人民公安士官、专业军人、国防工人等司法鉴定员退休后申请撤销的。

（二）申请司法鉴定员资格的材料包括：

1. 为其本人申请任命司法鉴定员的机构、组织的申请书；

2. 符合本法第一条规定之一的司法鉴定员证明材料。

（三）公安部部长、国防部部长向卫生部部长建议撤销其所管辖范围内的法医鉴定员。

国防部部长向公安部部长建议撤销其所管辖范围内的刑事技术鉴定员。

其他部委首长负责撤销其管辖领域内的，在各中央机关工作的司法鉴定员。

地方司法鉴定员由人民政府专门机构负责人取得司法厅同意后，建议省级人民政府主席撤销。

（四）从接到合格的材料之日起10日内，各部委首长、省级人民政府主席须决定撤销司法鉴定员资格，并及时更新本部门互联网网页上的司法鉴定员名册，同时向司法部备案。

第十一条　司法鉴定员权利与义务

（一）按照委托人、要求人或机关、组织的委托要求，完成鉴定工作。

（二）对超出专业能力、鉴定范围、不满足要求或无法鉴定的检材的；无足够完成鉴定所需时间或其他正当理由的，有权拒绝鉴定。如拒绝进行鉴定的，从接到鉴定委托或要求之日起5个工作日内需向委托人、要求人作出书面通报，并讲明理由。

（三）有参加鉴定业务、法律知识培训的权利。

（四）满足本法第十五条规定条件时可成立司法鉴定机构。

（五）根据协会的相关法规，成立、参加司法鉴定员协会。

（六）享受本法及其他相关法律的有关政策。

（七）本法第二十三条及第三十四条第一款规定的义务和权利。

第三章　司法鉴定组织

第一节　公立司法鉴定组织

第十二条　公立司法鉴定组织

（一）在法医、法医精神病和刑事技术领域，由国家相关职能部门成立公立司法鉴定组织。根据需要，在取得司法部部长同意后，部级机关首长、省级人民政府主席可决定或向有关部门申请成立各领域的公立司法鉴定组织。

（二）法医类公立司法鉴定组织包括：

1. 卫生部国家法医院；

2. 省级法医中心；

3. 国防部军队法医中心；

4. 公安部刑事科学院法医鉴定中心。

（三）法医精神病类公立司法鉴定组织包括：

1. 卫生部中央法医精神病院；

2. 卫生部法医精神病中心。

根据诉讼活动中精神病鉴定的需求和全国各地的实际条件，在取得司法部部长同意后，卫生部部长可成立区域性法医精神病中心。

（四）刑事技术类公立司法鉴定组织包括：

1. 公安部刑事科学院；

2. 省级公安机关的刑事技术处；

3. 国防部刑事技术鉴定处。

（五）根据地方的实际需求及条件，省级公安机关刑事技术处可配备法医，自己完成法医鉴定。

（六）公立司法鉴定组织依法具有独立的印章和银行账号。

（七）政府对公立司法鉴定组织的职能、任务、组织机构、工作制度等作出具体规定。

第十三条　公立司法鉴定组织的基础保障

（一）国家为公立司法鉴定组织提供基本的物质、经费、装备、交通和其他必需条件的保障。

（二）公立司法鉴定的活动经费由国家财政和法律规定的其他来源进行保障。

（三）卫生部对法医、法医精神病类公立司法鉴定组织的基础条件、设备、鉴定工具等作出规定。

公安部对刑事技术类公立司法鉴定组织的基础条件、设备、鉴定工具等作出规定。

第二节　非公立司法鉴定组织

第十四条　司法鉴定所

（一）司法鉴定所是非公立司法鉴定组织，在财政、银行、建筑、古物、遗物等方面开展鉴定工作。

（二）司法鉴定所由1名司法鉴定员成立的，则属于个人企业。司法鉴定所由2名司法鉴定员以上成立的，属于合营公司。

司法鉴定所的法人是所主任。司法鉴定所主任必须是司法鉴定员。

第十五条　设立司法鉴定所的条件

（一）司法鉴定员成立司法鉴定所应具备以下条件：

1. 在所申请开展鉴定业务领域中具有5年以上鉴定工作经验的司法鉴定员可申请成立相应的鉴定所；

2. 根据本法第十六条第二款第四点的规定提供成立提案；

（二）干部、公务员、官员、军官，人民警官、职业军人、国防工人，不得成立司法鉴定办事处。

第十六条　成立司法鉴定所许可证

（一）由司法鉴定所所在的省级政府主席根据司法厅厅长的提议，审核、准许设立司法鉴定所。

（二）司法鉴定员申请成立司法鉴定所需呈递成立申请材料到司法厅，包括：

1. 成立申请表；

2. 司法鉴定员任命书复印件；

3. 司法鉴定所的运作、组织制度；

4. 成立司法鉴定所的提案须明确设立的目的、名称、人员、地点，按照司法鉴定领域的专业管理部门、部级机关的规定具备基础设施、仪器设备、鉴定工具的条件和工作开展计划。

（三）在收到申请之日起 30 天内，司法厅厅长对成立司法鉴定所的申请材料进行审阅、考核，与省级政府管理司法鉴定领域的专门机构负责人统一意见后，呈报省级人民政府主席审阅、决定。

自司法厅呈递文件之日起 15 天内，省级人民政府主席对成立司法鉴定所的申请文件作出审阅、批准决定。如未批准成立的，应以书面形式通知当事人并说明原因。被拒绝的当事人有权根据法律规定进行投诉和起诉。

第十七条　司法鉴定所的注册登记

（一）自省级人民政府主席批准允许成立之日起 1 年内，司法鉴定所须向司法厅注册登记。

自省级人民政府主席批准允许成立之日起 1 年后，司法鉴定所不注册登记的，则成立司法鉴定所的申请失效。

（二）司法鉴定办事处向司法厅办理注册登记具体的材料包括：

1. 注册内容申请表；

2. 司法鉴定所的业务范围、组织规章；

3. 符合本法第十六条二款第四点的规定，具备确保司法鉴定所满足开展业务范围条件的证明书；

4. 准许成立司法鉴定所的副本。

（三）在收到正式文件之日起 30 日内，司法厅主持、协助省级人民政府司法鉴定领域的专门管理机构按照根据本法第十六条第二款第四点规定，审核成立提案对应具备的条件是否符合要求，并颁发营业许可证；如不同意的，应书面通知本人，并说明理由，同时上报省级人民政府主席审核、决定收回准许成立的决定。被拒绝的当事人可根据法律规定进行申诉、起诉。

（四）司法鉴定所自取得经营许可证之日起可进行营业。

第四章　司法鉴定人的从业条件、司法鉴定组织的从业条件

第十八条　司法鉴定人的从业条件

（一）常驻在越南的越南公民具备以下条件的，可根据以下要求选择做司法鉴定人：

1. 身体健康、品行端正；

2. 大学本科以上学历并经司法鉴定专业培训 5 年以上的专业实践经历。

（二）在没有大学本科毕业学历的情况下，但在鉴定工作方面具备专业知识且有丰富实践经验的可根据要求选择做司法鉴定人。

（三）司法鉴定人根据本法规定按照委托要求完成鉴定工作。司法鉴定人根据本法第十一条中的第一、二、三、六、七款享有权利及义务。

第十九条　司法鉴定组织的资格条件

（一）司法鉴定组织应具备以下条件：

1. 具有法人资格；

2. 具有与鉴定申请、要求的内容相符专业的业务资格；

3. 具备专业的工作人员，基础设施能保证司法鉴定工作的进行；

（二）司法鉴定组织根据本法规定按照鉴定委托、要求进行鉴定，组织负责人有责任接收及安排人员来进行司法鉴定工作。

（三）各部委、政府机关、省级人民政府的专门机关指导司法鉴定工作。

第二十条　编制及公布司法鉴定人、司法鉴定组织的名单

（一）建设部、财政部、文化部、体育及旅游部、信息通信部、计划投资部、环境资源部、交通运输部、科技部、农业和农村发展部、越南国家银行、其他各部门、部级机关及省人民政府有责任选择、编制及每年公布司法鉴定人及司法鉴定组织的名单，以满足诉讼案件中的鉴定要求。

名单随附司法鉴定人、司法鉴定组织的专业鉴定知识、经验、能力的相关信息，并在各部级机关、省级人民政府的互联网网页发布，同时报送司法部以便列入整体名单。

（二）在特殊情形下，鉴定委托人可以要求不属已公布的名单内但具备专业条件的个人、组织进行鉴定，但需说明理由。

根据进行诉讼的机构的要求，诉讼进行人、各部门、部级机关、省政府管理司法鉴定的专业机构有责任介绍已公布名单意外的具备进行司法鉴定条件的个人、组织。

第五章　司法鉴定业务

第二十一条　司法鉴定委托人的权利与义务

（一）委托鉴定人的权利：

1. 委托个人、组织根据本法第二条第四款规定进行鉴定；

2. 要求个人、组织根据本条第一款第一点内容规定，在规定的时间内给出相应的鉴定结论；

3. 要求已进行司法鉴定的个人、组织对鉴定结论作出解释。

（二）委托鉴定人的义务：

1. 根据需鉴定案件的性质、要求选择符合鉴定需求的组织或个人；

2. 出具要求委托鉴定的文书；

3. 根据进行司法鉴定的个人、组织的要求提供与鉴定对象相关的信息、材料；

4. 当委托鉴定时预付司法鉴定费用，当获得鉴定结果时，可及时结算所有的司法鉴定费用；

5. 在进行鉴定的过程中或以司法鉴定人资格参与诉讼的过程中需保证司法鉴定的安全。

第二十二条　司法鉴定要求人的权利与义务：

（一）鉴定要求人有权以文书形式寄送与诉讼机关、诉讼人委托其鉴定。若进行诉讼的诉讼机关、诉讼人不接受其要求则需在 7 日内以书面形式通知鉴定要求人。在上述规定限期结束或自收到委托鉴定的驳回通知后，鉴定要求人有权自行要求鉴定。

（二）要求鉴定人的权利：

1. 要求进行司法鉴定的个人、组织根据所协商的期限以及要求的内容给出相应的鉴定结论；

2. 要求进行司法鉴定的个人、组织对鉴定结论作出解释；

3. 建议法院召集进行鉴定的司法鉴定人出席解释、陈述有关鉴定结论等问题；

4. 要求进行诉讼的诉讼机关、诉讼人委托重新鉴定，根据本法第二十九条第一款规定内容要求补充鉴定。

（三）司法鉴定要求人的义务：

1. 根据司法鉴定人的要求提供有关鉴定对象的信息、材料等并且对由自己所提供的这些信息、材料等的准确性承担责任；

2. 预付司法鉴定费用，当取得鉴定结论时，及时与鉴定的个人、组织结清鉴定费用。

（四）鉴定要求人只有法院决定将案件进行初审审理之前才能进行自我要求鉴定的权利。

第二十三条　司法鉴定人在履行司法鉴定时的权利与义务

（一）司法鉴定人的权利：

1. 按照鉴定内容的要求，有权选择适合的方法来进行鉴定；

2. 有权使用补充实验、检验结果或由其他个人、组织进行的专业结论服务于鉴定工作；

3. 有权独立出具自己的鉴定结论；

（二）司法鉴定人的义务：

1. 遵守履行司法鉴定的原则；

2. 按照需要鉴定的内容进行鉴定；

3. 按时出具鉴定结论，若需要延长鉴定时间的，需及时通知委托、要求鉴定人；

4. 建立鉴定档案；

5. 保管与鉴定工作有关的材料和样本；

6. 不能向其他人通报鉴定结果，除非已获委托、要求鉴定人的书面同意；

7. 须对自己所作出的鉴定结果负责。若故意做出虚假鉴定，给个人或者组织造成损失的，须按照国家法律规定予以赔偿；

（三）除了本条第一款和第二款规定的权利及义务外，鉴定人还享有国家有关诉讼法所规定的其他权利及义务。

第二十四条　被委托、要求司法鉴定机构的权利与义务

（一）被委托、要求司法鉴定的机构的权利：

1. 要求鉴定的委托人、要求人提供与鉴定相关的信息及所必需的材料；

2. 若不具备充分条件进行鉴定时，可拒绝进行鉴定；

3. 当收到司法鉴定委托、要求时可提前收取司法鉴定费用，当获得鉴定结果时，及时结算所有的司法鉴定费用。

（二）被委托、要求司法鉴定的机构的义务：

1. 接受和分配本组织中具备符合于鉴定委托、要求内容的专业能力水平人员并且需对该人员的专业能力水平承担一定责任，在鉴定工作需要多人配合时，负责调配鉴定人员完成鉴定工作；

2. 保证完成鉴定工作所需的机器设备、鉴定工具以及其他必备条件；

3. 因该部门所安排鉴定工作的人员故意给出错误结论而对个人、组织所造成的损失予以赔偿；

4. 若需拒绝接收鉴定委托、要求时，则从接收到委托、要求鉴定决定之日起，在 5 个工作日内以书面形式通知委托、要求鉴定人，并说明其拒绝理由。

第二十五条　司法鉴定委托

（一）委托鉴定人通过委托书方式委托司法鉴定，并随附鉴定对象及相关材料、物品（若有）与个人、组织进行鉴定。

（二）委托鉴定的委托书需具备以下内容：

1. 委托鉴定的机关名称、有权委托鉴定人的姓名；

2. 组织名称、被委托鉴定人的姓名；

3. 需鉴定对象的名称及特点；

4. 附随的相关材料或比对样本的名称（若有）；

5. 鉴定要求内容；

6. 鉴定委托年月日以及取得鉴定结论期限。

（三）若系补充委托鉴定或重新鉴定则委托书需注明为补充鉴定委托或重新鉴定委托。

第二十六条　民事、行政、刑事案件中的司法鉴定要求

（一）鉴定要求（委托、申请）人需随附鉴定对象、相关材料、物品（若有）、鉴定要求文书以及在民事、行政案件中能证明自己为当事人、民事原告、民事被告，在刑事案件中为具有相关的权利、义务人或他们的合法代表人的相关证明文件复印件一同寄送与进行鉴定的个人、组织。

（二）司法鉴定书要求具备以下内容：

1. 要求鉴定组织名称或个人姓名；

2. 要求鉴定的内容；

3. 鉴定对象的名称及特点；

4. 附随的相关材料或比对样本名称（若有）；

5. 要求鉴定的年月日及取得鉴定结论的期限；

6. 要求鉴定人的签字。

第二十七条　委托、要求鉴定的对象、档案的交接

（一）委托、要求鉴定的对象、档案可直接进行交接或以邮寄方式寄送给进行鉴定的个人、组织。

（二）直接交接委托、要求鉴定的对象、档案需建立交接名录清单。名录清单需具备以下内容：

1. 交接鉴定档案的时间、地点；

2. 有关鉴定对象的交付方和接收方代表人姓名；

3. 鉴定委托书或鉴定要求书，需鉴定的对象；相关材料、物品；

4. 对所交接的鉴定对象、相关材料、物品的保管方式；

5. 交接鉴定对象、相关材料、物品时的状况；

6. 鉴定对象交付方和接收方代表人的签字。

（三）以邮寄方式寄递委托、要求鉴定的对象、档案，须采用有邮寄编号的方式寄递。个人、组织根据邮寄编号接收所寄递的档案并负责妥善保管，当启封时需根据本条第二款规定建立备忘录。

（四）如法医鉴定、法医精神病的鉴定对象是活人的，在鉴定工作中，委托、要求鉴定人有责任配合鉴定的个人、组织管理鉴定对象。

（五）当鉴定工作完成时，进行鉴定的个人、组织有责任将鉴定对象交回委托、要求鉴定人，除了有其他法律规定的情况除外。

委托、要求鉴定人有责任根据法律相关规定收回鉴定对象。

当完成鉴定工作后，鉴定对象的交接工作需根据本条第二、三款规定进行。

第二十八条　个人鉴定、集体鉴定

（一）个人鉴定是指鉴定工作是由1个人进行的。集体鉴定是指鉴定工作是由2个人以上来进行的。

（二）在个人鉴定工作的情况下，鉴定人需对鉴定结论书签字并对该鉴定结果承担个人责任。

（三）在对某专业领域的集体鉴定情况下，则多名鉴定员一起进行鉴定工作，并对总结鉴定结论书签字并需共同对该结论书承担责任；若有其他不同意见时则鉴定员需在鉴定结论书中表明自己的意见并对该意见承担责任。

需集中鉴定多个不同专业领域时，每个鉴定员则分别对自己专业领域对象进行鉴定，并对自己所鉴定部分的鉴定结论承担责任。

第二十九条　补充鉴定、重新鉴定

（一）当鉴定结论不够清楚、不齐全的情况下，或当发现与之前得到的案件工作的鉴定结果及其案情细节有新的问题时则可进行补充鉴定。补充的委托、要求鉴定需同第一次鉴定程序一样进行。

（二）若有证据证明第一次的鉴定结果不正确或在本法规第 30 条第 2 款规定情况出现时则可进行重新鉴定。

（三）委托鉴定人自己或根据鉴定要求人的建议决定重新委托鉴定。若委托鉴定人不同意重新鉴定的要求则需以文书形式通知鉴定要求人并说明理由。

第三十条　鉴定委员会

（一）同一鉴定内容的第一次鉴定结果与重新鉴定结果有所不同时，是否需要进行第二次重新鉴定，由委托鉴定人来决定。第二次的重新鉴定须由鉴定委员会进行。

鉴定委员会是由管理各鉴定领域的部级机关各部长决定成立以进行第二次重新鉴定。鉴定委员会最少包括 3 位具有高专业水平并对于鉴定领域享有权威声誉的成员。鉴定委员会需根据本法规第二十八条第三款所规定的集中鉴定机制进行工作。

（二）在特殊情况下，在鉴定委员会的作出鉴定结果后，最高人民检察院检察长、最高人民法院首席法官可决定重新鉴定。

第三十一条　司法鉴定实施过程的记录文书

（一）进行司法鉴定的鉴定员需及时、全面的对鉴定的全部过程及鉴定结果以文书形式进行如实地记录。

（二）鉴定实施过程的记录文书应保留在鉴定档案中。

第三十二条　司法鉴定结论

（一）司法鉴定结论是司法鉴定员以文书形式根据委托、要求鉴定内容对鉴定对象作出的评论、评价。司法鉴定结论需具备以下内容：

1. 进行鉴定的鉴定员姓名、进行鉴定的组织名称；

2. 进行法律诉讼机关的名称、进行法律诉讼委托鉴定人的姓名、委托鉴定文书编号或鉴定要求人的名称；

3. 鉴定对象的确认信息；

4. 接收委托、要求鉴定文书的时间；

5. 鉴定要求内容；

6. 鉴定实施方法；

7. 对于鉴定对象的结论；

8. 实施、完成鉴定工作的时间、地点。

（二）若委托、要求个人进行鉴定则进行鉴定的鉴定员的签字需根据相关认证法律的规定进行认证。

若委托、要求组织进行鉴定则该组织的负责人需在鉴定结论书上签字盖章，并且该组织需对鉴定结果承担责任。

若如本法第三十条第一款规定的鉴定委员会，则成立委员会的决策人需在鉴定结论书上签字、盖章并对该鉴定委员会承担相应的法律资格。

（三）根据本法规定的顺序和程序，若在决定刑事案件起诉前进行的鉴定，诉讼机关可使用该鉴定结果作为司法鉴定结果。

第三十三条　司法鉴定档案

（一）司法鉴定档案是由进行司法鉴定的鉴定员所立，并包括以下内容：

1. 鉴定委托、要求文书以及随附的相关材料（若有）；

2. 委托、要求鉴定的对象、档案的交、接清单；

3. 实施鉴定过程的记录；

4. 鉴定照片（若有）；

5. 之前的鉴定结论或由其他人进行的鉴定检验、实验结果（若有）

6. 与鉴定相关的其他材料（若有）

7. 司法鉴定结论。

第三十四条　不可实施司法鉴定的情形

（一）属于下列情形之一的个人不可进行司法鉴定：

1. 属于诉讼法律规定的情形之一的拒绝参与诉讼或被替换的；

2. 在已进行鉴定的案件或工作中同一鉴定内容的已重新鉴定的，除了法律有其他规定外。

（二）属于下列任何一种情形的组织不能进行司法鉴定；

1. 根据诉讼法的规定，与案件有相关联的权利、义务的；

2. 有其他明确的理由证明该组织在进行鉴定时不能客观、公正的。

第三十五条　司法鉴定的司法援助

（一）若需要鉴定的对象在国外或司法鉴定个人或组织的专业能力、仪器、设备、鉴定工具等条件在国内无法满足鉴定需要的，可要求国外个人、组织完成司法鉴定。

（二）司法鉴定组织和个人有责任根据国外职权机关的要求，接受并完成司法鉴定。

（三）本国与国外间的有关司法鉴定的司法援助的程序、手续、费用根据司法援助的法律规定。

第六章　司法鉴定工作中的司法鉴定费用、制度、政策

第三十六条　司法鉴定费

根据司法鉴定费用的法律规定，司法鉴定委托人、要求人有责任对进行司法鉴定工作的个人、组织支付司法鉴定费用。

第三十七条　司法鉴定人及参与司法鉴定人的制度

（一）享受国家财政工资的司法鉴定员、参与司法鉴定的人、司法鉴定人的助手，以及国家有关机关为完成尸体检验、解剖、挖掘任务而聘请的人员，享有司法鉴定业务培训权利。

（二）除本条第一款规定的司法鉴定培养制度之外，属于公立鉴定组织的专职司法鉴定员享有业务或其他培训的优惠。

（三）政府对此条进行具体规定。

第三十八条　司法鉴定工作的政策

（一）非公立司法鉴定组织可按国家规定享受优惠政策。

（二）司法鉴定人、司法鉴定组织、为司法工作作出积极贡献的司法鉴定组织根据有关竞赛、表彰法规获得荣誉、奖赏。

（三）部级机关、省级人民议会根据能力、实际条件、各自职权制定其他相应制度、政策，以吸引专家、有能力的组织参与司法鉴定工作。

第七章　国家机关对司法鉴定机构及工作的责任

第三十九条　国家司法鉴定管理机构

（一）政府对国家司法鉴定进行统一管理。

（二）司法部协助政府对国家司法鉴定统一管理。

（三）卫生部、公安部、国防部、财政部、建设部、文化部、体育及旅游、环境与资源部、交通运输部、科技部、农业与农村发展部、越南国家银行，各部门及其他同级机构实现国家管理职能，并对政府各自管理的司法鉴定机构及工作负责，配合司法部对司法鉴定统一管理。

（四）省级人民委员会在各自的任务及权限范围对地方司法鉴定实现国家管理职能。

第四十条　司法部的任务及权限

（一）颁布或报请国家职权机关颁布有关司法鉴定的规范性法律文件及其实施细则。

负责制定并向国家总理呈报有关司法鉴定的总体发展战略、规划及计划，配合司法部、同级机构建设战略，规划和计划发展司法鉴定的各个领域。

（二）对具有管理专业领域的各部门、部级机关以及省级政府等决定成立公立司

法鉴定组织的事项提出书面意见；在必要情况下，可建议各部委、部级机关以及省级政府审核、成立公立司法鉴定组织以满足诉讼对鉴定的需求。

（三）作计划培养司法鉴定员的法律专业知识，在培养司法鉴定员法律专业知识的组织工作中，配合各部门、部级机关做好相关工作。

（四）在司法部的门户网站汇总、编制和公布司法鉴定个人及机构的名单。

（五）督促同级机关及省级政府实现国家对司法鉴定的管理职能；要求各部门、部级机关及省人民委员会报告有关司法鉴定机构、司法鉴定工作情况；向政府报告关于全国范围内的司法机构及司法鉴定工作情况。

（六）主持或提议各部门、部级机关、省人民委员会组织检查、清查司法鉴定机构和司法鉴定工作。

（七）负责司法鉴定国际合作的国家管理职能。

第四十一条　专门管理司法鉴定的各部门、部级机关的任务及权限

（一）颁布或报请国家职权机关颁布本管辖领域内的有关司法鉴定的规范性法律文件及其实施细则。

（二）颁布符合本管辖领域的特点及要求的司法鉴定行业标准及实施细则。

（三）根据本法规定及管理职能，主持并配合司法部做好决定成立、巩固、健全公立司法鉴定机构工作。

（四）按职权任免司法鉴定员，根据本法第二十条第一款的规定，编制并公布司法鉴定人及组织的名册。

（五）保证本管辖领域内公立司法鉴定组织开展工作所需的经费、仪器设备、鉴定工具以及其他必需的物质条件。

（六）每年对本管辖领域内的司法鉴定机构及司法鉴定工作质量进行评估。

（七）对本管辖领域内的司法鉴定所须具备的基础设施、仪器设备、鉴定工具等条件进行规定。

（八）安排本管辖领域内司法鉴定员队伍的鉴定业务、法律知识的培养计划并组织实施。

（九）对本管辖领域内司法鉴定组织及工作进行申诉、起诉的事项进行检查、清查；根据本法的第四十条第六款的规定，配合司法部对司法鉴定机构及司法鉴定工作进行检查、清查。

（十）完成本管辖领域内司法鉴定的国际合作事项。

（十一）每年对本管辖领域内的司法鉴定机构及司法鉴定工作进行总结，并向司法部报告，以集中统一向政府报告。

第四十二条　卫生部、公安部、国防部的权责

除本法的第四十一条规定外，卫生部、公安部、国防部有以下权责：

（一）卫生部的权责：

1. 管理国家法医、法医精神病鉴定领域；

2. 颁行国家法医、法医精神病鉴定的行业标准；

3. 具体规定法医鉴定员、法医精神病鉴定员的标准；

4. 根据本法的第七条第一款第三点的规定，培训、培养及发放法医、法医精神病鉴定员证书；

（二）公安部的权责：

1. 管理国家刑事技术鉴定领域；

2. 颁布国家刑事技术鉴定行业标准；

3. 具体规定刑事技术鉴定员的标准；

4. 根据本法的第七条第一款第三点的规定，培训、培养及发放刑事技术鉴定员证书；

5. 每年统计本管辖领域内调查机关中委托鉴定和对完成鉴定工作及使用司法鉴定结论的评价；

6. 指导本管辖领域内调查机关采用有关委托鉴定的各项法律规定，以及对司法鉴定结论的评估和使用；

7. 保证本管辖领域内调查机关司法鉴定的经费和指导支付司法鉴定的费用；

8. 每年总结并向司法部报告在本管辖领域内调查机关委托鉴定、司法鉴定完成情况评价和使用司法鉴定结论的情况；

（三）国防部的任务及权限规定在本条第二款第3、5、7、8点。

第四十三条　省级人民委员会的权责

（一）省人民委员会的任务及权限如下：

1. 成立公立司法鉴定组织，决定允许成立司法鉴定所，编制及公布司法鉴定机构名册、当地司法鉴定组织情况；

2. 按职权任免司法鉴定员；编制并公布地方司法鉴定人的名册；

3. 保证地方公立司法鉴定机构的经费、交通、基础设施以及其他的必要条件；

4. 组织培养地方司法鉴定员的法律知识及工作专门业务技能；

5. 每年对地方司法鉴定的机构、工作质量进行评估；根据当地情况保证司法鉴定人、司法鉴定队伍的数量、质量，及时满足地方诉讼活动的鉴定要求和质量；

6. 根据本法的第四十条第六款的规定，根据职权检查、清查及解决司法鉴定的申诉、起诉，配合司法部检查、清查司法鉴定机构及司法鉴定工作；

7. 向司法部报告地方司法鉴定机构、司法鉴定工作情况，同时向部及有关部级机关报告当地根据本法的第四十、四十一、四十二条的规定完成国家管理任务的情况。

（二）司法厅有责任协助省人民委员会管理地方司法鉴定工作；主持、配合专门机关协助省人民委员会管理司法鉴定所的工作；

省人民委员会的专门机关协助同级人民委员会管理司法鉴定工作，对司法鉴定组织及司法鉴定工作的管理负首责；配合司法厅协助同级省人民委员会管理地方司法鉴定的工作。

第四十四条　最高人民法院、最高人民检察院的责任

（一）在人民法院、人民检察院系统中，指导采用有关委托司法鉴定的各项法律规定和对司法鉴定结论的评估及使用。

（二）在人民法院、人民检察院系统中对司法鉴定的委托及完成情况和司法鉴定结论使情况实行统计制度，并在每年工作报告中向国会报告。

（三）配合司法部执行有关司法鉴定的委托及评价进行统计、报告的制度。

（四）保证人民检察院、人民法院系统司法鉴定经费和指导支付司法鉴定费用。

第八章　附　则

第四十五条　生效日期

（一）本法自 2013 年 1 月 1 日起生效。

（二）第 24/2004/PL－UBTVQH11 号司法鉴定法令自本条例生效之日起失效。

（三）本法自颁布生效之日起，有关司法鉴定的刑事诉讼法、民事诉讼法、行政诉讼法的各项规定的内容有别于本法的，适用本法。

第四十六条　实施细则

政府、最高人民法院、最高人民检察院根据本法规定对各条各款的实施细则作出规定。

澳大利亚联邦法院对专家证据的采纳[*]

[澳大利亚] 布鲁斯·托马斯·兰德尔^{**}著　汪诸豪^{***}译

一、引言

证人通常仅可就其亲身见闻作证，并在作证过程中不得自行对其见闻进行推理，然而，专家意见证据规则是该基本原则的一项例外。[1]一般而言，法院不得接受证人意见作为证据。《澳大利亚证据法典》第 76 条坚持了该项原则，规定用个人意见来表述某项事实存在的证人证言通常应予以排除，法院不得采纳。但是，澳大利亚普通法和《证据法典》均承认存在有别于该基本原则的一项例外，即允许法院在适当场合下采纳专家意见。专家是由案件当事人（检控方和被告律师）召集出庭的，以协助法庭获取相关专门知识来理解当事人出示的证据。然而，法庭常常担忧由当事人召集来的专家无法做到公正客观，因此无法帮助法庭客观、无偏私地理解证据，进而公正断案。

《证据法论丛》的作者泰勒早在 1858 年便对专家有过描述："恐怕对陪审团而言最不值得信任的证言便是那些来自拥有专业技能的证人。这些嘉宾通常是被要求基于其意见而非基于事实来发言；而且，这些嘉宾所表述的观点与召集他们的当事人本身之期盼或利益在方式和程度上的契合度常常令人惊讶不已。"[2]

在 Lord Abinger v. Ashton 案中，大法官乔治·杰塞尔提到："至此，我想再次强调之前反复提的一个观点，即就意见证言而言，我十分不信任专家证据，基于以下几个原因。首先，虽然是经宣誓后提供的证据，但实际上证人明了其并不会遭到伪证罪指控，因为其提供的仅为意见证据。所以，庭审法官对其没有法律制裁的权力。一个不诚实的人在得知其不可能遭受惩罚的情况下，就有可能会沉迷于在需要时进

---

　* 本文原载于《证据科学》2014 年第 5 期。本文系澳大利亚阿德莱德大学法学院教师大卫·卡鲁索（David R. A. Caruso）2014 年 7 月 31 日在第四期"证据法学"高级研讨班上的讲演稿，摘录自大法官布鲁斯·兰德尔的文章。

　** 南澳大利亚独立廉政专员，前澳大利亚联邦法院法官。

*** "2011 计划"司法文明协同创新中心证据法学创新团队成员、中国政法大学证据科学研究院讲师。

〔1〕　R 诉佩里（1990）49 澳大利亚刑事判决 243，249（格里森，主审法官）。

〔2〕　约翰·皮特·泰特：《证据法精要》，麦克斯韦尔出版社 1858 年版，第 69 页。

行浮夸表述。但问题还不仅于此。提供此类专家意见证据的人，无论是否另有谋生的事业，均会因为在法庭上提供了意见证据而得到报酬。普通证人仅可报销开支，而专家却不同，其受雇于召集其出庭的人，并从中获取收益。"[3] "即便是个诚实的人，专家的思想也会自然而然地偏向其雇主，而且我们的确察觉到了这种偏见。我知道同样的事情也会发生在其他专业人士身上，并会提醒那些年轻的顾问们在一般案件中提供意见时尽量地去抵制这种偏私。毫无疑问，人们会很自然地为雇佣并支付其充分报酬的雇主服务。很自然也很奏效的是，我们常常会看到这些人认为自己并非证人，而是作为其雇佣方的授薪代理人。"[4]

在一篇题为"澳大利亚司法视角下的专家证据：实证研究"[5]的文章中，作者就专家证据问题向所有澳大利亚的法官进行了调研。调研的结果显示，法官们对部分专家缺乏客观性和独立性的趋势表示顾虑。在澳大利亚对抗制体系中，专家是由当事人自行聘任的，不同于法庭中心体系下通常由警察、检控方和法官来聘任专家。澳大利亚和其他普通法系国家承担着专家或成为召集当事人之"意识形态附属"、审判沦为"各方专家间战场"的风险。[6]

在这份澳大利亚调研中，88%的法官和69%的基层司法工作者认为专家偏私当事人的状况频发。[7]答复中的一个焦点问题是对医疗执业者和会计师独立性的顾虑。[8]进一步的调研显示，这种对于中立性缺失的顾虑并非仅限于普通法系国家，尽管与澳大利亚的调研相比，法庭中心体系下反映出来的这种专家偏私当事人的问题相对少一些。[9]

二、专家的角色

在英国 National Justice Compania Naviera SA v. Prudential Assurance Co Ltd 案[10]中，大法官克雷斯韦尔提到，向法庭提交的专家证据应看上去是专家的独立产品，其形式或内容均不应受当前诉讼的影响。专家证人应就其所擅长领域内的问题提供相关、

---

〔3〕 主阿宾格诉阿什顿（1873）17 LR Eq 358，374.

〔4〕 主阿宾格诉阿什顿（1873）17 LR Eq 358，374.

〔5〕 伊恩·弗兰克特、普兰苏纳·雷迪、休·塞尔比："从司法角度看澳大利亚专家证据：实证研究"，澳大利亚司法行政学院，1999 年。

〔6〕 马瑞杰柯·马尔斯彻、伊恩·弗兰克特："专家偏见与伙伴关系"，载《心理学、公共政策与法律》2005 年第 11 期。

〔7〕 马瑞杰柯·马尔斯彻、伊恩·弗兰克特："专家偏见与伙伴关系"，载《心理学、公共政策与法律》2005 年第 11 期。

〔8〕 参见梵库拉诉凯里（1989）167 CLR 568.

〔9〕 马瑞杰柯·马尔斯彻、伊恩·弗兰克特："专家偏见与伙伴关系"，载《心理学、公共政策与法律》2005 年第 11 期。

〔10〕 （1993）2 劳埃德的代表 68.

客观、无偏私的意见，为法院提供独立的辅助。大法官克雷斯韦尔提到："①在高等法院出庭的专家证人不应将自己视为当事方的辩护人。②专家证人应在法庭上阐述其意见所基于的事实或假设。其不应该遗漏考量任何可能有损于其结论意见的重要事实。③当特定问题或争议超出了专家的专业领域时，专家证人应明确指出。④如果专家认为所收集到的数据不足以令其得出确切的意见结论，那就必须要在法庭上明确指出其意见仅仅是暂时性的想法。如果专家证人无法保证其所准备的报告是不带任何附加条件的完全真相，那么就必须要在该报告中明确指出其所考虑的附加条件。⑤如果在当事人双方的专家交换了报告后，一方的专家证人因阅读了对方专家的报告或基于其他任何原因而改变了自己原先在某些重要问题上的看法，那么应及时地（通过律师）就该观点的改变与对方进行沟通并在适当的时候向法庭进行汇报。⑥当专家证据涉及照片、计划、计算、分析、测量、调研报告或其他类似文件材料时，在双方专家交换报告时应同时向对方提供这些资料。"[11]

大法官克雷斯韦尔的判决在澳大利亚被奉为有关专家对法庭的职责及专家报告内容格式的操作指南和规则样板。《澳大利亚联邦法院操作指引》CM7 规定了专家的基本职责："1.1 专家证人的首要职责是在其专长领域相关的问题上辅助法庭。1.2 专家证人不是当事方的辩护人，即便其证言为评价性而非推理性的。1.3 专家证人最重要的职责是对法庭负责，而非对召集其出庭的当事人负责。"

在就任何事实问题提供证据时，和其他任何证人一样，专家有义务在直接询问或交叉询问中就任何问题进行直面回答，说出真话。在此意义上，专家和其他任何证人一样，受制于法庭上之相同纪律，其关于事实的证据也受制于同等的审查。

专家不应该陷入相信其自身可以认定事实的迷思之中。事实认定是法庭或事实认定者的职责，一旦法庭不接受专家给出的事实证据，则专家意见会因依据未经证实的假定而遭到排除（笔者将在下文中对此进行论述）。

三、专家意见的可采性

在 Clark v. Ryan 案中，大法官狄克逊（澳大利亚最知名的法官）对规制专家意见证据可采性的普通法原则进行了论述："一方面，看似要承认，当无经验的人在缺乏相关专家辅助情况下无法对问询的主题形成正确判决时，掌握有特殊技能的证人意见便具有了可采性。换句话说，当问询涉及对科学本质的理解时，为了获得该知识，则需要了解过去的习惯或学习过程。而另一方面，看似没有争议的是，当询问的主题本质上不需要任何特殊的习惯或学习便能够使人理解时，证人的意见能够被接收。"[12]

---

〔11〕 （1993）2 劳埃德的代表 69。
〔12〕 克拉克诉赖安（1960）103 CLR 486，491.

在 R v. Bonython 案中，大法官金（南澳大利亚的著名法官）提到："在将证人意见采纳作为专家证言证据之前，法官必须要考虑并决定两个问题。首先，意见的主题是否属于专家证言允许讨论的范畴。该问题又可以分为两个部分：①在没有拥有相关领域专门知识或经验之人辅助的情况下，意见的主题是否可由缺乏相关领域知识或经验的人自行形成完善的判断，以及②意见的主题是否为某种经认证为可靠知识或经验体系的内容，证人对该知识或经验的专业熟悉程度能使其意见对法庭有帮助。"[13]

因此，在普通法系国家，如澳大利亚，当以下条件满足时，证人意见便有可能被采纳。首先，当法庭在缺少专家辅助便无法证明其自身有能力生成判决时——"换句话说，当知识的本质要求了掌握该知识就必须要具备过去习惯或研究的积累";[14]其次，存在有组织的知识体系；最后，提供意见的专家确实掌握有使其被称之为该领域专家的知识和经验。

《澳大利亚证据法典》第79条对专家证据的可采性进行了规定，包含了上述原则，具体表述为："如果某人基于其训练、学习或经验，掌握有专业知识，那么对全部或主要基于该专业知识的该人意见证据不适用本法的意见规则。"

《证据法典》中并没有专门定义何为"专业知识"，但其肯定不是一般的意见看法，也不是社区中大众所掌握的知识。[15]因此，我认为可以说，仅当某人可以就某专业领域提供证据时，根据《证据法典》专家证据才能被采纳。

一旦专业领域得以确立，那么接下来被称作专家的人就必须证明其确为该领域的专家。这就是大法官金在 R v. Bonython 案中所提到的第二个问题。[16]专业知识可以通过证明接受了正规的教育或拥有充分的实践操作经验而得以确立。[17]《证据法典》第79条规定，某人得以作为专家提供证据的资质需参考该人所接受过的训练、学习或经验。

即便这些条件得以满足，专家意见的采纳还有其他要求。专家在提供意见时不得泛泛而谈。专家在表达其观点或意见时必须要基于有关事实的假设。在 Trade Practices Commission v. Arnott's Limited（No. 5）案[18]中，大法官博蒙特强调，专家在提出意见时有责任来表明其所基于的假设。他说："在我看来，这些权威性的引证表明了普通法中有一项证据规则，即除了那些事实被采纳和认定的直接明了案件之外，只

---

〔13〕 (1984) 38 SASR 45, 46.

〔14〕 克拉克诉赖安 (1960) 103 CLR 486, 491（迪克逊，主审法官）。

〔15〕 伊恩·弗兰克特·普兰苏纳·雷迪·休·塞尔比："从司法角度看澳大利亚专家证据：实证研究"，澳大利亚司法行政学院，1999年。

〔16〕 (1984) 38 SASR 45.

〔17〕 威尔诉波特姆 (1966) 40 ALJR 436（巴维克，主审法官）。

〔18〕 (1990) 21 FCR 324.

有当专家明确说明其意见所基于的事实前提之后，其意见才具有可采性。"[19]

在 Ramsay v. Watson 案[20]中，高等法院（澳大利亚的终审法院）称专家意见所基于的事实必须通过可采证据予以证明。维多利亚上诉法院也称，该要求"无须通过法律原则进行精确阐释，也不需要援引大量的权威依据来支持该基本要求"[21]

在 Paric v. John Holland 案[22]中，高等法院称，事实无须被证明至与意见所基于的主张完全精确对应的程度。Paric 案的判决意味着，即便专家赖以提出意见的所有事实均未得到确立，法院依然可以接收专家意见，只要已得到确立的其他事实能支持该专家意见。这是法院需要解决的一个事实问题。

因此，很关键的是，专家要能够相对精确地指出其意见所基于的假设，且当该些假设为专家本人将提供证据的事实时，该些事实也应该确切地被指出。专家所基于的进一步假设应另行予以明确，以便法院能够充分认可该些假设已经通过其他可采证据进行了证明。

专家还必须揭示其得出意见的推理过程及所依据的理论或经验。专家的意见应予以明确的表述，以便能和意见背后的假设相区别。在 Makita Australia Pty Ltd v. Sprowles 案中，大法官海登（近期刚从高等法院离休，是证据法方面的知名专家）称：如果被称之为专家意见的证据要得以采纳，则必须达成合意或展示"专业知识"领域的确存在；该证人必须要能够展示，在该领域中的某个明确方面，其通过特定的训练、学习或经验已成为专家；其所提供的意见必须"完全或实质上依托于该证人的专业知识"；若意见是基于专家所"观测"到的事实，该专家就必须对该些事实进行辨识并以可采的方式予以证明，若该意见是基于"假设性"或"普遍接受"事实，则该些事实需要以某种其他方式予以辨识和证明；必须要确立的是，该意见所基于的事实为其搭建了一个恰当合适的基础；而且专家意见需要对其所得出结论的科学性或其他智力基础予以展示或检验，也就是说，专家证据必须要解释其作为专家且其提出意见"完全或实质上所基于"的"专业知识"领域是如何应用到假设或观测到的事实上，进而产生所提出的意见。若以上任何问题未得到明确的解释，我们就无法确定该意见是否完全或实质上基于专家的专业知识。一旦法院对上述方面不确定，从严格意义上来说该证据便不可采，若仍予以采纳则其证明力将人人削弱。而一旦尝试对该意见基础进行清晰描述，则有可能会透露出该意见并非基于什么特定领域的专业知识，而是"各种揣测、推理、关于控诉方可信度的个人观点和二手

[19]　(1990) 21 FCR 330.
[20]　(1961) 108 CLR 642.
[21]　R 诉莱恩 (2002) VSCA 176.
[22]　(1985) 62 ALR 85.

观点，以及某种远远超出专业知识领域范畴的论理过程之结合体。"[23]

根据上述观点，澳大利亚联邦法院仅会在以下条件满足时采纳专家证据："①具有相关性；②证人基于训练、学习或经验拥有专业知识；且③该证人意见完全或实质上基于该专业知识。"[24]

澳大利亚普通法规定，如果意见所基于的事实和假设无法得到证明的话，那么该意见就不可采，因为其不相关。《澳大利亚证据法典》的规定同样如此。没有必要给第 79 条加上一个前提，即专家意见所基于的事实和假设必须得以确立，因为一旦该些事实和假设无法得以证明，那么该意见便是不相关的，根据《证据法典》第 56 条"法院仅可接收相关证据"之规定，该意见便不采纳。

在我看来，明确指出构成专家意见基础的事实十分重要，原因有三。首先，其使得法院能够判断该意见所基于的事实是否与案件争议中的事实相关；其次，其使得法院能够判断从该些事实中得出的推理和意见是否构成某专业领域或某种专业知识形式；最后，其使得法院能够判断从这些事实中得出的意见是否能算是基于专家专业知识或专业领域的意见。任何一方当事人并无权在证人席上简单直白地将其主张所依据的推论和假设抛出。[25]

上述第一点构成了要求证明假设性事实之规则（被称作"基础规则"）的基础。大法官格利森在 HG v. R 案中提到了这一点，称专家必须对"其假设为真的事实予以明确阐释，以便其能被用来衡量证据"。[26] 大法官海登在关于该规则的学术著述中也提到了这一点并表示肯定，称"已被证明的事实之所以必须要和那些假设性事实在某种程度上互为关联，原因之一是在于专家的结论必须要与已证实事实之间有某种理性的关系"。[27]

在 Flavel v. South Australia 案[28]中，大法官凡斯敦主持了上诉审判，其中她被要求考量一位名叫托德的专家所提供的证据基础。大法官凡斯敦提到："此问题中托德先生证据的处理方式再一次强调了由专家证人明确建立其提出意见所基于的事实基础之必要性。如果专家意见中就其假设的一或多项事实存在变数的空间，则也必须要予以明确表述。如果不这么做的话，那么代理律师所要承担的风险是法官将有责任必须要排除掉该专家意见，原因是该意见的基础未能明确确立。"[29] "在本案中，托德先生所依据的假设基础成了一个争议问题。这在一定程度上混淆了本案中的真

---

[23] (2001) 52 NSWLR 705, 731 - 2.

[24] 冉姆瑟诉沃森（1961）108 CLR 642, 649.

[25] HG v. R （1999）197 CLR 414, 428（格里森，主审法官）。

[26] HG v. R （1999）197 CLR 414（格里森，主审法官）。

[27] (2001) 52 NSWLR 705.

[28] (2008) 102 SASR 404.

[29] (2008) 102 SASR 404.

正争点。有关托德先生证据的事实基础最终需要由法官来下结论，因为那些事实并不明确。这使得该问题对于审判法官而言更为棘手。"[30]

这些例子表明了可采性基本原则背后的论理过程常常还是一个相关性的问题。的确，正如大法官海登在其著述中所说的，一些案件中，专家意见的可采性直到该意见在法庭上提出且法院对双方当事人各自说理过程中所产生的事实认定相关问题进行斟酌之后才能决定。在普通案件中，当事人不会在法庭上专门就其试图要证明的事实和假设进行陈述，召集证人并证明该些问题，随后再召集专家基于该些已经证实的事实来提出自己的意见。专家们通常所倚靠的事实和假设一般都包含在了庭审事实争议中。但在证据环节结束时，当事人可以提出异议，反对法庭接收某专家意见，理由是对方当事人尚未证明该专家意见所基于的必要事实和假设。只要当事人能够证明有充分事实表明专家得出其所表达的意见是合情合理的，那么该当事人便无须对专家所作假设中的每一项事实进行精确证明。[31]

四、结论

本文是对澳大利亚联邦法院接收专家证据、该证据目的、该证据应以何种方式提出以便对法庭而言有价值以及我在开头所提到的——由于各方当事人均雇佣各自的专家证人出庭，导致了专家潜在带有偏见——澳大利亚法院所面临的困境之基本介绍。我希望以上介绍能与中国情况形成有趣的对比，感谢在座各位的聆听。

---

[30]　(2008) 102 SASR 404.

[31]　帕里克诉约翰·霍兰德 (1985) 59 ALJR 844.

英国法庭科学服务部的市场化变迁及其启示[*]

刘　波^{**}

英国法庭科学服务部（the Forensic Science Service，简称 FSS）是世界著名的法庭科学鉴定机构，自成立到关闭，经历了从为警察免费服务的政府实验室到成为内政部[1]的执行机构（ExecutiveAgency)[2]，然后获得自收自支的贸易基金地位（Trading Fund Status)[3]，再转变为政府持有的承包商运营模式（the Government - owned, contractor - operated model)[4]，几经变迁，其发展变化的过程也是英国司法鉴定制度改革的过程，即竞争性市场的逐渐形成、价格竞争性政府采购策略的发展，警察内部鉴定服务的扩张及整个鉴定市场的萎缩等。对 FSS 的历史进行详细考察，有助于让人们了解影响司法鉴定制度及司法鉴定事业中的关键因素，尤其是司法鉴定服务提供主体的性质、地位以及法庭科学服务市场化发展至何种程度等问题。

---

  * 本文原载于《证据科学》2014 年第 2 期。
  ** 中国政法大学。

[1] 英国内政部是负责移民、安全、反恐及与打击滥药、打击犯罪等相关政策制定的政府部门，类似于中国的公安部，详见 https：//www. gov. uk/government/organisations/home - office。

[2] 执行机构是英国内阁部门下为某些专门性目的设立的，提供服务或履行行政职能的部门，管理和预算相对独立，一般由其所属部门的一名大臣或部长主管，雇员均属于公务员序列，资金来源各不相同，但均需向公众公开财务情况并接受政府审计。

[3] 执行机构的财政经费主要来源主要有三种方式：第一，全额拨款（Fully - Funded）。议会投票表决，政府全额拨款资助的执行机构，收入和支出完全受政府掌控；第二，净额拨款（Net Fund）。执行机构净额花费受控制，花费可随着执行机构开支做出相应的调整；第三，贸易基金（Trading Fund）。执行机构在财政上有自由权向顾客收取费用，并根据顾客需求调整所提供服务。贸易基金是英国政府为了将政府部门从事的商业活动剥离出去，即将商业活动与政务活动分离，而专门成立的、专门从事商业活动的基金。有相应的法律规范贸易基金的成立（成立条件要求 50% 以上的收入来源于贸易基金提供的服务或货物）及活动。贸易基金的设立目的是改善执行机构的效率和效力，其意义是根据《贸易基金法案 1973》的授权，执行机构有权自行支配其收入。

[4] 即政府所有、合同管理模式，FSS 实验室的设施由政府所有，政府通过合同的方式委托大学、私营企业或非营利机构等负责实验室的具体管理。

一、FSS 的变迁脉络

在被关闭前，FSS 是政府 100% 所有的有限公司，主要为英格兰和威尔士警察局、英国皇家检控署、英国交通警察、严重有组织犯罪局和英国税务海关总署等机构提供有偿服务。自从 1991 年以来，FSS 就逐渐从一个公立机构向商业机构转变。与此同时，英国的司法鉴定服务市场也在逐步形成，FSS 同其他私营鉴定机构相互竞争。在 2010 年 12 月 14 日，英国政府宣布将关闭 FSS，理由是 FSS 的营业损失和可预见的司法鉴定服务市场的萎缩。此时，FSS 拥有 60% 的司法鉴定市场份额——与 2005 年 12 月相比，减少了 20%。[5] FSS 的近期历史及相关影响因素如下表 1 所示。

表1　FSS 近期历史

1991 年以前	隶属于内政部，属于政府的实验室，为警察提供免费的法庭科学服务
1991 年	在将中央政府重建为独立的执行机关的主流政策[6]的推动下成为内政部的执行机构，这在理论上为法庭科学服务开创了一个竞争性市场
1999 年	在警察对 FSS 工作的时效性不满的情况下，加上到 1999 年为止大量的 DNA 分析工作的积压，FSS 的主导地位受到政策上的仔细审查，获得了贸易基金地位，以提高 FSS 的财政灵活性，实现自收自支
2005 年	转变为政府所有—合同承包运营模式，促进以顾客为导向，提供 FSS 需要的发展资金，以应对在竞争性市场中顾客对最大利益的追求
2008 年	在政府 5000 万资金资助下进行改革和重组（the transformation/ restructuring programme）[7]，整合核心经营业务以满足未来的客户需求，使 FSS 在规模适当的运营平台上成为一个营利的、可持续的发展企业
2010 年	11 月 14 日，政府宣布将关闭 FSS，因为 2010 年每月亏损 200 万英镑

FSS 自 1991 年从免费服务走向收费服务以来一连串的改革与变化，与国家管理政策和英国司法鉴定服务市场的变化紧密相连。其中，对 FSS 影响最大的三个因素

〔5〕 The Science and Technology Committee of House of Commons, *The Forensic Science Service Seventh Report of Session 2010 –12*, Volume 1, 2011（6），p. EV 62.
〔6〕 执行机构模式是在 1988 年由首相撒切尔夫人的效率顾问 Robin Ibbs 在其报告中提出。Robin Ibbs 报告并猛烈抨击已中央集权化的英国公务员队伍管理只着重实施短期政策，而忽略交付等问题。该报告提出，首要的解决办法是成立数个由行政总裁率领集中在交付政策的执行机构。首个行政机构，车辆检查处（the Vehicl Inspectorate），在 1988 年 8 月成立。
〔7〕 该计划为降低成本的转型计划，预计在 2011 年年中完成。

分别是：①"DNA 发展计划"，②McFarland 评审报告，③国家法庭科学采购框架协议。

（一）"DNA 发展计划"

在"DNA 发展计划"（the DNA Expansion Programme，2000～2005 年）中，英国政府投入 3 亿元资金用于对普通犯罪调查和犯罪现场证据的自动 DNA 分析，这在英国甚至是全球都是史无前例的。"DNA 发展计划"使 FSS 的财政收入达到顶峰，同时也标志着 FSS 在法庭科学服务政策制定方面的巅峰成就。[8] 另一方面，政府在资金投入上的保障降低了进入快速扩张且财政上看似安全的司法鉴定服务市场的壁垒，使得其他私营服务机构得到大力发展，从而促进了法庭科学服务的竞争市场从理论性向实质性的转变，使竞争第一次变得可能。竞争提升了效率，也降低了服务的价格，比如，单个 DNA 样本的检测价格由以前的约 50 英镑降至现在的 20 英镑以下。[9] 竞争也是促使 FSS 从有贸易基金地位的执行机构转变为政府所有的国有公司的主要原因之一。但这仅仅是开始，随之而来的商品化的服务市场、逐步萎缩的市场等因素都让 FSS 受到严峻的考验。

（二）McFarland 评审报告

"DNA 发展计划"造就了一个真正的竞争性市场，且在这个市场中，作为非营利性机构的 FSS 与营利性私营机构相互竞争。经过一段时间的竞争，在顾客要求更低的价格和更快的分析速度上，FSS 逐渐落后于其竞争对手：LGC 和 Cellmark 两家法庭科学服务提供商。在 FSS 竞争力不断下降的情况下，为解决顾客（警察）要求的高效率和低价格问题，改善案件积压状况，在 2002～2003 年期间，内政部委托由 Robert McFarland 领导的一个独立的评审小组对法庭科学服务进行审查，从而产生了对 FSS 有重大影响的"McFarland 评审"（McFarland Review）报告。McFarland 的评审报告建议超越新公共管理主义而将 FSS 私有化，即政府持有的承包商运营模式把 FSS 逐渐转变为公共—私营部门合作伙伴关系（Public - Private Partnership，简称 PPP）模式。政府所有—合同承包运营模式阶段的目的是通过处于公私合营合作模式的萌芽阶段的 FSS 与政府间的合同关系来保证服务、质量、标准和价格的连续性，同时逐渐发展为适当的私营合作伙伴。此建议认为这将能增加 FSS 的私营部分的市场灵活性，通过允许部分私人资金的加入而释放政府的责任。最终，内政部在 2003 年通过了 Robert McFarland 的建议。在 2004 年，内政部也指出 FSS 没有能力保证有提供司法鉴定服务的高效率的劳动力，除非它能解决从之前的在提供商主导市场的运营模式中所滋生出来的问题和对政府投资的依靠。考虑到其机构的规模和本质、运营及

---

〔8〕 Tim J. Wilson and Angela M. C. Gallop，"Criminal Justice, Science and the Marketplace: The Closure of the Forensic Science Service in Perspective"，*Journal of Criminal Law*，2013，77，pp. 56 - 77.

〔9〕 Supra note 5，p. EV32.

商业缺点，只有通过重大且快速的重组才能避免"有控制的衰落"。[10] 所以，内政部最终采纳了 McFarland 的建议，在 2005 年 12 月 4 日，在清算完所有资产后，FSS 变为名为 Forensic Science Service Ltd 的 100% 国有公司。

（三）英国法庭科学采购框架协议

当警察在分配其经费过程中更加重视价格因素时，却因为不同法庭科学服务提供商之间服务价格及计算方式的不同而很难对其进行比较，为解决这个问题并增加对采购的控制程度，英国政府在 2007 年成立了国家法庭科学采购项目组，用以规范法庭科学服务的采购策略，从而产生了国家法庭科学框架协议（National Forensic Framework Agreement，简称 NFFA）———一种全新的法庭科学服务采购制度，它由国家法庭科学采购项目组进行管理和提供支持。

法庭科学采购框架协议驱使鉴定服务市场的价格下降，FSS 没有能力为竞争性市场提供所需要高效率的劳动力，市场份额不断减少。

1. 法庭科学采购框架协议内容。国家法庭科学框架协议详细列明了商品的种类，规定了需要的精确程度和服务层次、交付时间、质量要求和需要满足的报告要求，价格是唯一的区分方式，该协议从而实现了对一系列法庭科学服务的商品化。

不过，NFFA 已于 2012 年 7 月 31 日过期，新的法庭科学框架协议为 the National ForensicFramework - Next Generation（简称 NFFNG），到期日期为 2016 年 7 月 1 日。在 NFFNG 中共有 13 个私营法庭科学服务提供商，[11] 由国家警政改善局（National Policing Improvement Agency，简称 NPIA）和内政部共同主导的招标活动产生，每种法庭科学服务有 2~6 个提供商供购买者选择。

新旧两代法庭科学框架协议所规定的法庭科学服务采购范围如表 2 所示。从表中可以看出，经过一段时期的发展，法庭科学框架协议在采购内容有一些明显的区别：NFFA 比较重视个案工作上的法庭科学服务，而 NFFNG 则更重视按学科对法庭科学服务进行细分。不过这些变化可能也与 FSS 的关闭有关，因为对于那些由 FSS 执行且并不在 NFFA 框架内的服务项目，在 FSS 关闭之后内政部就不得不对其进行重新分配了。

表 2　法庭科学框架协议所规定法庭科学服务采购范围

NFFA （14 种法庭科学服务范围）	NFFNG （13 种法庭科学服务范围）
PACE[12] DNA 检验	PACE DNA 检验

---

〔10〕　Supra note 8.

〔11〕　NFFA 中规定的法庭科学服务提供商为 15 个。

〔12〕　Police and Criminal Evidence，警察和刑事证据。

NFFA （14 种法庭科学服务范围）	NFFNG （13 种法庭科学服务范围）
现场生物检材 DNA 检验	现场生物检材 DNA 检验
毒品分析	其他 DNA 检验
火灾调查	毒品分析
足迹分析	火灾调查
变造文件分析	足迹分析
毒理学分析（Toxicology）	变造文件分析
路面交通事故调查	毒理学分析（Toxicology）
个案工作（casework）－枪支犯罪 A	毒物分析（Noxious Substances）
个案工作（casework）－枪支犯罪 B	枪弹检验
个案工作（casework）－自杀/暴力犯罪 A	微量物证检验
个案工作（casework）－自杀/暴力犯罪 B	个案分析（Case Review）
个案工作（casework）－普通犯罪	常规个案工作（General Casework）
个案工作（casework）－性犯罪	

欲在法庭科学框架协议下购买服务的警察可以发起短期的、区域性的小范围竞争来选择其想要的在此框架协议中的法庭科学服务提供商。英国大部分警察都采纳了该协议，尽管他们也还使用其他一些有资格的法庭科学服务提供商。同时，这也不是强制性的，比如英国的西北和西南地区目前就没有采用此协议。

2. 法庭科学框架协议对 FSS 及英国法庭科学服务的影响。英国政府通过法庭科学框架协议实现了法庭科学服务的商品化，竞争使得价格下降，满足了警察的要求，但这种将法庭科学服务商品化为标价产品的方法，FSS 法庭科学家、私营机构和学术界的评价褒贬不一，主要意见包括以下几点。

（1）法庭科学框架协议提升了质量和效率，降低了购买价格。英国皇家警察署 Coe—Salaza 说，标准化提升了质量和效率，从检察官实践的角度来看，我们没有发现开庭审理的案件在对证据的使用上有什么区别。

Cellmark 公司的商业总监 David Hartshorne 认为，采购要求规定了警察所需要的和我们所应达到的质量标准，在这方面，你不得不承认采购要求提升了一些法庭科学服务的质量标准。

国家警政改善局 Bramble 说，法庭科学框架协议的另外一个目的是将工作在不同的私营部门服务商间展开。目前，有四个机构为我们提供主要的、需要购买的服务，这增加了市场的竞争性，但这并不意味着我们会一直追求更低的价格。

国家警政改善局强调说，法庭科学框架协议是使警察用于外部法庭科学服务购买经费降低的重要的原因，因为：①该协议使警察能以相对简单的方式招标购买其需要的法庭科学服务，且这种商业招标的购买方式使该服务对买方更加有利；②East Midland 地区警察是最近一个采用该协议的地区，法庭科学框架协议使其外部采购的总费用下降了 18%，毒品分析的费用下降了 40%；③将节省的费用与整个法庭科学服务市场费用减少情况相比，在法庭科学服务采购过程中引入竞争是警察外部法庭科学服务费用减少的最大的因素。[13]

在反驳英国科技委员会（the Science and Technology Committee）所说的"NFFNG 比 NFFA 更复杂，既不利于激励法庭科学服务采购中的合作方法，又增加了私营机构的管理成本"时，内政部指出：NFFNG 能满足警察在购买法庭科学服务时拥有更大的协调能力的需求，从而产生很大好处，包括节省 5%～15% 的费用。[14]

（2）法庭科学框架协议不应将法庭科学服务简单商品化。[15] 法庭科学家对法庭科学框架协议感到很失望，因为除了被允许的、简单的、客户指定的"产品"清单外，他们很少或根本没有机会使用他们的技能和才能去发展更加有效的调查方法，同时，这也导致对研发的资金投入更少了——而研发是科研单位的生命线。

英国诺森比亚大学法庭科学中心认为，法庭科学框架协议尽量将服务的商品性质和分散服务最大化（比如，许多提供商可能为同一调查案件处理不同的检验），从而得到尽可能低的价格，但却以牺牲有效利用法庭科学的专门知识得到最好的价值为代价。在这种策略下，某些复杂的、解读性分析工作在当前采购策略中是无利可图的，但这并不是说他们对于刑事司法就不重要。

FSS 的专家 S. P. Day 认为法庭科学框架协议与法庭科学解读的复杂性是不相容的。法庭科学解读的特点是其依赖于专门知识而不是过程，关注于需要解决特定的问题，具有不可预测性。就像 CSI 电视节目一样，每个案件都不同，且每个案子都是昂贵的，因为它们需要对个人知识、科学研究和创新进行投资。法庭科学框架协议使警察技术支持部在一些需要调查技能的委托中作出错误的决定，比如，在一些案件中，他们经常提供一些不适当或不充分的样本，或者基于成本或政策而不是有效

---

〔13〕 Supra note 5, p. 25.

〔14〕 Secretary of State, "The Government Response to the Second Report from the House of Commons Science and Technology Committee Session 2013 – 14 HC 610", *Forensic Science*, 2013（11）, p. 6.

〔15〕 Supra note 5, p. 24.

性去考虑司法调查，因为在法庭科学框架协议的构架方式中，经常发生解读服务与检测服务相竞争的情况。例如，DNA 图谱并不总是能证明一个案件，但却比解读该 DNA 如何出现在现场的成本更低，但后者对成功证明案件却更重要。最后，S. P. Day 总结说，法庭科学解读是一个整体性工作，而不是一系列分离的产品，法庭科学市场应该重构为以服务而不是产品为购买对象的市场。

（3）法庭科学框架协议鼓励了法庭科学服务的分散性。[16] 另外一些人批评法庭科学框架协议通过将同一案发现场的不同检材分配不给的私营部门检验，从而鼓励了法庭科学服务的分散性。FSS 研发部经理 Gill Tully 说："我们发现，在最近几年里，法庭科学采购方法使法庭科学服务向着商品和简单的分析测试工作发展，正在失去其应有的广泛性和解读价值。法庭科学工作是一个解谜的过程，如果将其过程分解，你就不会得到完整的景象。这对于从事个案工作的全体专家来说都是一个关注的问题，现在他们被清楚的要求以分析的方法检验一些证据碎片，而得不到案件的整体信息。这种情况已经导致一些质量问题和一些庭审问题。"

北爱尔兰法庭科学服务部（Forensic Service Northern Ireland，简称 FSNI）说，商品化的消极影响是出于对特定工作或产品的成本考虑而将个案工作分解，将同一犯罪现场不同的证据分配给多个服务商，这在很大程度上阻碍了整体的证据解读和规划，增加了证据在完整性和污染控制的风险，牺牲了尽可能多地在同一物证上获得多种证据的能力。例如，被送到一个小服务提供商处进行内存数据恢复的一部手机，机身可能有潜在的 DNA、指纹、纤维等证据存在，但这些证据因为手机专家没有设备或专门知识去检验或恢复而被破坏。但目前只有少数提供商（如 FSS 和 FSNI 等）有能力在广泛的法庭科学范围内整合鉴定检验工作。

这种方式也给证据的连续性，即证据的保管链条[17] 带来风险。分散检验给保管链条造成风险，而保管链条直接影响着证据是否被法庭所采纳。

3. 法庭科学框架协议对 FSS 的影响。法庭科学框架协议这种"要么全部，要么什么都没有"的合同方法使得法庭科学服务提供商面临孤注一掷的境地，这给市场造成了严重的不稳定性，首当其冲的就是拥有最大市场份额的 FSS。尽管在宣布关闭时 FSS 还拥有 60% 的司法鉴定市场份额，但这与 2005 年 12 月相比，已经减少了 20%。

内政部部长将 FSS 糟糕的财务状态归因于其在此采购框架协议下的无能："每次 FSS 进入市场，成为采购框架协议中的一分子的同时也在失去市场，即每一次 FSS 设法进入竞争性市场时和每一次警察采购时，其市场份额都在缩小"，"FSS 的挑战是作为一个政府持有的承包商运营模式的企业，其目标是成为某类公私合营关系或完

---

〔16〕 Supra note 5, p. 26.
〔17〕 保管链条指从犯罪现场取得的物证的转移及处理，包括移动、保存和处理。

全私有化的企业，但却在转型过程中受阻，当需要在国家法庭科学框架协议下获取新业务时，其固有的高成本构架限制了其竞争能力。因此，是 FSS 的这些弱点而不是警察内部鉴定或周围的竞争造成目前的状态。在很大程度上，是 FSS 非正常的状态使其没有能力在竞争不断加强的市场中获胜"。[18]

二、FSS 不断改革的目的分析

FSS 在 1991 年由为警察服务的免费机构变成收费的执行机构，资金主要来源于对服务进行收费的成本回收和内政部研发拨款资助，这种转变虽然是在国家管理政策发生变化的大背景下完成的，目的是实现法庭科学服务的供给与警察需求之间的平衡，改善法庭科学实验室表现和节流，但这种侦查部门将法庭科学服务项目委托给另一个独立的、类似于中国的准公益性事业单位[19]的机构的这种做法，却实现了另一层积极的意义：侦查机关的侦鉴分离。在刑事司法领域，法庭科学具有双重目的：为侦查提供方向，为诉讼证明提供科学证据。为避免法庭科学服务沦为侦查机关打击犯罪的工具，从程序上保障嫌疑人的诉讼权利，避免自侦自鉴、实行侦鉴分离已经成为大部分国家构建司法鉴定制度的基本原则。

当今世界，随着非营利机构越来越商业化，非营利机构正在越来越多地与营利公司竞争，而且是以一种令人惊讶的多元化形式竞争。在这个过程中，非营利机构、营利机构之间的边界也越来越模糊。[20] 笔者认为，这种边界的模糊性，加上内政部只看到 FSS 在市场中的表现，而忽略了法庭科学服务的科学性和公益性对服务提供商的本质要求，是内政部采纳 McFarland 评审报告、FSS 在 2005 年发生重大转型的主要原因，也是导致 FSS 最终关闭的主要原因之一。

2008 年政府资助的改革和重组计划，其目的是使 FSS 在规模适当的运营平台上成为一个营利的、可持续的发展企业。在该改革计划中，精简和裁员是重要的组成部分，计划"到 2010 年 11 月关闭 3 个分支机构[21]，在 2011 财政年底将共计裁员 608 人数，使总人数降低到 1266 人"[22]。作为一个有营利任务的企业，FSS 的员工

---

[18]　Supra note 5，p. 32.

[19]　常林：《司法鉴定专家辅助人制度研究》，中国政法大学出版社 2012 年版，第 87 页：准公益性事业单位指既有公共目标又有私人目标，但偏重与公共目标、能满足公共需要和实现公共利益的单位。这类单位提供的产品具有公共产品的性质，但其发生的耗费部分可以通过向消费者收取费用取得一定的补偿，按非营利性机构管理，采取财政补助与自我发展相结合的政策，政府相应地进行定额或定向给予财政补贴。

[20]　Burton A. Weisbrod，"The Future of the Nonprofit Sector：Its Entwining with Private Enterprise and Government"，*J. Policy Analysis and Management*，1997，16（4），pp. 541 – 555.

[21]　关闭后 FSS 共有 4 个实验室基地。

[22]　Supra note 5，p. 29.

数量显然远远超过其同行 LGC，如表 3 所示，营运成本也一直居高不下，[23] 甚至超过了其营业收入。加上不断减少的警察用于购买法庭科学服务的经费，[24] 即警方法庭科学服务市场的萎缩，所有这些不利因素使 FSS 管理层不得不以裁员方式降低其营运成本。但是，FSS 在员工数量上是否发展过度，很难从其表面数据进行分析，因为法庭科学服务的科学性本质特征对人才的分工、数量及质量本身就有较高的要求。

表3　2010 年 FSS 与 LGC 的员工数及收入情况比对[25]

	员工数量	收　入（亿）	盈　利
FSS（2004~2005 年度）	2562	1.50	+967 万
FSS（2009~2010 年度）	1830	1.13	-1270 万
LGC（2009~2010 年度）	1332	1.24[26]	+1400 万

三、FSS 所体现的科学性与市场化运作模式

一直以来，FSS 在 DNA 数据库建设、实验室管理以及在法庭科学技术方面所取得的成就都是其他国家鉴定机构学习的楷模。也有人在考察 FSS 后称赞说，FSS 非常注重传统技术与新理念的结合，重视基础性研究工作的开发，是世界上实力最强、最具影响力的一流法庭科学实验室。[27] 但是，这样一个机构在竞争的市场中却无法生存，是 FSS 本身不够好，不能满足这个将法庭科学服务商品化的竞争激烈的市场，还是因为法庭科学服务不能简单按市场的方式运作？答案显然是后者。综合分析 FSS 最后几年的财务状况很容易发现 FSS 的运营成本非常高，笔者认为原因之一是因为法庭科学服务的科学性使 FSS 的管理层很难运用商业规则对成本进行有效的控制。

法庭科学服务是具有专门知识的人以科学技术手段获取或核实证据的活动。这一定义本身表明了法庭科学服务的科学性特点至少要求服务机构有高水平的专业人才、优秀的设备、精良的实验室和科学的方法。除此之外，为满足证据学要求，其

---

[23]　FSS 在 2007~2008、2008~2009、2009~2010 年的营运成本分别为 1.34 亿、1.31 亿、1.26 亿。See supra note 5.

[24]　英国警察在 2006~2010 年间用于购买法庭科学服务的经费的费用分别为：1.9 亿、1.85 亿、1.75 亿、1.65 亿、1.38 亿，且政府说此类费用在 2015 年将降到 1.1 亿。See supra note 5.

[25]　数据来源于 supra note 5 和 Quentin Maxwell - Jackson, Getting better value from public sector research establishments：APPENDICES, ISBN 1 - 902622 - 98 - 7 Copyright 2011 Centre Forum.

[26]　1.24 亿是 LGC 集团总营业收入，其 2010 年法庭科学服务的营业收入为 3500 万。

[27]　殷治田等："英国法庭科学服务部（FSS）实验室考察概况"，载《刑事技术》2008 年第 1 期。

服务的结果——报告或鉴定意见的形式和质量需要符合相关要求，不能做得太粗糙或随意。所有的这些要求，都需要大量的资金投入——除了购买设备和实验室建设需要大量的资金外，在人才上也需要大量的投入。因为随着自然科学的发展，其分工也越来越细，加上自然科学的团队作业的特点，从而使得优秀的法庭科学实验室必须要有大量的、不同技能的专业性人才。但问题是怎么才能吸引优秀的人为其服务呢？这无疑与工资、福利、地位等都相关。维护法庭科学服务的科学性需要大量资金投入，这是 FSS 的运营成本一直很高的主要原因之一。

根据 FSS 结束贸易基金地位成为国有企业时的财产审计报表[28]，FSS 在 2004～2005 财政年度里的收入及支出情况为：①总收入为 1.5 亿。其中来自警察的收入为 1.35 亿，来自其他用户的收入为 994.8 万，内政部资助 499.6 万。②运营成本为 1.38 亿。其中，员工费用：8410 万，设备折旧（含维修费）858.9 万，其他运营成本 4550 万。在员工费用中，工资 6717 万，社保 545.8 万，其他企业年金[29] 成本 880 万，员工费用占总营运成本的 60.8%。相比之下，LGC 公司在 2005、2010 年员工费用分别仅占营运成本的 40.9% 和 47.8%。[30] 所以，也有人将 FSS 的关闭归因于"太多的人，太好的福利（企业年金）——尽管其比例已经由之前的 25% 降到 12%，但这仍高于私营部门的标准"。[31]

FSS 对于全球范围内的法庭科学都有着一定的影响，这与其在法庭科学研发方面的人力及财力的投入是离不开的。FSS 的员工分布情况如表 4 所示，从表中可以看出，FSS 拥有强大的专家团队。虽然不能知道他们具体的分工情况，但从其研发团队的设置、人员及职责分布等情况来看，FSS 的工作充分体现了法庭科学服务的科学性原则。

---

〔28〕 Trading Fund Final Report and Accounts 1 April －4 December 2005, published by TSO (The Stationery Office), Ordered by the House of Commons to be printed on 19 July 2006. 英国的财政年度计算是以头年 4 月到次年 3 月，在 2005 年 12 月 4 日，FSS 进行财务清算后成为国有公司，所以在此报告中包含两部分：2004～2005 财政年度及 2005 年 4 月 1 日至 2005 年 12 月 4 日期间的财务状况。

〔29〕 指在政府强制实施的公共养老金或国家养老金之外，企业在国家政策的指导下，根据自身经济实力和经济状况建立的，为本企业职工提供一定程度退休收入保障的补充性养老金制度。

〔30〕 见 http：//www. lgcgroup. com/about－us/our－results/，上有 LGC 公司 2004～2005、2009～2010 年度 Report and Accounts。

〔31〕 Quentin Maxwell－Jackson, *Getting Better Value From Public Sector Research Establishments*, appendices Centre Forum, 2011.

表4　FSS员工情况[32]

	2010	2005	2000
员工总数	1836	2562	2555
具有博士学位的科学家	71	94	87
非博士学位科学家	1064	1407	1308
技术工程师	86	200	223
经　理	296	430	489
管理人员	319	431	448

FSS的研发团队由专职研究科学家、不同学科的专家和有着多年实践经验的技术人员组成，包括48名科学家及10名支持人员。其中，硕士学位的有12名，博士学位的有14名，包括分子生物学家、化学家、电子学专家、统计学家、软件开发人员及工程师等，发表了近200篇论文。同时我们也注重在研发团队的继续职业培训方面的投资，以增加他们有战略意义的技能和知识。所有这些都将促进当前和将来的法庭科学创新工作。

除了研发部成员，FSS还有23名指导改进应用方法的首席科学家，这些科学家及其团队协同标准制定 & 有效性确认（Standards and Validation）团队，一起负责在新技术或改进后的技术用于个案前，对其有效性确认计划及相关报告进行仔细的评估。研发团队、标准制定 & 有效性确认团队、首席科学家三者相互协调，形成了将科学技术中的最新成就应用于法庭科学实践的一套独特的技能组。

自2005年以来，FSS一共发明或显著改进了约120种方法，所有这些方法都已经过必要的同行评议，并由统一认证服务机构的相关专家独立评估，最终被认定为适用于法庭科学领域。[33]

除了在人才培养及维护方面的投入外，FSS在实验室质量认证及质量维护、对非营利性或营利性少的项目的投入、档案管理与维护等方面都遵从法庭科学服务的科学性要求进行的。比如，FSS是第一个采用国际质量标准的法庭科学服务机构，早在1993年FSS就通过了UKAS、M10等标准的认证——这比ISO 17025《检测和校准实验室能力的通用要求》标准的产生早六年，并于2002年通过ISO 17025认证。并且，

---

[32]　Quentin Maxwell - Jackson, *Getting Better Value From Public Sector Research Establishments*, appendices Centre Forum, 2011.

[33]　*See* supra note 5, p. Ev 86.

一直以来，FSS 都是建立和改善法庭科学标准方面的佼佼者。又如，FSS 一直管理和维护着堪称英国国家法庭科学档案库的档案资料，这些档案包含约 178 万个案件的材料，其记录的案件甚至可以追溯到 19 世纪 40 年代，仅非员工的储存费用就高达每年 45 万，[34] 以至于在 FSS 关闭后，政府不得不成立一个名为 Forensic Archive Ltd 的公司来专门管理之前由 FSS 免费管理的这些重要的历史档案。

由此可见，FSS 所体现出来的科学性是综合、全面、细致的。然而，这一切都已成为历史，市场竞争降低了服务价格，警察用于购买法庭科学服务费用的削减造成了市场萎缩，坚持科学性原则的财务负担使 FSS 靠自身的力量无法站立，最终败倒在市场里。

四、司法鉴定服务的市场化竞争模式探讨

无论是刑事领域还是民事领域，司法鉴定都是一种公共服务。将公共服务的市场化的总体目标是通过竞争机制来提高公共服务的效率和质量。在司法鉴定领域引入竞争，对部分服务项目进行市场化，也应该是为此目标且仅为此目的而进行。竞争主要是两个或两个以上的企业在特定的市场上通过提供同类或类似的商品或服务，为争夺市场地位或顾客而作的较量，并产生优胜劣汰的结果。企业间的竞争大致可分为两类：价格竞争和非价格竞争。价格竞争指同品种、同质量（或相近质量）的产品或服务在不同品牌之间的价格竞争，是通过降价来使顾客花更少的钱却得到同样满足的一种竞争。非价格竞争，即价值竞争，就是为顾客提供更好、更有特色、或者更能适合各自需求的产品和服务的一种竞争，一般体现在品牌、质量、技术、服务等方面。[35]

（一）借鉴英国法庭科学服务市场的关键：价格竞争

在法庭科学框架协议将服务具体化、商品化的情况下，在英国的法庭科学服务市场中，相对于价值竞争而言，价格竞争要明显得多。此外，在买方市场的条件下，价格竞争的内容和方式也更具有代表性和普遍性。价格竞争的基本手段是在保持质量稳定的前提下降低成本。但是，司法鉴定的科学性又要求大量的、优秀的人才和设备，需要大量的资金投入。面对这种矛盾，许多机构更愿意将投资重点放在那些有高回报的服务上，而不去考虑投资那些没有利润保障的领域，毕竟营利性质的服务提供商并没有被强迫从事所有类型法庭科学分析。同时，为降低成本，他们更愿意使用一些没有多少经验的青年人，因为对于许多标准化的检验的项目来说，大学毕业生在经过简单培训后即可上岗，且不需要把他们培养成具有解决疑难案件的综合性人才。

---

〔34〕 *See* supra note 5，p. Ev 94.

〔35〕 张玉忠："价格战中的非价格竞争策略"，载《企业改革与管理》2011 年第 8 期。

英国法庭科学框架协议的政府采购策略的确促进了鉴定业务市场的竞争，这种竞争有利于促使服务提供商提高鉴定质量及效率，同时也促使价格下降，为其购买方（警察）节约了大量的成本。但 FSS 的关闭也反映出另一个问题，即在将法庭科学服务简单地进行商品化的市场里，优秀的服务机构是无法生存的。长此以往，最终受损害的将是法庭科学的服务能力。

（二）中国司法鉴定的市场化问题：不存在真正的竞争

目前，在中国的司法鉴定服务中，一方面，在刑事诉讼中，公安部门、检察机关存在着严重的自侦自鉴现象，法庭科学服务的程序性问题首先遭到公众的质疑，其次是过度公益、无视效率和成本的问题。另一方面，在民事诉讼中，将社会性司法鉴定机构完全社会化、市场化的做法，虽然扩大了司法鉴定服务提供主体，减轻了政府负担，但新的问题也在不断出现。与英国不同，中国的司法鉴定服务没有采取价格竞争的方式。国家发改委《司法鉴定收费管理办法》规定司法鉴定收费实行明码标价制度，且各省级单位可在国家基准价基础上制定具体收费标准。实际上，许多相同鉴定项目在不同省份之间的鉴定价格存在较大差别，差异程度超过50% 的不在少数，这与价格竞争的含义是不同的，所以大部分鉴定项目并不属于市场竞争中的价格竞争。

那么，中国的司法鉴定服务是属于价值竞争模式吗？司法鉴定是具有专门知识的人所进行的专门性活动，故其首要价值应该表现在鉴定的准确性上，准确性是司法鉴定服务在质量和技术上的直接反应。与"准确"一词相对应的是"不准确"，这与其他产品或服务在质量或技术上有多种评价方式不相同。对于任何公正的、有理性、有良知的鉴定机构或鉴定人来说，都应该尽量保证其提供的产品——鉴定意见是准确的，而不是不准确的。因此，准确性是在司法鉴定服务中具有当然性，不属于司法鉴定服务市场竞争的范畴。

我们再从鉴定启动的方式来讨论价值竞争的基础问题。

1. 个人启动司法鉴定的情况。个人启动司法鉴定是指案件当事人自行委托鉴定机构并提供鉴定资料，由鉴定人出具鉴定意见并提交法院作为证明自己主张成立的证据的鉴定情形。在许多时候，对于公众所需要的司法鉴定服务，如果不是为了诉讼需要，根本不会有市场。在个人可以随意启动鉴定的司法体制下，加上人们普遍的趋利心态下，个人启动司法鉴定是为了获得对自己有利的证据，相对于对司法鉴定意见准确性的要求而言，对利己性的要求无疑要强烈得多。另一方面，在众多的市场竞争策略中，为使用者寻求最大利益是市场主体采用的主要战略之一，因为愈能为用户带来更大利益的产品或服务，在市场上愈受欢迎，愈有竞争力，这是不容置疑的。一方愿意购买对自己有利的服务，一方愿意为购买者提供对其有利的服务以获得利润，二者之间很容易达成交易默契，这在普通商品市场或服务市场是再正常不过了。然而，司法鉴定服务的目的是为了满足提起鉴定者的私人利益还是为即将进行的诉讼提供准确、公正的科学证据？司法鉴定在谁能为购买者提供更有利的、满意的服务方面的竞争不符合公共利益的要求，这也正是为什么司法鉴定不能依靠市场方法进行管理和运作的主要原因之一。

2. 人民法院委托鉴定的情况。法院委托鉴定指在审判活动中，法院认为有必要鉴定或在当事人提出申请的情况下，法院委托具有法定资质的鉴定机构进行的鉴定活动。根据最高人民法院的规定，司法鉴定的委托事项协商选择和随机模式相结合的方式，即在当事人双方协商不成或都要求随机选择时，将通过计算机随机法或抽签法来选定鉴定机构。对鉴定机构的情况不了解，协商选定对外委托机构一般难以达成一致，所以很多当事人放弃协商选择，采用抽签或摇号等办法随机选择对外委托机构。随机遴选鉴定机构的目的在于排除人为干扰，避免司法腐败和将鉴定机会在不同鉴定机构之间进行公平分布。显而易见，这种情况下，不同鉴定机构间的技术能力和服务水平的差别根本无从体现，竞争性质也不属于不同司法鉴定机构在生产经营活动中的争夺，所以真正的价值竞争市场在人民法院委托鉴定时基本是不存在的。

3. 价值竞争中的品牌价值。品牌价值指品牌在需求者心目中的综合形象，市场主体打造品牌，就是为了求得一个公众认可的品质质量知名度，让公众认为具有"诚信、守法、可靠、专业、价值、经济、高效"等这样的美誉。2010 年 10 月司法部遴选出十家国家级司法鉴定机构，其目的也是为了发挥资质高、能力强的司法鉴定机构的示范带头作用，帮助这些鉴定机构树立品牌作用，从而增强司法鉴定的科学性、权威性和社会公信力，促进司法公正，提高司法效率，树立司法权威。但是，正如前面所述，在当事人为一己私利进行鉴定，法院为显公平采用随机遴选的司法鉴定体制下，品牌价值很难发挥其应用的竞争力。

综上所述，由于不存在价格竞争，没有价值竞争的基础，所以在中国目前的司法鉴定制度下，法庭科学服务市场的竞争性是不存在的。打开了司法鉴定服务的市场大门，却没有构建竞争机制，这完全是一种错误的、幼稚的市场政策，其结果只能是私营机构为追求利润不但很少或者不会去关注法庭科学中营利少或不营利的领域，而且在很多时候会根据自身的利益去满足顾客的需要——即使它们毫无根据或是错误的。按照这种服务的角色，私营机构可能根本不会去关心其他人的利益，不关心社会需要的公平正义。这最终会给国家司法的公正、权威以及整个法庭科学技术的发展造成极坏的影响。

五、结语

法庭科学和司法鉴定从整体上来说不属于营利性或可持续发展的领域，需要政府的大力支持。因为对于那些微利或者无利可图的领域，如复杂的解读工作及研发工作，是绝不可以被忽略的，同时也绝非某个私营机构能够自愿去做的，也不是哪个市场能够自动提供的。只有在政府的大力扶持和资助下，法庭科学服务的综合水平和创新才可能得到全面发展和提高。在法庭科学服务的标准化、市场化方面，英国政府似乎走得太远，FSS 的关闭不仅仅意味着其科学家的流失、研发团队的解散，也将使英国法庭科学的发展能力受到严重的削弱。同时，英国法庭科学服务制度的发展变化也反映出在司法鉴定制度的构架中，既不能在刑事诉讼中置市场的优势于不顾，完全依靠警察或检察机关内部鉴定机构全部完成，也不能在民事诉讼中将鉴定服务完全依托于市场，按纯商业规则去运行。

专家证言的概念性挑战[*]

［美］罗纳德·J. 艾伦[**]著　汪诸豪[***]译

每次回到中国与学生们相聚，看到他们所取得成绩，我都会备感欣慰。正如我今天所要谈的，学习证据法和诉讼法的你们对于中国的持续发展而言至关重要。本文的主题关于专家证言的概念性挑战。这个议题本身很重要，因为如果不能理解专家证言所引发的问题，你们就无法很好地运用这项规则。但同时这意味着你们必须要深入地思考法律制度的本质，以及专家证言会如何推进或者挑战法律制度的理想状态。我将尝试对所有这些问题以某种系统的方式进行讨论。

各国法律中关乎于法律争议解决的信息都有着相对复杂的分类法。举例来说，美国证据法涉及科学、技术及其他专业知识。[1]《联邦证据规则》进一步增加了这个问题的复杂性，明确规定了专家资格的各种要求，其中包括通过任何方式所获得的"知识、技能、经验、训练或教育有助于案件事实认定者理解证据或决定某项事实争点"。[2] 如果上述条件中有一或多项得以满足，在依据相关行业标准行事的前提下，专家便可在法庭上就案件中争点发表自己的意见或评论。

相较于《联邦证据规则》在认识论上的复杂性（因为不胜枚举的知识类型或关乎争议的解决），实际操作中的复杂性有过之而无不及。巨大的资源耗费在了分析和评断一份显然无法穷尽的专业知识类型清单上，用于判断专家证言的可采性，并确保专家的确会基于某种知识作证。如果满足了条件，专家便可出庭作证，但事实上却不被要求要以其专业知识作证。比如说，专家亦可基于有关案件关键主张上的知识来提供意见。[3] 然而，对方的专家证人也可以这么做——并且在一般情况下，如果没有反方专家证人，也就没有了诉讼的争点。因此，在将巨大的精力耗费在规制

* 本文原载于《证据科学》2014 年第 1 期。本成果系国家 2011 计划司法文明协同创新中心研究成果。
** 美国西北大学约翰·亨利·威格莫尔特座教授，中国政法大学证据科学研究院外国专家咨询委员会主席，诉讼法研究院研究员。
*** 2011 计划司法文明协同创新中心、中国政法大学证据科学研究院讲师，美国印第安纳大学布鲁明顿分校法学院 JD，美国宾夕法尼亚大学法学院 LLM。

[1] 美国《联邦证据规则》702。
[2] 美国《联邦证据规则》702。
[3] 美国《联邦证据规则》702、703。

诉讼中的专家证言后，事实裁判者也许会发现自己所面对的是两种截然相反的专家意见，且其关乎于超出一般事实认定者认知范畴的问题。

刚才的描述有许多非常规之处，揭示了不同类型的知识之间存在着显著的差异，而一旦其被认定符合了专家证人可对所擅长专业领域与案件争点间联系发表看法之标准后，这些差异是可以为了诉讼目的通过对证据的内在分析而予以调和的。我认为，这种描述是怪异的，因为上述每一个命题都有问题，且总体来看，尽管其合乎传统，却与诉讼的核心目标背道而驰。为了证实我的观点，我将首先对诉讼的核心目标进行界定，然后会分析规制专家证人的传统方法会给此诉讼目标造成的遗憾影响，最后会提出一个替代性解决方案。我将在下文中对此三点依次进行讨论。

一、自由法律制度的理性状态

关于诉讼的目的尚存争议，尤其是在那些拥有陪审团制度的司法体系中（陪审团制度或造成了违法事实裁决可能性的上升）[4]但可以肯定的是，缺少了合理准确的事实认定，诉讼便毫无意义。岂止是毫无意义，其是对自由社会基石的践踏。为那些忽视准确事实认定重要性的诉讼所进行的辩解都受一种错误认知的影响。这种错误的认知认为启蒙运动中的根本政治观点，以及西方政府所赖以存在的根本要件，都与权利和义务有着某种重要联系。从孟德斯鸠到卢梭，法学界盛行着对政治哲学家的讨论。诉讼确实与此有关，其是众多权利——譬如辩解、对质以及反对的权利——得以行使的工具。在拥有陪审团的国家，个人可以通过诉诸陪审团的良知和人道主义精神来直接对抗政府。

显然，权利和义务至关重要且必不可少，但仅仅停留在权利义务上是不够的。启蒙运动对法律制度更为基本的贡献在于认识论上的革新，以经验性知识取代了教条性知识。其改变了人们对知识的认识。在过去，知识被认为是关于宗教和政治权威的学说，而启蒙运动让人们逐渐接受了内心之外的世界可以通过证据来客观认识。[5]毫不夸张地说，若没有准确的事实认定，权利和义务便失去了意义；因此，可以说现代西方文明最为重要的组成部分即是准确的事实认定。请注意我这里所说的是"现代西方文明"。关于中国的经验我会在下文中进行讨论。

事实上，即便是"陪审团否弃权"概念在脱离了准确事实认定的情形下也会变得毫无意义；否弃权是准确事实裁决规则的一种例外情况。[6]更深层次而言，无论

---

〔4〕 参见罗伯特·伯恩斯：《审判的理论》，1999 年版。

〔5〕 对于启蒙运动的介绍，请见斯坦福哲学百科，载 http://plato. stanford. edu/entries/enlightenment.

〔6〕 应注意陪审团虽然可以拒绝使用法律而赦免被告人，但同样也可以拒绝使用法律而认为被告人有罪。参见托马斯·安德鲁·格林：《根据良心来断案：英国刑事审判陪审团角度》，1988 年版，第 1200 ～ 1800 页。

考察哪一种权利，人们都会很容易发现权利是附生在其认识论基础上的。请考虑在西方一项曾经并且仍然是最为根本的权利——财产权。为了让讨论更加生动，就以你手中的手机为例。你对手机的所有权赋予了你"权利"去拥有、使用、并处置该财产。但现在假设我走向你，夺走了你所谓是属于你的手机并拒绝归还，并声称该手机为我所有。你会怎么做？你会去找那些拥有裁决权的人，譬如法官或者陪审团，然后你会怎么做？要求归还你的手机？那样行不通，因为我自然也会声称该手机属于我。你会出示有关你是如何得到这部手机的证据，提供来自于手机公司的发票或者账单，以证明这部手机与你（而非我）相关。然后你也许会开机演示手机中各种内容，譬如手机中保存着的那些发送给你而非我的短信或邮件，以便说服理性人这部手机的确属于你而非我。

若能成功证明这些事实，裁决者将会切实赋予你拥有、使用和处置该部手机的权利——将其归还至你手中，同时施加于我相应的义务。但此处的关键在于：财产权完全依附于认定了什么样的事实，并且是事实认定的连锁反应。这一点的重要性毋庸置疑，并且颠覆了传统概念上事实与权利二者的关系。事实决定权利和义务。决断事实的人决定着权利的内涵与外延，无论是财产权还是生命权。

一种潜在的怀疑观点认为——即使事实认定确如我所讨论的那般重要，将其称之为现代自由民主之基石是不是有些夸大其词了？我想说这非但毫不夸张，而且西方民主的成功正是与这样的司法安排有着紧密关联。将法律与真实的世界紧密联系在一起会将权利和义务锚定于可知事物之上，并且摆脱了冲动和反复无常。享用财产的权利并不取决于易犯错误的人类所拥有的慈悲、情绪或偏见。你无需受到他人的特殊照顾以便以你认为最好的方式去拥有房子、享受假期或培养孩子。这些权利植根于任何人内心世界之外的客观存在，并且正如伟大的启蒙运动认识论所预言的那样，[7] 这一点可以通过不依赖于任何个人思想而存在的证据予以高度规律性的证明。

除了确定权利所有者，将权利系于事实之上也使得人们能够围绕着权利在许多不同且重要的方面进行谈判。植根于事实中的权利为所有者与其他人提供了清晰的界定，将权利在法律上的潜力与限制告知了每个人。基于这种认识，人们可以做出选择并将更有保障地来安排生活。同等重要的是，权利的事实基础保障使得其下市场的出现成为可能——权利可以通过市场经济所认可的各种方式转让出去——这让世界上那些恪守该原则的国家在财富上取得了惊人的增长。

当然，有时候证据会缺失，有时候错误难以避免，但在通常情况下，世界在向前发展的过程中总能留下一些蛛丝马迹，可以用来重建过去——足以用于当前案件

---

〔7〕 参见托马斯·安德鲁·格林：《根据良心来断案：英国刑事审判陪审团角度》，1988 年版，第 1200 ~ 1800 页。

审理中的过去构建。这就是为什么尽管诉讼的数量越来越多，现代社会却仍运转得很好。这就是为什么你可以购买并预期享用商品，比如手机或者房子。这就是为什么在任何尊重我上述所谈基本概念的国家，你可以合理地预期不会受到来自政府的干涉。这就是为什么绝大多数时候生活是有章可循的而不是随机的。这也就是为什么相关性和实质性的概念对于一个自由法律系统的构建而言具有根本性的重要意义。[8]这二者将法律系统附着于事实准确性的基石上，并随之生成如上所述的连锁反应。

基于我刚才所谈思路，请回顾中国过去发生的一段历史。西方观察家们从中国文革中得出的最直观推论是：当法律制度遭到破坏时，经济也会随之遭受毁灭性打击，而这正是当时真真切切发生的情况。随着70年代末和80年代初开始的经济改革，中国进入了一场天然的试验，事关强劲的经济发展在缺少有效法律体系保驾护航的情况下能否予以维持，结果显然是否定的。这也就是为什么今天的中国政府如此专注于建立诸如西方法治理念的原因。但是建立法治的前提是要认识到准确事实认定在司法裁判中的重要性。这也就是为什么我说正在对中国证据法快速发展做出贡献的你们正是中国持续发展的关键组成部分。若没有你们正在开展的工作，中国的法律制度改革就会失去意义，并将无疾而终。因为，没有准确的事实认定就没有权利可言。[9]

总而言之，权利和义务取决于事实，并且只有在对实际、相关的事实情况了解的前提下，权利和义务才能系统地落实——这个结论无论在美国或中国都适用。至于法律系统如何规定事实认定，何种方法最为准确且/或有效，哪些政策考虑可以削减事实认定准确的重要性，那都是可以存在合理分歧的领域。因此，在任何法律传统下要理解专家证据所带来的问题，就必须要先考量审判的基本概念以及其下知识构建的途径。接下来，我将描述我所最熟知的审判体系——英美模式。请允许我再快速重申一遍，尽管英美模式在一些方面有其独特性，知识对于权利的重要性则是普世的。我将在英美法传统的框架下详细地探讨该问题，但是正如我将在本文末尾中提及的——这个探究过程中所收获的经验教训具有普遍的意义。

从最直观的方面说，审判在英美传统中所解决的是社会争议。这些争议多为常规性的，而非高度复杂，因为社会本身便是如此。实际上，作为陪审团制度的发端，原始模式的审理是将那些通晓本地事物的人聚集在一起，请他们根据已有的知识和经验来对争议进行决断——而与传统相悖的观点却错误地认为现代陪审团事先必须要对诉讼相关的情况完全不知情。悬而未决的争议本身就是社区情况的一部分。更

---

〔8〕 例如，参见《联邦证据规则》401~403。

〔9〕 参见［美］罗纳德·J. 艾伦："证据法的理论基础和意义"，张保生、张月波译，载《证据科学》2010年第4期。

为重要的是，同样，为解决这些争议所必备的知识也是其中一部分。举例来说，许多争议涉及譬如道路权、地役权等当地惯例，意味着这些争议很有可能就是相关社区中人们茶余饭后的谈资。类似的，关于社区中某人对他人做了什么之类的情况也会在小范围内广为人知，它加上对当地习俗的了解，共同构成了解决争端的基础。

然而，即便是在相对早期的发展阶段，偶尔也会有不涉及公众常识的案件，其中证人开始被传唤，但这更像是例外情况而非主流规则。随着社会的进化，尤其是经济的发展，问题变得越来越复杂，认知也开始被区分出更多层次。随着商业的发展，案件的审理开始走向专业化和规范化，比如说，需要提供关于当地习俗的证据。外语可能需要翻译，或者案件可能会涉及某些近似于外语的技术性词汇，必须要让那些没有相关专业知识的案件审理人设法理解。有趣的是，在陪审团日益剧增的政治影响力下，尽管这些复杂案件越来越普遍，英美法系统仍然遵循着传统意义上的事实认定模式。案件双方需要做的仅仅是稍加解释，以便事实认定者可以理解证人陈述，明智地裁决案件，但是说到底，案件事实仍然是需要本地人士不偏私地以常识来进行认定。

随着审判中开始引入证人制度，理想状态是事实认定者可以接触到每位证人的背景和经验，以便事实认定者清晰地理解证人证言。在对案件事实做出了最接近于真实发生的认定后，[10] 责任义务便可以依法进行判定。因为天衣无缝地将证人与事实认定者的思想合二为一是不可能完成的任务，普通法系设计了一套方法来缩小这二者在思想上的差异，以便接近于达到合二为一的最佳状态。这正是证人意见规则的来源，即要求证人只对自己的观察进行作证，而不能给出其推论（意见）。"事实"与"意见"的区别在理论上非常难界定，[11] 但作为一项准则其给证人施加了压力，迫使证人尽可能地就自身感知作证，以便事实认定者能够身临其境般地去决断案件事实。同样，这也解释了为何交叉盘问规则会允许对证人证言形成的基础进行探究。

在诸多方面，这套规则实现了设计初衷，尽管也付出了一定的代价。通常而言，审判中各方（法官、陪审员、证人）会共享充分的背景信息，使得有效的交流和理解成为可能。交流与理解的可行性会随着案件审判成员规模的扩大而增长，因为每一个新增成员都会给审理团队评判证据带自己的经验和知识。而另一方面，小规模的人员组成则具有更为精确的信息处理能力。总之，任何决策组织形式都伴随有相应的成本代价。

最终，证人与陪审员（证人与法官）被鲜明地进行了区分，而这在普通法审判发端之际并不存在。陪审员仅可根据审判中所呈现的证据（而非其个人知识）作出

---

〔10〕 参见［美］罗纳德·J. 艾伦："司法证明的本质"，载《卡多佐法律评论》1991 年第 13 期。

〔11〕 参见［美］罗纳德·J. 艾伦、理查德 B. 库恩斯、伊琳诺·斯威夫特：《证据法：文本、问题与案例》（第 4 版），2006 年，第 609～620 页。

裁定。有人也许会质疑这样的描述在今天是否仍然准确，尤其是在美国这样充分运用陪审员审判的国家（传统媒体常常报道在一些案件中，尤其是那些臭名昭著的丑闻案件中，要找到预先不知情的陪审员是多么困难）。对于这种质疑，简短的回答是：传统上认为潜在陪审员必须要对案件（预先）不知情的观点是错误的。而这种传统观点错误的原因对于理解专家证言的概念性挑战至关重要。

从技术层面而言，传统观念的错误在于，对诉讼事件拥有知识并不意味着就失去了担任陪审员的资格；只有当这些知识会使得陪审员满足了作为证人的条件后其才会失去陪审员资格。[12] 在更深层次且更为重要的意义上，传统观念认为陪审员必须要对案情不知情的观点也是错误的。正如我上文中提及的，认识到此错误对于理解专家证言的真正概念性挑战极为重要。一个必要的预备性概念要点是：事实认定者都是带着已有的知识体系、信念以及推理方式进入审判程序，而这恰恰是快捷、高效交流的前提。（在美国）只要每个人的英语都合格，除了例外情况，用词不需要进行定义。全体审判参与者都被假定已经悉知了关于现实本质与因果关系存在的传统信念，几乎从来不会是证据所证明的对象。每个人都被假定在进行有序推理，使用各种必要或合适的推理形式——演绎推理、归纳推理、回溯推理以及统计推理。通过某种共通的语言，或者必要的翻译，对证人的理解也被假定，同样被假定的还有对证据与审判之间联系的感知能力。每个人都被假定了解人证的弱点与潜在偏见的负面影响，并能够判断证言的可信性。相对而言，不那么广为人知的是，每个人都被期望能够通过自身知识推论来填补审判中的证据性空白（这些证据性空白源自于诸多因素，包括个体证人所知道的事情却不一定能够完整表达出来）。

事实上，"证据"的准确概念不能简单地理解为就是审判中呈现的证人证言和展示件，而是还应当包括人与其所观察到情况之间的互动，此种互动将审判的"自我知会"本质推进到了更深的层次。我曾经对这些做过如下总结：

假设某个证人开始作证，事实认定者必须要判断能从该证言中得出什么结论。相关的变量都有哪些呢？首先，有各种常规的可信性问题，但是要到考虑这些问题的复杂性。言谈举止不仅仅是表面化的举止行为，其背后是复杂的变量集合。证人在作证时是否有流汗或颤抖的状况？如果有的话，这是由于无辜的紧张，还是出于搪塞的压力？是药物作用，还是仅仅是在不幸的童年所养成的不良习惯？肢体语言是表明了真实情况还是一种逃避？无精打采是说谎的证据，还是说出真实情况的坦然表现？证人是否在直视检察官的眼睛？如果是的话，此种证据所表达的是值得称道的品格还是油腔滑调的自信呢？语调的起伏体现了正直的品格还是牵强附会的态

---

〔12〕 这是由《联邦证据规则》规则606禁止陪审员作为证人所解释。

度？牵强附会的声音所表明的是证人在捏造证言，还是一种对案件结果的顾虑呢？诸如此类。

相关变量的清单远超出了可信性的范畴，言谈举止仅是其中一项而已。当证人提出某种主张，事实认定者要判断该主张所要表达的是什么，以及事实认定者从中所得出的又是什么。这项任务也同样包含了大量的变量。此外，事实认定者基于自身观察会产生一些特定知识，先于证人所作陈述，例如从律师那里获取的知识。还有许多类似的例子。为了法律（以规则为基础方式）的执行，许多这些变量需要在演绎推理结构中以必要且充分的条件予以说明。然而我们不可能创造出这样的结构，因为其过于复杂了。[13]

事实认定者的重要属性并非是预先要对案件不知情，正如我们所见，那是不可能的。真正重要的是事实认定者无私、公正的心态，能够以开放的心态全盘考虑证据。我所描述的这两方面可以合并为一个融贯的标准，其描绘了任何自由法律系统中最为深刻的愿景，即：将裁决权交给有能力、无偏私的事实认定者，由其对证据进行处理和审议以便对案件事实做出理性的判断，进而对当事人各方的权利和义务做出准确的判决。

二、专家证言相悖于审判的理想状态

当对证言的理解需要运用到事实认定者们所不具备的知识或技能时，事实认定者对于这种证人证言所欲表达之意的理解力就几乎为零，或至少无法有效地评估其所述内容之真伪性。我们现在接触到了专家证言所带来的核心概念性困境，而且对此只有两种可能的解决途径——要么必须以某种方式提供出必要的背景信息，要么事实认定者必须要遵从于他人的判断。此处"遵从"是指采纳他人的意见作为正确的意见，并非因为你对该意见表示理解或赞同，而仅仅是由于你将事实认定的决定权移交给了他人。通常，英美法系会选择要求以可理解的方式向事实认定者提供信息。如果证人说的是外语，那么将提供翻译。如涉及常规性商业操作或惯例，那么需要提供与该主题相关的证据以便事实认定者能够自行判断该常规操作或惯例的实际情况。要求证据与社区中一般成员的背景和经验相对接是一种近似于理想的审判

---

〔13〕 罗纳德·艾伦："事实的模糊性与证据理论"，载《西北大学法律评论》1994 年第 88 期；道格拉斯·沃顿：《法律论证与证据》，2002 年版，第 200 页，此书论述了相似的法律证据分析。真实生活的复杂性是人工智能与法研究者所面临的中心问题，参见罗纳德·艾伦："人工智能与证据过程：形式主义与计算的挑战"，《人工智能与法》2000 年第 9 期。早期关于人们可能对于证据所推导出事实持不同意见的哲学讨论，参见 G. 波利亚：《数学与似真推理：似真推论的型式》（第 2 版），1954 年版。

模式。

专家证言的核心概念性问题在于其在审判中的应用常常有悖于审判的一般概念。专家们往往接受过多年的专业化训练，而这种经历反而可能会使其很难就审判中的相关争议对事实认定者进行教育。尽管有关专家证言的争议常见于可靠性方面的顾虑，但实际上的争议在于当证人以专家的身份作证时，事实认定者是否应直接遵从其意见而非采用传统性的教育模式。下文中将着重探讨解决这个问题。[14]

显然，首先要提出的问题是这种对专家证人的"遵从"是否为绝对必要？是否存在任何传统模型（教育模式）所不能兼容的情况？某些案件中所呈现的争议是否为事实认定者认知能力所不能企及的？应该来说，对于这些问题的回答都是否定的。事实认定者的缺陷并非源自其认知能力上的不足而是信息量的不足。法官和陪审员对许多事物都缺乏相关的知识，比如科学和技术领域，但是没有理由认为他们就不能充分掌握这些相关领域的知识。这并不意味着事实认定者非要成为诸如肿瘤学家、放射学家之类的专家。事实认定者无需全盘通晓特定专业领域的知识，反之，其目标在于掌握足够多的知识从而能够理性地对当前案件进行审议。从这个角度来说，多人组成的决策团队（陪审团或者由法官组成的合议庭）实际上优于个体的决策者。决策团队中的每一个成员无须都能深入地理解案件中的每一个争议。真正需要关心的问题在于决策团队作为一个整体是否充分理解了争议。如果一个案件的事实部分超出了从社会大众中即兴挑选出的决策团队认知能力，那将是令人震惊的，更何况法官和陪审团成员都是经过严格甄选的。

超出当前普通理解力的观念或领域的确是真实存在的。物理学中的许多概念在社会大众中的普及速度十分缓慢，甚至在科学家群体中也是如此。或许对于事实认定者而言，要求其学习狭义相对论或者量子理论实属过分，然而据我所知，这些理论都未曾切中过任何过往的诉讼。无可否认，物理学并非是唯一难以掌握的学科。很多人认为高等数学也难以掌握（或许这就是为何他们认为物理学很难）。微积分和概率论是高等数学领域中与现代审判有关的两个例子。尽管有人认为其很抽象，但其他人并不这么认为——更为重要的是，有些人不认为其抽象到了无法学习以便做出理智决策的程度。这恰恰又是多人决策团队的价值。正如我上文中所述，真正重要的不在于每个决策者是否都能理解，而是在于作为一个整体，决策团队是否拥有或者能够学习掌握做出理智决策所需要的知识。

对事实认定者进行教育的真实障碍并非在于其无法实现，而是这样做的代价过于昂贵。如果审判中涉及统计学，那么就不得不对其进行解释以便事实认定者能够

---

〔14〕 "教育—服从"模式的区别由罗纳德·艾伦和约瑟夫 S. 米勒首先提出于"专家的普通法理论：服从还是教育"，载《西北大学法律评论》1993 年第 87 期；罗纳德·艾伦："专门知识与道伯特决策"，载《刑法与犯罪学杂志》1994 年第 84 期。本文是这些论文的进一步补充。

理解，在某些案件中甚至需要耗费可观的资源。在医学等其他众多领域中同样也是如此。在某些案件中，这样的教育过程并非难以承受，但在另一些案件中，这种教育过程则异常困难并且需要大量指导。所以，综上所述，该教育过程十分昂贵，但在实际操作中我本人并没有遇到过无法（对事实认定者）进行教育的案件。

一个待思考的重要问题是，对事实认定者就"专家"证言基础进行教育的额外成本是否足以构成了我们放弃理想审判模式而以遵从模式取而代之的理由？这个问题反映出了关于专家证人证言之传统论述的不合理之处。在大量并不涉及科学或者技术问题的案件中，证人证言的提取亦需数月的时间。在我所熟知的西方法律系统中，此类案件审理中对证人并没有采用遵从模式；当事人双方都被要求以事实认定者可以理解的证据去证明案件事实。仅仅因为当事人一方所供证据被标榜为"专家证言"便要采用遵从模式诉讼程序，这是令人费解的。两类案件中的认知性问题在本质上是相同的，经济上的考量也是相同的。在所有案件中之于所有证人，提出主张的当事人一方应负责承担证人出庭作证及回应对方当事人提问的成本。就这一点而言，专家证人不存在特殊性。耗费在长年累月的、涉及放射学的审判里的公共补贴与耗费在长年累月的证券诉讼中的公共补贴并没有实质区别。事实上，如果的确存在差异的话，这种差异反而有利于耗费于放射学的公共补贴，因为与那些全然无用的证据相比，学习放射学还可能给事实认定者带来实实在在的收获。因此，反对教育事实认定者的"成本说"存在着自相矛盾之处。

三、解决方案

若要实现审判的理想状态，当事人就必须要在所有情形下对事实认定者进行教育。这样一来可以消除有关"专家"证言的法律问题，因为此分类将不复存在。这看起来像是在定义上做手脚来解决问题，其实不然：其所触及的要深刻得多。伴随"遵从"模式审判的一个可悲结果就是：如果事实认定者选择遵从于所谓的专家，而该专家事实上并未基于专业知识作证而是在法庭上提供了在美国被称作是"垃圾科学"的信息，那么错误就会发生。当事实认定者不理解专家的证言基础时，垃圾科学和不可靠的专家就会引爆法律的信息性弱点。让所有的证人（包括所谓的专家证人）对其证言进行解释，将会在很大程度上消除这个问题，因为要对虚假主张进行清晰的解释是件极其困难的事情。我不是说弄虚作假丧失了可能，而是这样一来呈现不可靠证据将会变得困难得多。

然而，这枚认识论的硬币还有其另一面。我所主张的事实认定者之主要限制来自于信息而非认知的观点也许存在缺陷；或许有一些案子中涉及法官和陪审团确实无法理解的严格意义上"知识"（真实合理的信念）。显然，现实中的确有一些与法律争议相关的，涉及诸多领域（如数学和医学）的专门性非常规知识。一旦存在这样的知识但在审判中却无法被传递理解，那么在任何一种强调由利益无涉个人来理性地处置分析证据之法律传统中，开展涉及这些知识的审判便会失去意义；这种理想的审理状态不可能发生在遵从专家证言的模式中。相反的做法是，如果审判涉及专业的知识形式但却无法在审理中予以表述的话，解决的办法就是不要去审这些案子。如果专业知识存在，并且能够以确定的方式进行表述（比如我们确定知道自己现在在中国），这种教育就值得在法庭上进行并作为定案的依据。然而，如何操作却是另一个问题，通常会是通过制定法律或规则来完成。

相比之下，毫不夸张地说，维持现在这种涉及事实认定者无法理解之专门知识的审判模式没有意义。在案件审理中，双方当事人都会提供事实认定者可遵从的专家意见；而这些专家意见几乎总是截然相反的，倾向于各自的当事人方。如果不存在相反的意见，那就不会有可裁判的争议，拥有无懈可击（或是最少受到攻击的）专家的一方将会赢得审判。当专家们的意见不一致时，"遵从"模式中的事实认定者们不会将注意力集中在事实上，而仅仅会去决定该采纳哪一方专家的意见。现在，关键的问题是：在对相关领域缺乏了解的情况下，事实认定者又如何能明智地决定该遵从哪一方专家的意见呢？本质上来说，得以确认该相信哪一方专家的唯一途径就是：先充分地了解该领域，再结合案件中的具体情况来评价专家意见。在对相关领域知识缺乏探究的情况下，事实认定者对于选择该遵从哪一方专家的判断就缺少了理性的基础。这一点贯穿于审判中对专业知识的使用，并强调了当前的专家证言形式是对英美法制度之最深层次愿景的背离。重申一下这种显然性：缺乏足够背景知识来通过证据得出正确推理的事实认定者（或其他任何人），无法就该选择遵从哪一方专家意见进行理智的判断。反之，如果事实认定者能够理智地判断该相信哪一方专家证人，那么对于专家意见的遵从也就没有必要性了。在该种情况下，事实认定者能够自己理解专家的思路，即通过案件中所提供的证据，基于专门知识来得出最后的结论。

理性决策可能性的降低违背了审判的深层次愿景（即通过理性的思考以追求事实认定的准确性）。当然，这里面有着很重的讽刺意味。审判法官在不要求专家对观点进行解释的情况下就采纳不一致或相互矛盾的各种专家意见，其做法是不理性的。只有当事实认定者能够清楚地认识到一方专家意见为正确而另一方为错误时，其才能做出理性的决定。但如此一来，法官就会仅采纳一方专家的意见，同时排除另一方专家意见。如果理性人在究竟哪方专家是正确的问题上存有合理分歧，那么就说明他们能够理解其背后的争议，这样一来，遵从模式也就没必要了。另需注意的是，证据相关性原则的条件限制在遵从模式下也会大打折扣。通常来说，在当事人一方解释证据相关性的过程中需要将证据与事实认定者的理解进行充分对接。但是，在对证言基础缺乏理解的情况下这是不可能做到的。

还有一种说法称：从分析的角度来说，遵从和教育并没有区别，而只是同一个范畴的两极；原始数据几乎从来不会在庭审中出现（偶尔会在法庭上进行演示，但是这种情况极其罕见）；在决定一位证人是否真实作证时，都需要一定意义上的"遵从"。但在我看来，即便遵从和教育都是普遍存在的变量，其是能够以不同程度进行呈现的。请比较听闻感官经历证据（"被告打了原告"）和做出推理（"根据这些研究，我认为吸烟会导致癌症"）。关键的变量在于事实认定者是否能够理解证人从观察到得出结论之间的推理过程。如果没有此等理解，那么就不可能理性地评价证据。在有专家证人出席的场合，人们往往不会期待其推理过程能够被普通人所理解。因此，人们往往无法通过行使自身判断力来决定接受或排除一项专家意见，在这一点上，可以说，对专家证人的遵从有别于决定是否要相信外行证人的遵从。

总而言之，处理专家证据的方法仅有两种，再退一步说，处理证据的方法只有两种。第一种就是把专家证言作为一般证言对待，即采纳专家证言的前提须为事实认定者能够对其理解。要理解专家证言，则需要对事实认定者就相关事项进行教育。困难之处在于成本，尤其是，高昂的成本可能会使得判决的结果倾向于拥有更多资源的一方当事人。因为一方当事人越是贫穷，则越没有能力向事实认定者提供必要的教育，或回应对方当事人的主张。该问题也反映出了美国法律体系的一个缺陷，即未能实现当事人真正承担本方在案件中的成本费用，尤其是对方就本方主张进行回应的费用。若不能转嫁成本，则更富有的当事人一方可将诉讼的成本费用故意提高，致使对方当事人无法承受。采用常规方法来对待专家证言，会因涉及专业知识而致使案件审理拖延，进而加剧上述问题。[15] 然而，该种方法保持了由利益无涉的个人来处理和考量证据，并以此做出决定。

另一种替代方法就是遵从模式：事实认定者可以被要求选定信任一位专家，即使其并没有能力理性地做出这样的选择；或者，政府可以明确决定一个结果。审判中采用遵从模式的唯一可能优点在于费用开支的降低，但是随之而来的是非理性决策概率的上升。

通过制定法律或规则等确定性政府方案，处置专家证言的决定权与事实认定者相脱离，转而有希望交给那些真正有能力理性决策的人，并可提高决策的一致性。如果对于专业知识的判断是正确的，那么最终判决的准确率也能够相应提高。但此种模式有两处缺陷：第一，该模式视官方的说法为真理，但什么能够保证官方的答案就一定是正确的呢？诉讼的优点之一就在于其允许人们在某一时刻对各种信念的真实性进行反复的考量。如果存在官方的结论且该结论是错误的话，决策的结果仍然会具有一致性，但却会是一直错下去。当然，诉讼的这种优点只有在教育模式而非遵从模式中才能得以体现。

---

〔15〕 尽管这一问题太复杂现在难以深究，为了部分抵消这方面的因素，提高诉讼费用是一个值得赞赏的做法，或者采取同样值得赞赏但更为经济一些的讨论会方式。如何在这些问题中寻求平衡是现代法律制度的最大挑战之一。

　　也许有人会认为我所叙述的并非是一个真正的问题。在美国，关于对抗制和社会争议私了化的强调使得当事人可以自主选择是否要教育事实认定者或是转而说服他们去遵从专家的意见。（这个问题由当事人双方自行决定，而仅将证据可采性的决定权留给法官）当事人双方比其他任何人都更清楚他们自己的争议及所掌握的资源，并且处于做出优化其自身利益选择的最佳位置。然而，需要指出的是，遵从模式通过引入功能性成本转嫁，加剧了成本费用问题。如果审判法官采纳了一方当事人的专家证言并且该方当事人仅展示了专家的结论或者意见，那么事实上对这些专家结论或意见进行解释的成本费用将会转嫁给另一方当事人。这会增加对方的交易成本，并加剧（诉讼中的）策略性博弈，破坏当事人承担自身费用这一诉讼基本原则。

　　以上我在试图说明，专家证言的使用对于任何司法审判体系来说都是根本性的挑战。这也在一定程度上解释了为什么当专家证言在审判中的应用更为普遍时，相关争议也日益增多。潜藏其中的是当前专家之诸多操作中所遭遇的尴尬问题：理性的思考在审判中究竟有多重要？在何种程度上人们可以期待事实认定者会倾听、处理、仔细思量证据，并依据对事实的真实认定来裁定合法权利和义务？任何专注于权利和义务的体系均暗示或明示地采用了这种司法模式。事实上，这也正是本文开头所述，强调事实认定的准确性对于所有专注于法治的体系都具有根本重要性。在某种程度上，无法应对所有困难的深层次原因（即对专家证言所采取遵从模式与审判的理想状态之间不兼容）激烈化了有关专家证言的争议。接下来我将会就这一点展开讨论，但在此之前还是要先带大家来感受一下过度依赖教条式的知识论断是个多么严重的问题。请考虑下列美国案件审理中曾被惯常性采纳的证据，其后都被陆续证实要么存在问题、要么高度不可信：

- 摇晃婴儿综合症——是否存在有效的标记可以将无辜的婴儿猝死症和虐待行为区分开来？
- 笔迹分析——这个领域存在真正的专家吗？专家们自己对笔迹的判断均可保持一致吗？
- 指纹分析——其独特性从未经受过实践的检验，专家的准确性也从来没有被认证过。
- 危险预测——不可靠、未经证实的精神病证言把人送入监狱遭受长期监禁。
- 被压抑的记忆——同样，不可靠、未经证实的精神病证言把人送入监狱遭受长期监禁。
- 毛发和纤维分析已被证明是不可靠的。
- 对疾病起因的鉴定——往往是不可靠的。
- 硅对自体免疫系统的有害影响——完全错误。
- 纵火调查使用了完全不可信的方法论。

· 数十年来，显示吸烟会引发癌症的科学证据已被禁止使用。

美国的经验表明，在对待专家证言的问题上出现了严重的谬误。[16] 我认为其主要问题在于：美国法律忽视了专家证言中的核心概念性问题。美国法律一直在尝试对专家证言的遵从模式进行修补以求对其完善，而没有直接正面地去处理问题。修修补补的动力是可以理解的。许多专门性知识在解决争议时非常有用。但是，即便其并非无法被事实认定者所理解，也常常会带来认识上的挑战和困难。如果能够正确处理好遵从模式的问题，我们就可以低成本且高效地将专家知识引入审判，从而提高裁决的准确性。

然而，正如上文所举例子表明的，对于遵从模式的修补并没有很成功。也许有人会认为这是由于"科学性"知识与普通外行人知识之间的不兼容性，但这并非是造成困难的真正原因。不同形式的知识之间并不存在所谓的不兼容性，仅存在是或者不是知识的界分。诚然，在很多已知领域内对知识的探究只是概然性的，但确实会以普通和专业的形式出现。许多"科学性"知识是高度复杂的，然而，日常生活也是如此——事实上，常规的生活比任何专业知识体系都要复杂。科学的进步就在于对可以研究的事物进行简化和学习。[17] 科学探究与诉讼最大的区别就在于法律体系无法为了等待知识的精进而延迟做出判决——总是在做出偏向于某一方当事人利益的判决——但是这一点对于在审判中应用专家证据而言不存在程序性的影响。

在我看来，美国法律体系在引入专家证言问题上的挣扎，很大程度上是由于忽视了审判中遵从和教育模式之间的不兼容性，而非科学性知识与其他形式知识之间的不兼容性。这一点对世界上许多其他法律系统也有教育意义，尤其是对中国而言。美国专家证言采纳的一系列测试标准在中国也受到了广泛的探讨，如弗莱伊案和多伯特案测试标准。然而，在审判中使用专家证据所带来的概念性挑战方面，我还没有在中国见到任何相关的讨论，目前对其重要性的理解也还不够。[18] 中国的法院和法学家有待于去探究专家证言的概念性基础及其困境。如果不这么做，你们便无法明智地决定该如何最优化专家证据的使用，也无法去评价作为解决方案的弗莱伊案

---

〔16〕 为了系统地讨论有关科学证据和法律的问题，参见美国国家科学院、国家研究委员会：《美国法庭科学的加强之路》，中国人民大学出版社 2009 年版。

〔17〕 罗纳德·艾伦："事实的模糊以及一项证据理论"，载《西北大学法学评论》1994 年第 88 期。

〔18〕 参见易延友："英美证据法上的专家证言制度及其面临的挑战"，载《环球法律评论》2007 年第 4 期；刘晓丹："如何建立我国鉴定结论采纳规则——以美国专家证言判断标准为参照"，载《现代法学》2009 年第 4 期（讨论了联邦证据规则 702 条、弗莱伊测试和杜博特测试，并就中国如何从美国的实践中受益提出了建议，但是没有探讨认识论的问题）；爱德华 J. 伊姆文考瑞德："从过去 30 年美国使用专家证言的法律经历中应吸取的教训"，王进喜、甄秦峰峰译，载《证据科学》2007 年第 Z1 期（对专家证言体系的一般介绍，而没有讨论认识论的问题）。

或者多伯特案之优劣。事实上，正如我接下来要展示的，这两个案件判决都不能算是好的解决办法。相较于弗莱伊案标准而言，多伯特案标准稍好一些，但也是在回避而非解决了最核心的问题。在中国，你们不应仅停留在探讨这些途径的优劣性上，或是否有其他更好的途径。你们应当紧扣中国法律体系的概念性基础，并追问处理专家证言的各种不同模式如何才能与中国法律体系之理想状态相协调。所以，在此我的主要观点就是，美国所使用的两种主要测试标准均未能很好地解决专家证言与法律体系理想状态之间的冲突。这对中国来说是种警示。

弗莱伊案和多伯特案测试标准在中国都有很高的知名度，所以有关其内容的介绍我就尽量简短一些，而用更多的时间来解释其缺陷。众所周知，在美国，对科学证据的系统化处理始于弗莱伊诉合众国案。该案中，辩方试图引入某种早期型号测谎仪所做的测试结果作为证据——某种血压收缩压测试。在维持审判法院对证据的排除决定时，本案上诉法院采用了一套决定科学证据可采性的专门规则，规定如下：

当一项科学原理或发现同跨实验和论证两个领域时，其界限就很难界定。在这个模糊的区域中，该原理具有怎样的证明力须予以确定；尽管法院需要经历复杂的过程才会采纳从受到普遍认可的科学原理或发现中推导出的专家证言，推理所得之事必须是充分成立的，并且已经获得其所属领域的普遍认可。

弗莱伊案并未说明必须获得"普遍认可"的"事"确切指什么。是说真话与血压之间的关系吗？还是专家测量、解释血压变化的能力？或者两者的结合？但该案意见终被证明具有强大的影响力，美国多数法院采用了这种"普遍认可"（或称"弗莱伊"）测试标准。

从上文我所描述的认识论架构视角来看，弗莱伊案测试标准的吸引力显而易见。我们确信，的确存在一些经过整理的知识体系超出了日常生活知识的水平；我们也明白，司法程序中需要有途径能获取这些知识以便正确地裁判案件。然而，我们假定司法事实认定者们并没有预备的途径接触到这些知识。这便是我先前所提及的法律信息性弱点——我们知道我们急需某些所不了解的知识，因此，对于那些声称已经掌握有这些知识的人来说，我们是脆弱的。在此情形下，认定已获认可的知识体系并随之遵从于那些真正掌握有该些知识的专家是非常明智之举——如果你们确有能力那样做的话。这恰恰是弗莱伊案测试标准（及其对"普遍接受"原则的强调）规定的内容。该测试标准试图辨别出无争议的专家知识，并安排那些掌握有这些知识的专家作为相关事实的裁判者。该问题同样也是法律的弱点——对未知一无所知，因此只能听从他人的说法。然而，那些提供援助的人却有着自己的动机，有别于利益无涉的事实追求。这也就是为什么弗莱伊案测试标准非但未能实现其总体设计目标，反而招致了相当的不满。

美国联邦最高法院在多伯特诉梅里尔道制药有限公司一案[19]中否定了弗莱伊测试标准，在其影响下，弗莱伊案测试标准在美国许多司法辖区中也相继被否定了。[20]该测试标准最根本的问题在于，如果拥有着骄人资历的专家们能够被雇佣来就任何事项作证的话，那么遵从模式也就彻底失败了。与此同时，该测试标准也饱受业内人士的批评，指出其无法顺应现代科学的进步，对新兴学科或者交叉学科领域的研究存有偏见，并对复杂领域内的普遍一致认可有着过于严苛的要求。在一个诸多学科正在以惊人速度增长并细分出更多精细专业的时代，弗莱伊案标准的提出显然不合时宜。在将该标准适用于专业化的非科学性学科过程中，法院也遭遇到了困境。

最高法院恰如其分地总结道：形式化的标准不合适；取而代之的是，审判法院需要在实质层面上经手所提供的证言，确保只有相关并可靠的证据才在审判中被采纳。用眼下时髦的术语来说，审判法院要扮演好"守门员"的角色以确保审理在认识上的稳健性。

尽管多伯特案在要求审判法院实质性接触专业知识领域的问题上走上了正确方向，但其所表明的要遵从公认专家的做法为美国的法律体系蒙上了阴影。最高法院在阐述"科学知识"标准时的业余努力凸显了这一点。事实上，多伯特案的"科学知识"标准与弗莱伊案的普遍接受标准大同小异。最高法院在该案中确认了决定专家证言可采性的4个相关因素，其中3项直接来源于弗莱伊案：

——主要内容是否已经过证伪实验的检测？证伪实验需要按照常规普遍接受的科学标准进行。

——理论或技术是否经受过同行的审查并已公开发表？很少有不符合普遍接受标准的结果能够得以发表。

——在决定数据是否充分可靠以便采纳时，法院也会参照普遍接受原则。在这一点上明确适用普遍接受标准。

最高法院所确认的第4项标准仅仅是在说科学技术中存在的错误发生率应当被予以考虑。毫无疑问，不考虑错误发生率势必会严重损害任何科学性工作。

最为令人惊讶的是，在否定科学证据采纳之形式化旧标准的过程中，法院退回到了某种同样形式化的怪圈之中。换句话说，这正是我先前所提到的信息性弱点之直接结果。要求审判法院要接触科学基础是一回事，可实际操作起来却是另一回事，

---

[19]　509 U. S. 579 (1993).

[20]　绝大多数人拥护"多伯特案规则"。参见克里斯托弗·B. 穆勒，莱尔德·C. 柯克帕特里克：《证据法》（第4版），2009年版，第639页。需要牢记的是美国各州有其各自的证据法。美国联邦最高法院仅为联邦法院系统决定证据性问题。

且绝非易事。在任何真正的专业领域中，只有通过长期的学习研究和努力才能成为专家。最高法院的这份清单含蓄地默认了其对下级法院所提要求的难处，并建议通过遵从模式来简化所需付出的努力。

有意思的是，下级联邦法院将多伯特案解读为最高法院的一种引导（引导众法院在采纳专家证言的问题上应采取更为谨慎的态度），并积极地进行了回应。鉴于此，多伯特案显著地改变了专家证言在联邦诉讼中的应用。此外，最高法院还认定了"多伯特案四要素"仅为建议而非命令，并明确了多伯特案规则适用于所有形式的专业性证据；审判法院必须要提防采纳不可信的证据，无论专业知识的性质是什么。[21]

审判法院该怎么做取决于待决事项的性质；简而言之，只要是可采性问题，最高法院便不允许遵从模式，而是坚持审判法院必须要接受相关主题的充分教育，直到法院能够独立地判定专家证言是（或不是）真正基于知识而做出。对于关注于实现事实认定准确结果的审判核心愿景而言，这毫无疑问是一项积极的进步。[22]

但是，最高法院的做法存在着一个明显的问题，而且该问题同样存在于联邦法院使用专家证言的程序中。别忘了美国案件审理中陪审团的使用频率是很高的，而多伯特案及后续案例中却并未要求审判法官坚持专家要像教育法官一样去教育陪审团。许多专家仍然只是就他们的结论进行作证而非在真正意义上去教育陪审团（《联邦证据规则》实际上鼓励这么做）。[23] 这就把陪审团留在了原地，面对着无法理解的专家意见去不理性地决定选择相信一方或者另一方（专家证言）。这是美国在处理专家证言问题上的一个巨大错误。多伯特案有一个好的开始，但却没有一个好的结局。最高法院意识到了认识论的深邃，弥合了其中一部分，但却在一项要求面前停了下来，即证据只有在能够被理解的基础上才可以被采纳。如果证言没有在充分的细节上进行解释以便事实认定者进行理解，那么审理中的裁决就不可能是理性的。

有趣的是，或许中国能够避免目前美国所犯的错误，而这恰恰是因为你们不使用陪审团制度。即便如此，中国法官依然会对要去学习其他学科的知识而感到不适，并会本能地被遵从模式吸引，因为从其角度出发遵从模式将问题简化了。对此，你们应当予以抵制。你们应当坚持，无论诉讼标的是什么，庭审中所呈现的信息都应该是能够被理解的。只有当审判成为真正意义上的教育性活动时，其理想状态才能实现。

---

[21] 后续案件判决明确表明了多伯特案标准仅仅是建议，库赫莫轮胎公司诉卡迈克尔案，526 US 127 (1999)，并且应用可靠性测试的责任主要在下级法院。通用电气公司诉结合者案，522 US 136 (1997)。

[22] 美国联邦法院的经验也许不同于州法院。一些观察者认为从弗莱伊案测试到多伯特案测试的变化在若干州内并未引起实践中的不同。特别参见爱德华·成、阿尔伯特·尹："弗莱伊测试或者多伯特测试重要吗？关于科学的可采性标准研究"，载《弗吉尼亚法律评论》2005年第91期。

[23] 例如，参见《联邦证据规则》703、705。

刑事案件中陪审员对科学证据的期望

——"CSI 效应"神话的观念与现实*

［美］唐纳德·E. 谢尔顿**著　张　中***译

一、引言

长期以来，媒体和公众对刑事司法系统有着浓厚的兴趣，这在电影、电视以及新闻和小说中都有所反映。最近，很受欢迎的法庭剧就是基于现代科技的运用来处理犯罪问题的。CSI 即《犯罪现场调查》(Crime Scene Investigation) 非常受欢迎，其他电视网络公司由此生产出了其他相同和相似版本的节目。[1] CSI 被认为是世界上最受欢迎的电视节目。[2] CSI 和类似节目控制了传统的电视收视率；表 1 显示的是尼尔森收视率 (Nielsen ratings) 在 2009 年 10 月份某一个星期的情况。[3] 对于这三档 CSI 节目，超过 4200 万的人至少观看了其中的一档。[4] 在这些观众当中，有多少人报告了第二天要履行陪审团职责呢？

　＊　本文原载于《证据科学》2014 年第 6 期。

＊＊　唐纳德·E. 谢尔顿 (Hon. Donald E. Shelton)，美国密歇根州沃什特瑙县法院首席法官，东密歇根大学客座教授。

＊＊＊　中国政法大学证据科学教育部重点实验室副教授。

〔1〕 Paige Albinak, "Sizzling 'CSI' Reruns: Off – net Procedurals Stay Strong", Broadcasting & Cable, Nov. 3, 2008, 9; see Tim K. Franklin, "Bones, CSI, and the Art of Forensic Science", July 20, 2009, http: // ezinearticles. com/? Bones, – CSI, – and – the – Art – of – Forensic – Science&id = 2638177.

〔2〕 "CSI show 'most popular in world'", BBC News, July 31, 2006, http: //news. bbc. co. uk/2/hi/entertainment/5231334. stm; CSI Earth's No. 1 Show, N. Y. Post, June 17, 2008, available at http: //www. nypost. com/p/entertainment/tv/item WKDOq HHYXBgcn KFGWy2xaP.

〔3〕 Zap2it. com, Nielsen Television (TV) Ratings for Network Primetime Series, http: //www. zap2it. com/tv/ratings/ (last visited Oct. 19, 2009).

〔4〕 但在这些观众中，很多可能是重复的，因为很多观众看了 CSI，也可能看了其他相关法律节目，包括 CSI 派生剧 (spin – offs)。Donald E. Shelton, Young S. Kim & Gregg Barak, "A Study of Juror Expectations and Demands Concerning Scientific Evidence: Does the 'CSI Effect' Exist?", Vand. J. Ent. & Tech. L., 9 (2006), 331, 346 〔hereinafter Shelton et al., "Juror Expectations"〕.

表1　网络黄金档系列片尼尔森收视率——2009年10月11日

排　名	节目名称	网　络	观　众
1	海军罪案调查处	CBS	20 702 000
2	与星共舞	ASC	16 350 000
3	海军罪案调查处：洛杉矶篇	CBS	16 310 000
4	NBC星期天橄榄球之夜	NBC	16 017 000
5	犯罪现场调查	CBS	14 897 000
6	超感神探	CBS	14 704 000
7	时事60分	CBS	14 537 000
8	实习医生格蕾	ABC	14 126 000
9	犯罪心理	CBS	14 053 000
10	豪斯医生	FOX	13 738 000
11	傲骨贤妻	CBS	13 693 000
12	犯罪现场调查：迈阿密篇	CBS	13 433 000
13	绝望主妇	ABC	13 423 000
14	好汉两个半	CBS	13 296 000
15	大爆炸理论	CBS	12 515 000
16	犯罪现场调查：纽约篇	CBS	12 426 000
17	与星共舞晋级赛	ABC	12 420 000
18	星期天橄榄球之夜赛前	NBC	12 317 000
19	幸存者：萨摩亚	CBS	11 694 000
20	急速前进	CBS	10 518 000

随着这些节目的激增，检察官开始抱怨说，关于法庭科学的电视虚构使得陪审员们对控方的期望过大，当控方不能提供陪审员们在CSI上看到的那种证据时，他们就错误地宣布被告人无罪；新闻媒体捕捉到这些不满，将之作为事实，并很快贴上

了"CSI 效应"的标签。[5] 大众传媒制造的 CSI 效应被一遍又一遍地重复着，检察官主张追究电视节目的责任，几乎是在这种背景下，提出了对科学证据的要求。[6]

但真的是这样吗？这些都是来自失败者的坊间传闻，没有实证研究支持或者反驳存在这种现象的主张，在过去三年中，我与其他两位来自东密歇根大学（Eastern Michigan University）的教授一起，利用调查人员对 CSI 效应观念进行了实证检验，这些人被传唤到密歇根州重罪法庭去履行陪审团职责。[7]

这些研究试图回答以下三个问题：

（1）陪审员期望检察官提供科学证据吗？

（2）陪审员要求把科学证据当作有罪判决的一个条件吗？

（3）陪审员对科学证据的期望和要求与其观看的法制类电视节目有关吗？

为了回答这些问题，我们对两组实际被传唤作为陪审员的调查人员进行指导，并就他们对于科学证据的态度作出评价。[8] 在密歇根州沃什特瑙县（安娜堡），我们抽样调查了 1027 人，他们在 2006 年 6 月至 9 月期间被传唤担当陪审员。[9] 最初的调查结果发表在《范德比尔特娱乐与技术法律杂志》（*Vanderbilt Journal of Entertainment and Technology Law*）上面。[10] 根据该项研究资料的进一步分析报告，随后发表在《刑事司法杂志》（*Journal of Criminal Justice*）上。[11] 然后，在密歇根州韦恩县（底特律），我们抽样调查了 1219 人，他们在 2008 年 12 月至 2009 年 2 月期间担当陪审员。[12] 这些调查结果也发表在《范德比尔特娱乐与技术法律杂志》上。[13] 本文回顾了这两项陪审员研究的结果，然后汇报了根据这两个县的 2246 名陪

---

〔5〕 2006 年，有人编辑了一些媒体的报道（此处略去原注有关具体报道的内容及网址）。

〔6〕 另一份关于 CSI 效应的大众传媒的很多文章和报道的名单，参见 Simon A. Cole and R. Dioso – Villa, "Investigating the 'CSI Effect' Effect: Media and Litigation Crisis in Criminal Law", *Stan. L. Rev.*, 61 (2009), 1335, 1353 – 1354. 对于 CSI 效应思想的媒体重复报道还在继续（此处略去原注有关具体报道的内容及网址）。

〔7〕 Shelton et al., "Juror Expectations", supra note 4; Donald E. Shelton, Young S. Kim & Gregg Barak, "An Indirect – Effects Model of Mediated Adjudication: The CSI Myth, the Tech Effect, and Metropolitan Jurors' Expectations for Scientific Evidence", *Vand. J. Ent. & Tech. L.*, 12 (2009), 1 〔hereinafter Shelton et al., "An Indirect – Effects Model"〕.

〔8〕 Shelton et al., "Juror Expectations", supra note 4; Shelton et al., "An Indirect – Effects Model", supra note 7.

〔9〕 Shelton et al., "Juror Expectations", supra note 4, at 332.

〔10〕 See Shelton et al., "Juror Expectations", supra note 4.

〔11〕 Young S. Kim, Gregg Barak & Donald E. Shelton, "Examining the 'CSI – Effect' in the Cases of Circumstantial Evidence and Eyewitness Testimony: Multivariate and Path Analyses", *J. Crim. Just.*, 37 (2009), 452 〔hereinafter Kim et al., "Examining the 'CSI – Effect'"〕.

〔12〕 Shelton et al., "An Indirect – Effects Model", supra note 7, at 1 – 2, 5.

〔13〕 Shelton et al., "An Indirect – Effects Model", supra note 7.

审员的合并数据进行的分析结果。

二、陪审员的抽样调查

在每项研究中，对被传唤担当陪审员的抽样调查都是在挑选陪审团之前或者全部预先培训之前进行的。[14] 我们向陪审员们保证，抽样调查是匿名的，并且抽样调查与他们可能被挑选为陪审员没有任何关系。[15]

首先问的是陪审员们看电视的习惯。[16] 特别问了以下问题：

（1）当前你在看什么电视节目？

（2）你经常看这些电视节目吗？

（3）对于这些电视节目所表现的刑事司法系统的工作情况，你真实的想法是什么？[17]

接下来，抽样调查试图对这些被要求履行陪审团职责的人进行评估，看看他们对于控方证据的期望是什么。[18] 在七种不同的案例中，即，谋杀或者企图谋杀，各种身体伤害，强奸或者其他性犯罪行为，破门侵入，各类盗窃案，以及各类涉枪犯罪，要求陪审员们确定他们期待检察官提供的证据种类。[19] 在上述案例中，基于以下选择，根据声称是受害人的目击证言，根据至少一个目击证人的证言，间接证据，或者某种科学证据，如 DNA 证据、指纹证据或者弹道证据或其他枪械实验室证据，问陪审员他们期望检察官提供何种证据。[20]

然后抽样调查进入问题的核心部分，查明陪审员们对科学证据是否有期望，以及在确定被告人有罪之前他们是否要求看到科学证据。在一份李克特式量表（Likert - type scale）中，陪审员给出了五种选择："我会认定被告人有罪"，"我可能会认定被告人有罪"，"我不能确定我会怎么做"，"我可能会认定被告人无罪"，或者"我会认定被告人无罪"。[21] 作为被指示的陪审员，他们将具有相似的法律地位，陪审团席上的每一位陪审员，对于证明责任、无罪推定和合理怀疑，在密歇根州的每一起真实案例中，他们受到的指示是一样的。[22] 运用相同的案例和在期望部分使用的证

---

〔14〕　*Id.* at 11.

〔15〕　*Id.* at 16 - 17.

〔16〕　*Id.* at 4.

〔17〕　*Id.* at 4, 9.

〔18〕　Shelton et al. , "Juror Expectations", supra note 4, at 341.

〔19〕　*Id.*

〔20〕　*Id.*

〔21〕　*Id.* at 342.

〔22〕　*Id.* at 341.

据种类，问陪审员他们可能作出何种判决。[23] 在抽样调查的期望部分包括了 13 种证据形式和指控，这些证据形式都是按照上述七种案例设计的。[24] 例如，有两种是这样的：① "在所有的刑事案件中，检察官提供了间接证据，但没有提供任何科学证据"；② "在一起指控被告人谋杀或者企图谋杀的案件中，检察官提供了一位目击证人和其他证人的证言，但没有提供任何科学证据。"[25]

（一）沃什特瑙县的调查结果

沃什特瑙县陪审员的人口统计特征包括以下情形：①女性占 55%；②平均年龄44.8 岁；③白种人占 82%；④年家庭收入超过 5 万美元的占 63%；⑤受过大学教育的占 76%；⑥住在城市、郊区和农村的比例大体相同；⑦政治倾向：温和派占 42%，保守派占 26%，自由派占 29%；⑧以前遭受犯罪侵害情况：暴力犯罪占 19%，财产犯罪占 46%；⑧61% 的人认为邻居犯罪 "一点儿都不严重"。[26]

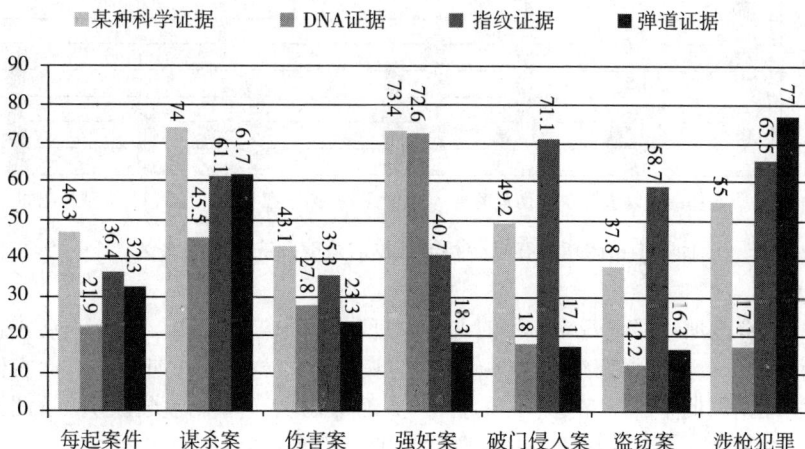

图 1 沃什特瑙县陪审员期望控方提供科学证据的比例[27]

与尼尔森收视率相一致，这里聚集了一大批 CSI 的观众。[28] 经常观看 CSI 的观众通常也观看法制类节目。[29] 越是经常观看特定节目的陪审员，他们对这种节目的

---

[23] *Id.* at 342.

[24] *Id.*

[25] *Id.*

[26] *Id.* at 338.

[27] *Id.* at 349 – 353.

[28] *Id.* at 343 – 346.

[29] *Id.* at 346

理解就更加准确。[30] 根据人口统计，CSI 的观众更多的可能是受教育程度不高的女性，而且这些人在政治上都是温和派。[31]

这些陪审员真的期望控方提供更多的科学证据吗？沃什特瑙县的抽样调查显示，他们确实如此。[32] 陪审员对控方提供科学证据的期望很高：①希望每起刑事案件都能看到某种科学证据的陪审员占 46.3%；②希望每起刑事案件都能看到 DNA 证据的陪审员占 21.9%；③希望每起刑事案件都能看到指纹证据的陪审员占 36.4%。[33]

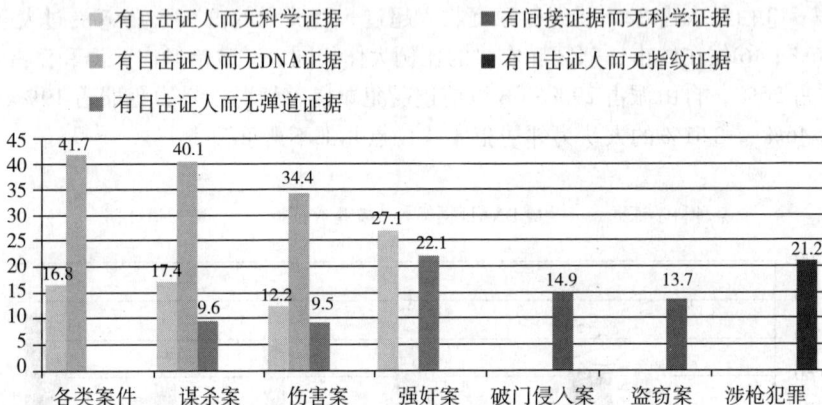

图2　沃什特瑙县陪审员在缺少科学证据时可能判决无罪的比例（%）[34]

这项研究表明，经常观看 CSI 的人与没有观看 CSI 的人相比，他们对各类证据的期望都很高。[35] 但抽样调查也表明，CSI 的观众对科学证据的期望并不代表他们对各类科学证据的期望都是完全一样的。[36] 更确切地说，对特定类型的科学证据的期望似乎是合理的，并且会随着具体案件类型的变化而变化。[37]

陪审员们判决被告人无罪是否是因为他们对科学证据的期望没有得到满足呢？也许是吧。沃什特瑙县的抽样调查结果显示，在大多数情况下，陪审员对科学证据期望值的提高并没有变成这样一种要求，即把这种证据当作认定有罪或者无罪的前

---

〔30〕　*Id.*

〔31〕　*Id.* at 348 – 349.

〔32〕　*Id.* at 349 – 353.

〔33〕　*Id.* at 349.

〔34〕　*Id.* at 359 – 360.

〔35〕　*Id.* at 353.

〔36〕　*Id.*

〔37〕　*Id.*

提条件。[38] 有两种重要的期望：在检察官依赖间接证据的强奸案件和其他案件中，在陪审员认定被告人有罪之前，他们对科学证据的要求非常高。[39] 但是，在有目击证人证言的情况下，缺乏科学证据并不能决定判决的结果。[40]

那么，这是不是都是因为 CSI 呢？观看电视一定是要求科学证据的原因吗？事实上，我们对于沃什特瑙县的抽样调查没有发现观看 CSI 对于陪审员在没有科学证据的情况下是否可能判决被告人无罪上造成太大的影响。[41] 只是在 13 种案例中，有 4 种对犯罪和证据的具体描述是不同的，沃什特瑙县的研究资料确实表明，对于 CSI 的观众和非 CSI 的观众的影响有很大的差异。[42] 因此，这些资料往往证明不存在检察官所说的 CSI 效应。[43]

在这方面，我们对沃什特瑙县的研究资料进行了更加复杂的变量分析（multivariate analyses）和路径分析（path analyses），该研究结果发表在《刑事司法杂志》的一篇文章当中。[44] 其结果表明，观看 CSI 电视剧不会对陪审员的判决产生单独的影响。[45] 变量分析证实了先前的结论，即对于只有间接证据的案件或者有目击证人证言的案件来说，接触 CSI 电视剧不会产生太大的影响。[46] 路径分析表明，接触 CSI 电视剧对于认定有罪不会产生直接的影响，但它对于提高科学证据的期望确实会产生间接影响，这反过来会影响到陪审员不情愿地仅根据间接证据就判决被告人有罪。[47] 另一方面，路径分析显示，接触 CSI 电视剧不会对陪审员仅根据目击证人证言就判决有罪产生重要的直接影响。[48]

根据沃什特瑙县抽样调查的结果得出的最终结论包括：①在通常情况下，陪审员对于向他们提供科学证据抱有很高的期望；②在所有的强奸案件和其他依赖间接证据的案件中，对于作为判决有罪的一个条件的科学证据，陪审员对它有很高的要求；③观看 CSI 的陪审员和那些没有观看的陪审员都表示，他们对于作为判决有罪

---

[38]　*Id.* at 354 – 357.

[39]　*Id.* at 359.

[40]　*Id.*

[41]　*Id.* at 362.

[42]　Shelton et al. , "An Indirect – Effects Model", supra note 7, at 22.

[43]　*Id.*

[44]　Kim et al. , "Examining the 'CSI – Effect'", supra note 11.

[45]　*Id.* at 456.

[46]　*Id.* at 458.

[47]　这一研究结果反驳了那种认为观看 CSI 不会对陪审员评价间接证据产生影响的主张。See Saby Ghoshray, "Untangling the CSI Effect in Criminal Jurisprudence: Circumstantial Evidence, Reasonable Doubt, and Jury Manipulation", *New Eng. L. Rev.* , 41 (2007), 533.

[48]　Kim et al. , "Examining the 'CSI – Effect'", supra note 11, at 458.

的一个条件的科学证据的要求没有太大差别。[49]

换句话说，没有证据证明存在检察官所说的导致判决无罪的 CSI 效应。

那好，如果陪审员对于科学证据期望的变化不是因为观看了 CSI，那么，这种变化究竟是什么造成的呢？在 2006 年一篇根据沃什特瑙县研究的文章中，我们认为这种关于 CSI 和其他电视节目的讨论只是过于简单化了，并认为，在我们的文化中，对于这种变化具有更广泛影响的技术效应（tech effect）也许更能够解释陪审员对科学证据的期望和要求的提高。[50] 根据沃什特瑙县的研究，我们进行了总结，认为：

正如本项研究所示，陪审团没有受到 CSI 或者任何其他这类电视节目的特别影响。但是，很显然，陪审团确实非常期望检察官利用现代科学和技术的优势来帮助实现他们对有罪的证明达到排除合理怀疑的证明标准。本文认为，这种期望的根源在于我们大众文化变迁的广泛渗透，这种渗透来自科学和信息技术的迅速发展以及日益把警匪故事当作一种工具来夸大这种发展而产生的影响。

把这种文化变迁与电视节目所描述的那点儿文化影响结合起来就太狭隘和太简单化了。例如，真实情况很可能是，新闻媒体报道的警匪故事关注的是 DNA 和其他新的犯罪调查技术，它们在打造新的陪审团期望和要求方面起了更大的作用。关于犯罪的电视剧和纪录片只不过是提供给陪审员的各类信息中影响陪审员期望的众多信息之一。它只是发生在候选陪审员被传唤履行陪审团职责之前的议程中的一个很小的部分。[51]

例如通讯技术，过去只能在漫画和科幻小说中看到，现在已经发展成为日常的电子产品。陪审员们现在都已掌握了非常先进的技术。[52] 他们经常使用电脑和其他消费级（consumer - level）的电子产品，这导致了他们对现代信息技术力量的欣赏。[53] 反过来，这种欣赏发展成为一种期望，即期望刑事司法系统会利用同样的技术力量。[54]

（二）韦恩县的调查结果

沃什特瑙县的研究，在正规的统计学上，是有一些局限的，尤其是关于在受教育程度和城郊居民的设置上，陪审员受教育程度很高，并且收入也很高。[55] 另外，在沃什特瑙县的研究中，关于技术效应的建议是建立在一般的文化观察上的，而不

---

[49]　Shelton et al.，"Juror Expectations"，supra note 4，at 357 – 362.

[50]　Id. at 362.

[51]　Id. at 364.

[52]　See Ray Surette, *Media, Crime, and Criminal Justice: Images, Realities, and Policies*, 2007, 3rd ed., pp. 6 – 15; see also Shelton et al.，"An Indirect – Effects Model"，supra note 7，at 25.

[53]　Shelton et al.，"An Indirect – Effects Model"，supra note 7，at 25.

[54]　Id.

[55]　Shelton et al.，"Juror Expectations"，supra note 4，at 337 – 340.

是具体的数据上的。为解决这些争议以及进一步探讨 CSI 效应问题，2008 年冬至 2009 年冬，在韦恩县，我们对 1219 名陪审员进行了一项类似的但经过修改的抽样调查。[56] 韦恩县包括底特律市和周边的一些社区，这些社区与城市司法管辖区有明显的差别。[57] 韦恩县陪审员的人口特征如下：①女性占 56%；②平均年龄 48.6 岁；③白种人占 60.1%；④年家庭收入超过 5 万美元的占 56%；⑤受过大学教育的占 40.1%；⑥城市或者郊区居民占 93%；⑦政治倾向：温和派占 46.6%；保守派占 21.7%，自由派占 17.0%；⑧以前遭受犯罪侵害情况：暴力犯罪占 27.5%，财产犯罪占 57.1%；⑨10.9% 的人认为邻居犯罪"一点儿都不严重"。[58]

在韦恩县的抽样调查中，我们修改了电视节目表，以便反映节目播出的变化，像先前研究一样，播出的节目包括了与 CSI 相同的节目及其派生节目。[59] 与同期的尼尔森收视率相比，调查显示，韦恩县的陪审员也在观看 CSI 电视剧，这与全国和沃什特瑙县的数据是一致的。[60]

在韦恩县的研究中，陪审员对于控方提供科学证据的期望很高，超过了在沃什特瑙县研究资料描述的期望水平：①希望每起刑事案件都能看到某种科学证据的陪审员占 58.3%；②希望每起刑事案件都能看到 DNA 证据的陪审员占 42.1%；③希望每起刑事案件都能看到指纹证据的陪审员占 56.5%。[61]

陪审员对科学证据期望值的变化取决于所涉及的犯罪类型，但总的来说，仍然很高。[62] 相对于其他类型的犯罪，在较严重的暴力犯罪中，如谋杀或者企图谋杀（74.6%）和强奸（88.9%），更多的陪审员期望看到 DNA 证据；在破门侵入案（83.8%）和各类盗窃案（83.8%）以及涉枪犯罪（70.2%）中，陪审员更想看到的是指纹证据。[63]

---

[56] Shelton et al., "An Indirect – Effects Model", supra note 7, at 4, 11 – 14.

[57] Id. at 5 [citing U. S. Census Bureau, "2008 State & County Quick Facts: Wayne County", Michigan, http://quickfacts. census. gov/qfd/states/26/26163. html (last visited Sept. 27, 2010)].

[58] Id. at 13 – 14.

[59] Shelton et al., "Juror Expectations", supra note 4, at 343 – 345; Shelton et al., "An Indirect – Effects Model", supra note 7, at 15 n. 52.

[60] 例如，截至 2009 年 2 月 15 日的一周当中，尼尔森收视率显示，收视率最高的前 20 个节目包括：《海军罪案调查处》（第 4 位），《犯罪现场调查》（第 5 位），《犯罪现场调查：迈阿密篇》（第 11 位），《犯罪心理》（第 15 位）和《犯罪现场调查：纽约篇》（第 16 位）。See TV IV, "Nielsen Ratings", 2009, http://tviv. org/Nielson Ratings/Historic/Network Television by Week/2009; see also Shelton et al., "Juror Expectations", supra note 4, at 343 – 345（显示的是 2006 年沃什特瑙县陪审员的 CSI 类电视节目观看习惯）。

[61] Shelton et al., "An Indirect – Effects Model", supra note 7, at 17.

[62] Id.

[63] Id. at 17 – 20.

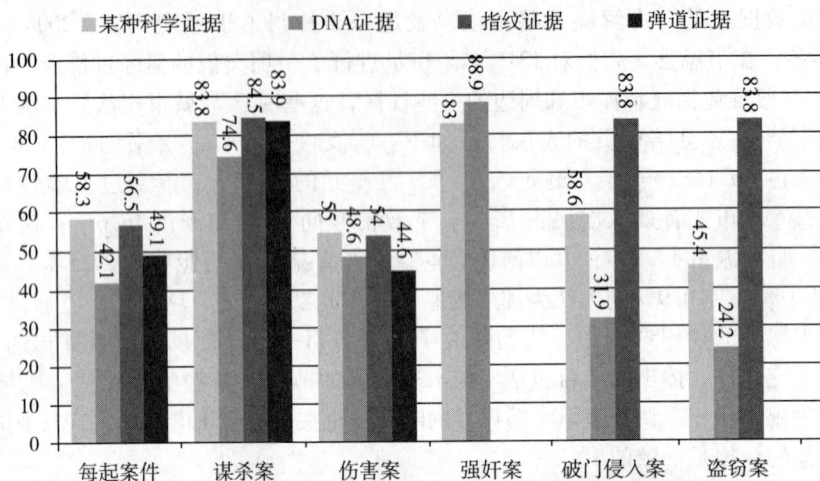

图3　韦恩县陪审员期望检察官提供科学证据的比例[64]

　　大都市陪审员的期望受到观看 CSI 电视剧的影响似乎比郊区陪审员要小些。[65]
在韦恩县的研究中，在49类电视节目中，只有13种有影响，而在沃什特瑙县的研究
中，在49类中，有21种有影响。[66]

　　对于陪审员们是否会要求把科学证据当作定罪的一个前提条件问题，研究结果
与沃什特瑙县显示的情况差不多。[67] 在多数案件中，陪审员仍然非常看重目击证人
的证言。[68] 例如，在各类刑事案件中，如果他们有目击证人的证言而缺乏任何科学
证据，会认定被告人有罪的陪审员达 28.7%，与之相比较，说他们可能判决被告人
"无罪"的陪审员只有 18.8%。[69] 正好相反，如果依靠间接证据而没有科学证据，
41% 的陪审员表示可能作出无罪判决，而表示可能作出有罪判决的只有 9.2%。[70]

　　与在沃什特瑙县的情况一样，倾向于依靠目击证人的做法在强奸案件中并不适
用，在这种案件中，陪审员似乎把科学证据当作判决有罪的一个条件。[71] 如果控方
只依据强奸案的所谓被害人证言或者其他证人证言而没有任何科学证据，会认定被

---

[64]　*Id.* at 17 – 18.

[65]　*Id.* at 18.

[66]　*Id.*

[67]　*Id.* at 20 – 21.

[68]　*Id.* at 21.

[69]　*Id.*

[70]　*Id.*

[71]　*Id.*

告人无罪的陪审员（27.1%）要多于认定有罪的陪审员（21.1%）[72] 在强奸案件中，陪审员特别想要的是 DNA 证据。如果检察官没有提供 DNA 证据，韦恩县的陪审员有 24.8% 的人表示可能判决无罪，与之相对应，表示可能判决有罪的陪审员有 18.1%[73]

在其他类型的案件中，也存在很多类似的情况：如果其他证据都是间接证据，陪审员还是相信目击证人，而不是要求有科学证据[74] 甚至在谋杀案件中，目击证人提供了证言，如果没有科学证据，韦恩县的陪审员有 36.8% 的表示可能判决有罪，而表示可能判无罪的只有 18.2%[75] 如果有目击证人的证言，陪审员对 DNA 证据的要求可能不是太大，有 38.4% 的陪审员表示，如果没有 DNA 证据，可能会判有罪，与之相对应，有 12.2% 的陪审员表示可能判决无罪[76] 另一方面，在谋杀案件中，如果控方依据间接证据而没有科学证据，这种比例则相反，有 36.1% 的陪审员表示可能判决无罪，而表示可能判有罪的只有 12.2%[77]

对于观看 CSI 电视剧是否影响陪审员把科学证据当作认定有罪的一个前提条件这样的关键性问题，在韦恩县的城区调查研究结果甚至更加明确[78] 沃什特瑙县的研究资料显示，在 13 种不同的刑事案件中，CSI 观众和非 CSI 观众之间存在巨大差异的只有 4 种[79] 但是，在这 13 种案例中，韦恩县的陪审员是否根据他们观看的 CSI 类节目判决被告人有罪，倾向判有罪或者不愿意判有罪的人数没有明显的差别[80] 韦恩县的研究因而巩固了先前沃什特瑙县的研究成果，即不存在检察官和其他执法人员曾经声称的那种 CSI 效应。

为检验先前关于技术效应的见解，对韦恩县陪审员的抽样调查设计了一些问题，以便确定他们使用电脑和其他技术设备的水平，包括各种移动电话、有线或卫星电视网络和 GPS 导航设备[81] 从韦恩县陪审员那里收集的数据与普通人群对网络的认识和互联网的使用是一致的[82] 被调查的韦恩县的陪审员有将近 87% 的报告说，在他们家中有一台电脑，超过 40% 的陪审员通过使用手机也能上网[83] 在被调查的陪

---

[72] *Id.*

[73] *Id.*

[74] *Id.*

[75] *Id.*

[76] *Id.*

[77] *Id.*

[78] *Id.* at 22.

[79] *Id.*

[80] *Id.*

[81] *Id.* at 23 – 25.

[82] *Id.* at 27.

[83] *Id.*

审员中，有超过92％的人有手机，[84] 有85％的人通过有线或者卫星看电视。[85] 这些研究结果与陪审员对于科学证据的期望是相关的。[86] 韦恩县的研究结果表明，陪审员对于他们使用的技术越精通，他们对于控方在其案件中使用科学证据的期望就越高。[87]

韦恩县的研究也增设了一些问题，以便确定陪审员对于刑事司法问题感兴趣的程度以及他们对于刑事司法系统的信息来源。[88] 关于陪审员对刑事司法节目和新闻的喜爱程度的抽样调查清楚地说明了人们对刑事司法问题的好奇心。[89] 在韦恩县的陪审员中，有将近70％的人表示他们"非常"或者"有点儿"对犯罪和刑事审判感兴趣。[90] 当问到他们的信息来源时，研究资料显示，报刊出版物不是犯罪新闻的主要来源，而电视显然才是获取刑事司法信息的主要媒体。[91] 在韦恩县的研究中，不到一半的陪审员把报纸当作刑事司法信息的主要来源，而把互联网当作刑事司法信息主要来源的陪审员有34％。[92]

尽管陪审员主要依靠电视获取刑事司法信息，但通过有线电视获得多种信息来源已经大大改变了对信息包括刑事司法信息的占有以及信息类型。韦恩县的陪审员反映了全国的情况，超过85％的陪审员表示，他们是通过有线或者卫星看电视的。[93]

（三）综合调查结果

我们对在沃什特瑙县和韦恩县收集的相关数据进行了合并，以便进一步分析，并在此汇报一下这些研究结果。尽管韦恩县的样本比沃什特瑙县的样本稍微多些（1219∶1047），但合并的研究结果真实地反映了密歇根东南部两个司法管辖区被随机传唤的陪审员的情况。资料合并后，进行的统计记录及相关分析与沃什特瑙县最初实施的方式是完全相同的。[94] 下列图表反映的是合并后的人口特征：

---

〔84〕 *Id.* at 28.

〔85〕 *Id.* at 26.

〔86〕 *Id.* at 23 – 25.

〔87〕 *Id.* at 37.

〔88〕 *Id.* at 29 – 30.

〔89〕 *Id.*

〔90〕 *Id.* at 29.

〔91〕 *Id.* at 29 – 30.

〔92〕 *Id.* at 30.

〔93〕 *Id.* at 30 – 31.

〔94〕 See Shelton et al. ，"Juror Expectations"，supra note 4，at 346 – 350 （描述的是在沃什特瑙县进行的统计记录及相关分析所使用的标准有何差异）。

表2　沃什特瑞县和韦恩县研究合并后的人口变量[95]

变　　量	韦恩县人次	沃什特瑞县人次	综合人次	综合比例
年龄（平均）				
30 岁以下	150	158	308	13.7
30 ~ 39	205	190	395	17.6
40 ~ 49	295	249	544	24.2
50 ~ 59	330	251	581	25.9
60 岁及以上	179	138	317	14.1
未知	60	41	101	4.5
性　　别				
女	680	564	1244	55.4
男	495	446	941	41.9
未　知	44	17	61	2.7
教育程度				
研究生	173	329	502	22.4
大　学[96]	727	459	1186	52.8
高　中	235	195	430	19.1
高中以下	27	14	41	1.8
未　知	57	30	87	3.9
家庭收入				
$ 100 000 以上	242	296	538	24.0
$ 50 000 ~ $ 100 000	440	352	792	35.3
$ 30 000 ~ $ 49 999	269	201	470	20.9
$ 30 000 以下	188	129	317	14.1
人种/ 种族				
白种人	733	844	1577	70.2
西班牙裔人	25	9	34	1.5
非裔美国人	296	58	354	15.8
亚洲人	28	26	54	2.4
其　他	44	37	81	3.6

[95]　Compare *id.* at 338 – 339 tbl. 1（阐述的是 2006 年沃什特瑞县抽样调查的人口变量），with Shelton et al. ，"An Indirect – Effects Model"，supra note 7, at 13 – 14 tbl. 1（阐述的是 2009 年韦恩县抽样调查的人口变量）。

[96]　沃什特瑞县的抽样调查只把"大学"列为一个选项，而韦恩县的抽样调查把该项分为"受过一些大学教育"和"大学毕业"两项。将韦恩县的这两个变量合并在一起是为了方便这种分析。See Shelton et al. ，"Juror Expectations"，supra note 4, at 338；Shelton et al. ，"An Indirect – Effects Model"，supra note 7, at 13.

续表

变　　量	韦恩县人次	沃什特瑙县人次	综合人次	综合比例
城市化				
城　市	454	339	793	35.3
郊　区	676	395	1071	47.7
农　村	36	270	306	13.6
邻居犯罪				
很严重	84	8	92	4.1
严　重	133	57	190	8.4
有点儿严重	449	310	759	33.8
一点儿不严重	499	626	1125	50.1
未　知	54	26	80	3.6
暴力受害者				
是	335	196	531	23.6
否	840	815	1655	73.7
未　知	44	16	60	2.7
财产受害者				
是	696	471	1167	52.0
否	480	536	1016	45.2
未　知	43	20	63	2.8
政治观点				
非常保守	67	46	113	5.0
保　守	265	218	483	21.5
温　和	568	428	996	44.4
自　由	207	225	432	19.2
非常自由	44	78	122	5.4
未　知	68	32	100	4.5
合　计	1219	1027	2246	100

关于陪审员对科学证据期望的综合数据反映在以下图表中：

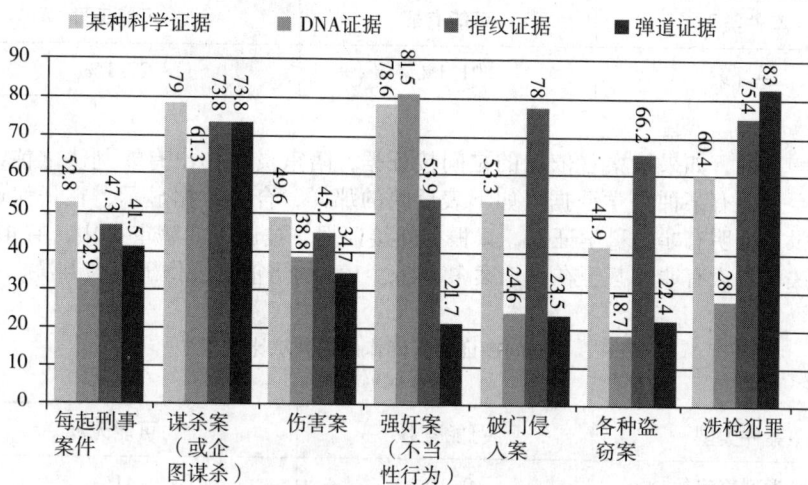

图4　陪审员对科学证据的期望[97]

关于陪审员把科学证据当作有罪判决的一个前提条件问题，综合数据反映了这样一个结论，即陪审员们仍然非常看重目击证人的证言。除了强奸案，如果有被害人或者其他目击证人的证言，即使没有科学证据，陪审员更可能认定被告人有罪而不是无罪。在陪审团听取被害人或者其他目击证人的证言而得不到科学证据的场合，除了强奸案，在其他任何案件中，陪审团更可能认定被告人有罪而不是无罪。这项综合数据反映的情况如下表所示：

表3　根据科学证据可能作出的判决比较[98]

目击证人证言——没有科学证据

案件类型	可能有罪	可能无罪
各类刑事案件	28.7%	18.8%
谋杀案	36.8%	18.2%
伤害案	41.5%	11.9%

[97]　Compare Shelton et al. , "Juror Expectations", supra note 4, at 350 – 353 tbl. 5（阐述的是2006年沃什特瑙县抽样调查的陪审员的证据期望）, with Shelton et al. , "An Indirect – Effects Model", supra note 7, at 19 – 20 tbl. 2（阐述的是2009年韦恩县抽样调查的陪审员的证据期望）.

[98]　See Shelton et al. , "An Indirect – Effects Model", supra note 7, at 20 – 21; see also Shelton et al. , "Juror Expectations", supra note 4, at 354（阐述的是使用不同类型的证据时判决有罪的可能性）.

续表

案件类型	可能有罪	可能无罪
强奸案	21.1%	27.1%

　　另一方面，如果检察官依据的是间接证据，陪审员在作出有罪判决之前，他们会要求至少要有某种科学证据。如下表反映的那样，合并数据显示，在任何刑事案件中，没有证明有罪的科学证据，只根据间接证据，被调查的陪审员中，有41%的不会判决被告人有罪。甚至在谋杀案中，超过1/3的陪审员会作出类似判决。

表4　根据间接证据可能作出的判决比较[99]
间接证据

案件类型	可能有罪	可能无罪
各类刑事案件	9.2%	41%
谋杀案	12.2%	36.1%

　　但是，对于综合数据的分析反映了这些期望和要求与在电视上观看 CSI 节目没有关系。就像在沃什特瑙县研究中一样，分析的是 CSI 观众（至少偶尔观看这类节目的那些人）与非 CSI 观众（从来没有或者几乎从来没有观看这类节目的那些人）之间的数据。[100] 在 13 种案例中，对于把科学证据当作有罪判决的一个条件进行了检测，值的范围从 -2 到 +2，"会认定无罪"的值是 -2，"会认定无罪"的值是 +2。[101] 使用回归分析（regression analysis），综合数据的研究结果表明，在全部的 13 种案例中，没有科学证据作出无罪判决的可能性与陪审员是否观看了 CSI 类节目没有太大关系。[102] 如下表所示，即使值小于 0.10（p < 0.10），也没有太大关系：[103]

---

[99]　See Shelton et al., "An Indirect – Effects Model", supra note 7, at 21; see also Shelton et al., "Juror Expectations", supra note 4, at 354（阐述的是使用不同类型的证据时判决有罪的可能性）.

[100]　Shelton et al., "Juror Expectations", supra note 4, at 347.

[101]　Id. at 354.

[102]　See id. at 354 – 357; Shelton et al., "An Indirect – Effects Model", supra note 7, at 20 – 23.

[103]　重大关系意味着两组抽样即观看 CSI 的人和没有观看 CSI 的人之间的差异很大，致使偶尔产生这种差异的可能性很低，如值小于 0.05（p < .05），意味着其可能性不到 5%，而值小于 0.10（p < .10），其可能性不到 10%。See Les Seplaki, "Attorney's Dictionary and Handbook of Economics and Statistics", 204 (1991).

表5　CSI 观众与非 CSI 观众之间的综合统计变量[104]

案件类型	T 值	相互关系的重要性
每起刑事案件		
有证言而无科学证据	− 0.800	0.424
有简洁证据而无科学证据	− 0.416	0.677
谋杀（或者企图谋杀）		
有证言而无科学证据	− 0.351	0.726
有间接证据而无科学证据	− 1.610	0.108
有证言而无 DNA 证据	− 0.598	0.550
身体伤害案		
有证言而无科学证据	0.660	0.510
有间接证据而无科学证据	1.256	0.209
有证言而无 DNA 证据	− 0.766	0.444
强奸（性侵犯）		
有证言而无科学证据	− 0.379	0.705
有证言而无 DNA 证据	0.709	0.478
破门侵入		
有证言而无指纹证据	− 0.041	0.967
各类盗窃案		
有证言而无指纹证据	− 0.604	0.546
各类涉枪案件		
有证言而无弹道学证据	1.565	0.118

　　根据这两组地理位置相似而人口特征截然不同的群体的抽样调查，能够得出一些共同的结论。首先，在通常情况下，陪审员对于向他们提供科学证据的期望很高。其次，在所有的强奸案件以及其他全部依赖间接证据的案件中，陪审员把科学证据当作有罪的条件的要求很高。第三，把科学证据当作有罪的条件，在观看 CSI 和没有观看 CSI 的陪审员之间没有太大差别。换句话说，在判决无罪时，不存在 CSI 效应。

三、CSI 观念对现实的影响

　　2006 年沃什特瑙县的研究和 2009 年韦恩县的研究清楚地阐明了陪审员非常期望

---

[104]　See Shelton et al.，"Juror Expectations"，supra note 4，at 354 – 357；Shelton et al.，"An Indirect – Effects Model"，supra note 7，at 20 – 23.

在刑事审判中提出科学证据。这种高期望很大程度上源于我们所描述的公众意识的技术效应以及现代技术力量的使用，再加上公众意识把技术当作刑事审判程序可资利用的重要组成部分。这种公众意识来自各种各样的消息源——尤其是媒体，包括电视，以及它的很多扩展渠道。CSI类节目是媒体的一部分，但很显然，它们在塑造很多归属于陪审员的期望方面并没有起到太大作用。综合的研究资料也阐明了陪审员对科学证据的期望并不一定变成相应的陪审团判决。强势的检察官对CSI效应的大肆渲染，认为观看CSI的陪审员会错误地判决被告人无罪，这并没有实证基础。[105]像独角兽和美人鱼一样，CSI效应只是一个神话。

尽管有了这些研究结果，但检察官、法官、辩护律师和其他执法人员仍坚信强势检察官版本的CSI神话，因为他们和新闻媒体已经制造了这种神话。[106] 他们仍然相信以法庭科学为基础的电视节目已经影响到了陪审团的决定。[107] 甚至学术评论家们可能从显而易见的和有书面证明的观察——那些关于犯罪的电视节目经对陪审员们产生了广泛的影响——突然得出错误的结论，认为这种影响对于刑事被告人被错误地无罪开释有着特别的作用。[108] 有些坊间传闻甚至被学者继续引作顽固坚持CSI效应存在的主要支持理由。[109] 但更重要的是，认为信念影响律师和其他刑事司法系统的参与人，并因而成为陪审员审判现实的一部分，在此意义上，这些观念都是自以为是的。[110]

陪审员所宣称的行为或者通过他们自己确实观看了这些节目，依据这些观念，检察官和辩护律师，如果不算上法官，已经改变了他们的行为。[111] 对于施韦泽（N. J. Schweitzer）和萨克斯（Michael J. Saks）进行的一项研究，[112] 国家科学院向国会提交的关于法庭科学的状况说道：

施韦泽和萨克斯发现，CSI效应正在改变在法庭上提供科学证据的方式，有些检察官认为，他们提供证据必须看上去像电视一样，在视觉上要有意思和有吸引力。有些检察官担心，电视上提供科学证据的方式起着决定性作用，并决定最终的结局，

---

[105] Shelton et al. , "An Indirect – Effects Model", supra note 7, at 40.

[106] Id. at 6; see also Cole & Dioso – Villa, supra note 6.

[107] See Tamara F. Lawson, "Before the Verdict and Beyond the Verdict: The 'CSI Infection' Within Modern Criminal Jury Trials", Loy. U. Chi. L. J. , 41（2009），119, 121（"整个刑事诉讼程序被这样一种担心潜在地影响到了，即担心CSI效应制造了一群'被CSI污染了的陪审员'……"）.

[108] Id. at 125 & n. 24.

[109] Id. at 136 – 140.

[110] See id. at 121 – 127, 165 – 173; Diane Boudreau, "CSI Effect: Not Guilty!", Ariz. St. Univ. Research Stories, Mar. 24, 2008, http://researchstories. asu. edu/2008/03/csi effect gets a not guilty v. html.

[111] See Lawson, supra note 107, at 142 – 168.

[112] N. J. Schweitzer & Michael J. Saks, "The CSI Effect: Popular Fiction About Forensic Science Affects the Public's Expectations About Real Forensic Science", Jurimetrics J. , 47（2007），357.

这种方式决定了陪审员对于法庭科学专家以及他们的证言实际给予的信任比应当给予的信任是多还是少，提高这种期望，就可能导致误判。法庭科学学科普及的真正效应有时候不会被完全理解，但很显然，在法庭上使用和解释证据时，它提高了对法庭科学界的压力和关注。[113]

就陪审团审判而言，CSI 效应的观念影响了审判参与者的具体行为。[114] 它可以影响控方和辩方对陪审员的挑选，即使陪审员的挑选是在法官主导下进行的。[115] 当它被控方进行无因回避（peremptory challenges）时，作为应对种族偏见的巴特森（Batson）[116] 回避而使用时，它也可能成为陪审员挑选中的一个争点。[117] 关于 CSI 及其"效应"的开场陈述和结案陈词，尤其是控方进行的，已经被证明是一个司法

---

〔113〕 Nat'l Research Council of the Nat'l Acads. , *Strengthening Forensic Science in the United States*：*A Path Forward*, 2009, pp. 48 – 49（footnote omitted）.

〔114〕 See generally Donald E. Shelton, "Twenty – First Century Forensic Science Challenges for Trial Judges in Criminal Cases：Where the 'Polybutadiene' Meets the 'Bitumen'", Widener L. J. , 18（2009），309, 378 – 390〔hereinafter Shelton, "Twenty – First Century"〕（讨论的是律师在审判的时候开始对付 CSI 效应的办法）；Lawson, supra note 107, at 141 – 160（概括了法官和律师可能对付 CSI 效应的各个审判阶段）.

〔115〕 See, e. g. , United States v. Harrington, 204 F. App'x 784, 788 – 789（11th Cir. 2006）（法官主持挑选陪审员）；People v. Marquez, No. B184697, 2006 WL 2665509, at ＊4 n. 5（Cal. Ct. App. Sept. 18, 2006）（赞成检察官在挑选陪审员这样说，即"你们都观看了某种电视节目，不管它是'法律与秩序'、'犯罪现场调查'，还是其他任何一种这类节目，你们有多少人看了？……你们有多少人期望麦克先生和我以及法官会像这些电视节目中所做的那样实施类似行为？……那些都是电影，不是真实生活，这才是真实生活"）；State v. Latham, No. 92521, 2005 WL 1619235, at ＊2（Kan. Ct. App. Nov. 1, 2005）（支持在陪审团挑选程序中检察官的陈述不存在偏见，即"CSI 只是你所知道的一部分……它不会按那种方式发生"）；People v. Smith, No. 271036, 2007 WL 4248571, at ＊5（Mich. Ct. App. Dec. 4, 2007）（支持检察官在挑选陪审员过程中所说的话，即"真实生活不同于 CSI 电视节目，他不是在试图'蒙蔽'陪审员的眼睛……检察官只是尽力确保陪审员没有要求他承担比法律规定更高的证明责任"）；Goff v. State, 14 So. 3d 625（Miss. 2009），cert. denied sub nom. , Goff v. Mississippi, 130 S. Ct. 1515（2010）；State v. Taylor, No. 06 CA009000, 2008 WL 834437, at ＊3（Ohio Ct. App. Mar. 31, 2008）（引用一位检察官在挑选陪审员时的话说，"这类电视节目很多都是虚构的，或者其中的科学都是不正确的"）.

〔116〕 Batson v. Kentucky, 476 U. S. 79（1986）.

〔117〕 See, e. g. , United States v. Hendrix, 509 F. 3d 362, 369 – 372（7th Cir. 2007）；Wells v. Ricks, No. 07 Civ. 6982, 2008 WL 506294, at ＊28 – 30, ＊33（S. D. N. Y. Feb. 26, 2008）；People v. Reyes, No. E040509, 2007 WL 4427856, at ＊9 – 11（Cal. Ct. App. Dec. 19, 2007）；People v. Henderson, No. A102395, 2004 WL 2526448, at ＊4 – 5（Cal. Ct. App. Nov. 9, 2004）；State v. Carson, No. C – 040042, 2005 WL 497290（Ohio Ct. App. Mar. 4, 2005）rev'd on other grounds, 847 N. E. 2d 1174（Ohio 2006）.

关注点。[118] 目击证人就观看 CSI 及类似节目而受到质疑。[119] 这导致了检察官提出关于多重科学标准的相反证据，而这种标准则是无效果的、重复的或者不能付诸实施的。[120] 检察官要求法官指示陪审员时说提供科学证据不是政府证明责任的必要组成部分，法官实际上已经做了这样的指示，甚至是主动进行的（sua sponte）。[121] 因此，

---

[118] In Boatswain v. State, No. 408, 2004, 2005 WL 1000565, at *1 (Del. Apr. 27, 2005)，一位检察官提出以下主张：不幸的是，在当今时代，警察和政府采用的标准与他们在两百年前写入宪法的标准不是同一标准，在宪法上，他们说证明必须排除合理怀疑。当然，刑事被告人现在使用的是这个标准，不幸的是，他们希望这个标准能够满足像你们这样的人在电视上看得到那样对证据的期望。他们能够满足 CSI 标准吗？

这一主张被特拉华州最高法院认定为是明显错误的：

通过把实际的宪法标准与一个据说是不必要的难以负担的"电视"标准作比较，轻视实际宪法标准的说法可能会给陪审员留下这样的印象，即政府的证明责任被固定在拥有特定类型或者缺少特定类型的证据上……这样一来，他通过主张政府负担一个不确定但实际上较低的证明责任来贬低合理怀疑标准。

Id. at *3; see also United States v. Duronio, No. 02 – 0933（JAG），2006 WL 3591259, at *3 (D. N. J. Dec. 11, 2006); People v. Compean, No. A111367, 2007 WL 1567603, at *8 (Cal. Ct. App. May 31, 2007); Morgan v. State, 922 A. 2d 395, 401 – 403 (Del. 2007); Mathis v. State, No. 25, 2006 WL 2434741, at *4 (Del. Aug. 21, 2006); State v. Ash, No. A07 – 0761, 2008 WL 2965555, at *7 (Minn. Ct. App. Oct. 21, 2008); State v. Hill, No. A05 – 570, 2006 WL 1320075, at *3 – 5 (Minn. Ct. App. May 16, 2006) (finding harmless error); State v. Strong, 142 S. W. 3d 702, 724 – 725 (Mo. 2004) (en banc); State v. Goetz, 191 P. 3d 489, 517 (Mont. 2008); State v. Pittman, No. 04 – 03 – 00373, 2007 WL 4482159, at *3, *7 (N. J. Super. Ct. App. Div. Dec. 26, 2007); State v. Minor, No. C – 060043, 2007 WL 196504, at *3 (Ohio Ct. App. Jan. 26, 2007).

[119] See, e. g. , State v. Mc Kinney, No. 2007 – T – 0004, 2008 WL 2582860, at *25 (Ohio Ct. App. June 27, 2008); see also People v. Brooks, No. F051251, 2008 WL 2897093, at *15 (Cal. Ct. App. July 29, 2008) (受 CSI 启发进行的研究，解释律师的地位); Cox v. State, 966 So. 2d 337, 353 (Fla. 2007) (根据 CSI，解释律师的推理，认为专家证人的结论是毫无根据的).

[120] See, e. g. , People v. Robles, No. D048357, 2007 WL 1140380, at *3 (Cal. Ct. App. Apr. 18, 2007); State v. Cooke, 914 A. 2d 1078, 1082 – 83 (Del. Super. Ct. 2007); see also United States v. Fields, 483 F. 3d 313, 355 (5th Cir. 2007) (没有可靠的 DNA 证据和几乎没有关于尸体本身的犯罪现场证据，在这个建立在辩方地位基础上"想象出来的 CSI 效应时代"，允许多种"让人震惊和触目惊心"的尸体照片具有证明力).

[121] United States v. Saldariagga, 204 F. 3d 50, 51 – 53 (2d Cir. 2000) (对于辩方的主张，即警察没有针对指纹检验某种特定证据，赞成主动指示陪审员，赞成"陪审团得到了正确的指示，即政府在处理很多武器时，它在一个调查过程中没有义务使用所有的武器，并且，没有使用某种或者某些特定技术并不是想表明被告人没有犯他被指控的罪。"); see, e. g. , United States v. Mason, 954 F. 2d 219 (4th Cir. 1992); see also Evans v. State, 922 A. 2d 620, 633 (Md. Ct. Spec. App. 2007) (就 CSI 指示问题，建议下级法院作这样的指示："我们强调在以下的建议中才会产生有效的指示，即缺少这种证据应该被作为陪审员确定政府是否履行其责任的因素，当且仅当缺少这种证据时，其自身就制造了合理怀疑。对于政府来说，缺乏证据，事实上可能构不成合理怀疑。最大的风险是，这种指示会违反不得减轻政府证明责任的禁令，在所有的指示中，这种指示具有优越性，它与合理怀疑标准的关系是不明确的。因此，可取的做法是发布法院的指示，连同关于政府证明被告人有罪的责任达到排除合理怀疑的说明一起发布").

对陪审员来说，CSI 效应的神话变成了现实，因为它在各种审判参加者包括律师和法官做出的反应行为中得到了体现。

四、媒体对于犯罪报道的影响

媒体对刑事案件陪审员候选人的影响通常都是有据可查的，并且这种影响要比为数不多的法庭科学电视节目要大得多。[122] 电视上关于犯罪和刑事司法的描绘影响了我们大众文化中关于法律和刑事司法的观念。[123] 尽管电视媒体自身在广度和布局上发生了深刻的变革，[124] 但乔治·格伯纳（George Gerbner）几十年前提出的教化理论（cultivation theory）对于媒体的影响来说仍然是一个可行的解释。[125] 教化的概念是指在某种程度上人们是通过电视认识世界的，根据他们在电视上看到的东西，他们更可能看到真实的世界。[126]

媒体对于犯罪和刑事司法的报道不断地传遍到了全世界，在这个被格伯纳看来是个"卑鄙的世界"（mean world）里，媒体的报道都是关于犯罪以及成为犯罪受害者可能性的（这种可能性被高估了）。[127] 关于犯罪、司法和媒体的当代研究构成的

---

〔122〕 See, e. g., Doris A. Graber, *Mass Media and American Politics*, 7th ed., 2006, pp. 292; Shanto Iyengar & Donald R. Kinder, *News That Matters: Television and American Opinion*, 1987; Victor E. Kappeler, et al., *The Mythology of Crime and Criminal Justice*, 1993, pp. 5; Roy E. Lotz, *Crime and the American Press*, Robert E. Denton ed., 1991, pp. 121; *Media, Process, and the Social Construction of Crime Studies in Newsmaking Criminology*, Gregg Barak ed., 1994; Steven Keslowitz, "The Simpsons 24, and the Law: How Homer Simpson and Jack Bauer Influence Congressional Lawmaking and Judicial Reasoning", *Cardozo L. Rev.*, 29 (2008), 2787; Steven D. Stark, "Perry Mason Meets Sonny Crockett: The History of Lawyers and the Police as Television Heroes", *U. Miami L. Rev.*, 42 (1987), 229.

〔123〕 See supra note 122; Susan Huelsing Sarapin & Glenn G. Sparks, "The CSI Effect: The Relationship Between Exposure to TV Crime Dramas and Perceptions of the Criminal Justice System", Abstract of Crime Conference Presentation, *Purdue Univ. Dep't of Commc'n* (2009), http://news.uns.purdue.edu/x/2009b/091028 SparksCrime.html.

〔124〕 普通大众媒体信息来源的范围和流行电视节目来源的范围要比格伯纳构建教化理论时宽得多，而且更加多样化。See Shelton et al., "An Indirect – Effects Model", supra note 7, at 1 – 6; see also Kimberlianne Podlas, "The CSI Effect: Exposing the Media Myth", *Fordham Intell. Prop. Media & Ent. L. J.*, 16 (2006), pp. 429, 430 – 432.

〔125〕 George Gerbner et al., "Growing Up with Television: Cultivation Processes", in Jennings Bryant & Dolf Zillmann eds., *Media Effects: Advances in Theory and Research*, 2002, 2d ed., pp. 43, 45 – 58 〔hereinafter Gerbner et al., "Growing Up"〕; George Gerbner & Larry Gross, "Living with Television: The Violence Profile", J. Comm., 26(1976), pp. 173, 191, available at http://www.unf.edu/pharwood/courses/fall05/3075fall05/crimegerbner.pdf.

〔126〕 Gerbner et al., "Growing Up", supra note 125, at 43 – 44.

〔127〕 See id. at 52.

理论被称为社会建构主义（social constructionism）。[128] 这种理论的思想就是，现实不仅是由客观的观察构成的，也是由各种社会交往的信息包括媒体报道构成的。在它们塑造公众关于犯罪和刑事司法的观念时，真实的信息和虚构的信息变得模糊不清了。[129] 有些关于刑事司法的媒体报道包括的观点有：犯罪非常猖獗，刑事司法系统不能有效保护人们免遭犯罪的危险，以及最近的说法是，科学可以被用于调和这两种假设。[130] 技术效应捕获了这些报道的部分内容。陪审员对科学证据日益增长的期望根植于大众传媒的技术效应，这种技术效应现在已经扎根于我们的刑事司法文化中。

五、陪审员的同化作用

陪审员对于所有这些复杂输入的反应很显然比所说的过于简单化的 CSI 效应要复杂。由于大众媒体对于犯罪的描述的影响，以及刑事诉讼参与人基于假设存在 CSI 效应而采取的行为，陪审员的反应也比先前单独提出的关于技术效应的建议要复杂。在韦恩县研究以后发表的文章中，为理解当前的情况，我们提出了一个新的模式，被称为"居间裁判间接效应模式"（Indirect – Effects Model of Mediated Adjudication），如图 5 所示。[131]

---

[128]　See generally *Media，Process，and the Social Construction of Crime：Studies in Newsmaking Criminology*，supra note 122（分析媒体报道是怎样塑造美国刑事司法系统观念的）；Theodore Sasson，*Crime Talk：How Citizens Construct a Social Problem*，1995；Surette，supra note 52（认为媒体对于犯罪活动的描绘塑造了刑事司法政策）；Shelton et al.，"An Indirect – Effects Model"，supra note 7（提出了一个社会建构主义的间接效应模式，来解释陪审员对刑事案件中法庭科学问题的反应）.

[129]　Shelton et al.，"An Indirect – Effects Model"，supra note 7，at 37；see Sasson，supra note 128，at 151 – 52；Surette，supra note 52，at 201 – 223. See generally *Media，Process，and the Social Construction of Crime：Studies in Newsmaking Criminology*，supra note 122.

[130]　See Surette，supra note 52，at 212（结论是社会性建构世界的那些大多数媒体的消费者最终相信犯罪的流行和传播）；see also *id*. at 206（认为媒体反映了限制警察的正当程序的形象，并认为法律在犯罪得到赞赏方面是起作用的）；*id*. at 208（讲述媒体描述应对犯罪的措施，如果这些措施有技术根据，则是有效的）.

[131]　Shelton et al.，"An Indirect – Effects Model"，supra note 7，at 43.

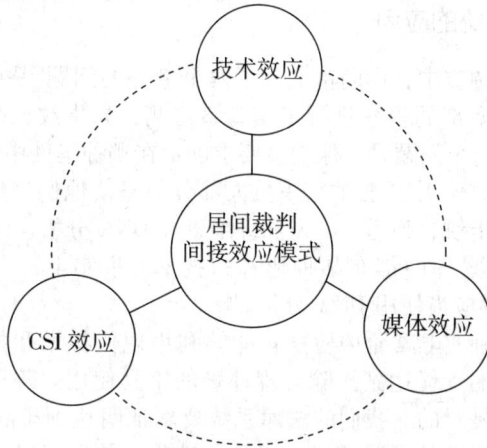

图5　居间裁判间接效应模式[132]

　　这一模式试图把当前陪审团对科学证据的期望解释为三种现象综合的结果。技术效应先前被说成是我们大众文化的变革，这种变革是技术和信息的发展，以及在整个社会对于这种发展的知识进行传播的结果。[133]　媒体效应是由各种大众媒体关于犯罪和刑事司法进行广泛的描述和报道形成的。[134]　最后，CSI 效应在这方面反映了律师、法官和其他刑事诉讼参与者把他们关于这种被假定的 CSI 节目影响的观念传给了审判场景中的陪审员。[135]

　　如这一模式所示，这些合力对陪审员关于科学证据的期望和要求施加了影响。这三种因素相互之间也有影响（如模式中的虚线所示）。例如，技术效应影响了大众媒体对于刑事司法描述的选择，CSI 及其他法庭科学电视节目的大批生产很简单地证明了这一点。媒体效应影响了法律参与者对于司法系统的观念，就像它对陪审员的影响一样，那些报道的影响在他们对 CSI 效应神话的接受和他们在法庭上的行为的改变得到了反映。[136] CSI 效应促使法律参与者在法律上的行为反过来影响了大众媒体对于刑事司法系统的描述、特别是在某种程度上，现在媒体使用真实案例或者被改编为剧本的真实案例作为它们报道的素材。[137]

---

[132]　*Id.* at 41.

[133]　Shelton et al. ，"Juror Expectations"，supra note 4，at 362.

[134]　See supra notes 122 – 130 and accompanying text.

[135]　Shelton et al. ，"Juror Expectations"，supra note 4，at 332.

[136]　*Id.* at 366.

[137]　*Id.* at 334 – 335.

六、刑事司法系统的应用

在韦恩县的抽样调查中，向陪审员问了两个额外的问题。[138] 第一个是问陪审员是否想过在密歇根东南部的警察进行了实验室检测，如指纹、弹道、毛发和纤维以及 DNA 分析。[139] 第二个问题是，他们被要求确定在哪种案件中他们期望看到警察使用这几种实验室检测。[140] 韦恩县的陪审员大部分都坚信他们当地的警察部门拥有的技术能够让他们进行指纹、弹道、毛发和纤维以及 DNA 分析。[141] 资料显示，陪审员通常希望在所有刑事案件中都有某种形式的技术。事实上，有将近一半的陪审员（45.3％）认为，警察应当使用 DNA 分析。[142]

很显然，陪审员确实非常希望检察官能够利用现代科学和技术的优势，以此作为满足他们证明有罪的责任达到排除合理怀疑的工具使用。陪审员对检察官有更多期望，目前来说也许是对的。我们的法律系统要求证明达到排除合理怀疑。[143] 如果有能够显示有罪或者无罪的科学标准，而控方选择不执行这种标准，陪审团对于控方案件说服力的怀疑就是合理的怀疑。就像通常的陪审团指示所说的，合理怀疑取决于每一个案件的事实和情况。[144] 当前对控方提供合理证据的期望与二十年前或者甚至几十年前相比有着很大的差别。不管其来源如何，陪审员对科学证据的高度期望真实地反映了我们大众文化的变化，而刑事司法系统必须适应陪审员对科学证据的期望和要求。

政府如何适应这种变化呢？首先建议的应对措施显然是提供陪审团想要的证据。这就要重点承诺增加执法供给。政府将需要为警察和其他调查机构配置现代法庭科学设备，而陪审员也知道能够得到这些设备。还将要求政府为这些调查机构大幅增加法庭科学人才，以便确保检察官能够及时得到法庭科学检测结果。这些非同寻常的措施对很多检察官来说似乎不太合理。恕我直言，这不是个问题。问题只是刑事司法系统将作何反应。就这一点来说，问题是政府是否会有必要的政治手段和足够的资金进行这方面的投资。

这样做的费用很高。国家科学院提交给国会的报告审视了我们当前法庭科学的接受能力，发现"现有的资料表明，法庭科学实验室资源短缺，人员不足，导致了案件积压。实验室能够做的事情包括：①进行调查，②为控方提供有说服力的证据，

---

〔138〕　Shelton et al. , An Indirect – Effects Model, supra note 7, at 28.

〔139〕　*Id.*

〔140〕　*Id.*

〔141〕　*Id.*

〔142〕　*Id.* at 28 – 29.

〔143〕　See In re Winship, 397 U. S. 358, 361 (1970).

〔144〕　The Institute of Continuing Legal Education, 1 Michigan Criminal Jury Instructions 2. 6 (2d ed. 1989).

③避免可能有瑕疵的审判。而实验室似乎很难做到这些。"[145] 2002 年，政府进行了一项关于实验室资源的研究，并随后在 2005 年进行了一项实验室人口调查。[146] 2005 年的公共实验室研究显示：

> 2005 年年底，积压的案件（30 日内没有结案）估计有 359 000 件，与之相比较，2002 年底，积压的案件数是 287 000 件……这意味着从 2002 年到 2005 年积压的案件数提高了 24%。国家实验室对这两年超过半数的积案负有责任。在报告说有这种情况的 288 家实验室中，2005 年接收的案件平均约 4100 件。总的来说，当年年底实验室积压的案件平均约 400 件。在 2005 年接收案件的实验室中，有 6% 的实验室报告说年底没有积案。[147]

> 2002 年的报告发现，要在 30 日的期限内结案，按照对当年所有法庭科学服务人员的需求，几乎将需要额外 1900 名全职人员；按照一位分析师的初始工资，雇用这些额外人员的支出将超过 7020 万美元。[148]

对控方的第二个建议花费没有这么昂贵，但可能更难办到。它要求检察官进行更充分的庭审准备和更好的法庭辩论。特别是当科学证据没有相关性时，检察官需要发现向陪审员解释这种缺乏相关性的更好途径。[149] 从更一般意义上来说，检察官需要理解和对待这样一个事实，即进入法庭的陪审员对于刑事司法系统和获得科学证据的可能性都非常了解，而且他们关于这方面的知识很多都是正确的。

另一方面，技术效应是一把双刃剑。如果有科学证据，辩方就会有很大麻烦。那么，辩方怎样才可能适应这些具有新的科学理念的陪审员呢？对于控方或者辩方来说，有一件事情可以确定，即玩"勒德"（Luddite）不再有用了。勒德是一个几乎反对所有工业革命创新的宗派，他们始于反对在纺织工业中使用织布机而不使用传统的手工编制。[150] 律师们喜欢使用同样的策略。有些律师认为这样做讨人喜欢或者甚至很可爱，对陪审团说，我对所有的这些计算机和 DNA 材料一无所知；没关系，在电视上看足球，我甚至不会使用遥控器。根据这些研究，应该很清楚，这种办法不会再有用了。陪审员肯定了解这些东西，他们也不再认为这样做很可爱了。确切

---

[145] Nat'l Research Council of the Nat'l Acads., supra note 113, at 14.

[146] Matthew R. Durose, "Census of Publicly Funded Forensic Crime Laboratories 2005", *Bureau of Justice Statistics Bulletin*, 2008, available at http: //bjs. ojp. usdoj. gov/content/pub/pdf/cpffcl05. pdf; Joseph L. Peterson & Matthew J. Hickman, "Census of Publicly Funded Forensic Crime Laboratories 2002", *Bureau of Justice Statistics Bulletin*, 2005, available at http: //bjs. ojp. usdoj. gov/content/pub/pdf/cpffe102. pdf.

[147] Durose, supra note 146, at 4.

[148] Peterson & Hickman, supra note 146, at 1.

[149] See Shelton, "Twenty – First Century", supra note 114, at 381 – 387.

[150] Kirkpatrick Sale, *Rebels Against the Future*: *The Luddites and their War on the Industrial Revolution*: *Lessons for the Computer Age*, 1995, pp. 3, 70 – 72.

地说，他们认为控方或者辩方没有进行很好的陈述。

辩护律师需要适应这些新的陪审员。他们可以带着积极探索的动机这样做。警察实验室的积案意味着政府想等到审判前的最后时刻才提供他们的科学证据。这几乎没有给辩方留出时间进行准备或者作出反应，如果辩方提出要求，法院可能会规定一些严格的期限。如果控方没有提供科学证据，有经验的辩护律师将会向陪审团强调缺乏科学证据。他们会就陪审员知道能够获得的检测对作证的警察进行交叉询问。当他们了解到控方依据的是科学证据时，辩方需要对此做一个计划。律师们能够从这些研究中学到的一个东西是，陪审员仍然认为目击证人的证言是最重要的证据类型，尽管这是错误的。对控方的分析，有经验的律师会利用专家证言或者至少专家的背景信息去调查控方的科学证据的可靠性问题，如污染的可能性问题或者统计上的缺陷。这些研究结果表明，对于辩方来说，最好的办法是采取攻势，提出他们自己的科学证据。陪审团并不仅仅是期望控方在刑事司法系统中提供科学证据。

庭审法官也需要适应现代科学证据的应用。在联邦诉讼和大多数州司法管辖区，庭审法官现在是所提供的科学证据可采性的守门人。[151] 这种守门人角色的挑战是多方面的，庭审法官在法庭科学证据方面遇到的挑战要比任何所谓的 CSI 效应大得多。[152]

七、结论

任何直接的 CSI 效应都不是因为观看了某种电视节目，我们在沃什特瑙县和韦恩县的研究表明，陪审员对科学证据的这些期望和要求是我们大众文化广泛变革的结果，是大众媒体和诉讼参与人相信这种效应存在而培养起来的。这些广泛而普遍的变化致使陪审员期望控方和辩方获取和提供科学证据，而技术已经使得这种期望成为可能。

刑事司法系统必须发现适应而不是对抗这种新的更加现代的陪审员的方法。它可能需要一种范式的转换，也可能付出高昂的成本。但除非这一切都发生了，陪审员很可能会认为，在刑事司法系统中，是合理怀疑在起作用。

---

[151] See Fed. R. Evid. 702；Kumho Tire Co. v. Carmichael, 526 U. S. 137, 147 (1999)；Gen. Elec. Co. v. Joiner, 522 U. S. 136, 142 (1997)；Daubert v. Merrell Dow Pharms. , Inc. , 509 U. S. 579, 589 (1993).

[152] See generally Shelton, "Twenty – First Century", supra note 114, at 378 – 390.

法庭科学的表述与法律证明[*]

［澳大利亚］安德鲁·立格特伍德^{**}著　汪诸豪^{***}译

一、引言

本文旨在聚焦出示法庭科学证据的法律语境；解释普通法是如何看待审判过程中法庭科学家的角色以及普通法对法庭科学家在表述证据时的要求[1]。在"R 诉 T"案[2]中，在对所用数值缺乏明确实证论证的情况下，审理法院否决了一位法庭科学家使用数值似然比来推算其评估意见。此判决一出，法庭科学家的角色定位在澳大利亚被推上了风口浪尖，引起了业界的强烈反应。一群法庭科学家和律师站出来回应称，似然比是法庭科学家推算并表述证据性依据的最合理方法[3]。该比率表达了争议中的法庭科学证据（即是否是检控方而非被告方的论点为真）之认定可能性。

自从 DNA 证据被允许作为似然比起，其以一种"惊人的方式"[4] 偏向检控方，在缺乏对 DNA 证据可靠性能产生怀疑的证据情况下，陪审团似乎除了判定被告有罪之外别无选择。作为一名律师，我对法庭科学证据在法庭上的表述心存顾虑。

毫无疑问，绝大多数案件中的统计结论是正确的，即便该结论未经陪审团应用数学概率规则计算得出，然而，我仍然要说，这种结论的得出未运用法律上所要求的推理过程，即没有经历刑事案件中的证明决策过程。在我看来，似然比的概念与刑事案件中的法律证明概念二者难以兼容。

我的论证范围将限制在刑事案件中的法律证明。

概括来说，我认为刑事证明应要求检控方在法庭上出示的所有证据被证明到排

＊　本文原载于《证据科学》2014 年第 4 期。

＊＊　澳大利亚阿德莱德大学法学院荣誉资深研究员，中国政法大学证据科学研究院外国专家咨询委员会成员，国际证据科学协会副主席。

＊＊＊　国家"2011 计划"司法文明协同创新中心证据法学创新团队成员、中国政法大学证据科学研究院讲师。

〔1〕　See Ligertwood，"*Can DNA evidence alone convict an accused?*"，Sydney Law Review，33（2011），487. Also see *Ligertwood and Gary Edmond* entitled，*Expressing evaluative forensic science opinions in a court of law*，published in 2012 in Law and Science. 这两篇文章中能查找到进一步的参考素材。

〔2〕　［2010〕EWCA Crim 2439（2010 年 10 月 26 日）。

〔3〕　特邀编辑："表述评价意见：立场声明"，载《科学与正义》2011 年第 51 卷。

〔4〕　沃克·S. C. 先生在"福布斯诉女王"［2010〕HCATrans 120（2010 年 5 月 18 日）案中使用了该词。

除合理怀疑的程度。这就要求陪审团认真考量所有证据，认定其与检控方的主张一致，并排除证据可被解释为被告无辜之假设的任何合理可能。

就检控方的主张是否正确来认定证据之可能性不是决定性的刑事证明，从法庭上合理出示的所有证据中排除掉被告清白的任何合理可能才是决定性的。为了确保陪审团能完成这项任务，我建议，非同于以似然比的方式在法庭上呈现来支持检控方，法庭科学证据应该以与检控方主张一致的方式在法庭上提出，并应通过表明该证据所含被告无辜之可能性来对其证明力进行解释。如此，陪审团能在"排除合理怀疑"地认定被告有罪之前，恰当地排除掉其面前所有证据中各种关于被告可能无辜的解释。

我是从务实而非哲学或规范性角度来谈自己的主张。在哲学和规范性层面，有关证明性质的问题就如同知识的本质问题一般复杂和富有争议。而我的出发点是，普通法上有一套刑事案件证明的特殊路径，所以当务之急是法庭科学家们能够按照法律的要求来提供他们的证据。在此，我并不是要论证法律规定的合理性，也不是在提倡我们当前的法律程序没有进一步完善的空间。我此刻只是在主张，当前普通法上要求陪审团成员和法官以某种特定方式去进行刑事证明，因此法庭科学证据需要符合（或者说需要融入）这套特定的证明方式。

二、普通法刑事证明的性质

刑事案件中法律证明的本质是什么呢？看似有两种基本理解路径。

一方面，有些人认为，不存在所谓的知识确定性，法律证明和其他任何证明类型一样，都是基于证据来评估可能性的问题，而这些可能性可以数值的方式进行表述，通过数学概率逻辑规则进行评估。当可能性无法通过实证进行精确测算时，事实认定者们可以对评估后的可能性进行主观认定，以判断是否达到了法律上所要求的证明程度。因此，证明可以被定义为是一种精确的逻辑，最终可以用数值进行表述，所需要达到的证明程度可以根据错判将会造成的后果严重程度来进行设定。

另一方面，也有许多人认为，确定性或许的确不可能实现，但法院从来没有将法律证明视同为一种可以用数值来进行终极表述的理念。更确切地说，证明被视作为一种事实认定者对所有呈现在法庭上的证据进行合理解释的探求过程。鉴于法院受理案件通常涉及的是对世界上发生事件的决断，证明就是对能解释法庭上出示证据的某种诉说、描述、故事之探求过程。定罪所要求证明到的程度同样取决于后果的严重性，但非数值可以表述。在民事案件中，证明过程是对某种大于50%可能性解释的探求。在刑事案件中，这种对（证据）解释的探求以事实认定者能够排除合理怀疑作为终结。

在此，我的探讨并不涉及哪种证明路径为"正确"或者更佳，我只想强调，在普通法法庭上，上述第二种路径是通行的做法。证明标准并不以计数的方式进行定义。但更为重要的是，虽然法院也许允许专家法庭科学证据以某种统计的方式提出——至少，像在"R诉T"案中那样，该法庭科学证据被视为具有充分的实证基础——但法院并不一定会认同这些数据统计与案件中其他证据相关联的逻辑。

最为明确的是，法院并不乐衷于使用数值来表达该逻辑，拒绝在刑事案件中指示陪审团数学规则或可用于计算出示证据的数值效力。当证据被允许以某种数值似然比表述时，法院并不会指示陪审团该如何运用贝叶斯定理来计算该证据对于被告犯有指控罪行可能性方面的效力。人们会问，在这些情况下，陪审团又如何能理性地评价似然比的效力呢？

在民事和刑事案件中，证明的路径看似就是在寻找呈现在法庭上证据之"最佳解释"的过程。有人或许能够证明，民事案件中的证明路径可以演变为支持某种最终可用数值表述的逻辑。法院的确在谈有关满足某种可能性衡平检验，一种显示为假定超过50%数值可能性的标准。而且，在案件审理目标仅为解决普通民众间争议时（当案件错判的后果为同等程度的损失时），该数值标准可能是广为接受的。

但是在刑事案件中，将证明标准转化为某种最终可用数值进行表述的逻辑是非常困难的。该标准被表述为需要达到排除合理怀疑。陪审团被要求在判定被告有罪之前排除所有合理可能的被告清白解释。这在本质上是对确定性的一种美好愿望，法院在试图寻求避免判定无辜之人有罪这种无法容忍的可能性。若转化为数字化标准将等于承认这种错判可能性的存在。正是基于这个原因，法院不愿意在这条路径上走下去（当然，在事实认定者为陪审团或为未经数学分析训练的法官时，或者在将数值分配对应给相关的可能性缺乏精确实证基础时，采用数值路径有其他明显的实践操作问题）。

三、审判中法庭科学证据的表述

以下是法庭科学家和其他专家被召集出庭作证的背景情况。他们的任务不是要对事实下结论性判断，那是法官或陪审团的工作。反之，他们的角色是要辅助法官或者陪审团达到法律上所要求的确信状态。这种辅助可以通过三种方式实现。第一，提供需要专业知识才能作出的观测证据。第二，给事实认定者补充知识，以便其能够从法庭上出示的特定证据中得出更为明智的推理决策。第三，基于其专业知识来对特定现有证据的推理结论强度来提供评价意见（法院有权拒绝接受此类证据，正如其有权拒绝接受任何由专家作出的评价意见）。

上述第三类辅助方式——就推理结论提供评价意见——最具争议性，尤其是当证据以似然比形式提出用以支持刑事案件中的检控方时。即便法庭科学家可能会严谨地强调他们仅仅是在就检控方的某种特定假设基础上之特定证据认定可能性来提供意见，仍然存在的重大风险是负责判断是否认定该假设得到证明的陪审团会将认定证据的可能性与认定该假设的可能性相等同。

因此，存在风险的是，有关证据中所能得出之结论的专家意见有可能会被陪审团误解，或是会在不提出其他任何问题的情况下被采纳作为具有强烈证明力的有罪性主张证明，或是至少在不考虑那些专家未被要求考察的法庭上其他证据情况下就采纳来作为证明。有心理研究[5]表明，与应用贝叶斯逻辑所得出的证明力相比，陪审团往往在主观上倾向于给以似然比形式呈现之证据更高的证明力。[6]

虽然陪审团过高评价法庭科学证据之逻辑效力的风险可能被视作不高，而且法官可以指示陪审团最终的事实推理应由陪审团本身而非由专家来决断，但是必须要牢记的是刑事定罪量刑标准要求排除合理怀疑的证明，且这一过程必须要确保陪审团在达到满意的程度之前认真地排除掉所有合理怀疑的可能性。刑事审判的主要目的就是要确保严格地应用这一刑事证明标准，在合理可能的范围内尽量消除错判无辜者的风险。

显然，控制犯罪还有其他更为奏效的方法，但位于刑事司法之普通法体系中心位置的是对于无辜者的保护。在此大背景下，如果存在表述评估性法庭科学意见的其他方式，能更好地确保陪审团将工作集中在排除一切合理可能的清白假说上，那么依赖于陪审团指示就显得不合适了。

主张拒绝似然比方式表述的另一种回应是说，对抗制普通法审判鼓励每一位争辩者以最具说服力的方式来提供证据，而对抗方的角色就是通过交叉询问检控方证人并召集其他证人出庭作证等方式来反驳该证据，为其辩护主张提供有说服力的支持。

即便假定这些对抗性保护措施是有效存在的，我认为其仍然扭曲了刑事案件普通法审判的本质。这是控告方问责式审判，而非对抗制审判。检控方的控告必须要保证排除合理怀疑，而被告方需要获得充分的机会来对该指控和指控所基于的证据进行争辩。但是，检控方的职责是要通过合理方式（如通过有逻辑连贯性的论证）来说服事实审理者接受其指控；而不是通过那些能搅动事实审理者情绪或使其分心于理性工作的说辞来说服他们。

正如上文提及的心理学研究所建议的，相比于逻辑推导出的证明力客观值，普通人可能会在主观上给予似然比更高的证明价值，这种风险是实实在在存在的。绝对重要的是，在提出证据时应明确要求应用刑事证明标准。而在（似然比）这种模式下，无辜解释的可能性依旧存在，但却主张可基于在法庭上出示的其他证据来排除掉这些无辜可能性。

在此背景下，我只想主张，法庭科学家应该准备好不仅仅在法庭上称当检控方的解释比被告方的清白解释更为合理时，某证据就应该得到认定。这种表述伴有一种事实审理者风险，即法官或陪审团可能会跳转到偏向于检控方解释的过早结论。

---

[5]　如，参见乔纳森·柯勒："DNA 证据证明价值的表达：频率、似然比和错误率"（报告他所做的实验："似然比与频率"），载《科罗拉多大学法律评论》1996 年第 67 卷，第 859、878～879、880 页。

[6]　虽然法院在"Aytugrul 诉 R"案中，在未通过当事方恰当呈交和检验的情况下，不愿意采用这项研究（不愿对其进行司法认知）。

这种根据检控方论点来认定特定证据的可能性不应该是审理者应该考虑的问题。其必须要决定的是检控方的论点是否已得到了排除合理怀疑程度的确立。

若除了科学家在解释证据与检控方的被告有罪假说一致之外，也有科学家能以同样的频率解释证据与被告的清白假说一致，那将更有利于支持我的观点。如此一来，事实审理者能够立即感受到证据支持被告清白说法的发生率，理解被告无辜的可能性依然存在，并在所有恰当呈现在法庭面前的证据基础上来询问是否存在与被告无辜说法相一致的合理可能解释时考虑进这些因素。

四、举例：DNA

举例来说，在含有 DNA 证据的案件中，科学家与其说 DNA 样本属于被告方的可能性比该 DNA 属于随机选择之人的可能性大一百万倍，不如说该 DNA 样本与被告方相匹配，但是该 DNA 并非为某特定个人所专有，然后再表述该种 DNA 在普通人群中出现的预期频率（随机匹配的几率）。

如果事实审理者被告知该 DNA 出现的预期频率是一百万分之一的话，那么很容易就可以意识到，在澳大利亚这个两千万人口的国家有可能还有人拥有该 DNA，因此排除犯罪人之一涉嫌为被告的可能性。如果预期的出现频率是十亿分之一，事实审理者就会意识到，要在澳大利亚找到与该 DNA 相匹配的其他人，与其说不是完全不可能，但几率也极低，无需更多进一步的证据就可以排除掉这种可能性。

但是，无论出现频率高低，事实审理者的任务仍然应集中于考虑剩下的证据，以便在作出有罪裁决之前排除该 DNA 为被告人之外其他人所留下的任何合理可能性（而且，理所应当还应该考虑并排除在配对 DNA 证据收集和分析过程中发生人为错误的统计可能性。这些人为错误的可能性或许比随机配对的几率还要高）。

五、法院对法庭科学证据表述的控制

尽管以上主张说如是，有关法院可以对法庭科学证据表述所进行的控制方面依旧存在着一些法律问题。通过法院行使自由裁量权来排除相关但对被告方有不公正偏见的证据，可以说算是一种有效的控制。该问题在高等法院受理的 Aytugrul 诉 R 案[7]中进行了讨论。

高等法院被要求决定其自由裁量权是否要排除表述为某种排他百分比的 DNA 证据（与被告相匹配的该种 DNA 样本不会和 99.9% 的普通人相匹配），依据是存在风险陪审团可能会赋予这种（即便是准确的）表述过高的证据性证明力。新南威尔士

---

[7]　［2012］HCA 15.

州刑事上诉法院大法官麦克莱伦参照上文中提及的心理学文献[8]，认同应基于该理由来行使其排除自由裁量权。

在高等法院，法官们显然不愿意运用其自由裁量权来排除经准确表述的数值相关证据。然而，高等法院认定，即便运用其自由裁量权，该上诉仍然无法获得胜诉，因为陪审团会赋予该排他百分比过高证明力的可能性并未得以正式确立，而且，即便可以确立这一点，该证据在频率上的相关性也已经向陪审团进行过解释，审判法官已经明确地指示陪审团只有在排除掉与被告无辜相关的所有可能性解释之后才能定罪，因此（澳大利亚高等法院认为）不存在陪审团会赋予该排他百分比过度证明力的风险。

上诉人因此未能说服高等法院在该案中存在司法不公的风险。然而，该多数判决的确承认了存在某些情况，数值表述可能会使得陪审团分心于其应做的工作：考量证据清白解释的可能程度以及在定罪前排除一切合理怀疑。

在我看来，高等法院不愿意否定使用排他百分比来表述 DNA 证据的证明力与其支持寻求通过排除包含于证据之中的合理可能清白解释来降低错判无辜者风险的证明过程之间并不和谐。虽然 DNA 配对频率表述与此证明路径尚且兼容，但排他百分比和似然比表述就很难与此证明路径相融合了。如果是这样，这种表述只会给事实审理者造成困惑，甚至会导致该种表述被赋予过高的证明力。并不需要阅读心理学文献就可以得出这一点。实际上，这源自于普通法刑事证明的本质。

六、结语

无论你是否认同我所主张的刑事案件中法庭科学证据表述之合理模式，我希望本文提供了一个基于普通法刑事证明本质的角度，以及法庭科学家有责任表述其证据的法律证明背景。说到底，问题在于法庭科学家如何能最有效地推进刑事审判的目标，即排除错判无辜被告人的合理可能风险、所有支持该判决的证据均已排除合理怀疑、实现准确判决。

---

[8] 例如，参见乔纳森·柯勒："DNA 证据证明价值的表达：频率、似然比和错误率"（报告他所做的实验："似然比与频率"），载《科罗拉多大学法律评论》1996 年第 67 卷，第 859、878～879、880 页。

第四届证据理论与科学国际研讨会闭幕词[*]

［美］罗纳德·J. 艾伦^{**}著　张　伟^{***}译　张保生^{****}校

在这种场合，闭幕式的发言者们通常都会谈论，我们所有的与会者享受了一场多么美妙的知识盛宴。假若如此，我们就大大地低估了事实真相，这从过去两天会议讨论的情况就可以看出来，而事实的真相是非常重要的。这次会议无疑是一场美妙的知识盛宴，但它远非如此，它还是来自世界各地、带着相当不同的观点的人士，在一个充满坦诚和友善的完满环境中，针对非常相似的问题各抒己见的美妙聚会。我们确实应该再一次感谢会议的东道主邀请我们与会，并感谢他们为筹划和举办这次会议所付出的辛勤努力！

当然，在任何奢华的盛宴上总有超出我们胃口太多的大餐可吃，这次盛会也不例外。我的注意力被证据、证明和事实认定等问题所吸引，我的发言将集中在这些问题上，但过去两天讨论的很多重要问题在我的发言中可能会被挂一漏万。同时，我希望法庭科学家们在会议的这个最后环节接受我的道歉。有两位法学教授完全忽略了法庭科学。我认为这实际上反映出有关法庭科学的一些有趣的事情，因为它可能是"可得性启发法"（availability heuristic）的一个例证。本次会议的整体筹划多少是由法学教授主导的，没错，就是这样。但请接受我的道歉，并请你们放心，下次我们不会重复这个错误。

我发现最有趣的大概是，众多的讨论反映出，证据问题研究在很大程度上实际上是人类境况的研究。因此，几乎在所有法律制度中都碰到了同样的问题，有时解决方案的构想、尝试、否决等也基本相同。关于这一点，龙宗智教授讲到自白问题的主题发言和姜小川的相关论文，就是一个很好的例子。当然，对自白的审查，也总是对自由意志、自愿性、强制性、滥用及一些要么确保可靠性要么至少可防范酷刑的潜在保障措施的审查。每一个国家都有同样的问题，每一个国家都创建了强迫嫌疑人招供的机制。

比如，即使声称没有辩诉交易制度强迫人们供认的欧洲国家，实际上也在这么

---

* 本文原载于《证据科学》2014 年第 2 期。

** 美国西北大学约翰·亨利·威格莫尔特座教授，中国政法大学证据科学研究院外国专家咨询委员会主席，诉讼法研究院研究员。

*** 中国政法大学证据科学研究院博士研究生。

**** "2011 计划"司法文明协同创新中心、中国政法大学证据科学研究院教授。

做。最近，我与对美国辩诉交易实践感到悲哀的一位法国法官和其他学者进行了交谈。他们说，辩诉交易在法国是不必要的，可国家与刑事被告人合作的比率仍然很高。我问："这怎么可能呢？"他们说："如果被告人不供认的话，他的日子将不好过。"当然，这就是辩诉交易制度的核心所在，即激励被告人进行合作。龙教授所讨论的躯体虐待等激励方式，在美国有漫长而肮脏的历史。现在，我们才刚刚步入一个新阶段，即要求对警察的讯问进行录像，来努力解决此类问题。通过那种方式，人们至少能看到发生了什么。但正如不少文章所指出的那样，所有可能的解决方案都有自身的缺陷。录像可以被警察操控，录像带可以由警察任意开关，可能使其与实际发生的情况不符。这是真的，但我并不认为这是绝望的理由；相反，这是我们要面对的一种挑战。法律运行的环境是复杂的、动态的。对这种环境进行干预，其结果往往不可预测。人们不能期望自己的改革成效完美无缺，相反，我们都必须认识到，在社会动力系统中有众多的力量在起作用，并对改革未完全朝着我们预期的方向前进做好应对的准备。

对于录像如何能被警察滥用的关注，以一种有趣的方式表明，只有警察想让人知道的东西才能被人知道。这直接促使我去思考，本次会议中最重要和意义深远的内容是，我们能在多大程度上知晓过去发生的事情，能在多大程度上获得事实真相。这是每一位大会主旨发言人所关注的，也是随后的每一位发言者以各种方式表示关切的。这些讨论再一次表明，我们所有人都面临类似的问题，这些问题也为今后的研究和改革的必经之路指明了方向。

所有论文面对的最深层的问题，是事实真相和知识的含义与蕴意。特别是对"事实真相"一词，我们听到许多关于它的不同色调的讨论，从绝对的到相对的事实真相，从法律真实到形式真实。我认为，这些都是贴在同一事情上的不同的标签，这样做尽管有意义，但随意使用这些标签的做法使本来简单的事情模糊化了。"事实真相"仅仅是指：一个命题是否准确地描述了它所指称的对象，或者用标准的哲学语言来说的话，它是否与其所描述的现实相符。"知识"仅仅是被确证的真实信念。法律中的真实和知识问题，并非由于这些理念可以进行选择，而是因为法律与科学的不同之处在于，法律问题不能拖延作出决定。如果我因你违反了合同并给我造成了 10 万元的损害而对你提起诉讼，而该法律制度却说"我们现在不能作出对你有利的决定，因为我们不能确定已获得了事实真相"。然后，因为法律制度不能确保获取了事实真相，你的诉讼赢了，我却输了。但那意味着，你得到了那些钱，而我却失去了它们。因此，我们都必须认识到，法律世界涉及求真和求知，而非获得事实真相和知识。那意味着，我们不得不面对我们将犯错误的可悲真理。总之，我们必须丢掉纯真的幻想，正视人类的现实。但正视可悲的现实一样可以使我们获得解放。放弃追求那些无法获取的东西，使我们把能够做好的事情做得最好。

我意识到，有人宣称，事实真相和知识是伪目标。我们听到一些哲学家，如海德格尔告诉我们：真理概念是没有意义的；理查德·罗蒂宣称，讨论真理问题只是浪费时间。坦率地说，始于 19 世纪后期、结束于 20 世纪中期的哲学上的怀疑论转向，因其明显错误而几乎不值一提。伯特兰·罗素评论道：如果一个怀疑论者说的是真的，他是错误的；如果一个怀疑论者说的是假的，他也是错误的，因而他总是错误的，我们可以置之不理。这是什么意思呢？结合海德格尔所说的真理概念没有意义，他实际上是在说：真理没有意义，这是真的。如果他是正确的，他就是前后矛盾。真理没有意义与真理没有意义是真的，这两种说法不能同真。

是的，没有理由为真理或知识的存在问题而纠结。真正的难题是，在人类社会和我们法律制度受到种种局限的情况下，如何逼近真理和知识。在这里，问题可以简化为，我们通常思考为"证据"的东西——指被带到法庭上的无论是实物还是在庭上作证的人（或者庭审前提取的他们的陈述）与裁决者的自然推理过程之间的相互作用。我想对这个话题多说几句，但在此之前，我先要就推论过程赖以发生的法律制度的一般结构做一些说明。

不论是在这次会议上，还是在过去十年间，我们已经对彼此的法律制度有所了解。然而，就像学习一种语言非常困难（除非你生长的环境每天都要讲那种语言）一样，完全理解一种外国法律制度也是很困难的。在法律制度中发挥作用的东西，多数是公认的社会习俗，而不是规则。如果你不了解这些习俗，在许多情况下，你就不能理解以那些习俗为基础而采用的规则。因此，误解常常发生。人们听到其他法律制度中发生的一些事情时，好像觉得很愚蠢或荒谬，甚至是发疯的事情。人们匆忙地就认为"那种法律制度一定是愚蠢、荒谬和疯狂的"。但我要极力敦促你抑制住那种冲动。如果你听说另一个国家的一种法律制度是愚蠢、荒谬、疯狂或者是愚蠢到家了，它几乎肯定是错的。更好的尝试性解释是：你发生误解了，或者说是断章取义了，因而需要作更多的研究以发现事情的真相。

在这次会议期间，当讨论到不同法律制度的组织模式，特别是裁决的对抗式和纠问式模式时，我们已经接触了这一现象的生动例子。我们被告知，关于对抗制的最佳理解是，我引用的"法官是被动的裁判者……，而且，赢者将是最强大、最精明的战士，不论其是对是错。……有关美国对抗制的最一致的理论是：没人对寻求事实真相感兴趣，因而应当避免时间、金钱和各种司法活动的浪费。"这个观点来源于一位资深美国评论家罗斯科·庞德，他 1964 年去世，差不多有 50 多年了。仅这一点就足以引起研究者的注意，大概还有很多工作要做。

但是，如果一种现代法律制度不能保证高概率的准确结果，这种法律制度如何能够体现出其具有先进性？正如我昨天所说，没有准确的裁判，权利就毫无意义。如果诉讼的结果在很大程度上不是从事实的准确重建中得出的，而是由其他事情决定的，现代贸易将告终结。正是对准确诉讼的承诺，才阻止了人们破坏法律和背信弃义。如果合同的条款不能履行，我就不会签约。我知道，如果我违约，我将承担后果，因为如果我被起诉，此种法律制度通常能获得正确的事实。而且，在美国，我们有所谓公开的证据开示。诉讼的双方当事人必须向对方开示所有事情。这种制度甚至适用于刑事案件中的检察官，其必须向被告方开示可能有助于其辩护的所有事情。这显然旨在促进基于事实准确的裁决，而非支持有时所谓正义的理论。

因此，美国或英国某些孤陋寡闻的学者说了几十年的关于对抗制之最一致或最佳理由的观念，显然是错误的。然而，对抗制是否是一种值得采纳的好模式，这是一个有趣的问题。对于其潜在正当理由的真正答案，表明在我国出现的这些研究领域，在你们国家也应该有。对抗制的最佳正当理由，来自于运用微观经济学工具而进行的考察，对此，我欣慰地看到张卿撰写了一篇关于法律与经济学的文章。正如我昨天谈到的，诉讼不仅是一种认识论事件，或一种关于知识的事件，它还是一项制造或生产事件，在这个领域，问题涉及可靠证据的最有效的生产。

支持对抗制乃是高效和有效模式的理由，是基于双方当事人比其他任何人更了解自己的案件这样明显的事实。他们也知道争议的问题是什么，知道该案件为何值得诉讼——这自然也告诉人们那个案件值得投入多少资源。每一方都将自己的证据向对方开示，使双方当事人都拥有最多的知识和有效投资的最佳激励，进而能够决定去做他们认为最为适当的事情。这才是支持对抗制的真正正当理由，而不是像某些迂腐观念所强调的那样，它是一种看谁更强大或更精明的竞赛。

诚然，对抗制并不总是运行得完美无缺，但千万别让这种理想成为可能性的敌人。人们在明智地将一种制度与其他制度进行比较之前，需要分析这种制度何以良好运作及其局限性。仅仅其可能被滥用这一事实，涉及经济学家所称的交易成本。需要计算这些成本，但它们本身并不是决定性的。思考一下医院，人们不能因为有人死在医院或者有误诊发生，就将其关门。

再来思考一下纠问制。当政府方无论以何种方式来调查一起纠纷时，都不得不依赖当事人既有的知识。因此，不得不复制当事人已经对那些问题倾注的努力。此外，政府方并不像当事人那样了解纠纷或其来龙去脉。这可能导致双方成本增加：因为它不得不弥补知识的不足，确切说，是由于其劣质的知识增加了错误几率。此外，请注意当事人和法官激励机制上的关键区别。当事人有极大动力去追求自己的利益最大化。法官要最大化的利益却是他自己的个人利益，获得特定事实的正确认定很可能是为了获得晋升。确实，他若获得了正确的案件事实，就可以得到晋升，但他仍缺乏关于该案价值的知识。因此，法官在进行调查时，可能投入过少或过多的资源。

我已经说服你们了吗？希望还没有。我在这里阐述的观点，并不是在中国或任何别的地方应当采用对抗制，相反，要了解法律制度如何运作还有许多工作需要去做，只有到做好这些工作的时候，才能对如何构建它们作出明智的决策。

我想就本次会议的另一个主题即推论的性质，来表明类似的观点。我们每个人都为推论的性质而纠结，不知如何对其在法律制度中进行规制。让我告诉大家为什么这是一个难题。正如我前面提到的，这是因为通常所谓"证据"——证人证言、展示件等——以及由人脑对证据进行的评估，是相互作用的。在本次会议上，我们听到了只依证据来裁决事实的呼声，但那几乎是不可能的。它需要发挥智人头脑的能动性，借助人的常识和知识来处理和思考那些证据。问题在于，我们并非拥有同样的常识和知识，因为我们每个人都有独特的生活经历。这里，我们可以做出两种明确的选择。人们可以只依赖无私的事实认定者的良好判断，或者，人们可以证据规则、推定、推论等介入判断。陈瑞华教授在他的主旨发言中讨论了这个问题，我要说，我们确实存在他所提到的同样问题。立法机关和法官常常介入自然推理过程。通常这是因为他们认为，他们在一个案件中发现了一个或一些种类的错误，并通过一项法律或规则确保不再重复那些错误。正如陈教授明智指出的，问题是：那个规则或法律在下一个案件中将如何适用以及它是有利还是有害，这些是完全无法可预知的。每个案件都是独一无二的，通过编写规则来规制人类推论活动几乎是不可能的，因为，人类推论活动不可能准确预知一个法律制度中会出现的全部问题。

但这里至关重要的观点是，证据科学的核心恰恰是"证据"和裁决者的活跃头脑之间的相互作用。我很高兴看到，这个话题在中国引起了人们的兴趣，这是美国正在持续研究的一个基本问题。该项研究很明确，针对的是人们如何进行自然推理，法律制度何时应当包含自然推理过程，何时应当以某种特定方式拒斥自然推理过程。我说得清楚一些，这再次成为证据法研究中的一个普遍问题。塔鲁夫教授在他的主题发言中谈到了这个问题，他对在美国已获得支配地位的相对似真模型作了所谓分析方法的比较。他确定了相对似真模型与他所谓的叙事连贯性（narrative coherence）的关系，并主张他偏爱分析方法。遗憾的是，除了裁决者应当考察案件的每一要素外，一种分析方法可能意味着什么则完全没有说清楚。

这里似乎还有一些误解。我简要讨论一下，只强调一点，即人们从事研究的是必须仔细对待的问题。审判裁决的相对似真模型，是人们实际推理方式的经验描述。他们通过询问事件各种可能情况的解释而进行推理，然后判定哪种解释最似真。在审判中，多半是由当事人提供各种解释，然后设法提供证据来支持他们的故事。这种解释被用来填补审判中留下的漏洞，即人们不能通过概率推理来使其变得完全清楚的事情。实际上从来没有任何可靠的相对频度数据，出于我现在无法探究的复杂原因，主观概率也是无济于事的。此外，相对似真性理论直接图解了人类的一般推理方式，而不只是法官或陪审团成员在特定审判场合的推理方式。

在人的加工处理过程中，似然性判断的制作涉及所有认知工具，包括归纳推理、演绎推理、概率论、一致性、相容性、符合、效益等等。塔鲁夫教授把所有这些归结为叙事连贯性，这实则从根本上误解了美国正在从事的研究工作。叙事连贯性确实可能是一个变量，但它只是人们用于评价他们周围世界的众多工具之一。关于这一点，对于该理论的批评应当已经给出了提示，即最佳叙事解释可能包含着错误因素。这确实是真的，但这就是相对似真理论的特征描述明显错误的原因。如果事件解释的一个要素或成分是错误的，该解释就是错误的。事情就是这么简单。不错，在以自然方式思考诉讼事件时，人会犯错误，而且他们确实会犯错误，但当人们运用"分析方法"——无论这意味着什么——对事物进行推理时，他们同样会犯错误。我还应当指出，相对似真论的知识背景是在哲学和科学领域均具有革命性的一种方法，即所谓对最佳解释的推论。这并不意味，它是法律制度的最佳解释，但可以肯定的是，对其进行研究具有重要意义，这正是在美国证据法研究中的发生的事情。

无论如何，你们看得出来，本届会议对我的思想有极大的触动，谁又会对此无动于衷呢？这是在我记忆中有幸出席的收获最大的一次学术盛会。我们都对这次会议的组织者感激不尽，我期待着在第五届证据理论与科学国际研讨会上与你们所有的人再次相见。唯一令我感到遗憾的是，这要再等两年。

中国司法部代表团访问芬兰、加拿大
情况报告摘刊

霍宪丹 *

一、芬兰司法体制

芬兰是欧盟成员国，属于大陆法系国家。芬兰法院有两个相对独立的体制，分别为普通法院系统和行政法院系统。普通法院系统由 27 个地方法院（负责初审）、5个中级法院（负责上诉审）和最高法院（对中院判决不服可以上诉，但最高院是否受理有限制，需发许可证，每年仅受理 10% 的上诉案）组成。芬兰检察院是司法机关的一部分，不隶属于立法院。芬兰司法部设有法院行政司，承担法院、检察院有效运行并提高工作效率的工作职责。主要工作是履行提出并分配法院预审、法庭建议、法院行政人员管理、法官培训、法院信息技术管理、提出选拔法官建议并报请总统任命、法律援助等项司法行政管理职能。芬兰检察院的行政事务也由司法部负责管理，其经费一般经司法部与总检察长办公室协商确定后，由总检察长办公室分配给各地检察院。芬兰警察负责刑事案件调查和维护社会治安。内务部下设警察局，部长为芬兰警察的首脑。

二、加拿大司法体制

加拿大是联邦制国家，也是一个君主立宪制国家，属于英美法系。通过会谈和查阅相关资料了解到：①根据 1982 年修订后的《不列颠北美法案》(又名《1867 年宪法法案》)，加拿大存在行政、司法和立法三种权力机构。法院系统分为联邦法院和省法院两套系统，后者承担了约 95% 的诉讼案件。在加拿大，法官必须在双方当事人之间保持严格的公正与中立，这意味着法官只能在其职权范围内行事，其职权范围以外的事留给律师去做。司法部主要设有立法部门，负责起草法律等；刑事部门，负责提起公诉等；法院行政管理部门，负责法院运作和法官任命等；帮助受害人部门，负责法律援助等；法律事务部门，代表政府应诉，管理政府律师等；总务管理部门等。部长为选举产生，副部长为公务员，助理副部长兼任各部门领导并向副部长汇报工作。加拿大和美国司法体制相似，由司法部助理副部长兼任总检察长，

---

* 司法部司法鉴定管理局原局长。

司法部和各省司法部分别聘用律师（即检察官）代表国家出庭支持控诉，检察官必须毕业于法学院、通过专业实习和统一的律师资格考试。任何律师执业后都可申请做检察官，当然做了检察官之后也可以再做辩护律师。联邦司法部在全国拥有6000多名雇员（不包括各省司法部雇员）。在加拿大，检察机关必须保持与司法机关相分离，以避免各种形式的歧视。为了发挥其在刑事司法制度中的作用，检察官必须依法行事，公平、公正、客观、独立以及迅捷地履行职责。检察官应当代表整个社会履行职责，而不是代表受害人、证人、特殊利益集团或第三方。检察官对社会公众负责，并保证公正执法。按照《加拿大法律协会职业行为手册》第18条规定："一旦从事检察官工作，其主要职责就不再是寻求定罪而是看到正义得以彰显"。加拿大律师协会也分为国家律师和省律师，属于非营利的自治组织，其内部按照领域的不同分为30多个专业委员会，比较特别的是律协都有常设的宣传部门。辩护律师的职责是在职业道德和法律义务的范围内为其当事人寻求某项或所有合法的辩护。②加拿大的警察系统分为市警察、各省警察和负责联邦事务的皇家骑警三种警察，互不隶属、互不报告，各自执行市、省、联邦的法律。如果对同一被告的多项罪名进行审判时，可能会出现三种警察分别出庭作证的情形。在加拿大，警察的权力受到严格限制：一是任何一名警察在执行抓捕行动时，一定是已经掌握了全部证据之后，而不是没有证据仅仅因为有怀疑；二是没有权力随便盘问公民和搜查公民，在抓人之后也不需要询问嫌疑人；三是不能随便搜查嫌疑人家庭，即使经过批准也只允许搜查与案件有关的证据；四是如果采取窃听、密取的方式开展侦查活动，必须事先经过高等法院法官的批准；五是在上述活动中收集到的所有有利于被告的证据都要转给其辩护律师等等。如果在上述行为中有任何一项细小的错误，包括没有证据证明警察告诉过被告人可以保持沉默、可以给律师打电话或提供律师电话给嫌疑人以及不能在24小时内将嫌疑人带到保释法庭、不能及时转交证据及有意无意遗漏证据等等，都有可能导致法官撤销案件并释放嫌疑人。③证据与证据开示。加拿大的刑事审判主要采用控辩方式，因此，法官并不负责对被告进行调查，对证人调查和反诘主要是律师的责任。当然，法官可以向证人发问以澄清事实。在这种审判方式中，检察官和辩护律师都必须严格遵守有关的证据规则，以确保无辜的人不致因不可靠、不可信的证据而被错判有罪。这表明控辩双方所承担责任甚至大于司法审判机关，其控辩式审判的目的是根据事实真相，对案件作出公正的判决。所以，法官最重要的任务就是决定证据是否应当被采信。值得指出的司法理念是：在加拿大，所有警察都认为侦查结果即全部证据（包括有罪的无罪的）不仅属于警察个人、警察部或检察官，而且应当属于国家。所以，警察在侦查结束后会很自然地将全部证据材料转交给负责指控的检察官。如果拒不转交，其结果不仅导致警察在法庭上受到辩护律师的严格盘问，而且直接导致法官释放被告、撤销案件并面临追究经办警察、警察部门的民事赔偿责任的诉讼。同时，根据1911年Regenar Stinchcombe的判例，控方有义务将其已经掌握的全部证据展示给辩方律师。在通常情况下检察官不会插手警方的工作，只是等待警方将侦查所得的证据转来之后，将不必要的证据和有关线人等不应转交辩方的证据留下来，然后等待辩护方提出要求后将证据，包括有利于被告的和不利于被告的证据随时、尽快转给辩护方。一般情况下，虽然没有成文法或判例明确规定在什么时间、以什么样的方式展示证据，但实际操作中，检察官在五周内都要将主要证据材料交给辩护人。当辩护律师认为主控官所移交的证据不全面时，可以向检察官提出，检察官应向辩护人提交或向警方提出要求索要后转交辩护律师。如果检察官不愿提供或不能提供辩护方认为存在的证据，辩护方可以向法官申请调取证据或申请撤销案件释放嫌疑犯。通常情况下证据展示不需要法官介入，除非是辩护人认为检察官不能履行义务，才会在法官的主持下展示证据。在另一方面，辩护人可以根据自己的意志决定，是否把自己已经取得的证据在这个时期交给检察官（除了不在犯罪现场等规定必须交给控方的情形）。当辩护人和被告人认为检察官手中的鉴定结论有问题时，他们可以自己决定并聘请专业人员对所需鉴定的事项重新鉴定。并且自行决定是否将重新鉴定的全部结论告诉检察官，辩护方只需在开庭前提前30天告诉检察官我有关于什么内容的新的专家鉴定结论就可以。只有在检察官将全部证据材料交给法庭时，辩护人才必须告诉法官重新鉴定的结论是什么。对于辩护人提出的要求，法官知道辩护律师会采用他们认为合理的辩护方法和辩护技巧，所以常常不去追问调取证据或传唤证人的原因，往往只是进行简单审查后，批准辩护律师的请求。总的讲，加拿大法庭是检察官、辩护律师和法官的舞台，法庭的审判活动完全是围绕着本案的证据能否证明案件事实是否清楚而展开的，如果证据所证明的事实被认为已经触犯法律，再进一步考虑如何量刑予以处罚。可以说庭审充分体现的是对案件本身的审理活动，并非针对被告而开展审判活动的。正因如此，在法庭上，控辩双方没有更多的情感投入，而是平静地理性分析评价证据；在法庭审理中，传唤新的证人到庭、要求延期审理、要求根据庭审情况重新鉴定（由于有严格的法律规定的证据开示制度，以及严格的证人出庭制度，上述三种情况实践中很少发生），要求法庭休庭片刻，以便充分交换意见或进行控辩交易，辩护人请求法庭允许同被告人私下协商等等一系列问题，都变得非常合理并容易实现。正是在这种理念的驱使下，控辩双方的诉讼权利得以充分行使，法庭的审理活动变得实实在在，而并非流于形式。

图书在版编目（ＣＩＰ）数据

司法鉴定统一管理体制改革与发展研究文集/司法部司法鉴定管理局编.—北京：中国政法大学出版社，2016.3

　（司法鉴定研究文集. 第9辑）

　ISBN 978-7-5620-6647-7

　Ⅰ.①司…　Ⅱ.①司…　Ⅲ.①司法鉴定－司法制度－中国－文集　Ⅳ.①D918.9-53②D926-53

中国版本图书馆CIP数据核字(2016)第041835号

出 版 者　　中国政法大学出版社
地　　址　　北京市海淀区西土城路 25 号
邮寄地址　　北京 100088 信箱 8034 分箱　邮编 100088
网　　址　　http://www.cuplpress.com（网络实名：中国政法大学出版社）
电　　话　　010-58908289(编辑部)　58908334(邮购部)
承　　印　　固安华明印业有限公司
开　　本　　720mm×960mm　1/16
印　　张　　38
字　　数　　770 千字
版　　次　　2016 年 4 月第 1 版
印　　次　　2016 年 4 月第 1 次印刷
定　　价　　86.00 元